Krugman

Macroeconomics

(Fourth Edition)

“十三五”国家重点出版物出版规划项目
经济科学译丛

宏观经济学（第四版）

保罗·克鲁格曼（Paul Krugman）
罗宾·韦尔斯（Robin Wells） 著

赵英军 译

中国人民大学出版社
·北京·

《经济科学译丛》编辑委员会

《经济科学译丛》总序

中国是一个文明古国，有着几千年的辉煌历史。近百年来，中国由盛而衰，一度成为世界上最贫穷、落后的国家之一。1949 年中国共产党领导的革命，把中国从饥饿、贫困、被欺侮、被奴役的境地中解放出来。1978 年以来的改革开放，使中国真正走上了通向繁荣富强的道路。

中国改革开放的目标是建立一个有效的社会主义市场经济体制，加速发展经济，提高人民生活水平。但是，要完成这一历史使命绝非易事，我们不仅需要从自己的实践中总结教训，也要从别人的实践中获取经验，还要用理论来指导我们的改革。市场经济虽然对我们这个共和国来说是全新的，但市场经济的运行在发达国家已有几百年的历史，市场经济的理论亦在不断发展完善，并形成了一个现代经济学理论体系。虽然许多经济学名著出自西方学者之手，研究的是西方国家的经济问题，但他们归纳出来的许多经济学理论反映的是人类社会的普遍行为，这些理论是全人类的共同财富。要想迅速稳定地改革和发展我国的经济，我们必须学习和借鉴世界各国包括西方国家在内的先进经济学的理论与知识。

本着这一目的，我们组织翻译了这套经济学教科书系列。这套译丛的特点是：第一，全面系统。除了经济学、宏观经济学、微观经济学等基本原理之外，这套译丛还包括了产业组织理论、国际经济学、发展经济学、货币金融学、公共财政、劳动经济学、计量经济学等重要领域。第二，简明通俗。与经济学的经典名著不同，这套丛书都是国外大学通用的经济学教科书，大部分都已发行了几版或十几版。作者尽可能地用简明通俗的语言来阐述深奥的经济学原理，并附有案例与习题，对于初学者来说，更容易理解与掌握。

经济学是一门社会科学，许多基本原理的应用受各种不同的社会、政治或经济体制的影响，许多经济学理论是建立在一定的假设条件上的，假设条件不同，结论也就不一定成立。因此，正确理解掌握经济分析的方法而不是生搬硬套某些不同条件下产生的结论，才是我们学习当代经济学的正确方法。

本套译丛于 1995 年春由中国人民大学出版社发起筹备并成立了由许多经济学专家学者组织的编辑委员会。中国留美经济学会的许多学者参与了原著的推荐工作。中国人民大学出版社向所有原著的出版社购买了翻译版权。北京大学、中国人民大学、复旦大学以及中国社会科学院的许多专家教授参与了翻译工作。前任策划编辑梁晶女士为本套译丛的出版做出了重要贡献，在此表示衷心的感谢。在中国经济体制转轨的历史时期，我们把这套译丛献给读者，希望为中国经济的深入改革与发展做出贡献。

《经济科学译丛》编辑委员会

前　言

不论是听、是读、是写，或只是想象，故事对我们都大有裨益。但是，当我们读故事时，特别有感觉。事实上，我相信故事是必不可少的。

弗兰克·史密斯（Frank Smith），《阅读：常见问题解答》（Reading：FAQ）

十几年前，当罗宾和我开始写作该书第一版时，我们有许多小的想法：特别是那些我们相信的经济学的特别之处，它们并未在现有的经济学教科书中被恰当地表达。我们也有一个宏大的想法，也就是经济学教科书能够也应该围绕叙事性来建构，教科书永远不能罔顾经济学到头来是关于人们一系列行为集合的事实。

经济学家采取模型的方式告诉我们许多故事，不管他们采取什么方式，经济模型都是关于世界如何运转的故事。但是我们认为，如果模型尽可能呈现了真实世界故事，既解释了经济概念，又与我们作为个体生活在一个由经济力量主宰的世界中时的所思所想有关，学生们将会理解并欣赏这些模型。

这些故事被包括在了包括本版在内的每一版书中，你会在“开篇案例”以及像“真实世界中的经济学”“追根究底”“国际比较”“企业案例”等专栏中发现它们。我们比较满意这种讲故事的方法所收到的效果，在《宏观经济学（第四版）》中，我们继续扩展这一特性，写进了许多话题更为广泛的新故事，对其他故事进行了更新或改写。具体来说，有 8 篇新的“开篇案例”、19 篇新的“真实世界中的经济学”和 8 篇新的“企业案例”。一如既往，许多不完全新的方面都进行了完善和更新。

我们非常感谢本书的评论者帮助我们做了大量的工作，使该书能够持续改进。我们也感谢那些对我们提出建议，告诉我们什么正确、什么不正确的读者。

尽管在新版书中做了许多改变，但我们努力体现同样的风格。这是一本研究人们做什么、怎样相互影响的经济学书籍，也是为学习研究了许多真实世界信息的经济学教科书。

《宏观经济学（第四版）》 新增内容

本教科书的第一版是在美国经济和世界经济平稳运行的时代出版的。事实上，当时（2005 年）的许多经济学家认为，被称为“大缓和”的时代将无限期地持续下去，这是一种始于 20 世纪 80 年代中期的相对稳定状态。尽管如此，我们仍然选择将经济衰退以及政府用来对抗它的政策作为前沿和中心话题，认为商业周期仍然是宏观经济学的核心问题。随后的事件不仅证实了这一选择，并为每一版教材提供了大量素材，本版书也是这样。

最重要的是，罗宾和我希望《宏观经济学（第四版）》能让学生感觉到他们已经学到了很多关于他们所生活的这个世界的知识，同时我们也相信，世界经济的艰难时期已经大大改善了我们教授宏观经济学的能力。我们现在可以生动地说明，宏观经济学确实能够解释世界，而且确实是重要的课程。我们希望读者一起分享我们的热切期望。

对近期事件的彻底修订

2008 年金融危机正在慢慢消退，但余震继续引发后续反应。第三版之后的大部分重大修订都反映了这种余震的影响。当然，我们已经更新了书中几乎所有基于数据的图形和表格，除此之外，我们也更新或替换了许多为分析内容所提供的对真实世界背景的叙述，我们相信，本版书也是如此。

特别要说的是，这并不意味着我们已经改变了之前版本的基本分析。相反，自危机以来，世界经济发展中一个为人称道的小的改进是基本宏观经济模型在追踪诸如财政政策和货币扩张的影响方面做得如何好。因此，我们利用了大量最近发生的事件来说明宏观经济原理和概念，这些在更平稳的世界中是不可能出现的。

这种做法从本书第 21 章“宏观经济学：全景综览”就开始了。过去，我们首先介绍的是 20 世纪 30 年代的大规模失业；现在，我们是从一则介绍当今西班牙大规模失业的新开篇案例（“西班牙之痛”）开始。

衰退型症状也并非很久以前发生的事情；正如我们在第 23 章“失业与通货膨胀”中所展示的那样，这种症状现在正发生在像我们的学生一样的欧洲年轻一代的身上。正如我们已经说明的那样，即使在美国，大学毕业生也面临多年的艰难时期，许多学生的亲朋好友也都会经历长期失业的痛苦，所以我们相信，这种分析也获得了额外的相关性。

在稍后的内容中，我们使用最新数据来解释许多核心概念的意思。例如，宏观经济学家谈到，即使面对失业，黏性工资也不可能会下调；正如我们在第 27 章“总供给和总需求”中所表明的那样，近年来，工资水平并没有发生变化的工人数量急剧增加，这就证明了黏性的存在。同样，如第 31 章“通货膨胀、反通货膨胀和通货紧缩”中所表明的那样，几十年前，我们并不需要诉诸事件来支持失业和通货膨胀之间存在短期权衡取舍的概念，但我们通过观察发达国家可清楚地看到二者之间存在此消彼涨的现象，当失业率上升时，绝大多数国家存在通货膨胀率下降的现象。

近期事件如何推动我们以新的方式来审视宏观经济概念的另一个例子是财政政策的影响。这曾经是一个非常不好处理的话题，看似难以用真实事件进行讲授，因为政府支出大规模的相机抉择变化几乎从未发生过。这不再是真实的。2009—2010 年的美国经济刺激计划为我们在第三版中阐述扩张性财政政策概念提供了实质内容。现在，在第四版中，我们拥有更多的真实世界中的经验了。正如我们在第 28 章“财政政策”中所讨论的那样，自 2010 年以来，许多国家都实行了严厉的财政紧缩政策，我们在“真实世界中的经济学：紧缩和乘数”中讨论了不同国家之间不同紧缩程度的比较，这使我们对财政政策影响的讨论更加具体和易于理解。

与此同时，长期财政问题——包括对偿付能力的担忧——也变得不那么抽象了。我们在另一篇“真实世界中的经济学：我们会成为希腊吗？”也能看到这一点。这些内容几年前是没有人会考虑这样写的。

如何分析危机本身？我们已经在第三版中增加了讨论金融危机的一章，但现在可以说内容更丰富了。在第 32 章“危机与后果”中，我们扩展了 2008 年金融危机的许多后续影响，特别是席卷欧洲的一系列扰动。其中还包括对《多德-弗兰克法案》的金融改革的讨论，该项改革现在是经济领域的一个关键，其中一部分开始显现实质性影响。

另外，还有更多内容。例如，在第 34 章讨论开放经济宏观经济学时，我们通过比较欧洲周边地区的经验来说明固定汇率和浮动汇率之间的差异，其中冰岛和拉脱维亚走了截然不同的路径。一篇新的“真实世界中的经济学：幸运的拉特”说明了拉脱维亚在财政政策辩论中如何具有特别大的理论意义，这是一个被看作成功实施财政紧缩政策的例子。另一篇“真实世界中的经济学：小国货币的好处”解读了拥有自己货币的国家冰岛，相对于使用欧元的国家希腊，在面临经济困难时所具有的优势：它可以削减工人的工资。

对其他章节扩展分析的修订

我们不想传达这样一种感觉，即本版的所有修订都反映在扩展金融危机后果方面。我们在第 24 章中增加了许多关于长期增长的新材料，其中包括经济快速增长对北京空气质量明显的影响（参见“开篇案例：空气末日”），令人不安的意大利生产率增长速度的大幅下降（在新增的“国际比较：意大利怎么了?”专栏中），以及气候保护的成本（在另一个新增的“真实世界中的经济学”专栏中）。航空技术的进步有助于说明我们最喜欢的主题之一——低调的技术进步——的性质。今天的喷气式飞机的外观看起来与 20 世纪 60 年代的喷气式飞机差异不大，但是我们在新修订的第 24 章的“企业案例：波音如何更上一层楼?”中讨论了它们的飞行效率提高了很多。

在关于长期经济增长的第 24 章中，我们研究了限制碳排放的财务成本和环境效益：在新增的“真实世界中的经济学：限制碳排放的代价”中，学生们可以了解到，通过正确的激励措施，经济增长并不一定意味着环境破坏。在财政政策一章中，新增的一个企业案例说明，鼓励对聚热太阳能发电厂的支出如何带来就业机会和环境效益（“企业案例：太阳来了”）。

与过去的版本一样，我们非常注重国际视角的整合，在我们的“国际比较”及其他特色专栏中，都有面向全球视角的故事。

本书的特色

本教材组织的基本方法仍然如第一版：

1. 各个章节通过实际事例讨论建立直觉。在每一章，我们都使用来自实际生活的事例、故事、理论应用和案例研究来解释概念并激励学生学习。我们相信，通过将现实生活中的事例引入概念并强化对概念的理解是最好的方法，因为学生们容易建立起现实生活与概念之间的联系。

2. 通过适合教学规律特色的项目设计来强化学习过程。我们精心设置了能对学生真正提供帮助的许多特色栏目。

3. 本书有易读且吸引人的章节编排。我们使用了流畅和友好的写作风格，使概念容易被接受。在尽可能的情况下，我们总是使用学生们所熟悉的事例。

4. 在容易理解的基础上，本书也为学生未来的课程学习打下了基础。教师选择教科书经常面临两难选择：教科书“易于讲授”，但学生们的理解却留下一个较大的缺口；教科书“难以讲授”，但为学生们未来的课程学习打下了良好的基础。我们尽力写出了两者最佳配合的教科书。

目　录

第21章

宏观经济学：全景综览

本章将学习

- 宏观经济学与微观经济学的区别。
- 商业周期的含义，以及政策制定者试图缩短商业周期的原因。
- 长期经济增长如何决定一国国民的生活水准。
- 通货膨胀和通货紧缩的含义，以及人们为什么希望价格稳定。
- 开放经济宏观经济学的重要性，经济体如何通过贸易顺差与贸易逆差相互影响。

开篇案例

西班牙之痛

2012年，25岁的西班牙大学毕业生哈维尔·迪亚斯（Javier Diaz）发现自己处在万万没有想到的境地：失业在家。他上大学是想成为一名教师，但等他毕业的时候，没有人会为他提供一份工作。我们的意思是任何类型的工作。迪亚斯愿意去麦当劳工作，但即使这也没得选。

就业前景暗淡是因为迪亚斯的资格有问题吗？可能不是。不管是谁，在2012年的西班牙找到一份工作都很难。25岁以下寻找工作的西班牙人有57%——对，就是57%的人是失业的。具有大学学历没有太大帮助：应届大学毕业生的失业率为39%。

然而，并不总是这样。5年前，迪亚斯很可能会发现，他的教育背景很容易找到一份工作。然而，在2007—2008年，包括美国在内的世界上的大部分经济体都陷入了严重的衰退。虽然缓慢和痛苦，但从2009年开始，美国和部分国家从衰退中逐渐复苏。但截至2012年，西班牙和其他一些欧洲国家尚未有复苏迹象——事实上，其失业率不断上升。

2007年后的全球经济表现很糟糕，但它曾经历过更糟糕的情况。事实上，在1929年史诗般的全球经济衰退中全球经济表现更糟糕，这种情况一直持续到第二次世界大战开始的时候。这一严重的经济困难时期被称作大萧条（Great Depression）时期。为了强调从2007年开始的衰退是大萧条以来最严重的经济灾难，经济学家将其称为大衰退（Great Recession）。

为什么2007年之后的衰退没有像1929年那么糟糕？有许多原因，但一个突出的原因是：经济学家从早期的灾难中学会了如何去应对。当大萧条来袭时，政治领袖和他们的经济顾问不知道该怎么做。幸运的是，在大衰退时期，他们知道需要做什么，虽然不是所有被提出的好建议都被采纳。

在大萧条时期，微观经济学已经是经济学发达的分支，关注的是个人消费者的消费决策和生产者的生产决策，以及稀缺资源在各行业的配置。但是，侧重于研究经济整体行为的宏观经济学仍处于起步阶段。

大萧条时期和大衰退时期世界大部分地方发生的事情（曾多次在多地发生过，只是很少这么严重）对整体经济是一个打击。在正常情况下，在任何时候总有一些行业在裁员。例如，2003—2007年美国租赁光盘店的数量下降了30%，因为消费者转向了在线购买。但是，在租赁光盘店失去工作的工人有在其他地方找到新工作的好机会，因为尽管租赁光盘店关门了，但其他行业在扩大规模。然而，在大衰退期间的欧洲和美国，没有行业扩张，一切都在走下坡路。

在大萧条时期，宏观经济学成了经济学的一个分支。经济学家意识到他们需要弄明白席卷美国和世界许多其他地方灾难的本质，以求自救以及学会如何在将来避免此类灾难。为了这一天，努力了解经济衰退并设法防止其发生一直是宏观经济学的核心。然而，随着时间的推移，宏观经济学已经扩大了其覆盖面，涵盖了其他一些主题，如长期的经济增长、通货膨胀和开放经济宏观经济学。

本章将对宏观经济学进行概述。我们从宏观经济学和微观经济学之间的区别的一般性描述开始，然后简要介绍一些主要关注的领域。

21.1 宏观经济学的本质

是什么使宏观经济学不同于微观经济学？宏观经济学区别于微观经济学的最显著的特点是它关注经济体整体的行为。

□ 21.1.1 宏观经济学问题

表21-1中列出了经济学当中经常提到的几个问题。左列是微观经济学问题，右列是其对应的宏观经济学问题。通过对比这些问题，你可能会对微观经济学与宏观经济学之间的区别有一个初步的认识。

表21-1　微观经济学与宏观经济学涉及的问题

微观经济学问题	宏观经济学问题
我应该去上商学院，还是应该立即找工作？	今年经济体中总共有多少人被雇用？
花旗银行对一名MBA应届毕业生谢丽·卡马乔提供的薪酬取决于什么因素？	在一个特定年份中工人的总体薪酬水平取决于什么因素？
一所大学或学院开设一门新课程的成本取决于什么因素？	经济体整体的价格水平取决于什么因素？
为使低收入的学生能够更容易上大学，政府应该采取什么政策？	为促进经济体整体的就业和经济增长，政府应该采取什么样的政策？
花旗银行是否在上海设立一个新办事处取决于什么因素？	美国与世界上其他国家之间的产品、服务和金融资产交易取决于什么因素？

正如这些问题所表明的，微观经济学关注的是个人和企业是如何做决策的，以及这些决策会产生什么样的后果。例如，微观经济学可以帮助我们确定大学或学院开设一门新课程的成本——这项成本包括教员的薪酬开支、课程材料的成本等。然后，学校可以通过权衡开课的成本和收益来决定是否开设这门新课程。

相反，宏观经济学研究的是经济总量上的行为——经济体中所有个人和企业行为的相互影响如何决定整体经济的绩效。例如，宏观经济学关注的是经济体中的一般价格水平以及与上年一般价格水平相比的高低状况，而不是专注于某一特定产品或服务的价格。

你可能会认为，只要把微观经济学问题的答案进行加总就可以得到宏观经济学问题的答案。例如，第3章介绍的供给和需求模型告诉我们，在一个竞争性的市场当中，某一产品或服务的均衡价格是如何决定的。因此你可能会认为，只要对经济体中的每一种产品和服务都进行供求分析，并把结果加总，就可以得到经济体整体的价格水平。

但是事实并非如此。尽管像供给和需求之类的基本概念在宏观经济学中像在微观经济学中一样必不可少，但回答宏观经济学问题需要另外一套工具和分析参考框架。

□ 21.1.2 宏观经济学：整体大于部分之和

如果时常在高速公路上开车，你大概知道什么是引颈旁观引起的交通堵塞，以及它为什么令人生厌。有人因为某件小事把车开到路边，例如为了换掉漏气的车胎，不久之后，由于司机们都忍不住放慢车速看上一眼，结果会造成严重的交通堵塞。

此类事件之所以令人生厌，是因为交通堵塞的长度与造成这一结果的那件小事很不相称。由于一些司机踩住刹车要引颈旁观，跟随其后的其他司机不得不跟着踩刹车，由此引发连锁反应。所有人都踩刹车的累积效应最终会导致较长的浪费时间的交通堵塞，因为每个司机都必须比前面的司机更慢一点。换言之，每个人的反应放大了下一个人的反应。

引颈旁观引发交通堵塞的例子有助于我们理解宏观经济学区别于微观经济学的一个重要方面：大批个人行为的累积效果将远远大于这些个人行为的简单加总。

例如，我们考虑一下宏观经济学家所谓的"节俭的悖论"：许多家庭和企业出于对未来可能遭遇的经济困难的担忧会削减支出。消费者减少支出，企业裁员，这种削减支出的行为会使经济陷入衰退。结果，家庭和企业的境况都会比它们不削减支出时的境况更糟糕。

这之所以被称为悖论是因为节俭这个看起来是出于良好愿望的行为——通过增加储蓄以便谨慎应对未来的经济困难——却对每个人都造成了损害。这个故事的另外一面是：当家庭和企业对未来感到乐观时，它们会增加现时支出。这会刺激经济，导致企业雇用更多员工，推动经济扩张。表面上看起来挥霍享乐的行为改善了每个人的境况。

或者考虑当有些事情导致经济循环中的现金流通数量增加时会引发什么。手头有更多现金的个体更富了。但是，如果每个人都有更多的现金，长期影响只能是推动总体价格水平越来越高，导致流通中的现金总额的购买力与原来相同。

因此，宏观经济学的一个重要观点是：个人决策的共同作用导致的结果与任何想达到的个人目的会非常不同，甚至结果有时正好相反。宏观经济行为着实不是个人行为和市场成果的总和。

□ 21.1.3 宏观经济理论与政策

宏观经济学家对政策问题的关注比微观经济学家要强很多，即关注政府应该怎样做才可以使经济表现得更好。这种对政策的关心主要由历史原因形成，特别是 20 世纪 30 年代的大萧条。

20 世纪 30 年代之前，经济学家倾向于认为经济是**自我调节经济**（self-regulating economy）。他们认为失业之类的问题可通过"看不见的手"来予以纠正，政府试图改善经济绩效的努力是无效的，而且可能会使事情变得更糟。

> **自我调节经济**意味着失业之类的问题无须政府干预，可通过"看不见的手"解决。

大萧条改变了这一切。这场巨大的灾难使美国四分之一的劳动力失去了工作，并威胁到许多国家的政治稳定——大萧条被普遍认为是德国纳粹获得政权的主要原因，因此产生了采取行动的需求。这也使部分经济学家付出巨大努力来理解经济衰退，并想方设法阻止其发生。

> **凯恩斯主义经济学**认为经济不景气是需求不足的结果，政府可以通过干预来缓解。
>
> **货币政策**使用货币数量的变化来改变利率，进而影响整体支出水平。
>
> **财政政策**使用税收和政府开支的变化影响整体支出水平。

1936 年，英国经济学家约翰·梅纳德·凯恩斯（John Maynard Keynes）出版了《就业、利息和货币通论》（*The General Theory of Employment, Interest, and Money*），这是改变宏观经济学的一本书。根据**凯恩斯主义经济学**（Keynesian economics），经济不景气是需求不足的结果。此外，凯恩斯认为政府可以通过货币政策和财政政策进行干预来缓解经济萧条。**货币政策**（monetary policy）使用货币数量的变化来改变利率，进而影响整体支出水平。**财政政策**（fiscal policy）使用税收和政府开支的变化影响整体支出水平。

凯恩斯从总体上建立了政府管理经济是其责任的思想。凯恩斯主义的思想继续对经济理论和公共政策产生强大的影响力：在2008—2009年，国会、白宫和美国联邦储备委员会（简称美联储，是管理美国货币政策的一个准政府机构）采取措施来抵御经济低迷，这在精神上显然是凯恩斯主义，参见下面的“真实世界中的经济学”专栏。

▶ 真实世界中的经济学

抵御经济衰退

2008年，世界经济经历了严重的金融危机，这让所有人都回忆起了大萧条的初期。各大银行摇摇欲坠，处在崩溃边缘；世界贸易大幅下滑。2009年春天，经济史学家巴里·艾肯格林（Barry Eichengreen）和凯文·奥罗克（Kevin O'Rourke）对可用的数据重新研究后指出：“在全球范围内，我们正在重蹈大萧条的覆辙，甚至更加糟糕。”

但最糟糕的情况到最后并没有出现。图21-1描述了艾肯格林和奥罗克度量经济活动的指标——世界工业生产指数——在大萧条时期（实线）与大衰退时期（虚线）的走势。第一年，两次危机确实具有可比性。但幸运的是，进入大衰退一年后，世界工业生产指数趋于平稳，然后反转向上。相反，进入大萧条三年后世界工业生产指数继续下降。为什么会有这种不同？

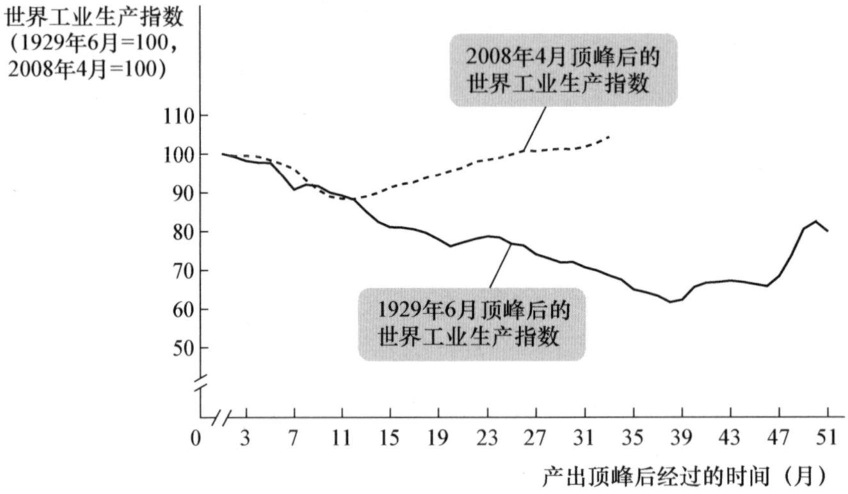

图21-1　在大萧条和大衰退时期的经济活动和世界工业生产指数

资料来源：Barry Eichengreen and Kevin O'Rourke (2009)，“A Tale of Two Depressions.” © VoxEU.org；CPB Netherlands Bureau for Economic Policy Analysis World Trade Monitor.

至少部分答案是政策制定者的反应非常不一样。在大萧条时期，人们普遍认为，对于经济下滑应该让它自生自灭。约瑟夫·熊彼特（Joseph Schumpeter）——出生于奥地利的哈佛大学经济学家，现在因其创新理论而闻名——宣称，任何试图减轻正在发生的灾难的行为将使经济衰退的作用没有完全发挥出来。在20世纪30年代初期，一些国家的货币当局面对经济大幅衰退时实际提高了利率，并且也削减开支，提高税收，然而我们将在后面的章节中看到，这种行为加深了经济衰退。

相比之下，当2008年金融危机出现后，利率被大幅降低，而且包括美国在内的一些国家临时增加支出，减少税收，目的就是维持一定的开支水平。各国政府行动起来支持银行提供贷款、援助和担保。

至少可以说，许多措施是有争议的。但大多数经济学家认为，通过对大衰退的积极应对——这样做使用的是从宏观经济学研究中获得的知识——政府帮助避免了全球性的经济灾难。

及时复习

- 微观经济学集中于个人和企业决策以及由此带来的后果。宏观经济学侧重于经济体整体的行为。
- 个人行动的加总效应可以产生意想不到的后果，可导致对每个人更好或者更差的宏观经济结果。
- 在 20 世纪 30 年代之前，经济学家倾向于认为经济是自我调节的。在大萧条之后，凯恩斯主义经济学提供了政府通过货币政策和财政政策进行干预来缓解经济萧条的理由。

小测验 21－1

1. 以下问题哪些是微观经济学问题？哪些是宏观经济学问题？请解释你的答案。

a. 为什么消费者在 2008 年转向购买小排量汽车？

b. 为什么总体消费支出在 2008 年放缓？

c. 为什么在第二次世界大战之后第一代人的生活水平比第二代人提高得更快？

d. 为什么地质学专业学生的起薪增长得比后期快？

e. 是什么决定了采用铁路运输还是公路运输？

f. 在 1980—2000 年间为什么鲑鱼变得便宜了？

g. 为什么 20 世纪 90 年代通货膨胀率大幅下降？

2. 2008 年，金融部门的问题导致全国信贷紧张：购房者无法获得抵押贷款，学生无法获得学生贷款，汽车购买者无法得到汽车贷款，等等。

a. 解释信贷的枯竭如何导致整个经济的复合效应并导致经济衰退。

b. 如果你认为经济是自我调节的，你会主张政策制定者做什么？

c. 如果你相信凯恩斯主义经济学，你会主张政策制定者做什么？

21.2 商业周期

大萧条是迄今为止美国历史上最严重的经济危机。不过，尽管对经济的管理避免了 20 世纪其余时间有大的灾难发生，但经济仍然经历了很多风风雨雨。

经济的上行一直是大于下跌的：任何描述美国经济运行轨迹所用的主要数据都表现出随着时间推移的强劲上升势头。例如，图 21－2（a）左侧纵轴表示美国私人部门的就业（由私人企业提供的职位总数），1985—2014 年的数据由上方的曲线表示。该图右侧纵轴表示工业生产指数（表示美国工厂的总产出），1985—2014 年的数据由下方的曲线表示。私人部门的就业和工业生产指数在这个时期结束时比开始时高得多，而且在大多数年份两项指标都在上升。

但两者并非稳步上升。正如我们从图 21－2 中所看到的，就业和工业生产动荡的时期有三个：20 世纪 90 年代初、21 世纪初和 2007 年晚些时候。在这些时期，就业和工业生产都表现不好。图 21－2（b）通过对就业和工业生产相对上年的变化率表现了这种情形。例如，2007 年 12 月就业变化的百分率为 0.7%，因为 2007 年 12 月就业人数比 2006 年 12 月高出 0.7%。三次大的经济衰退非常明显。更重要的是，对数据的详细分析清楚地表明，在每个时期并非只局限于少数行业下滑：在每个衰退时期，美国经济几乎每个部门都要削减生产数量和雇工人数。

换言之，经济前进的步伐并不顺利。经济进程步伐的不均衡所表现出来的经济的上下波动是宏观经济学要应对的当务之急。

21.2.1 商业周期图说

图 21－3 显示了经济随时间推移的程式化过程。纵轴表示的是就业或产出，如工业生产指数或实际国内生产总值（实际 GDP），这是我们下一章将学习的度量经济整体产出的指标。图 21－2 的数据表明，就业和产出两项指标往往会一起变动。它们的共同变动是宏观经济学主要话题的起点：在短期上行或下行中的经济变化。

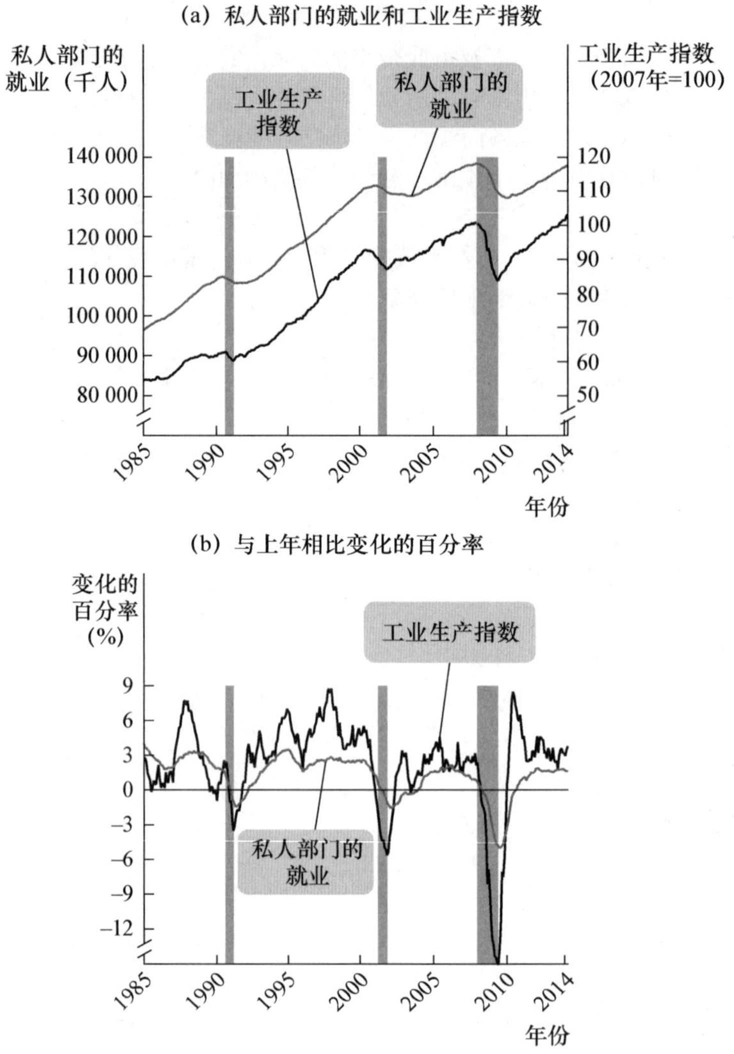

图 21－2　1985—2014 年美国经济增长和扰动

图（a）所示为两个重要的经济数据：私人部门的就业和工业生产指数。1985—2014 年，两个数据持续增长，但并非平稳增长。相反，两个数据都出现过与经济衰退有关的 3 次下降，用阴影区域表示。图（b）给出了私人部门的就业和工业生产指数年变化量的波动情形，即与上年相比变化的百分率。明显可以看出两个数据在 3 次衰退中同时出现下降。

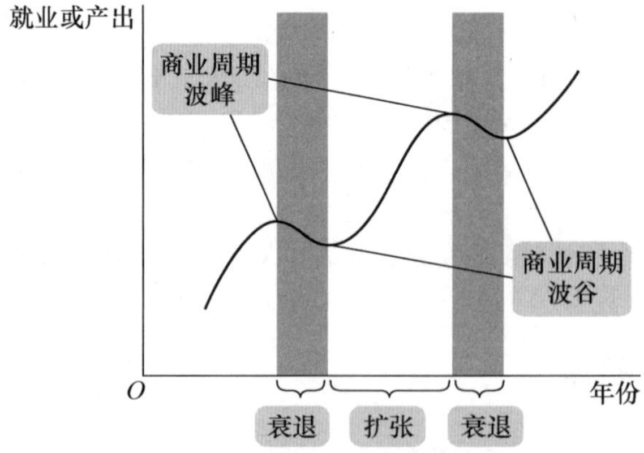

图 21－3　商业周期

这是一幅典型的商业周期的图示。纵轴表示经济中的就业或产出。这两个变量下降的时期是衰退；它们出现反弹的时期是扩张。经济开始转向下降的时点是商业周期的波峰；它再次开始上升的时点是商业周期的波谷。

广泛的经济衰退，被称为**衰退**（recession）（有时也被称为收缩），此时许多行业的产量和就业下降。衰退由国家经济研究局（National Bureau of Economic Research，NBER）正式宣布（见“追根究底”专栏），图 21 - 2 的阴影区域表明了衰退时期。在经济非衰退时期，大部分经济指标是沿着正常上升趋势变化的，我们说此时经济正在**扩张**（expansion）（有时也称为复苏）。

经济下滑和上扬的交替就是**商业周期**（business cycle）。经济从扩张转向衰退的时点被称为**商业周期的波峰**（business-cycle peak）；经济从衰退转向扩张的时点被称为**商业周期的波谷**（business-cycle trough）。

衰退或**收缩**是指产出和就业下降的经济下滑时期。

扩张或**复苏**是指产出和就业上升的经济上扬时期。

商业周期是指经济下滑和上扬的交替。

商业周期的波峰是指经济从扩张转向衰退的时点。

商业周期的波谷是指经济从衰退转向扩张的时点。

商业周期是经济运行的持久特征。表 21 - 2 给出了商业周期的波峰和波谷的正式表单。正如我们所看到的，衰退和扩张的出现至少已经有 155 年。每当有一个长时间的扩张，如在 20 世纪 60 年代以及 20 世纪 90 年代，就会有书籍和文章出来宣称商业周期结束了。这样的宣告一直被证明是错的：周期总会回来的。但是为什么它很重要呢？

表 21 - 2　　商业周期的历史

商业周期的波峰		商业周期的波谷	
没有更早的数据	1920 年 1 月	1854 年 12 月	1921 年 7 月
1857 年 6 月	1923 年 5 月	1858 年 12 月	1924 年 7 月
1860 年 10 月	1926 年 10 月	1861 年 6 月	1927 年 11 月
1865 年 4 月	1929 年 8 月	1867 年 12 月	1933 年 3 月
1869 年 6 月	1937 年 5 月	1870 年 12 月	1938 年 6 月
1873 年 10 月	1945 年 2 月	1879 年 3 月	1945 年 10 月
1882 年 3 月	1948 年 11 月	1885 年 5 月	1949 年 10 月
1887 年 3 月	1953 年 7 月	1888 年 4 月	1954 年 5 月
1890 年 7 月	1957 年 8 月	1891 年 5 月	1958 年 4 月
1893 年 1 月	1960 年 4 月	1894 年 6 月	1961 年 2 月
1895 年 12 月	1969 年 12 月	1897 年 6 月	1970 年 11 月
1899 年 6 月	1973 年 11 月	1900 年 12 月	1975 年 3 月
1902 年 9 月	1980 年 1 月	1904 年 8 月	1980 年 7 月
1907 年 5 月	1981 年 7 月	1908 年 6 月	1982 年 11 月
1910 年 1 月	1990 年 7 月	1912 年 1 月	1991 年 3 月
1913 年 1 月	2001 年 3 月	1914 年 12 月	2001 年 11 月
1918 年 8 月	2007 年 12 月	1919 年 3 月	2009 年 6 月

▶ **追根究底**

衰退和扩张的定义

你可能想知道衰退和扩张的确切定义。事实上并没有确切的定义。

在许多国家，经济学家把至少连续两个季度（一个季度是 3 个月）的总产出下降定义为衰退。连续两个季度的条件是为了避免把非持续性的短期经济波动看作衰退。

但是有时候这个定义看起来过于苛刻。例如，如果一个经济体经历了 3 个月的产出急剧下跌，3 个月的小幅增长，然后又是 3 个月的产出大幅下跌，这显然应该被认为是经历了 9 个月的衰退。

在美国，我们把确定衰退始末的工作委派给国家经济研究局的一个独立专家组。这个专家组通过观测以就业和生产为主的一系列经济指标来最终确定是否发生衰退。

有时候，专家组的判断也会引发争议。实际上，对 2001 年衰退的判断就一直存在争议。国家经济研究局认为这次衰退开始于 2001 年 3 月，在 2001 年 11 月结束，当时产出已开始增加。但是一些批评者认为，其实在几个月之前衰退已经发生，因为那时工业生产指数已经开始下跌。其他一些批评者认为，衰退在 2001 年并没有结束，因为在此后的一年半时间里，就业仍在下降，劳动市场持续走弱。

□ 21.2.2 经济衰退之痛

当经济扩张时没有多少人抱怨商业周期。但是，经济衰退则带来了许多痛苦。

经济衰退最重要的影响是其对工人找到和保持工作的能力的影响。在劳动市场中使用最广泛的指标是失业率。我们将在第 23 章解释如何计算失业率。现在我们可以看出，高失业率意味着工作机会稀少，而低失业率意味着很容易找到工作。

图 21－4 表示 1988—2014 年的失业率。正如我们所看到的，美国的失业率在每次经济衰退后都大幅上升，但最终在扩张时期出现下跌。2008 年的失业率上升是一个表明新的衰退可能已经开始并正在进行的迹象，这后来被国家经济研究局证实已经在 2007 年 12 月开始。

因为经济衰退导致许多人失去工作，而且很难找到新的工作，所以经济衰退对许多家庭的生活水平造成了伤害。生活在贫困线以下的人口数量的增加通常与经济衰退有关，他们将失去住房，因为他们付不起房贷，而且美国人的医疗保险覆盖比例也会下降。

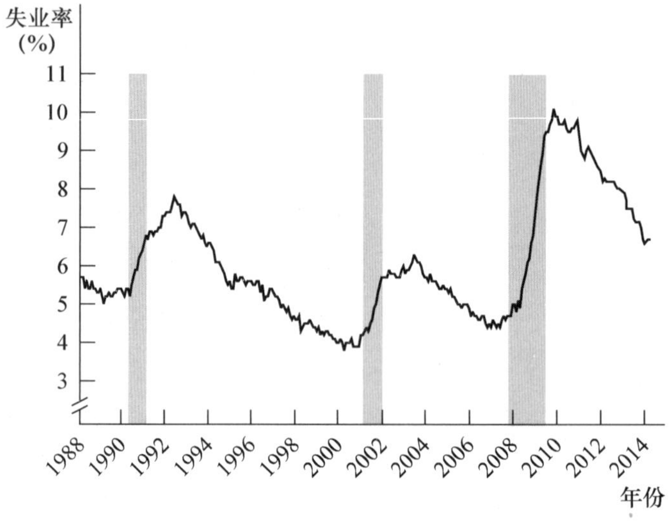

图 21－4　1988—2014 年美国的失业率

表现失业人数的指标失业率通常在经济衰退时大幅上升，在经济扩张时下降。
资料来源：Bureau of Labor Statistics.

但是，你不应该认为在经济衰退期间劳动者是受到影响的唯一群体。经济衰退对企业而言也是坏事情：像就业和工资一样，利润在经济衰退期间也受到影响，许多小企业会破产。

所以，经济衰退几乎对每个人都是坏事情。有什么方法可以降低其发生频率和严重程度吗?

□ 21.2.3 驯服商业周期

现代宏观经济学在很大程度上是因大萧条应运而生的，大萧条即历史上最严重的经济衰退，始于 1929 年，经过 43 个月的下滑，一直持续到 1933 年。1929—1933 年经济衰退肆虐的灾难促使经济学家去理解和搜索解决办法：他们想知道事情是如何发生的，以及如何预防它们。

正如我们在本章前面解释的，约翰·梅纳德·凯恩斯在大萧条时期出版的著作建议，可以采取货币政策和财政政策以减轻经济衰退的影响，一直到今天，当经济衰退来袭时，政府就会转向凯恩斯主义的政策。后来另一个伟大的宏观经济学家米尔顿·弗里德曼（Milton Friedman）的出色工作促使遏制繁荣与对抗衰退同样重要的这一共识形成。所以，当代决策者试图“平滑”商业周期。他们还没有完全成功，正如图 21-2 所示。然而，人们普遍认为，在宏观经济分析指导下的政策有助于使经济更加稳定。

尽管商业周期是宏观经济学关注的主要问题之一，并在促进该领域的发展历史上起到了至关重要的作用，但宏观经济学家也关注其他问题。我们接下来将解释长期经济增长问题。

▶ **国际比较**

横跨大西洋的坍塌

下图所示为世界上最大的两个经济体——美国和欧元区（使用同一种货币即欧元的欧洲国家）——2007—2013 年制造业生产的情况。正如我们所看到的，两个经济体在 2008—2009 年都遭受了严重的经济衰退，可能是因为两个经济体的银行都存在许多不良贷款，大西洋一侧的失灵加剧了另一侧的信任危机。

事实上，不同国家或多或少地出现同时衰退是相当普遍的事情。但是，这并不意味着经济体总是或者通常步伐一致。正如图中所示，无论是欧元区还是美国都从 2009 年年中开始复苏。然而，2011 年，它们的复苏路径出现差异。美国经济持续稳定复苏，尽管速度大大慢于人们所希望的。相比之下，由于部分国家的过度负债和错误的经济政策，欧元区在 2011 年进入了一个新的衰退期，我们将在第 32 章进行讨论。

那么，从最近的发展经验我们应该认识到，商业周期在一定程度上是一种国际现象。但不同国家发生的原因有所不同，包括政策差异和经济基础结构的不同。

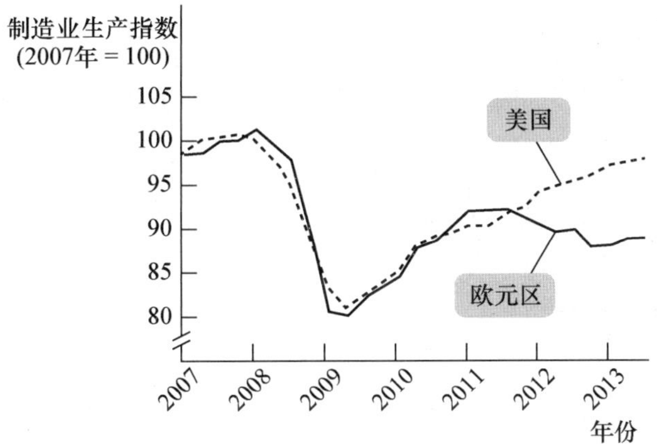

资料来源：Federal Reserve Bank of St. Louis.

▶ **真实世界中的经济学**

衰退比较

衰退和扩张的交替似乎是经济生活的一个持久特征。然而，并非所有商业周期都是一样的。特别是其中一些衰退会比其他衰退更糟糕。

我们比较一下最近美国的两次经济衰退：2001 年的经济衰退和 2007—2009 年的大衰退。这两次经济衰退持续的时间不一样：第一次只持续了 8 个月，第二次则持续了相当于第一次两倍多的时间。甚至更重要的是，衰退深度也有很大差异。

在图 21-5 中，我们通过观察工业生产在经济衰退开始几个月后的情况来对比衰退深度。在每种情形下，用工业生产占衰退前波峰的比例来度量工业生产。因此，如 2007—2009 年的衰退曲线所示，工业生产最终下降到其初始水平的 85%左右。

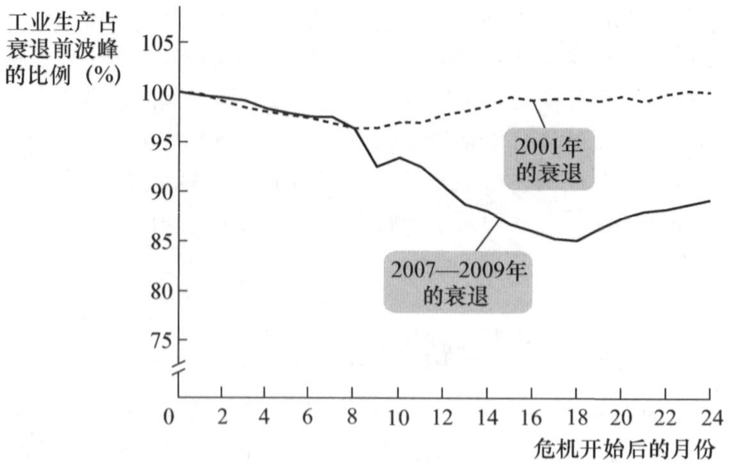

图 21－5　美国的两次衰退

资料来源：Federal Reserve Bank of St. Louis.

显然，2007—2009 年的衰退对经济的打击远远超过 2001 年的衰退。事实上，通过比较多次经济衰退，2001 年的经济下滑是非常温和的。

当然，即使是温和的衰退，这对数百万失去工作的美国工人来说并没有什么安慰。

及时复习

- 商业周期，即衰退和扩张的交替，是宏观经济学关注的主要问题。
- 扩张转向衰退的时点是商业周期的波峰，衰退转向扩张的时点是商业周期的波谷。

小测验 21－2

1. 为什么我们谈论将经济体作为一个整体的商业周期，而非仅仅谈论特定行业的升降起落？
2. 说明经济衰退损害了谁，以及是怎样损害的。

21.3　长期经济增长

1955 年，美国人对国家的繁荣感到兴奋。经济正在扩张，在第二次世界大战期间被配给的消费品现在可供大家随意购买，大多数美国人真的认为，他们比过去或当时任何其他国家的人民都过得更好。然而，按照今天的标准，美国人在 1955 年还相当穷。图 21－6 表示 1905 年、1955 年和 2005 年配备各种电器的美国家庭的百分比：1955 年，只有 37％的美国家庭有洗衣机，几乎没有家庭有空调。如果我们将时针回拨半个世纪，回到 1905 年，我们发现，用今天的标准来看，许多美国人的生活是相当原始的。

长期经济增长是经济产出在一段时期持续上升的趋势。

为什么当今绝大多数美国人能够负担得起许多人在 1955 年买不起的生活设施？答案是**长期经济增长**（long-run economic growth），即经济生产的产品和服务数量的持续上升。图 21－7 所示为 1900—2013 年人均实际 GDP（用于衡量经济体中每个人的总产出的指标）的增长。1929—1933 年的严重衰退非常突出，但二战至 2007 年之间的商业周期几乎看不出，因为被强劲的上升势头所掩盖。

产出长期增长的部分原因是人口和劳动力的不断增长。但经济体整体产量的增加比人口增长快得多。平均而言，2013 年美国经济生产的产品和服务大约为每人 53 000 美元，约为 1972 年的 2 倍，1952 年的 3 倍，1900 年的 8 倍。

长期经济增长是今天许多最紧迫经济问题的根本所在。对于主要的政策问题，例如，国家未来是否有能力承担如社会保障和医疗保险等政府项目的成本，其回答部分取决于美国经济在未来几十年的增长速度。

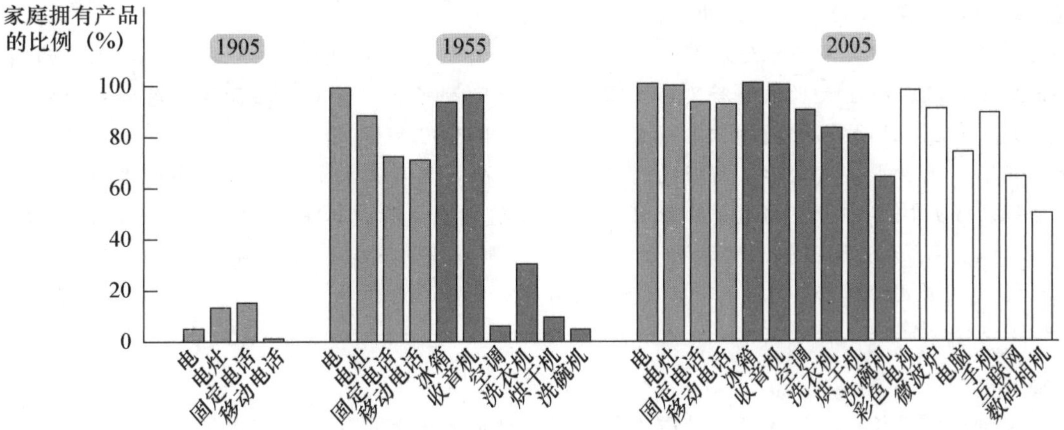

图 21－6　美国长期经济增长的成果

随着时间的推移，长期经济增长使得美国人可以购买更多的产品。

资料来源：W. Michael Cox and Richard Alm，"How Are We Doing?" *The American*（July/August 2008）. http://www.american.com/archive/2008/july-august-magazine-contents/how-are-we-doing.

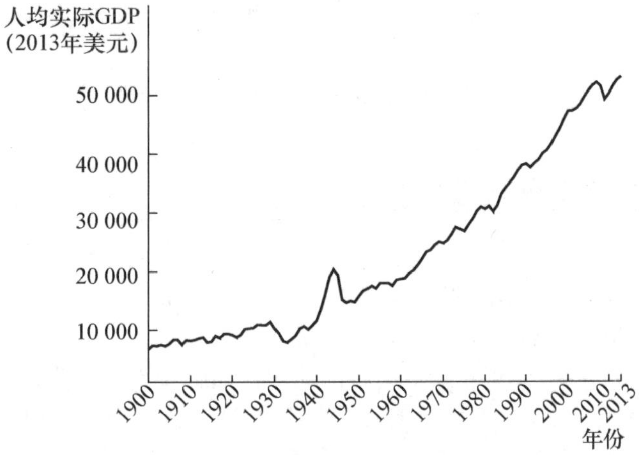

图 21－7　长期视角下的美国经济增长

从长期来看，美国人均实际 GDP 使得商业周期的起起落落很不明显。除了大萧条造成的衰退，2007 年前的衰退几乎看不出来。

资料来源：Angus Maddison，*Statistics on World Population*，*GDP*，*and Per Capita GDP*，*1-2008 AD*，*http://www.ggdc.net/MADDISON/oriindex.htm*；*Bureau of Economic Analysis*；*The Conference Board Total Economy Database*™，*January* 2014.

更广泛地说，公众能否意识到国家的进步关键取决于长期增长的实现。当经济增长放缓时，正如 20 世纪 70 年代的情况，就会形成全国性的悲观情绪。特别是，人均长期增长——人均产出的持续上升趋势——是提高工资和生活水平的关键因素。宏观经济学的一个主要研究议题——第 24 章的主题——是试图理解推动长期经济增长的力量。

对于许多更贫穷和欠发达国家，长期经济增长更是人们迫切关心的问题。这些国家非常急切地想要提高生活水平，如何加速长期经济增长是经济政策关心的核心问题。

我们将会看到，宏观经济学家采用不同的模型来处理长期经济增长和商业周期。你必须同时记住这两类模型，因为长期有利的因素短期内并不一定有利，反之亦然。例如，节俭的悖论说明，家庭提高其储蓄水平的努力在短期内可能对经济不利。但是，正如我们将在第 25 章看到的，更高的储蓄水平对于促进长期经济增长起着至关重要的作用。

▶ **真实世界中的经济学**

两国故事

许多国家都经历过长期经济增长，但不是所有的国家都做得同样好。其中最有说服力的对比是加拿大和阿根廷这两个国家。在20世纪之初，两国似乎处在同样良好的经济地位上。

从今天回头看，加拿大和阿根廷在第一次世界大战前看上去颇为相似一定让人惊讶不已。两国都是农产品的主要出口国；既吸引了大批欧洲移民，又吸引了大量欧洲投资，特别是在开放铁路和农业腹地方面。经济史学家认为，两国人均收入相同的状况一直持续到20世纪30年代。

然而，在第二次世界大战之后，阿根廷的经济表现不佳，主要是由政治不稳定和糟糕的宏观经济政策所致。阿根廷经历了几次非常严重的通货膨胀时期。在这期间，生活成本飞涨。与此同时，加拿大稳定进步。自1930年以后，加拿大实现了长期持续增长，但阿根廷则没有，因此，今天加拿大的生活水准几乎与美国一样高，大约是阿根廷的3倍。

及时复习

- 由于美国已实现长期经济增长，美国人的生活比他们半个多世纪以前好多了。
- 对于很多经济问题，如更高水准的生活或政府项目融资，长期经济增长至关重要。对较贫穷的国家尤为重要。

小测验 21-3

1. 许多贫困国家的人口增长率很高。这对为了进一步提高人均生活水准所需的总产出的长期增长率意味着什么？
2. 阿根廷曾经与加拿大一样富裕，现在则穷多了。这是否意味着阿根廷比它的过去穷？请说明。

21.4 通货膨胀和通货紧缩

1980年1月，美国生产工人的平均时薪为每小时6.57美元。到2014年1月，同样工人的平均时薪已经上升到每小时20.18美元。应该为经济进步欢呼！

然而，等一下。美国工人在2014年收入更高，但他们也面临着更高的生活成本。1980年1月，一打鸡蛋的成本只有约0.88美元；到2014年1月，该成本高达2.01美元。一个白面包的价格也从大约0.50美元上升到1.37美元，一加仑汽油的价格从1.13美元上升至3.38美元。

1980—2014年间时薪的上涨及一些标准项目价格的上涨如图21-8所示。工人的平均时薪上涨远大于一些项目价格上涨的幅度，但有时也只是稍大于项目价格上涨的幅度。总体而言，1980—2014年，如果不是全部，生活成本的上升也将抵消大部分典型美国工人的时薪涨幅。换句话说，一旦将通货膨胀考虑在内，典型的美国工人的生活水平从1980年到现在几乎没有上升。

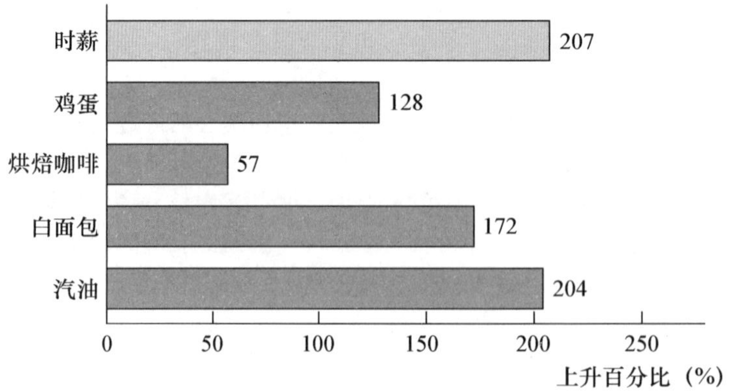

图 21-8 价格上涨

在1980—2014年间，美国工人的时薪上涨了207%。但是几乎所有工人所购买的产品的价格也有所上涨，有些上涨得多一些，有些上涨得少一些。总体而言，生活成本的上涨抵消了普通美国工人工资的大部分上涨。

资料来源：Bureau of Labor Statistics.

重要的是，在 1980—2014 年间，经济出现了较大幅度的**通货膨胀**（inflation）：总体价格水平上升。了解通货膨胀及其对立面**通货紧缩**（deflation）——总体价格水平下降——的原因是宏观经济学关注的另一个话题。

通货膨胀即总体价格水平上升。

通货紧缩即总体价格水平下降。

□ 21.4.1　通货膨胀与通货紧缩的原因

你可能会认为，总体价格水平的变化仅仅是供给和需求的问题。例如，汽油价格的上涨反映了较高的原油价格，而原油价格的走高反映了各大油田资源枯竭以及中国和其他新兴经济体需求增长等因素，因为更多的人已经富裕到可以买车。我们能不能综合分析这些市场中发生了什么，以找出总体价格水平上涨的理由呢？

答案是否定的。供给与需求只能解释为什么某种产品或服务相对于其他产品或服务变得更加昂贵。它无法解释为什么鸡肉的价格随着时间的推移会上涨，尽管事实上鸡的生产变得更加高效（你并不想知道），相对于其他产品，鸡已经变得非常便宜。

总体价格水平上升或下降的原因是什么？我们将在第 23 章学习，在短期，通货膨胀走势与商业周期密切相关。当经济衰退，很难找到工作时，通货膨胀率趋于下降；当经济繁荣时，通货膨胀率趋于上升。例如，大多数产品和服务的价格在 1929—1933 年深度经济衰退中大幅下跌。

相比之下，在长期，总体价格水平由货币供给（可用于市场购买的资产数量）的变化决定。我们将在第 31 章看到，当政府将印刷钞票作为支付它们账单的主要手段时，恶性通货膨胀不可避免地会出现，即价格上涨幅度达百分之几千甚至百分之几万。

□ 21.4.2　通货膨胀及通货紧缩之痛

通货膨胀和通货紧缩可能会引起经济问题。这里有两个例子：通货膨胀会打击持有现金的人，因为如果总体价格水平上升，现金随着时间的推移会失去价值。也就是说，你用一定量现金可购买的产品或服务减少了。在极端情况下，人们不再持有现金，干脆转向物物交换。通货紧缩会导致相反的问题发生。如果总体价格水平下降，现金会随着时间的推移变得更有价值。换言之，用一定量现金可购买到的产品或服务增加了。所以，持有现金比用于投资新工厂或其他生产性资产更具吸引力。这可以加剧经济衰退。

我们将在第 23 章和第 31 章描述通货膨胀和通货紧缩带来的其他成本。目前，我们注意到的是，一般来说，经济学家认为**价格稳定**（price stability）是一个理想的目标，总体价格水平如果发生变化，也只能是缓慢变化。价格稳定在二战后成为美国经济大部分时间里似乎遥不可及的目标。然而，从 20 世纪 90 年代开始并持续到现在，已经出现了令绝大多数宏观经济学家满意的现象。

当总体价格水平变化非常缓慢时，我们称经济保持**价格稳定**。

▶ **真实世界中的经济学**

用（快餐）食品度量的通货膨胀

麦当劳最早出现于 1954 年。它提供快餐服务——实际上，这是最早的快餐店。同时它也非常便宜：汉堡包只卖 0.15 美元，炸鸡块卖 0.25 美元。到了 2014 年，一份常规的麦当劳汉堡包的价格比原先大约高出 6 倍，大约为 1.00 美元。难道麦当劳已经失去快餐店的本色了吗？还是汉堡包已经变成一种奢侈的大餐？

不是！实际上，与其他消费品相比，汉堡包比 1954 年的时候还要便宜。2013 年汉堡包的价格大约是 1954 年的 6.5 倍。但是，2013 年消费者价格指数已经是 1954 年的 8.5 倍。

及时复习

● 今天的 1 美元买到的东西不一定与 1980 年相同，因为总体价格水平已经上涨了。总体价格水平的上涨抵消了一个普通美国人在过去几十年工资的大部分（如果不是全部）上涨。

● 宏观经济学的研究领域之一是总体价格水平的变化。因为不管是通货膨胀还是通货紧缩都会使经济产生问题，因此经济学家通常都提倡保持价格稳定。

小测验 21－4

1. 以下情形哪些看起来像通货膨胀？哪些像通货紧缩？哪些不明确？

a. 汽油价格上涨10%，食品价格下降20%，大部分服务的价格上涨1%～2%。

b. 汽油价格翻倍，食品价格上涨50%，大部分服务的价格上涨5%～10%。

c. 汽油价格不变，食品价格下降，服务的价格变得更便宜。

21.5 国际收支不平衡

美国经济是**开放经济**（open economy）——与其他国家进行大量产品和服务交易的经济。曾经有很长一段时间，贸易基本是平衡的——当时美国对世界上其他国家和地区销售的产品与购买相当。但现在已经大为不同了。

开放经济是指与其他国家进行产品和服务交易的经济。

2013年，美国出现了巨额**贸易逆差**（trade deficit），也就是说，美国居民购买的来自世界各地的产品和服务的价值大大超过美国卖给外国客户的产品和服务的价值。与此同时，其他部分国家的情形正好相反，卖给外国的产品和服务的价值要大于其购买的价值。

图21－9显示了2013年几个重要经济体的产品进口和出口的情形。如你所见，美国的进口比出口多得多，但德国、中国和沙特阿拉伯正相反：这些国家都出现了**贸易顺差**（trade surplus）。当一个国家从世界其他地方购买的产品和服务的价值比它销往国外的产品和服务的价值小时，这个国家就会出现贸易顺差。美国的贸易逆差是否标志着美国经济有什么问题——难道美国不能制造其他国家希望购买的产品吗？

贸易逆差是指一个国家从世界其他地方购买的产品和服务的价值大大超过该国销往国外的产品和服务的价值。

贸易顺差是指一个国家从世界其他地方购买的产品和服务的价值大大小于该国销往国外的产品和服务的价值。

并非如此。贸易逆差和其反面贸易顺差都是宏观经济现象。它们是整体与部分之和不同的结果。你可能会认为，工人生产率高或生产广泛需要的产品和服务的国家应该为贸易顺差，而工人生产率不高或生产劣质产品和服务的国家应该为贸易逆差。但现实情况是，一个经济体的成功与它是否存在贸易顺差或贸易逆差之间并非简单的关系。

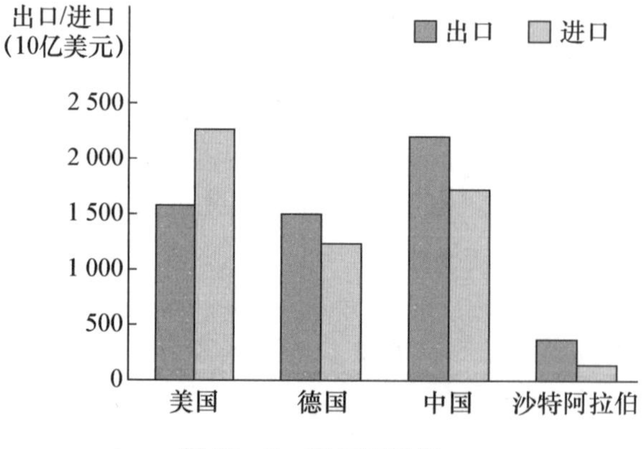

图21－9 贸易不平衡

2013年，美国从其他国家购买的产品和服务的价值比其销往国外的产品和服务的价值要大得多。德国、中国和沙特阿拉伯则正好相反。贸易逆差和贸易顺差反映了宏观经济力量的对比，特别是储蓄和投资支出的差异。

资料来源：CIA World Factbook.

在第2章中，我们知道国际贸易是比较优势的结果：国家出口其具有生产优势的产品，进口其不具有优势的产品。这就是美国出口小麦、进口咖啡的原因。然而，比较优势的概念并不能解释一个重要的事情：为什么一个国家进口的价值有时比其出口的价值大，或者相反？

那么，是什么决定一个国家会出现贸易顺差还是贸易逆差呢？在第 34 章，我们将得到一个出人意料的答案：出口和进口之间总体平衡的决定因素在于有关储蓄和投资支出的决定，投资支出是对像机械和工厂的支出，然后由后者生产出消费者需要的产品或服务。相对于储蓄，高投资支出的国家出现贸易逆差，而低投资支出的国家出现贸易顺差。

▶ 真实世界中的经济学

西班牙代价昂贵的顺差

1999 年，西班牙走出了重要的一步棋：为了采用欧元，它放弃了本国的货币比塞塔。欧元是旨在促进欧洲各国之间形成更密切的经济和政治联盟的共享货币。这是怎样影响西班牙的国际贸易的呢？

图 21－10 为 1999—2013 年西班牙的经常账户余额（广义的贸易余额定义）占 GDP（度量全国生产产品和服务的指标）的比重的走势图。如图 21－10 所示，经常账户余额为负意味着该国出现贸易逆差。正如我们所看到的，从西班牙采用欧元开始，贸易出现巨额逆差，高峰时占到 GDP 的 10%以上。然而，2008 年以后，贸易逆差开始迅速萎缩，2013 年出现小额顺差。

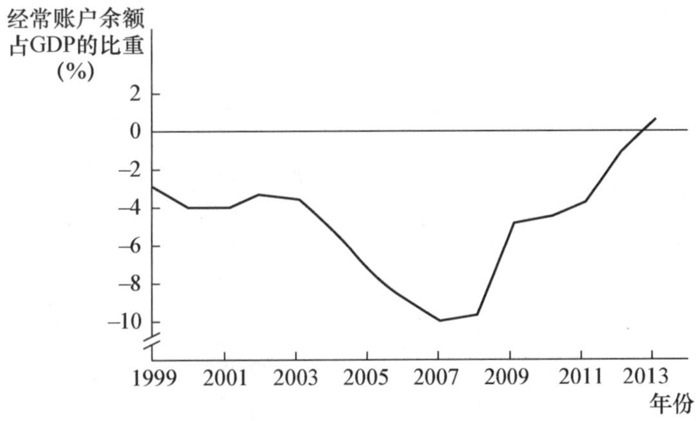

图 21－10　西班牙 1999—2013 年经常账户余额占 GDP 的比重

资料来源：International Monetary Fund.

这是否意味着西班牙经济在 1999—2013 年中期表现不好而后期变好呢？正好相反。在西班牙采用欧元后，外国投资者对其前景非常乐观，资金涌进该国，拉动经济快速扩张。这种扩张的核心是房地产市场的巨大繁荣，沿着西班牙著名的地中海沿岸建设度假屋的带动作用尤其明显。

遗憾的是，巨大的繁荣最终变成了一个巨大的泡沫而破灭，流入西班牙的外国资本迅速干涸。一个后果是西班牙可能没有巨额的贸易逆差了，并在 2013 年被迫出现顺差。另一个后果是严重的经济衰退，失业率高企，导致像我们在本章开始时描述的哈维尔·迪亚斯这样的毕业生失业问题。

及时复习

● 比较优势可以解释为什么一个开放的经济体出口某些产品和服务，而进口其他国家的另一些产品和服务，但是它无法解释为什么一个国家的进口会大于出口，或者相反的现象。

● 贸易逆差和贸易顺差的宏观经济现象是由投资支出和储蓄所决定的。

小测验 21－5

1. 以下各项哪些反映了比较优势？哪些反映了宏观经济力量？

a. 由于艾伯塔省大量开采油砂，加拿大已成为石油的出口国及其制成品的进口国。

b. 像许多消费品一样，苹果 iPod 在中国组装，尽管许多组件都是在其他国家制造的。

c. 自2002年以来，德国出口超过进口，出现巨额贸易顺差。

d. 美国在20世纪90年代初贸易大致平衡，随着科技的兴盛，它十几年后开始出现巨额贸易逆差。

▶ **企业案例**

经济周期和蒙哥马利·沃德的衰落

在互联网出现之前，美国广大农村和小城镇大量存在的是邮购，这意味着要先有蒙哥马利·沃德产品目录。从1872年开始，该目录可以使远离大城市的家庭购买当地商店不可能有存货的产品，如自行车、钢琴等。1896年西尔斯-罗巴克公司推出了一款竞争产品目录，两家公司为主导地位展开的竞争一直持续到第二次世界大战。此后，蒙哥马利·沃德远远落后（2000年它最终关闭了所有门店）。

为什么蒙哥马利·沃德会衰落？一个关键因素是其管理层误判战后发展前景。20世纪30年代对普通零售商是一个难熬的时期，因为大萧条对经济造成了灾难性的影响。图21-11为商店销售指数，该指数在1930年之后暴跌，到1940年也没有完全恢复。蒙哥马利·沃德通过"减产"来应对这种艰难的环境：它关闭了一些门店，削减成本，并积累了大量的现金储备。这一战略为公司带来了好处，使其恢复盈利能力，并获得一个非常稳健的财务状况。

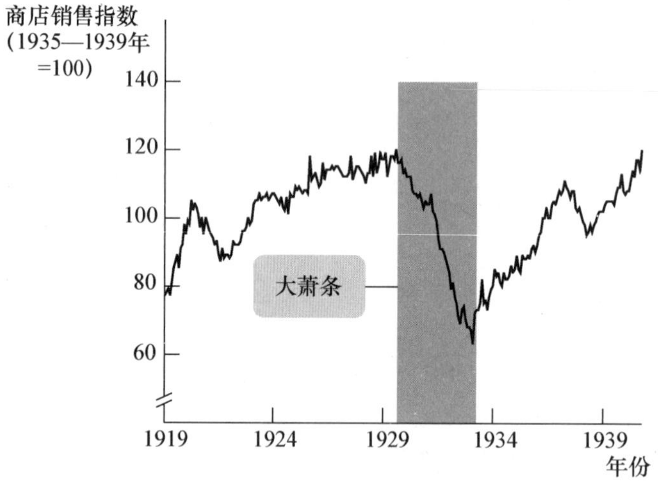

图21-11　1919—1946年商店销售指数

资料来源：National Bureau of Economic Research.

遗憾的是，该公司在第二次世界大战后错误地恢复了这种战略，但战后的环境与20世纪30年代的环境完全不同。商店销售额普遍激增：1960年的销售额相当于1940年的四倍多。西尔斯和其他零售商扩大规模以满足这一需求的激增，尤其是在快速发展的郊区。但蒙哥马利·沃德预计20世纪30年代的情况又将来临，因此开始积累现金；直到1959年，它没有开任何新店。由于未能与市场同步扩张，蒙哥马利·沃德遭遇了市场份额、声誉和知名度的大幅下降，造成了难以挽回的损失。

在企业界没有什么是永恒的。西尔斯最终也进入了一个长期缓慢下降的过程。首先，它被像沃尔玛这样的新零售商超越，沃尔玛的"大盒子式"的商店一般不卖大家电，但出售其他比西尔斯更便宜的产品，部分原因是沃尔玛利用信息技术来降低成本。最近，网购的兴起打击了各种传统零售商。但是，在第二次世界大战后的几年中，蒙哥马利·沃德自找的失败仍然说明了企业了解在更广泛的经济环境中正在发生什么是多么重要，也就是说，要把宏观经济因素考虑在内。

思考题

1. 20世纪30年代商店销售额大幅下滑是由什么引起的？
2. 在宏观经济方面，蒙哥马利·沃德的管理层认为在第二次世界大战后会发生什么？
3. 经济学家认为我们对20世纪30年代宏观经济理解的进步推动了后续更好政策的推出。如果这是真的，为什么在第二次世界大战以后蒙哥马利·沃德的更好的政策最终伤害了它？

小结

1. 宏观经济学研究的是经济体整体的行为。宏观经济学与微观经济学的区别主要表现在对一些问题的回答。宏观经济学的政策焦点为凯恩斯主义经济学，它出现于大萧条时期，提倡使用货币政策和财政政策来对抗经济衰退。在大萧条时期之前，经济被认为是自我调节的。

2. 宏观经济学关注的关键问题是商业周期，即经济衰退与扩张之间的短期交替，衰退是就业和产出下降的时期，扩张是就业和产出上升的时期。扩张转向衰退的时点是商业周期的波峰，而衰退转向扩张的时点是商业周期的波谷。

3. 宏观经济学研究的另一个重要领域是长期经济增长——经济产出在一段时间内持续上升的趋势。长期经济增长是人民生活水平长期提升和一些经济项目获得资金背后的动力。对一些相对贫穷的国家，这尤其重要。

4. 当大多数产品或服务的价格不断上涨，推动总体价格水平上升时，经济出现通货膨胀。当总体价格水平下降时，经济出现通货紧缩。从短期来看，通货膨胀和通货紧缩与商业周期密切相关。从长远来看，价格往往反映货币总量变化。由于通货膨胀和通货紧缩会导致许多问题，经济学家和政策制定者的普遍目标是价格稳定。

5. 虽然比较优势解释了为什么开放经济要出口或进口产品或服务，但宏观经济学需要解释为什么一个国家会出现贸易顺差或贸易逆差。出口和进口余额的决定因素是与储蓄和投资支出有关的决策。

关键词

自我调节经济	凯恩斯主义经济学	货币政策	财政政策	衰退	扩张	商业周期	商业周期的波峰
商业周期的波谷	长期经济增长	通货膨胀	通货紧缩	价格稳定	开放经济	贸易逆差	贸易顺差

练习题

1. 下列哪些问题属于宏观经济学的研究范围？哪些问题属于微观经济学的研究范围？

a. 如果马丁小姐为之工作的大型制造业工厂关闭，她给附近餐馆服务员的小费会有什么变化？

b. 如果经济出现衰退，消费者的支出会有什么变化？

c. 如果佛罗里达州的橘子林遭受了一场迟来的霜冻袭击，橘子的价格会有什么变化？

d. 如果一家制造业工厂的工人组织起来抗议，工资会有什么变化？

e. 如果美元以其他国家货币衡量的价格下降，美国的出口会有什么变化？

f. 一国的失业率和通货膨胀率之间有什么关系？

2. 如果一个人储蓄增加，此人的财富就会增多，这意味着他或她能够在未来消费更多。但是如果每个人都储蓄更多，每个人的收入就会相应下降，意味着每个人都必须降低当前的消费。请解释这种明显的矛盾。

3. 在大萧条以前，经济学家和政策制定者之间的传统观点是：经济在很大程度上是自我调节的。

a. 这个观点与凯恩斯主义经济学的观点一致吗？请说明。

b. 大萧条对传统观点有什么影响？

c. 对比政策制定者在 2007—2009 年经济衰退和大萧条时期所做出的行动。如果政策制定者在 2007—2009 年经济衰退时期采用在大萧条期间同样的方式来应对，可能的结果将会怎样？

4. 美国的经济学家如何确定经济衰退何时开始以及何时结束？其他国家如何确定经济衰退是否发生？

5. 美国劳工统计局报告的就业和收入的统计数据是许多经济学家用来度量经济健康状况的关键指标。图 21－4 是根据每个月失业率的历史数据画出的图形。值得注意的是，在 20 世纪 90 年代初的衰退时期、2001 年和 2008—2014 年的衰退时期，失业率很高。

a. 请查找全国失业率的最新数据。(提示：进入美国劳工统计局网站 www. bls. gov，可找到就业形势的最新数据。)

b. 比较 20 世纪 90 年代初、2001 年与 2008—2014 年期间的失业率，并与经济衰退前经济增长率相对较高时期的数字进行比较。当期的数字暗示了经济衰退的趋势吗?

6. 在 20 世纪 90 年代发生了一些戏剧性的经济事件，后来被称为亚洲金融危机。10 年后发生了类似事件，即全球金融危机。下图所示为美国和日本 1995—2011 年的实际 GDP 增长率。根据图示，请解释为什么两组事件被以这种方式命名。

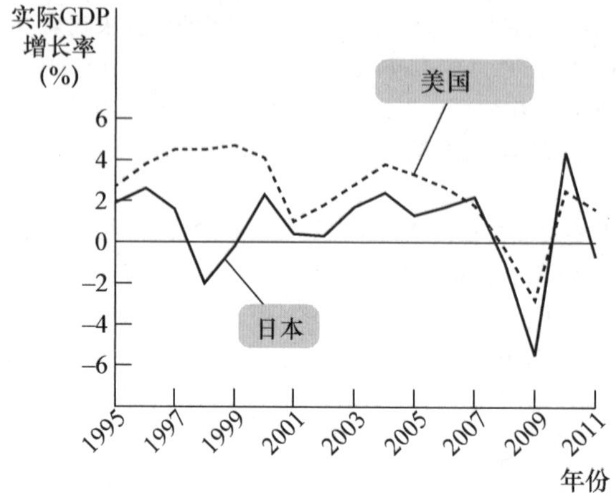

资料来源：Federal Reserve Bank of St. Louis.

7. a. 在商业周期中哪三个经济指标往往会一起变化? 在上升时期以哪种方式变化? 在下滑时期呢?

b. 在经济衰退期，经济体中谁会受到伤害? 怎样受到伤害?

c. 米尔顿·弗里德曼是如何改变在大萧条后管理经济的共识的? 政策决策者管理经济的当前目标是什么?

8. 为什么我们认为长期经济增长与商业周期的扩张是不同的? 我们为什么要关心相对于人口增长率的实际 GDP 长期增长速度的大小?

9. 1798 年，托马斯·马尔萨斯 (Thomas Malthus) 的著作《人口原理》(*Principle of Population*) 出版。他在书中写道："如果不加控制，人口会以几何级数增长，而食物只能以算术级数增长……这意味着食物短缺会对人口施加强有力的持续控制。" 马尔萨斯说的是，人口增长率会受到现有的食物数量的限制：人们将永远只能维持生活的最低水平。为什么 1800 年以后的世界与马尔萨斯描述的截然不同?

10. 每年英国《经济学人》(*The Economist*) 杂志会刊登巨无霸汉堡包在不同国家或地区的价格。下表列出了 2007 年和 2014 年的部分数据。请利用这些信息回答下面的问题。

国家或地区	2007 年		2014 年	
	巨无霸汉堡包的价格（本地货币）	巨无霸汉堡包的价格（美国货币）	巨无霸汉堡包的价格（本地货币）	巨无霸汉堡包的价格（美国货币）
阿根廷	8.25 比索	2.65 美元	21.0 比索	2.57 美元
加拿大	3.63 加元	3.08 美元	5.25 加元	5.64 美元
欧元区	2.94 欧元	3.82 美元	3.68 欧元	4.95 美元
日本	280 日元	2.31 美元	370 日元	3.64 美元
美国	3.22 美元	3.22 美元	4.80 美元	4.80 美元

a. 以 2007 年的美元计价，哪里的巨无霸汉堡包最便宜?

b. 以 2014 年的美元计价，哪里的巨无霸汉堡包最便宜?

c. 如果巨无霸汉堡包的本地货币价格上升表示的是该国或地区 2007—2014 年间的平均通货膨胀率，哪个国家或地区经历了最严重的通货膨胀? 有哪个国家或地区发生通货紧缩了吗?

11. 下页图说明了自 1987 年以来美国贸易逆差的情形。美国整体上持续出现的是产品进口大于出口的情况。与其保持逆差关系的一个国家是中国。以下各项哪些是对这一事实的可能的有效解释？请说明。

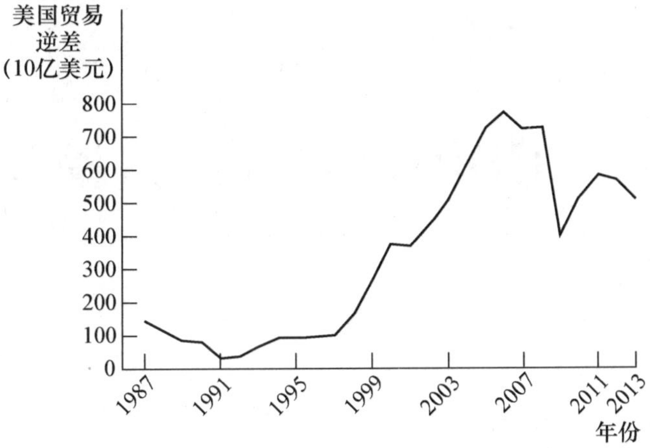

资料来源：Federal Reserve Economic Data.

a. 许多产品，如电视机，原来在美国制造，现在在中国生产。

b. 普通中国工人的工资远远低于普通美国工人的工资。

c. 美国的投资支出相对于储蓄的水平较高。

在线回答问题

12. 大学学费在过去几十年显著上升。从1981—1982学年到2011—2012学年，总学费、住宿费和由全日制本科学生所支付的学校董事会的开支，公立学校由2 871美元上升至16 789美元，私立学校由6 330美元上升至33 716美元。公立学校学费平均每年增加6.1%，私立学校增加5.7%。在同一时期，人均税后收入从9 785美元上升到39 409美元，个人收入年均增长率为4.8%。学费上涨是否加重了学生平均的大学学费负担呢？

第 22 章

GDP 和 CPI：追踪宏观经济

本章将学习

➢ 经济学家如何利用总量指标衡量经济状况。
➢ 什么是国内生产总值（GDP），它有哪三种计算方法。
➢ 实际 GDP 与名义 GDP 之间的区别是什么，为什么实际 GDP 是实际经济活动的合理指标。
➢ 什么是价格指数，如何用它来计算通货膨胀率。

开篇案例

新的第二大

“中国取代日本成为第二大经济体。”这是《纽约时报》（*New York Times*）2010 年 8 月 15 日的头条。它引用的经济数据表明，当日本经济低迷时，中国经济浩荡前行。文章预测——后来的结果证明是正确的——2010 年，迅猛发展的中国经济终将超过日本，第一次以仅次于美国的身份站在世界经济舞台。该报用“里程碑”来形容该事件，虽然预计出现这种结果已经有一段时间了，但是当中国真的崛起并成为世界其他国家将不得不与其打交道的新的经济超级大国时，还是让人感到震惊。

但是，这是否意味着中国经济体已经大于日本？毕竟，两个经济体生产的产品组合还是有很大的差异。尽管快速进步，但中国仍然是一个相对贫穷的国家，其最大的优势是生产技术含量相对较低的产品。相比之下，日本不能不说仍然是一个高科技国家，在许多复杂性高的产品上居于世界支配地位，比如汽车电子传感器。这就是在 2011 年日本东北部地区发生地震后许多工厂停产，造成世界各地的汽车制造厂生产暂时中断的原因。

因此，当生产的东西不一样时，你应该如何比较两个经济体的规模呢？

答案是国家间经济的比较基于其生产价值。当新闻报道宣称，中国经济已经超越日本时，其意思是中国的 GDP——产品和服务整体价值的度量指标——已经超过了日本的 GDP。

GDP 是用来追踪宏观经济——产量和价格的整体水平——的最重要的指标之一。像 GDP 和价格指数这类指标在制定经济政策时有非常重要的作用，因为政策制定者需要知道经济运行的现状，趣闻轶事是无法替代数据的。它们也对企业决策有重要影响——如在本章最后的企业案例中所说明的那样，企业和其他行为人愿意支付巨资早一点儿知道政府经济数据。

在本章中，我们将介绍宏观经济学家如何衡量经济的关键部分。我们首先探讨如何衡量经济体的总产出和总收入。然后，我们转向如何衡量经济体的物价水平和变化的问题。

22.1 国民收入账户

几乎所有国家都会计算一组被称为国民收入与产出账户的数据。实际上，一国国民收入与产出账户是该国经济发展状况的非常可靠的衡量指标体系。从总体上讲，账户越可靠，一国的经济往往越发达。国际经济机构在试图向一个不发达国家提供援助的时候，所做的第一件事通常就是派一个专家组去审查并改进该国的国民收入与产出账户。

在美国，这些数据由经济分析局负责测算，该局是美国商业部的一个下属机构。**国民收入与产出账户**（national income and product accounts）通常被简称为**国民收入账户**（national income accounts），主要用于记录消费者的支出、生产者的销售、企业投资支出、政府购买以及经济中不同部门之间的其他货币流量。下面我们探讨它们的具体测算过程。

国民收入与产出账户简称**国民收入账户**，用于记录经济体不同部门之间的货币流量。

22.1.1 循环流向图：回顾与扩展

为便于理解国民收入账户背后的理论基础，我们先来看图 22－1，这个图类似于我们在第 2 章中介绍过的循环流向图，但有一定的修正和扩展。回忆一下图 2－7，该图所示的是货币流量、产品和服务以及生产要素在经济中的循环流动过程。在这里我们严格限定于货币流量，但是附加了一些特殊元素，以便反映国民收入账户背后的关键概念。跟原先的循环流向图一样，图 22－1 的理论基础要求流入每个市场或部门的货币流量等于从该市场或部门流出的货币流量。

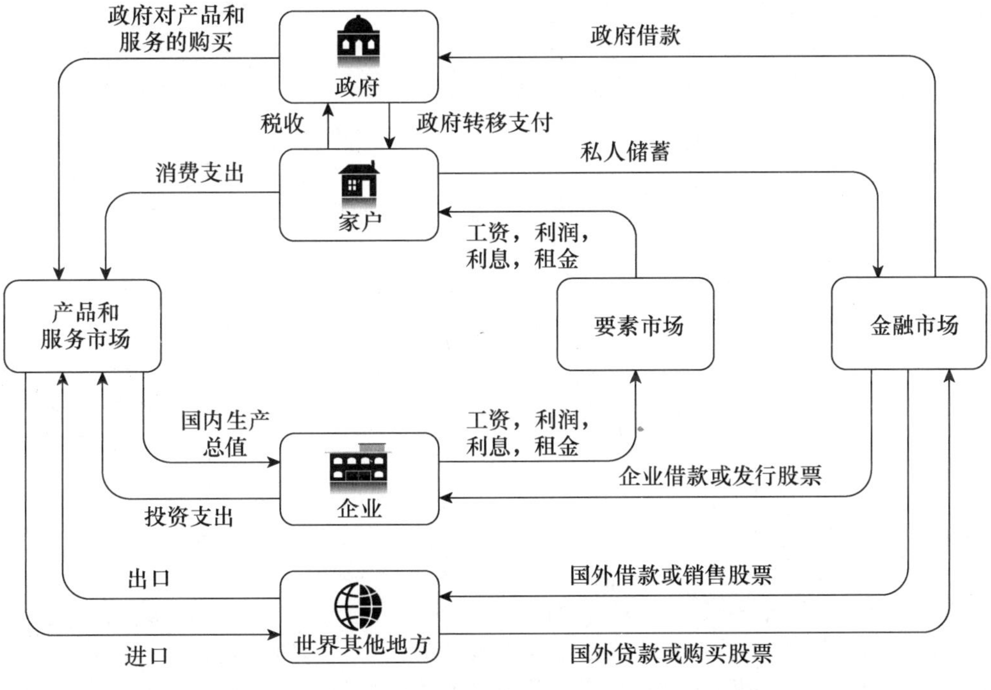

图 22－1 一个扩展的循环流向图：经济中的资金流动

资金的循环流动通过三个市场——要素市场、产品和服务市场以及金融市场，把四个经济部门——家户、企业、政府以及世界其他地方——联系在了一起。资金以工资、利润、利息和租金的形式通过要素市场从企业流向家户。在向政府支付税收并获得政府转移支付之后，家户把剩余收入——可支配收入——分配于私人储蓄和消费支出。私人储蓄和来自世界其他地方的资金通过金融市场完成企业投资、政府借款、国外借贷，以及国外的股票交易。反过来，通过产品和服务的购买，资金会从政府和家户流向企业。最后，对世界其他地方的出口会产生资金流入，而进口则会导致资金流出。如果加总消费者对产品和服务的支出、企业投资支出、政府对产品和服务的购买支出以及出口，再减去进口，由此计算得到的资金总流量就代表对美国生产的最终产品和服务的全部支出。换句话说，这就是美国生产的最终产品和服务的全部价值，也就是国内生产总值。

图 2－7 表示的是一个只包含家户和企业两类“居住者”的简化世界。该图描述了家户和企业之间的货

币循环流动状况，这一点在图 22－1 中仍然可以看到。在产品和服务市场上，家户进行**消费支出**（consumer spending），从国内企业和世界其他地方的企业手中购买产品和服务。

家户同时拥有生产要素——劳动、土地、物质资本、人力资本和金融资本。他们通过向企业出售这些生产要素的使用权来获取工资、利润、利息和租金收入。企业从要素市场向家户购买这些生产要素的使用权并支付相应的费用。大部分家户的主要收入来源于出售劳动所获得的工资。

但是家户也通过**股票**（stock）和**债券**（bond）等形式间接持有企业所使用的物质资本的所有权并获取额外收入。股票是对公司所有权所享有的份额，债券是指需要支付利息的借据。因此，家户从要素市场获得的收入包括股东的利润（即所谓红利）和家户持有债券的利息。最后，家户通过允许企业使用其所拥有的土地和建筑获取租金收入。因此，家户从要素市场得到的收入包括工资、利润、利息和租金等形式。

> **消费支出**是指家户用于购买产品和服务的支出。
>
> **股票**是股东所享有的对公司所有权的份额。
>
> **债券**是指需要支付利息的借据。

在原先简化的循环流向图中，家户把从要素市场获得的全部收入都用于对产品和服务的支出。但是图 22－1 所描述的却是一个更为复杂且更接近现实的模型。在该图中，实际上有两个原因导致家户收入不能全部用于对产品和服务的支出。

第一，家户并不能保留它们从要素市场获得的全部收入。它们必须把部分收入以诸如所得税和消费税的形式向政府缴纳税收。此外，一些家户会得到**政府转移支付**（government transfers）——政府对个人的支付，无须为此提供对等的产品或服务，比如社会保障金或失业保险金。家户在支付税收或得到政府转移支付之后的全部收入称为**可支配收入**（disposable income）。

> **政府转移支付**是指政府对个人的支付，个人无须为此提供对等的产品或服务。
>
> **可支配收入**等于收入加上政府转移支付再减去税收，是家户可用于消费支出和储蓄的全部收入。

第二，家户通常也不会把全部可支配收入用于对产品和服务的支出。相反，它们的部分收入一般会被留出来用于**私人储蓄**（private savings），流入**金融市场**（financial markets），由个人、银行及其他机构买卖股票、债券或者进行银行贷款。如图 22－1 所示，金融市场也从世界其他地方获得资金，并向政府、企业或世界其他地方提供资金。

在进行更深入的讨论之前，我们可以利用代表家户的方框先来描述一下有关循环流向图的一个重要特征：流出一个特定方框的货币流量的总和等于流入这个方框的货币流量的总和。这其实只是一个会计恒等式：流入量必须等于流出量。例如，家户流出的货币总量——税收、消费支出和私人储蓄之和，必须等于家户流入的货币总量——工资、利润、利息、租金以及政府转移支付之和。

现在我们来看这个循环流向图中的另外几类居民，包括政府（所有联邦政府、州政府和当地政府）和世界其他地方。政府把从税收得来的部分货币以政府转移支付的形式返还给了家户。但是，它把大部分税收收入，加上以**政府借款**（government borrowing）形式从金融市场借得的额外资金，都用于购买产品和服务。**政府对产品和服务的购买**（government purchases of goods and services），即联邦政府、州政府和地方政府的全部购买支出，包括从对军队的军火支出到你所在地区公立学校的粉笔、黑板擦和教师薪酬支出等所有项目。

> **私人储蓄**等于可支配收入减去消费支出，是指没有被用于消费支出的可支配收入。
>
> 把私人储蓄和国外贷款转化成投资支出、政府借款和国外借款的银行、股票和债券市场被称为**金融市场**。

世界其他国家通过以下三种途径介入美国经济：

第一，美国所生产的部分产品和服务会出售给其他国家的家户。例如，美国小麦和棉花年产量的一半以上销售到国外。出售给其他国家产品和服务被称为**出口**（export）。出口销售所得到的支付会形成从世界其他地方流入美国的资金流量。

第二，美国家户所购买的某些产品和服务由国外生产。例如，许多消费品是由中国制造的。从其他国家家户那里购买产品和服务被称为**进口**（import）。进口支出会形成流出美国的资金流量。

第三，外国人可以通过交易的形式介入美国的金融市场。国外贷款——外国人对美国国内一方的贷款，以及外国人购买美国企业的股票——形成从世界

> **政府借款**是指政府从金融市场借得的资金。
>
> **政府对产品和服务的购买**是指政府对产品和服务的购买支出。

> 出售给其他国家产品和服务被称为**出口**；从其他国家那里购买产品和服务被称为**进口**。

其他地方流入美国的资金流量。相反，国外借款——外国人从美国国内一方获得的借款，以及美国人购买外国企业的股票——形成从美国向世界其他地方的资金流出。

最后，我们回到产品和服务市场。在第 2 章，我们仅仅讨论家户对产品和服务的购买。现在我们看到，还有其他类型的产品和服务支出，包括政府购买、企业投资支出、进口和出口。

值得注意的是，在经过扩展的经济模型中，企业也会购买产品和服务。例如，一家准备兴建新工厂的汽车公司会从其他专业企业那里购买投资产品，例如用于为消费者生产产品和服务的压模机和焊接机器人等。它也会积累一定数量的整车库存以备运给经销商。**存货**（inventory）是为便利经营企业持有的产品和原材料。国民收入账户把这部分**投资支出**（investment spending）——对生产性物质资本，比如机器设备、建筑物以及存货变化的支出——记为对产品和服务的全部支出的一部分。

> **存货**是为便利经营企业持有的产品和原材料。
>
> **投资支出**是指对生产性物质资本，比如机器设备、建筑物以及存货变化的支出。

你可能会问为什么存货变化会包括在投资支出当中——毕竟整车不是用于生产更多汽车的。整车的额外库存之所以被认为是投资支出，是因为跟机器设备一样，它们也有利于企业扩大未来的销售能力。因此，存货支出被认为是企业投资的一种形式。与此相反，存货减少被认为是投资支出下降，因为这会降低未来的销售数量。

此外，投资支出也包括用于建筑建设的支出，而不管是厂房还是住宅。为什么包括住宅建设？因为跟工厂类似，新建的住宅也会产生一系列未来的服务流量——为居住者提供住宅服务。

设想一下，如果我们将消费者的产品和服务支出、投资支出、政府对产品和服务的购买以及出口的价值进行加总，并且减去进口的价值，这个指标可以让我们度量一个经济体生产的所有产品和服务总的市场价值。这个指标的名称就是一国的国内生产总值。但是，在我们正式定义国内生产总值（GDP）之前，我们必须注意两类产品和服务之间的重大区别：最终产品和服务与中间产品和服务。

> **最终产品和服务**是销售给最终或者终端使用者的产品和服务。
>
> **中间产品和服务**是由一家企业从另一家企业购买，用于生产最终产品和服务的投入品。
>
> **国内生产总值（GDP）**是经济体在一年内生产的全部最终产品和服务的总价值。

□ 22.1.2 国内生产总值

消费者从经销商处购买一辆新车，这是一个销售**最终产品和服务**（final goods and services）的例子：产品和服务被出售给最终或者终端使用者。但是，一个汽车制造商从钢铁企业购买钢材或者从玻璃制造商那里购买玻璃的例子却属于购买**中间产品和服务**（intermediate goods and services）：这些产品和服务是用于生产最终产品和服务的投入品。在中间产品和服务的例子中，购买者——另一家企业——不是最终使用者。

国内生产总值（gross domestic product，GDP）是一个经济体在一段时期（通常为一年）所生产的最终产品和服务的全部价值。2013 年美国的 GDP 为 168 000 亿美元，人均约 53 000 美元。因此，如果你是一名试图建构一国国民收入账户的经济学家，计算 GDP 的一种方法就是直接计算：调查企业并计算它们所生产的最终产品和服务的价值。在下一节我们将详细解释为什么中间产品和其他一些产品没有包括在 GDP 的计算当中。

但是，加总企业生产的最终产品和服务的全部价值并不是计算 GDP 的唯一方法。计算 GDP 的另一种方法基于最终产品和服务。由于 GDP 等于经济体中生产的最终产品和服务的全部价值，它必须等于企业在产品和服务市场的销售活动所得到的资金流量。

如果我们再看图 22-1 所示的循环流向图，可以发现，从产品和服务市场指向企业的箭头实际上被标记为“国内生产总值”。根据我们所说的基本核算规则，流出任何方框的流量必须等于流入该方框的流量。因此，从产品和服务市场流入企业的资金流量等于从其他部门流入产品和服务市场的全部资金流量。从图 22-1 可以看出，流入产品和服务市场的全部资金流量就是对国内生产的最终产品和服务的全部支出或**总支出**（aggregate spending）——消费支出、投资支出、政府对产品和服务的购买以及出口减去进口之和。因此计算 GDP 的第二种方法就是加总经济体对国内生产的最终产品和服务的总支出。

> **总支出**等于消费支出、投资支出、政府对产品和服务的购买以及出口减去进口之和，是对经济体中由国内生产的最终产品和服务的全部支出。

计算 GDP 还有第三种方法，基于经济体中的总收入。企业以及其使用的生产要素属于家户。所以企业必须最终为它们从家户获得的要素进行支付。从企业到要素市场的流量是由企业支付给家户的要素收入，包括工资、利润、利息和租金。同样，根据核算规则，从企业到家户的要素收入流量价值必须等于从产品和服务市场流入企业的资金流量。而后者的价值就是我们所指的经济体中生产的价值总额——GDP。

对于为什么 GDP 会等于企业支付给家户的要素收入的总价值这个问题，一个直观的解释是经济体中每笔交易的价值必定会成为某个人的收入这么一个事实——不管是工资、利润、利息，还是租金。因此计算 GDP 的第三种方法就是加总经济体中由家户从企业赚得的全部要素收入。

□ 22.1.3 计算 GDP

我们刚刚解释了计算 GDP 的三种方法：

（1）对生产的最终产品和服务的价值进行加总；

（2）对国内生产的最终产品和服务的总支出进行加总；

（3）对经济体中家户从企业获得的全部要素收入进行加总。

政府统计官员在工作中会同时采用这三种方法。为便于解释这三种方法的具体计算过程，我们考虑一个如图 22－2 所示的假想经济体。这个经济体由三家企业组成——美国汽车公司，每年生产一辆汽车；美国钢铁公司，生产制造汽车所需要的钢材；美国矿产公司，采掘炼钢所需要的铁矿石。这个经济体每年生产一辆汽车，价值 21 500 美元。因此该经济体的 GDP 为 21 500 美元。我们接下来探讨一下三种计算 GDP 的不同方法如何能够得到相同的结果。

通过测算最终产品和服务的价值计算 GDP 计算 GDP 的第一种方法是加总经济体中所生产的全部最终产品和服务的价值——在计算过程中剔除中间产品和服务的价值。为什么要剔除中间产品和服务的价值？毕竟，它们难道不是经济体中很大且很有价值的一部分吗？

为便于理解为什么 GDP 只包含最终产品和服务的问题，我们来看图 22－2 所示的简化经济模型。我们是否应该在计算这个经济体的 GDP 时加总矿产公司、钢铁公司和汽车公司的全部销售额？如果这么做的话，我们实际上把钢铁的价值计算了两次：第一次是在钢铁公司把它卖给汽车公司的时候，第二次是在把钢铁车身作为整车的一部分卖给消费者的时候。铁矿石的价值则被计算了三次：第一次是在把铁矿石开采出来卖给钢铁公司的时候，第二次是在把它炼成钢卖给汽车公司的时候，第三次是在把钢铁变成汽车卖给消费者的时候。

2.对国内生产的最终产品和服务的总支出=21 500 美元

	美国矿产公司	美国钢铁公司	美国汽车公司	总要素收入
销售额	4 200 美元（铁矿石）	9 000 美元（钢铁）	21 500 美元（汽车）	
中间产品	0 美元	4 200 美元（铁矿石）	9 000 美元（钢铁）	
工资	2 000 美元	3 700 美元	10 000 美元	15 700 美元
利息	1 000 美元	600 美元	1 000 美元	2 600 美元
租金	200 美元	300 美元	500 美元	1 000 美元
利润	1 000 美元	200 美元	1 000 美元	2 200 美元
企业总支出	4 200 美元	9 000 美元	21 500 美元	
企业增加值=销售收入－中间产品的成本	4 200 美元	4 800 美元	12 500 美元	

3.要素总支出=21 500 美元

1.最终产品和服务的价值，增加值的和=21 500 美元

图 22－2 计算 GDP

这个假想的经济体由三个企业构成，GDP 可以通过三种不同的方法计算：（1）GDP 作为最终产品和服务的价值，通过加总每个企业的增加值即可求得；（2）通过对国内生产的最终产品和服务的总支出计算 GDP；（3）通过从企业中获得的要素收入计算 GDP。

因此，测算每个生产商的全部销售价值会造成对同一个项目的重复计算，从而导致 GDP 数值被人为虚增。例如，在图 22-2 中，中间产品和最终产品全部销售量的总价值为 34 700 美元，其中 21 500 美元为汽车销售收入，9 000 美元为钢铁销售收入，4 200 美元为铁矿石销售收入。但是我们知道，GDP 只有 21 500 美元。在计算 GDP 的过程中，我们避免重复计算的方法是只计算每个生产商的**增加值**（value added）：其销售收入和它从其他企业购买的中间产品和服务的价值之间的差额。

生产者的**增加值**等于其销售收入减去它所购买的中间产品和服务的价值。

也就是说，我们要减去在每个生产阶段投入品（中间产品）的成本。在本例中，汽车公司的增加值等于它所生产的汽车的价值减去它购买钢铁的成本，即 12 500 美元。钢铁公司的增加值等于它所生产的钢铁的价值减去它购买铁矿石的成本，即 4 800 美元。只有铁矿石生产商，我们假设它不购买任何中间产品，因此它的增加值等于其全部销售收入，即 4 200 美元。三个公司的增加值之和为 21 500 美元，等于 GDP。

▶ 追根究底

估算我们的生活成本

有一句谚语说，如果一个人跟他或者她的女管家或厨师结婚，GDP 将会下降。事实确实如此：如果某人提供付费服务，这些服务将被计入 GDP。但是家户成员相互之间的服务则不计入 GDP。一些经济学家试图用替代指标来“估算”家务劳动的价值，也就是说，估计这些家务劳动在由市场提供的情况下的价值。但是对 GDP 的标准测算不包含这种估算。

然而，对 GDP 的标准测算当中包含了对“自住住房”价值的估算。换句话说，如果你买下原先租住的房子，GDP 不会下降。确实，你不再向房东支付房租，房东也不再向你提供服务，即对房子或公寓的使用权。但是不管你住在哪里，不管是房子还是公寓，统计员都会对你所需支付的租金做出估计。从 GDP 统计角度来看，自住住房就好比你租了自己的房子住。

仔细思考一下，这一点意义非常重大。在美国这样一个许多人拥有自住住房的国家，由自己的房子所得到的收益是生活水平的重要组成部分。因此，为准确起见，对 GDP 的标准测算必须考虑房主所拥有的房子以及房租的价值。

通过测算对国内生产的最终产品和服务的总支出计算 GDP　计算 GDP 的另一种方法是加总对国内生产的最终产品和服务的总支出。也就是说，可以通过估算流入企业的资金流量来测算 GDP。与通过测算生产价值来计算 GDP 的方法类似，这种方法也必须设法剔除重复计算。

在前面关于钢铁和汽车的例子中，我们并没有计算消费者对汽车的支出（在图 22-2 中为 12 500 美元，即汽车的销售价格）和汽车公司对钢铁的支出（在图 22-2 中以制造汽车所用的钢铁的售价 9 000 美元表示）。如果同时计算的话，就会把制造汽车所用的钢铁计算两次。我们解决这个问题的办法是只计算销售给最终购买者的价值，比如消费者、购买投资品的企业、政府或者国外购买者。换句话说，为了避免对支出的重复计算，我们在用支出数据测算 GDP 的时候剔除了从一家企业向另一家企业购买投入品的支出。我们从图 22-2 可以看出对最终产品和服务——完整汽车——的支出为 21 500 美元。

正如已经指出的，国民收入账户中确实也把企业的投资支出包含在最终支出当中。也就是说，汽车公司购买制造汽车的钢材的支出不计入最终支出，但是该公司的工厂购买新的机器设备的支出则被计入最终支出。这有什么区别吗？钢铁是在生产过程中用掉的产品；机器设备尽管也在制造汽车时使用，却能使用许多年。由于购买机器设备之类的资本品能够使用较长时间，而不会在当前的生产中迅速耗尽，因此国民收入账户把这类购买支出计为最终支出。

在后续章节中，我们会反复使用以下命题，即 GDP 等于最终购买者对国内生产的产品和服务的全部支出。我们也将用模型来探讨最终购买者是如何做出各自的支出决策的。因此，我们有必要在这里先了解一下构成 GDP 的各种支出类型。

回顾一下图 22-1 中的产品和服务市场，我们可以看到，消费支出是企业销售的一个部分。我们把消费

支出记为 C。图 22－1 也描述了企业销售的其余三个组成部分：对其他企业投资产品的销售或投资支出记为 I；政府对产品和服务的购买记为 G；对外国人的销售，也就是出口，记为 X。

但是，并非所有的最终支出都是用于购买国内生产的产品和服务。我们把进口支出记为 IM。进口支出的收入不是对国内生产的产品和服务支出的收入，而是"渗漏"出国界的收入。所以为了使用支出数据准确计算 GDP，我们必须把进口支出剔除，以达到支出局限于国内生产的产品和服务的目的。把所有这些都放到一起，就是构成 GDP 总支出的四大来源，对此可以用如下方程来表示：

$$\text{GDP}=C+I+G+X-IM \tag{22-1}$$

在后续章节中我们经常会碰到这个方程。

▶ 疑难解答

GDP 包括什么，不包括什么？

哪些项目应包括在 GDP 中，哪些不应包括，这是一个容易混淆的问题。因此我们有必要在此暂停一下，先搞清楚这个问题。最容易混淆的可能是有关投资支出和对中间产品和服务的支出之间的差异。投资支出——对生产性实物资本（包括住宅和商业建筑的建设）投资以及存货变动——是包含在 GDP 中的。但是对中间产品和服务的支出则不属于 GDP。

为什么会有这种差异呢？回忆一下我们在第 2 章中对生产过程中耗尽和不耗尽的资源的区分。一项投入品，比如钢铁，会在生产过程中耗尽。一项投资品，例如一台金属压模机，却不会耗尽，它可以使用很多年，能在制造汽车的过程中反复使用。由于对生产性实物资本——投资品——的支出和对建筑物的支出不会在当前生产中直接耗尽，因此经济学家把此类支出记为对最终产品的支出。

对存货变化的支出被作为投资支出的一部分计入 GDP。这又是为什么呢？这是因为，跟机器设备一样，额外的存货也是对未来销售的一种投资。当一件产品从存货中销售出去时，它的价值将从存货和 GDP 中被扣减掉。

二手产品不计入 GDP，因为跟投入品类似，如果计入会造成重复计算：在作为新产品出售时计算过一次，再次出售时又计算一次。

另外，股票和债券之类的金融资产不计入 GDP，因为它们不属于最终产品和服务的生产或销售的任何环节。债券代表的是对利息的支付承诺，股票代表的则是所有权凭证。而且出于明显的原因，外国生产的产品和服务也不计入 GDP。

以下是对有关项目是否包含在 GDP 当中的一个简单总结。

包含项目：

- 国内生产的最终产品和服务，包括资本品、新建筑以及存货的变动量。

不包含项目：

- 中间产品和服务；
- 投入品；
- 二手产品；
- 股票和债券之类的金融资产；
- 外国生产的产品和服务。

通过测算从企业获得的要素收入计算 GDP 计算 GDP 的最后一种方法是对经济体中从企业获得的全部要素收入进行加总，包括：劳动工资收入；向企业和政府提供贷款的企业和个人储蓄者的利息收入；向企业出租土地或建筑物的租金收入；红利，即向股东作为企业物质资本所有者支付的利润收入。这是一种有效的测算方法，因为企业通过出售最终产品和服务所赚来的钱必定会流向某个地方；没有作为工资、利息或租金支付出去的那部分就是利润。最后利润则会以红利的形式支付给股东。

图 22－2 描述了对于这个简化经济体 GDP 的计算过程。最右边以阴影表示的那一列是全部企业所支付

的工资、利息、租金及利润。加总所有这些收益得到全部要素收入为 21 500 美元——它也等于 GDP。

我们对要素收入法不像计算 GDP 的另外两种方法那样看重。重要的是应该记住，对国内生产的产品和服务的全部货币支出将构成家户的要素收入，形成资金流动。

GDP 的构成 现在我们已经掌握了 GDP 的计算原理，接下来看一下 GDP 的实际计算过程。

图 22－3 描述的是计算 GDP 的前两种方法。柱状图在横轴以上部分的高度表示的是 2013 年美国经济的 GDP：168 000 亿美元。每个柱状图均按增加值来源或支出途径对 GDP 总值进行了相应的分解。

在图 22－3 中左边的柱状图中，我们看到的是按照不同部门创造的增加值对 GDP 所做的分解，这是计算 GDP 的第一种方法。在 168 000 亿美元的总值中，126 840 亿美元是企业部门创造的增加值。另外 20 790 亿美元的增加值是由家户创造的；其中很大一部分是自有住房服务，这在前面“追根究底”专栏中介绍过。最后，20 360 亿美元是由政府以军队、教育及其他政府服务形式创造的增加值。

图 22－3 中右边的柱状图所示为计算 GDP 的第二种方法，该柱状图把 GDP 分解为四类总量支出。右柱的总长度大于左柱，差额为 4 970 亿美元（从图中可以看到，也就是右柱横轴以下的部分）。这是因为右柱横轴以上的总长度代表的是经济体中的总支出，它包括对国内和国外生产的最终产品和服务的全部支出。该柱状图中的主要部分为消费支出（C），占 GDP 的 68.4%。

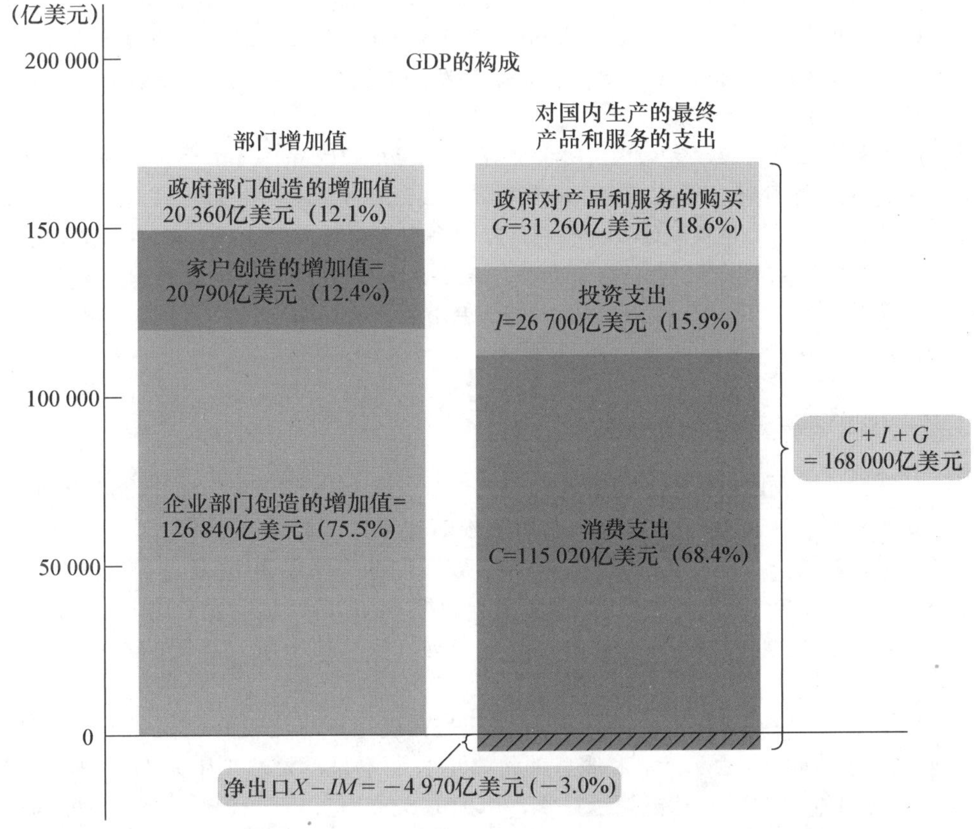

图 22－3　2013 年美国的 GDP：用两种方法计算 GDP

两个柱状图描述了计算 GDP 的两种等价方法。每个柱状图都代表了 2013 年美国的 GDP，为 168 000 亿美元。左柱描述的是以经济体中每个部门（政府、企业和家户）创造的增加值表示的 GDP 构成状况。右柱描述的是 GDP 按照四种支出分解的状况：$C+I+G+X-IM$。右柱的高度为 168 000 亿美元＋4 970 亿美元＝172 970 亿美元。由横轴以下部分表示的 4 970 亿美元是净出口吸收的总支出，2013 年为负值。（因为四舍五入，数值不一定正好吻合）。

资料来源：Bureau of Economic Analysis。

但是，其中的部分支出被用于购买国外生产的产品和服务。2013 年，**净出口**（net exports）即出口值和进口值之间的差额［式（22－1）中的 $X-IM$］为负——美国是一个外国产品和服务的净进口国。2013 年 $X-IM$ 的值为－4 970

净出口是指出口值和进口值之间的差额。

亿美元，或者说占 GDP 的－3.0%。因此，右柱延长到横轴以下的 4 970 亿美元表示被净进口吸收的支出总额，它并不会增加美国的 GDP。投资支出（I）占 GDP 的 15.9%，政府对产品和服务的购买（G）占 GDP 的 18.6%。

▶ 追根究底

加总什么？

有的时候你会发现有人提及国民生产总值，或者 GNP，而不是国内生产总值。这只是同一事物的不同名称吗？不是这样的。

如果你仔细看一下图 22－1，你会意识到，该图可能存在某些遗漏。根据该图的描述，所有要素收入都流向国内家户。但是当通用汽车公司或苹果公司把利润支付给外国股东时会出现什么情况呢？在海外经营的美国企业所赚取的利润又如何处理呢？

答案是，它们计入 GNP，而不是 GDP。GNP 被定义为一国家户所赚取的全部要素收入。它将剔除外国人所赚得的要素收入，比如支付给暂时持有美国股票的外国投资者的利润或者支付给暂居美国的外国人的工资。但是包括海外美国人所赚取的要素收入，比如苹果公司欧洲业务为该公司的美国股东所创造的利润。

在早期的国民收入核算中，经济学家通常用 GNP 而不是 GDP 作为经济规模的衡量指标——尽管这两个指标的数值非常接近。之所以转而采用 GDP，主要是因为它更适合衡量生产的短期变动，同时也因为要素收入的国际流动数据的可靠性相对较差。

在实践中，对于美国这样规模较大的经济体，采用哪个指标的差异不是很大，因为流向其他国家的要素收入净额很小。2013 年，美国的 GNP 比 GDP 高 1.5%，主要是由于美国企业的海外利润收入。但是，小国很可能会成为许多外国公司的东道国，GDP 和 GNP 可能存在显著差异。例如，爱尔兰的许多产业由美国企业控制，其利润必须从爱尔兰的 GNP 中扣除。此外，爱尔兰聚集了大量来自欧洲贫困地区的临时工人，他们的工资也必须从爱尔兰的 GNP 中扣除。因此，2013 年爱尔兰的 GNP 只占其 GDP 的 86%。

□ 22.1.4　GDP 能告诉我们什么

至此我们已经掌握了计算国内生产总值的几种不同方法。问题是 GDP 这个指标能够告诉我们什么呢？

GDP 最主要的用途是用来度量经济规模，比如用于对比不同年份或不同国家之间的经济状况。例如，假设你想比较不同国家的经济，一个常用的办法就是比较它们的 GDP。2013 年，美国的 GDP 为 168 000 亿美元，中国的 GDP 为 91 810 亿美元，欧盟 27 国的 GDP 总额为 173 710 亿美元。这个对比说明，中国尽管是世界第二大经济体，但它占世界经济的比重大大低于美国。从总体上看，欧盟的经济总量等于或略大于美国。

但是，我们在使用 GDP 数据时必须格外小心，尤其是在进行跨时比较的过程中。这是因为随着时间的推移，GDP 增加额中有一部分是由于产品和服务的价格增长而不是产量增加带来的。例如，1997 年美国的 GDP 为 86 080 亿美元，到了 2013 年将近翻了一番，达到 168 000 亿美元。但是在这段时期美国经济的实际规模并没有翻番。要衡量总产出的真实变化，我们需要采用经过价格因素调整的修正 GDP，即实际 GDP。之后我们将学习如何计算实际 GDP。

▶ 真实世界中的经济学

创建国民收入账户

跟现代宏观经济学类似，国民收入账户的诞生同样源于大萧条。在经济陷入萧条的时候，政府官员发现他们的反应能力不足不仅是因为缺乏足够的经济理论，还因为缺乏足够的信息。他们所拥有的只是散乱的统计数据：铁路货运数据、股票价格以及工业生产的不完整的指数。他们只能猜测整体经济的大致状况。

商业部对缺乏信息这种状况的反应是命令西蒙·库兹涅茨（Simon Kuznets），一名年轻的俄裔经济学家，来开发一套国民收入账户体系。（库兹涅茨后来因这项工作而获得了诺贝尔经济学奖。）该账户体系的第一版见于名为《1929—1935 年国民收入》（*National Income，1929—1935*）的研究报告，它于 1937 年被提交给国会。

库兹涅茨最初的测算针对收入而不是产量，因而还不能构成现代账户体系的全部。在第二次世界大战期间，出现了推动国民收入账户完成的压力。当时政策制定者们掌握整体经济状况的愿望比以前更为急迫。联邦政府从 1942 年开始发布国内生产总值和国民生产总值的测算数据。

2000 年 1 月，商业部出版的《现代商业概览》（*Survey of Current Business*）中刊登了一篇题为《GDP：20 世纪的伟大发明之一》（GDP：One of the Great Inventions of the 20th Century）的文章。这似乎略有过头，但是美国发明的国民收入账户核算体系迄今确实已经成为一个世界通用的经济分析和政策制定的工具。

及时复习

- 一国的国民收入与产出账户（国民收入账户）用于记录不同经济部门之间的货币流量。
- 家户获得的要素收入包括工资、利润、利息和租金等形式。它们也会获得政府转移支付。
- 家户把可支配收入用于消费支出和私人储蓄，后者是指流入金融市场的资金，用于金融投资支出和政府借款。
- 政府对产品和服务的购买是联邦政府、州政府和地方政府购买产品和服务的总和。
- 进口导致一国资金流出。出口导致一国资金流入。
- 国内生产总值（GDP）可用三种方法计算：通过加总所有企业创造的增加值来测算最终产品和服务的价值；加总对国内生产的最终产品和服务的全部支出，即所谓总支出；加总企业支付的全部要素收入。中间产品和服务不计入 GDP，但是存货的变动量和净出口计入 GDP。

小测验 22-1

1. 请解释为什么用三种方法计算 GDP 的结果是一致的。
2. 企业可以向哪些部门销售产品和服务？家户通过哪些途径与其他部门发生联系？
3. 假设在图 22-2 中你错误地计算了增加值总额，结果为 30 500 美元，即汽车销售价格与汽车所用钢铁价值之和。哪些项目你计算了两次？

22.2 实际 GDP：度量总产出的指标

在本章开篇案例中，我们描述了中国如何在 2010 年超过日本成为世界第二大经济体。当时，日本经济日渐衰落：2010 年第二季度，产量按年化利率计算下降了 6.3%。然而，奇怪的是，国内生产总值却增长了。事实上，日本的国内生产总值用本国货币日元来计算，在该季度按年化利率计算上升了 4.8%。这怎么可能？答案是，日本当时面临着通货膨胀。这样一来，日本国内生产总值的日元价值上升，虽然产量实际上下降了。

这个故事的寓意是：广泛引用的 GDP 数据是一个非常有趣和有用的统计指标，但是它并不是衡量总产出随时间变化的有效指标。例如，GDP 上升可能是因为经济增长，也可能只是由通货膨胀所致。即使经济中产量没有变化，如果经济体中生产的产品和服务的价格上升了，GDP 也可能上升。同样，GDP 的下降可能是因为经济中产量减少之故，也可能是由于价格下降之故。

为了区分这些可能的原因，我们必须计算出**总产出**（aggregate output）：经济体生产的最终产品和服务的数量。计算它的目的是用于计算实际 GDP。通过计算随时间变化的实际 GDP，我们就避免了因价格变化而扭曲一段时间内所生产的产品和服务的价值。我们先来看实际 GDP 的计算方法，然后讨论它的具体含义。

总产出是经济体生产的最终产品和服务的数量。

□ 22.2.1 计算实际 GDP

为便于理解实际 GDP 的计算过程，假设经济中只生产苹果和橘子两种产品，并且这两种产品都只向最终消费者出售。两种水果连续两年的产量和价格如表 22-1 所示。

我们从数据可以看出，从第 1 年到第 2 年，销售额增加。第 1 年的总销售额为 20 000 亿吨×0.25 美元/吨+10 000 亿吨×0.50 美元/吨=10 000 亿美元；第 2 年的总销售额为 22 000 亿吨×0.30 美元/吨+12 000 亿吨×0.70 美元/吨=15 000 亿美元，增幅为 50%。但是该表也清楚地说明，GDP 的增加量高估了经济的实际增长状况。尽管苹果和橘子的产量均有所增加，但它们的价格也同时上升了。因此，从第 1 年到第 2 年 GDP 50%的增幅反映了价格上涨，不代表产值的增长。

表 22-1　　计算一个简化经济体的 GDP 和实际 GDP

	第 1 年	第 2 年
苹果产量（亿吨）	20 000	22 000
苹果价格（美元/吨）	0.25	0.30
橘子产量（亿吨）	10 000	12 000
橘子价格（美元/吨）	0.50	0.70
GDP（亿美元）	10 000	15 000
实际 GDP（按第 1 年美元计算的亿美元）	10 000	11 500

为估计总产出的真实增长，我们必须对以下问题做出解答：如果价格不变，GDP 会增长多少？为回答这个问题，我们需要计算用第 1 年价格表示的第 2 年的产值。按照第 1 年的水平，苹果的价格为 0.25 美元/吨，橘子的价格为 0.50 美元/吨。因此以第 1 年价格表示的第 2 年的产值为 22 000 亿吨×0.25 美元/吨+12 000 亿吨×0.50 美元/吨=11 500 亿美元。以第 1 年价格表示的第 1 年的产值为 10 000 亿美元。因此，在这个例子中，以第 1 年价格衡量的 GDP 增长了 15%——从 10 000 亿美元增加至 11 500 亿美元。

现在我们可以给出**实际 GDP**（real GDP）的定义：一个经济体在一年中生产的以某个特定基年的价格计算的最终产品和服务的总产值。实际 GDP 数据总是会附带关于基年的信息。

> **实际 GDP** 是指一个经济体在一年中生产的以某个特定基年的价格计算的最终产品和服务的总产值。
> **名义 GDP** 是指一个经济体在一年中生产的以生产当年的价格计算的最终产品和服务的总产值。

没有对价格变化做出调整的 GDP 数据是按照生产当年的价格计算的。经济学家把该指标称为**名义 GDP**（nominal GDP），即按当年价格计算的 GDP。在苹果和橘子的例子中，如果我们用名义 GDP 来衡量从第 1 年到第 2 年的实际产量变化，我们将会高估产量的实际增长：我们认为增幅为 50%，实际上只有 15%。通过同一组价格——在这个例子中是用第 1 年的价格——来对比两年的产出，我们就有可能只专注于产出数量的变化，而剔除价格变化的影响。

表 22-2 所示为苹果和橘子例子的一个真实版本。第 2 列表示的是 2005 年、2009 年和 2013 年的名义 GDP。第 3 列表示的是以 2009 年美元计算的各年实际 GDP 数据。2009 年这两个数据相等。但是以 2009 年美元表示的 2005 年的实际 GDP 高于 2005 年的名义 GDP，它反映了这样一个事实，即以 2009 年美元计算的价格水平整体上高于以 2005 年美元计算的水平。相反，以 2009 年美元表示的 2013 年的实际 GDP 低于 2013 年的名义 GDP，因为以 2009 年美元计算的价格水平低于以 2013 年美元计算的水平。

表 22-2　　2005 年、2009 年和 2013 年的名义和实际 GDP

年份	名义 GDP（10 亿当年美元）	实际 GDP（10 亿 2009 年美元）
2005	13 094	14 234
2009	14 419	14 419
2013	16 768	15 710

你可能已经注意到，利用表 22-1 中的数据有另一种计算实际 GDP 的方法。为什么把第 1 年作为基年而不用第 2 年呢？这种设定看起来同样合理。根据这种计算方法，以第 2 年价格表示的第 1 年实际 GDP 为

20 000 亿吨×0.30 美元/吨+10 000 亿吨×0.70 美元/吨=13 000 亿美元；以第 2 年价格表示的第 2 年实际 GDP 为 15 000 亿美元，与第 2 年的名义 GDP 相等。因此，如果把第 2 年作为基年，实际 GDP 的增长率为（15 000 亿美元−13 000 亿美元）/13 000 亿美元=0.154，或者 15.4%。这个数值略高于原先以第 1 年作为基年的计算结果。按照原先的计算结果，实际 GDP 增加了 15%。对于 15.4%和 15%这两个结果，不存在哪一个更“准确”之说。

实际上，政府的经济学家在编制美国国民收入账户时采用了链式美元来度量实际 GDP 的变化，即对较早基年和较晚基年的 GDP 增长率进行平均。因此，美国实际 GDP 的统计数据总是使用**链式美元**（chained dollars）表示。

链式美元是指在计算实际 GDP 的变化时，将较早基年和较晚基年的 GDP 增长率进行平均后的数值。

□ 22.2.2 哪些是实际 GDP 不能衡量的

GDP（名义或实际）是度量一国总产出的指标。在其他条件相同的情况下，人口较多的国家 GDP 较高，因为那里参加工作的人较多。因此，如果我们要对 GDP 进行跨国比较，但是又要剔除人口规模差异的影响，我们需要采用**人均 GDP**（GDP per capita）这个指标——GDP 除以人口规模，相当于每个人的平均 GDP。相应地，人均实际 GDP 是每个人的平均实际 GDP。

人均 GDP 是用 GDP 除以人口规模；相当于每个人的平均 GDP。

人均实际 GDP 在某些情况下是一个比较有用的指标，比如在比较国家间劳动生产率时。尽管人均实际 GDP 是对人均实际产出水平的大致度量指标，但是当用于度量一国人民生活水平时，它的局限性还是非常明显的。经济学家有时会遭遇这样的责难，即他们认为人均实际 GDP 是唯一重要的事情，也就是提高人均实际 GDP 本身就是一个政策目标。实际上，经济学家很少会犯这种错误；那种认为经济学家只关注人均实际 GDP 的想法只是传言。

我们简单讨论一下，为什么人均实际 GDP 不足以衡量一国的民众福利水平，以及为什么人均实际 GDP 增长本身并非一个恰当的政策目标。

考虑这个问题的一种思路是把实际 GDP 的增长看作该经济体生产可能性边界的扩张。由于经济体的生产能力提高，这个社会能做的事情将会更多。但是社会是否把更高的潜力切实用于改善民众福利却是另一回事。换句话说，你今年的收入可能会比去年高，但你是否把更高的收入用于改善你的生活质量，这取决于你个人的决定。

因此，我们有必要重申：人均实际 GDP 是衡量经济中每个人的平均总产出的一个指标，它所能反映的也只有这些。它本身并不足以作为政策目标，因为它没有表明一个国家会如何使用这些产量来提高社会生活水平。一个 GDP 较高的国家能够负担起更好的卫生和教育服务，能够改善民众的生活质量。但是在 GDP 和生活质量之间并不存在一一对应的关系。

▶ **国际比较**

GDP 与生活的意义

女演员梅·韦斯特有句名言：“我曾经富过，也曾经穷过。相信我，富比穷好。”但对于国家或地区来讲，同样如此吗？

下页图显示了部分国家或地区的如下两方面信息：它们有多富裕，以人均 GDP 来度量；人们如何评价他们的幸福。幸福由盖洛普公司的一项世界调查度量，即请人们对他们当前的生活和他们预期未来五年的生活打分。该图所示为认为他们福利水平为“兴旺”的人数所占的百分比。数据似乎告诉我们三件事：

1. 富裕相对要好一些。富裕国家或地区平均比贫穷国家或地区有更高的福利水平。

2. 随着人们越来越富裕，金钱的重要性越来越低。随着 GDP 的增加，提高的生活平均满意度会变得越来越小。例如，与从比利时水平上升到美国水平相比，从意大利水平上升到比利时水平生活满意度提高得更大一些。

3. 金钱并非一切。根据世界标准，以色列人是富人，但与美国人相比却是穷人，但他们似乎更满意自己的生活。日本比大多数其他国家或地区更富有，但总的来说它的国民过得相当郁闷。

这些结果与如下观察是相符的：人均 GDP 高可过上良好的生活，但多国利用这种机会的可能性并不相同。

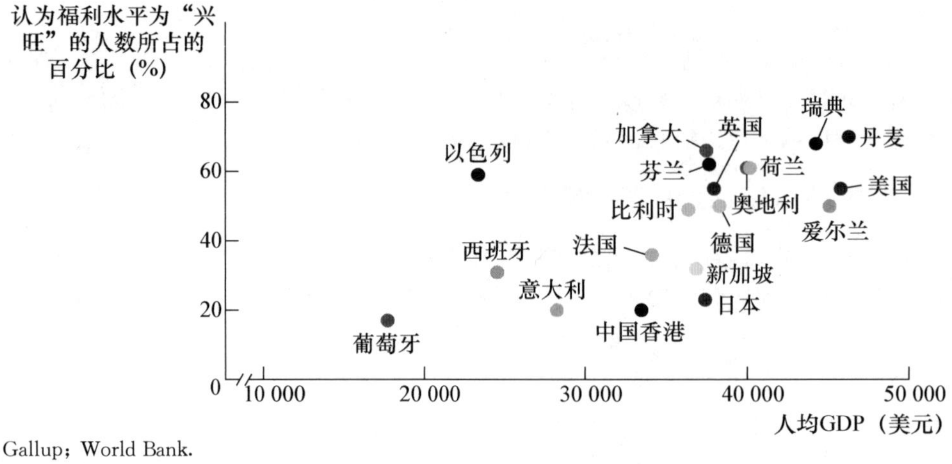

资料来源：Gallup；World Bank.

▶ 真实世界中的经济学

委内瑞拉奇迹?

南美国家委内瑞拉拥有可能会让你大吃一惊的特质：在最近几年，它已是世界上名义 GDP 增长最快的国家之一。2000—2013 年间，委内瑞拉的名义 GDP 年平均增长 29%，每年的增长速度远远超过美国，甚至超过像中国这样蓬勃发展的经济体。

因此，委内瑞拉正在经历一场经济奇迹吗？不，它只是在经历不同寻常的高通货膨胀之苦。图 22－4 所示为委内瑞拉 2000—2013 年的名义 GDP 和实际 GDP，实际 GDP 是按 1997 年价格计算的。在此期间，实际 GDP 的年增长率只有 3.2%。这是同期美国增长率的两倍，但远远没有达到中国 10%的增长率。

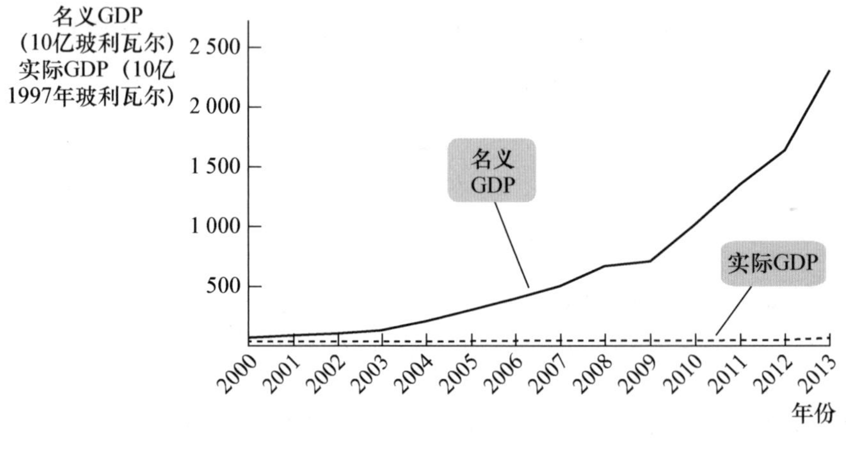

图 22－4　委内瑞拉的名义 GDP 和实际 GDP

资料来源：IMF-World Economic Outlook (2014).

及时复习

- 为了确定总产出的实际增长状况，我们通过某个特定基年的价格计算实际 GDP。相反，名义 GDP 是按照当年价格计算的总产值。美国实际 GDP 的统计数据总是使用链式美元表示。

● 人均实际 GDP 是度量每个人的平均总产出的指标。但它还不足以成为表示人类福利水平的衡量指标，它本身也不是一个恰当的政策目标，因为它不能反映经济中有关生活水平的重要方面。

小测验 22－2

1. 假设经济体中只有炸薯条和洋葱圈两种产品。2013 年分别销售了 1 000 000 份炸薯条和 800 000 份洋葱圈，价格分别为 0.40 美元和 0.60 美元。2013—2014 年，炸薯条的价格上涨了 25%，销量下降了 10%；洋葱圈的价格下降了 15%，销量上升了 5%。

a. 计算 2013 年和 2014 年的名义 GDP。以 2013 年作为基年计算 2014 年的实际 GDP。

b. 为什么以名义 GDP 衡量的增长状况会产生误导？

2. 2005—2010 年，电子器材的价格大幅下降，而住房价格急剧上升。在计算 2013 年的实际 GDP 的过程中，选择 2005 年或者 2010 年作为基年会有什么影响？

22.3 价格指数与总体价格水平

2011 年春夏，美国人经历了汽油价格的大冲击，每加仑普通汽油的价格已经从 2008 年 12 月底平均 1.61 美元上升到近 4 美元。许多其他产品的价格也纷纷上涨。当然，也有电子产品等部分产品或鸡蛋等部分食品的价格从 2010 年年底加速下跌。然而，几乎所有人都认为，生活的整体成本呈上升趋势。但有多快呢？

总体价格水平是度量经济体中价格水平的指标。

显然，有必要用一个单一的数字来概括消费价格发生了什么变化。正如宏观经济学家用一个单一的数字表示产出一样，他们也发现了一个表示价格总水平的指标：**总体价格水平**（aggregate price level）。然而，经济体中生产与消费种类繁多的产品和服务。我们如何把所有这些产品和服务的价格综合成一个单一的数值呢？答案是价格指数——我们用一个例子来说明它的概念。

□ 22.3.1 市场篮子与价格指数

假设一场霜冻使佛罗里达州的柑橘类水果严重减产。因此，橘子的单价从 0.20 美元上升至 0.40 美元，柚子的单价从 0.60 美元上升至 1.00 美元，柠檬的单价从 0.25 美元上升至 0.45 美元。那么柑橘类水果的价格上升了多少呢？

回答这个问题的一种方法是列出三组数据，即橘子、柚子和柠檬各自的价格变化量。但这是一种非常麻烦的方法。为了避免在有人问到柑橘类水果的价格变化问题时每次都要重复计算上述三组数据的麻烦，我们可以采用某种类型的平均价格衡量指标。

市场篮子是消费者购买产品和服务的一种假想组合。

经济学家度量消费者所购买的产品和服务的平均价格变化的方法是考察一个典型消费者购买他或者她原先购买的消费组合——在价格变化之前所购买的一篮子典型产品和服务——的支出变化。用来度量总体价格水平变化的假想消费组合，被称为**市场篮子**（market basket）。假设在霜冻发生之前，一个典型消费者在一年之内会购买 200 个橘子、50 个柚子、100 个柠檬，我们就以这个例子作为市场篮子。

表 22－3 所示的是霜冻发生之前和之后的市场篮子的价格。在霜冻发生之前，其价格是 95 美元。在霜冻发生之后，同一产品组合的价格为 175 美元。由于 175 美元/95 美元＝1.842，因此，在霜冻发生之后市场篮子的价格是其在霜冻发生之前价格的 1.842 倍，或者说价格上涨了 84.2%。因此，在这个事例中，我们说霜冻导致柑橘类水果的平均价格相对于基年水平上涨了 84.2%。在这里，基年是度量价格变化的初始年份。

表 22-3 **计算市场篮子的价格**

	在霜冻发生之前	在霜冻发生之后
橘子的价格	0.20 美元	0.40 美元
柚子的价格	0.60 美元	1.00 美元
柠檬的价格	0.25 美元	0.45 美元
市场篮子的价格（200 个橘子、50 个柚子、100 个柠檬）	200×0.20 美元＋50×0.60 美元＋100×0.25 美元＝95.00 美元	200×0.40 美元＋50×1.00 美元＋100×0.45 美元＝175.00 美元

经济学家采用同样的方法来度量总的价格水平的变化量：他们会比较一个给定的市场篮子的价格变化。此外，为了避免记录市场篮子价格信息的麻烦，例如用 1997 年美元表示的市场篮子价格为 95 美元，用 2001 年美元表示为 103 美元，经济学家会进行另一项简化。他们会对总体价格水平进行标准化，令某个给定基年的数值等于 100。使用市场篮子和基期，经过标准化，我们得到度量总体价格水平的指标，即**价格指数**（price index）。我们在引用价格指数时通常都需要说明总体价格水平所对应的年份和相应的基年。价格指数可以通过以下公式进行计算：

> **价格指数**衡量的是在某一年中一个给定的市场篮子的购买价格，此处的价格已经过标准化，某个给定基年的价格水平等于 100。

$$某一年的价格指数=\frac{某一年的市场篮子价格}{基年的市场篮子价格}\times 100 \tag{22-2}$$

在我们的例子中，柑橘类水果的市场篮子在霜冻发生之前的价格是 95 美元。因此，根据式（22-2），我们把柑橘类水果的价格指数定义为（当前的市场篮子价格/95 美元）×100。由此可以得出，霜冻发生之前的价格指数为 100，霜冻发生之后的价格指数为 184.2。值得注意的是，基年的价格指数永远等于 100。这是因为，基年的价格指数等于（基年的市场篮子价格/基年的市场篮子价格）×100＝100。

价格指数表明，霜冻导致柑橘类水果的平均价格上升了 84.2%。由于这种方法具有简单直观的优点，因此它被用于计算一系列不同的价格指数，以记录许多不同类型产品和服务的平均价格的变化状况。例如，稍后即将讨论的消费者价格指数是最常用的总体价格水平度量指标，它度量的是经济体中由最终消费者购买的产品和服务的总体价格水平。

价格指数也是衡量通货膨胀的基础。**通货膨胀率**（inflation rate）是指价格指数的年百分比变化。从第 1 年到第 2 年的通货膨胀率可通过以下公式计算：

> **通货膨胀率**是指价格指数——通常是指消费者价格指数——的年百分比变化。

$$通货膨胀率=\frac{第\ 2\ 年的价格指数-第\ 1\ 年的价格指数}{第\ 1\ 年的价格指数}\times 100\% \tag{22-3}$$

一般来说，新闻报道中援引的“通货膨胀率”所指的都是消费者价格指数的年百分比变化。

□ 22.3.2 消费者价格指数

消费者价格指数（consumer price index，CPI）是美国使用最为广泛的价格水平度量指标，该指数主要用于说明一个典型的城市家户的全部支出价格随时间的变化情况。它的计算结果是通过调查典型的美国城市四口之家的主要消费品市场篮子的市场价格得出的。目前该指数的基期是 1982—1984 年；也就是说，以 1982—1984 年的平均居民消费价格水平为 100，在此基础上计算该指数的数值。

> **消费者价格指数**（CPI）是度量一个典型的美国城市家户的市场篮子的购买价格的指标。

用于计算 CPI 的市场篮子远比我们前面描述的三种水果的市场篮子复杂得多。事实上，为了计算 CPI，劳工统计局需要派雇员到超级市场、加油站、五金店等场所进行调查——覆盖面达 87 个城市的 23 000 个零售营业场所。每个月该局都需要对大约 80 000 个价格数据进行制表，范围涉及从生菜到医疗费用等几乎所有领域。

图 22-5 所描述的是 2010 年 12 月消费者价格指数市场篮子的产品大类。例如，汽车燃料，主要是汽油，在 2010 年 12 月占 CPI 的比重为 5%。因此，当汽油价格从 2008 年年底的大约 1.61 美元/加仑上升到 2011 年年初的 3.96 美元/加仑，上升了将近 150%时，CPI 大约为 7.5%（＝1.5×5%）。

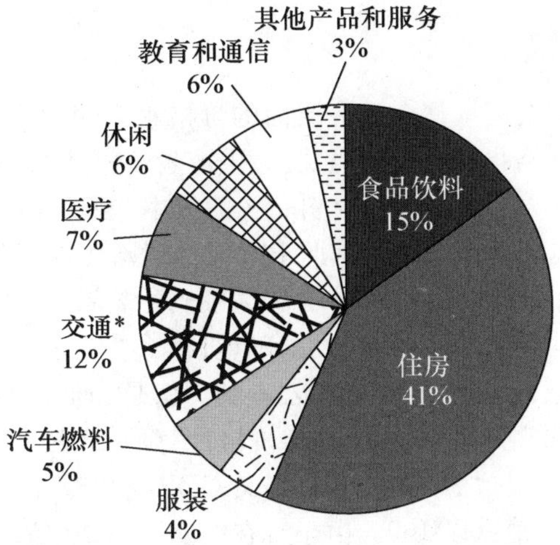

图 22－5　2010 年消费者价格指数的构成

*不包括汽车燃料。

该图描述了 2010 年 12 月构成 CPI 的主要类型。住房、食品饮料、交通和汽车燃料占 CPI 市场篮子的 73%（由于四舍五入，图中数字之和并非正好等于 100%）。

资料来源：Bureau of Labor Statistics.

图 22－6 所描述的是自 1913 年以来 CPI 作为度量指标变化的情形。1940 年后，CPI 一直在平稳上升，尽管近年来每年上涨的比率明显低于 20 世纪 70 年代和 80 年代。（该图采用 CPI 的对数值，保证相同的 CPI 变化有相同的斜率）。

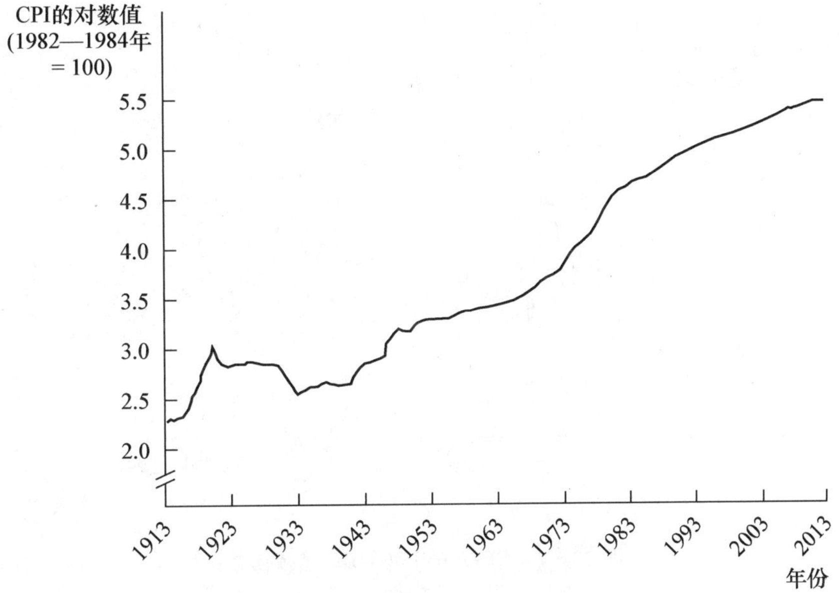

图 22－6　1913—2013 年的 CPI

自 1940 年以来，CPI 稳步攀升。但是近年来的年百分比增速显著低于 20 世纪 70 年代和 80 年代初期的水平。（为了使相同的 CPI 变化有相同的斜率，纵轴用 CPI 的对数值表示。）

资料来源：Bureau of Labor Statistics.

美国并非计算消费者价格指数的唯一国家。实际上，几乎每个国家都会做类似的计算。你可能已经想到，各国的市场篮子构成之间差异极大。在贫困国家，人们必须把他们收入中的很大一部分用于解决温饱问题，食物在价格指数中占据很大的比重。在高收入国家，消费模式的不同也会导致价格指数的差异：跟美国相比，日本的价格指数中生鱼片的比重较大，牛肉的比重较小，而法国的价格指数中葡萄酒的比重较大。

□ 22.3.3 其他价格指数

另外两个价格指数也被广泛用于度量整个经济层面的价格水平变化。一个是**生产者价格指数**（producer price index，PPI，也被称为批发价格指数）。顾名思义，生产者价格指数衡量的是由生产者所购买的一篮子典型产品和服务——包括钢铁、电力、煤炭等原材料——的成本状况。由于大宗产品生产者在察觉到市场对其产品的整体需求变化之后能够迅速调整价格，因此PPI对通货膨胀或通货紧缩压力的反应通常比CPI更为敏感。因此，PPI通常被认为是通货膨胀率变化的一个"先行预警信号"。

另一个广为应用的价格指数是GDP缩减指数。准确地说，它不是一个价格指数，尽管它能够起到和价格指数同样的作用。回忆一下我们是如何区分名义GDP（以当年价格表示的GDP）和实际GDP（以基年价格计算的GDP）的。特定年份的**GDP缩减指数**（GDP deflator）等于当年的名义GDP与以某个给定基年的价格表示的实际GDP之间的比值乘以100。由于现在的实际GDP是以2005年美元表示的，因此2005年的GDP缩减指数等于100。如果名义GDP翻一番而实际GDP保持不变，以GDP缩减指数衡量的总体价格水平也会翻一番。

> **生产者价格指数**（PPI）衡量的是由生产者所购买的产品或服务价格的变化量。
>
> 特定年份的**GDP缩减指数**等于当年的名义GDP与实际GDP之间的比值乘以100。

最重要的一点是，以上述三种价格指数为基础分别得出的通货膨胀率的变化通常都比较一致（尽管生产者价格指数的波动幅度会比其余两个指数大）。图22-7所描述的是自1930年以来上述三个指数的年百分比变化。从这三个指数都可以看出，美国经济经历过大萧条早期阶段的通货紧缩，第二次世界大战时期的通货膨胀，20世纪70年代的加速通货膨胀，以及90年代价格的相对稳定。另外请注意，生产者价格指数在2000—2013年出现过快速的上涨和下跌；这反映了能源和食品价格的大幅波动，这些产品对PPI的影响要比对CPI或GDP缩减指数的影响大。

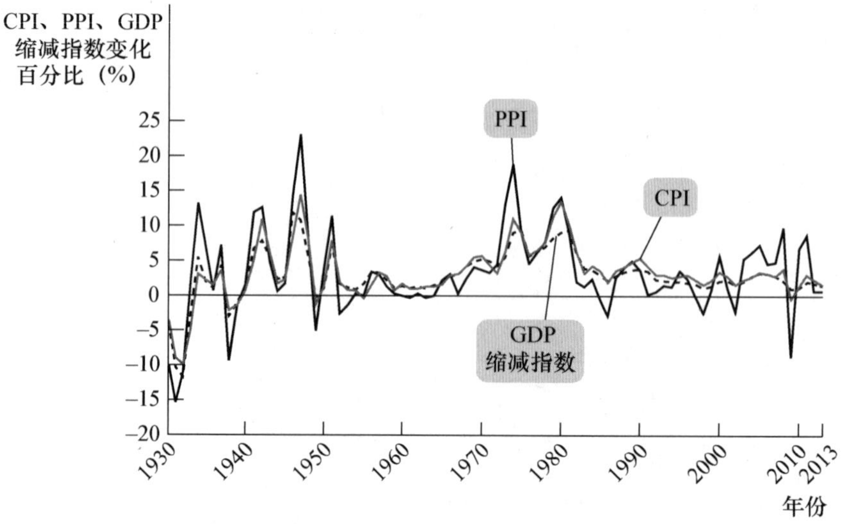

图22-7 CPI、PPI和GDP缩减指数

如图22-7所示，这三个度量通货膨胀的不同指标的变动通常比较一致。在20世纪70年代，从每个指数均可以看出通货膨胀率急剧上升的趋势，而在90年代则都恢复到了价格相对稳定的状态。除了2009年出现短暂的通货紧缩时期外，价格在2000—2013年保持稳定。

资料来源：Bureau of Labor Statistics；Bureau of Economic Analysis.

▶ **真实世界中的经济学**

根据CPI进行指数化

尽管GDP数据对于制定经济政策至关重要，但GDP数据的官方统计结果不会对人们的生活造成直接影响。相反，CPI指数却会对成千上万美国人的生活产生直接的冲击。原因在于，许多支出都与CPI挂钩或者被“指数化”了——在CPI上升或者下降时支出额相应地上升或者下降。

根据消费者价格水平进行指数化支出的实践可以追溯到美国建国之初。1780年，马萨诸塞州议会承认对跟英国作战的士兵的支出应该提高，因为美国独立战争期间发生了通货膨胀。州议会把对士兵的支出确定为一个市场篮子价格的一定比例，该市场篮子包括5蒲式耳玉米、68 $\frac{4}{7}$磅牛肉、10磅羊毛，以及16磅鞋底皮革。

现在有约5 600万人从社会保障体系获得支付。该社会保障体系是一个全国性的退休金计划，其资金约占当前联邦政府全部支出的四分之一——比国防预算还要多。对个人的社保支付金额取决于他或者她原先向该体系缴纳金额的多少以及其他一些因素。除此之外，所有社会保障支付的项目每年都会进行调整，以消除消费者价格相对于前一年上升带来的影响。CPI被官方用来估计通货膨胀率，以此来调整每年的支付额。因此，对通货膨胀率的官方估计每提高一个百分点，几千万人所获得的支付额就都会增加1%。

政府的其他支出也会根据CPI进行指数化。此外，所得税的税级，即确定纳税人所得税税率的收入水平范围，也需要根据CPI进行指数化。（我们现行的累进制税收制度要求处于较高收入范围的个人支付的所得税税率也更高。）私人部门也存在一些指数化的安排，比如许多私人契约，包括一些工资计算方法，都会包含按照CPI的变化按比率调整支付的生活成本津贴。

由于CPI会对人们的生活产生重要而直接的影响，因此它在政治上比较敏感。负责计算CPI的劳工统计局在搜集和处理有关价格和消费的数据时非常谨慎。它采用一套非常复杂的方法来调查家户所购买的产品种类及购买地点，同时精心选择一组零售网点来调查代表性产品的价格。

及时复习

● 总体价格水平的变化可以通过比较一个特定的市场篮子在不同年份的购买价格来加以衡量。特定年份的价格指数是当年的市场篮子价格经标准化以后的数值，给定基年的价格指数等于100。

● 通货膨胀率是价格指数的百分比变化。最为常用的价格指数是消费者价格指数，它描述的是消费者所购买的产品和服务的市场篮子价格。生产者价格指数描述的是作为企业投入要素的产品和服务的市场篮子的成本。GDP缩减指数也用于衡量总体价格水平的变化，它等于名义GDP与实际GDP之比乘以100。这三个指标的变化通常都非常相似。

小测验 22-3

1. 回顾表22-3，现在假设市场篮子由100个橘子、50个柚子和200个柠檬组成。这会对霜冻发生之前和之后的价格指数产生什么影响？请解释。另外请你从一般意义上解释市场篮子构成的变化对价格指数的影响。

2. 针对如下情形，如果经济学家使用已有10年之久的市场篮子来度量当前的生活成本会有什么偏差？

a. 典型的家户比10年前拥有更多的汽车。在此期间，汽车的平均价格的涨幅比其他产品要高。

b. 10年前没有一个家户能够接入宽带。现在，许多家户都有宽带接入，并且价格还在逐年下降。

3. 2012年美国的消费者价格指数（以1982—1984年为基期）是226.229，2013年为229.324。试计算2012—2013年的通货膨胀率。

▶ **企业案例**

比GDP先行一步

GDP事关重大。投资者和商界领袖总是急于获得最新的数字。美国经济分析局通常在每季度最后一个月的27日或28日首次发布相应季度GDP的估计值，这总是一个大新闻。

事实上，经济体中的很多企业和其他行为人都如此急切地想知道结果以至它们不愿意等待官方估计值的公布。因此，一些组织会发布一些数字用于预测官方GDP数据。我们来介绍一下这些组织中的两家机构，经济咨询公司“宏观经济咨询公司”（Macroeconomic Advisers）和非营利公司“供应管理协会”（Institute of Supply Management）。

宏观经济咨询公司采取直接的办法进行估计：它基于美国政府的原始数据对GDP进行自己的估计。尽管美国经济分析局只进行季度 GDP 的估计，但是宏观经济咨询公司每月都进行估计。例如客户可以知道 1 月和 2 月的估计值，从而可以对第一季度的 GDP 包括 3 月在内做出更好的估计，得出一个相当不错的估计结果。每月的估计值是通过观测一系列月度指标即销售量（如轿车和卡车的销售量）、房屋新开工量和出口情况等得到的。

供应管理协会采取一种非常不同的方法进行估计。它根据每月对采购经理人（即负责购买原材料的高管）的调查得出结论，调查会问他们诸如所在公司是否增加生产的问题，这个问题是最基本的（我们说“最基本”是因为供应管理协会问的问题有很多）。

调查结果会以表示扩张的公司所占的百分比的指数形式发布。显然，这些指数并不能直接告诉你 GDP 为多少。但历史数据显示，供应管理协会的指数与 GDP 增长率密切相关，这种历史相关性可以用来将供应管理协会数据转换成 GDP 的“预警指数”。

所以，如果等不到 GDP 季度数字，并非无路可走。私人部门满足了这种需求，你可以得到每月的数据。

思考题

1. 为什么企业急于早一点得到 GDP 的估计值?
2. 宏观经济咨询公司和供应管理协会的方法与计算 GDP 的三种不同方法的协调程度如何?
3. 如果私人部门可以估算 GDP，为什么我们还需要经济分析局?

小结

1. 经济学家用国民收入与产出账户（国民收入账户）来描述不同部门间的货币流动轨迹。家户以工资、利息、利润和租金的形式从要素市场赚得收入。此外，它们还从政府部门获得政府转移支付。可支配收入，即家户的全部收入减去税收加上政府转移支付，被用于消费支出（C）和私人储蓄。私人储蓄和国外贷款通过金融市场流向投资支出（I）、政府借款和国外借款。政府对产品和服务的购买（G）通过税收收入和政府借款进行支付。出口（X）会形成从世界其他地方流入美国的资金流量，而进口（IM）会导致资金从美国流向世界其他地方。外国人也可以购买美国金融市场上的股票和债券。

2. 国内生产总值（GDP）度量的是经济体中生产的全部最终产品和服务的价值，其中不包括中间产品和服务的价值，但包括存货的变动量和净出口（$X-IM$）。它可以通过三种方法进行计算：加总所有生产者创造的增加值；加总对国内生产的最终产品和服务的全部支出即 $GDP=C+I+G+X-IM$；加总国内企业所支付的全部生产要素收入。这三种方法是等价的，这是因为从整体经济角度看，国内企业所支付的全部生产要素收入必定等于对国内生产的最终产品和服务的全部支出。

3. 实际 GDP 是以某个给定基年的价格计算的最终产品和服务的价值。除了基年之外，实际 GDP 不等于名义 GDP，即以当年价格计算的总产出。分析总产出的增长率必须采用实际 GDP，因为这能够剔除纯粹因价格变化所导致的总产出变动。人均实际 GDP 是衡量个人平均总产出的一个指标，但是它本身并不是一个恰当的政策目标。美国统计的实际 GDP 总是用链式美元表示。

4. 为了衡量总体价格水平，经济学家需要计算一个市场篮子的价格。价格指数是市场篮子的当前价格与它在给定基年的价格之比再乘以 100。

5. 通货膨胀率是价格指数的年百分比变化，通常根据消费者价格指数（CPI）计算，CPI 是最常用的总体价格水平衡量指标。对于企业所购买的产品和服务的一个类似指标是生产者价格指数。最后，经济学家也会采用 GDP 缩减指数来衡量总体价格水平，它的取值是名义 GDP 与实际 GDP 之间的比值乘以 100。

关键词

国民收入与产出账户	消费支出	股票	债券	政府转移支付	可支配收入
私人储蓄	金融市场	政府借款	政府对产品和服务的购买		出口

进口　存货　投资支出　最终产品和服务　中间产品和服务
国内生产总值（GDP）　增加值　总产出　实际 GDP　名义 GDP　链式美元
人均 GDP　总体价格水平　市场篮子　价格指数　通货膨胀率　消费者价格指数
生产者价格指数　GDP 缩减指数

练习题

1. 下图是关于麦克罗尼亚经济的一个简化的循环流向图。

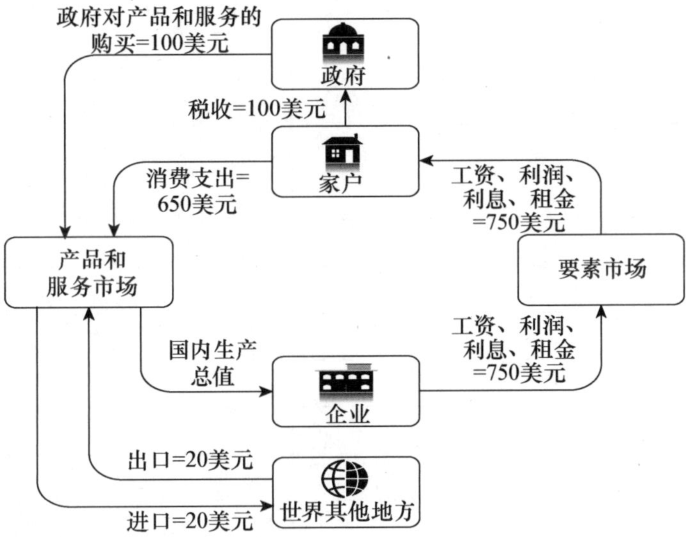

a. 麦克罗尼亚的 GDP 是多少？
b. 净出口是多少？
c. 可支配收入是多少？
d. 从家户部门流出的货币总量——税收、消费支出以及私人储蓄之和——是否等于流入家户部门的货币总量？
e. 麦克罗尼亚政府是如何筹集购买产品和服务所需要的资金的？

2. 下图是一个更为复杂的关于麦克罗尼亚经济的循环流向图（注：麦克罗尼亚有投资和金融市场）。

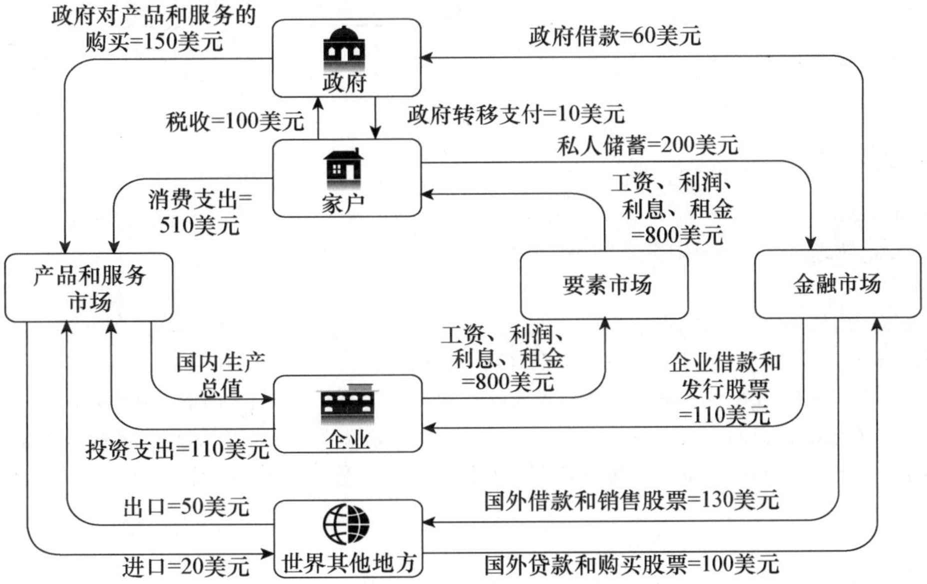

a. 麦克罗尼亚的 GDP 是多少?

b. 净出口是多少?

c. 可支配收入是多少?

d. 从家户部门流出的货币总量——税收、消费支出以及私人储蓄之和——是否等于流入家户部门的货币总量?

e. 麦克罗尼亚政府是如何为政府支出筹集资金的?

3. 经济分析局制作的表示 GDP 构成的表格如下:

项目	**占 2013 年 GDP 的比重(10 亿美元)**
消费支出	
耐用消费品	1 263.0
非耐用消费品	2 622.9
服务	7 615.7
私人投资	
固定资产投资	2 564.0
非居民投资	2 047.1
基建	456.4
设备和知识产权产品	1 590.7
居民投资	516.9
存货变化	106.1
净出口	
出口	2 259.9
进口	2 757.2
政府对产品和服务的购买以及投资支出	
联邦政府	1 245.9
国防	770.7
国防外其他	475.1
州政府和地方政府	1 879.6

a. 计算 2013 年消费支出。

b. 计算 2013 年私人投资支出。

c. 计算 2013 年净出口。

d. 计算 2013 年政府对产品和服务的购买以及投资支出。

e. 计算 2013 年的 GDP。

f. 计算 2013 年消费服务支出占总消费支出的百分比。

g. 计算 2013 年出口与进口的百分比。

h. 计算 2013 年政府国防支出占联邦政府支出的百分比。

4. 假设一个小规模经济体比萨尼亚生产三种产品(面包、奶酪和比萨),每种产品均由一个独立企业生产。面包和奶酪企业各自生产其制作面包和奶酪所需要的全部投入品;比萨企业利用其他企业所生产的面包和奶酪制作比萨。三家企业都需要雇用工人来帮助它们生产产品,产品销售收入与劳动和投入品的总成本之间的差额就是这些企业的利润。面包和奶酪企业生产出来的产品全部出售给比萨企业作为生产比萨的投入品,下页表概括了这三个企业的经营活动状况。

	面包企业	奶酪企业	比萨企业
投入品成本	0 美元	0 美元	50 美元面包 35 美元奶酪
工资	15 美元	20 美元	75 美元
产品价值	50 美元	35 美元	200 美元

a. 利用产品增加值计算 GDP。

b. 利用对最终产品和服务的支出计算 GDP。

c. 利用要素收入计算 GDP。

5. 在比萨尼亚经济体中（参见练习题 4），面包和奶酪既作为制作比萨的投入品销售给比萨企业，又作为最终产品出售给消费者。下表概括了这三个企业的经营活动状况。

	面包企业	奶酪企业	比萨企业
投入品成本	0 美元	0 美元	50 美元面包 35 美元奶酪
工资	25 美元	30 美元	75 美元
产品价值	100 美元	60 美元	200 美元

a. 利用产品增加值计算 GDP。

b. 利用对最终产品和服务的支出计算 GDP。

c. 利用要素收入计算 GDP。

6. 下列哪些交易会被计入美国的 GDP?

a. 可口可乐公司在美国新建了一家灌装工厂。

b. 达美航空公司把它所拥有的一架飞机出售给了大韩航空。

c. 莫尼贝格小姐购买了迪士尼上市流通的股票。

d. 加利福尼亚州的一家葡萄酒厂酿造了一瓶霞多丽酒，并把它卖给了加拿大蒙特利尔的一位顾客。

e. 一个美国人购买了一瓶法国香水。

f. 一个图书出版商对一本新书的印刷量过大；这些图书当年没有卖完，因此该出版商把剩余的图书计入库存。

7. 下表列出的是 1960 年、1970 年、1980 年、1990 年、2000 年、2010 年美国的名义 GDP、以 2005 年为基年的实际 GDP 和人口数据，在这些年间美国的价格水平一直处于上升状态。

年份	名义 GDP（10 亿美元）	实际 GDP（10 亿 2005 年美元）	人口（千）
1960	526.4	2 828.5	180 760
1970	1 038.5	4 266.3	205 089
1980	2 788.1	5 834.0	227 726
1990	5 800.5	8 027.1	250 181
2000	9 951.5	11 216.4	282 418
2010	14 526.5	13 088.0	310 106

a. 为什么 2000 年之前所有年份的实际 GDP 均高于名义 GDP，而 2010 年的实际 GDP 却低于名义 GDP?

b. 计算 1960—1970 年、1970—1980 年、1980—1990 年、1990—2000 年以及 2000—2010 年的实际 GDP 增长率。哪个阶段的增长率最高?

c. 计算表中每一年的人均实际 GDP。

d. 计算 1960—1970 年、1970—1980 年、1980—1990 年、1990—2000 年以及 2000—2010 年的人均实际 GDP 增长率。哪个阶段的增长率最高?

e. 如何比较实际 GDP 和人均实际 GDP 的增长率？哪一个更大？这种关系是否符合我们的预期?

8. 伊斯特兰学院非常关注学生必须购买的教科书的涨价情况。为了更深入地了解教科书的涨价情况，院长请你这位经济系的明星学生编制一个教科书的价格指数。普通学生会购买三本英语书、两本数学书和四本经济学书。这些书的价格如下表所示。

	2012 年	2013 年	2014 年
英语书	100 美元	110 美元	114 美元
数学书	140 美元	144 美元	148 美元
经济学书	160 美元	180 美元	200 美元

a. 2012—2014 年英语书价格的百分比变化是多少？

b. 2012—2014 年数学书价格的百分比变化是多少？

c. 2012—2014 年经济学书价格的百分比变化是多少？

d. 以 2013 年为基年计算各个年度的教科书价格指数。

e. 2012—2014 年价格指数的百分比变化是多少？

9. 消费者价格指数（CPI）是对普通消费者生活成本的度量指标。其计算过程是用每一类支出（如住房、食物等）的价格乘以该类支出占普通消费者市场篮子价值的比重，然后对所有支出类别进行加总。但是，在使用消费者价格指数的过程中我们会发现，不同类型消费者之间生活成本的变动状况差异很大。我们来比较一下一个假想的退休人员和一个假想的大学生之间的生活成本。假设退休人员的市场篮子构成如下：住房 10%，食物 15%，交通 5%，医疗 60%，教育 0，休闲娱乐 10%。大学生的市场篮子构成如下：住房 5%，食物 15%，交通 20%，医疗 0，教育 40%，休闲娱乐 20%。下表列出的是 2014 年 3 月每一个相关支出类别的 CPI 指数。

	2014 年 3 月的 CPI
住房	228.7
食物	239.7
交通	219.3
医疗	436.5
教育	229.1
休闲娱乐	115.7

按以下方法分别计算退休人员和大学生的总 CPI：每个支出类别的 CPI 乘以该支出类别占个人总支出的比重，然后对所有支出类别进行加总。2014 年 3 月所有支出类别的 CPI 是 235.6。你计算所得的退休人员和大学生的 CPI 与所有支出类别的 CPI 相比有何差异？

10. 登录劳工统计局网站 www.bls.gov，找到“经济数据发布”。点击“主要经济指标”，然后选择“消费者价格指数”。点击“表 1：所有城市消费者价格指数”。采用未调整的数据，找出上月的 CPI 是多少。它跟前一个月相比有何变化？与上年同期相比有何变化？

11. 下表为美国年实际 GDP 和名义 GDP。

	2009 年	2010 年	2011 年	2012 年	2013 年
实际 GDP（10 亿 2009 年美元）	14 417.9	14 779.4	15 052.4	15 470.7	15 761.3
名义 GDP（10 亿美元）	14 417.9	14 958.3	15 533.8	16 244.6	16 799.7

a. 计算每年的 GDP 缩减指数。

b. 根据 GDP 缩减指数计算除 2009 年之外的通货膨胀率。

12. 下表列出了 2011 年、2012 年和 2013 年的两种价格指数：GDP 缩减指数和 CPI。对于每一个价格指数，计算 2011—2012 年以及 2012—2013 年的通货膨胀率。

年份	GDP 缩减指数	CPI
2011	103.199	224.939
2012	105.002	229.594
2013	106.588	232.957

13. 美国大学教育成本的上升速度比通货膨胀快。下表所示为美国2011学年开始的大学教育和2012学年开始的大学教育的公立大学和私立大学的平均成本。假设表中所列的费用是各个高校学生在一年中承担的唯一成本。

	2011学年开始的大学教育成本			
	学杂费（美元）	食宿费（美元）	书籍和用品（美元）	其他支出（美元）
2年公立大学：走读	2 970	5 552	1 314	2 988
4年公立大学：本州，住校	7 731	8 831	1 232	3 203
4年公立大学：外州，住校	20 823	8 831	1 232	3 203
4年私立大学：住校	27 949	9 853	1 238	2 378
	2012学年开始的大学教育成本			
	学杂费（美元）	食宿费（美元）	书籍和用品（美元）	其他支出（美元）
2年公立大学：走读	3 080	5 817	1 341	3 040
4年公立大学：本州，住校	8 805	9 183	1 243	3 253
4年公立大学：外州，住校	21 706	9 183	1 243	3 253
4年私立大学：住校	29 115	10 181	1 243	2 423

a. 计算2011—2012学年每种类型的一名普通大学生的生活成本。

b. 计算2011—2012学年每种类型的大学生的通货膨胀率。

在线回答问题

14. 不列塔尼卡经济体生产三种产品：计算机、DVD和比萨。下表列出了这三种产品在2012年、2013年和2014年的价格和产量。

年份	计算机		DVD		比萨	
	价格（美元）	产量	价格（美元）	产量	价格（美元）	产量
2012	900	10	10	100	15	2
2013	1 000	10.5	12	105	16	2
2014	1 050	12	14	110	17	3

a. 2012—2013年以及2013—2014年，每种产品产量的变化百分比是多少？

b. 2012—2013年以及2013—2014年，每种产品价格的变化百分比是多少？

c. 计算不列塔尼卡在这三年间每年的名义GDP。2012—2013年以及2013—2014年名义GDP的变化百分比是多少？

d. 用2012年的价格计算不列塔尼卡在这三年间每年的实际GDP。2012—2013年以及2013—2014年实际GDP的变化百分比是多少？

第 23 章

失业与通货膨胀

本章将学习

- 如何度量失业以及失业率如何计算。
- 失业率对经济的重要意义。
- 失业率和经济增长之间的关系。
- 决定自然失业率的因素有哪些。
- 通货膨胀的经济代价。
- 通货膨胀和通货紧缩的获益者与受损者。
- 为什么政策制定者试图维持稳定的通货膨胀率。

开篇案例

击中制动点

每年 8 月，许多世界上手握重权的金融官员和许多有影响的经济学家会聚集在怀俄明州杰克逊镇，参加由堪萨斯城联邦储备银行主办的会议。金融记者也会到此，希望嗅到有关政策未来方向的蛛丝马迹。这是一个有趣的场景，但在 2014 年 8 月，它比平常更有趣。

该年的秘密会议有什么特殊之处吗？答案之一是，美国货币政策决策机构美国联邦储备委员会新主席耶伦上任了，这是历史上第一位女性主席，这已经创造了历史。

但是，除了历史上的第一，人们普遍认为到该年 8 月，美国的货币政策可能已经接近一个关键时刻。近 6 年以来，美联储的目标很简单，但也较难完成：提振美国经济，走出一直持续的由高失业率造成的工作职位缺乏状态。到了 2014 年夏天，失业率已经大幅下降，回到历史正常水平。在某个时点，几乎所有人都认为美联储将放开油门而准备脚踩刹车，提高已经多年接近零的利率。但问题是什么时候？

这是一个棘手的问题。一些美联储官员——所谓的鹰派，随时准备扑灭通货膨胀的火苗——警告称，如果美联储等太久才加息，通货膨胀率会直线上升到不可接受的程度。其他人——所谓的鸽派——警告称，经济仍然脆弱，加息太快会让经济承担高失业率状况进一步延续的风险。一般情况下，耶伦女士属鸽派阵营。但即使如此，她仍警告说，控制通货膨胀最终必须优先于降低失业率。在这种情况下，美联储将不得不提高利率。

只有时间能证明谁对谁错。但争论集中于宏观经济政策的关键问题。失业和通货膨胀是宏观经济的两大弊端。因此，宏观经济政策的两个主要目标是低失业率和物价稳定（通常被定义为具有较低但为正的通货膨胀率）。遗憾的是，这些目标有时似乎相互矛盾：经济学家经常警告说，旨在降低失业率的政策须冒通货膨胀率提高的风险；相反，意在降低通货膨胀率的政策可导致失业率升高。

在后面的章节中，我们将学习更多低失业率和低通货膨胀率之间的替代与政策困境。本章将介绍有关失业和通货膨胀的基本事实：它们如何被衡量、如何影响消费者和企业以及如何随时间的变化而变化。

23.1 失业率

2014 年 10 月，美国的失业率为 5.8%。这比前几年的情况有显著改善。2009 年年底，大衰退之后，失业率见顶，达到 10%。但是 5.8%的失业率仍远高于衰退前的水平，2007 年 11 月的失业率是 4.7%。

图 23-1 所示为 1948—2014 年早期美国失业率的情况；我们可以看出，失业率在 2007—2009 年大衰退期间大幅飙升，在随后几年缓慢下跌。高失业率是什么意思？为什么它在人们生活中是一个重要方面？要理解就业和失业问题为什么被政策制定者如此重视，我们需要了解它们是被如何定义和度量的。

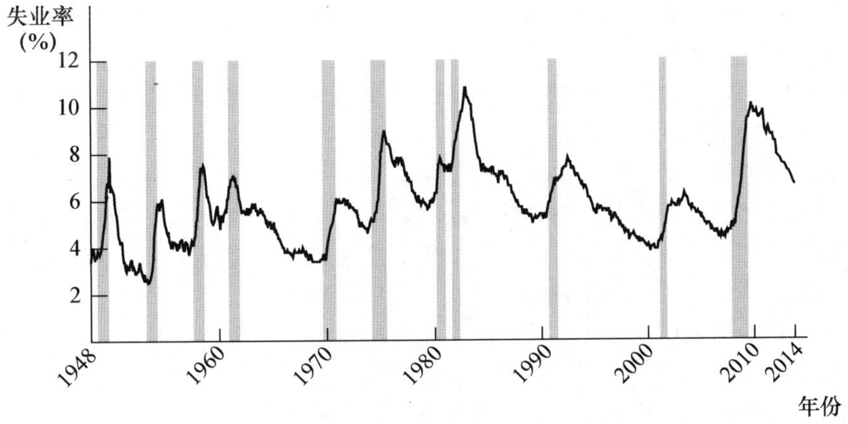

图 23-1　1948—2014 年美国的失业率

失业率随时间大幅波动。在衰退时失业率上升，图中阴影柱线表示衰退时期。它在经济扩张时期经常下降，但不总是下降。

资料来源：Bureau of Labor Statistics；National Bureau of Economic Research.

□ 23.1.1 失业的定义和度量

定义就业很容易：当且仅当你有一份工作时就是就业。**就业**（employment）人口是指当前被雇用的总人数，无论是全职还是兼职。

但是，失业就是一个有一些微妙的概念了。一个人没有工作并不意味着我们认为这个人就是失业。例如，2014 年 10 月，在美国有 4 180 万退休职工领取社会保障金。他们中的大多数很可能很高兴他们不用再工作了，所以我们不会将生活舒适且享受退休金的人看作处在失业状态。此外，美国还有 1 100 万残疾人因为无法工作而领取福利补贴。虽然他们没有工作，但我们通常不会认为他们是失业者。

美国联邦机构人口普查局的任务是搜集失业数据，该机构认为失业者是那些“无工作，正在寻找工作，可工作的人”。退休人员并不计算在内，因为他们不找工作；残疾人不计算在内，因为他们无法工作。更具体地讲，一个人如果目前没有工作，并已在过去的四周内一直积极寻找工作，他或者她就被认为是失业者。因此**失业**（unemployment）人口是指积极寻找工作但尚未就业的总人数。

> **就业**人口是指当前被雇用的总人数，无论是全职还是兼职。
> **失业**人口是指积极寻找工作但尚未就业的总人数。

第23章　失业与通货膨胀

一个国家的**劳动力**（labor force）人口是就业人口和失业人口之和，也就是目前正在工作与目前正在找工作的人数之和。**劳动力参与率**（labor force participation rate）是指劳动力人口占劳动年龄范围内人口的百分比，计算公式如下：

劳动力人口是就业人口和失业人口之和。

劳动力参与率是劳动力人口占16岁及以上人口的百分比。

失业率是指失业人口占劳动力人口的百分比。

$$劳动力参与率=(劳动力人口/16岁及以上人口)\times 100\% \qquad (23-1)$$

失业率（unemployment rate）是指失业人口占劳动力人口的百分比，计算公式如下：

$$失业率=(失业人口/劳动力人口)\times 100\% \qquad (23-2)$$

美国人口普查局每个月都会发布人口状况调查结果，数据来自对60 000户美国家户的随机调查。调查会涉及被访者当时的就业状况。如果被访者没有受雇，会进一步询问他们在过去四周内是否试图寻找工作。结果会按比例放大，使用总人口的估计数来估计就业和失业美国人的总数。

□ 23.1.2 失业率的意义

一般情况下，失业率反映了在当前经济状况下找工作的难易程度。在失业率低的时候，几乎每个想找工作的人都能找到工作。在失业率高的时候则很难找到工作。2000年，美国当时的失业率只有4%，工作机会是如此丰富，以至雇员们曾说起过为找到一份工作而进行的"镜子测试"：如果你能呼吸（因此你的呼吸会在镜子上起雾），你就可以找到工作。相比之下，2010年失业率全年在9%以上，找工作很困难。事实上，找工作的美国人几乎是空缺职位的5倍之多。

尽管失业率是描述目前职业市场状况的一个良好指标，但是不能按照字面意思把它作为想找工作但又找不到工作的人所占的百分比。这是因为，在某些情况下，失业率会夸大人们在求职时所面临的困难。在另外的一些场合情况可能恰恰相反：低失业率可能掩盖了由于缺乏就业机会带来的严重无奈。

失业率怎样高估真实失业水平 求职者至少要花费几周时间才能找到一份合适的工作，这很正常。一个非常有信心能够找到工作，但是还没有接收某个工作职位的工人，也被划为失业人口。这意味着即使是在繁荣时期，工作很容易找，失业率也不会下降到零。即使在2000年找工作的大好时机，失业率仍然有4%。本章稍后将会讨论为什么即使在工作机会非常多的情况下仍然会持续存在失业。

失业率怎样低估真实失业水平 通常情况下，愿意工作但没有工作的人仍然算作失业者。特别地，因为没有可做的工作，在过去一段时期内放弃求职的人，比如一个生活在严重萧条的钢铁城市里被解雇的钢铁工人，由于他或者她在过去四周内没有去找工作，因此不属于失业人口。一个人想要工作，但他告诉政府调查人员说他目前没有寻找工作，因为在目前的职业市场状况下他找到工作的希望微乎其微，这被归入**丧志工人**（discouraged worker）。因为不包括丧志工人在内，失业率指标会低估想找工作但又找不到工作的人所占的百分比。

丧志工人只是一个更大的群体——**准失业工人**（marginally attached workers）的一部分。这群人希望有一份工作，并在最近也寻找过工作，但目前没有找工作。他们也没有被计算在失业率中。最后，找工作的能力有限但没有被计入失业的人被归入**就业不足**（underemployment）工人：这些工人想找到全职工作，但目前正在"因经济原因"从事兼职工作——他们无法找到全职工作。同样，他们不会被计算在失业率中。

丧志工人是指能够工作但在目前市场状态下放弃找工作而没有工作的人。

准失业工人是指希望有一份工作，并在最近也寻找过工作，但目前没有找工作的人。

就业不足是指因为无法找到全职工作而从事兼职工作的人。

劳工统计局是计算官方失业率数据的联邦机构。它也计算更广义的劳动力利用不足的指标，其中包括三类沮丧的工人。图23-2表示计入丧志工人、准失业工人和就业不足工人时失业率会发生什么变化。失业和就业不足的最广义指标记作U-6，是上述三类工人再加上失业工人的总和。该数值比通常新闻媒体援引的失业率高出很多。但U-6和失业率的变动几乎平行，所以失业率的变动仍然是劳动市场（包括沮丧的工人）变动情形非常好的指示。

最后，认识到人口群体之间失业率的差异很大也很重要。在其他条件不变的情况下，经验丰富、又处在25～54岁工作黄金年龄段的人一般容易找到工作，而年轻工人以及临近退休年龄的工人一般很难找到工作。

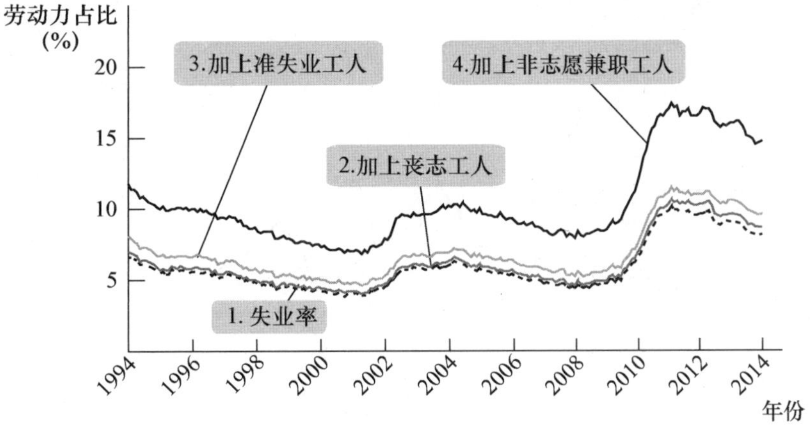

图 23-2　失业率的另类指标（1994—2014 年）

新闻媒体中引用的失业率，通常只计算在过去四周内寻找工作的失业人数。更广义的指标包括丧志工人、准失业工人和就业不足工人。这些更广义的指标得出更高的失业率，但它们与标准失业率的变化平行且非常接近。

资料来源：Bureau of Labor Statistics.

图 23-3 所示为不同群体的失业率，2007 年的总失业率根据历史水平来看处在较低水平；2010 年，因为大衰退，失业率处在高位；2014 年，虽然失业率下降了许多，但仍然没有回到危机前的水平。正如我们所看到的，非裔美国人的失业率一直高于全国平均水平；白种人青少年（16～19 岁）的失业率通常会更高；非裔美国青少年的失业率则更高。（请记住，除非一名青少年寻找工作但没有找到工作，否则即使他没有工作也不被视为失业者。）因此，即使总失业率相对不高，某些群体找工作也很困难。

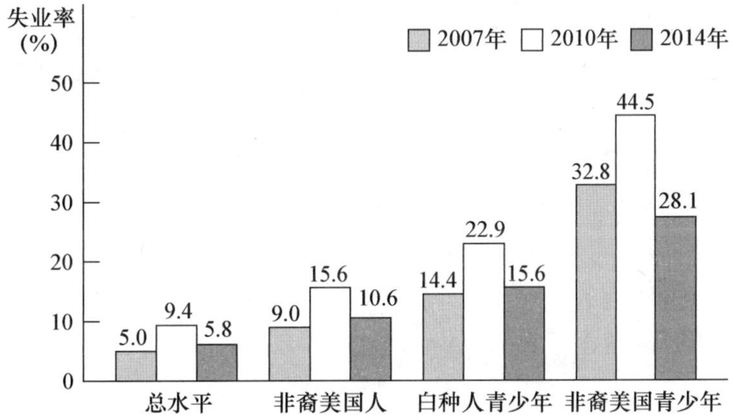

图 23-3　不同群体的失业率（2007 年、2010 年、2014 年）

不同群体的失业率差异很大。例如，2014 年 10 月，尽管总失业率为 5.8%，但非裔美国青少年的失业率达到 28.1%。因此，即使在总失业率不高的情况下，某些群体的失业率仍然很高。

资料来源：Bureau of Labor Statistics.

因此，我们应该把失业率理解成一个反映劳动市场总体状况的指标，而不是按照字面意思理解为想找工作但又找不到工作的人所占的百分比。然而，失业率是一个非常好的指向指标，它的起伏与经济变化接近，而经济变化影响着人们的生活。下面我们讨论失业率波动的原因。

□ 23.1.3　经济增长与失业

与图 23-1 相比，图 23-4 所示为 1979—2014 年 35 年间较短期间的失业率。阴影柱线表示衰退时期。

我们可以看出，在每个衰退时期，无一例外，失业率会上升。2007—2009 年的严重衰退与 1981—1982 年相似，导致失业率高企。

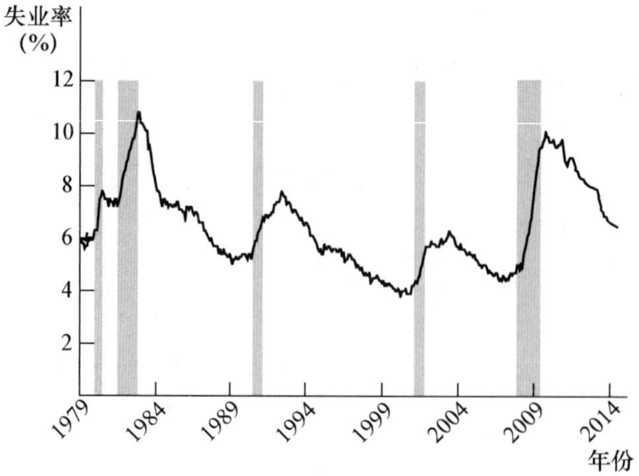

图 23-4　1979—2014 年的失业率与经济衰退

该图所示为过去 30 多年来的失业率，阴影柱线表示经济衰退。很显然，在经济衰退期间，失业率总是在上升，在经济扩张时期，失业率通常下降。但是在 20 世纪 90 年代初和 21 世纪初，在经济衰退正式宣告结束后的一段时期，失业率是持续上升的。

资料来源：Bureau of Labor Statistics；National Bureau of Economic Research.

相应地，在经济扩张时期，失业率通常下降。20 世纪 90 年代，长期经济扩张最终导致失业率降为 4.0%，而 21 世纪中期的扩张推动失业率下降到 4.7%。但是，必须认识到，经济扩张并不总是意味着失业率下降。观察图 23-4 中 1990—1991 年和 2001 年经济衰退后的临近时期。在每种情况下，经济衰退正式结束之后，失业率会持续上涨一年多。对这两种情形的解释是，经济虽然有所增长，但它并不足以降低失业率。

图 23-5 所示为 1949—2013 年美国的数据。横轴表示实际 GDP 增长率——每一年相对上年实际 GDP 的变化。（请注意，有 10 年的增长率为负，也就是说，实际 GDP 下降了。）纵轴表示的是失业率相对上年的变化（去年的失业率减去今年的失业率）。每个点代表的是某一年观察到的实际 GDP 增长率和失业率的变化。例如 2000 年，失业率从 1999 年的 4.2%下降到 4.0%，因此 2000 年时纵轴的数值为－0.2%。在同一时期，实际 GDP 增长率为 4.1%，这是横轴 2000 年时所示的值。

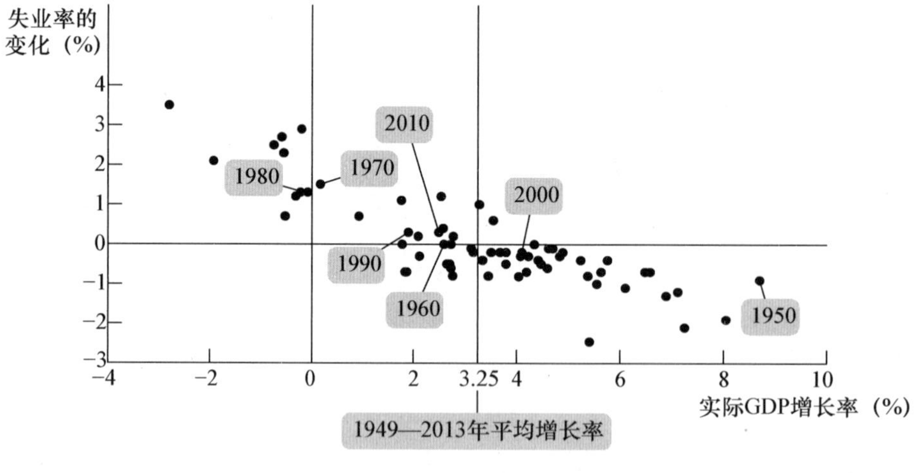

图 23-5　经济增长率和失业率的变化

图中每个点表示 1949—2013 年经济增长率和失业率的变化。例如，2000 年经济增长率为 4.1%，失业率下降 0.2 个百分点，从 4.2%到 4.0%。一般情况下，当经济增长率高于年平均增长率 3.25%时，失业率下降，当经济增长率低于年平均增长率时，失业率上升。当实际 GDP 下降时，失业率总在上升。

资料来源：Bureau of Labor Statistics；Bureau of Economic Analysis.

图 23－5 散点图的下降趋势表明，在经济增长率和失业率之间存在普遍强劲的负相关关系。实际 GDP 高增长的年份，失业率下降，而实际 GDP 低增长或负增长的年份，失业率上升。

在图 23－5 中，垂直线所示 3.25%的数值表示 1949—2013 年实际 GDP 的平均增长率。垂直线右边的点表示高于平均增长率的年份。这些年所对应的纵轴上的值通常是负的，这意味着失业率下降。也就是说，增长率高于平均水平的年份通常失业率是下降的。相反，在垂直线左边的点表示增长率低于平均水平的年份。这些年所对应的纵轴上的值通常是正的，这意味着失业率上升。也就是说，增长率低于平均水平的年份通常失业率是上升的。

实际 GDP 增长率低于平均水平且失业率上升的时期被称为**"无就业复苏"**（jobless recovery）或"增长型衰退"时期。自 1990 年以来，先后已经有三次衰退，每次紧随其后的是无就业复苏时期。但在实际 GDP 下降的真正的经济衰退时期，工人尤其痛苦。如图 23－5 中位于左边垂直线左侧的点（这些年的实际 GDP 增长率为负）所示，实际 GDP 下降总是与失业率的上升联系在一起，这会造成许多家庭面临更大的困难。

> **无就业复苏**时期是实际 GDP 增长率为正，但失业率仍然上升的时期。

▶ **真实世界中的经济学**

发射失败

2010 年 3 月，当美国就业状况接近最坏情况时，《哈佛法学院报告》（*Harvard Law Record*）发表了一篇简短的说明小文——"失业的法学院学生将为 16 万美元加补贴而工作"。在自我嘲讽的语气中，作者承认前一年已经从哈佛法学院毕业，但工作仍然无着落。他问道："我们简历上的什么记号如此难看，以至其影响超过了深红色的 H（哈佛大学的标记）?"

当然，答案并非简历问题，而与经济有关。在高失业率时期，应届大学毕业生找工作尤其艰难，他们经常发现很难获取任何类型的全职工作。

这篇文章写作时期的情形有多糟糕呢？图 23－6 所示为两种类型的高校毕业生——毕业 25 年及以上的与最近毕业的 20 多岁的毕业生——的失业率情形，时间为 2007—2011 年。即使在 2009 年失业率高峰期，年长毕业生的失业率也小于 5%。但是，新近毕业生的失业率高达 15.5%，2011 年年底仍然保持两位数。对于为大学毕业生（和普通年轻人）提供他们理想的机会，美国劳动市场还有漫漫长路要走。

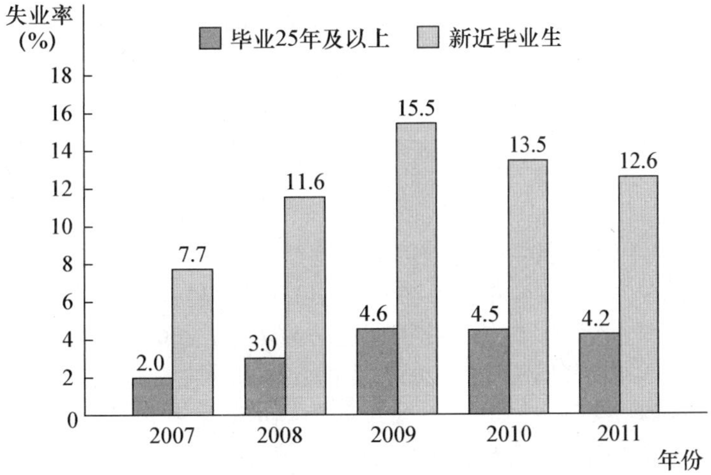

图 23－6　2007—2011 年毕业生的失业率

资料来源：Bureau of Labor Statistics.

及时复习

● 劳动力人口等于就业人口加上失业人口，不包括丧志工人。劳动力统计中也不包括就业不足工人的人数。劳动力参与率是劳动力占 16 岁及以上人口的百分比。

第 23 章　失业与通货膨胀

● 失业率是对劳动市场状况的一个衡量指标，而不是具体度量找不到工作的人数。它可能高估真实失业水平，因为即使在工作机会非常多的情况下，工人也经常会花费一些时间来找工作。但是它也有可能低估真实失业水平，因为它没有包括丧志工人、准失业工人和就业不足工人的人数。

● 实际 GDP 增长率和失业率的变化量之间存在显著的负相关关系。当增长率高于平均水平时，失业率一般是下降的；当增长率低于平均水平时，失业率一般是上升的。在严重衰退后一般会出现一个被称为“无就业复苏”的时期。

小测验 23-1

1. 假设招聘就业网站的出现能使求职者更易于找到合适的工作职位。这会对失业率产生什么影响？再假设此类网站能鼓励那些放弃求职的工人重新开始寻找工作，这又会对失业率产生什么影响？

2. 下列哪一种情况，工人被算作失业？请解释。

a. 罗萨是一个老工人，他下岗了，几个月前他放弃了找工作。

b. 安东尼，一位老师，他在三个月暑假期间中断工作了。

c. 格雷丝，一位投资银行员工，已被裁员，目前正在寻找另一份工作。

d. 塞尔吉奥，一个接受过科班培训的音乐家，只能找到当地一些人们聚会时演奏的工作。

e. 娜塔莎，一个研究生，重新回到学校是因为工作难觅。

3. 下列哪些情形跟我们在图 23-5 中观察到的实际 GDP 增长率与失业率之间的关系相一致？哪些不一致？

a. 在实际 GDP 下降的同时失业率上升。

b. 在经济复苏的同时受雇用劳动力的比重大幅度提高。

c. 在实际 GDP 负增长的同时失业率下降。

23.2 自然失业率

快速的经济增长往往会降低失业率，那么失业率会有多低呢？你可能会说“零”，但这是不现实的。在过去的半个世纪里，全国的失业率一直没有下降到 2.9%以下。

怎么会有这么高的失业率，即使在有许多企业很难找到工人的时期？要回答这个问题，我们需要研究劳动市场的性质，以及即使就业机会很多，为什么通常会有较高的失业率。我们的出发点是即使在最好的时代，就业机会也在不断被创造和消失的情况。

23.2.1 就业机会的创造与消失

即使在好的年份，大部分美国人都知道一定会有人失业。在 2007 年 7 月，美国的失业率仅为 4.7%，根据历史标准，这已经属于相对较低的水平。但该月仍然有 450 万离职者，因为工人被解雇或自愿退出。

这样的失业有多种多样的原因，其中一个原因是经济结构变迁：随着新技术的出现和消费者口味的变化，产业会有兴衰。例如，在 20 世纪 90 年代后期，像电信这类高科技行业的雇用工人曾经大幅增加，但是 2000 年之后就出现了大幅下滑。然而，结构变化也创造新的职业。2000 年后，随着新的医疗技术的突破和人口老龄化，医疗保健需求增加，美国医疗机构的就业机会大幅增加。个别公司经营业绩不善或运气不好也会导致其员工失去工作。例如，2009 年通用汽车公司宣布，经过几年的销售停滞不前后，计划减少 4.7 万个工作职位，而日本企业如丰田则在北美开设新的工厂，以满足对它们汽车日益增长的需求。

就业机会的不断创造与消失是现代经济的一个特征，使得失业不可避免成为自然发生的事情。自然存在的失业有两种类型：摩擦性失业和结构性失业。

23.2.2 摩擦性失业

当一个人由于就业机会消失而失业后，他或她一般不会接受第一份新工作。例如，一个技术水平高超的程序员由于软件公司生产线不成功而暂时失业，当看到一个商店的橱窗上贴着需要雇用人手的广告时，他可以接受这份工作，但这通常并不明智。相反，他将花时间去寻找更适合他能力、收入也更高的工作。此外，个别工人通常因个人原因、家庭迁移、不满和有其他前景更好的工作等原因而主动离职。

经济学家认为，人们花时间去寻找工作是一种**职位寻找**（job search）行为。如果所有工人和所有职业都类似，那么这种职位寻找就没有什么意义了；如果关于工作职位和工人的信息是完全的，职位寻找进行得将非常迅速。可是，在实践中，对一个失去工作的人或者是第一次就业的人来讲，他们通常要至少花费几个星期的时间进行寻找。

人们花时间去寻找工作被称为**职位寻找**。
摩擦性失业是指处在职位寻找期间的失业。

摩擦性失业（frictional unemployment）是指处在职位寻找期间的失业。由于经济的不断变化，一定数量的摩擦性失业不可避免。因此，即使在 2007 年的低失业率时期，仍有 6 200 万人与“工作分离”，即工人离开或失去工作。总就业率上升是因为有超过 6 300 万员工被雇用而抵消了离职的人数。不可避免的是，一些离开或失去工作的工人至少有一段时间处在失业状态，一些新进入劳动市场的工人也会这样。

图 23－7 所示为 2007 年失业率相对较低时，工人在三种状态中的平均月度流动人数：就业、失业与不在劳动市场。数字表明劳动市场有多少扰动在不断发生。这些扰动的必然结果是，有大量工人尚未找到下一份工作，也就是说，处在摩擦性失业状态。

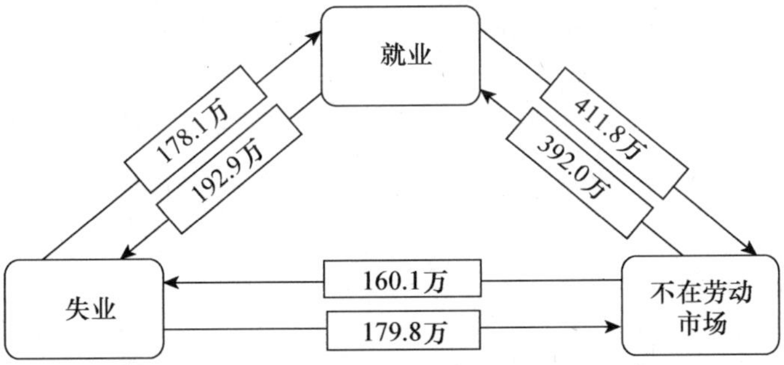

图 23－7　2007 年劳动市场平均月度流动人数

即使在 2007 年这样的低失业率的年份，每个月仍有大批工人在就业和失业之间转换。平均而言，2007 年每个月有 178.1 万失业人员就业，192.9 万人从就业变为失业。
资料来源：Bureau of Labor Statistics.

摩擦性失业人数有限，相对无害，甚至可能是一件好事。如果工人花时间去寻找与其技能更好匹配的职业、为寻找更合适的工作无须经历大的艰辛而只是短暂失去工作，那么会使经济更有效率。事实上，当失业率处于低水平，失业期间也往往很短时，就表明大部分失业是摩擦性失业。

图 23－8 所示为 2007 年全年失业持续时间的构成，当时的失业率仅为 4.6%。36%的失业人员在不到 5 周时间得以就业，只有 33%的失业人员会持续失业 15 周或更长时间。只有六分之一的失业人员被认为是“长期失业者”——27 周及以上处在失业状态。

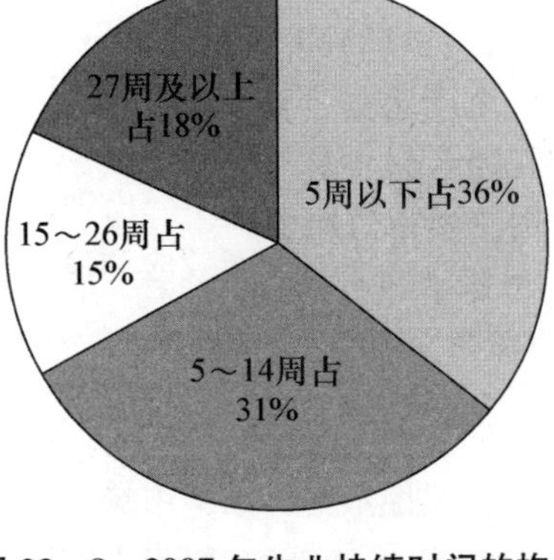

图 23－8　2007 年失业持续时间的构成

当失业率处于低水平时，大部分失业人员失业的时间相当短暂。2007 年是失业率低的年份，36%的失业人员在不到 5 周的时间内重新找到工作，67%的人少于 15 周。对大部分失业人员来说，失业持续期较短表明 2007 年的失业大部分是摩擦性失业。
资料来源：Bureau of Labor Statistics.

但是，在失业率上升时期，工人失业时间往往较长，这表明失业中摩擦性失业的比例较小。图 23-9 所示为 2007—2014 年中期已经失业 6 个月及以上失业者所占的比例，它在大衰退之后跃升至 45%，衰退正式结束后 5 年仍然处在历史高位。

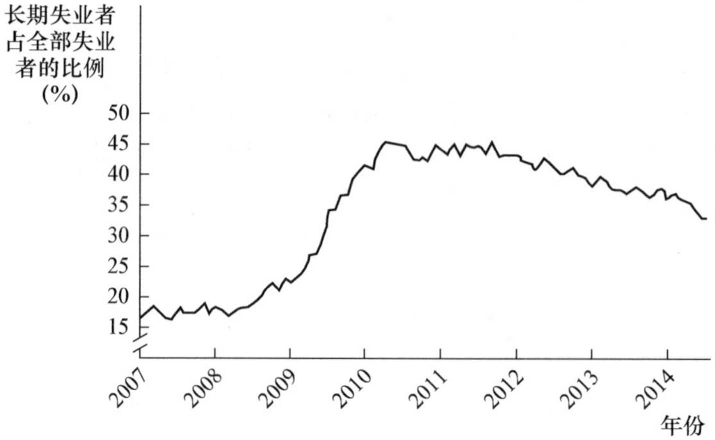

图 23-9　2007—2014 年美国 6 个月及以上失业者所占的比例

大衰退之前，失业较长时间的美国工人相对较少。然而，2007 年后，长期失业者的比例迅速升高，几年来都保持较高的比例。
资料来源：Bureau of Labor Statistics.

□ 23.2.3　结构性失业

结构性失业是指在劳动市场中职位寻找者的人数多于在某一工资水平上可提供的工作职位数所引起的失业。

即使寻找工作职位的人数等于可提供的工作职位数，结构性失业也会存在，也就是说，摩擦性失业并不是劳动力过剩的信号。有时，在一些特定的劳动市场中，职位寻找者存在永久性过剩。例如，拥有某种技能的工人人数多于使用这种技能的工作职位可提供的数量，或者在某一特定的地理区域工人的数量多于可提供的工作职位。**结构性失业**（structural unemployment）是指在劳动市场中，职位寻找者的人数多于在某一工资水平上可提供的工作职位数所引起的失业。

供给需求模型告诉我们，产品、服务或者生产要素的价格会向使得供给数量和需求数量相等的均衡价格方向变动。一般情况下，在劳动市场中这同样成立。

图 23-10 所示为典型的劳动市场。劳动需求曲线表示的是当劳动价格——工资率——上升时，雇主对劳动的需求会减少。劳动供给曲线表示的是当劳动价格提高时，在目前的工资水平上更多的工人愿意提供劳动。在某一特定区域就某种类型的劳动而言，两种力量的共同作用会形成均衡工资率。均衡工资率在图中表示为 W_E。

即使在均衡工资率 W_E 水平上，仍然会存在一些摩擦性失业。这是因为即使可提供的工作职位数等于职位寻找者的人数，总有一些工人要去寻找工作。但在这种情况下，劳动市场中不存在任何结构性失业。当工资率水平由于某种原因持续高于 W_E 的时候，结构性失业才会出现。导致工资率高于 W_E 的原因有几种，最重要的有：最低工资、工会、效率工资、政府政策的负面效应和雇主与雇员的错配。

最低工资　最低工资是政府对劳动力价格设定的最低水平（最低限价）。2014 年年初，美国全国性最低工资为每小时 7.25 美元。许多州政府和地方政府也在各自法律许可范围内决定各自的工资，一般有目的地高于联邦政府的水平。例如，西雅图的最低工资为每小时 15 美元。

对许多美国工人来讲，最低工资与其相关性不大，因为市场均衡工资远远高于这一水平。但是对于缺乏劳动技能的劳动力来讲，最低工资具有约束性——它影响对工人实际支付的工资而且在特殊的劳动市场可能导致结构性失业。其他富裕国家的最低工资标准也较高。例如，2014 年法国的最低工资是每小时 9.40 欧元，约为 12.40 美元。在这些国家，对工人来说，最低工资标准的约束力也较大。

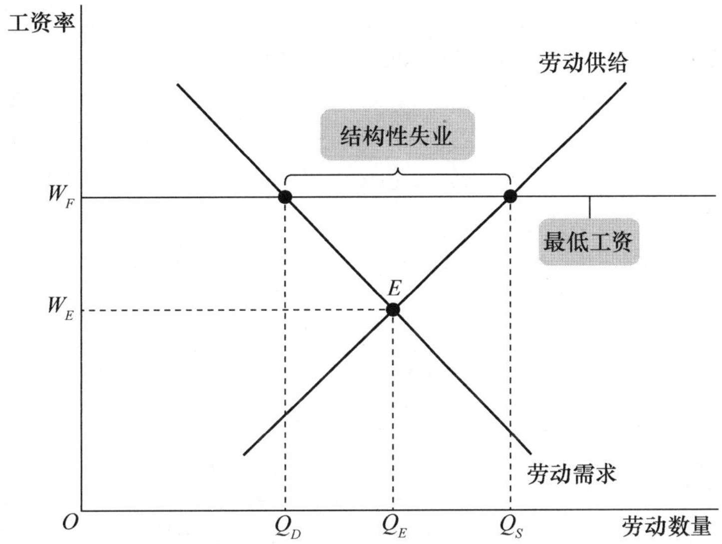

图 23－10　劳动市场中的最低工资效应

当政府限定了最低工资 W_F 后，由于这一水平高于市场均衡工资率 W_E，在最低工资率上愿意工作的工人数量 Q_S 要大于在这一工资率上对工人的需求数量 Q_D。这种剩余被认为是结构性失业。

图 23－10 表示有约束力的最低工资的影响。在该市场中，法律规定的最低工资为 W_F，高于均衡工资率 W_E。这导致在劳动市场中劳动力剩余持续存在：劳动供给数量为 Q_S，大于劳动需求数量 Q_D。换一种说法，在最低工资水平上，寻找工作的人数多于得到工作的人数，这导致了结构性失业的发生。

既然有约束力的最低工资一般会导致结构性失业，那么为什么政府要实行这一政策？实行这一政策的合理性在于：确保有工作的人能够获得足够的收入来维持最低限度的舒适的生活方式。然而，这样做要付出代价，因为它剥夺了那些愿意接受更低工资而寻找工作的人的就业机会。就像图 23－10 所示的那样，不仅劳动供给超过了劳动需求，而且最低工资水平之下愿意工作的人数（Q_D）少于没有最低工资标准要求的愿意工作的人数（Q_E）。

尽管经济学家大部分认同最低工资水平如果过高将产生就业减少效应，如图 23－10 所示，但这是不是对美国最低工资真实影响的最好描述仍然存疑。与其他富裕国家相比，美国的最低工资还相当低。从 20 世纪 70 年代到 21 世纪中期，美国的最低工资水平过低，对大多数工人并没有约束力。

此外，一些研究人员已经提出证据说：提高最低工资实际上会导致就业增加，如同美国曾经发生过的，特别是当最低工资占平均工资水平比例比较低的时候。他们认为，雇用低技能工人的企业有时候为了保持低工资并不愿意多雇用工人，所以提高最低工资后不一定会导致失业增加。可是大部分经济学家认为，提高最低工资确实会导致结构性失业，它的证据比较充分。

工会　工会行动的影响与最低工资的影响类似，也会导致结构性失业。通过代表一个企业所有工人与资方集体进行谈判，工会可能从雇主那里获得比单个工人与资方谈判所能获得的更高的工资。这个过程就是所谓的集体谈判，其目的是增加工人在谈判中的砝码，削弱雇主的力量。工会在谈判中通过威胁罢工而显示力量，所谓罢工就是集体拒绝去工作。罢工的威胁对企业来讲非常棘手。在这种情况下，工人集体行动显示出的力量要比他们各自行动更强。

雇主在谈判中对工会采取的反制行动是威胁和实施停工，也就是在可以雇用到替代工人时，工会工人将被停工一段时间，甚至失业。

工人的谈判力量越强，他们想要求的工资越高。工会有时也就福利进行谈判，如健康和退休福利，这通常被认为是额外工资。研究工会对工资影响的经济学家发现，对于技能相同的工人，参加工会的工人的工资福利要好于不参加工会的工人。由此增加工资带来的结果与最低工资是一样的，工会将把工资推高到均衡工资水平之上。结果，愿意在这个工资上工作的人要多于所提供的工作机会。像有约束的最低工资一样，这也会导致结构性失业。然而，在美国，工会的组织水平低，由于工会需求而导致的工人失业可能也很少。

效率工资 企业行为也可能造成结构性失业。企业可能选择**效率工资**（efficiency wages），这是雇主为了激励雇员以获得更好的业绩而确定的高于均衡工资的工资水平。

效率工资是雇主为了激励雇员以获得更好的业绩而确定的高于均衡工资的工资水平。

雇主出于激励需要而这样做有几种原因。例如，雇主很难直接观察雇员的努力程度。然而，雇主支付高于市场工资可引导工人付出更多的努力。当雇员得到高工资后，他们很可能会更加努力，因为他们不想被解雇后丢掉这份工资。

如果许多企业支付的工资高于市场均衡水平，就会导致有一部分想去寻找职位的工人无法如愿。所以，企业采用效率工资可能会导致结构性失业。

政府政策的负面效应 此外，试图帮助失业人员的政府政策也可能会导致结构性失业，这是一种出乎意料的负面效应。许多经济发达国家对于暂时失业的人员提供失业津贴，以帮助他们渡过难关，直到他们找到新的工作为止。美国的这些补贴一般只占工人失业前收入的一个小的比例，发放 26 周后停止。在 2009—2011 年高失业时期延长到 99 周。其他一些国家，尤其是欧洲国家，失业补贴更多，而且发放的时间更长。这种优厚的政策带来的弊病就是它降低了失业人员寻找新工作的积极性。20 世纪 80 年代，部分欧洲国家优厚的失业补贴经常被认为是欧洲硬化症的主要原因之一，它导致许多欧洲经济体的失业率持续高企。

雇主与雇员的错配 工人和企业适应经济变化需要时间。结果可能是员工所提供的与雇主正在寻找的不匹配。技能不匹配是其中一种形式。例如，2009 年房地产泡沫破灭的后遗症是建筑业找工作的工人远多于工作机会。另一种形式是像密歇根州这样的地区，汽车产业下行会导致工人长期过剩。在通过工资降到足够低来吸引过剩工人进行再培训或者迁移以解决错配问题之前，结构性失业会一直存在。

□ 23.2.4 自然失业率

因为摩擦性失业无法避免，许多经济体还存在结构性失业，所以存在一定的失业人数是正常的或者说是“自然的”现象。当然，实际失业率会围绕这个正常水平上下波动。**自然失业率**（natural rate of unemployment）是一种实际失业率围绕其波动的正常失业率。这是由于存在摩擦性失业和结构性失业而造成的失业率。**周期性失业率**（cyclical unemployment）是实际失业率与自然失业率的偏差。顾名思义，周期性失业是由商业周期下行造成的失业。

自然失业率是一种实际失业率围绕其波动的正常失业率。

周期性失业率是由于商业周期下行造成的实际失业率与自然失业率的偏差。

我们在第 31 章将会看到，一个经济体的自然失业率是一个关键的政策变量，因为政府无法在不推进通货膨胀的情况下把失业率一直压低到自然失业率水平之下。

我们可以总结一下各种类型失业之间的关系：

$$\text{自然失业}=\text{摩擦性失业}+\text{结构性失业} \qquad (23-3)$$

$$\text{实际失业}=\text{自然失业}+\text{周期性失业} \qquad (23-4)$$

大概出于名称的缘故，人们想当然认为自然失业率是不随时间的改变而变化的，也不会受到政府政策的影响。这些说法都不正确。我们花一些笔墨来讨论如下两点：自然失业率会随时间的改变而变化；经济政策会影响自然失业率。

▶ 国际比较

经济合作与发展组织的自然失业率

经济合作与发展组织（OECD）是欧洲和北美的相对富裕国家，以及日本、韩国、新西兰和澳大利亚等组成的经济组织。它的活动之一是估计自然失业率。下页图所示为 2013 年的估计数据。整个经济合作与发展组织的人口加权平均值以深灰色柱状图表示。

美国自然失业率为 6.1%，低于经济合作与发展组织的平均水平 7.7%。许多欧洲国家（包括德国、意大利和法国等主要经济体）都高于平均水平。许多经济学家认为，居高不下的欧洲失业率是政府政策导致的结果，如很高的最低工资水平、慷慨的失业福利，这些挫伤了雇主提供就业职位和工人接受工作的积极性，导致了较高的结构性失业。

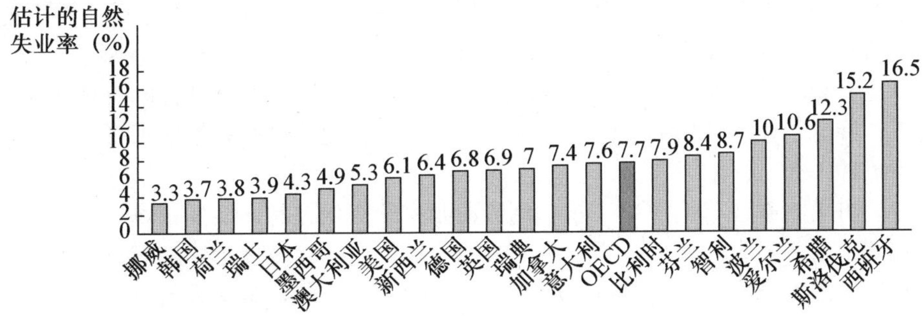

□ 23.2.5 自然失业率的变化

为了预测和进行政策分析，经济学家和政府机构都要估计自然失业率的水平。几乎所有估计都表明：随着时间的推移，美国的自然失业率上下起伏。例如，美国国会预算办公室估计的美国自然失业率情况如下：1950 年为 5.3%，到了 20 世纪 70 年代末上升到 6.3%，到了 2014 年年末下降到 5.2%。欧洲的自然失业率波动幅度更大。

什么因素会引起自然失业率的变化？最重要的因素是劳动力特质的变化、劳动市场制度的变革以及政府政策的改变。下面我们将逐一分析。

劳动力特质的变化 2007 年，美国的总失业率为 4.6%。年轻雇员的失业率相对较高：青少年为 15.7%，20～24 岁为 8.2%。25～54 岁的失业率仅为 3.7%。

一般而言，有工作经验的人失业率低于没有工作经验的人。因为就特定工作来讲，有工作经验的人在岗位上工作的时间会长一些，他们的摩擦性失业情况较少。而且，相对于年轻工人来说，年纪大一些的工人是家庭的经济支柱，他们有更强烈的愿望找到工作并干下去。

20 世纪 70 年代自然失业率升高的一个主要原因是新工人增加了——第二次世界大战后婴儿潮期间出生的人进入劳动力大军，结婚女性中越来越多的人也加入进来。如图 23－11 所示，劳动力中 25 岁以下人口所占的比例和女性所占的比例在 20 世纪 70 年代显著上升。到了 20 世纪 90 年代末，女性在劳动力中所占的比例稳定了下来，而 25 岁以下人口的比例大幅下降。这意味着劳动力总体上的工作经验要比 20 世纪 70 年代丰富，这可能是今天的自然失业率低于 70 年代的一个原因。

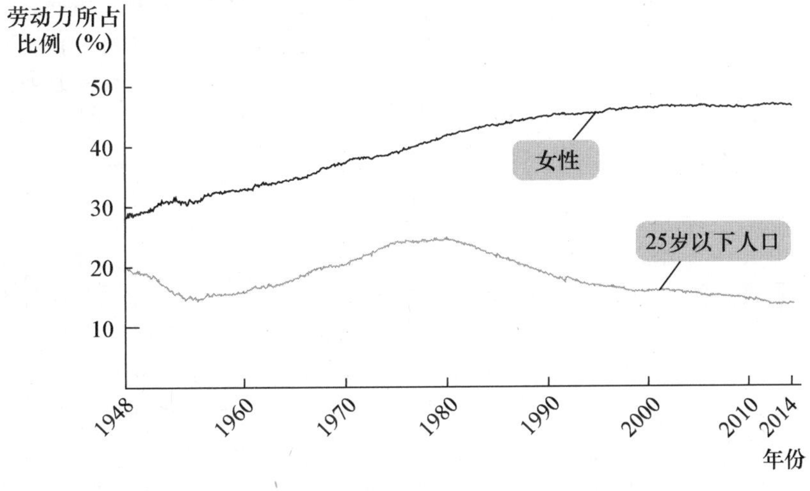

图 23－11 1948—2014 年美国劳动力构成的变化

在 20 世纪 70 年代，劳动力中 25 岁以下人口和女性的构成比例快速上升。这些变化反映了如下现象：许多女性第一次加入了赚取薪水的劳动力群体中，婴儿潮期间出生的人也到了工作年龄。自然失业率高是因为这些人群中许多人相对缺乏工作经验。今天，劳动力已经非常富有经验了，所以这也可能是 20 世纪 70 年代后自然失业率低的一个原因。

资料来源：Bureau of Labor Statistics.

劳动市场制度的变革 我们前面已经提到过，工会要求的工资水平高于均衡水平导致存在结构性失业。一些经济学家相信，欧洲自然失业率高的部分原因就是工会力量强大。1980 年之后，美国工会会员大幅度减少，这可能是导致自然失业率从 20 世纪 70 年代到 90 年代下降的一个原因。

一些制度变革也有影响。例如，一些劳动经济学家相信，近几年大量出现的临时就业代理机构通过帮助人们找到合适的工作降低了摩擦性失业。而且，正如本章最后企业案例所讨论的那样，如 Elance-oDesk 之类的网站可以减少摩擦性失业。

技术进步和劳动市场制度变革叠加在一起对自然失业率的变化也有一定的影响。技术进步往往会导致增加对熟悉技术的熟练工人的需求，减少对非熟练工人的需求。根据经济理论，随着技术进步，熟练工人的工资将增加而非熟练工人的工资将下降。但是由于最低工资的保护，非熟练工人的工资不能下降，所以结构性失业就上升了，自然失业率水平也就会处在较高水平。

政府政策的改变 最低工资水平高会引起结构性失业。慷慨的失业补贴会增加结构性失业和摩擦性失业。所以旨在帮助工人的政府政策可能会产生推高自然失业率的负面作用。

当然一些政府政策也会降低自然失业率水平。职业培训和就业补贴是其中的两个事例。职业培训被认为可以帮助失业工人增加技能，扩大就业领域。就业补贴既对工人也对雇主提供一种物质上的鼓励使其接受或提供就业岗位。

▶ **真实世界中的经济学**

民主德国的结构性失业

世界历史上最引人注目的事件之一是 1989 年的柏林墙倒塌事件，在短期内，民主德国和联邦德国统一成一个国家。

然后，麻烦就此开始了。

统一后，原来为民主德国的地区就业机会大幅减少，失业率飙升。如此高的失业率已逐步回落，但仍远高于德国其他地区。2014 年年底，原来为民主德国的地区失业率超过 9%，而原来为联邦德国的地区在 5.6%左右。前东欧的其他地区则要好得多。例如，捷克共和国，经常与民主德国一起被认为是前东欧地区比较成功的社会主义经济体，2014 年 10 月的失业率只有 5.7%，民主德国错在哪里呢？

答案是不是任何人的错，民主德国遭受了严重的结构性失业的痛苦。当德国统一后，人们清楚地看到，民主德国工人的生产率比其西部兄弟低得多。然而，工会最初要求获得与联邦德国相同的工资率。这些工资率后来也下降缓慢，因为民主德国工人反对被视为逊色于联邦德国的同行。同时，民主德国的生产力低于联邦德国的水平，部分是因为错误投资。其结果是，民主德国工人需求的数量与可寻找的职位数之间存在严重的错配，所以严重的结构性失业痛苦一直持续到今天。

及时复习

- 由于存在失业工人寻找职位的现象，一定比例的失业——被称为摩擦性失业——不可避免。
- 许多因素——最低工资、工会、效率工资、政府政策的负面效应以及雇主与雇员的错配——都会导致结构性失业。
- 摩擦性失业与结构性失业之和等于自然失业，可计算出自然失业率。相反，周期性失业随着商业周期的变化而变化。实际失业等于自然失业（摩擦性失业和结构性失业）加上周期性失业。
- 由于劳动力特质的变化、劳动市场制度的变革以及政府政策的改变，自然失业率随着时间的变化而变化；政府政策的改变，特别是那些改善失业工人境遇的政策被认为是欧洲自然失业率水平高企的一个重要原因。

小测验 23－2

1. 请解释如下命题：

a. 当技术进步加速后，摩擦性失业会增加。

b. 当技术进步加速后，结构性失业会增加。

c. 当失业率水平较低时，摩擦性失业在全部失业中所占的比重较大。

2. 为什么说集体谈判像最低工资一样对失业率有同样的一般性影响？请用图说明。

3. 假设在商业周期的波峰时，美国突然大幅提高对失业工人的补贴，请解释自然失业率水平会发生什么变化。

23.3 通货膨胀和通货紧缩

我们知道，制定货币政策的官员常被分成鸽派与鹰派，这是根据把低失业率放在优先位置还是把低通货膨胀率放在优先位置来划分的。高失业率为什么是问题容易理解。但是，为什么要担心通货膨胀？为什么政策制定者即使现在看到通货膨胀率上升仍会变得焦躁不安？答案是，通货膨胀会让整个经济体付出代价，但并非以大多数人认为的方式。

□ 23.3.1 价格水平的高低并不重要

对通货膨胀最常见的抱怨是价格水平上升使得每个人都变穷——毕竟一定数量的金钱买得到的东西越来越少。但通货膨胀并没有让所有人都贫穷。要知道为什么，想象一下如下情景会有帮助：如果美国也做其他部分国家已经做的事情——用新的货币替代美元，将会发生什么事情？

这种货币转换的一个例子发生在 2002 年，当时法国像其他一些欧洲国家一样，用新的欧洲货币欧元取代了本国货币法郎。人们将他们持有的法郎硬币和纸币按每欧元兑 6.559 57 法郎的汇率换成欧元硬币和纸币。与此同时，所有的合同也以同样的汇率转换成欧元。例如，如果一个法国公民有 50 万法郎的房屋抵押贷款债务，就变成 50 万法郎/ 6.559 57＝76 224.51 欧元的债务。如果工人的合同规定，他或她应该每小时获得 100 法郎的合同工资，现在成为每小时 100 法郎/6.559 57＝15.244 9 欧元。

你能想象在美国做同样的事情会发生什么吗？比如说，“新美元”取代美元的汇率为 1∶7。如果你家欠债 140 000 美元，将变成 20 000 新美元的债务。如果你每小时工资为 14 美元，将变成每小时 2 新美元，依此类推。这将使整个美国的价格水平回到 1962 年约翰·肯尼迪担任总统的时候。

> **实际工资**是名义工资除以价格水平。

因为价格将只有七分之一，所以每个人都可以富裕一点吗？当然不是。价格会变低，但工资和收入也会如此。如果将工人的工资降低到先前值的七分之一，也就是所有的价格降低为原来的七分之一，工人的**实际工资**（real wage）——工资除以价格水平——不会有什么变化。事实上，总体价格水平回到肯尼迪执政期间的水平不会对总体购买力有什么影响，因为当这种情况发生时，收入减少的幅度与价格降低的幅度完全一样。

> **实际收入**是名义收入除以价格水平。

相反，自 20 世纪 60 年代初以来价格水平的真实上涨也并没有使美国变得更穷，因为收入也提高了相同比例：**实际收入**（real income）——收入除以价格水平——不会受到整体价格上升的影响。

这个故事的寓意是价格水平并不重要：如果现在的总体价格水平与 1961 年时一样低，美国也不会变得更富有；反之，过去 50 年的价格上涨也并没有使我们变得更穷。

□ 23.3.2 但价格变化率很重要

价格水平的高低并不重要是否预示通货膨胀率也并不重要呢？事实并非如此。

要知道为什么，关键要注意价格水平和通货膨胀率之间的区别，后者是每年总体价格水平上升的百分点。通货膨胀率定义为：

$$通货膨胀率=[(第2年价格指数-第1年价格指数)/第1年价格指数]\times 100\%$$

图 23－12 凸显了在过去半个世纪中价格水平与美国的通货膨胀率之间的不同，左侧纵轴和右侧纵轴分别表示价格水平与通货膨胀率。进入 21 世纪后，美国的总体价格水平远高于 1960 年，但是，正如我们已经知道的，这没什么要紧。2000 年之后的通货膨胀率比 20 世纪 70 年代低很多，而且几乎可以肯定，这使得经济体比之前高通货膨胀率时期更加富裕。

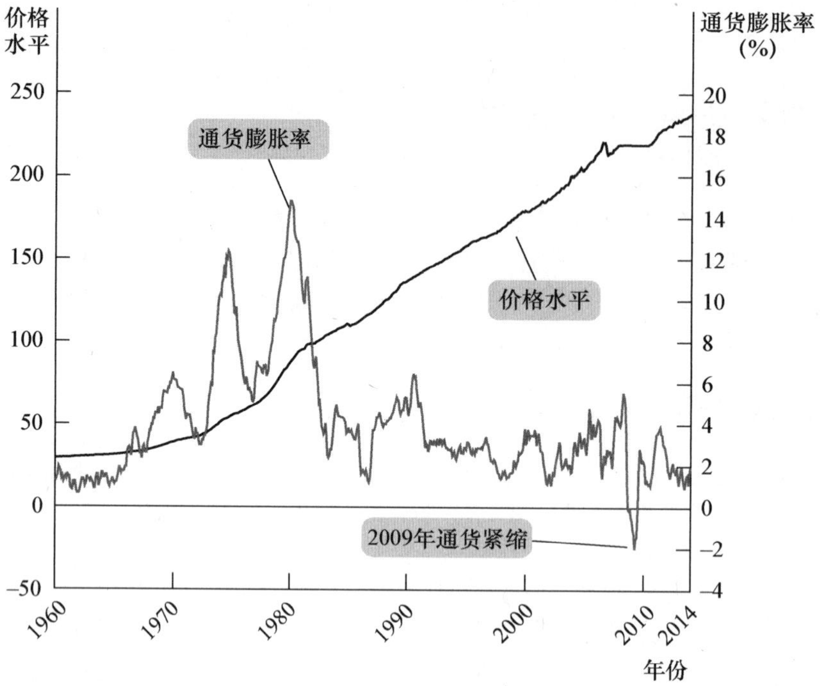

图 23－12　1960—2014 年美国价格水平与通货膨胀率

除了 2009 年外，过去半个多世纪价格水平一直在上涨。但是通货膨胀率——价格上涨率——则起伏不定。2009 年通货膨胀率基本为负，这种现象被称为通货紧缩。

资料来源：Bureau of Labor Statistics.

经济学家认为高通货膨胀率会带来显著的经济成本。其中最重要的成本有：鞋底成本、菜单成本和价值尺度成本。我们将依次讨论。

鞋底成本　人们持有货币——钱包中的现金和可开支票的银行账户存款——是为了方便交易。然而，高通货膨胀率造成人们不愿意持有货币，因为钱包中的现金和可开支票的银行账户存款的购买力会因物价水平的上涨而不断缩水。人们因此会寻找途径减少他们持有的金钱数量，这会引致很高的经济成本。

在专栏“真实世界中的经济学”中，我们描述了以色列在 1984—1985 年经历通货膨胀冲击时，人们怎样在银行花费很多时间的故事。所有通货膨胀中最著名的是德国 1921—1923 年的恶性通货膨胀，在这一时期，商人雇用了多名善跑之人，一天中多次到银行把钱存进生息账户或转成更为稳定的外国货币。在这些情形下，为了尽量避免他们的金钱购买力缩水，人们使用了可以用于其他生产性活动的有效资源——以色列公民的时间、德国善跑之人的劳动。在德国恶性通货膨胀期间，银行交易业务剧增，所以银行雇员几乎翻了两番——从 1913 年的大约 100 000 人增加到 1923 年的 375 000 人。

巴西在 20 世纪 90 年代初也经历了恶性通货膨胀，在此期间金融部门创造的 GDP 占总量的 15%，是美国金融部门同样指标的两倍。金融部门扩张来应付通货膨胀带来的影响其实表示了一个社会实际资源的浪费。

> **鞋底成本**是由通货膨胀引起的成本增加。

通货膨胀引起的增加的交易成本就是所谓的**鞋底成本**（shoe-leather cost），这一说法是对人们为了尽可能避免持有货币而四处跑动造成的皮鞋磨损的形象比喻。在高通货膨胀率时，鞋底成本相当高，凡是经历过恶性通货膨胀或者每年通货膨胀率超过百分之百的人都可以证明。大部分估计认为美国通货膨胀的鞋底成本相当小——在和平时期，通货膨胀率没有超过15%。

菜单成本 在现代经济中，我们购买的大部分东西都明码标价。超市货架的每种商品都标有价格，每本书也都印有价格，餐厅每道菜的价格都印在菜单上。更改标价需付出的真实成本被称为**菜单成本**（menu cost）。例如，要改标价的话，在超市需要通过店员更改每个项目下的价签。当通货膨胀发生时，相对于总体价格水平保持稳定的环境，企业当然会被迫经常改变价格。这意味着经济体整体的成本增加了。

菜单成本是改标价需付出的真实成本。

在恶性通货膨胀时期，菜单成本会更高。在20世纪90年代初巴西恶性通货膨胀时期，有报道说超市的工作人员有一半时间花在更换价签上。当发生高通货膨胀时，商人们停止用本国货币而代之以人造单位（实际上是产品之间互相标价）或者更为稳定的他国货币来计价，如美元。在20世纪80年代中期，以色列的房地产市场就是这么做的：尽管交易使用以色列的货币来支付，但却用美元标价。同样的情况也发生在津巴布韦。2008年5月，该国官方通货膨胀率达到1 694 000%。到了2009年，政府暂停使用津巴布韦的货币，而改用外国货币买卖产品。

菜单成本在低通货膨胀经济体中也存在，但并不严重。在低通货膨胀经济体中，企业对价格的更新是零星进行的——不必像在高通货膨胀和恶性通货膨胀经济体中那样每天或经常更新。而且随着技术的进步，菜单成本越来越低，因为价格可以通过电子方式来变动，越来越少的商店使用粘贴式的产品价签了。

价值尺度成本 在中世纪，合同往往以“各种实物”来约定。例如，租户可能有义务每年向地主提供一定数量的牛。这在当时是有道理的，但在现代商务活动中，这可能就是一种笨拙的形式了。现在我们以货币形式签订合同：房客每月支付一定数量的美元；公司在发行债券时承诺到期后向债券持有人按美元支付债券价值等。我们在进行经济计算时也往往使用美元，例如：在家庭预算或者一个小企业主试图评估企业的经营状况、估计资金流入和流出时。

美元用于签订合约和经济计算的这种功能被称为货币的价值尺度功能。这是现代经济的一个重要方面。然而，这一功能可能被通货膨胀损害，因为通货膨胀会导致货币购买力随着时间的推移而变化——来年1美元的价值要少于今年1美元的价值。许多经济学家认为这也降低了经济决策的质量，因为货币价值尺度变化造成的不确定性会导致经济体作为一个整体的资源利用率降低。通货膨胀的**价值尺度成本**（unit-of-account cost）来自通货膨胀造成货币度量单位可靠性降低。

通货膨胀的**价值尺度成本**是指由于通货膨胀使得货币作为价值尺度的可信程度降低而带来的成本。

价值尺度成本在税收制度中特别重要，因为它会扭曲计算税收的收入基准。这里有一个例子：假设通货膨胀率为10%，因此总体价格水平每年上升10%。假设一个企业购买一项资产，比如说一块土地，价值为100 000美元，一年后以110 000美元转售。从根本上讲，企业并没有因这笔交易而获利：按实际价值计算，该企业从这块土地上得到的没有比付出的更多。但根据美国税法，企业获得10 000美元资本收益且必须为虚增所得纳税。

20世纪70年代美国的通货膨胀率相对较高，通货膨胀对税收制度的扭曲影响成为一个严重的问题。有些企业减少了生产性投资支出，因为它们发现需要为虚增所得纳税。同时，一些非生产性投资变得有吸引力，因为它们的虚拟损失可以减税。当通货膨胀率在20世纪80年代下降和税率也下降后，这些问题才变得不那么重要。

□ 23.3.3 通货膨胀中的得益者和受损者

我们已经知道，高通货膨胀率会使整个经济体付出代价。此外，通货膨胀率可造成经济体中一部分人得益，而另一部分人受损。造成这种现象的主要原因是：经济交易通常涉及的合约如贷款合约会持续较长时间，它一般是按名义价值即美元来具体签订的。

对于贷款来讲，借款人开始时收到一定数量的资金，贷款合约具体写明在未来某个时间他或她必须具体归还的贷款所用利率。**利率**（interest rate）是贷款人允许借款人可在一年内使用他们的储蓄资金而收到的回报，以贷款数量的一定比例来计算。

但是，货币的真实价值——也就是购买力——在很大程度上取决于贷款期间的通货膨胀率。经济学家通过名义利率和实际利率之间的区别来概括通货膨胀对借款人和贷款人的影响。**名义利率**（nominal interest rate）是用货币表示的利率，例如，对学生的贷款利率。**实际利率**（real interest rate）等于名义利率减去通货膨胀率。例如，如果一项贷款的利率为 8%，但有 5%的通货膨胀率，实际利率为 8%－5%＝3%。

利率是贷款人允许借款人可在一年内使用他们的储蓄资金而收到的回报，以贷款数量的一定比例来计算。

名义利率是用货币表示的利率。

实际利率等于名义利率减去通货膨胀率。

借款人在和贷款人签订贷款合约时使用的是名义利率。在本书中，除非我们明确说明，所说的利率都是名义利率。贷款双方都对未来的通货膨胀有自己的预期，因此也对贷款的实际利率有自己的预期。如果真实的通货膨胀率高于预期，那么借款人就获益，而贷款人则受损，借款人归还的贷款数额的实际价值低于预期价值；相反，如果通货膨胀率低于预期，那么借款人就受损，而贷款人则受益，借款人归还的贷款数额的实际价值高于预期价值。

从历史上看，通货膨胀产生得益者和受损者有时也是政治争论的一个主要问题。1896 年，威廉·詹宁斯·布赖恩（William Jennings Bryan）在民主党总统候选人大会发言时宣称："不应该将人们钉在黄金十字架上。"他实际上是要求采取通货膨胀政策。在当时，美元与黄金有固定的兑换比例。布赖恩想放弃金本位制，主张美国政府应该多印钞票，这将推高价格水平。他希望通货膨胀是为了帮助农民，他们中的许多人深陷债务之中。

在当代美国，住房抵押贷款是通货膨胀得失最重要的领域。在 20 世纪 70 年代初，选择住房抵押贷款的美国人很快发现他们的实际支付在下降，因为实际通货膨胀率高于预期，到 1983 年时每单位美元的购买力相当于 1973 年的 45%。而那些在 90 年代早期选择贷款的人就没这么幸运了，因为通货膨胀率连续几年都低于预期：2003 年每单位美元的购买力相当于 1993 年的 78%。

因为通货膨胀导致部分人得益，部分人受损，所以不管通货膨胀率低于还是高于预期，这引出了另一个问题：未来通货膨胀率的不确定性不鼓励人们签订任何形式的长期合同。这是高通货膨胀率的额外成本，因为高通货膨胀率通常是不可预测的。在通货膨胀率较高和不确定的国家，长期贷款较为罕见，这使得在许多情况下长期投资也难以进行。

最后一点：意外通货紧缩——价格水平的意外下降——也会产生得益者和受损者。1929—1933 年，随着美国经济陷入大萧条，消费者价格指数下降了 35%。这意味着债务人（包括许多农民和业主）的实际债务激增，导致大范围的破产，并造成银行业危机，因为贷款人发现其客户无力偿还贷款。从图 23－12 可以看出，通货紧缩在 2009 年再次出现，通货膨胀率在深度衰退时下降为－2%。像大萧条一样（但程度较轻），2009 年的意外通货紧缩加重了债务人的负担。我们将在第 31 章详细讨论通货紧缩的影响。

□ 23.3.4 通货膨胀易，反通货膨胀难

并无显著的证据表明，比如说，通货膨胀率从 2%上升到 5%将对经济造成很大的损害。但是，当通货膨胀率超过 2%或 3%后，政策制定者一般会强行把通货膨胀率拉回。为什么？因为经验表明，一旦较高的通货膨胀率已经在经济中确立，将通货膨胀率降低的过程——被称为**反通货膨胀**（disinflation）——非常困难且代价昂贵。

反通货膨胀是指将通货膨胀率降低的过程。

图 23－13 所示为美国在 20 世纪 70 年代中期和 80 年代初期两次通货膨胀减缓过程中所发生的事情。横轴表示失业率。纵轴表示与上年相比的"核心"通货膨胀率，即剔除波动较大的食品和能源价格后的通货膨胀率，这被广泛认为是比整体消费者价格指数更好地表示现行通货膨胀率的一项指标。每个标记点代表 1 个月的通货膨胀率和失业率。在每一个时期，失业率和通货膨胀率按顺时针螺旋形变化，当高通货膨胀率逐渐下降时，会伴随一段非常高的失业率。

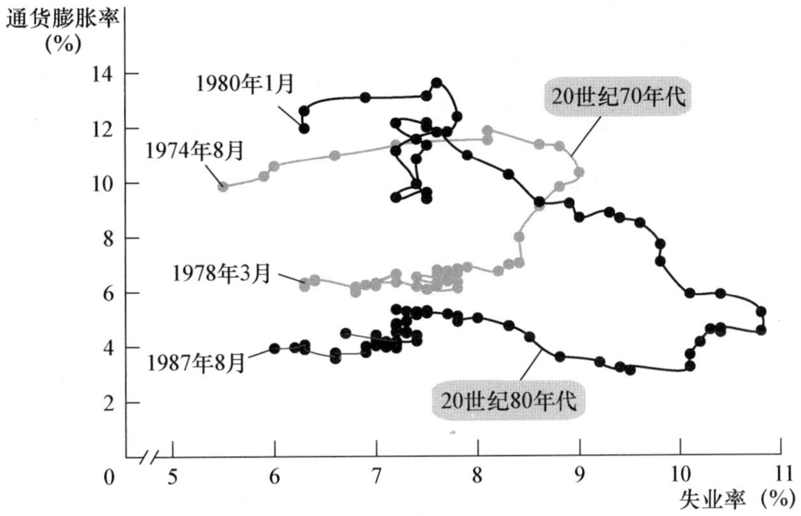

图 23-13　反通货膨胀的成本

在当代美国历史上，美国主要在 20 世纪 70 年代中期和 80 年代初期两个阶段发生反通货膨胀现象。该图所示为失业率与“核心”通货膨胀率（即不包括食品和能源价格的变化）的变化轨迹。在两种情况下，通货膨胀率回落需要失业率暂时有非常大的上升，这表明反通货膨胀的成本很高。

资料来源：Bureau of Labor Statistics.

根据许多经济学家的看法，暂时打击经济的高失业率时期是反已深植于经济体中的通货膨胀所必需的。避免通过严重影响经济来反通货膨胀的最好办法是避免发生严重的通货膨胀问题。因此，一旦出现通货膨胀可能加速的迹象，政策制定者就会做出有力的回应，这是对经济体的预防治疗。

▶ 真实世界中的经济学

以色列的通货膨胀经历

人们经常很难明显看出通货膨胀的代价，因为严重的通货膨胀问题常常与扰乱经济生活的其他问题尤其是战争或政治动荡（或两者）有关。然而，在 20 世纪 80 年代中期，以色列经历了一个“干净”的通货膨胀：没有战争，政府稳定，街道上秩序井然，但一系列政策失误导致了非常高的通货膨胀率，价格往往 1 个月涨幅超过 10%。

碰巧的是，在高通货膨胀时期，本书作者之一有 1 个月的时间在特拉维夫大学访问，所以我们可以就通货膨胀的影响给出第一手材料。

首先，通货膨胀的鞋底成本是巨大的。当时，以色列人花了很多时间在银行排队，不断地在各种账户中将钱取出及存入以获得足够高的利率来抵消通货膨胀的影响。人们外出时在他们的钱包中放很少的现金；当他们需要支付较大的现金时只好去银行。银行被迫开了很多分支机构，支付了很大的经营费用。

其次，虽然客户对菜单成本不可见，但他们可以看到企业尽量减少菜单成本的努力。比如，餐厅的菜单往往没有列出价格，而是在黑板上列出一组数字且每天更换数字，你不得不用另一个数字与之相乘得出菜价。

最后，因为价格变化大且迅速，所以人们常常很难做出决定。一个普通的经历是，购买者因为一家店的价格比平常的购物商店高出 25%而离开，但当他回到原来经常去的商店后却发现，该商店的价格刚刚也上涨了 25%。

及时复习

- 实际工资和实际收入不受价格水平的影响。
- 通货膨胀与失业一样是政策制定者关注的重大问题。在过去，政策制定者已经接受了降低通货膨胀的代价是高失业率。
- 虽然总体价格水平无关紧要，但高通货膨胀率会让经济付出实际成本：鞋底成本、菜单成本和价值尺度成本。

● 利率是贷款人收到的使用他或她的资金一年的回报。实际利率等于名义利率减去通货膨胀率。因此，出乎意料的高通货膨胀率有利于借款人，但损害贷款人。面对较高水平和不确定的通货膨胀，人们往往会避免长期投资。

● 反通货膨胀的代价非常昂贵，所以政策制定者将尽量避免陷入高通货膨胀摆在政策首位。

小测验 23-3

1. 广泛使用的技术已经彻底改变了银行业，客户更容易访问和管理他们的资产。这是否意味着通货膨胀的鞋底成本比以前降低了？

2. 在美国，大多数人已经习惯了 2%～3%的温和通货膨胀率。如果在未来 15 年或 20 年通货膨胀出人意料地完全停止，谁将获益？谁将受损？

▶ **企业案例**

信息时代的临时工人

根据通常的标准，位于加利福尼亚州的 Elance-oDesk 是一个很小的企业，只有 250 名员工。但在 2014 年年中，它向 250 万家企业提供工人。Elance-oDesk 能做到这些是因为它不直接提供服务，而是作为一个在线市场，对雇主和自由职业者进行匹配。

虽然大多数美国工人一直为一个单一的雇主工作，但临时工人一直是劳动力队伍中的一个重要组成部分。在美国城市的街角，每天清晨工人们排队希望获得一份像建筑行业所需的临时工人的工作，这样的工作对工人的需求波动性大，有时完全不可预知。对于有更多技术的工人，像 Allegis 集团这样的临时用工机构，会向工人提供一些分包工作，时间从几天到几个月不等。图 23-14 所示为由这些机构提供的临时就业人数占总就业人数的百分比。我们可以看出，在 20 世纪 90 年代和 21 世纪初经济扩张后期，临时就业需求猛增，许多公司需要更多的工人却很难在紧张的劳动市场中雇到工人。一旦对额外增加的工人的需求下降，临时就业也开始降温。

乍一看，自 2007—2009 年衰退结束之后，临时就业的快速增长似乎遵循相同的模式。但这次是各家公司在疲软的劳动市场上雇用临时工人。由于有超过空缺职位三倍的美国工人寻求工作，招人应该没有任何问题。为什么临时工作激增呢？

答案之一可能是技术进步开辟了新的服务工种。体力劳动者可能还在街角排队，但信息技术人员和其他专业人士越来越多通过网络服务公司如 Elance [电子商务 (e-commerce) + 自由职业 (freelance)] 和 oDesk (两家公司于 2014 年合并) 寻找临时、兼职工作。

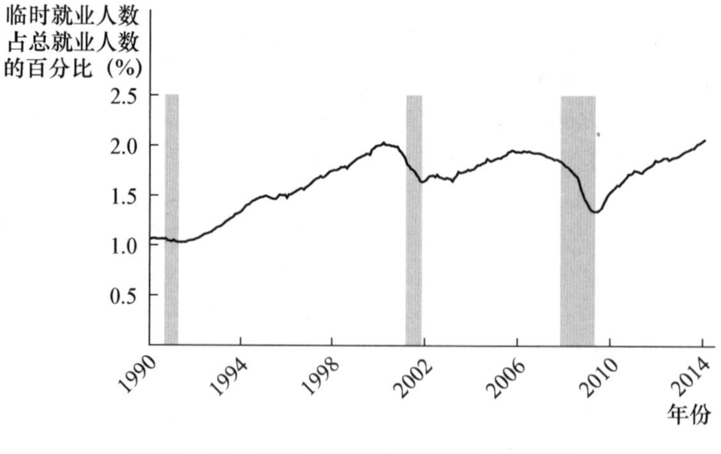

图 23-14　1990—2014 年临时雇工的兴起

资料来源：Bureau of Labor Statistics.

2014 年 Elance-oDesk 在为 800 万工人服务（四分之三是美国以外的人），是 2012 年的两倍。这样的增长表明，经济可能正在经历一个工作方式结构的根本性转变，其中之一是方便的临时安排替代长期合约。

思考题

1. 利用图 23－7 所示的流动情形解释临时工人在经济中发挥的作用。
2. 通过在线服务信息一览改善求职者和雇主匹配对失业率可能会产生什么影响？
3. 2008—2009 年失业率激增时临时工人急剧下降的事实表明这种激增的本质是什么？

小结

1. 降低通货膨胀率和失业率的双重目标是宏观经济政策的主要关注点。

2. 就业人口是就业人数；失业人口是失业和积极寻找工作的人口。就业人口与失业人口的总和等于劳动力人口。劳动力参与率是劳动力人口占 16 岁及以上人口的百分比。

3. 失业率是失业人口占劳动力人口的百分比。该指标既可高估也可低估真实的失业水平。高估是因为有的失业者尽管已经被提供了一份工作但他们仍在继续寻找其他工作。低估是因为它忽略了丧志工人、准失业工人和就业不足工人。此外，人口中不同群体之间的失业率差异很大，年轻工人和临近退休的工人比处在黄金年龄的工人失业率要高一些。

4. 失业率受到商业周期变化的影响。当实际 GDP 增长率高于平均水平时，失业率普遍下降；当实际 GDP 增长率低于平均水平时，失业率普遍上升。通常伴随着经济衰退会出现无就业复苏，即实际 GDP 增长但失业率上升。

5. 就业机会的创造与消失以及自愿离职导致了寻找工作的摩擦性失业。此外，多种因素诸如最低工资、工会、效率工资、政府政策的负面效应以及雇主与雇员的错配都可以导致在市场工资率上劳动力过剩，形成结构性失业。其结果是，即使有丰富的工作机会存在，自然失业，即摩擦性失业和结构性失业的总和，远高于零。

6. 实际失业率等于自然失业率（即独立于商业周期的失业率）加上周期性失业率，后者取决于商业周期波动的比例。

7. 随着时间的推移，自然失业率会发生变化，很大程度上是因为劳动力特质的变化、劳动市场制度的变革和政府政策的改变。

8. 通货膨胀并非像许多人所认为的那样，因为提高物价水平使每个人都变得更穷了。这是因为工资和收入进行调整时也要考虑物价水平的上涨，可使得实际工资和实际收入不变。然而，高通货膨胀率会使经济体整体付出代价，如鞋底成本、菜单成本和价值尺度成本。

9. 通货膨胀可以形成经济中的得益者和受损者，因为长期合同通常以货币结算。在贷款中指定的利率通常是名义利率，它不同于经过通货膨胀率调整后的实际利率。高于预期的通货膨胀率有利于借款人而有害于贷款人，低于预期的通货膨胀率则正好相反。

10. 许多人认为抑制经济发展和形成高失业率是减缓嵌入式通货膨胀政策的必要代价。因为反通货膨胀代价不菲，因此政策制定者将试图阻止通货膨胀率过高放在首位。

关键词

就业	失业	劳动力	劳动力参与率	失业率	丧志工人	准失业工人	就业不足
无就业复苏	职位寻找	摩擦性失业	结构性失业	效率工资	自然失业率	周期性失业率	实际工资
实际收入	鞋底成本	菜单成本	价值尺度成本	利率	名义利率	实际利率	反通货膨胀

练习题

1. 每个月的第一个星期五，劳工统计局通常都会发布上个月的《就业情况概要》(*Employment Situation Summa-*

ry)。登录 www. bls. gov 查看最新的报告。（在劳工统计局网站的主页上，选择“主题”选项卡，找到“失业”，点击“全国失业率”。在“CPS新闻发布”页面的左边有对就业形势的综述。）目前的失业率与1个月前的失业率相比如何？目前的失业率与1年前的失业率相比如何？

2. 通常失业率会如何随实际GDP的变化而变化？请解释在发生严重衰退的几个季度之后，为什么官方公布的失业率数据有可能下降。请解释在经济强劲扩张几个季度之后官方公布的失业率数据反而上升的原因。

3. 在下述情形下，梅兰妮面临的是哪种类型的失业？

a. 在完成了一个复杂的程序项目后，梅兰妮失业了。她寻找需要同样技能的工作。她向一个程序员配置服务机构递交了申请。她拒绝了低薪的工作机会。

b. 在梅兰妮和她的同事拒绝削减薪水后，雇主把由他们开发的程序外包给了其他国家的开发人员。这是整个程序开发行业普遍存在的现象。

c. 由于当前投资支出的减少，梅兰妮已经失去了她的程序开发工作。她的雇主承诺当有开发任务时会重新雇用她。

4.《就业情况概要》公布的部分信息关系到人们失业时间的长短。请访问网站 www. bls. gov，找到最新的报告。采用与练习题1相同的方法找到《就业情况概要》，在其结尾部分点击“表A－12　失业人员持续失业时间”。采用经过季节调整的数据回答下述问题：

a. 有多少工人的失业状态在5周之内？这部分人占总失业人口的百分比是多少？与上月相比变化了多少？

b. 有多少工人的失业状态在27周及以上？这部分人占总失业人口的百分比是多少？与上月相比变化了多少？

c. 工人平均失业时间有多长（平均的持续时间，单位为周）？与上月的平均数相比变化了多少？

d. 比较最近1个月与前1个月的数据，长期失业问题改善了还是恶化了？

5. 一个国家的劳动力人口是就业人口和失业人口的总和。下表提供了美国不同地区的劳动力人口和失业人口数据。

地区	劳动力人口（千人）		失业人口（千人）	
	2013年4月	2014年4月	2013年4月	2014年4月
东北部	28 407.2	28 288.9	2 174.4	1 781.3
南部	56 787.8	57 016.4	4 089.9	3 363.8
中西部	34 320.0	34 467.0	2 473.7	2 109.0
西部	36 122.2	36 307.3	2 940.8	2 535.7

a. 计算2013年4月及2014年4月各地区的就业人口。使用你的答案计算在2013年4月至2014年4月期间所雇用的工人总数的变化。

b. 计算每个地区从2013年4月至2014年4月的劳动力人口的增长。

c. 计算在2013年4月至2014年4月美国不同地区的失业率。

d. 在这一时期，你能推断出失业率下降了吗？这是由就业人口的净增加还是寻找工作的人数大幅下降引起的？

6. 在以下哪种情况下更有可能存在效率工资？为什么？

a. 简和她的老板同在一个销售冰激凌的团队工作。

b. 简不在老板的直接监督下销售冰激凌。

c. 简会说韩语，在附近一个主要讲韩语的街区卖冰激凌。这里很难找到另一个会说韩语的工人。

7. 以下变化将如何影响自然失业率？

a. 政府缩短了失业工人可以领取失业救济金的时间。

b. 更多的青少年专注于他们的学业，直到大学毕业后才找工作。

c. 互联网的大量使用导致潜在的雇主和潜在的雇员使用互联网来招工和找工作。

d. 工会会员人数下降。

8. 由于有着对大部分公民终身雇用的传统，日本的失业率曾经比美国低得多。1960—1995年，日本失业率仅有一次超过3%。然而1989年股票市场的崩溃和20世纪90年代经济的缓慢增长使得终身雇用制崩溃，2003年失业率超过5%。

a. 解释终生雇用制崩溃对日本自然失业率的可能影响。

b. 下图所示为2001年之后、2007—2009年全球经济危机之前的日本实际GDP增长率。解释这种实际GDP的增长对失业率可能产生的影响。这一时期失业率变化的原因可能是自然失业率的变化还是周期性失业率的变化？

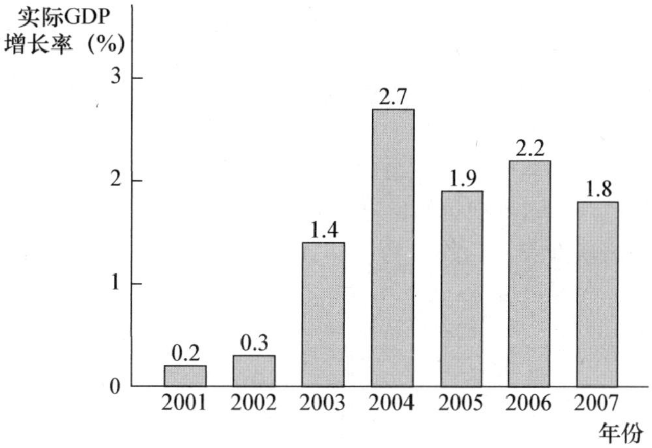

资料来源：OECD.

9. 在下述事例中，通货膨胀在创造出得益者和受损者的同时，哪一种情形没有对经济造成净损害？哪一种情形造成了净损害？如果有净损害，是哪一种类型的成本？

a. 当预期通货膨胀率还要提高时，工人们得到工资的次数增加，去银行的次数增加。

b. 兰维因公出差的费用由公司报销，但到公司报销有时要花很长时间。因此当通货膨胀率提高时，他不愿意因公出差了。

c. 海克特尔五年前购买住房时办理了住房抵押贷款，名义利率固定为 6%。在过去的几年，通货膨胀率出人意料地缓慢爬升到 7%。

d. 为了应对未预期到的高通货膨胀，科德角的考兹度假村的经理卡普考・德必须重新印刷和分发价格不菲的彩色小册子来改正这个季节的零售价格。

10. 下图所示为阿尔巴尼亚经济体 1998—2013 年的 1 年期贷款利率和通货膨胀率。什么时候办理抵押贷款特别有吸引力？为什么？

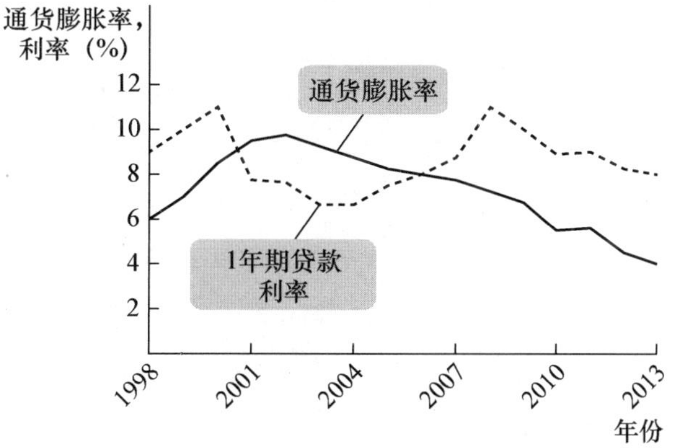

11. 下表提供了七个国家 2000 年的通货膨胀率与 2001—2013 年期间的平均通货膨胀率。

国家	2000 年的通货膨胀率（%）	2001—2013 年的平均通货膨胀率（%）
巴西	7.06	6.72
中国	0.40	2.34
法国	1.83	1.86
印度尼西亚	3.77	7.56
日本	−0.78	−0.23
土耳其	55.03	18.79
美国	3.37	2.43

资料来源：IMF.

a. 假设平均通货膨胀率和菜单成本之间的关系如预期的那样，根据 2001—2013 年期间的平均通货膨胀率对上述国家的菜单成本按降序排名。

b. 对 2000 年 10 年期贷款的贷款人最希望居住的国家的通货膨胀率进行排名。假定 2001—2013 年的通货膨胀率与 2000 年的一致。

c. 在日本，10 年期贷款的借款人与贷款人相比总体上是得益还是受损？请解释。

12. 下图所示为英国 1980—2013 年的通货膨胀率。

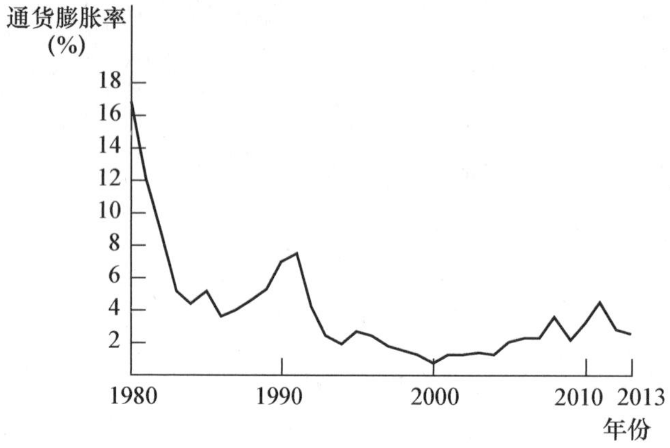

资料来源：IMF.

a. 1980—1985 年英国的政策制定者努力降低通货膨胀率。你认为失业率在 1980—1985 年间发生了什么变化？

b. 当通货膨胀率高于 2%的目标水平时，英国的政策制定者会做出强烈反应。为什么通货膨胀率从 2.6%（2013 年的水平）上升到 5%是有害的？

在线回答问题

13. 在普鲁法克提亚仅有一个劳工市场。所有工人的劳动技能相同，所有企业都雇用有这种劳动技能的人。下图所示为劳动供给和劳动需求，请用下图回答下列问题：

a. 普鲁法克提亚的均衡工资率为多少？这一工资水平上的就业水平为多少？劳动力人口为多少？失业率为多少？

b. 如果普鲁法克提亚政府确定的最低工资水平为 12 美元，就业水平为多少？劳动力人口为多少？失业率为多少？

c. 如果普鲁法克提亚的工会与企业商定的工资水平为 14 美元，就业水平为多少？劳动力人口为多少？失业率为多少？

d. 为了留住工人和鼓励高素质的工人做出更大的贡献，企业确定的工资为 16 美元，就业水平为多少？劳动力人口为多少？失业率为多少？

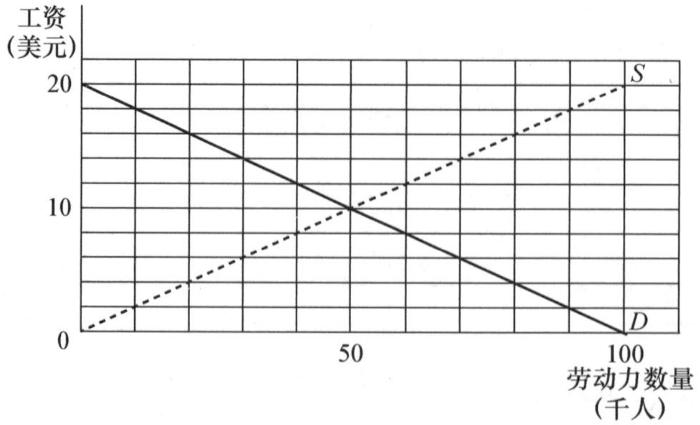

第 24 章

长期经济增长

本章将学习

➢ 为什么长期经济增长通过人均实际 GDP 的增长来度量，该指标会如何随时间变化，各国之间有何区别。

➢ 为什么生产率是长期增长的关键，如何通过实物资本、人力资本和技术进步推动生产率进步。

➢ 解释各国增长率之所以不同的各种因素。

➢ 全球几个主要地区的增长何以不同，为什么经济发达国家符合趋同假说。

➢ 自然资源稀缺和环境退化对经济持续增长带来的持续问题和挑战。

☞ **开篇案例**

空气末日

2014 年 1 月 16 日《纽约时报》报道："北京的一些居民醒来时头痛欲裂。阴霾笼罩着这个有 2 000 多万人口的城市。这是在中国首都和附近省份今年的第一个'空气末日'。"

文章认为，严重的空气污染已经成为中国城市司空见惯的事情，也使著名的烟雾都市洛杉矶（多亏有关污染的法规，它现在已今非昔比）变得似乎干净。不言而喻，这是一件坏事，必须处理。但这也是一件非常好的事情的副产品：在过去的几十年里，中国经济快速增长，帮助数以亿计的人口摆脱贫困。如果可以负担得起，这些新近富裕起来的民众想要什么呢？每个人都想要更好的食物、更好的住房和更多更好的消费品（在许多情况下，包括汽车在内）。1999 年，中国汽车拥有量不超过 1 500 万辆，每 100 人分不到 1 辆。到了 2012 年，这个数字已经上升到了 2.40 亿辆，而且在快速上升。

不幸的是，中国汽车数量的增长已经超过了它的污染控制水平。结果，尾气污染与该国新兴产业所产生的排放一起形成了具有划时代意义的雾霾现象。

尽管面临令人不安的环境问题，中国显然已在过去的几十年里取得了巨大的经济进步。事实上，中国的近期历史是世界上最令人印象深刻的长期经济增长的例子——其人均产出持续增加。尽管中国的表现令人印象深刻，但它目前正紧紧追赶如美国和日本这样的发达国家。它仍然是一个相对贫穷的国家，因为其他发达国家几十年前就开始了它们自己的长期经济增长的进程——美国和欧洲国家一个多世纪前就已经开始。

许多经济学家认为长期经济增长——它为什么会发生以及如何获得——是宏观经济学最为重要的研究议题。在本章中，我们将考察长期经济增长的某些事实，探讨经济学家认为能够决定长期经济增长是否发生的重要因素，并分析政府政策对增长的促进或阻碍作用以及长期经济增长的环境可持续性问题。

24.1 比较不同时间或空间的经济

在分析长期经济增长的来源之前，我们有必要先了解一下美国经济随时间的增长状况，以及像美国这样的富裕国家与没有发生过美国所经历的增长的那些国家之间的差距。我们先来看一些数据。

□ 24.1.1 人均实际 GDP

描述经济增长的主要统计量是人均实际 GDP——实际 GDP 除以人口数——的增长。

我们之所以关注 GDP，是因为正如我们在第 22 章所学到的，GDP 度量的是在某一给定年份，经济中所生产的最终产品和服务的全部价值，或者是经济中所赚得的全部收入。之所以采用实际 GDP，是因为我们需要把产品和服务的数量变化与物价水平上升所带来的影响区分开来。我们关注人均实际 GDP 则是因为需要剔除人口变动所产生的影响。例如，假设其他条件相同，人口增加会降低每个人的平均生活水平——因为现在有更多的人来分享相同数量的实际 GDP。仅仅对应于人口增长的实际 GDP 增加不会使平均生活水平发生变化。

尽管像我们在第 22 章所学，人均实际 GDP 的增长本身并不能成为政策目标，但它确实是衡量一国长期经济增长状况的一个非常有用的综合指标。图 24-1 描述的是美国、印度和中国 1900—2010 年的以 1900 年美元计算的人均实际 GDP。（稍后我们将会讨论印度和中国的情况。）纵轴采用的对数刻度保证了各国人均实际 GDP 同等的百分比变化在图中有相同的表示。

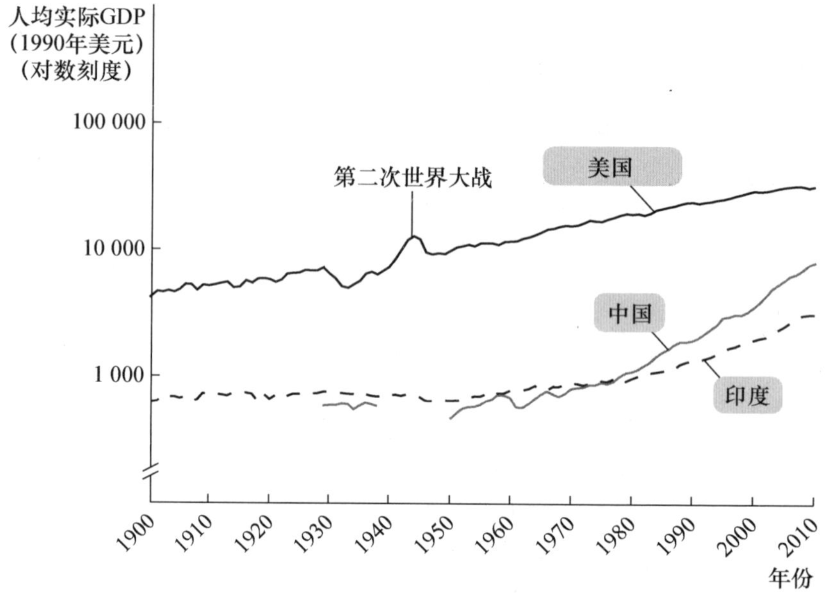

图 24-1 美国、中国和印度过去一个多世纪的经济增长

1900—2010 年用 1990 年美元度量的美国、中国和印度的人均实际 GDP 的变化如图所示。相同的人均实际 GDP 变化的百分比在图中用相同的大小表示。1980 年之后表示中国和印度的曲线的斜率变陡，这是因为 1980 年之后，中国和印度的增长率高于美国。2000 年，中国达到美国 1900 年的生活水平。2010 年，印度仍比 1900 年的美国还要贫穷。（1940—1950 年中国数据缺失是因为战争。）

资料来源：Angus Maddison，Statistics on World Population，GDP，and Per Capita GDP，1-2008AD，http://www.ggdc.net/maddison；The Conference Board Total Economy Database™，January 2014，http://www.conference-board.org/data/economydatabase/.

为了更为具体地描述美国经济在过去一个世纪的增长状况，表 24-1 以两种形式列出了特定年份人均实际 GDP 的大小：占 1900 年人均实际 GDP 的百分比和占 2010 年人均实际 GDP 的百分比。1920 年美国的人均实际 GDP 已经是 1900 年人均实际 GDP 的 136%。2010 年美国的人均实际 GDP 是 1900 年人均实际 GDP 的 758%，或者说人均实际 GDP 是原来的近 8 倍。换一种方法计算，1900 年美国的人均实际 GDP 只占 2010 年人均实际 GDP 的 13%。

表 24-1　　美国的人均实际 GDP

年份	占 1900 年人均实际 GDP 的百分比（%）	占 2010 年人均实际 GDP 的百分比（%）
1900	100	13
1920	136	18
1940	171	23
1980	454	60
2000	696	92
2010	758	100

资料来源：Angus Maddison，Statistics on World Population，GDP，and Per Capita GDP，1-2008AD，"The First Update of the Madison Project：Reestimating Growth Before 1820，" http://www.ggdc.net/maddison；Bureau of Economic Analysis.

典型家庭的收入通常会跟人均收入的增长成正比。例如，人均实际 GDP 增长 1%通常会使一个中位数家庭或典型家庭——位于收入分布中间水平的家庭——的收入增加约 1%。2010 年，美国中位数家庭的收入约为 50 000 美元。图 24-1 显示 1900 年人均实际 GDP 只占 2010 年人均实际 GDP 的 13%，因此 1900 年一个典型家庭的购买力大概只有 2010 年一个典型家庭的 13%。折合成今天的美元大约为 6 850 美元，这意味着其生活水平在我们今天看来是非常贫穷的。今天的美国的典型家庭如果回到 1900 年的美国，将会感受到很强烈的被剥夺感。

然而，世界上还有许多人迄今仍没有达到美国人 20 世纪的生活水平。这正是图 24-1 所揭示的中国和印度的信息：尽管中国在过去 30 多年经历了快速的经济增长，印度的经济增长也在加速（尽管增速没那么快），但中国只是刚刚享受到美国在 20 世纪初的生活水平，而印度仍然还不如那时的美国。世界上许多地方则比中国和印度更贫穷。

▶ 疑难解答

水平变化与变化率

在研究经济增长时，理解水平变化与变化率之间的区别至关重要。当我们说实际 GDP"增长"时，我们指的是实际 GDP 水平的增加。例如，我们可能会说 2013 年美国的实际 GDP 增长了 2 970 亿美元。

如果我们知道 2012 年美国的实际 GDP 水平，我们也可以通过变化率的形式来描述 2013 年的增长状况。例如，假设 2012 年美国的实际 GDP 水平为 154 700 亿美元，那么 2013 年美国的实际 GDP 为 157 670 亿美元（=154 700 亿美元+2 970 亿美元）。我们也可以计算 2013 年美国实际 GDP 的变化率或者增长率，计算如下：[(157 670 亿美元－154 700 亿美元)/154 700 亿美元]×100%=(2 970 亿美元/154 700 亿美元)×100%=1.92%。对一段时期内的经济增长状况通常都采用增长率来加以描述。

在谈及增长或者增长率时，经济学家通常会混用这两个概念，因此有可能会发生混淆。例如，当我们说"20 世纪 70 年代美国增长下降"时，我们实际上指的是 20 世纪 70 年代美国实际 GDP 的增长率与 60 年代相比较低。当我们说"20 世纪 90 年代早期增长加速"时，我们指的是 20 世纪 90 年代早期增长率逐年上升的状况——例如，从 3%上升至 3.5%再上升至 4%。

□ 24.1.2　增长率

美国 2013 年的人均实际 GDP 为什么能达到 1900 年的 8 倍多？其实在每一个时点都只能发生小幅增长。长期经济增长通常都是一个渐进的过程，人均实际 GDP 每年最多只能增长几个百分点。1900—2013 年，美国人均实际 GDP 平均每年约增长 1.9%。

对于理解人均实际 GDP 的年度增长率与人均实际 GDP 的长期变化之间的关系，**70 规则**（Rule of 70）非常有帮助，这个数学公式能够告诉我们人均实际 GDP 或者其他任何随时间缓慢增长的变量数值翻一番所需要的时间。其近似答案如下：

70 规则告诉我们一个随时间缓慢增长的变量翻一番所需要的时间大致等于 70 除以该变量的年度增长率乘以 100 的值。

$$变量翻一番需要的年数=\frac{70}{变量的年度增长率\times 100} \qquad (24-1)$$

（请注意，70 规则只能适用于增长率为正数的情形。）因此，如果人均实际 GDP 以每年 1％的速度增长，它翻一番需要 70 年的时间。如果年度增长率是 2％，只需要 35 年就能够翻一番。实际上，20 世纪美国人均实际 GDP 每年的平均增长率约为 1.9％。

在此应用 70 规则可以得出，人均实际 GDP 翻一番大约需要 37 年；需要 111 年——3 个 37 年——使美国的人均实际 GDP 翻三番。也就是说，70 规则意味着在 111 年间，美国的人均实际 GDP 会是原来的 2×2×2＝8 倍。这个结果非常接近于现实，在 1899—2010 年这 111 年间，美国人均实际 GDP 是原来的近 8 倍。

图 24－2 描述了部分国家 1980—2013 年人均实际 GDP 的年均增长率。部分国家非常成功：例如，中国尽管仍然十分贫穷，但是取得了巨大进步。印度尽管逊色于中国，但也取得了令人印象深刻的增长，在随后“真实世界中的经济学”专栏中会进一步加以介绍。

但是另一些国家的增长状况却令人非常失望。阿根廷曾经被认为是一个富裕国家。在 20 世纪早期，它跟美国和加拿大属于同一水平。但是自那以后，它开始远远落后于那些更具活力的经济体。至于像津巴布韦这样的经济体，甚至出现了倒退。

为了解释增长率的上述差异，我们必须深入探讨长期经济增长的源泉问题。

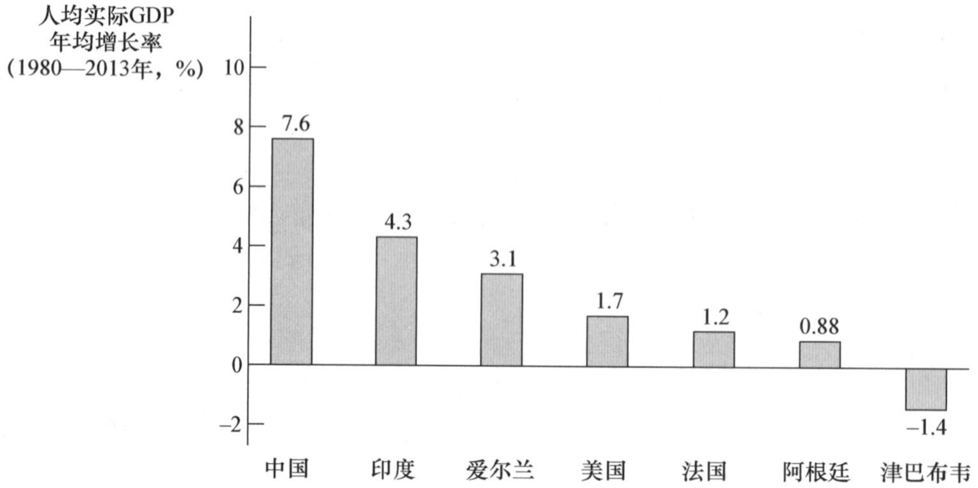

图 24－2　经济增长率的比较

这里所示是部分国家在 1980—2013 年间的人均实际 GDP 年均增长率，中国、印度和爱尔兰取得了令人印象深刻的增长。美国和法国也实现了较快的增长。曾经的经济先进国家阿根廷增长得非常缓慢。像津巴布韦这样的国家则出现倒退。

资料来源：The Conference Board Total Economy Database™，January 2014，http://www.conference-board.org/data/economydatabase/.

▶ **真实世界中的经济学**

印度的腾飞

1947 年印度脱离英国获得独立，成为世界上人口最多的所谓民主国家。然而，在独立后的 30 多年里，这种政治故事却被对经济的失望所笼罩。尽管有雄心勃勃的经济发展计划，但是印度的经济绩效一直很低迷。1980 年印度的人均实际 GDP 仅比 1947 年高出 50％。印度的生活水平和美国这样的富裕国家之间的差距一直在扩大而不是缩小。

然而，从那以后印度开始改善。如图 24-2 所示，人均实际 GDP 以年均 4.3%的速度增长，1980—2013 年间增长超过 3 倍。印度现在有了一个庞大而迅速增长的中产阶级。

印度 1980 年后发生了什么有益的事情？许多经济学家认为是政策改革。在独立后的几十年里，印度形成的是一个严格控制、高度规制的经济模式。今天的情况已经非常不同：开展一系列经济改革，开展国际贸易，并在国内实现自由竞争。然而，一些经济学家认为这并非主要原因，因为大的政策改革直到 1991 年才被采用，但经济增长在 1980 年左右已经加速。

不管怎样解释，印度经济崛起，它已经转变成一种重要的新经济力量，它使数以百万计的人过上更好的生活，比他们的祖父母梦想的还好。

现在最大的问题是这种增长能否持续。持怀疑态度的人认为，印度经济的重要瓶颈可能会限制未来的增长。他们特别指出，印度大部分人口的教育水平仍然很低，基础设施也不完善，即公路、铁路、电力供应和医疗卫生设施等方面的质量很差，能力有限。污染也是一个日益严重的问题。但印度经济已经用几十年的发展对挑战做了回答，希望它可以继续下去。

及时复习

- 经济增长通过人均实际 GDP 来度量。
- 1900 年后美国的人均实际 GDP 迅猛增长，因此美国人的生活水平有了极大的提高。
- 许多国家的人均实际 GDP 都低于美国。全世界一半以上人口的生活水平比 20 世纪初的美国还要低。
- 人均实际 GDP 的长期上升是逐步增长的结果。70 规则描述的是在给定的年度增长率下人均实际 GDP 翻一番所需要的时间。
- 人均实际 GDP 的增长率在不同国家之间存在显著差异。

小测验 24-1

1. 经济学家为什么采用人均实际 GDP 来度量经济增长，而不是其他一些指标，比如名义人均 GDP 或者实际 GDP？

2. 根据图 24-2 中列出的数据，利用 70 规则计算图中列出的国家（津巴布韦除外）使人均实际 GDP 翻一番所需要的时间。如果增长率保持不变，未来印度的人均实际 GDP 能不能超过美国？为什么？

3. 尽管中国和印度目前的增长率高于美国，但典型的中国家庭和印度家庭比美国家庭要穷，请解释为什么。

24.2 长期经济增长的源泉

长期经济增长几乎完全依赖于一个关键的因素：生产率的提高。但是，许多因素都会对生产率的提高产生影响。

□ 24.2.1 生产率的至关重要性

劳动生产率简称**生产率**，指的是工人人均产量或每小时产量。

只有在工人的平均产出数量稳步增加的情况下，持续的经济增长才可能发生。**劳动生产率**（labor productivity）简称**生产率**（productivity），既可以指工人人均产量，也可以指每小时产量。（各国每名工人的工作小时数并不相同。尽管这并不是像印度和美国这样的国家生活水平不同的重要因素。）在本书中，我们所指的生产率为工人人均产量。从整体经济角度来看，生产率——工人人均产量——就等于实际 GDP 除以参加工作的人口数。

你可能会感到疑惑，为什么我们说生产率的提高是长期增长的唯一源泉。难道一个经济体不能通过提高参加工作的人口数来推动人均实际 GDP 增长吗？对此问题的回答是“可以，但是……”在短期内，一个经济体可以通过增加参加工作的人口比例来推动人均产量快速增长。这正是美国在第二次世界大战期间所发生的情况，当时有数百万名妇女进入劳动市场。成年人中受雇用人口所占比重从 1941 年的 50%提高到了 1944

年的 58%，从图 24－1 中你可以看出哪些年人均实际 GDP 快速增长。

但是在长期，就业增长率基本接近于人口增长率。例如，在整个 20 世纪，美国的年均人口增长率为 1.3%，而年均就业增长率为 1.5%。人均实际 GDP 年均增长 1.9%；其中 1.7%——也就是全部增长率中的 90%——是生产率提高的结果。一般而言，实际 GDP 的总量有可能随人口的增长而增长，但是人均实际 GDP 的显著增长则必定是人均产量增长的结果。也就是说，它必定是由生产率的提高所致。

因此，生产率的提高是长期经济增长的关键因素。但究竟是什么因素在推动生产率提高呢？

□ 24.2.2 生产率提高的原因

有三个主要的原因可以解释为什么今天美国工人的平均产量远远高于一个世纪前的美国工人。首先，现代工人配置了更多的实物资本，比如机器设备和办公空间。其次，现代工人接受过更好的教育，拥有更高水平的人力资本。最后，现代企业可以利用过去一个世纪技术进步积累的成果，技术进步的作用更为突出。

我们依次来对这些因素加以分析。

实物资本的增加 根据经济学家的定义，**实物资本**（physical capital）是指诸如建筑物和机器设备之类的人造资源。实物资本能够提高工人的生产效率。例如，一个配置锄耕机的工人每天挖壕沟完成的工作量要大于一个只配置一把铁锹的工人。

> **实物资本**是指诸如建筑物和机器设备之类的人造资源。

今天一个美国工人平均配置的实物资本价值超过 150 000 美元——远远高于 100 年前一个美国工人的配置数量，也远高于今天绝大多数国家工人的平均配置数量。

人力资本的增加 工人仅仅拥有良好的装备是不够的，他们必须懂得如何利用这些装备。**人力资本**（human capital）指的是由教育和知识内化于劳动队伍带来的劳动改进。

> **人力资本**指的是由教育和知识内化于劳动队伍带来的劳动改进。

美国的人力资本在过去一个世纪里增长显著。一个世纪以前，尽管大多数美国人都具有读写能力，但是只有极少数人接受过进一步的教育。1910 年，在 25 岁以上的美国人中，高中毕业的人只占 13.5%，四年制大学学位获得者只占 3%。到了 2010 年，上述比例分别是 87%和 30%。如果像一个世纪以前那样人口缺乏教育背景，今天的经济根本不可能顺利运转。

之后将分析的增长核算表明，教育及其对生产率的影响对于经济增长来说是比实物资本更重要的决定因素。

技术进步 **技术进步**（technological progress）可能是推动生产率增长最重要的因素。技术进步在这里泛指生产产品和服务的技艺和方法的进步。我们将简要讨论经济学家是如何衡量技术进步对经济增长的作用的。

> **技术进步**指的是生产产品和服务的技艺和方法的进步。

即使拥有同样数量的实物资本和人力资本，今天的工人也能比过去的工人生产出更多的产品，因为技术随着时间的推移在不断进步。值得注意的是，经济意义上重要的技术进步不一定会引起轰动或者依赖尖端科学。历史学家发现，过去的经济增长并不仅仅是由铁路或者半导体芯片这样的重大发明所推动的，数以千计的普通创新也功不可没，比如出现于 1981 年的便利贴，它极大地提高了办公效率。许多专家把美国 20 世纪末期的生产率快速增长归因于像沃尔玛那样的服务性企业所采用的新技术，而不是高科技企业的新技术。

□ 24.2.3 增长核算：总量生产函数

假设其他条件不变，如果工人配备更多的实物资本、更多的人力资本、具有更高水平的技术，或者三者兼而有之，那么生产率就会提高。但是，我们能否估计上述效应的具体大小呢？为了做到这一点，经济学家需要对**总量生产函数**（aggregate production function）做出估计，该函数反映的是生产率与人均实物资本、人均人力资本及技术水平之间的数量关系。

> **总量生产函数**是一个假想的函数关系，它反映的是生产率（人均实际 GDP）与人均实物资本、人均人力资本及技术水平之间的数量关系。

一般情况下，这三种要素会随着时间的变化而增加，工人配备更多的机器设备，获得更好的教育以及从技术进步中获益。经济学家可以根据总量生产函数具体分解出三种因素对总生产率的影响。

一个应用真实数据的总量生产函数事例是布鲁金斯学会的经济学家巴里·博斯沃思（Barry Bosworth）和苏珊·柯林斯（Susan Collins）对中国和印度经济增长的比较研究。他们使用了以下总量生产函数：

$$每名工人的\ GDP = T \times 每名工人的实物资本^{0.4} \times 每名工人的人力资本^{0.6}$$

其中 T 代表技术水平的估计值，他们认为教育每增加 1 年，工人的人力资本提高 7%。根据这一函数，他们试图解释为什么在 1978—2004 年间中国的增长速度高于印度。他们发现大约一半的差异是由于中国高水平的投资支出，这导致中国每名工人的实物资本水平的提高速度高于印度。另一半是由于中国技术进步相对较快。

在对经济增长历史的分析中，经济学家发现估计出来的总量生产函数具有以下重要特征：**实物资本报酬递减**（diminishing returns to physical capital）。也就是说，如果每名工人的人力资本和技术水平保持不变，每增加一定数量人均实物资本所带来的生产率增长数量将逐渐减少。

总量生产函数呈现**实物资本报酬递减**的特征，也就是说，如果每名工人的人力资本和技术水平保持不变，每增加一定数量人均实物资本所带来的生产率增长数量将逐渐减少。

图 24-3 和图中的表格给出了一个假想的例子，它所描述的是在每名工人的人力资本和技术水平保持不变的情况下，每名工人的实物资本的变化对每名工人的实际 GDP 的影响。在这个例子中，我们以美元表示实物资本的数量。

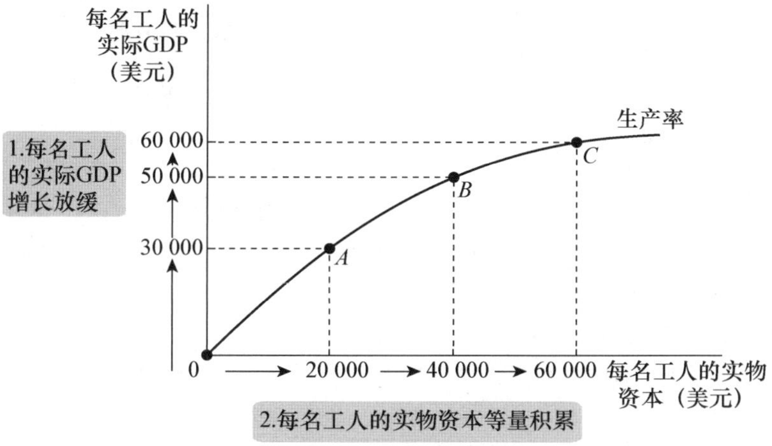

每名工人的实物资本（美元）	每名工人的实际 GDP（美元）
0	0
20 000	30 000
40 000	50 000
60 000	60 000

图 24-3　实物资本和生产率

在这个例子中，总量生产函数表现的是每名工人的人力资本和技术水平保持不变，生产率随每名工人的实物资本的增长而增长的情形。假定其他条件相同，较高的每名工人的实物资本能够带来较高的每名工人的实际 GDP，但是受到报酬递减的约束，额外的每名工人的实物资本增量产生的生产率增量递减。从原点开始，每名工人的实物资本增加 20 000 美元带来 30 000 美元的每名工人的实际 GDP 增量。从 A 点开始，每名工人的实物资本增加另外 20 000 美元，导致每名工人的实际 GDP 增加，但只有 20 000 美元，由 B 点表示。最后，每名工人的实物资本增加第三个 20 000 美元，每年只增加 10 000 美元每名工人的实际 GDP，由 C 点表示。

为了便于理解为什么在每名工人的实物资本和生产率之间呈现报酬递减的特征，想象一下农业生产设备数量对农场工人生产率的影响。少量的农业生产设备能够发挥很大的作用：拥有一辆拖拉机的工人能比没有的工人多干很多农活儿。假定其他条件不变，工人配备的设备价值越高，其生产率也会越高：一个拥有价值 40 000 美元的拖拉机的工人在同样时间内能比一个拥有价值 20 000 美元的拖拉机的工人种植更大面积的土地，因为越昂贵的设备效率越高，能干更多农活儿。

但是，如果假定这两个工人具有相同的人力资本和技术水平，拥有价值 40 000 美元的拖拉机的工人的生产率会不会是拥有价值 20 000 美元的拖拉机的工人的两倍呢？可能不会：完全没有拖拉机与拥有一台便宜的拖拉机差异巨大；但拥有一台低价的拖拉机与更好的拖拉机的差别就大大变小了。我们可以确信，配备 200 000 美元的拖拉机的工人的生产率不会是原来的 10 倍：一辆拖拉机对提高生产率的贡献毕竟是有限的。对其他设备而言同样如此，因此总量生产函数会呈现实物资本报酬递减的特征。

实物资本报酬递减意味着在每名工人的实物资本和每名工人的产量之间存在类似于图 24-3 的曲线所示的关系。如实物资本生产率曲线图和相应的表所示，每名工人的实物资本越多，每名工人的产量越多。但是每 20 000 美元每名工人的实物资本的增量所带来的生产率增加是递减的。

我们从图中的表格可以看出，第一个 20 000 美元的实物资本的回报很大：每名工人的实际 GDP 增加了 30 000 美元。第二个 20 000 美元的实物资本也提高了生产率，但已经不如此前多：每名工人的实际 GDP 只增加 20 000 美元。第三个 20 000 美元的实物资本增加带来的每名工人的实际 GDP 的增加只有 10 000 美元。通过比较沿曲线的点我们可以看出，随着每名工人的实物资本的增加，每名工人的产量也在上升，但速率在递减。从原点到 *A* 点，每名工人的实物资本增加 20 000 美元，导致每名工人的实际 GDP 增加 30 000 美元。从 *A* 点到 *B* 点，第二个20 000 美元的实物资本增加使得每名工人的实际 GDP 只增加 20 000 美元。从 *B* 点到 *C* 点，每名工人的实物资本增加 20 000 美元，每名工人的实际 GDP 增加 10 000 美元。

实物资本报酬递减是在"假定其他条件不变"的情况下发生的现象，理解这一点非常重要：假定人力资本和技术水平保持不变，实物资本的增量所带来的产出增量将逐渐减少。如果我们增加人力资本，改进技术，或者在这两方面都加以改善，在这种情况下增加实物资本就不会出现报酬递减的现象。

例如，一个拥有价值 40 000 美元的拖拉机并且经过高级种植技术培训的工人的生产率可能是一个只拥有 20 000 美元的拖拉机并且没有其他人力资本的工人的两倍多。但是报酬递减对任何一种投入而言——不管是实物资本、人力资本，还是工人数量——都是被普遍认同的一个生产特征。经验估计结果显示，一般情况下每名工人的实物资本增加 1%只能使每名工人的产量增加 1%的 1/3，即 0.33%。

实际上，在经济增长过程中，所有有助于提高生产率的要素均有所改进：每名工人的实物资本和人力资本均有所增长，技术水平也有所提高。为了区分这些要素各自的影响，经济学家采用**增长核算**（growth accounting）的方法估计总量生产函数中每个重要因素对经济增长的贡献。例如，假设经济中发生以下变化：

> **增长核算**能够估计总量生产函数中每个重要因素对经济增长的贡献。

- 每名工人的实物资本每年增长 3%。
- 根据对总量生产函数的估计，假设人力资本和技术水平不变，每名工人的实物资本每增加 1%，每名工人的产量增加 1%的 1/3，也即 0.33%。

在这个案例中，我们估计每名工人的实物资本的增加会带来每年 3%×1/3=1%的生产率的增长。估计人力资本增长的影响的方法与此类似，但更为复杂。这是因为我们没有用美元数额来衡量人力资本的简单指标。

通过增长核算，我们能够计算实物资本和人力资本增加对经济增长的影响。但是我们应该怎么估计技术进步的影响呢？我们采用的方法是估计剔除了实物资本和人力资本的影响之后的剩余量。例如，我们假设每名工人的人力资本不变，因此我们只需要关注实物资本和技术水平的变化。

在图 24-4 中，较低的曲线描述的是如图 24-3 所示的每名工人的实物资本与每名工人的产量之间的假想关系。我们假设这是在 1940 年技术水平上所具有的关系。较高的曲线描述的同样是每名工人的实物资本与生产率之间的关系，但对应的是 2010 年的技术水平。（我们假设两者之间有 70 年的时间间隔是为了使用 70 规则。）2010 年的曲线与 1940 年的曲线相比大幅上移，这是因为在过去的 70 年间技术发展很快，因此就有可能利用相同数量的每名工人的实物资本生产出比 1940 年技术允许生产的更多的产品。（注意，这两条曲线是用不变美元度量的。）

我们假设从 1940 年到 2010 年，每名工人的实物资本从 20 000 美元增加到 60 000 美元。如果这种每名工人的实物资本增长是在没有任何技术进步情况下发生的，经济将从 *A* 点移动到 *C* 点，人均产量会有增长，但只是从 30 000 美元增加到 60 000 美元，或者说每年增长 1%（根据 70 规则，1%的增长率导致 70 年才能翻一番）。但是实际上，经济会从 *A* 点移动到 *D* 点：产量从 30 000 美元增加到 120 000 美元，或者说每年增长 2%。由于每名工人的实物资本增加同时伴随着技术进步，总量生产函数发生了移动。

在这个事例中，生产率每年增长 2%，其中 50%——也就是说，1%的生产率增长——是由于**全要素生产率**（total factor productivity）提高所致，即利用一定的要素投入所能够生产的产量增加。因此，如果全要素生产率提高，经济中相同数量的实物资本、人力资本和劳动力能够生产更多的产量。

> **全要素生产率**是指利用一定数量的要素投入所能够生产的产量。

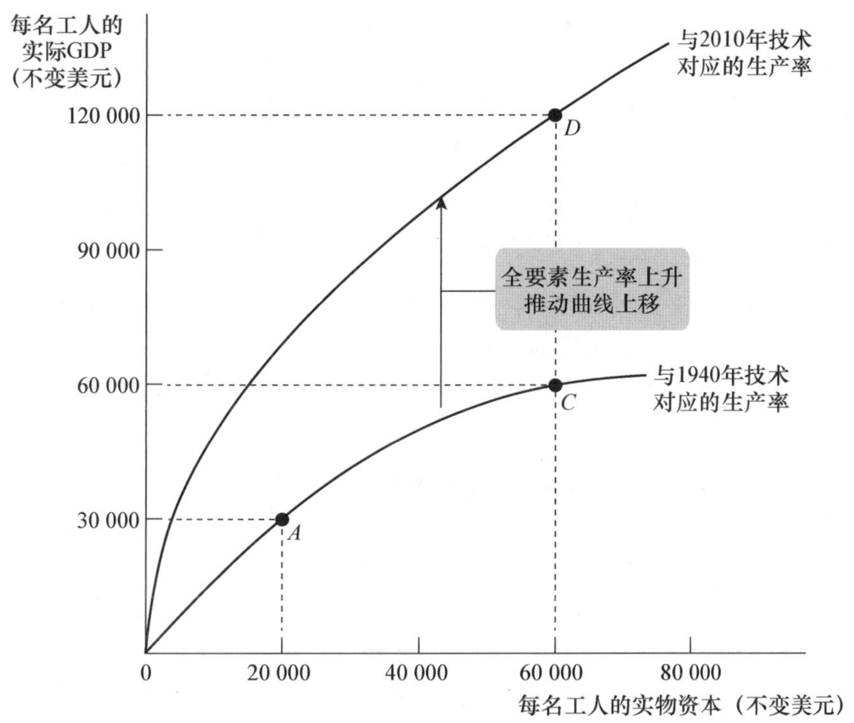

图 24-4　技术进步与生产率增长

技术进步使得任一给定每名工人的实物资本水平上的生产率曲线向上移动。我们假设下方的曲线（与图 24-3 中的曲线相同）反映的是 1940 年的技术水平，上方的曲线反映的是 2010 年的技术水平。若技术水平和人力资本保持不变，每名工人的实物资本增长为最初的 3 倍，从 20 000 美元增加至 60 000 美元，则人均实际 GDP 从 30 000 美元增加到 60 000 美元，为原来的 2 倍。在图中就是从 *A* 点移至 *C* 点，每名工人的实际 GDP 年均增长约 1%。实际上，技术进步会使生产率曲线向上移动，每名工人的实际 GDP 将从图中的 *A* 点移动到 *D* 点。每名工人的实际 GDP 每年增长约 2%，为原来的 4 倍。每名工人的实际 GDP 额外增长的 1%是由全要素生产率提高导致的。

大部分估计发现，全要素生产率的提高是一国经济增长的关键因素。我们相信，我们观察到的全要素生产率的提高实际上反映的是技术进步对经济的影响。这说明技术进步对经济增长而言至关重要。

美国劳工统计局会估计美国非农业部门的劳动生产率和全要素生产率。根据该部门的估计，1948—2010 年，美国的劳动生产率每年增长 2.3%，其中只有 49%的增长能够通过每名工人的实物资本和人力资本的增加加以解释；其余部分需要用全要素生产率的增长——技术进步——进行解释。

□ 24.2.4　自然资源有什么影响

迄今为止，我们的讨论没有涉及自然资源，它当然也会对生产率产生影响。假定其他条件相同，自然资源丰裕的国家，比如说拥有肥沃的土地或者丰富的矿藏的国家，其人均实际 GDP 会比资源匮乏的国家高。当代最为明显的例子莫过于中东地区，丰富的石油储量使一些人口稀少的国家非常富裕。例如，科威特的人均实际 GDP 水平与德国相近，但是科威特的财富来源于石油，而不是制造业，德国集聚财富的源泉是高水平的人均产量。

但是其他条件通常都不会相同。在当代世界，对绝大部分国家而言，自然资源对生产率的影响远不如人力资本或实物资本。例如，一些人均实际 GDP 非常高的国家（如日本）所拥有的自然资源非常少。一些资源丰裕的国家（如尼日利亚，它拥有丰富的石油储量）却非常贫穷。

历史上，自然资源曾经对决定生产率水平起到至关重要的作用。在 19 世纪，人均实际 GDP 最高的是那些拥有肥沃土地和丰富矿藏的国家：美国、加拿大、阿根廷及澳大利亚。因此，自然资源在经济思想发展史中占据着重要地位。

英国经济学家托马斯·马尔萨斯在其 1798 年出版的名著《人口原理》（*An Essay on the Principle of Population*）中，以世界上土地的数量固定不变为基础，得出了对未来生产率的悲观预测。他提出，随着人口增长，人均土地拥有量下降。假设其他条件不变，这会导致生产率下降。

实际上，在他的观念里面，技术进步或实物资本增加只能推动生产率暂时增长，因为人口增长和单位土地上工人增加的压力总是会抵消这种影响。他认为，从长期来看，大部分人都只能生活在饥荒的边缘。在这种情况下，唯有死亡率提高，出生率下降，才能阻止人口增长率高于生产率。

尽管许多历史学家相信马尔萨斯对生产率下降或停滞的预测对人类历史的许多时段来说都是正确的，但现实状况并非如此。人口压力有可能阻碍生产率大幅提高的状况在 18 世纪之前确实存在。但是自从马尔萨斯的著作问世以后，人口增长对生产率的负面影响相较于其他的正面影响——技术进步、人力资本和实物资本的增长，以及新世界大量肥沃土地的开发——却是微不足道的。

然而，我们生活在一个资源有限的星球上，这是事实，石油等资源的供给有限，环境破坏的修复能力也有限。在本章最后我们将讨论这些对经济增长形成的限制。

▶ **真实世界中的经济学**

经济增长结束指日可待吗?

2012 年，西北大学的罗伯特·戈登 (Robert Gordon)，一个有影响力的宏观经济学家和经济史学家，在一篇引起争论的文章中指出，我们已经走过经济长期增长最好的日子。当然，技术创新持续，但戈登指出，新近创新的回报是有限的，尤其是与过去伟大的创新相比。

戈登指出的案例部分是通过将最近的创新——主要集中在信息技术方面，从计算机、智能手机到互联网——与发生在 19 世纪末的创新进行比较。他认为，那些经常被称为“第二次工业革命”的 19 世纪末的创新持续推动 20 世纪最主要的经济增长。戈登认为有五个大的创新：

(1) 电；

(2) 内燃机；

(3) 自来水和暖气；

(4) 现代化学；

(5) 大众传播、电影和电话。

信息技术革命与这些创新相比如何呢? 戈登认为，它比不上以上五种中的任何一种。正如他喜欢说的，你是宁愿放弃互联网还是室内管道?

戈登还认为，数据可证明他是对的。图 24－5 说明了他的论点。图中两种虚线显示了世界技术领先国家——1906 年前的英国与此后的美国——的实际 GDP 历史增长率。戈登画出一条显示这一发展史的“平滑”曲线。戈登认为，这是一个巨大的但却临时的驼峰，然后推断了这种模式的未来走势。正如他所说，经济增长率越来越高，直到 20 世纪 50 年代左右，但自那时开始下降。他认为增长率将继续下降，最终增长将达到一个事实上停止的状态。

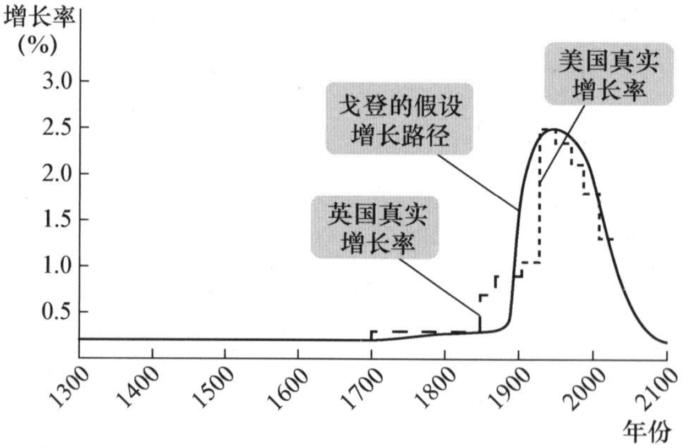

图 24－5　经济增长接近结束了吗? 1300—2100 年人均实际 GDP 增长率概览

资料来源：Robert J. Gordon.

戈登正确吗？最有说服力的反驳理由是我们才刚刚开始看到现代技术的回报。麻省理工学院的埃里克·布林约尔松（Erik Brynjolfsson）和安德鲁·麦卡菲（Andrew McAfee）的《与机器赛跑》（*Race Against the Machine*）一书指出，过去几年的创新技术解决了一些棘手的问题，这些技术要么已经上市或正准备上市，包括有用的语音识别、机器翻译、无人驾驶汽车等。所以我们也可以说我们是在真正的变革性技术的巅峰。

谁对谁错？正如约吉·贝拉（Yogi Berra）所说："做出预测很难，尤其是关于未来。"但是，很显然双方都在问正确的问题，因为技术最终是长期经济增长的主要驱动力。

及时复习

- 长期生活水平的提高几乎完全来源于劳动生产率（经常简称为生产率）的增长。
- 实物资本的增加是生产率增长的源泉之一，但是会受到实物资本报酬递减的约束。
- 人力资本和技术进步也是生产率增长的源泉。
- 总量生产函数用于估计生产率增长的源泉。增长核算显示，被认为是技术进步所影响的全要素生产率增长是长期经济增长的核心因素。
- 今天对大部分经济体的生产率增长而言，自然资源都不如实物资本和人力资本重要。

小测验 24-2

1. 解释下列每一个事件对生产率增长率的影响。

a. 每名工人的实物资本和每名工人的人力资本的数量不变，但是发生了显著的技术进步。

b. 每名工人的实物资本稳定增长，但是每名工人的人力资本和技术水平保持不变。

2. 埃瑞璜经济体的产出过去 30 年每年增长 3%。劳动力每年增长 1%，而实物资本的数量每年增长 4%。平均教育水平没有改变。经济学家估计，每名工人的实物资本增加 1%，在其他条件不变的情况下，生产率提高 0.3%。（提示：X/Y 变化百分率＝X 变化百分率－Y 变化百分率。）

a. 埃瑞璜的生产率增长得有多快？

b. 每名工人的实物资本增长得有多快？

c. 每名工人的实物资本增加对生产率增长贡献有多大？生产率因此增长了多少？

d. 技术进步对生产率增长的贡献有多大？生产率因此增长了多少？

3. 麦尔蒂诺密克斯公司是一家在全国有许多分支机构的大型企业。该公司刚采用了一套新的计算机系统，它对公司的每项业务都会产生影响。要通过这套新的计算机系统提高雇员的生产率可能需要一段时间，这是为什么？雇员的生产率可能会出现暂时性的下降，这又是为什么？

24.3 增长率为什么会有差异

根据经济史学家安格斯·麦迪逊（Angus Maddison）的估计，在 1820 年，墨西哥的人均实际 GDP 略高于日本。今天，日本的人均实际 GDP 比绝大多数欧洲国家都高，而墨西哥却是一个贫困国家，尽管不属于最贫困的国家。为什么会发生这种差异？从长期来看，自从 1820 年以来，日本的人均实际 GDP 年均增长 1.9%，而墨西哥的年均增速仅为 1.3%。

正如这个例子所描述的，从长期来看，即使是增长率的微小差异都可能产生显著的后果。但是，为什么在不同国家之间以及在不同时期增长率会有差异？

□ 24.3.1 增长率差异的原因

人们可能会回答，那些快速增长的经济体通常会经历持续的实物资本和人力资本增长，或者发生快速的技术进步。引人注目的成功的经济故事，就像 20 世纪 50 年代和 60 年代的日本或当下的中国，这些国家往往是三者兼而有之：通过高储蓄率和高投资支出迅速增加它们的实物资本，提升教育水平，并加快技术进步。也有证据表明政府政策、产权、政局稳定和增长资源的良好治理等也有重要作用。

储蓄和投资支出 各国之间增长率差异的一个原因是一些国家的实物资本存量能通过高投资支出比其他国家更迅速地增加。在20世纪60年代，日本是增长最快的主要经济体，与其他主要经济体相比，投资占GDP的比重也要高得多。今天，中国是增长最快的大型经济体，投资占GDP的比重同样很大。2014年中国投资占GDP的比重达48%，而美国只有20%。

高投资支出的资金从哪里来？来自储蓄。在下一章中，我们将分析金融市场如何将储蓄转化为投资支出。然而，现在的关键点是，投资支出必须来自国内居民储蓄或国外居民储蓄，也就是外国资本流入。

外国资本在一些国家的长期经济增长中发挥了重要作用，其中包括美国，其在早期工业化时期严重依赖外国资金。然而，大多数投资占GDP的比重大的国家能够这样做是因为它们有较高的国内储蓄。事实上，2014年中国的储蓄占GDP的比重甚至比国内投资的占比还要高。多出来的储蓄主要向国外投资，主要是美国。

增长率差异的一个原因是各国增加实物资本的数量差异，因为它们的储蓄和投资支出并不相同。

教育 正如不同国家在增加它们的实物资本时的速率不同一样，国家间通过教育增厚它们的人力资本的速率也有很大的差异。

一个例子是阿根廷和中国之间的比较。这两个国家的平均教育水平都随时间稳步上升，但中国上升得更快。图24-6显示了中国和阿根廷成年人的平均受教育年限，中国是长期经济增长的一个典型例子，而阿根廷是经济增长令人失望的国家的例子。相比于中国，60年前阿根廷受教育的人口更多，而当时很多中国人还不识字。今天，中国的平均教育水平仍然略低于阿根廷，但这主要是因为仍有许多老年人没有得到基础教育。在中等和高等教育方面，中国已经超过了曾经富有的阿根廷。

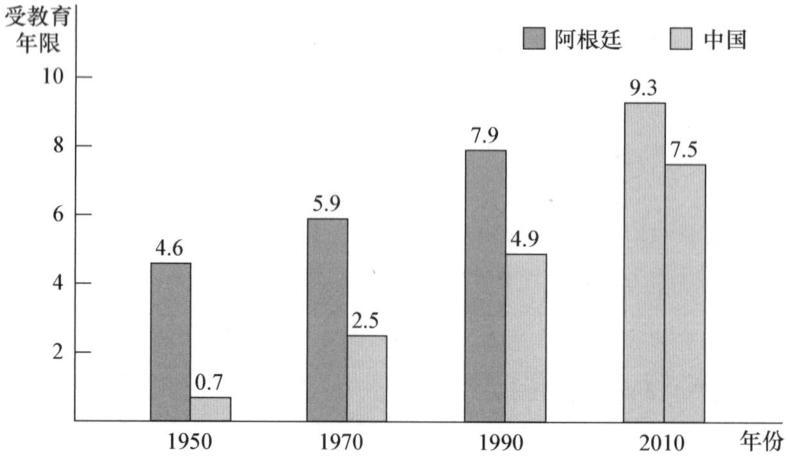

图24-6 中国学生紧追不舍

在中国和阿根廷，平均教育水平——由25岁及以上的成人在学校就读的平均年数来度量——随着时间的推移都在提高。虽然中国仍然落后于阿根廷，但它在全力追赶——中国提升人力资本的成功是其壮观的长期经济增长的一个关键因素。

资料来源：Robert Barro and Jong-Wha Lee，"A New Data Set of Educational Attainment in the World，1950—2010，" NBER Working Paper No. 15902 (April 2010)，http://www. barrolee. com.

研究与开发 技术进步是推动经济增长的主要力量。但又是什么因素在推动技术进步呢？

科学发展能够使新技术成为可能。试看当今世界最为引人注目的一个例子，半导体芯片——它是所有现代信息技术的基础——如果没有物理学中的量子力学理论，它不可能得到发展。

但是只有科学是不够的：科学知识必须转化成有用的产品或生产流程才行。而这通常需要投入大量的资源用于**研究与开发**（research and development，

研究与开发指的是投资于发明和应用新技术。

R&D)，发明新技术并把它们投入实际应用需要支出花费。

尽管政府也进行研究与开发，但研究与开发的大量开支是由私人部门支持的，正如之后所讨论的。美国之所以能够成为世界经济的领头羊，在很大程度上是因为美国企业率先把系统性的研究与开发作为其业务运作的一部分。接下来的“追根究底”专栏描述了托马斯·爱迪生创建第一家现代工业研究实验室的故事。

▶ 追根究底

研究与开发的发明

托马斯·爱迪生作为电灯泡和留声机的发明者而闻名于世。但是他最大的一项发明可能会令你感到惊奇：他发明了研究与开发。

在爱迪生之前的时代当然也有很多发明家。他们中有部分人也以团队的形式工作。但是在 1875 年，爱迪生发明了一个新事物：位于新泽西州的门罗公园实验室。该实验室雇用了 25 个人全职投入开发新产品和新的业务流程。换句话说，它不是为了实现某个特定的创意然后再以此来赚钱而建立的。他创建了一个机构，该机构的目标就是年复一年地进行创新。

爱迪生的门罗公园实验室如今已经变成一个博物馆。“说到门罗公园实验室发明的产品，”该博物馆的网站上写道，“我们可以列出以下清单：碳扣电话筒、留声机、白炽灯泡和电力传输系统、电车、矿石分离器、爱迪生效应灯泡、无线电的早期实验、电报机，以及对电报信号传输的改进。”

在爱迪生的实验室创立之前，技术进步可以说是一种偶然事件：人们碰巧会有某种创意，但是企业不会为持续的技术进步进行计划。但是如今，规模比爱迪生当初的团队更为庞大的研究与开发业务已经成为企业界通行的业务。

发展新技术是一回事，应用又是另一回事。在不同国家应用新技术的速度经常存在显著差异。例如，以下“国际比较”专栏显示，自 2000 年以来，意大利全要素生产率显著下降，而美国和德国则强力领先。这些国家差异的原因是一个很大的经济学研究课题。

▶ 国际比较

意大利怎么了？

在之前“真实世界中的经济学”专栏中，我们介绍了对技术进步状态正在进行的辩论。信息技术会导致持续的经济增长，还是已经过了黄金期？没有人真的知道。然而，有一件事似乎很清楚：一些国家在应用新技术方面比其他国家更为成功。

在信息技术或 IT 革命的早期阶段，美国似乎领先欧洲。现在该差异不那么清晰了：一些欧洲国家在宽带、无线互联网和更多方面迅速向前发展。但有一个主要的欧洲国家在各个方面都明显滞后，那就是意大利。

下页图所示为对美国、德国（欧洲最大的经济体）和意大利三个国家 2000 年后全要素生产率的估计。美国和德国增长的步伐大致保持一致。但很明显意大利实际上一直在倒退。

这可能部分是由欧洲持续的经济衰退所致。但研究意大利企业的研究人员认为，各种各样的制度因素，从僵化的劳动市场到管理不善，阻碍了意大利应用新技术的机会。

这是一个令人不安的画面，是一个肯定需要通过各种经济改革来解决的问题。不幸的是，意大利的麻烦不仅是经济问题，还有其政治上的积弱存在，这使得历届政府都没有能力采取强有力的行动改善这一状况。

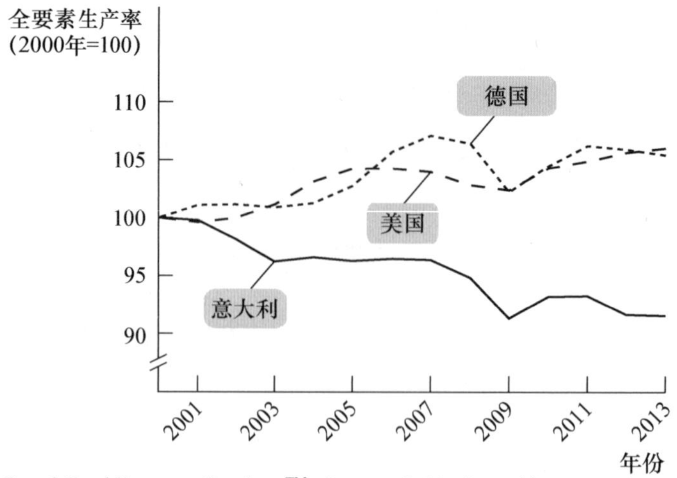

资料来源：The Conference Board Total Economy Database™，January 2014，http://www.conference-board.org/data/economydatabase/.

□ 24.3.2 政府在促进经济增长中的作用

政府在促进或阻碍长期经济增长的三个来源——实物资本、人力资本和技术进步——方面可以发挥重要的作用。它可以对直接促进增长的因素进行补贴，或创建一个促进或阻碍增长因素的环境。

政府政策 政府政策可以通过如下四种途径加快经济增长：

道路、电网、港口、信息网络以及经济活动的其他支撑要素被称为**基础设施**。

（1）**政府对基础设施提供补贴** 政府在建设基础设施方面直接发挥重要作用，**基础设施**（infrastructure）是指道路、电网、港口、信息网络以及其他作为经济活动基础的实物资本项目。尽管部分基础设施是由私人企业提供的，但大部分却是由政府提供或者需要政府管制并提供支持的。爱尔兰经常被认为是政府提供基础设施的一个突出事例。通过政府在20世纪80年代投资高水准的基础设施，爱尔兰成为国外高技术公司理想的投资目的地，推动该国经济在20世纪90年代起飞。

糟糕的基础设施——例如经常跳闸造成家庭和企业停电的电网——是许多国家经济增长的重要制约因素。一个经济体为了能够提供良好的基础设施，必须要有足够的资金支持，但同时必须要有维持基础设施运营和促进持续投入的政治规则。

也许最为关键的基础设施反而是我们（发达国家）很少想到的东西：洁净的饮用水和疾病控制之类的基本公共卫生服务。我们将在下一节讨论在贫困国家，尤其是一些非洲国家，糟糕的基础设施是阻碍经济增长的主要问题之所在。

（2）**政府对教育进行补贴** 不同于实物资本主要通过私人投资支出形成，经济体中的人力资本主要是通过政府对教育的支出形成的。政府支出占初等教育和中等教育支出的主要部分，在高等教育中也支付了大部分成本：75%的学生就读公立院校，政府对私立高校进行的研究给予大幅补贴。因此，各国在增加其人力资本速度上的差异在很大程度上反映了政府政策的差异。我们从图24-6可以看出，中国的教育水平比阿根廷提高得更迅速。这并不是因为中国比阿根廷富裕；直到最近，平均而言，中国比阿根廷要贫穷一些。相反，它反映了如下事实：中国政府对人口教育给予高度重视。

（3）**政府对研究与开发进行补贴** 研究与开发大部分由私人部门发起。但在许多先进国家，很多重要的研究与开发却由政府部门承担。例如，互联网的前身是一个被称为“高级研究计划署网络”（Advanced Research Projects Agency Network，ARPANET）的系统，是由美国国防部创建，然后扩展到由美国国家科学基金会支持的教育机构。

（4）**保持一个良好运行的金融体系** 对于尽可能提高私人投资支出比率，政府发挥重要的间接作用。增加储蓄和经济具有的引导储蓄转化为生产性投资支出的能力依赖于经济机构，特别是它的金融系统。特别地，一个管理良好和运作良好的金融体系对经济增长非常重要，因为在大多数国家，它是储蓄转化为投资支出的主要渠道。

如果一个国家的公民相信他们的银行，他们将把储蓄放在银行，银行将再贷款给它们的商业客户。但是，如果人们不相信银行，他们将囤积黄金或外币，将他们的储蓄放在保险箱中或床垫下，也就不能变成生产性投资支出。正如我们稍后会讨论的，一个运作良好的金融体系需要适当的政府监管，以确保存款人的资金免受损失。

▶ 追根究底

新增长理论

直到 20 世纪 90 年代，技术进步的经济模型认为，推动创新的东西是一个谜，它未知且不可预测。用经济学家们的话说，就是技术进步是外生因素——他们的经济学模型外的因素，并被认为是“碰巧发生的”。此后，在 20 世纪 80 年代和 90 年代产生了一系列有影响力的论文，保罗·罗默（Paul Romer）创立了我们现在所称的“新增长理论”。在罗默的模型中，技术进步可被解释，因为它是内生的，是经济变量和激励作用的结果。由于技术进步是内生的，所以可以采取政策来促进其发展。

在任何一个时点，一个经济体都拥有一定的知识资本存量——由过往投资于研究与开发、教育和技能增强以及从其他经济体获得的知识而积累的知识。而知识资本存量在整个经济体中扩散后，所有企业都从中受益。根据新增长理论，知识资本存量的增加为技术进步进一步发展打下了基础，因为随着创新被整个经济体中的企业共享，实现进一步创新成为可能。例如，在 20 世纪 70 年代和 80 年代开发的触摸屏技术成为了后来开发如智能手机和平板电脑的基础。

然而，正如罗默所指出的，这个故事存在一个严重的限制：在知识共享于整个经济体后，一名创新者将很难因其创新而获得奖励，因为其他人出于自身利益利用该创新。因此，在新增长理论中，政府保护知识产权是促进技术进步的关键。此外，政府、机构和企业通过增加教育投资和对研究与开发的资助来促进技术进步，这样反过来也可以增加知识资本存量。

通过给予我们一个更好的技术进步模型，新增长理论明确了政府、机构和企业的政策或决策对于促进增长是多么重要。

产权保护　产权是有价值的项目的所有者处理这些项目时可选择的权利。知识产权是其中一种，指的是一个创新者因其创新而获得奖励的权利。产权的状态，特别是知识产权，一般是解释经济增长率差异的重要因素。因为如果其他人可盗用并从中获得回报，将没有人愿意花费精力和资源去创新。因此，为使创新蓬勃发展，知识产权必须得到保护。

有时这是通过创新的本质来实现的：复制可能太困难或昂贵。但是，一般来说，政府必须保护知识产权。专利权是政府为创新者使用或出售他或她的创新提供的临时性垄断。这是一种暂时性的而不是永久性的垄断，因为给创新者一种激励进行创新是符合社会利益的，最终鼓励竞争也是为了社会利益。

政治稳定和良好的治理　如果暴徒骚乱会毁坏你的财产，投资企业就没什么吸引力。同样，如果有政治关系的人能够窃取你的储蓄资金，那么储蓄就没什么吸引力。政治稳定和良好的治理（包括产权保护）是保证长期经济增长的重要因素。

像美国这样成功的经济体能够实现长期经济增长是因为有良好的法律，有保证这些法律实施的制度，有维护这些制度的稳定的政治体系。法律必须明确规定你的财产确实是属于你的，从而防止其他人来侵犯。法院和警察必须足够诚实以保证不会被贿赂从而藐视法律。政治体系必须维持足够的稳定从而保证法律不会朝令夕改。

对美国人而言，这些前提条件是不言而喻的，但这绝不意味着它们会凭空出现。这些条件除了会因战争或革命而被破坏之外，在其他许多国家发现，它们的经济增长由于那些本应受法律约束的政府官员的腐败而遭遇了挫折。例如，直到 1991 年，印度政府对企业施加了很多限制措施，之前企业需要为了获得例行活动的许可而贿赂政府官员——这实际上变成了企业的一种税赋。经济学家认为这种腐败负担的减少是印度近年来经济加速增长的原因之一。

即使政府没有发生腐败，过度的政府干预也可能制约经济增长。如果经济体很大一个部分活动由政府补贴支持，受到进口保护，赋予不必要的垄断或者免于竞争压力，生产率就可能因缺乏激励而受损。正如我们将在下一部分讨论的，过度的政府干预经常是用来解释拉丁美洲增长缓慢的一个原因。

▶ **真实世界中的经济学**

为什么英国落后了？

这是经济史上的经典问题之一：为什么工业革命的发源地英国，19世纪大部分时间世界上最大的经济体，最终在新世纪开始后落后于其他国家？这并非一个悲剧：英国经济继续增长，根据国际标准它仍然是一个富裕国家。然而，到了20世纪初，英国的工业很明显已经不再是最前沿的了。相反，美国和德国已经取代英国成为新的经济前沿。究竟发生了什么？

这并非一个容易回答的问题。麻省理工学院的经济学教授、诺贝尔经济学奖获得者罗伯特·索洛（Robert Solow）是经济增长理论的开拓者，他曾经明确宣布所有试图解释英国落后的说法最后以“一场业余的社会学讨论而结束”。的确，落后的原因经常归结为：地主贵族过度影响；存在阻止有才华者从错误的社会阶层上升的社会壁垒；狂热的业余人员只能够经营一些小型家族企业，并不适合成为现代大型企业的管理者。

然而，导致英国相对落后的其他因素更容易列举。教育无疑是其中最重要的因素之一。与其他工业国家特别是美国相比，英国建立普及的基础教育要慢得多。此外，英国的大学秉承它们所有的古代辉煌，仍然过于集中于向社会提供年轻的绅士，而且大学教育被限制在人口中一小部分人群。英国建立学术界和产业界之间的密切联系也比较晚，而这在美国和德国推动第二次工业革命方面发挥了重要作用。这些教育和技能获得的障碍使得英国的人力资本处在不利地位。

对今天英国居民的好消息是，大多数这些问题都已经过去。目前，年轻的英国人比他们的美国同行更有可能接受大学教育。英国人均实际GDP仍低于美国，但已经弥补了部分差距。今天走在伦敦街头没有人会认为这是一个落后的城市。

及时复习

● 各国之间人均实际GDP增长率的差异极大，主要是因为它们在实物资本和人力资本积累以及技术进步方面的差异。增长率差异的主要原因是储蓄和投资支出、教育以及研究与开发的差异。研究与开发在很大程度上推动了技术进步。

● 政府行为可以促进也可以阻碍长期经济增长。

● 直接促进经济增长的政府政策有对基础设施（特别是基本公共卫生服务）提供补贴、对教育进行补贴、对研究与开发进行补贴和保持一个良好运行的金融体系。

● 通过保护产权（特别是知识产权）、保持政治稳定以及提供良好的治理，政府为经济增长提供了一个良好的环境。糟糕的治理包括腐败和过度的政府干预。

小测验 24-3

1. 请解释一个国家的增长率与其投资支出占GDP的比重和国内储蓄之间的关系。
2. 与欧洲同行相比，美国研究生物技术的学术机构与私人生物技术企业的联系更为紧密。对比美国和欧洲，这会对它们研究与开发新药的速度产生什么影响？
3. 在20世纪90年代的苏联，许多财产被当权者夺取或控制。这对该国的增长率产生了什么影响？

24.4 成功、失落与失败

正如我们已经讨论过的，世界各国的长期经济增长率差异极大。我们来考察一下在过去几十年间经济增长历程截然不同的三个地区。

图 24－7 所描述的是三个国家自 1960 年以来的人均实际 GDP（以 2000 年美元表示）：阿根廷、尼日利亚和韩国。（与图 24－1 类似，纵轴采用了对数刻度。）我们之所以选择这三个国家，是因为它们恰好是各自所在地区令人印象特别深刻的案例。韩国令人称奇的增长是更广泛的东亚经济奇迹的组成部分。阿根廷的缓慢增长，走走停停，多多少少象征着拉丁美洲国家的失落。而尼日利亚的故事——直到 2000 年后实际 GDP 才有缓慢增长——很不幸，正好代表着非洲国家的遭遇。

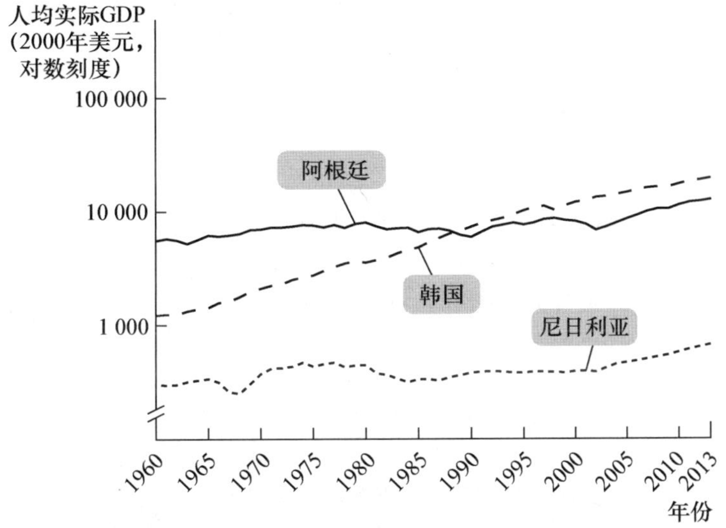

图 24－7　成功、失落与失败

阿根廷、韩国、尼日利亚三个国家 1960—2013 年实际 GDP（用 2000 年美元度量，对数刻度）如图所示，韩国和其他一些东亚国家的经济增长取得了巨大成功。阿根廷像许多拉丁美洲国家一样，走走停停，发展缓慢。尼日利亚 2013 年的生活水平只比 1960 年稍高一点儿，大多数非洲国家的经历也大抵如此。无论是阿根廷还是尼日利亚，在过去 50 年中几乎没什么增长，尽管最近几年有了较快增长。

资料来源：The Conference Board Total Economy Database™，January 2014，http://www.conferenceboard.org/data/economydatabase/.

□ 24.4.1　东亚经济奇迹

1960 年的韩国是一个非常贫困的国家。但是从图 24－7 可以看出，从 20 世纪 60 年代开始，韩国经济出现了强劲增长势头：在随后的 30 多年里人均实际 GDP 年均增长率约为 7%。今天的韩国尽管仍然比欧洲或美国略穷，但是看起来很像是一个经济发达国家。

韩国的经济增长是史无前例的：它仅仅用了 35 年的时间就达到了其他国家几个世纪的增长水平。然而韩国只是一种更为广泛的现象的一个局部，这种现象通常被称为东亚经济奇迹。高增长率首先出现在韩国、中国台湾、中国香港和新加坡，然后向整个地区扩展，其中最为引人注目的就是中国。从 1975 年以来，整个东亚地区的人均实际 GDP 年均增长 6%，是美国历史增长率的三倍。

东亚是如何达到这么高的增长率的呢？答案是：促进生产率增长的所有要素均被全面激发起来了。非常高的储蓄率，即一个特定年份中全国储蓄占 GDP 的比重，使这些地区能够大幅度提高人均实物资本。非常优质的基础教育促进了人力资本的快速增长。同时，这些地区还发生了显著的技术进步。

为什么过去没有达到这样的增长率水平呢？绝大多数经济分析家认为，东亚的快速增长可能是由于它相对落后的缘故。也就是说，在东亚的经济体开始迈向现代化的时候，它们能够从美国这样的技术发达国家的技术创新中获益。

1900 年，美国的生产率很难快速达到现代水平，因为支撑现代经济的许多技术，从喷气式飞机到计算机，都还没有发明。而到了 1970 年，韩国的劳动生产率可能仍比 1900 年的美国要低，但是它能够通过采用美国、欧洲和日本在过去一个世纪里发明的技术迅速实现生产率升级。

根据**趋同假说**，人均实际 GDP 的国际差距会随着时间的推移逐渐缩小。

东亚的经验表明，对那些试图赶超其他人均实际 GDP 较高国家的经济体而言，它们的经济发展速度可以很快。在此基础上，许多经济学家提出了一条被称为**趋同假说**（convergence hypothesis）的一般原则。该假说提出，各国之间人均实际 GDP 的差距随着时间的推移会逐渐缩小，因为开始时人均实际 GDP 较低的国家通常会有较高的增长率。我们将在“真实世界中的经济学”专栏中考察趋同假说的证据。

但是，即使还没有接触过什么证据，我们也能够马上指出开始时相对较低的人均实际 GDP 水平并不能保证较高的增长率，正如拉丁美洲和非洲这两个例子所说明的那样。

□ 24.4.2 拉丁美洲的失落

早在 1900 年的时候，人们并不认为拉丁美洲是经济落后地区。它的自然资源（包括耕地和矿藏）很丰富。部分国家，尤其是阿根廷，吸引了成千上万渴望新生活的欧洲移民。阿根廷、乌拉圭以及巴西南部的人均实际 GDP 水平与经济发达国家不相上下。

但是到 1920 年左右，拉丁美洲的增长开始变得令人失望。正如图 24－7 所描述的阿根廷的情形，几十年来增长一直令人失望，直到 2000 年才开始增长。韩国今天远比阿根廷富有的事实在前几代人看来是难以置信的。

为什么拉丁美洲的增长会趋于停滞？对比东亚成功的故事，可能与以下几个因素有关。拉丁美洲的储蓄率和投资支出均远远低于东亚，部分原因在于不负责任的政府政策造成的高通货膨胀对储蓄的侵蚀、银行破产以及其他破坏性因素。教育——尤其是广泛的基础教育——没有受到足够的重视：尽管拉丁美洲国家拥有丰富的自然资源，但是它们并没有把财富投入教育体系当中。而政治不稳定所造成的不负责任的经济政策也使这些国家付出了代价。

到 20 世纪 80 年代，许多经济学家开始相信拉丁美洲国家的政府对市场干预过度。他们建议放开进口，出售政府企业以及允许个人自由创新，目的是希望能够推动类似于东亚式的经济扩张的实现。

但是迄今为止，只有一个拉丁美洲国家，即智利，实现了快速经济增长。现在看来，创造一个经济奇迹远没有想象中那么简单。当然，近几年巴西和阿根廷通过向发达国家和快速增长的中国出口大量大宗商品，经济增长有了显著起色。

□ 24.4.3 非洲的麻烦和前景

撒哈拉以南非洲地区是 7.8 亿人口的家园，人口数量是美国的 2.5 倍。总体上来讲，它们都非常贫困，几乎还没有达到美国 100 年前甚至 200 年前的生活水平。经济增长缓慢且不均衡，如该地区人口最多的国家尼日利亚的例子所示。实际上，撒哈拉以南非洲地区 1980—1994 年人均实际 GDP 下降了 13%，此后有所恢复。这种糟糕的经济增长表现所导致的结果是加剧了该地区的贫困。

对于这种令人沮丧的故事的解释，有几个因素可能非常关键。首先也是最重要的，可能是政治不稳定的问题。自 1975 年以来，非洲很大一部分地区都发生过残酷的内战（通常都有外部势力介入冲突双方），上百万人死于战争，根本不可能进行生产性投资。战争威胁和普遍的无政府状态也限制了其他增长所需的重要前提条件的建立，比如教育和必要的基础设施建设。

产权保护也是一个问题。法律保障的缺失意味着财产所有者经常会面临因政府腐败所致的敲诈勒索，从而使他们不愿意拥有财产或者加以妥善保护。这对于一个极度贫困的国家而言特别具有破坏性。

尽管许多经济学家认为政治不稳定和政府腐败是导致非洲发展落后的主要原因，但是部分学者——尤其是哥伦比亚大学的杰弗里·萨克斯（Jeffrey Sachs）和联合国的专家——认为事实恰好相反。他们认为非洲之所以政治不稳定，是因为那里贫困。他们进一步提出，非洲的贫困源于它极度不适宜的地理条件——大部分地区被陆地包围，炎热，容易滋生热带疾病，土地贫瘠。

萨克斯和世界卫生组织的经济学家特别强调卫生问题对非洲的重要性。在贫困国家，工人的生产率常常会因营养不良和疾病而受到严重损害。特别是像疟疾这样的热带疾病，只能通过强有力的公共卫生体系加以控制，而这正是非洲大部分地区所缺乏的。在本书写作的当时，有经济学家正在研究在非洲某些地区是否应对居民进行适当的直接补助以提高粮食产量、控制疟疾、提高学校入学率，以此来促进自我持续的发展，从而提高生活水平。

尽管非洲国家的例子代表一种警告，即长期经济增长不会从天而降，但是非洲并不是没有任何希望。我们从图 24－7 可以看出，经过几十年的停滞后，尼日利亚的人均实际 GDP 在 2000 年后转身向上，2008—2013 年年均增长率已达到 4.3%。

撒哈拉以南非洲地区经济体作为一个整体也是如此。撒哈拉以南非洲地区国家 2013 年人均实际 GDP 增长率平均达到 5.1%左右，2014 年预计超过 6%。它们出口产品的价格上涨是最近成功的一部分原因，但发展问题专家也越来越多乐观预计，一个相对和平的时期和更好的政府正预示着非洲经济的一个新时代。

▶ 真实世界中的经济学

经济会趋同吗?

在 20 世纪 50 年代，欧洲大部分国家在美国游客看来正在衰落，而日本则看起来非常贫困。今天，美国游客眼中的巴黎或东京几乎与纽约同样富裕。尽管美国的人均实际 GDP 略高，但是美国、欧洲和日本的生活水平差异很小。

许多经济学家认为这种生活水平的趋同状况是正常的。趋同假说提出，相对贫困国家的人均实际 GDP 增长率会高于相对富裕的国家。如果我们看一下今天相对富裕的那些国家，趋同假说看起来能够成立。

图 24－8（a）描述的是今天富裕国家的数据，用 1990 年美元度量。横轴是 1955 年人均实际 GDP；纵轴是 1955—2013 年人均实际 GDP 年增长率。图中这些点的拟合曲线表明有明显的负相关关系。1955 年的美国是富裕国家中最富的，其增长率最低。1955 年的日本和西班牙是最贫困的国家，其增长率最高。这些数据表明趋同假说是成立的。

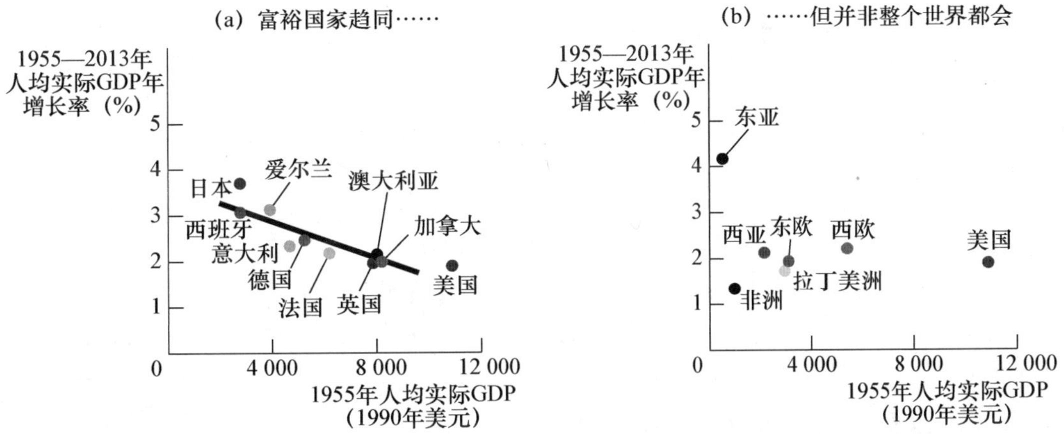

图 24－8　经济会趋同吗?

资料来源：The Conference Board Total Economy Database™, January 2014, http://www.conference-board.org/data/economydatabase/.

但是，经济学家通过分析同类数据发现，上述结果有赖于所选择的国家。如果你考察今天具有较高生活水平的成功经济体，你发现人均实际 GDP 是趋同的。但是从整个世界来看，如果包括那些贫困国家，似乎没有什么证据能够证明趋同。

图 24－8（b）利用地区数据而不是国别数据（除了美国）说明了这一点。1955 年的东亚和非洲都是非常贫困的地区。在接下来的 58 年间，正如趋同假说所预测的那样，东亚地区经济增长很快，但是非洲地区

的经济增长却非常缓慢。1955 年西欧的人均实际 GDP 显著高于拉丁美洲的水平。但是与趋同假说的预测相反，在接下来的 58 年时间内西欧地区经济增长很快，两个地区之间的差距在不断扩大。

那么趋同假说是不是错了呢？不是：经济学家仍然相信，假定其他条件相同，人均实际 GDP 相对较低的国家通常会比人均实际 GDP 相对较高的国家具有更高的增长率。但是其他条件——教育、基础设施、法律规则等——通常都不相同。统计研究表明，如果你对上述其他条件的差异加以调整，穷国通常都具有更高的增长率。这个结果被称为条件趋同。

但是，由于其他条件存在差异，世界经济从整体上看不存在明显的趋同趋势。西欧、北美和亚洲部分地区的人均实际 GDP 正在逐渐接近，但是这些地区和世界其他地区的差距却在扩大。

及时复习

- 东亚快速增长的推动因素包括：高储蓄率和高投资支出率，重视教育，以及采用他国的先进技术。
- 糟糕的教育、政治不稳定以及不负责任的政府政策是造成拉丁美洲增长缓慢的主要原因。
- 在撒哈拉以南非洲地区，严重的政治不稳定、战争和糟糕的基础设施——尤其是对公共卫生的影响——对经济增长造成了灾难性的后果。但近些年的经济绩效已经比前些年大为改观。
- 只有在其他影响经济增长的因素——比如教育、基础设施、产权等——相同的情况下，趋同假说才会成立。

小测验 24－4

1. 部分经济学家认为，许多亚洲经济体较高的生产率是不可持续的。为什么说他们有可能是正确的？在什么条件下他们的观点会是错误的？

2. 根据图 24－8（b）的数据，哪些地区的发展支持趋同假说？哪些不支持？请解释。

3. 部分经济学家认为，对非洲国家而言最好的帮助方式是让富裕国家为非洲基本的基础设施建设提供更多的援助资金。其他学者认为这种援助政策不会产生什么长期效果，除非非洲国家能够从财务上和政治上维护这些基础设施。你建议采用什么政策？

24.5 世界经济增长可以持续吗

之前我们介绍了托马斯·马尔萨斯的观点，这位 19 世纪早期的经济学家警告说，人口增长的压力将会限制生活标准的提高。马尔萨斯的观点适用于过去是正确的：从文明的起源时期到他自己生活的时间，大约有 58 个国家有限的土地供应有效地阻止了人均实际收入的大幅上升。然而，从那时起，技术进步以及实物资本和人力资本快速积累，世界已经可以否定马尔萨斯的悲观观点了。

但这将永远正确吗？一些持怀疑态度的人对**可持续长期经济增长**（sustainable long-run economic growth）表示怀疑，在面对有限的自然资源供给和环境对经济增长的影响的背景下，这是否还能继续持续呢？

> **可持续长期经济增长**是指面对有限的自然资源供给和环境对经济增长的影响能够保持长期经济增长。

□ 24.5.1 自然资源和增长：重新审视

1972 年，一组科学家因为出版了一本名为《增长的极限》（*The Limits to Growth*）的书而引起轰动，该书认为，由于石油和天然气等不可再生资源供应有限，长期经济增长不可持续。这些“新马尔萨斯主义者”关注的问题首先似乎被 20 世纪 70 年代资源价格的大幅上涨所验证，然后在 20 世纪 80 年代资源价格大幅下跌时似乎被归于愚见。然而，2005 年后，资源价格再次大幅上涨，导致人们重新关注资源对增长的限制。

图 24－9 所示为实际石油价格——石油价格经过经济其余部分的通货膨胀调整——变化的情形。对经济增长的资源限制担忧的关注、冷淡到再关心，或多或少跟随图中所示的石油价格的上升、下降到再上涨的

变化。

对有限自然资源对长期经济增长影响的不同看法，主要依赖于对如下三个问题的回答：

- 关键自然资源的供给有多少？
- 技术上能否找到自然资源的有效替代品？
- 在面对资源稀缺时，长期经济增长可以持续吗？

第一个问题主要由地质学家来回答。遗憾的是，专家之间分歧巨大，特别是关于未来的石油生产前景。一些分析人士认为，在地下有足够的未开发石油，世界石油生产可以继续增产几十年。有些人（包括一些石油公司的高管）认为寻找新油田的难度越来越大，将导致石油生产在不久的将来停留在某一水平上，即停止增长，并最终开始逐渐下降。一些分析人士认为，我们已经到达了这一水平。

对第二个问题的回答，是否可找到自然资源的替代品，应该问工程技术人员。毫无疑问，目前正在枯竭的自然资源有许多替代品，其中一些已经被开发利用。事实上，从 2005 年左右开始，能源生产获得巨大发展，大量以前无法获得的石油和天然气通过水力压裂法得以提取，风力发电尤其是太阳能发电的成本已经大幅下降。

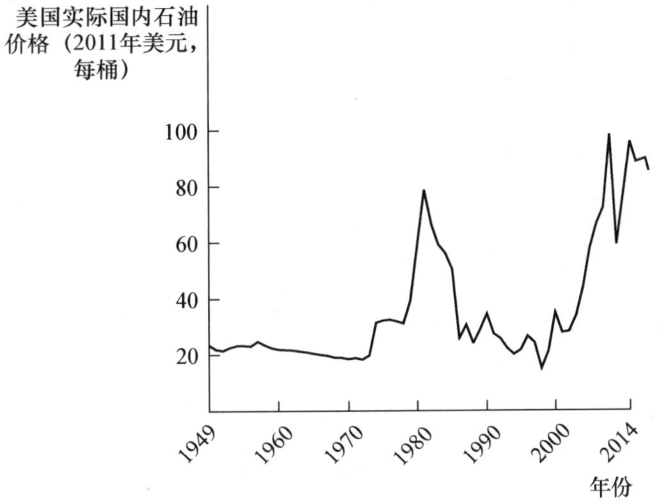

图 24-9　1949—2014 年实际石油价格

自然资源如石油的实际价格在 20 世纪 70 年代大幅上升，而后在 80 年代大幅下降。但是从 2005 年起，自然资源的实际价格又开始飙升。

资料来源：Energy Information Administration.

第三个问题，面对资源稀缺经济能否继续增长，主要由经济学家来回答。尽管并非所有经济学家都持乐观态度，但大部分经济学家认为，现代经济可以找到方法解决自然资源供给限制的问题。持有这种乐观态度的一个原因是资源稀缺将导致资源价格上升。这些高价格反过来对保护稀缺资源并寻找替代品提供了强有力的激励。

例如，在 20 世纪 70 年代油价大幅上涨后，美国消费者转向更小、更节能的汽车，美国产业界也付出巨大努力，减少能源消费。结果如图 24-10 所示，它比较了在 20 世纪 70 年代能源危机之后美国的人均实际 GDP 与石油消费的情形。1973 年之前，美国似乎是一个经济增长和石油消费之间存在一对一的对应关系的国家。但在 1973 年后，美国人均实际 GDP 继续增长，但已经大大减少了石油的使用。

1990 年之后，低油价鼓励消费者再转向耗油多的大轿车和越野车，石油保护有暂停趋势。但是，2005—2008 年以及 2010 年的石油价格大幅上涨，又鼓励人们重新转向石油保护。

考虑到对价格的反应，经济学家通常认为资源稀缺性可作为现代经济学能处理得相当好的一个问题，因此认为对长期经济增长的影响不会形成根本性的限制。然而，环境问题带来了另一个更棘手的问题，因为处理环境问题需要有效的政策行动。

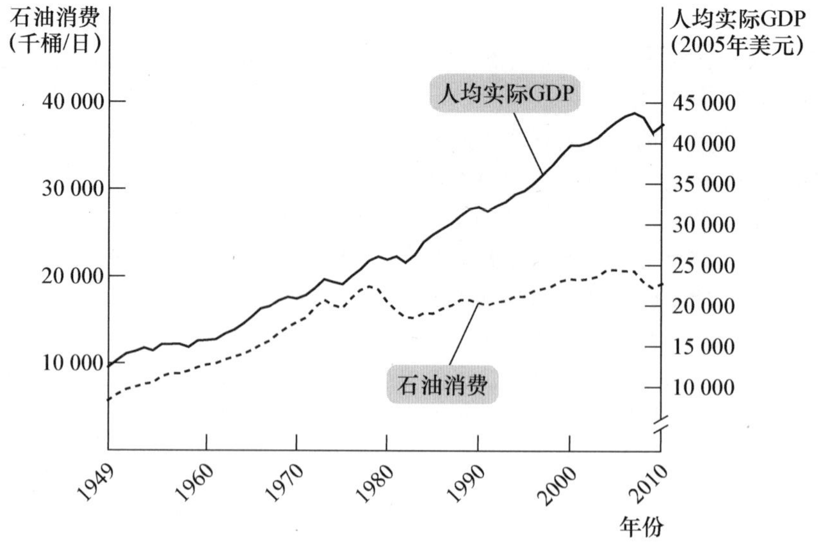

图 24-10　美国的石油消费与经济增长

在 1973 年之前，石油实际价格相对便宜，经济增长与石油消费之间大致存在一对一的对应关系。在 20 世纪 70 年代中期石油的实际价格上涨之后，保护力度也大幅增加。尽管石油消费减少，但是美国经济仍能继续增长。

资料来源：Energy Information Administration；FRED；Bureau of Economic Analysis.

□ 24.5.2　经济增长与环境

当其他因素不变时，经济增长往往会加剧人类对环境的影响。正如我们本章的开篇案例所说，中国惊人的经济增长也带来了该国城市空气污染的显著加剧。

然而，重要的是要认识到，其他因素不一定不变：国家可以采取行动来保护它们的环境。事实上，今天先进国家的空气和水的质量总体上比几十年前要好得多。伦敦著名的“雾”其实是空气污染——已经消散，归因于烧煤取暖几乎已经停止。同样著名的洛杉矶的烟雾在很大程度上也消失了，同样要感谢对污染的规制。

尽管过去这些治理环境的故事很成功，但今天关于环境对经济持续增长的影响仍然得到广泛关注，这反映了问题范围的变化。成功治理环境的故事主要涉及对当地经济增长的影响，如大规模汽车拥有量对洛杉矶盆地空气质量的影响。然而，今天我们面临的是全球环境问题，即全球经济增长对作为一个整体的地球的环境的不利影响。这些问题中最重要的是化石燃料消耗对世界气候的影响。

煤和石油的燃烧会向大气释放二氧化碳。下述看法已取得广泛的科学共识：不断上升的二氧化碳和其他气体水平造成的温室效应影响着地球，导致吸收更多的太阳热量，提高地球的整体温度。气温升高可能会导致人力和经济成本提高：海平面上升可能会淹没沿海地区；气候变化可能会扰乱农业，特别是贫困国家的农业等。

气候变化问题显然与经济增长有关。图 24-11 所示为 1980 年以来美国、欧洲和中国的二氧化碳排放量。从历史上看，这些排放中的大部分一直由富裕国家负责，因为它们消耗的能量比贫困国家多得多。但是，随着中国和其他新兴经济体的发展，它们已经开始消耗更多的能源，排放更多的二氧化碳。

在遏制温室气体排放量的同时维持长期经济增长可能吗？根据大多数研究过这个问题的经济学家，答案是肯定的。可以以多种方式减少温室气体排放，从使用非化石燃料能源如风力、太阳能、核能，到采取措施进行碳固存（对发电厂的二氧化碳回收并将其储存），再到更简单的一些措施，如建筑物在设计时更容易在冬季保持温暖和夏季保持凉爽。这些方法都会增加一些经济成本，但最可行的估计表明，即使在未来几十年温室气体排放量大幅减少，只会小幅放缓人均实际 GDP 的长期增长。

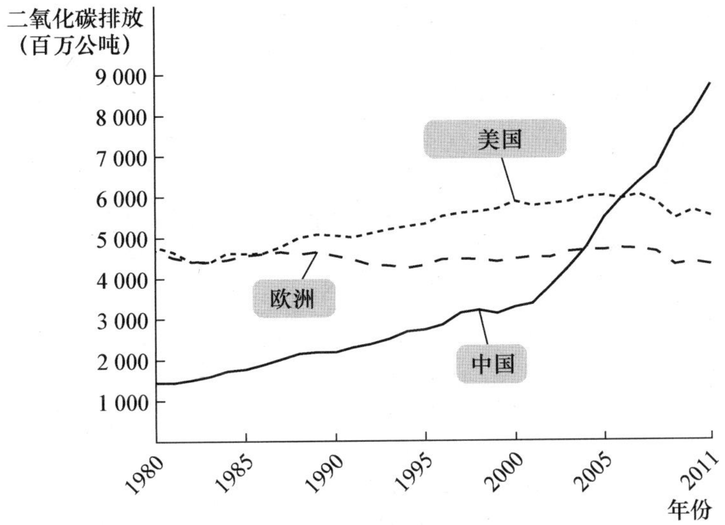

图 24－11　气候变化与经济增长

温室气体排放与经济增长呈正相关关系。如图所示，美国和欧洲这些富裕地区对历史上大量温室气体的排放负责，因为它们更富裕，经济增长也更快。随着中国和其他新兴经济体的发展，它们已经开始排放更多的二氧化碳。

资料来源：Energy Information Administration；FRED；Bureau of Economic Analysis.

问题是如何让这一切都发生。与资源稀缺性不同，环境问题不会自动地为改变行为提供激励。污染是负外部性的一个例子，个人或企业强加给别人成本但没有提供补偿。在没有政府干预的情况下，个人或企业没有动力减少负外部性，这就是为什么需要加强监管来减少美国城市空气污染的原因。正如在气候变化问题上一份有影响力报告的作者尼古拉斯·斯特恩（Nicholas Stern）所指出的，温室气体排放是“所有外部性之母”。

所以经济学家达成的广泛共识——虽然有一些反对者——是政府需要采取行动来应对气候变化。广泛的共识还有这些行动应采取市场激励的形式，无论是以碳税的形式——针对每单位碳排放纳税，还是对排放总量设置上限的总量限制和交易制度——生产商必须购买排放温室气体的排放许可证。然而，对什么行动是适当的也有相当多的争论，反映了两种不确定性：成本和收益的不确定性和对气候变化的速度和程度的科学研究的不确定性。

也有几个方面的气候变化问题使处理比如说北京的雾霾变得更加困难。一个问题是从长远看问题。温室气体排放对气候的影响是非常渐进的：今天进入大气的二氧化碳在几代人内可能不会发挥它的全部影响。因此，说服选民今天接受收益方面的痛苦，并称这将有利于他们的子孙后代，这是一个政治问题。

还有一个国际责任分担的难题。如图 24－11 显示，当今的发达国家应该对历史上大部分的温室气体排放负责，但新兴经济体如中国应该负责最近的排放增长。无法避免的是，富裕国家不愿意支付减少排放的代价，因为新兴国家和地区的加速排放会使它们的努力无效。另外，像中国这样的国家仍然比较穷，它们认为让它们承担富裕国家过去的行为对保护环境造成的负担是不公平的。

这个问题的一般道德原则是长期经济增长与环境保护的协调是可能的。主要的问题之一是围绕必要的政策达成政治共识。

▶ **真实世界中的经济学**

限制碳排放的代价

几年来，国会出台了几项议案，将大大减少美国未来几十年的温室气体排放量。然而，到了 2014 年时，鉴于美国的政治分歧，很显然，这些法案在可预见的将来不太可能被通过。然而，根据《清洁空气法》（Clean Air Act）的要求，美国国家环境保护局（环保局）（U. S. Environmental Protection Agency，EPA）

对危害公共健康的污染物进行规制，2007 年最高法院裁定，二氧化碳排放量应该达到标准要求。

因此，美国环保局开始采取一系列限制碳排放的措施。首先，它制定了新的燃油效率标准，这将减少汽车的尾气排放量。然后引入了限制新电厂排放的规定。最后，在 2014 年 6 月，它宣布了限制现有电厂排放量的计划。这是至关重要的一步，因为燃煤电厂占据了碳排放的很大一部分，无论是在美国还是世界其他地区。

但是，新的规则将怎样影响经济？许多政治家和产业组织快速断言，美国环保局的规则将削弱经济增长。然而，大部分经济学家并不这样看。美国环保局的分析表明，到 2030 年，环保新规则造成的美国经济的代价按今天美元价值估计为每年大约 90 亿美元——相对于每年产品和服务产出价值为 17 万亿美元的经济体并不大。

然而，美国环保局提出的规则将最多解决气候变化的一小部分问题。这一计划项目的成本真正为多少呢？2014 年 4 月，联合国政府间气候变化专门委员会（U. N. International Panel on Climate Change，IPCC）估计，全球采取措施限制温度上升 2 摄氏度的成本将逐步上升，到 2100 年达到产出的约 5%。然而，对世界经济增长率的影响将非常小，每年大约 0.06 个百分点。政府间气候变化专门委员会的数据与其他的估计大致相当；大多数独立研究发现，环境保护不需要大幅度减缓经济增长。

为什么这么乐观？在最基本的层面上，主要是提出正确的激励机制，现代经济体可以找到许多方法来减少排放，包括可再生能源的使用（这在过去几年已经变得更便宜）以及诱导消费者选择对环境影响小的产品。经济增长和环境破坏不一定并行。

及时复习

● 对于长期经济增长是否可持续有着广泛的争议。然而，经济学家普遍认为，现代经济体可以找到方法来减轻自然资源短缺对增长的限制，如通过价格效应来促进资源保护和创造替代品。

● 克服环境退化对经济增长的限制变得更加困难，因为它需要有效的政府干预。限制温室气体的排放只需要稍许降低经济增长速度。

● 达成的广泛共识是：政府采取行动应对气候变化和温室气体排放应在市场化激励机制下操作，如碳税或总量限制和交易制度。它还要求富国和穷国达成一些关于减排成本如何分担的协议。

小测验 24-5

1. 经济学家通常更关注环境退化或资源稀缺对增长所施加的限制吗？请解释。在回答时请注意负外部性的作用。

2. 温室气体排放与经济增长之间的联系是什么？减排对经济增长的预期影响有哪些？为什么减少温室气体排放的国际负担是一个有争议的问题？

▶ **企业案例**

波音如何更上一层楼?

当我们思考创新和技术进步时，我们往往把注意力集中在大的、戏剧性的变化上：汽车取代了马和马车，电灯取代了煤油灯，电脑取代了计算器和打字机。然而，很多进步是渐进的，对大多数人而言几乎是看不见的——这样单调的变化随着时间的推移能产生巨大的效应。例如，乘飞机旅行的进步，如波音公司历史所示的那样。

波音公司在 1957 年推出波音 707 型飞机，这是第一款成功的商业客机，它统治了天空数年。当甲壳虫乐队 1964 年在美国做著名演出时，就是乘坐波音 707 型飞机到达目的地的。那么波音 707 型飞机是什么样的？从现代角度来看，它的惊人之处显得是多么普通。它基本上看起来像一架喷气式飞机。如果你今天从它旁边走过，没有人会告诉你这是一个古董，你可能不会注意到它。50 年前的飞机几乎与后面的新机型从外表看没有什么不同，就如同经典的凯迪拉克汽车整体上与现代的越野车看上去一样。

此外，现代喷气式飞机可见的性能，如波音 777 型或更先进的波音 787 型飞机，也并不比老的波音 707 型飞机更好。它们只是飞得稍微快一点儿，一旦考虑到因为额外的安全检查和空中管制造成的延误，人们从伦敦到纽约的旅行可能比1964年时需要更多的时间。当然有电影可以选择（虽然并没有你想看的一切），公务舱的旅客现在可以放平座位睡觉，因此更加方便。然而，所有这一切都似乎只是边缘上的改进。

然而，波音（以及它的主要竞争对手空中客车）的现代飞机比半个世纪前的喷气式飞机的效率要高出很多。因此，经过通货膨胀率调整后的平均票价仅为1960年的三分之一左右。什么改变了？

答案是乘客看不到的东西。最重要的是燃油效率有了很大的提高，现代飞机使用的燃料比它们的老机型每乘客每英里减少了三分之一。这种改进的背后是发动机设计的根本变化（高涵道比发动机直接入口在燃烧室四周而不是穿过它）——小但很重要的空气动力学改进和使机身更轻的新材料的使用。

技术进步的寓意是推动经济增长的技术进步比眼睛能看到的要广泛和强大得多。即使当事情看起来或多或少有所相同，但在表面之下经常有巨大的变化。

思考题

1. 一架现代喷气式飞机与20世纪60年代的飞机几乎相同：它带人们从这里飞到那里，性质相同。技术进步体现在哪里？

2. 技术进步在我们描述的过程中发挥了什么作用？请解释。

3. 一些旅客抱怨说飞行体验已经走下坡路了。这是否驳斥了技术进步的说法？

小结

1. 经济增长以人均实际GDP的变化来表示，这是为了消除价格水平变动、人口规模变化的影响。世界各国的人均实际GDP水平差异极大：全世界一半以上人口所在的国家比1900年的美国还要贫困。

2. 人均实际GDP的增长率差异也非常大。根据70规则，人均实际GDP翻一番所需要的时间等于70除以人均实际GDP的年度增长率乘以100的值。

3. 长期增长的关键是劳动生产率或者说生产率的提高，生产率指的是人均产量。生产率提高源于人均实物资本和人均人力资本的增加以及技术进步。总量生产函数反映的是人均实际GDP与这三个因素之间的关系。假定其他条件相同，实物资本报酬递减是指额外增加一单位实物资本所带来的生产率的增加低于前一单位的实物资本。换句话说，更多的人均实物资本能够带来较低的但仍然是正的生产率的增长。增长核算，即估计每一个因素对一国经济增长的贡献，表明全要素生产率的提高是长期增长的关键。全要素生产率是指利用给定的要素投入量所能够生产的产量。通常把全要素生产率理解为技术进步的产出效应。跟过去不同的是，对今天的大多数国家而言，自然资源已经不再是生产率增长的重要源泉。

4. 国家间增长率上的巨大差异很大程度上是由它们的实物资本和人力资本积累率的差异以及技术进步的差异导致的。尽管国外储蓄的流入有影响，但主要因素是国内储蓄率和投资支出率的差异，因为高投资支出率的大多数国家都有国内高储蓄率为实物资本融资。技术进步很大程度上是研究与开发的结果。

5. 政府可以帮助也可以阻碍经济增长。政府直接促进经济增长的政策有对基础设施补贴，特别是对公共卫生设施、教育、研究与开发进行补贴和维持一个运作良好的金融体系，为储蓄转化为投资支出、教育和研究与开发提供渠道。政府可以采取多种措施改善经济增长的环境：保护产权（特别是通过专利保护知识产权），保持政治稳定以及提供良好的治理。糟糕的治理包括腐败和过度的政府干预。

6. 世界经济中既有追求长期经济增长的成功范例，也有失败的例子。东亚经济在许多方面做得比较正确，从而达到了非常高的增长率。拉丁美洲和非洲经济多年来的低增长率令经济学家认为，趋同假说（即认为国家间人均实际GDP差异随着时间的推移会缩小）只是在其他影响增长的因素如教育、基础设施以及有利的政府政策和机构相同的情况下才与数据符合。近年来，已经有一些拉丁美洲和撒哈拉以南非洲地区的国家的增长率开始增加，这主要是由大宗商品出口带来的繁荣。

7. 经济学家普遍认为，环境恶化比自然资源短缺对可持续长期经济增长带来的挑战更大。解决环境恶化问题需要有效的政府干预，但自然资源短缺的问题往往由市场价格反应来解决。

8. 温室气体的排放与经济增长有明显的联系，限制温室气体排放需要降低一定的经济增长。然而，可获得的最好估计表明，大规模的减排量只需要增长率温和下降。

9. 有一个广泛共识是，政府采取的解决气候变化和温室气体问题的行动应该建立在以市场为基础的激励机制之上，如碳税或总量限制和交易制度。它还将要求富国和穷国达成一些关于减排成本如何分担的协议。

关键词

70 规则	劳动生产率	生产率	实物资本	人力资本	技术进步	总量生产函数
实物资本报酬递减	增长核算	全要素生产率	研究与开发	基础设施	趋同假说	可持续长期经济增长

练习题

1. 下表中所列的数据来自宾夕法尼亚大学世界经济数据库第 8.0 版（Penn World Table，Version 8.0），表中所列的是以 2005 年美元表示的阿根廷、加纳、韩国和美国 1960 年、1970 年、1980 年、1990 年、2000 年和 2011 年的人均实际 GDP 数据。

a. 试把每一年的人均实际 GDP 表示成占 1960 年或 2011 年水平的百分比，并填充下表。

b. 这四个国家 1960—2011 年的生活水平增长状况有何差异？如何解释这些差异？

年份	阿根廷			加纳			韩国			美国		
	人均实际 GDP（2005 年美元）	占 1960 年人均实际 GDP 的百分比	占 2011 年人均实际 GDP 的百分比	人均实际 GDP（2005 年美元）	占 1960 年人均实际 GDP 的百分比	占 2011 年人均实际 GDP 的百分比	人均实际 GDP（2005 年美元）	占 1960 年人均实际 GDP 的百分比	占 2011 年人均实际 GDP 的百分比	人均实际 GDP（2005 年美元）	占 1960 年人均实际 GDP 的百分比	占 2011 年人均实际 GDP 的百分比
1960	6 585	?	?	1 557	?	?	1 610	?	?	15 136	?	?
1970	8 147	?	?	1 674	?	?	2 607	?	?	20 115	?	?
1980	8 938	?	?	1 418	?	?	5 161	?	?	25 221	?	?
1990	6 889	?	?	1 296	?	?	11 376	?	?	31 431	?	?
2000	9 208	?	?	1 530	?	?	20 016	?	?	39 498	?	?
2011	13 882	?	?	2 349	?	?	29 618	?	?	42 244	?	?

2. 下表所列的是阿根廷、加纳和韩国在过去几十年间的人均实际 GDP 年均增长率，数据来自宾夕法尼亚大学世界经济数据库第 8.0 版。

年份	人均实际 GDP 年均增长率（%）		
	阿根廷	加纳	韩国
1960—1970 年	2.15	0.73	4.94
1970—1980 年	0.93	−1.64	7.07
1980—1990 年	−2.57	−0.90	8.22
1990—2000 年	3.40	1.67	5.81
2000—2010 年	7.92	3.16	3.67

a. 对每个十年和每个国家，如果有可能的话，试用 70 规则计算该国的人均实际 GDP 翻一番所需要的时间。

b. 假设三个国家在 2000—2010 年间的年均增长率能够在未来无限延续。在可能的情况下，试用 70 规则分别计算各国从 2010 年开始到哪一年人均实际 GDP 能够翻一番？

3. 下页表给出了人均收入水平和根据收入水平定义的地区的增长率的近似统计。根据 70 规则，从 2012 年开始，高收入国家的人均实际 GDP 翻一番需要约 64 年。该题假设每个地区的年均增长率都保持它们 2000—2012 年的平均值。

区域	人均实际 GDP	人均实际 GDP 年均增长率 (2000—2012 年)
高收入国家	31 372	1.1%
中等收入国家	2 730	4.7%
低收入国家	422	3.2%

a. 计算下述地区之间 2012 年人均实际 GDP 的比率：

i. 中等收入国家与高收入国家。

ii. 低收入国家与高收入国家。

iii. 低收入国家与中等收入国家。

b. 计算低收入国家和中等收入国家的人均实际 GDP 翻一番所需年数。

c. 计算每个地区在 2076 年的人均实际 GDP。（提示：它们的人均实际 GDP 在 2012—2076 年的 64 年内翻了多少倍?）

d. 以 2076 年的人均实际 GDP 重新计算问题 a 实际的答案。

e. 比较问题 a 和问题 d 的答案。对地区之间经济不平等的变化进行评论。

4. 一个名为安卓德的国家目前使用生产函数 1。一个偶然的机会，科学家们获得技术上的突破，这将提升安卓德的生产率。这一技术突破体现在生产函数 2 上。下表给出了使用两种方法每名工人的实物资本和每名工人的产出情况，假设每名工人的人力资本固定不变。

生产函数 1		生产函数 2	
每名工人的实物资本	每名工人的实际 GDP	每名工人的实物资本	每名工人的实际 GDP
0	0.00	0	0.00
50	35.36	50	70.71
100	50.00	100	100.00
150	61.24	150	122.47
200	70.71	200	141.42
250	79.06	250	158.11
300	86.60	300	173.21
350	93.54	350	187.08
400	100.00	400	200.00
450	106.07	450	212.13
500	111.80	500	223.61

a. 使用表中的数据，在一张图中画出两个生产函数的曲线。安卓德目前每名工人的实物资本为 100。在图中标记这一点为 A 点。

b. 从 A 点开始在 70 年的时间内，安卓德每名工人的实物资本上升到 400。假设安卓德仍然使用生产函数 1，在图中标出产出结果 B 点。使用 70 规则，计算出每年人均产出增长的百分率是多少。

c. 现在假设安卓德每名工人的实物资本上升到 400。假设安卓德转变为使用生产函数 2，在图中标出产出结果 C 点。使用 70 规则，计算出每年人均产出增长的百分率是多少。

d. 随着安卓德经济从 A 点移动到 C 点，由更高的全要素生产率带来的年均生产率增长份额是多少?

5. 美国劳工统计局会定期发布前一个月的“生产率和成本”报告。登录 www.bls.gov，浏览最新的报告。（在劳工统计局网站的首页上，点击“主题”，选择“生产率：劳动生产率和成本”，找到最新的报告。）上个季度商业和非农业生产率的百分比变化是多少？该季度生产率的百分比变化与上年数据相比有何差异?

6. 实物资本、人力资本、技术进步和自然资源在人均总产量的长期增长过程中分别起到什么样的作用?

7. 美国的政策和制度怎样影响该国的长期经济增长?

8. 在未来的 100 年间，预计格罗兰德的人均实际 GDP 年均增长率为 2.0%。而斯罗兰德的年均增长率预计较低，为 1.5%。如果两国今天的人均实际 GDP 均为 20 000 美元，在未来 100 年后它们的人均实际 GDP 会有什么差异？[提示：如果一国今天的实际 GDP 为 x 美元，年均增长率为 $y\%$，那么 z 年之后的实际 GDP 等于 $x\times(1+y/100)^z$ 美元。我

们假定 $0 \leqslant y < 10$。]

9. 下表所列为法国、日本、英国和美国 1950 年和 2011 年的人均实际 GDP 数据（以 2005 年美元表示），数据来自宾夕法尼亚大学世界经济数据库第 8.0 版。填充下表。这些国家的经济是否趋同?

	1950 年		2011 年	
	人均实际 GDP（2005 年美元）	占美国人均实际 GDP 的百分比	人均实际 GDP（2005 年美元）	占美国人均实际 GDP 的百分比
法国	6 475	?	29 476	?
日本	2 329	?	31 587	?
英国	9 669	?	32 079	?
美国	15 136	?	42 244	?

10. 下表所列为阿根廷、加纳、韩国和美国 1960 年和 2011 年的人均实际 GDP 数据（以 2005 年美元表示），数据来自宾夕法尼亚大学世界经济数据库第 8.0 版。填充下表。这些国家的经济是否趋同?

	1960 年		2011 年	
	人均实际 GDP（2005 年美元）	占美国人均实际 GDP 的百分比	人均实际 GDP（2005 年美元）	占美国人均实际 GDP 的百分比
阿根廷	6 585	?	13 882	?
加纳	1 557	?	2 349	?
韩国	1 610	?	29 618	?
美国	15 136	?	42 244	?

11. 为什么你预期加利福尼亚州和宾夕法尼亚州之间的人均实际 GDP 会趋同，而加利福尼亚州和墨西哥的临近美国边境的下加利福尼亚州之间则不会? 什么样的条件变化会使得加利福尼亚州和下加利福尼亚州趋同?

12. 根据《石油和天然气杂志》(*Oil and Gas Journal*)，到 2012 年，世界上已探明的石油储量有 15 250 亿桶。该年，美国能源信息管理局报告说，世界每天的石油产量为 7 558 万桶。

a. 以这个速度，已探明的石油储量可采多少年? 根据你计算的结果讨论马尔萨斯的观点。

b. 为了计算问题 a，你对随着时间推移的石油储量做了什么假设? 这些假设与马尔萨斯资源有限的观点一致吗?

c. 讨论市场力量如何影响已探明石油储量开采的持续时间，假设没有新的石油被发现和石油的需求曲线保持不变。

13. 下表所示为 2000—2011 年部分国家人均二氧化碳排放量的年均增长率和人均实际 GDP 的年均增长率。

国家	2000—2011 年人均实际 GDP 年均增长率（%）	2000—2011 年人均二氧化碳排放量年均增长率（%）
阿根廷	2.25	2.95
斯里兰卡	4.16	6.52
加拿大	1.10	−0.33
中国	10.72	9.31
德国	1.25	−1.20
爱尔兰	0.57	−0.96
日本	0.59	−0.16
韩国	3.74	3.06
墨西哥	0.79	1.72
尼日利亚	5.93	−0.55
俄罗斯	5.08	1.61
南非	2.73	1.63
英国	1.05	−1.09
美国	0.74	−0.60

资料来源：Energy Information Administration；The Conference Board.

a. 根据二氧化碳排放量年均增长率对上述国家从最高到最低排序。排放量增长率最高的五个国家是哪些？排放量增长率最低的五个国家是哪些？

b. 根据人均实际 GDP 年均增长率对上述国家从最高到最低进行排序。增长率最高的五个国家是哪些？增长率最低的五个国家是哪些？

c. 你从二氧化碳排放量与人均实际 GDP 的年均增长率的排序结果能推断出什么结论？

d. 高人均实际 GDP 年均增长率必然会导致二氧化碳排放量也高吗？

在线回答问题

14. 假设你被聘为阿尔巴尼亚和布列塔尼亚这两个国家的经济顾问。当前每个国家每名工人的实物资本和每名工人的产量之间的关系如下图中的曲线“生产率$_1$”所示。阿尔巴尼亚位于 A 点，布列塔尼亚位于 B 点。

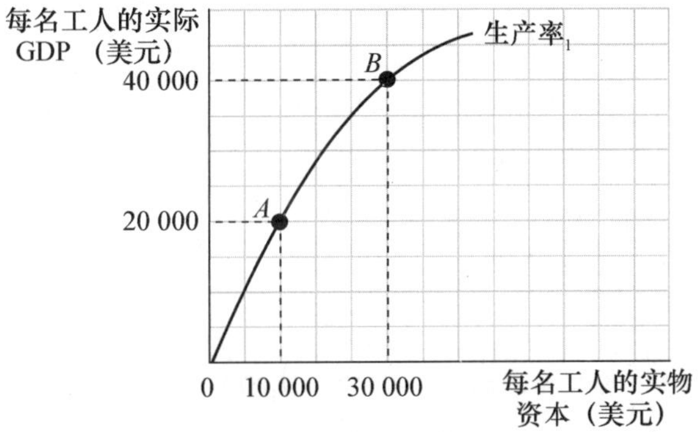

a. 在生产率$_1$ 曲线所描述的关系中，哪些因素是固定不变的？这两个国家是否面临每名工人的实物资本报酬递减的状况？

b. 假设每个国家每名工人的人力资本和技术水平均保持不变，你能否提出一项政策建议使得阿尔巴尼亚的每名工人的实际 GDP 翻倍？

c. 如果每名工人的人力资本和技术水平不是固定不变的，你的政策建议是否会有变化？假设当每名工人的实物资本等于 10 000 美元时人力资本翻倍。试在图中画出代表对阿尔巴尼亚政策建议的曲线。

第 25 章 储蓄、投资支出和金融体系

本章将学习

- 储蓄和投资之间的关系。
- 理解可贷资金市场，考察储蓄者和借款人之间的协调问题。
- 五种主要金融资产——股票、债券、贷款、不动产和银行存款——的用途。
- 金融中介是如何帮助投资者实现多样化资产配置的。
- 关于资产定价的不同观点，以及为什么资产市场波动会造成宏观经济不稳定。

☞ 开篇案例

为脸书融资

“脸书正在筹集更多的钱。”《商业周刊》(*Business Week*) 2009 年的一条头条新闻这样说，报道称该社交网站正在寻求一项 1 亿美元的信用额度。为什么像脸书这样成功的企业需要借钱呢？每个人都知道脸书。该网站成立于 2004 年，它可以说已成为 21 世纪到目前为止最大的商业成功故事，据报道，脸书在全球有超过 10 亿用户。脸书怎样成长得这么大、这么快？

当然，在很大程度上，答案是公司有一个好点子。通过个性化的网页向朋友和家人提供信息是许多人真正想要的。同样重要的是，由于广告商希望推送广告给这些页面的读者，脸书通过销售广告空间可以赚取大量的金钱。

但是，仅有一个好主意尚不足以建立一个企业。创业者需要资金：你要赚钱必须花钱。虽然像脸书这类企业似乎只存在于网络空间中的虚拟世界，没有建造厂房和店铺的现实负担，但事实上，运行这样的企业需要大量很真实和昂贵的硬件。像谷歌、亚马逊和其他互联网巨头一样，脸书需要维护庞大的“服务器场”，即连接那些跟踪和处理所有提供用户体验所需信息的计算机的阵列。

那么，脸书从哪里筹得资金来装备这些服务器场呢？一部分来自购买企业股票的投资者，但大部分都是借来的。随着脸书越来越大，它所借的资金也越来越多。

脸书筹集到大笔资金来为其增长提供资助的能力，就其方式来说，如公司产品那样引人注目。事实上，有聪明想法的年轻人能够获得开办自己企业所需的数亿美元资金。这确实是一个美好的故事。

然而，这种事情在现代经济体中很常见。在上一章中我们分析长期增长时指出，关键取决于一组市场和机构将储蓄者的资金转化为生产性投资支出，它们被统称为金融体系。如果没有这个系统，像脸书这样

的企业将无法购买大量实物资本，而这些资本是生产率增长的重要源泉。储蓄者也将被迫接受较低的资金回报。

从历史上看，金融体系将资金导入像铁路和工厂这样的投资支出项目。今天，金融体系将资金导入新的增长源，如绿色技术、社交媒体和人力资本投资。没有一个运作良好的金融体系，一个国家的经济增长将遭受阻碍。

在本章中，我们首先从整体经济角度来讨论这些问题。我们将从宏观经济层面探讨储蓄和投资支出之间的关系。接下来我们将深入到这种关系的背后，分析金融体系如何把储蓄转化成投资支出。我们将会了解到，金融市场是如何通过创造资产、市场和制度来运转，从而提高储蓄者（那些有资金要投资的人）和借款人（那些有投资项目需要融资的人）双方的福利。最后，我们将在本章结尾部分探讨金融市场的行为，以及为什么经济学家往往难以有效地解释这些行为。

25.1 协调储蓄和投资支出

在前面章节我们已经学过，促进经济增长的两个重要因素是人力资本和实物资本的增加。人力资本主要由政府通过公共教育提供。（在像美国这样私立教育部门规模较大的国家，中等以上的私立教育部门也是人力资本的重要源泉。）但是实物资本除了基础设施之外主要是由私人投资形成，也就是说，是由企业而不是政府出资的。

投资支出资金来自哪里？在某些情况下，人们和企业实际进行投资，例如，一个家庭拥有的企业可能利用自己的储蓄来购买新设备或建新厂房，或者一家公司可以用自己的部分利润来建新厂。然而，在现代经济中，个人和企业经常用其他人的钱来创造实物资本，他们通过借贷或出售股票来筹集资金。

为了理解投资支出是如何融资的，我们首先需要了解储蓄和投资支出与整体经济的关系。然后，我们将研究储蓄如何被配置到投资支出项目。

▶ **疑难解答**

投资和投资支出

宏观经济学家在提到投资支出这个术语时，他们通常是指“对新的实物资本的支出”。这一点可能比较容易混淆，因为在日常生活中，我们常常把某人购买股票或现成房产的行为称为“进行投资”。重要的是应该记住，只有能够增加经济中的实物资本存量的支出才是“投资支出”。相反，诸如购买股票、债券或现成的不动产之类的行为则被称为“进行一项投资”。

25.1.1 储蓄-投资支出恒等式

> 根据**储蓄-投资支出恒等式**，对整体经济而言，储蓄恒等于投资支出。

理解储蓄和投资支出最重要的关键点在于知道两者总是相等的。这不是一个理论问题，而是一个账户核算问题，可称为**储蓄-投资支出恒等式**（savings-investment spending identity）。

为了确认为什么储蓄-投资支出恒等式成立，我们先回顾一下第 22 章中曾经讨论过的国民收入核算。由于 GDP 等于对经济中的最终产品和服务的全部支出之和，因此我们可以得到以下等式［也就是式（22-1）］：

$$\text{GDP}=C+I+G+X-IM \qquad (25-1)$$

其中，C 表示消费支出，I 表示投资支出，G 表示政府购买，X 表示对其他国家的出口，IM 表示来自其他国家的进口。

封闭经济中的储蓄-投资支出恒等式 封闭经济中不存在进出口，因此 $X=0$，$IM=0$，从而式（25-1）可以简化。正如我们在第22章中所学到的，根据定义，这个简化经济的整体收入等于总支出。为什么？回顾第1章学过的经济学基本原则之一，一个人的支出是另一个人的收入：人们可以赚取收入的唯一途径是出售东西给他人；在经济中花费的每一美元都为他人创造收入。这可由式（25-2）表示：等式左边的GDP代表经济中的总收入，而右边的 $C+I+G$ 则代表经济中的总支出：

$$\text{GDP}=C+I+G \tag{25-2}$$

总收入=总支出

现在，收入有什么用处呢？它可以用于消费——消费支出（C）加上政府对产品和服务的购买（G）——或储蓄（S），所以它一定等于：

$$\text{GDP}=C+G+S \tag{25-3}$$

总收入=消费支出+储蓄

这里 S 代表储蓄。同时，式（25-2）告诉我们，总支出等于消费支出（$C+G$）和投资支出（I）：

$$\text{GDP}=C+G+I \tag{25-4}$$

总收入=消费支出+投资支出

把式（25-3）、式（25-4）放在一起，我们得到：

$$C+G+S=C+G+I \tag{25-5}$$

消费支出+储蓄=消费支出+投资支出

两边减去消费支出（$C+G$），我们得到：

$$S=I \tag{25-6}$$

储蓄=投资支出

正如我们所说的，这是一个基本的会计事实，当经济作为一个整体时，储蓄等于投资支出。

现在，我们进一步分析储蓄。家户并非唯一进行储蓄的经济部门。在任何一年中，政府都可以进行储蓄，只要它的税收收入大于其支出。在这种情况下，政府收入和支出之间的差额被称为**预算盈余**（budget surplus），这也就是政府的储蓄。反过来，如果政府的支出超过税收收入，就被称为**预算赤字**（budget dificit）——盈余为负数。在这种情况下，我们往往称政府为“负储蓄”：由于支出大于税收收入，政府储蓄出现相反的结果。

我们用术语**预算余额**（budget balance）来描述以上两种情形，即预算余额的结果可能为正（存在预算盈余）也可能为负（存在预算赤字）。因此预算余额定义为：

$$S_{政府}=T-G-TR \tag{25-7}$$

T 表示政府税收收入，TR 表示政府转移支付。预算余额等于政府储蓄——如果大于零，政府有储蓄；如果小于零，政府负储蓄。**国民储蓄**（national savings）等于预算余额加私人储蓄，私人储蓄等于可支配收入（收入减去税收）减去消费，如式（25-8）所示：

$$S_{国民}=S_{政府}+S_{私人} \tag{25-8}$$

因此，式（25-6）和式（25-8）说明，在封闭经济中，储蓄-投资支出恒等式总是采取如下形式：

$$S_{国民}=I \tag{25-9}$$

预算盈余是当税收收入超过政府支出时税收收入与政府支出的差额。

预算赤字是当政府支出超过税收收入时税收收入与政府支出的差额。

预算余额是税收收入与政府支出之间的差额。

国民储蓄等于预算余额加私人储蓄，是经济中发生的储蓄总额。

国民储蓄＝投资

开放经济中的储蓄-投资支出恒等式 开放经济是指一个经济体与其他国家发生产品和货币流通的经济。由于此时储蓄不一定用在产生储蓄的同一国的实物资本支出上，因此储蓄-投资支出恒等式就会发生改变。这是因为任何国家家户的储蓄都可以变成其他国家的投资资金。因此，任何一个国家都有可能发生资金流入——国外储蓄为本国投资提供资金。任何一个国家也都有可能发生资金流出——国内储蓄为其他国家的投资提供资金。

净资本流入是指一个国家的资金流入量减去资金流出量。

国家间储蓄转化为投资支出的资金流入或流出的净效应被称为该国的**净资本流入**（net capital inflow），它等于国外资金流入总量减去国内资金流出总量。与预算余额类似，净资本流入也可能是负的，也就是说，一国的资本流出量大于流入量。近几年来，美国一直是一个净资本流入为正值的国家，因为许多认为美国经济很有吸引力的外国人会把储蓄投到这边来。例如，2013 年美国的净资本流入超过 4 230 亿美元。

值得注意的是，从一个国家的角度来看，国民储蓄产生的一块钱和资本流入带来的一块钱是不一样的。的确，它们同样能够提供一块钱的投资资金。但是从储蓄者那里借来的资金最终必须连本带利进行偿还。来自国民储蓄的资金最后连本带利还给本国人民——可能是私人也可能是政府。而源自资本流入的资金最后将连本带利还给外国人。因此，用资本流入带来的资金作为投资支出的国民经济成本比较高——利息最终必须支付给外国人，而通过国民储蓄提供投资资金则无须如此。

净资本流入代表的是本国从国外的借款所得，这个事实是开放经济下的储蓄-投资支出恒等式的一个重要特征。假设某人的支出大于他或者她的收入，此人必须从他人处借入这部分差额。类似地，如果一个国家的进口支出大于其出口收入，那么它必须从国外借入这部分差额。从国外借入的这部分差额就等于该国的净资本流入。正如我们将在第 34 章中深入讨论的，这意味着，一国的资本流入等于进口额和出口额之间的差额：

$$NCI = IM - X \tag{25-10}$$

根据式（25－1），我们可以得到：

$$I = (\text{GDP} - C - G) + (IM - X) \tag{25-11}$$

利用式（25－3）和式（25－9），我们知道 GDP$-C-G$ 等于国民储蓄，从而得到：

$$I = S_{\text{国民}} + (IM - X) = S_{\text{国民}} + NCI \tag{25-12}$$

投资支出＝国民储蓄＋净资本流入

因此，考虑到资本流入与流出的开放经济中的储蓄-投资支出恒等式也意味着投资支出等于储蓄，其中储蓄等于国民储蓄加上净资本流入。也就是说，如果一个开放经济体的净资本流入为正，那么就有部分投资资金来源于国外储蓄。如果净资本流入为负（资本净流出），那么该经济体的资本流出多于流入，有部分国民储蓄是在为其他国家的投资提供资金。

2013 年，美国的投资支出总额为 32 443 亿美元。私人储蓄总额为 34 020 亿美元，政府负储蓄为 3 680 亿美元，净资本流入为 4 230 亿美元。请注意，这些数字的加总值不等于总投资；原因在于数据搜集得不完全，存在－2 120 亿美元的“统计误差”。但是我们要知道，这只是数据的误差，并不是理论上的错误，因为在实际生活中储蓄-投资支出恒等式必定成立。

▶ 疑难解答

不同类型的资本

我们必须明确区分三种不同类型的资本：实物资本、人力资本和金融资本（正如在上一章所说明的）。

（1）实物资本由建筑物和机器设备之类的人造资源构成。

（2）人力资本是由教育和知识推动的劳动力素质的改善。

（3）金融资本是指用于投资支出的储蓄资金。因此，在净资本流入为正的国家，资金会从国外流入该国以用于投资支出。

图 25－1 所示是 2013 年世界上两个主要经济体美国和德国的储蓄-投资支出恒等式。为了使这两个经济体更容易进行比较，我们用储蓄和投资支出占 GDP 的比重进行度量。左侧柱表示投资支出，右侧柱表示储蓄。美国的投资支出占 GDP 的比重为 19.4%，资金来源于私人储蓄资金（占 GDP 的 22.5%）和资本流入（占 GDP 的 2.7%），但要扣除政府预算赤字（占 GDP 的－5.8%）部分。德国的投资支出占 GDP 的比重较低，为 17.6%。资金来源于一个高水平的私人储蓄（占 GDP 的 24%），但要扣除负的净资本流入或资本流出（占 GDP 的－6%）和小额预算赤字（占 GDP 的－0.4%）部分。

经济中的储蓄能够为投资支出提供资金。但是这些投资资金是如何被分配到不同的投资项目中去的呢？也就是说，应该如何确定哪个项目能够获得资金（比如脸书的"服务器场"），哪个项目得不到资金（比如微软的 Courier 系列平板电脑，这个软件巨头已经决定放弃这个创新性概念系列）呢？接下来我们很快就会看到，资金将以一种我们所熟悉的方式分配给各种不同的投资项目：通过市场上的供求关系。

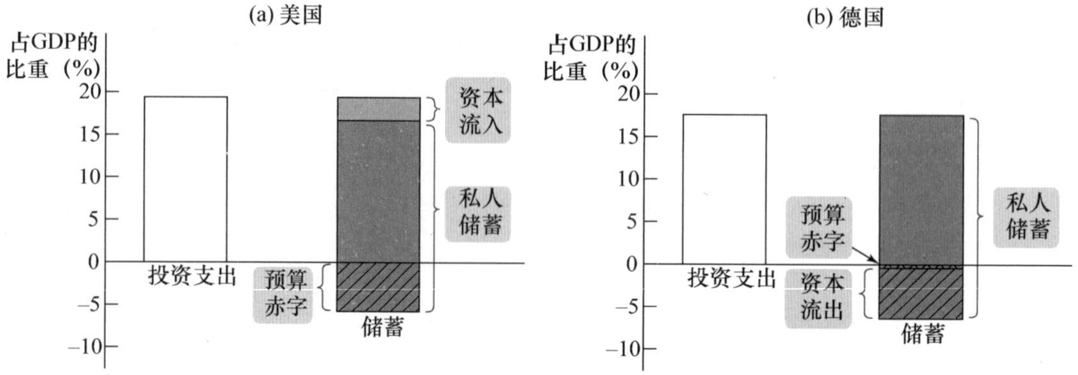

图 25－1　开放经济中的储蓄-投资支出恒等式：2013 年的美国和德国

美国 2013 年的投资支出（占 GDP 的 19.4%）资金源自私人储蓄（占 GDP 的 22.5%）和资本流入（占 GDP 的 2.7%），但要扣除一部分预算赤字（占 GDP 的－5.8%）。德国 2013 年的投资支出占 GDP 的比重稍低（占 GDP 的 17.6%）。资金来源于私人储蓄，占 GDP 的比重较高（24%），但要扣除资本流出（占 GDP 的－6.0%）和小额预算赤字（占 GDP 的－0.4%）部分。

资料来源：International Monetary Fund.

▶ **追根究底**

谁在强制进行账户核算？

储蓄-投资支出恒等式根据会计账户核算原理始终成立。按照定义，从整体经济角度看，储蓄等于投资支出。但是有谁在强制进行类似的计算？例如，如果企业计划投资于资本设备的金额少于家户部门的储蓄数额，在这种情况下会出现什么结果呢？

简单的回答是，实际投资并不总是等于意愿投资。假设家户部门突然决定增加储蓄，减少支出，这马上会导致商店产品销量下降。由此造成的存货增加也被看作投资，尽管是非意愿的。因此，由于企业的非意愿投资增加，储蓄-投资支出恒等式仍然成立。类似地，如果家户部门突然决定减少储蓄，增加支出，存货将会下降，而这将被看作负投资。

现实生活中的实例发生在 2001 年。在 2001 年第二季度和第四季度之间，以年度数据衡量的储蓄和投资支出同时下降了 1 260 亿美元。但是在投资领域，710 亿美元的投资下降是以负存货投资的形式发生的。

当然，企业会通过产量变化对存货量的变动做出反应。2001 年下半年的存货减少使得 2002 年上半年的产量激增。我们将在第 26 章探讨存货在经济波动过程中所扮演的角色。

□ 25.1.2 可贷资金市场

从整体经济角度看，储蓄恒等于投资支出。在封闭经济中，储蓄就等于国民储蓄。而在开放经济中，储蓄等于国民储蓄与资本流入之和。但是在任何时点，储蓄者，也就是那些试图贷出资金的人，往往并不等同于借款人，也就是那些需要为投资项目进行融资的人。那么储蓄者和借款人之间是如何互相协调的呢?

储蓄者和借款人之间的协调过程与生产者和消费者之间的协调过程类似：通过市场上的供求关系进行协调。在图 22-1 所示的扩展的循环流向图中我们已经指出，金融市场能够使家户部门的储蓄转化为企业购买资本设备的资金。现在我们将着重分析金融市场的运行机制问题。

可贷资金市场是用于分析借款人的资金需求和贷款人的资金供给形成的市场均衡结果的一个假想的市场。

为了说明问题，对现实进行简化有利于我们思考。正如第 22 章中已经指出的那样，金融体系中存在多个不同的金融市场，比如说债券市场和股票市场。但是，经济学家通常都采用一个简化的模型，他们假设只有一个市场，把需要贷出资金的一方（储蓄者）和需要借入资金的一方（拥有投资项目的企业）聚在一起。这个假想的市场被称为**可贷资金市场**（loanable funds market）。可贷资金市场上决定的价格就是利率，记为 r。正如我们在第 23 章所指出的那样，贷款通常指定一个名义利率。所以虽然我们称 r 为“利率”，请理解，r 是名义利率，也就是没有经通货膨胀调整后的利率。

我们还尚未做简化的事情。实际上有很多种类的利率，因为有很多种类的贷款，如短期贷款、长期贷款、公司贷款和政府贷款等。为了简化，我们忽略了这些不同，假设只有一种贷款。好吧！我们为分析储蓄与投资支出如何匹配做好准备了。

可贷资金的需求　图 25-2 所示的假想的可贷资金需求曲线 D 是向下倾斜的。横轴表示可贷资金的需求量。纵轴表示利率，即借款的“价格”。但是为什么可贷资金需求曲线向下倾斜呢?

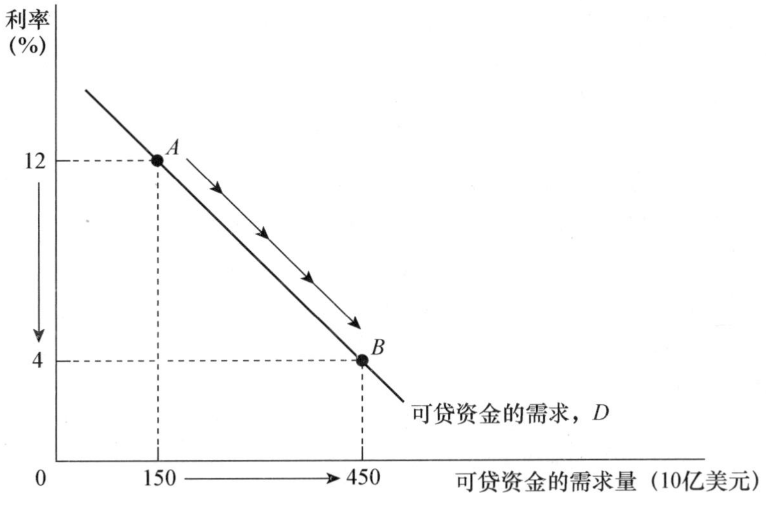

图 25-2　可贷资金的需求

可贷资金需求曲线向下倾斜：利率越低，可贷资金的需求量越大。图中，利率从 12%下降到 4%，可贷资金的需求量从 1 500 亿美元增加到 4 500 亿美元。

要回答这个问题，考虑一个公司进行投资支出时在做什么——比如说购买新的设备。投资支出意味着现在要拿出资金，预计这一支出在未来的某一时点可获得更高的利润。然而，事实上，从现在算起 5 年或 10 年承诺归还的 1 美元，现在的真实价值是低于 1 美元的。因此，只有当未来的回报大于今天投资的货币成本时，今天的投资才是值得的。如何会更大呢?

X 的**现值**是指为了在一定利率水平上在未来某个时点获得 X 今日需要的货币数量。

要回答这个问题，我们需要考虑公司预计得到的未来回报的**现值**（present value）。你可以回顾第 9 章附录中介绍过的现值概念，在那里你能学到现值概念怎样应用于未来多年后所得到的货币价值。

在现值计算中，我们使用利率来确定未来1美元的价值与今天1美元价值的比较。但事实是，未来1美元的价值要少于今天1美元的价值。如果利率更高，未来1美元的价值甚至更低。

▶ 追根究底

运用现值

对现值概念的理解可说明为什么可贷资金需求曲线向下倾斜。把握现值本质的一个简单方法就是考虑一个例子，即今天一笔钱的价值与同一笔钱从现在起一年后价值的区别。

假设从今天开始正好一年后你将毕业，你想通过参加一次将花费1 000美元的旅行来奖励自己。从现在起，一年后为有1 000美元，你今天需要多少钱？一定不是1 000美元，原因与利率有关。我们假设你需要的金额为X。我们用r表示你在银行存款的资金利率。如果你今天把X存放在银行，赚取利率r，那么一年后，银行将支付给你$X\times(1+r)$。如果银行从现在起一年后将支付给你的钱等于1 000美元，那么你需要的数额是X：

$$X\times(1+r)=1\,000\text{ 美元}$$

你可以应用一些基本的代数计算得出：

$$X=1\,000\text{ 美元}/(1+r)$$

注意，X的值取决于利率r，r总是大于0的。这一事实意味着，X总是不到1 000美元。例如，如果$r=5\%$（即$r=0.05$），那么$X=952.38$美元。换言之，今天拥有的952.38美元相当于从现在开始一年后的1 000美元（当利率为5%时）。也就是说，今天952.38美元的价值在利率为5%时与一年后的1 000美元等价。现在我们可以定义X的现值了：在给定利率的情况下，为了在未来获得X今天所需要的钱的数量。在这个数值例子中，当给定利率为5%时，从现在起一年后的1 000美元的现值为952.38美元。

现值的概念也适用于公司进行决策。考虑一个公司有两个潜在的投资项目，每一个从现在开始的一年后将产生1 000美元。然而，两个项目各有不同的初始成本，比如说，一个要求该公司现在借900美元，而另一个要求该公司借950美元。哪个项目值得借钱融资并实施？

答案取决于利率，它决定着从现在起一年后1 000美元的价值。如果利率为10%，从现在起的一年后的1 000美元的现值为909美元。换言之，以10%的利率，一笔909美元的贷款经过一年的时间需要偿还1 000美元。一笔不到909美元的贷款需要偿还不到1 000美元，而超过909美元的贷款需要偿还超过1 000美元。因此，只有第一个项目的初始成本不到909美元，是有利可图的，因为它在一年后的收益是超过贷款偿还金额的。

以10%的利率，任何一个项目的成本超过909美元，其收益将低于该公司必须偿还的贷款额，因此是不赚钱的。然而，如果利率只有5%，1 000美元的现值上升到952美元。根据这个利率，这两个项目都是有利可图的，因为952美元超过了这两个项目的初始成本。因此，当利率较低时，一个公司会借更多的钱，进行更多的投资支出。

与此同时，其他公司也进行类似的计算。因此，低利率会导致整体经济中的投资支出增加，因此，可贷资金需求曲线向下倾斜。

现值计算背后的直觉很简单。利率度量的是投资支出的机会成本，投资收益在未来：一家企业不一定将资金用于项目投资支出，可以直接把钱存入银行，并赚取利息。利率越高，直接把钱存放在银行赚取利息就越有吸引力，而不是用于项目投资。

换言之，利率越高，投资支出的机会成本越高。而且，投资的机会成本越高，企业想要进行的投资支出计划项目也会越少，因此对可贷资金的需求规模就越小。正是这种逻辑（在“追根究底”专栏中进行讨论）解释了为什么可贷资金需求曲线是向下倾斜的。

当企业进行投资时，它们现在支出资金希望在未来获得收益。评估一个具体的投资支出项目是否值得进行，一个企业必须比较未来收益的现值与项目的当前成本。如果未来收益的现值大于当前成本，项目便有利可图，值得投资。如果利率下降，那么任何给定项目的现值都会增加，所以更多的项目会通过检验。如果利率上升，那么任何给定项目的现值都会下降，通过检验的项目就会减少。

所以，总投资支出以及可贷资金需求与利率负相关。因此，可贷资金需求曲线向下倾斜。我们可以观察图 25－2。当利率从 12%下降到 4%，可贷资金的需求量从 1 500 亿美元（*A* 点）增加到 4 500 亿美元（*B* 点）。

可贷资金的供给 图 25－3 所示为假想的可贷资金供给曲线 *S*。在此，利率发挥与价格在普通供给与需求分析中同样的作用。但为什么这条曲线向上倾斜呢？

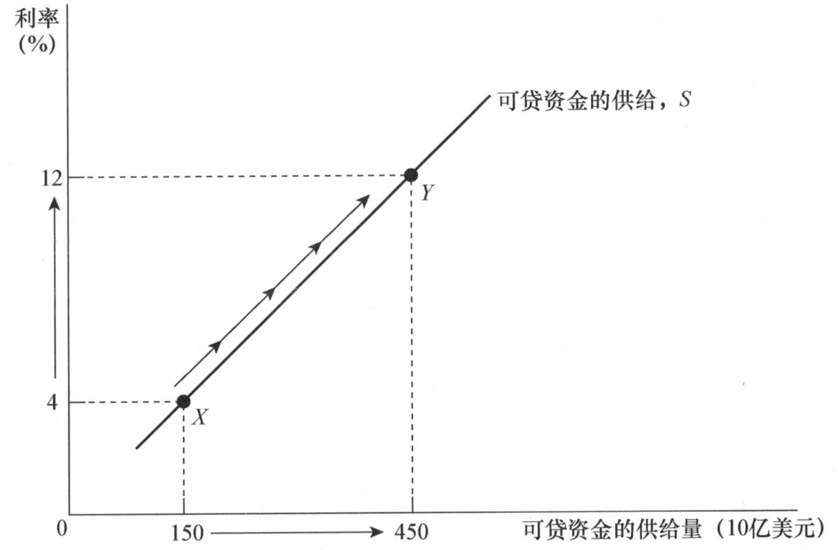

图 25－3 可贷资金的供给

可贷资金供给曲线向上倾斜：利率越高，可贷资金的供给量越大。如图所示，当利率从 4%上升到 12%时，可贷资金的供给量从 1 500 亿美元上升到 4 500 亿美元。

答案是，可贷资金来自储户，当他们借钱给企业时也有机会成本：资金也可用于消费，比如去度一个快乐的假期。一名储蓄者是否能变成一名发放贷款的人向借款人提供资金取决于收到的利息的利率。通过今天储蓄并获得利息，你在未来连本带息收回后可进行更高的消费。所以，可以合理地假定，当利率较高时，更多的人愿意放弃当前的消费，向借款人提供贷款。

因此，我们假设的可贷资金供给曲线向上倾斜。如图 25－3 所示，当利率为 4%（*X* 点）时，银行将向市场提供 1 500 亿美元的可贷资金；如果利率上升到 12%，可贷资金的供给量将上升到 4 500 亿美元（*Y* 点）。

> 当可贷资金的供给量等于可贷资金的需求量时，利率水平被称为**均衡利率**。

均衡利率 当可贷资金的供给量等于可贷资金的需求量时，利率水平被称为均衡利率。从图 25－4 可以看出，均衡利率 r^* 和贷款总量 Q^* 由供给曲线和需求曲线的交点 *E* 点决定。在该点处，均衡利率为 8%，可贷资金的数量为 3 000 亿美元。在均衡点，只有收益率大于等于 8%的投资项目能够获得资金；收益率小于 8%的项目则无法获得资金。相应地，只有愿意接受 8%或者更低水平利率的贷款人才会提供资金。要求高于 8%的利率的潜在贷款人不会提供贷款。

图 25－4 所示为可贷资金市场如何在合意的储蓄者与合意的投资者之间进行匹配：在均衡时，储蓄者想要贷出的资金数量等于企业想借入的数量。该图还表明，这种匹配的有效性有两层含义。第一，获得正确的投资：与那些没有得到融资的投资项目相比，实际得到融资的项目有更高的收益（以现值表示）。第二，正确的人进行了储蓄和贷款：与那些没有放贷的人相比，实际放贷的储蓄者愿意接受更低的贷款利率。

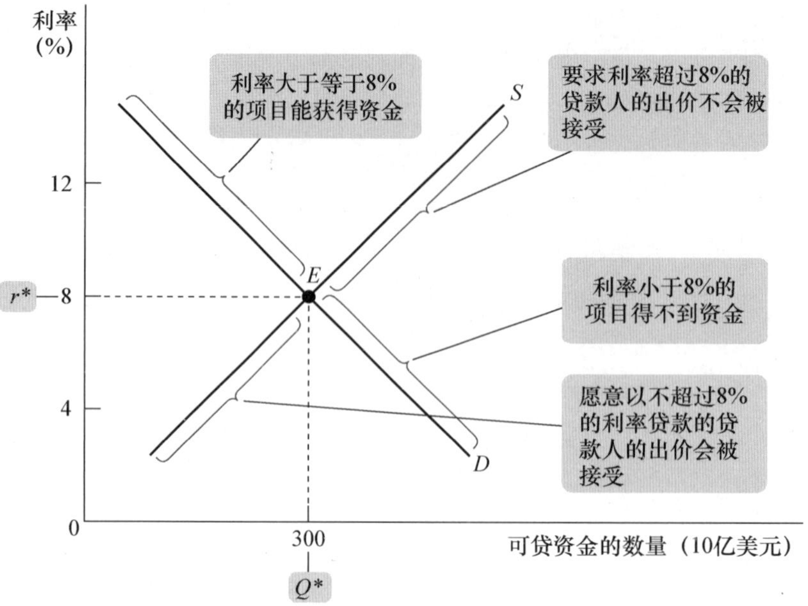

图 25－4　可贷资金市场的均衡

在均衡利率上，可贷资金的供给量等于需求量。图中，均衡利率为 8%，可贷资金的数量为 3 000 亿美元。利率大于等于 8%的投资项目能够获得融资；利率低于 8%的项目则不能。要求利率不超过 8%的贷款人的出价会被接受；要求更高利率的贷款人的出价则不会被接受。

可贷资金市场得出的认识使储蓄得到有效利用，虽然这一结论是从一个高度简化的模型中得出的，但对于现实生活具有重要的意义。正如我们稍后将看到的，一个运作良好的金融体系可以提高长期经济增长率。

在我们开始讨论这一话题之前，我们先看供给和需求的变化怎样影响可贷资金市场。在供给和需求标准模型中，均衡价格会随着需求曲线或供给曲线的变化而变化，在可贷资金市场中，均衡可贷资金利率会随可贷资金需求曲线或可贷资金供给曲线或两者的变化而变化。

可贷资金需求曲线的移动　我们先看需求变化的影响因素。

引起可贷资金需求曲线移动的因素有：

（1）能感知的商业机会的变化。对投资支出收益的信念变化增加或减少在任一给定利率水平上所需的支出变化。例如，在 20 世纪 90 年代，互联网开始广泛使用，由此创造的商业机会带来了极大的兴奋。因此，企业抓紧采购电脑设备、在地下铺设光纤电缆、设计网站等。这导致可贷资金需求曲线向右移动。2001 年，许多网络公司的失败导致与技术相关的投资幻灭，这导致可贷资金需求曲线向左移动。

（2）政府借款的变化。假定某年政府支出超过收入出现预算赤字。出现预算赤字的政府是可贷资金需求的主要来源之一。因此，政府预算赤字的变化可导致可贷资金需求曲线发生移动。例如，2000—2003 年，美国联邦政府从预算盈余变为预算赤字，政府从一个向可贷资金市场提供资金的净储蓄者变为一个从市场借贷资金的净借款人。在 2000 年，联邦政府净借款为－1 520 亿美元，因为联邦政府偿还了部分它已有的债务。但到了 2003 年，联邦政府净借款为＋4 690 亿美元，因为政府不得不借入大笔资金支付账单。在同等条件下，联邦预算状况变化将影响可贷资金需求曲线向右移动。

图 25－5 所示为可贷资金需求增加的影响。S 是可贷资金供给曲线，D_1 是初始可贷资金需求曲线。初始均衡利率为 r_1。可贷资金需求增加意味着在任一给定的利率水平上，资金需求量增加。因此，需求曲线向右移动至 D_2，导致均衡利率上升到 r_2。

事实上，在其他条件不变时，可贷资金需求增加导致利率上升具有特别重要的意义：它告诉我们，增加或持续政府预算赤字将引起人们担忧，因为政府预算赤字增加，可贷资金需求曲线向右移动将导致利率更高。如果利率上升，企业将削减它们的投资支出。

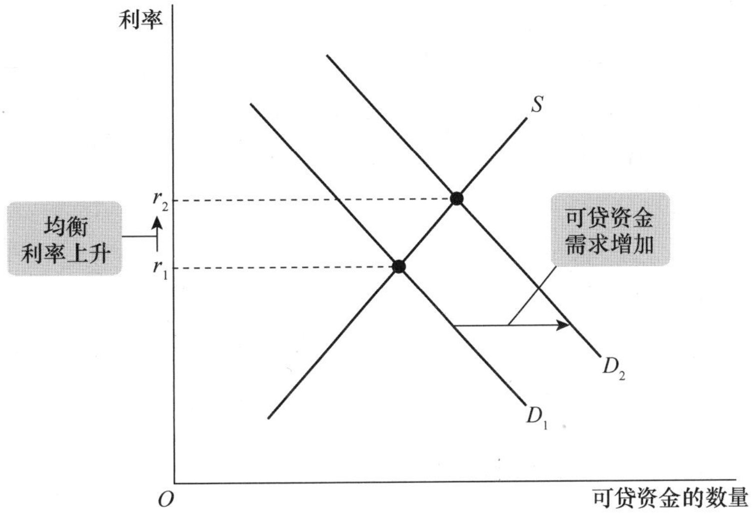

图 25－5　可贷资金需求增加

如果在任一给定利率水平上借款人增加资金需求，曲线将从 D_1 右移到 D_2，因此，均衡利率从 r_1 上升到 r_2。

因此在其他条件相同的情况下，政府预算赤字增加往往会降低整体投资支出。经济学家将政府预算赤字对投资支出的负面影响称为**挤出效应**（crowding out）。担忧出现挤出效应是对预算赤字持续或增加表示忧虑的一个关键原因。

> **挤出效应**是指政府预算赤字增加导致利率上升，从而使投资支出减少。

然而，重要的是要添加一个限定条件：如果经济低迷，挤出可能不会发生。当经济运行远远低于充分就业时，政府支出可能会导致收入提高，收入提高将导致在任一给定利率水平上储蓄增加。高储蓄也有利于政府在不提高利率的情况下借贷。例如，许多经济学家认为，美国政府 2008—2013 年的巨额预算赤字，在经济低迷的情况下，几乎没有什么挤出效应。

可贷资金供给曲线的移动　与可贷资金需求曲线的变化一样，可贷资金供给曲线也可以移动。能引起可贷资金供给曲线变化的因素有：

(1) 私人储蓄行为的变化。许多因素可以导致私人储蓄水平在任一给定利率水平上变化。例如，在美国，2000—2006 年的房价上涨使许多房主感到更富有，因此他们愿意花更多的钱，减少储蓄。这将导致可贷资金供给曲线向左移动。

(2) 净资本流入变化。资本流入和流出一个国家可以随着投资者对该国看法的改变而变化。例如，1999 年欧洲共同货币欧元创立后，希腊出现了大量的资本净流入，因为投资者认为希腊采用欧元作为其货币，因此希腊将成为一个存放资金的安全地方。然而，到了 2009 年，因为担心希腊政府的偿债能力（发现该国负债被低估）导致投资者信心崩溃，资本净流入也停止了。净资本流入减少导致希腊可贷资金供给曲线向左移动。

在 21 世纪初，美国有大量资本净流入，大部分资金来自中国和中东。这些资金的流入助推了 2003—2006 年住宅投资额的大幅增加——新建住宅。由于美国房地产在 2006—2007 年泡沫破裂和随后陷入深度衰退，2008 年这些流入开始减弱。

图 25－6 显示了可贷资金供给增加的影响。D 是可贷资金需求曲线，S_1 为初始的供给曲线。初始均衡利率为 r_1。可贷资金供给的增加意味着资金在任一给定利率水平上的供给量上升，供给曲线右移到 S_2。因此，均衡利率下降到 r_2。

通货膨胀和利率　任何引起可贷资金供给曲线或可贷资金需求曲线移动的因素都能改变利率。从历史上看，利率变化由许多因素引起，包括政府政策和技术创新的变化、创造了新的投资机会等。

然而，影响利率最重要的因素是随着时间的变化——今天的利率水平比 20 世纪 70 年代晚期和 80 年代早期低得多——未来通货膨胀的预期不同，改变了可贷资金的供给与需求。

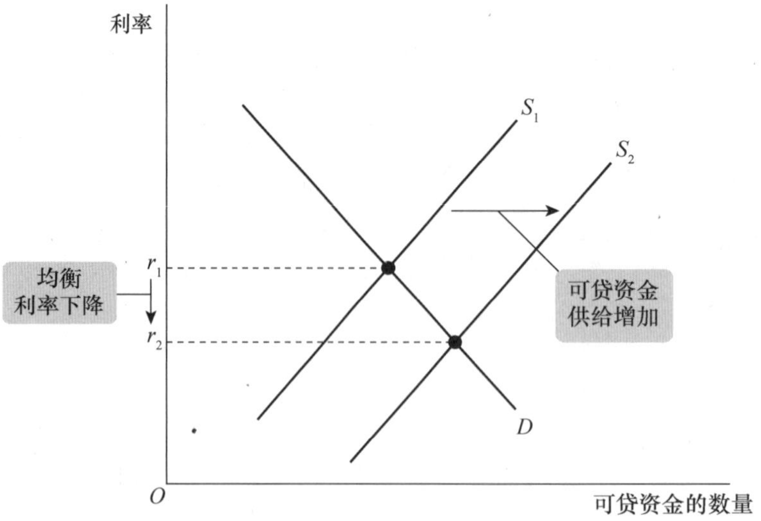

图 25-6　可贷资金供给增加

如果在任一给定利率水平上贷款人增加资金供给，曲线将从 S_1 右移到 S_2，因此，均衡利率从 r_1 降低到 r_2。

为理解未来通货膨胀预期对利率的影响，我们回忆第 23 章讨论过的通货膨胀会有得益者，也有受损者的情形。例如，20 世纪 70 年代和 80 年代美国通货膨胀高于预期，导致购房者抵押物品的实际价值减少，这对房主有利但对银行有害。我们还知道，经济学家总结了考察通货膨胀对借款人和贷款人的影响要区分名义利率和实际利率，两者的区别是：

实际利率＝名义利率－通货膨胀率

借款的真实成本是实际利率，而不是名义利率。我们来看为什么，假设一个企业所有者以 10%的利率借了 10 000 美元，为期一年。到年底时，他或她必须归还 11 000 美元——本金加利息。假定在这一年中价格平均水平增加了 10%，也就是说归还的 11 000 美元的购买力与最初的 10 000 美元相同。用实际值来看，借款人实际上支付的利息为 0。

同样，贷款的真正收益率是实际利率而不是名义利率。假设以 10%的利率贷出 10 000 美元的贷款。在一年后，该银行收到 11 000 美元的还款。但如果平均价格水平每年上升 10%，银行收回资金的购买力并不比借出资金时多。从实际来看，该行已获得的贷款利息为 0。

现在我们可以添加一个可贷资金市场的重要细节。图 25-5 和图 25-6 纵轴度量的是一个给定预期未来通货膨胀率的名义利率。我们为什么使用名义利率而非实际利率？因为在实现世界中，不论是借款人还是贷款人，在签订合约时都不知道未来的通货膨胀率水平。因此，真实合约用的就是名义利率而非实际利率。因为我们假定图 25-5 和图 25-6 中未来的通货膨胀率不变，因此名义利率变化也会导致实际利率变化。

借款人和贷款人对未来通货膨胀率的预期通常基于最近的经验。在 20 世纪 70 年代末，经过十年的高通货膨胀率时期后，借款人和贷款人预计未来的通货膨胀率会很高。到 20 世纪 90 年代末，经过十年相当低的通货膨胀率时期后，借款人和贷款人预期未来的通货膨胀率会很低。这些对未来通货膨胀预期的变化对名义利率产生了很大影响，这在很大程度上解释了为什么名义利率在 21 世纪初比在 20 世纪 80 年代早期要低得多。

我们来看预期未来通货膨胀率的变化怎么体现在可贷资金模型中。

在图 25-7 中，曲线 S_0 和 D_0 表示的是在预期通货膨胀率为 0 时可贷资金的供给和需求。在这种情况下，E_0 为均衡点，均衡名义利率为 4%。因为预期通货膨胀率为 0，贷款期限内预期的均衡实际利率也为 4%。

现在假定预期通货膨胀率上升到 10%。可贷资金需求曲线将向上移动到 D_{10}，借款人愿意支付的名义利率最高为 14%，因为他们原来愿意以 4%的利率借款。因为通货膨胀率为 10%，名义利率为 14%对应的就是4%的实际利率。同样，可贷资金供给曲线将移动到 S_{10}：当名义利率达到 14%时，贷款人才愿意提供与

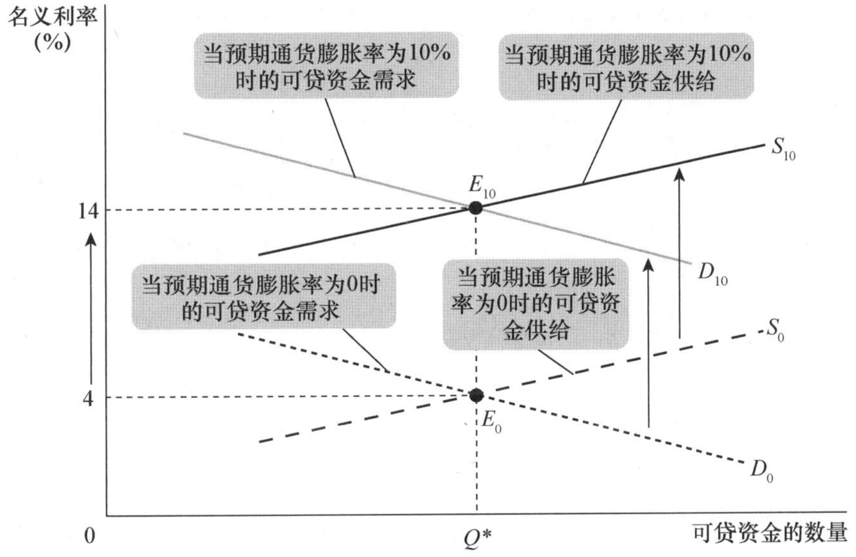

图 25-7　费雪效应

D_0和 S_0表示的是在预期通货膨胀率为 0 时的可贷资金需求曲线和供给曲线。现在预期通货膨胀率为 0，均衡名义利率为 4%。预期通货膨胀率每提高 1 个百分点将会推动需求曲线和供给曲线向上移动 1%。S_{10}和 D_{10}是当预期通货膨胀率上升到 10%时的可贷资金供给曲线和需求曲线。预期通货膨胀率使均衡名义利率上升到 14%。预期实际利率仍然保持在 4%，可贷资金的均衡数量也没有变化。

原来利率为 4%时同样数量的贷款。新的均衡点在 E_{10}，10%的预期通货膨胀率造成的结果是名义利率从 4%上升到 14%。

这种情形被总结成一般原理就是著名的**费雪效应**（Fisher effect）（以美国经济学家欧文·费雪的名字命名，这是他于 1930 年提出的）：预期通货膨胀率的变化对预期实际利率没有影响。根据费雪效应，预期通货膨胀率使名义利率上升，预期通货膨胀率每提高 1 个百分点将推动名义利率升高 1%。关键的一点是借款人和贷款人根据市场预期的实际利率做出决定。因此，只要通货膨胀率能被预期到，可贷资金的均衡数量或者预期实际利率就不会受到影响，它只能影响均衡的名义利率。它所影响的只是均衡的名义利率。

> 根据**费雪效应**，预期通货膨胀率的提高将推动名义利率升高，预期实际利率不受影响。

▶ **真实世界中的经济学**

美国利率 60 年

美国利率一些大的波动可以追溯到 20 世纪 50 年代，两项变化清楚地显示了怎样影响利率的变化：未来的预期通货膨胀率变化和投资支出预期收益率变化。

图 25-8（a）说明第一种影响，它显示 1953—2014 年，美国政府发行的债券的平均利率，特别是 10 年期固定政府债券收益率，以及以同期消费价格表现的通货膨胀率。正如我们所看到的，有关利率的大事件是 20 世纪 70 年代在 20 世纪 80 年代利率下跌之前利率上涨的方式。不难看出这种情况为什么会发生：通货膨胀率在 20 世纪 70 年代飙升，导致形成广泛的高通货膨胀率将继续的预期。正如我们所看到的，预期通货膨胀率提高将抬高均衡利率。随着 20 世纪 80 年代通货膨胀率下降，对未来通货膨胀率的预期也是如此，因此，利率随之下降。

图 25-8（b）说明了第二种影响：投资支出预期收益率和利率的变化，并给出了 2002—2014 年的利率“特写”。注意在过去十年中，利率的上升伴随着之后利率的大幅下降。我们从其他的证据（如投资者的意见调查）知道，这些年的预期通货膨胀率并没有改变太多。相反，出现的是房地产的繁荣与萧条：对住房的需求猛增推动了可贷资金需求曲线向右移动，利率上升，之后随着房地产市场崩溃，可贷资金需求曲线向左移动，利率下跌。

在整个过程中，总储蓄等于总投资支出，利率的上升和下降在匹配贷款人与借款人中发挥了关键作用。

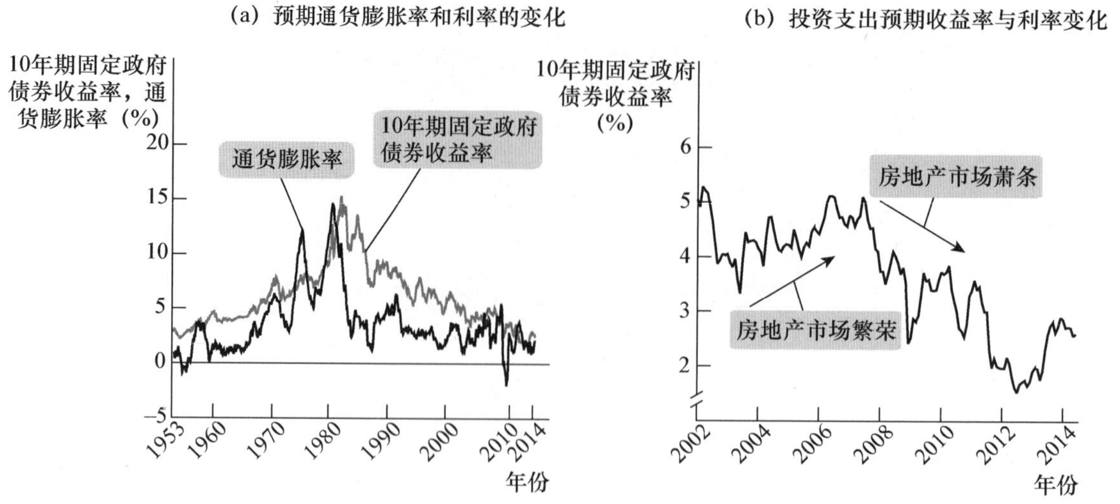

图 25－8　美国利率的变化

资料来源：Federal Reserve Bank of St. Louis.

及时复习

- 储蓄-投资支出恒等式陈述的是核算事实，即从整体经济角度看，储蓄等于投资支出。
- 正的政府预算余额是储蓄的来源之一，被称为预算盈余。政府的预算赤字会产生负储蓄。
- 储蓄等于国民储蓄加上净资本流入，后者可以为正值也可以为负值。
- 当成本和收益在不同时间形成时，我们必须考虑时间的影响。可以通过将在未来实现的货币额转化为现值进行。
- 可贷资金市场使储蓄人和借款人进行匹配。在均衡实现时，只有当预期收益率大于或等于资金均衡利率水平时，投资支出才可进行。
- 因为政府与私人部门借款人在可贷资金市场中形成竞争，预算赤字会挤出私人投资。然而，在经济衰退时期，挤出不会发生。
- 预期通货膨胀率提高通过费雪效应可导致名义利率水平提高，但是实际利率水平保持不变。

小测验 25－1

1. 使用可贷资金市场图形解释下述事件对均衡利率水平和投资支出会产生什么影响？

a. 当一个经济体开放国际资本流动时，净资本流入现象发生。

b. 退休人员在任何利率水平上的储蓄量均低于在职人员。退休人员占总人口的比重上升。

2. 请解释以下表述有什么错误：“整个经济中的储蓄和投资不一定相等，因为在利率上升时家户部门的储蓄将会超过企业的投资。”

3. 假设预期通货膨胀率从 3%上升到 6%。

a. 实际利率水平怎样受到这种变化的影响？

b. 名义利率水平怎样受到这种变化的影响？

c. 可贷资金均衡数量会怎样变化？

25.2　金融体系

一个功能良好的金融体系把投资者的资金和精彩的点子集合到一起，使得脸书成为可能。但是如果你认为这是一个独一无二的现代现象，那你就错了。在 18 世纪，金融市场曾经为开发印度的殖民地市场、修建欧洲的运河甚至为拿破仑战争筹集过资金。资本流入为美国早期经济发展提供了资金，投资范围涉及采矿、修建铁路、开凿运河。实际上，金融市场和金融资产的许多重要特征早在18世纪的欧洲和美国就已经广为人知了。这些特征在今天仍然非常重要。接下来，我们先来了解一下金融市场所交易的产品。

金融市场是家户投入当期储蓄和累积储蓄购买金融资产的投资场所，累积储蓄也被称为**财富**（wealth）。**金融资产**（financial asset）是买方从卖方获得未来收入的一项书面要求权。例如，如果储蓄者把资金借给一家企业，这笔贷款就是企业出售的一项金融资产，它赋予买方对企业未来收入的要求权。家户也可以把当期储蓄或财富投资于**实物资产**（physical asset），从而拥有对一项有形物体的要求权，比如一幢现存的房屋或者一种现存的机器设备。这将赋予所有者按照他或者她的意愿处置这项物体的权利（比如出租或者出售）。

> 一个家户的**财富**就是指它的累积储蓄的价值。
>
> **金融资产**是买方从卖方获得未来收入的一项书面的要求权。
>
> **实物资产**是对一项有形物体的要求权，它赋予所有者按照他或者她的意愿处置这项物体的权利。

前面已经定义过，购买一项金融资产或者实物资产通常被称为进行投资。因此，如果你购买一种现存的机器设备，比如说一架二手飞机，你就是在进行实物资产投资。但是，如果你的支出能够增加经济中的实物资本存量，比如说购买一架新制造的飞机，你的行为就属于投资支出。（参考前面“疑难解答”中投资与投资支出的区别。）

如果你去当地的银行贷款，比如说用来买一辆新车，你和这家银行就是在创造一项金融资产——你的贷款。贷款是现实生活中非常重要的一种金融资产，它由贷款人所有，在这个例子中就是当地的这家银行。在创造这笔贷款的同时，你和这家银行也创造了一项**负债**（liability），即一项在未来偿还收入的要求。

因此，尽管你的贷款从银行角度看是一项金融资产，但从你的角度看则是一项负债：对你偿还贷款本金和利息的一项要求。除了贷款之外，还有三种重要的金融资产：股票、债券和银行存款。由于一项金融资产是某人对他人未来收入的要求权，因此它必定是其他某个人的一项负债。我们接下来将深入探讨对于每一种金融资产究竟谁将承担相应的负债。

> **负债**是指一项在未来偿还收入的要求。

这四种类型的金融资产（贷款、债券、股票和银行存款）之所以存在，是因为经济中出现了一系列专门的市场，比如股票市场和债券市场，以及一系列专门的机构，比如银行，从而能够促进借贷双方的资金流动。在第22章中，我们利用循环流向图对构成金融体系的金融市场和机构进行了说明。

一个功能良好的金融体系是促进经济长期增长的重要因素，因为它能够动员更多的储蓄和投资，也能够保证储蓄和投资的使用效率。为了搞清楚这一点，我们首先必须掌握金融体系的主要任务。然后我们再来分析这些任务的执行状况。

□ 25.2.1 金融体系的三大任务

我们在上文中所分析的可贷资金市场忽略了借款人和贷款人面临的三个重要问题：交易成本、风险以及对流动性的要求。金融体系的三大任务就是以一种成本有效的方式来缓解这些问题。这能够提高金融体系的效率：它能够促进借贷双方的互利交易——这种交易能够增进社会福利。接下来我们分析金融资产如何设计以及如何建立金融机构来解决这些问题。

任务1：降低交易成本 **交易成本**（transaction cost）是与一项交易撮合和执行相关的真实花费。例如，安排一笔贷款需要花费时间和金钱来议定交易条款，核实借款人的还款能力，草拟和执行贷款合同，等等。假设一家大企业决定筹集1亿美元资金用于投资支出。没有任何个人愿意借出这么多钱。如果与成千上万不同的个人单独商议贷款，即使每个人都愿意出借一小笔资金，贷款的总成本也将会非常巨大，因为每一笔交易都会发生一定的成本。全部交易的总成本可能会高到使这家企业无利可图的地步。

> **交易成本**是议定和执行一项交易所需要花费的代价。

幸运的是，企业不一定要这么做：大企业在需要借入资金的时候，可以找银行贷款或者在债券市场出售债券。从银行贷款能够避免巨额的交易成本，因为交易只涉及唯一的借款人和唯一的贷款人。我们将在下一部分更为深入地探讨有关债券的问题。在这里我们只需要知道，债券市场存在的主要原因是它能够使企业在借入大笔资金的同时避免巨额交易成本。

任务2：降低风险 真实世界中借贷双方面临的第二个问题是**金融风险**（financial risk），即未来发生损失或收益的结果的不确定性。金融风险（简称“风险”）之所以成为问题是因为未来的不确定性，存在发生潜在损失或者收益的可能。例如，拥有和驾驶汽车存在发生重大损失事故的金融风险。绝大多数人以一种不对称的方式看待潜在的损失和收益：通常认为，一定量资金损失所造成的个人福利损失要比同等数量资金收益所带来的福利更大。

> **金融风险**是未来发生损失或收益的结果的不确定性。

对同等数量资金，人们对潜在损失比对收益更敏感的这种不对称行为被称为风险规避。绝大多数人都是风险规避者，尽管程度有所不同。例如，富有的人通常会比不那么富有的人表现出更低的风险规避倾向。

一个功能良好的金融体系有助于人们减少风险暴露，这符合风险规避者的利益。假设一个企业的所有者如果购买更多的额外资本设备可能获得巨额利润，但是她又不能完全肯定这种预期的情况会出现。她可以通过自己的储蓄或者出售自己的住房来为这笔投资筹集资金。但是，如果利润显著低于预期水平，她将会损失储蓄或者住房，或者两者都不复存在。也就是说，由于企业经营状况的好坏并不确定，她将暴露在高风险之下。（这就是为什么企业所有者通常要比普通人具有更高的风险容忍度，因为他们相当一部分个人财富通常都跟自己的企业紧密相关。）

因此，作为一个风险规避者，这个企业所有者希望跟其他人分担购买新的资本设备的风险，即便对方要求在经营状况良好的情况下分享一部分利润。她如何才能做到这一点呢？她可以向其他人出售企业的股份，利用出售股份筹集的资金，而不是出售其他资产得来的资金，来购买新设备。通过出售企业的股份，在利润低于预期水平时她可以减少自己的损失：她不会再失去其他资产。但是如果经营状况良好，作为投资收益，股东将会获得一部分利润。

通过出售企业股份，所有者能够实现多样化：她可以进行多种渠道的投资从而降低自己承担的总风险。她可以把自己的投资保留在银行账户上，这是一项金融资产；她可以拥有房屋所有权，这是一项实物资产；同时拥有未出售的那部分企业所有权，这也是一项金融资产。这些投资各自都具有一定的风险。例如，银行可能会破产，住房可能会发生火灾（尽管在现代的美国人们可以通过保险规避一部分风险）。

但是即便没有保险，她的处境也会因为投资上述不同类型的资产而得到改善，因为这些资产的风险是无关的，或者说是独立的事件。例如，在企业经营不景气的时候她的住房不一定会发生火灾，在她的住房发生火灾的时候银行不一定会破产。

换句话说，即使一种资产表现得不如意，其他资产不一定会受影响，因此，她遭受损失的总风险将会下降。相反，如果她把所有的财富都投资到企业里，如果企业经营不景气的话，她可能会失去所有的一切。通过**多样化**（diversification）投资——对具有无关的或者说独立的风险的多种资产进行投资——企业所有者能够降低遭受损失的总风险。

> 个人可以通过投资于多种风险互相独立的不同资产来实现**多样化**。

个人通过多样化投资降低总风险的意愿正是股票和股票市场存在的原因。在下一部分，我们将更为详细地讨论金融资产的类型，我们将详细解释股票市场是如何帮助个人管理和降低风险的。

任务3：提供流动性 金融体系的存在也为投资者提供流动性带来便利，这个问题——跟风险类似——之所以会出现是因为未来的不确定性。假设一个贷款人在发放了一笔贷款之后突然发现自己需要一笔现金，比如说碰巧发生了紧急医疗事件。遗憾的是，如果那笔贷款是放给一家企业用于购买新设备，企业在得到通知之后难以在短时间之内归还贷款，贷款人的资金需要将难以得到满足。如果事先知道会出现这种情况——在贷款到期之前会发生危险从而需要提前收回资金——贷款人可能就会犹豫是否应该把资金借给这家企业以至在贷款到期前不得动用。

> 如果一项资产能够快速变现并且损失不大，就称这项资产是**流动的**。
> 如果一项资产不能在价值不遭受大的损失的情况下快速变现，就称这项资产是**非流动的**。

如果一项资产能够快速变现并且损失不大，就称这项资产是**流动的**（liquid），否则就称这项资产是**非流动的**（illiquid）。我们随后将会看到，股票和债券具有部分流动性。银行能够进一步帮助个人持有流动性资产并为非流动性投资提供资金。

为了帮助借贷双方达成互利交易，经济中需要降低交易风险的渠道，需要通过多样化降低和管理风险，需要提供流动性。那么如何才能完成这些任务呢？

□ 25.2.2 资产的种类

在现代经济中，有四种主要的金融资产：贷款、债券、股票和银行存款。此外，金融创新也催生了形式多样的贷款支持证券。每种资产都能用于满足不同的目标。我们在此处分析贷款、债券、贷款支持证券和股票，银行存款留待下一部分讨论。

贷款 **贷款**（loan）是特定的贷款人和借款人之间的借贷协议。大多数人碰到的贷款都是用于购买汽车或者住房的银行贷款。小企业也经常用银行贷款购买新设备。

> **贷款**是特定的贷款人和借款人之间的借贷协议。

贷款比较好的一面在于，一笔特定的贷款往往能够较好地满足借款人的需要。一家小企业在获得贷款之前往往需要跟贷款人讨论企业计划、利润状况等问题，因此贷款通常都能够满足借款人的需要，也不会超出其偿还能力。

贷款不好的一面在于，向个人或者企业发放贷款往往需要花费大量的交易成本，比如议定贷款条件、调查借款人信用记录和偿还能力等的成本。为了降低此类成本，像大型企业和政府之类的大额借款人往往采用更为直接的方法：它们直接出售（或者发行）债券。

债券 正如我们在第22章中已经学到过的，债券是借款人发行的借条。通常，发行者向债券所有者提出每年支付利息并在特定日期偿还本金（债券面值）的支付承诺。因此，从所有者的角度看，债券是一种金融资产，而从发行者的角度看则是一种负债。债券发行者以一定的利率和到期日出售一定量的债券给那些愿意购买的投资者，这个过程能够避免与大量单个贷款人就贷款条件进行谈判的巨额成本。

债券购买者能够从债权评级机构免费获得有关债券发行者素质的信息，比如说债券发行者的信用记录，而不必承担亲自调查这些信息的成本。投资者特别关注的是**违约**（default）的可能性，也就是债券发行人未能按照债券合约的具体约定偿还债券的风险。一旦债券违约风险已经获得评级，它们或多或少能够作为一种标准产品在债券市场上出售——产品的条款和质量定义都非常明确。一般情况下，违约风险高的债券必须支付较高的利率才能吸引投资者。

> **违约**是指借款人不能够按照债券或贷款合约的要求进行支付。

债券的另一个重要优点是易于转售。这就能为债券购买者提供流动性。实际上，一份债券在最终到期之前通常都会转好多道手。相反，贷款的转售则困难得多，因为与债券不同的是，贷款不是标准化产品：它们在规模、质量、条款等方面都可能存在差异。由此导致它们的流动性远远低于债券。

贷款支持证券 通过汇集个人贷款并基于此来发行证券（称为证券化过程）形成的资产被称为**贷款支持证券**（loan-backed security）。这种类型的资产在过去20年变得非常受欢迎。住房抵押贷款支持证券——其中数千个家庭的住房支持贷款被汇集并且以证券形式出售给投资者——是最著名的例子，证券化也已被广泛应用于学生贷款、信用卡贷款和汽车贷款。

> **贷款支持证券**是指汇集个人贷款并基于此来发行证券。

这些贷款支持证券像债券一样在金融市场上交易；它们成为投资者的首选，因为它们比个人贷款更多样化也更具流动性。然而，由于这么多贷款打包在一起，可能很难评估这些资产的真实质量。这种困难在2008年金融危机期间困扰着投资者，当房地产泡沫破灭导致住房抵押贷款普遍被违约时，被认为安全的住房抵押贷款支持证券持有人遭受巨大损失，这种痛苦蔓延到整个金融体系。

股票 正如我们在第22章中已经学到过的，股票代表的是对企业的一部分所有权。从所有者的角度看，股票是一种金融资产，而从企业的角度看则是一种负债。并非所有的企业都会发行股票；“私人持股”企业由个人或者少数几个合伙人所有，他们将享有企业的全部利润。但是，绝大多数大型企业都会发行股票。例如，微软在外流通的股票份额将近80亿股；如果你购买其中的一股，你就享有对公司利润的80亿分之一的要求权，以及对公司决策80亿分之一的投票权。

微软在历史上一直是一家盈利颇丰的公司，为什么它会允许你购买它的一部分所有权呢？为什么微软的两个创始人比尔·盖茨和保罗·艾伦不把所有权掌握在自己手中，并通过出售债券来筹集投资资金？正如上文已经讨论过的，原因在于风险：很少有个人的风险容忍度足以承担作为一个大型企业的单一所有者所面临的风险。

但是，降低企业所有者所面临的风险并不是股票能改善社会福利的唯一途径：它同时能够改善购买股票的投资者的福利状况。跟债券相比，股票所有者还能够享有股票可能带来的高额收益。在过去的一个世纪中，股票的年收益率经通货膨胀调整后约为7%；债券的年收益率大概只有2%。但是正如投资公司所提醒你的那样："过去的业绩并不能作为未来业绩的保证。"

故事的另一面是：拥有一家特定企业股票的风险要高于持有同一家企业所发行的债券。为什么？简单来讲，债券是一项承诺，而股票只是一种希望：按照法律规定，企业在向股东分配利润之前必须先向贷款人偿还债务。如果一家企业经营失败（也就是说，如果它无力支付债务利息并宣布破产），那么它的实物资本和金融资本均归于债券持有者——企业的贷款人，而股东则有可能一无所有。因此，尽管股票给投资者带来的收益通常都要高于债券，但是它所承担的风险更大。

但是金融体系中的某些安排能够帮助投资者和企业所有者在管理风险的同时享有略高一点儿的收益。这可以通过那些被称为金融中介的机构来实现。

□ 25.2.3 金融中介

金融中介（financial intermediary）是一种把来自大量个人的资金转化为金融资产的机构。最重要的金融中介包括共同基金、养老基金、人寿保险公司和银行。美国人所拥有的金融资产中大约有四分之三是通过这些中介机构间接持有的。

金融中介是一种把来自大量个人的资金转化为金融资产的机构。
共同基金是先创建股票组合再把股票组合的份额转售给个人投资者的金融中介。

共同基金 正如我们在上文中所解释的，持有具有风险的企业股份能够获得较高的潜在收益。但是毫无疑问，股票投资者可以通过多样化投资降低整体风险。投资者通过持有股票的多样化组合——风险不相关或者相互抵消的一组股票——而不是集中投资单一公司或者一组相关企业的股票，可以降低投资风险。

此外，考虑到绝大部分人都是风险规避者，财务顾问几乎总是会建议客户进行多样化投资，不但建议股票组合多样化，还建议在全部财富中除了股票之外，还应该包含债券、房地产、现金等其他资产。（此外，作为一种不错的选择，建议购买大量保险以防止发生意外损失!）

然而，对于没有大笔资金可以投资的个人，比如说100万美元或者更多，创建一个多样化的股票组合会带来高昂的交易成本（尤其是支付给股票经纪人的费用），因为他们需要购买很多公司的少许股票。幸运的是，对这些投资者而言，共同基金能够解决多样化投资的问题并且不需要花费高昂的交易成本。

共同基金（mutual fund）是这样一种金融中介，它通过购买并持有大量企业的股票来创建股票组合，然后再把股票组合的份额转售给个人投资者。通过购买股票组合的份额，投资资金数额较少的投资者也能间接持有一个多样化的投资组合，从而在任何给定的风险水平上都能够获得比原先更高的投资收益。表25-1所列出的富达斯巴达人500指数基金就是一个多样化投资的共同基金的例子。此表列出了投资者对该共同基金投资组合中最大规模公司股票的投资比例。

表25-1　　富达斯巴达人500指数基金持有量最大的股票（截至2014年11月）

公司	所持有股份占共同基金资产的百分比（%）
苹果	3.4
埃克森-美孚	2.3
微软	1.8
标普500指数期货	1.7
强生	1.6
通用电气	1.4
伯克希尔·哈撒韦公司	1.3
富国银行	1.3
雪佛龙	1.3
摩根大通	1.2

资料来源：Fidelity Investments.

许多共同基金也会对它们所投资的企业进行市场研究。这一点很重要，因为发行股票的美国公司数以千计（更不用说外国公司），每只股票在获利可能性、红利发放等方面均存在差异。对个人投资者而言，即使是对一小部分公司进行深入研究都是非常费时间且成本高昂的事情。共同基金为客户做此类研究可以节约交易成本。

共同基金这个行业不仅是美国金融体系的重要组成部分，也是现代美国经济的一个重要组成部分。2013年年底，美国共同基金持有的总资产达到15万亿美元。2013年规模最大的共同基金是富达基金，2014年9月公司管理的资产达到5.5万亿美元。

需要指出的是，共同基金会收取一定的服务费用。这些费用相对于共同基金而言非常小，共同基金持有多样化的证券组合而不是从中选择赢家。但是，当声称有专业人员来对你的资金进行投资时，共同基金收取的费用就相当高了。

养老基金和人寿保险公司　除了共同基金之外，许多美国人还持有**养老基金**（pension fund），这是一种非营利性机构，它们把基金成员的储蓄集合起来投资于各种不同的资产，并在这些成员退休后向他们提供收入。尽管养老基金受到一些特殊规定的约束，并且能够得到特殊的税收优惠，但是它们的功能与共同基金非常类似。养老基金投资于各种不同的金融资产，使它们的成员能够以低廉的成本实现多样化投资并获得比个人投资时更多的市场研究。到2013年年底，美国养老基金持有的资产超过16万亿美元。

> **养老基金**是一种为了向成员提供退休收入而持有资产的共同基金。
> **人寿保险公司**出售的保险计划保证在持有人死亡时向计划受益人支付一笔资金。

美国人还大量持有**人寿保险公司**（life insurance company）的保险计划，这些保险计划保证在持有人死亡时向计划受益人（通常是其家庭）支付一笔资金。人寿保险公司的保险计划能够使计划受益人摆脱因持有人死亡而引起的财务困境，因此能够通过降低此类风险提高社会福利。

▶ 国际比较

债券与银行

假设一个企业想借入资金来投资。事实上，有两种方法可以做到：它可以向投资者出售债券，也可以从银行获得贷款。每一种策略都有各自的优缺点。

一方面，发行债券往往比从银行借款便宜，因为它没有中间人。此外，银行经常设置贷款条件，限制借款人选择业务的自由。另一方面，银行贷款比发行债券风险小。如果一个借款人陷入困境，其银行通常会支持，如果拟订一个好的计划来解决其问题，银行会对偿还展期。相比而言，债券持有人相对缺乏灵活性，如果未能及时付息可能造成公司付出深层次的成本。因此，发行债券意味着承担了更大的灵活性风险。而银行贷款的灵活性风险成本较低。

这是一个艰难的选择，有趣的是，美国的公司和它们的欧盟同行一般会做出不同的选择。下图所示是美国公司和欧盟公司债券的未偿还价值都以占GDP的比重来度量。我们可以看出，美国公司发行的债券比欧

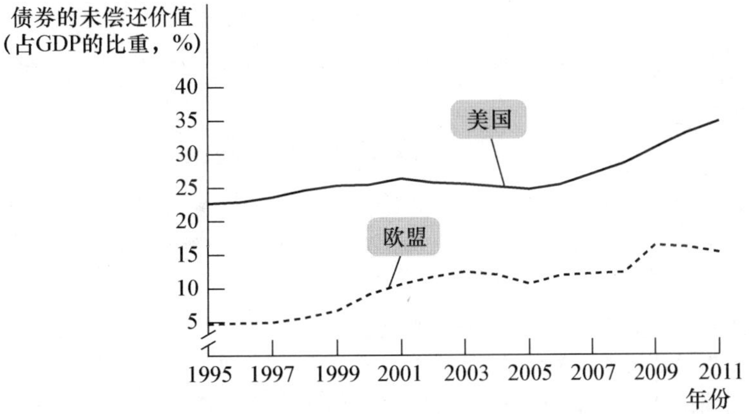

盟公司发行的债券要多得多。与此相对应的是，欧盟公司更多地依赖于银行借贷。

为什么会不同呢？一般来说，美国公司更倾向于冒险。此外，欧盟家庭比美国家庭更倾向于在银行账户中留下大笔资金。因此，欧盟的银行比它们的美国同行有更多的贷款资金。

然而，如果你看看这个数字，你会注意到其他东西：与过去相比，欧盟公司正变得更多地依赖债券。在金融危机之后，陷入困境的欧盟银行已经开始撤回贷款，这迫使欧盟公司发行债券以填补融资缺口。正如数据所示，欧盟的金融体系正变得越来越像美国。

资料来源：Bijlsma，Michiel J.，and Gijsbert T. J. Zwart，"The Changing Landscape of Financial Markets in Europe，the United States and Japan，" No. 2013/02，Bruegel Working Paper，2013；Bank for International Settlements.

银行　回忆一下有关流动性的问题：假设其他条件相同，人们愿意持有容易变现的资产。债券和股票比实物资本和贷款具有更大的流动性，但是通过出售债券和股票来应对意外支出的交易成本也可能会比较高。此外，对许多中小企业而言，相对于它们计划筹集的小笔资金，发行债券和股票的成本太高。银行是一种有助于解决贷款人的流动性要求和不愿意利用股票或债券市场的借款人的融资要求之间矛盾的金融机构。

银行首先接受存款人的资金：当你把资金存入银行的时候，你实际上已经变成了贷款人，你把钱借给银行。这时你就有了一笔**银行存款**（bank deposit）——对银行的一项要求权，银行有义务在你需要的时候向你支付现金。因此，银行存款对存款人而言是一项金融资产，而对发生存款的银行而言则是一项负债。

但是，银行只会以现金形式保留客户的一小部分存款。绝大部分存款都贷给了企业、新房购买者和其他借款人。这些贷款附带有银行对借款人的长期承诺：只要借款人按时进行支付，银行不能随意要求变现或者收回贷款。因此，银行使那些想要长期借用资金的人能够使用那些愿意借出但同时要求在他们需要时能够迅速变现的人的资金。

> **银行存款**是对银行的一项要求权，它责成银行在存款人需要时向他或者她支付现金。
> **银行**是以存款形式向贷款人提供流动性金融资产并用贷款人的资金为借款人的非流动性投资提供融资的金融中介。

更确切地说，**银行**（bank）是以存款形式向贷款人提供流动性金融资产并用贷款人的资金为借款人的非流动性投资提供融资的金融中介。其实，银行所从事的业务好比是在处理资金错配：银行在发放长期贷款的同时也面临着存款人可以随时提取资金的约束条件。如何对此进行有效管理呢？

银行依靠的是这样一个事实，就是在一般情况下，只有很少一部分存款人会同时要求提取现金。在任何一天当中，都会有人来提现，也会有人来办理新的存款；它们基本可以相互抵消。因此，银行只要在手头保留一点儿有限数量的现金就可以满足存款人的需要。此外，如果银行在向存款人兑付时面临财务困难，联邦政府的一个下属机构——联邦存款保险公司（FDIC）——可以向在银行存款的存款人提供高达 250 000 美元的担保。这将有效降低存款人持有银行存款的风险，从而能够缓解存款人因担心银行发生财务危机而要求提现的冲动。因此，在通常情况下，银行只需要保留一小部分存款人的现金。

通过协调储蓄者对流动性资产的需要和借款人对长期融资的需要之间的矛盾，银行发挥了重要的经济功能。正如下述"真实世界中的经济学"专栏所描述的，一个功能良好的银行系统是韩国经济走向成功的关键因素。

▶ **真实世界中的经济学**

银行与韩国经济奇迹

韩国现在是非常富裕的国家，也是经济增长获得巨大成功的典型案例之一。在 20 世纪 60 年代早期，韩国还是一个非常贫困的国家。从那个时候开始，韩国的经济增长率迅速提高。对此，韩国的银行业居功至伟。

在 20 世纪 60 年代早期，韩国的银行系统简直是一团糟。当时韩国正面临高通货膨胀，而存款利率却非常低。因此，由于担心价格上涨会侵蚀资金购买力，储蓄者不愿意把钱存入银行。相反，他们都把钱用于购买产品和服务，进行现期消费，或者把自己的财富用于购买房地产和黄金之类的实物资产。由于储蓄者不愿意持有银行存款，因此企业也很难通过银行贷款筹集投资资金。

1965年，韩国政府对银行业进行了改革，把利率提高到了足以吸引储蓄者的水平。在接下来的5年内，银行存款额翻了7倍，国民储蓄率——国民储蓄占GDP的百分比——翻了2倍多。银行系统恢复生机使得韩国企业能够进行大规模的投资支出扩张，这是韩国经济增长率迅速提高的关键因素。

韩国的成功除了银行的原因之外还有许多其他因素在起作用，但是韩国的经验确实能够说明一个良好的金融体系对经济增长的重要作用。

及时复习

- 家户可以把当期储蓄或财富投资于金融资产或实物资产。金融资产从卖方的角度看是一种负债。
- 一个功能良好的金融体系能够降低交易成本，能够通过多样化投资降低金融风险，并且能够向投资者提供流动性资产，与非流动性资产相比投资者更偏好于前者。
- 四种主要的金融资产包括贷款、债券、股票和银行存款。最近的一种金融创新是贷款支持证券，流动性和多样性方面都好于贷款。具有较大违约风险的债券通常具有较高的利率。
- 最主要的金融中介包括共同基金、养老基金、人寿保险公司和银行。
- 银行接受存款，并把这些资金作为长期贷款发放给借款人，但是在存款人需要时银行必须支付现金。

小测验25-2

1. 按照以下条件对下列资产进行排序：(i) 交易成本高低，(ii) 风险大小，(iii) 流动性高低。

a. 保证利率的银行存款。

b. 高度多样化并且能够迅速出售的共同基金份额。

c. 家族企业的股份，只有在你找到一个买主并且所有其他家户成员都同意的情况下才能出售。

2. 你认为在一个国家金融体系的发达程度和该国的经济发展程度之间存在什么样的关系？试用一国的储蓄和投资支出水平加以解释。

25.3 金融市场的波动

我们已经知道，金融体系是整个经济的重要组成部分；没有股票市场、债券市场和银行，长期经济增长将难以实现。但是，有关金融体系的消息并不都是好消息：金融体系的功能有时候会出现问题，在短期它有可能成为一个不稳定因素。

事实上，美国从2007年开始的房价的大幅下降就成为政策制定者的大难题。到了2008年秋天，很明显美国经济因为房价大幅下降正面临严重的衰退。2014年当本章写作时，美国经济仍然没有从2007—2009年的严重衰退中完全复苏。我们很容易就资产市场的波动写出一本书来。实际上，很多人都写过这方面的书。在这里，我们只打算简单讨论一下股票价格波动的原因。

□ 25.3.1 对股票的需求

企业向投资者发行股票之后，这些股票可以在股票市场上向其他投资者转售。现在，由于有了有线电视和互联网，你可以方便地整日观察股票市场的波动，如单个股票的价格或者股票指数（如道琼斯股价指数）的上下变动。这种波动反映了投资者对股票的供给和需求的变化。但是引起股票的供给和需求变化的原因是什么呢？

请记住，股票是一种金融资产，它们代表的是企业所有权份额。产品和服务的价值源于所有者对它们的消费，不同的是，资产的价值源于它能带来更高水平的未来消费的能力。

金融资产可以通过两种途径带来更高水平的未来消费。第一，它可以通过支付利息或红利产生未来收益。但是许多公司不支付红利，而是把收益留存下来用作未来投资支出。投资者之所以会购买不分红的股票，是因为他们相信未来能够通过出售股票盈利，这是未来产生更高收益的第二个途径。即使是对债券或者分红股票，投资者也不愿意购买在他们看来未来售价会下降的资产，因为这样的资产会减少他们未来的财富。

因此，金融资产今天的价值依赖于投资者对资产的未来价值或价格的信念。也就是说，如果投资者相信一项资产未来会变得更加值钱，那么他们今天对这项资产的需求在任何价格水平上都会有所增加。结果，这项资产今天的均衡价格就会上升。相反，如果投资者相信一项资产在未来会变得不值钱，那么他们今天的需求在任何价格水平上都会减少。结果，这项资产今天的均衡价格就会下降。总之，今天的股票价格会随着投资者对未来股票价格预期的变化而变化。

假设某个事件发生后，预期某公司股票未来价格将上升，比如苹果公司宣布，由于最新版 iPhone 销售量激增，公司盈利高于预期。对苹果公司股票的需求将会随之增加。与此同时，在任一价格水平上，现有股东都更不愿意出售他们持有的股票，这导致苹果公司股票的供给减少。我们已经知道，需求增加或者供给减少（或者两者同时作用）会导致价格上升。

反过来，假设某个事件发生后，预期某公司股票未来价格将下降，比如家得宝公司宣布，由于房屋销售量下降，家庭装修需求减少，公司的预期利润会下降。对家得宝股票的需求将会随之下降。与此同时，由于现有股东都更愿意出售他们手中的股份，股票的供给将会增加。这两个变化的结果会导致股票价格下跌。

因此，股票价格取决于供求状况——而这又进一步取决于投资者对未来股票价格的预期。

股票价格也会受替代资产吸引力变化的影响，比如债券。我们知道，当替代产品的吸引力增加时，比如由于替代产品的价格下降，对特定产品的需求将会减少。对股票而言同样如此：如果利率上升，购买债券的吸引力会增加，股票价格将会下降。如果利率下降，购买债券的吸引力将会降低，股票价格将会上升。

▶ 追根究底

道琼斯指数现在怎么样?

金融类新闻报道往往以每天的股票市场状况为头条，讨论道琼斯工业平均指数、标准普尔 500 指数和纳斯达克指数的变化。这些数字究竟代表什么？它们能向我们传递什么信息？

这三个都是股票市场指数。与消费者价格指数一样，这些指数也是用来描述平均价格变化状况的——这里描述的是股票的价格。由金融信息公司道琼斯（《华尔街日报》的所有者）编制的道琼斯工业平均指数是 30 家顶级企业的股票价格指数，其中包括微软、沃尔玛和通用电气。标准普尔 500 指数是另一家金融企业标准普尔编制的 500 家企业的股票指数。纳斯达克指数是由全国证券交易商协会（National Association of Securities Dealers）编制的，那是小型新型企业股票的交易场所，如天狼星 XM 卫星广播公司和戴尔电脑制造商就是在那里挂牌交易。

由于这些指数包含不同类型的股票，因此它们的走势会略有不同。道琼斯工业平均指数由 30 家最大的企业构成，因此它在很大程度上反映的是“旧经济”即传统企业的状况。纳斯达克指数主要反映高技术企业的股票走势。标准普尔 500 指数的范围比较广泛，它介于以上两者之间。

这些指数为什么重要？因为指数的变化能够使投资者快速、便捷地了解某些经济部门的股票走势。我们很快就会讲到，任何一个时点的股票价格均包含投资者对该公司未来前景的预期信息。从这个意义上看，由某个特定部门企业的股票构成的指数包含投资者对该经济部门未来前景的预期信息。因此，如果某一天纳斯达克指数上升，道琼斯工业平均指数下降，这意味着当天高技术部门的前景要比旧经济部门更好。指数的变化说明投资者根据他们的信念卖出了道琼斯工业平均指数包含的股票，并买入了纳斯达克指数包含的股票。

□ 25.3.2 其他资产的需求

我们刚才对股票的分析也适用于其他资产，包括实物资产。想一想商业性房地产办公楼、购物中心和其他为商务活动提供空间结构的需求。投资者够买办公楼有两个原因。第一，因为建筑物中的空间可以出租，建筑物业主可以以租金形式获得收入。第二，投资者希望建筑物价值上升，这意味着它可以以一个更高的价格在未来某一天出售。

与股票情形类似，商业性房地产的需求也取决于替代资产，特别是债券的吸引力。当利率上升时，商业性房地产的需求下降；当利率下降时，商业性房地产的需求增加。

大多数美国人并没有自己的商业性房地产。只有一半的人口持有股票，甚至通过共同基金间接持有，对大多数人来说，股票的所有权还不到 50 000 美元。然而，2013 年年底，约有 65%的美国家庭拥有另一种资产：他们自己的住房。住房价格由什么决定呢？

你可能怀疑住房价格是否可以用分析股票价格或商业性房地产价格相同的方式来分析。毕竟，股票支付红利，商业性房地产产生租金，但当一个家庭住在自己的住房里时并没有钱转手。

然而，在经济方面，这并不重要。在很大程度上，拥有自己住房的好处是，你不必向别人支付租金，或换种说法，它就像你支付租金给自己。事实上，美国政府在估计国内生产总值时会包括"隐性租金"——估计房主实际上支付给自己的金额。人们愿意为一所房子支付的金额取决于他们期望从那所房子里得到的隐性租金。

对住房的需求，像对其他资产的需求一样，也取决于人们对未来价格的预期：如果他们相信可以在未来某个时候以更高的价格出售，他们愿意为一所房子付出更多的钱。最后，同样重要的是，对住房的需求取决于利率：利率上升，增加了抵押贷款的成本，并导致住房需求减少；利率下降，降低了抵押贷款的成本，并导致住房需求增加。

因此，所有的资产价格都是由一组类似的因素来决定的。但是到此为止，我们仍然没有完整地回答股票价格如何决定的问题，因为我们还没有解释决定投资者对未来资产价格预期的因素。

□ 25.3.3 资产价格的预期

关于资产价格的预期如何被决定的问题，有两种互相竞争的观点。一种观点来自传统的经济分析方法，强调预期应该发生变化的理性原因。另一种观点主要是市场参与者持有的，并得到了部分经济学家支持的观点，强调市场参与者的非理性。

有效市场假说 假设你试图对家得宝股票的实际价值做出估值。为了做到这一点，你需要分析该公司的基本面，即该公司未来利润的基本决定因素。其中可能包括美国公众购买习惯变化以及对住房重新修缮等因素。你可能还会把你对家得宝股票的预期收益跟其他金融资产的预期收益进行对比，比如说债券。

对资产定价的一种观点认为，你经过仔细研究得到的价值实际上恰好就是家得宝股票在市场上的销售价格。为什么？因为关于家得宝基本面的所有公开信息都已经包含在家得宝股票的价格当中。市场价格与基本面分析得到的价值之间的任何差异对精明的投资者而言都意味着出现获利机会，如果家得宝股票定价过高，他们将抛售股票，如果定价过低，他们将买入股票。

有效市场假说（efficient markets hypothesis）是上述观点的一般形式，它意味着资产价格总是能够反映所有的公开信息。有效市场假说的一种含义是，在任何一个时点上，股票价格的估值都是合理的：它们反映了所有关于基本面的已有信息。因此它们既不会定价过高，也不会定价过低。

有效市场假说意味着股票和其他资产的价格只有在对有关基本面因素的新信息做出反应时才会发生变化。既然根据定义，新信息是不可预测的——如果可以预测的话，那就不是新信息了——资产价格的变化也是不可预测的。结果，股票价格的变动将服从**随机游走**（random walk）过程——这个术语泛指一个不可预测的变量随时间的变动状况。

有效市场假说对于理解金融市场的运行具有重要意义。但是，绝大多数投资专家以及许多经济学家都认为它过于简单。他们提出，投资者不是那么理性的。

非理性市场？ 许多市场参与者，比如个人投资者和专业的资金管理者，都对有效市场假说持怀疑态度。他们认为市场行为通常都是非理性的，因此精明的投资者能够成功地选择"市场时机"——在股票定价过低时买入，在定价过高时卖出。

> **有效市场假说**认为资产价格能够反映所有的公开信息。
>
> **随机游走**指的是一个不可预测的变量随时间的变动状况。

尽管经济学家通常都对那些声称一定能够胜过市场表现的投资策略持怀疑态度，但是许多研究已经对有效市场假说形成挑战。但是值得注意的是，找到市场出现差错的特例并不能证明有效市场假说错误。如果由于人们的购买习惯突然变化导致家得宝股票的价格从 40 美元跌至 10 美元，这并不意味着原先 40 美元的股票价格是市场无效率的结果。购买模式将会发生变化的事实在那时还不是公开信息，因此它没有在原先的股票价格中得到反映。

对有效市场假说能够形成严重挑战的证据在于，市场价格可能会出现系统性的错误，同时个人投资者的行为也不符合理论的推断。例如，一些经济学家相信他们已经发现了足够的证据，表明股票价格的波动幅度要超过有关基本面的信息所能解释的程度。

另外一些经济学家相信他们有足够的证据认定个人投资者系统的非理性行为。例如，人们可能会认为过去价格上涨的股票将会继续上涨，尽管有效市场假说告诉我们没有理由做出这种预期。其他资产尤其是住房同样如此，在之后的专栏“真实世界中的经济学”中介绍的巨大房地产泡沫，在很大程度上是因为购房者认为未来房价会继续上涨所促成的。

▶ 追根究底

行为金融

个人往往做出非理性的（有时是可预见的）选择，这使得他们在经济上比选择其他可行的替代选择更糟。人们也有重复犯同样决策错误的习惯。这种行为是行为经济学研究的主题，它包括迅速发展的行为金融领域，这是研究在金融市场中投资者如何经常做出可预见的非理性选择的领域。事实上，2013 年诺贝尔经济学奖被授予耶鲁大学教授罗伯特·席勒（Robert Shiller）（与另外两位同享），他的研究显示金融市场如何表现出明显的非理性迹象。

像大多数人一样，投资者会系统性地背离理性。特别是他们倾向于过度自信，如错误地相信他们能够发现一只赚钱的股票；也会厌恶损失，不愿出售亏损资产并承担损失；以及有从众心理，购买价格已经很高的资产，或者卖出价格已经被压得很低的资产。

这种不理性行为引出了一个重要问题：理性投资者能以牺牲非理性投资者利益——通过购买因为非理性恐惧已经很便宜的公司股票——来获得巨大利润吗？

对这个问题的答案有时是肯定的，有时则是否定的。一些专业投资者通过投注市场上的非理性行为（当有非理性抛售时购买股票，当有非理性购买时卖出股票）获得了巨大的利益。例如，对冲基金经理亿万富翁约翰·保尔森（John Paulson）在美国房地产泡沫破裂的 2007—2008 年期间，通过对次级抵押贷款的投机赚了 40 亿美元，因为他明白，包含次级抵押贷款的金融资产以虚高的价格出售。

但有时甚至是一个理性的投资者，也无法从市场的非理性中获利。例如，一个理财经理必须服从客户指令来购买或出售，即使这些行动是非理性的。同样，专业的资金管理者从众则会更安全：如果他们这样做，即便投资结果很糟糕，他们也有一种职业借口来辩解，声称没有人能预见这些问题。但如果他们与群体行为相反，投资收益不理想，他们很可能会被解雇，因为他们做出了错误选择。因此，理性的投资者甚至会加剧金融市场中的非理性行为。

一些观察家观察历史趋势后假设金融市场是在自满期和健忘期之间交替，滋生泡沫是因为非理性投资者认为房价只会上涨，出现崩溃后，又会导致投资者完全远离金融市场，导致资产价格出现不合理低价。显然，过去十几年中的事件，巨大的住房泡沫伴随金融市场的极端动荡，给行为金融领域的研究人员提供了大量素材。

▶ 真实世界中的经济学

巨大的美国房地产泡沫

2000—2006 年，美国的房价升幅巨大。到了 2006 年夏天，美国一些主要的大都市地区，包括洛杉矶、圣地亚哥、旧金山、华盛顿、拉斯维加斯、迈阿密和纽约的房价已经是2000年1月的两倍多。到了2004年，随着房价上涨加速，一些经济学家（包括本教科书的作者）认为，这种价格上涨过度了——这是一个泡沫，对未来价格不切实际的期望推动了资产价格上升。

确实，房价上涨得远比租用一个相对可比的地方的成本要多得多。图25-9(a)比较了广泛使用的美国房价指数与美国政府发布的主要住宅租金指数，2000年1月这两个指数均为100。尽管租金仅为逐步上升，但房价飙升了。

然而，也有一些经济学家认为，房价的上涨是完全合理的。特别是，他们指出，在房价快速上涨的几年中，利率非常低，他们认为，低利率与其他因素如人口增长相结合，可解释房价的激增。当时的美联储主席艾伦·格林斯潘于2005年承认，在市场上可能会有一些"泡沫"，但否认有任何全国性泡沫。

遗憾的是，事实证明怀疑论者是正确的。格林斯潘自己后来承认，事实上，这是一个巨大的全国性泡沫。2006年，随着房价开始上涨，很明显，许多买家对未来的价格持有不切实际的期望。随着房价开始下降，对未来房价上涨的预期出现了向下修正，引发了价格突然和急剧的崩溃。随着房价下跌，房屋需求急剧下降，如图25-9(b)所示。

房价崩溃反过来造成了无数家庭出现经济困难，包括对银行系统的严重压力，我们将在第29章详细讨论。

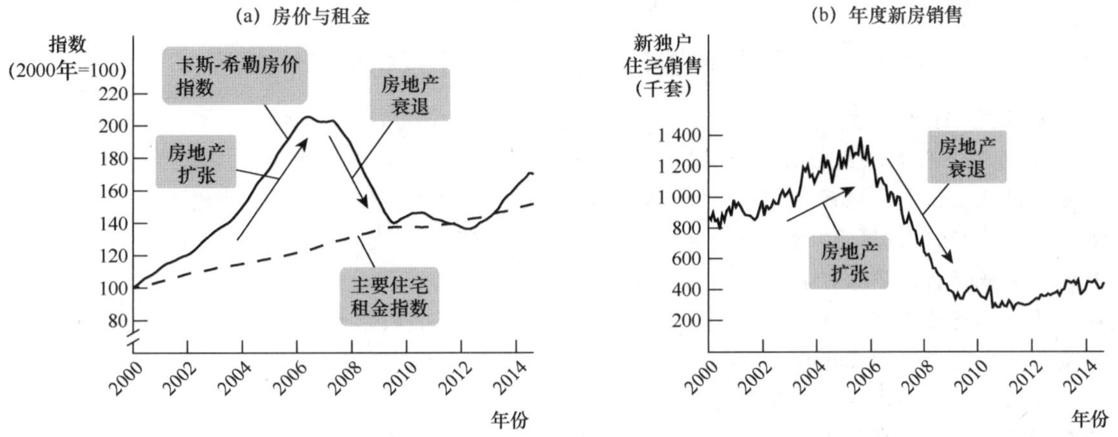

图25-9 商业周期

资料来源：图(a)：Standard and Poor's；Bureau of Labor Statistics. 图(b)：Federal Reserve Bank of St. Louis.

□ 25.3.4 资产价格与宏观经济学

宏观经济学家和政策制定者如何对待资产价格波动过大，并且这种波动有可能产生重要的经济影响的事实？这成为宏观经济政策面对的主要问题。一方面，政策制定者不愿意相信市场存在差错——资产价格过高或者过低。在一定程度上，这反映了有效市场假说所认为的任何公开信息均已经在资产价格中得到了反映。更为一般的情况是，很难认为政府官员对合理价格的判断比那些在该领域投入自己资金的私人投资者会更好。

另一方面，过去20年出现了不止一次，而是两次巨大的资产泡沫，每一次破灭都造成了很严重的宏观经济问题。在20世纪90年代后期，技术类股票价格（不只限于互联网企业）上升到了不合理的高水平。泡沫破裂后，这些股票在很短时间内平均失去了其价值的三分之二，造成了2001年的经济衰退和一个高失业时期。几年之后，出现了房地产泡沫。2008年房地产泡沫破裂后触发了严重的金融危机，继之出现严重衰退，危机挥之不去的影响几年后仍然困扰美国经济。

这些事件大大激化了是否以及怎样限制金融不稳定的争论。我们将在第29章讨论金融管制与努力使之更为有效的内容。

及时复习

● 金融市场的波动有可能成为宏观经济不稳定的短期因素。

● 资产价格取决于供给和需求，以及像债券之类的替代资产的吸引力。供给与需求也会反映对未来股票价格的预期。有关预期的观点之一是有效市场假说，根据该观点股票价格服从随机游走过程。

● 市场参与者和部分经济学家对有效市场假说提出了质疑。在实际中，政策制定者不会做出他们能够胜过市场的假定，但是也不会做市场行为总是理性的假定。

小测验 25－3

1. 下列每一个事件分别会对企业的股票价格产生什么影响？请对你的答案做出解释。

a. 公司宣称尽管今年的利润比较低，但是它已经开发出一项新业务，明年能带来高利润。

b. 公司宣称尽管今年的利润比较高，但是会低于原先公告过的水平。

c. 本行业内的其他企业宣称，今年销售状况之差出乎意料。

d. 公司宣称能够达到原先预测的利润目标。

2. 试对以下表述进行评价："尽管许多投资者可能是非理性的，但是他们不大可能一直会做出同样的非理性行为，比如总是在道琼斯工业平均指数上涨1%之后的交易日购买股票。"

▶ 企业案例

格莱珉银行：通过银行来反贫困

一个老笑话说，当你不需要钱时一个银行家才会借钱给你。因此，当瓜达卢佩·佩雷斯（Guadalupe Perez）发现因为经济衰退，她的生意受到影响以致她难以支付位于纽约昆斯的派对装饰店的租金时，通常她将被迫关门停业。但是，她现在可以求助于美国格莱珉银行获得贷款来帮她渡过难关。"这为我继续我的生意提供了一种途径，"她说，"这是一种我可以一点一点偿还的贷款，我觉得这对我是一种不错的选择。"她依赖美国格莱珉银行，多次借款扩大她的商店并购买了更多的存货。

美国格莱珉银行是孟加拉国格莱珉银行的子公司，它开创了小额信贷业务，为贫困人群提供小额贷款。它由穆罕默德·尤努斯（Mohammed Yunus）在20世纪70年代中期创立。他是一名孟加拉国的经济学家，在范德堡大学获得博士学位。普通银行要求借款人有可信的信用记录和/或将资产作为贷款的抵押品（如果贷款不按时偿还，抵押物将归银行）——贫困人群很难满足这一要求。

相反，格莱珉银行依靠群体责任来确保贷款偿还：每个借款人是一名五人组成员之一，该小组5个人认可对方的贷款并提供监督。小组成员没有任何偿还贷款的法定义务，但在实践中，如果一名借款人陷入困境，该小组通常承担财务责任。如果小组中的每个人都能及时还贷，每个成员下一次的借款数额都可以增加。

格莱珉银行的业务遍及从美国到乌干达的100多个国家。它的绝大多数客户都是通过创办小企业来摆脱贫困的农村妇女。自成立以来，它为超过800万名妇女提供超过100亿美元贷款。

即使在像美国这样的富裕国家，小额贷款定义为不到50 000美元的贷款，已成为一项蓬勃发展的业务。自2008年成立到2014年，美国格莱珉银行已经办理近100 000笔贷款，金额超过2亿美元。该公司估计，借款人在为期6个月的贷款周期中增加的收入平均为2 500美元。

虽然独立研究人员承认，通过小额贷款额外增加的收入很难确定，但研究清楚地表明，小额贷款带给人们灵活性，增加安全感，通常可防止工作者以及企业家因为糟糕的融资麻烦而深陷贫困。因此，2006年尤努斯和格莱珉银行获得了诺贝尔和平奖，他们为经济发展和减少贫困做出了贡献。

思考题

1. 格莱珉银行探索了什么样的市场非效率？这种非效率的根源是什么？

2. 小额贷款金融体系的任务是什么？

3. 你预测格莱珉银行对一个共同体的贷款的影响如何？

小结

1. 实物资本投资对长期经济增长而言是必需的。因此，为了促进经济增长必须设法把储蓄转化为投资。

2. 根据储蓄-投资支出恒等式，从整体经济角度看，储蓄总是等于投资支出。当政府的预算余额为正时，政府也是储蓄的来源之一，这也被称为预算盈余；当预算余额为负时，政府出现负储蓄，这也被称为预算赤字。在封闭经济中储蓄等于国民储蓄，即私人储蓄与预算余额之和。在开放经济中储蓄等于国民储蓄加上国外储蓄的净资本流入。当储蓄流向国外时就出现资本流出，或者说负的资本流入。

3. 假想的可贷资金市场描述了贷款如何从储蓄者手中分配到借款人的投资支出项目的过程。在均衡利率水平下，可贷资金需求等于可贷资金供给。只有那些收益率大于等于均衡利率的项目能够获得融资。通过描述如何使借贷双方从交易中获得的收益达到最大化，可贷资金市场能够说明为什么一个功能良好的金融体系能够促进长期经济增长。递增或者持续的政府赤字将导致挤出：利率提高，投资支出减少。当认为投资机会变化和政府借款变化时，对可贷资金的需求曲线将发生变动。私人储蓄和资本流入变化会导致供给曲线发生移动。

4. 为了评估一个未来收益为 X 的项目，你必须使用利率 r 将 X 转换成现值。从现在开始一年后收到的 1 美元的现值等于 $1/(1+r)$ 美元，也就是你必须今天借出 1 年后可得到 1 美元的金额。一个给定项目的现值随着利率的下降而上升，随着利率的上升而下降。这就告诉我们，可贷资金的需求曲线是向下倾斜的。

5. 由于无论是借款人还是贷款人都不能知道未来的通货膨胀率，贷款会指定名义利率，而非实际利率。对于一个给定的预期通货膨胀率，可贷资金的需求曲线和供给曲线的变化将导致实际利率变化，导致名义利率变化。根据费雪效应，预计未来通货膨胀率的上升将导致名义利率相应上升，而预期实际利率维持不变。

6. 家户通过购买资产来投资他们的储蓄或财富——他们的累积储蓄。资产的形式包括金融资产，即买方对卖方未来收入的一项书面要求权，以及实物资产，即对一种可产生未来收入的有形物体的要求权。从卖方的角度来看，金融资产是一项负债。金融资产主要有四种类型：贷款、债券、股票和银行存款。每一种资产从不同的角度服务于金融体系的三大基本任务：降低交易成本——达成一笔交易需要花费的成本；降低金融风险——可能导致财务上的收益或者损失的未来结果的不确定性；提供流动性资产——能够迅速变现并且不会造成较大的价值损失的资产（非流动性资产与之相反，会造成较大的价值损失）。

7. 尽管许多规模较小的借款人采用银行贷款筹集投资支出所需资金，但大企业通常会选择发行债券。当债券违约风险较高时，一般也会支付较高利率。企业所有者可以通过出售股票降低风险。尽管股票所产生的收益一般会比债券高，投资者通常都希望通过多样化投资降低风险，即持有收益取决于一系列无关或者独立事件的多种不同资产。绝大多数人都是风险规避者，在他们看来，一定量资金损失所造成的福利损失要超过同等数额的资金收益所带来的福利增量。贷款支持证券是最近的一个创新产品，是汇集个人贷款和出售集合份额给投资者的资产。因为它们比个人贷款更加多元化和具有流动性，所以受到投资者欢迎。但是，评估证券质量面临困难。

8. 金融中介——像共同基金、养老基金、人寿保险公司和银行之类的机构——是金融体系的重要组成部分。共同基金和养老基金能够使小规模投资者实现多样化投资；人寿保险公司能够降低风险。

9. 银行允许个人持有具有流动性的银行存款，同时把这些资金投放到非流动性的贷款当中。银行之所以能够协调这种错配是因为平均而言只有一小部分存款人会同时要求提现。功能良好的银行部门是长期经济增长的关键要素。

10. 金融市场的波动有可能成为宏观经济不稳定的一个根源。资产价格取决于供给、需求和其他替代资产的吸引力，比如说债券：当利率上升时股票价格通常会下降，反之亦然。预期会影响资产的供给和需求：未来价格上涨的预期会推动今天的资产价格上涨，未来价格下跌的预期会导致今天的资产价格下跌。关于预期如何形成的观点之一是有效市场假说，该观点认为金融资产的价格是对所有公开信息的反映。它意味着股票价格的波动本质上是不可预测的——它们服从随机游走过程。

11. 许多市场参与者和经济学家相信，现实证据表明金融市场不像有效市场假说所宣称的那么理性。此类证据包括股票价格的实际波动幅度超过单纯由基本面推动的波动幅度这样的事实。政策制定者不会做出市场行为总是理性或者投资者能够胜过市场的假定。

关键词

储蓄-投资支出恒等式	预算盈余	预算赤字	预算余额	国民储蓄	净资本流入	可贷资金市场
现值	均衡利率	挤出效应	费雪效应	财富	金融资产	实物资产
负债	交易成本	金融风险	多样化	流动的	非流动的	贷款
违约	贷款支持证券	金融中介	共同基金	养老基金	人寿保险公司	银行存款
银行	有效市场假说	随机游走				

练习题

1. 有关布列塔尼亚的信息如下所示，假设它是一个封闭经济体，请问该经济体的投资支出和私人储蓄分别是多少？预算余额是多少？这三者之间存在什么样的关系？国民储蓄是否等于投资支出？假设该经济体中没有政府转移支付。

GDP＝10 亿美元　　　　T＝0.5 亿美元
C＝8.5 亿美元　　　　G＝1 亿美元

2. 有关利戈里亚的信息如下所示，假设它是一个开放经济体，请问该经济体的投资支出和私人储蓄分别是多少？预算余额和净资本流入分别是多少？这四者之间存在什么样的关系？假设该经济体中没有政府转移支付。[提示：净资本流入等于进口价值（IM）减去出口价值（X）。]

GDP＝ 10 亿美元　　　　G＝ 1 亿美元
C＝ 8.5 亿美元　　　　X＝ 1 亿美元
T＝ 0.5 亿美元　　　　IM＝ 1.25 亿美元

3. 下表所列的是卡普斯兰和马萨利亚这两个经济体中私人储蓄、投资支出和净资本流入占 GDP 的百分比。卡斯普兰当前为资本净流入，而马萨利亚则为资本净流出。这两个国家的预算余额占 GDP 的百分比分别是多少？卡普斯兰和马萨利亚发生的是预算赤字还是预算盈余？

	卡普斯兰	马萨利亚
投资支出占 GDP 的百分比	20%	20%
私人储蓄占 GDP 的百分比	10%	25%
净资本流入占 GDP 的百分比	5%	−2%

4. 假设某经济体是一个开放经济体。试回答下列问题。

a. X＝ 1.25 亿美元
IM＝ 0.8 亿美元
预算余额＝－ 2 亿美元
I＝ 3.5 亿美元
试计算私人储蓄。

b. X＝0.85 亿美元
IM＝ 1.35 亿美元
预算余额＝ 1 亿美元
私人储蓄＝ 2.5 亿美元
试计算 I。

c. X＝ 0.6 亿美元

IM= 0.95 亿美元
私人储蓄= 3.25 亿美元
I= 3 亿美元
试计算预算余额。
d. 私人储蓄= 3.25 亿美元
I= 4 亿美元
预算余额= 0.1 亿美元
试计算 $IM-X$。

5. 下表引自国民收入与产出账户，给出了 2012 年和 2013 年美国 GDP 的构成，单位为 10 亿美元。

年份	GDP	私人消费	国内总投资	政府购买产品与服务	政府储蓄（预算余额）	减去政府转移支付后的净税收
2012	16 163.2	11 083.1	2 479.2	2 549.7	−1 311.7	?
2013	16 768.1	11 484.3	2 648.0	2 547.6	?	1 673.3

a. 填空。
b. 计算每年税收（减去政府转移支付后）占 GDP 的比例。
c. 计算每年的国民储蓄与私人储蓄。

6. 政府当前的预算余额为零，但它决定通过出售债券筹集 2 000 亿美元资金用于增加教育支出。下图所示是政府出售债券之前的可贷资金市场状况。假设该经济体是一个封闭经济体。请问均衡利率和均衡的可贷资金数量会发生什么变化？市场上会发生挤出效应吗？

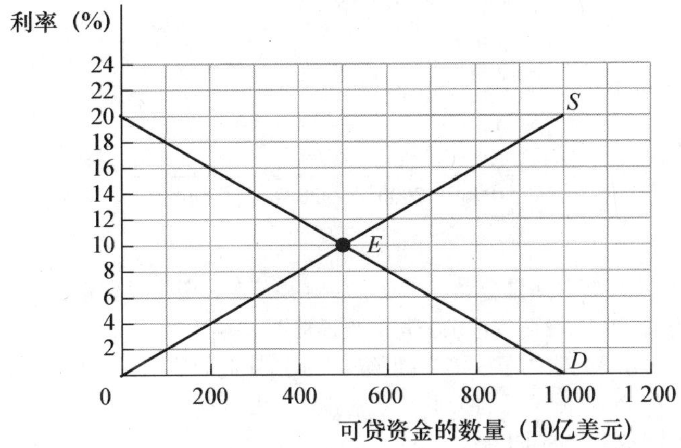

7. 2014 年，国会估计增加支持和扩大学前教育以及婴幼儿保育的成本将达 280 亿美元。由于美国政府当时预算赤字，假设新的学前教育经费由政府贷款，从而增加可贷资金的需求，但不影响供给。就这个问题考虑政府支出对利率的可能影响。

a. 画出在没有扩大学前教育计划的成本前典型的可贷资金需求曲线（D_1）和供给曲线（S_1）。纵轴表示利率，横轴表示可贷资金的数量。均衡点用 E_1 表示，均衡利率用 r_1 表示。

b. 现在画一个新图，分析扩大学前教育成本的影响。标明需求曲线的移动方向。新均衡点用 E_2 表示，均衡利率用 r_2 表示。

c. 均衡利率变化如何随政府扩大学前教育成本而变化？请解释。

8. 试解释为什么可贷资金市场的均衡能够使经济效率达到最大化。

9. 你的一位朋友声称，政府应该削减所有通过债务融资的购买支出，因为这类债务会挤出私人投资。对此你有什么不同意见？

10. 借款人鲍里斯和贷款人琳恩同意后者借给前者 10 000 美元，鲍里斯将在一年后偿还 10 000 美元以及利息。他们商定的名义利率为 8%，等于贷款的实际利率 3%再加上共同预期的第二年 5%的通货膨胀率。

a. 如果来年通货膨胀率实际为 4%，低于预期的通货膨胀率，这会怎样影响鲍里斯和琳恩？这对谁更好？

a. 如果来年通货膨胀率实际为 7%，这又会如何影响鲍里斯和琳恩？这对谁更好？

11. 使用下图解释预期未来的通货膨胀率下降 2 个百分点后可贷资金市场会发生什么？预期未来的通货膨胀率的变化将如何影响可贷资金的均衡数量？

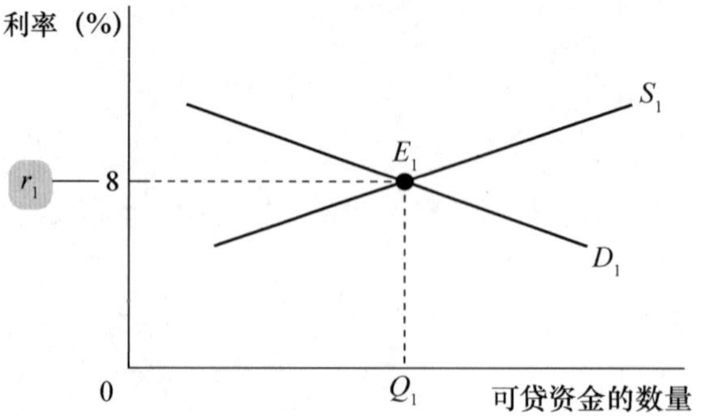

12. 下图为 10 年期欧元区政府债券利率和 1996—2014 年年中的欧元区通货膨胀率，数据来自欧洲中央银行报告。你如何描述两者之间的关系？与图 25 - 8 相比，这种模式有什么特征？

13. 下列例子中哪些是投资支出？哪些是金融资产投资？哪些是实物资产投资？

a. 鲁珀特·马尼巴克斯购买了 100 股可口可乐公司的流通股票。

b. 朗达·莫维斯达花 1 000 万美元购买了一幢 20 世纪 70 年代建造的住宅。

c. 罗纳德·巴斯基伯斯达花 1 000 万美元购买了一幢能够看到太平洋的新住宅。

d. 罗林斯新建了一家生产棒球手套的工厂。

e. 俄罗斯购买了 1 亿美元的美国政府债券。

14. 假设预算余额和资本流动量不变，请问一个功能良好的金融体系是怎么促进储蓄和投资支出的？

15. 美国经济中有哪些重要的金融中介？这些中介的主要资产有哪些？它们是如何促进投资支出和储蓄的？

16. 假定其他条件不变，请问下列事件分别会对今天的股票价格产生什么影响？

a. 债券利率下降。

b. 同一行业中的几家企业宣称销售状况非常不景气。

c. 去年通过的税法修正案导致今年的利润下降。

d. 公司出人意料地宣布，由于一项会计错误，它必须修改去年的会计报表，并把去年的利润下调 500 万美元。公司同时宣称，这项变更不会影响未来的利润状况。

17. 学生贷款市场协会是一个准政府机构，将学生个人贷款组合在一起并向投资者出售。

a. 这个过程叫做什么？与投资者只能购买和出售个人学生贷款的情况相比，这种机构对投资者有什么影响？

b. 你认为学生贷款市场协会的行为会对学生获得贷款的能力有什么影响？

c. 假设出现了非常严重的经济衰退，因此，许多毕业生找不到工作，他们对学生贷款违约。这对学生贷款市场协会债券会有什么影响？为什么投资者现在认为学生贷款市场协会的债券比预期的风险更大？这对学生贷款可用性的影响是什么?

在线回答问题

18. 试用下图所示的可贷资金市场解释以下事件对私人储蓄、私人投资和利率的影响。假设这是一个封闭经济体。

a. 政府把赤字规模降低为零。

b. 在任一给定的利率水平上，消费者都愿意储蓄更多。假设预算余额为零。

c. 在任一给定的利率水平上，企业对投资的未来获利预期都变得更为乐观。假设预算余额为零。

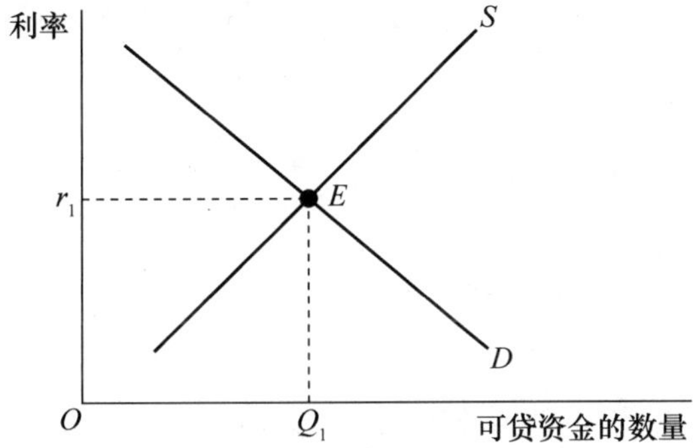

第 26 章

收入和支出

本章将学习

- 乘数的重要性，一个总结初始支出变化怎样导致进一步变化的数值。
- 总消费函数的含义，该函数表现的是当前可支配收入如何影响消费支出。
- 预期的未来收入和总财富如何影响消费支出。
- 投资支出的决定因素，计划投资支出和非计划存货投资之间的区别。
- 在发生需求冲击后，通过存货调整过程如何推动经济实现新的均衡。
- 为什么说投资支出是未来经济发展状况的领先指标。

开篇案例

从繁荣到萧条

2003—2005 年，佛罗里达州的迈尔斯堡是一个繁荣的城市。它的就业机会充足：在迈尔斯堡-开普科勒尔都市区的失业率低于 3%。购物中心人声鼎沸，新开的商店比比皆是。

但随后繁荣破灭。就业稀少，到了 2010 年中期，失业率超过 13%。商店门可罗雀，许多商店关门歇业。然而，一种新生意正红火起来。随着当地经济暴跌，房地产经纪人开始提供“止赎之旅”：参观那些因业主无法支付按揭贷款被银行没收的房屋，并就价格进行讨价还价。

发生了什么事？2003—2005 年，迈尔斯堡的繁荣来源于住房建设激增，部分原因是投机者购买房子但不居住，而是以更高的价格转手。住房建设为建筑工人、电工、屋顶安装员、房地产经纪人和其他人提供工作机会。这些工人反过来在当地花钱，为学校教师、公共汽车司机、销售人员和更多人提供工作。这些人又反过来也将钱花在当地，进一步创造扩张，如此反复。

当住房建设突然停止时，繁荣就变成了衰退。事实证明，投机已经开始自我反馈：人们买房子作为投资，然后卖给那些仍是将买房子作为投资的人，价格上升到远远超出那些真正想买房子的人愿意支付的水平。最终会到达一个“怀尔丛林狼时刻”——名称来自卡通人物，它有一个习惯，跑过悬崖边沿还没有掉下去，直到它往下看发现脚下已经没有什么支撑。在 2005 年，人们突然意识到，房价已经失去了与现实的联系。当他们这样做的时候，房地产市场就崩溃了。

当地经济随后出现崩溃，正像早期创造繁荣的过程一样，开始了相反的过程。由住房建设创造的就业机会消失了，导致当地支出下降，进一步造成失去其他工作，从而支出进一步下降，如此循环。迈尔斯堡的繁荣和萧条说明了经济作为一个整体发生的小规模的繁荣和萧条。商业周期通常是由投资支出——住宅投资支出（即住房建筑）或非住宅投资支出（如办公楼、工厂和购物中心）的起伏引起的。投资支出的变化反过来间接导致消费支出的变化，这放大了——或正如经济学家通常所说的乘数——投资支出对经济整体变化的影响。

在本章中，我们将研究这个过程如何进行，介绍乘数分析怎样有助于我们了解商业周期。作为第一步，我们通俗地介绍一下乘数的概念。

26.1 乘数：一个通俗的介绍

在迈尔斯堡的兴衰故事中，初始总开支上升或下降所导致的一种连锁反应影响收入变化，从而进一步导致支出总额变化，如此循环。我们来更仔细地审视一下这一连锁反应，这一次是考虑总支出的变化对整个经济的影响。

为这种分析起见，我们将做四种简化假设，这些假设在后面的章节中将再次进行反思。

（1）我们假设生产商愿意在一个固定价格上提供更多的产出。也就是说，如果消费者或企业购买投资品，决定多支出 10 亿美元，这将转化为价值 10 亿美元的额外产品和服务，而不会抬高整体价格水平。因此，总支出的变化转化为总产出的变化，用实际 GDP 衡量。正如我们将在下一章中所学习的，这个假设在短期内不会太不切合实际，但当我们考虑需求变化的长期影响时，需要对此做出改变。

（2）我们假设利率给定。

（3）我们假设没有政府支出和税收。

（4）我们假设出口和进口都是零。

鉴于这些简化的假设，考虑如果有投资支出变化会发生什么。具体来说，想象一下，因为某些原因，住房建造商决定明年在建造住房上额外投入 1 000 亿美元。

投资支出增加的直接影响将是增加收入，总产出也增加相同的金额。这是因为在建造住房上花费的每一美元转化为建筑工人、建筑材料供应商、电工等人的收入。如果这个过程停止，住房投资支出的增加将使整体收入正好提高 1 000 亿美元。

但这个过程并不会马上停止。总产出增加导致的可支配收入增加，将以利润和工资的形式流向家户。家户可支配收入的增加将导致消费支出增加，而这反过来又导致企业增加产出。这又会引起可支配收入的又一次增加，从而导致另一轮消费支出增加，如此循环。因此，总产出会出现多轮增加。

如果我们对所有各轮开支增加带来的总产出影响进行加总，结果会有多大呢？要回答这个问题，我们需要引入**边际消费倾向**（marginal propensity to consume，*MPC*）概念：当可支配收入增加 1 美元时消费支出的增长。由于可支配收入的上升或下降，消费支出也会发生变化，*MPC* 等于消费支出变化除以可支配收入变化：

$$MPC=\frac{\Delta\text{消费支出}}{\Delta\text{可支配收入}} \qquad (26-1)$$

其中，符号 Δ 的意思是“变化”。例如，如果可支配收入增加 100 亿美元，消费支出上升 60 亿美元，则 *MPC* 是 0.6（=60 亿美元/100 亿美元）。

因为消费者通常并非将增加的全部可支配收入花掉，*MPC* 通常介于 0 和 1 之间。消费者可支配收入消费后剩余的钱被储蓄起来，所以，**边际储蓄倾向**（marginal propensity to save，*MPS*）是额外增加的 1 美元可支配收入中被储蓄的部分。*MPS* 等于 1－*MPC*。

> **边际消费倾向**为可支配收入增加 1 美元时消费支出的增长。
> **边际储蓄倾向**是额外增加的 1 美元可支配收入中被储蓄的部分。

因为我们假设没有税收和国际贸易，每增加 1 美元的总支出会同时提高实际 GDP 和可支配收入 1 美元。因此，1 000 亿美元的投资支出增加初始将提高实际 GDP 1 000 亿美元。这将导致第二轮消费支出增加，引起实际 GDP 增加 *MPC*×1 000 亿美元，紧跟着是第三轮消费支出增加 *MPC*×*MPC*×1 000 亿美元，如此继续。经过无限回合后，对实际 GDP 的总影响是：

投资支出增加　　　　=1 000 亿美元
+第二轮增加消费支出= *MPC*×1 000 亿美元

第26章　收入和支出

$$
\begin{aligned}
&+\text{第三轮增加消费支出} = MPC^2 \times 1\,000\ \text{亿美元}\\
&+\text{第四轮增加消费支出} = MPC^3 \times 1\,000\ \text{亿美元}\\
&\quad\vdots \qquad\qquad\qquad\qquad \vdots
\end{aligned}
$$

$$\text{实际 GDP 总增加额} = (1 + MPC + MPC^2 + MPC^3 + \cdots) \times 1\,000\ \text{亿美元}$$

因此，投资支出增加 1 000 亿美元将引发经济的连锁反应。这种连锁反应的最终净结果是，投资支出增加 1 000 亿美元，导致实际 GDP 的变化是最初支出变化的乘数倍。

这个乘数有多大？这是一个数学上的无穷级数形式：$1+x+x^2+x^3+\cdots$，其中 x 在 0 和 1 之间，结果等于 $1/(1-x)$。因此，在考虑到所有后续消费支出增加后（假设没有税收和国际贸易），投资支出 I 增加 1 000 亿美元的总影响由下式给出：

$$\begin{matrix}I\ \text{增加 1 000 亿美元引致的}\\ \text{实际 GDP 增长}\end{matrix} = \frac{1}{1-MPC} \times 1\,000\ \text{亿美元} \qquad (26-2)$$

我们来看一个数值例子，$MPC=0.6$：每增加 1 美元的可支配收入可导致消费支出增长 0.60 美元。在这种情况下，1 000 亿美元的投资支出第一轮将使实际 GDP 增加 1 000 亿美元。第二轮消费支出增加的实际 GDP 为 0.6×1 000 亿美元，即 600 亿美元。第三轮消费支出增加，实际 GDP 增加 0.6×600 亿美元，即 360 亿美元。表 26-1 给出了连续增加的阶段，表中"…"意味着这个过程的无限轮数。最后，初始 1 000 亿美元的投资支出增加实际引致实际 GDP 增加 2 500 亿美元：

$$\frac{1}{1-0.6} \times 1\,000\ \text{亿美元} = 2.5 \times 1\,000\ \text{亿美元} = 2\,500\ \text{亿美元}$$

请注意，即使是无限轮数的实际 GDP 扩大，但实际 GDP 的上升是有限的，为2 500亿美元。原因是，在每一个阶段，一些增加的可支配收入会"漏出"，因为有储蓄。额外增加 1 美元可支配收入会有多少储蓄取决于边际储蓄倾向。

表 26-1　　当 *MPC*=0.6 时实际 GDP 增加的轮数

	实际 GDP 的增加额（10 亿美元）	实际 GDP 的总增加额（10 亿美元）
第 1 轮	100	100
第 2 轮	60	160
第 3 轮	36	196
第 4 轮	21.6	217.6
⋮	⋮	⋮
末轮	0	250

我们已经介绍了投资支出变化的影响，同样的分析可以适用于总支出的任何其他变化。重要的是要区分实际 GDP 增加之前总支出的初始变化与由实际 GDP 变化引起的连锁反应造成的总支出的额外变化。例如，假设住房价格上涨，消费者感到更富有，因此，他们在任一给定的可支配收入水平上愿意花更多的钱。这将导致在实际 GDP 上升之前消费支出初步上升。但这也将导致第二轮及后续各轮因为实际 GDP 上升导致更高的消费支出。

在给定的实际 GDP 水平上，总支出的初始上升或下降被称为**总支出的自发变化**（autonomous change in aggregate spending）。自发意味着"自主"，因为它是我们刚刚描述的连锁反应的原因，而非结果。从形式上说，**乘数**（multiplier）是由总支出的自发变化引起的实际 GDP 的总变化与总支出的自发变化的比率。如果我们用 ΔAAS 表示总支出的自发变化，用 ΔY 代表实际 GDP 的变化，那么乘数等于 $\Delta Y/\Delta AAS$。我们已经知道了如何得出乘数值。假设没有税收和国际贸易，由一定的总支出的自发变化引起的实际 GDP 的变化为：

$$\Delta Y = [1/(1-MPC)] \times \Delta AAS \qquad (26-3)$$

> **总支出的自发变化**是在给定的实际 GDP 水平上企业、家户或政府愿意支出水平的最初变化。
>
> **乘数**是由总支出的自发变化引起的实际 GDP 的总变化与总支出的自发变化的比率。

所以，乘数为：

$$乘数=\Delta Y/\Delta AAS = 1/(1-MPC) \qquad (26-4)$$

注意，乘数的大小取决于边际消费倾向。如果边际消费倾向很大，那么乘数效应也大。这是因为 *MPC* 的大小决定了每一轮扩张与前面轮次相比扩张规模的大小。换一种说法，*MPC* 越大，在每一轮扩张中可支配收入“漏出”成为储蓄的规模就越小。

在后面的章节中，我们将使用乘数概念来分析财政政策和货币政策的影响。我们还将看到引入包括税收和国际贸易等各种复杂因素后乘数公式的变化。然而，首先我们需要更深入地了解什么决定了消费者的消费。

▶ 真实世界中的经济学

砂州低迷

我们的开篇案例集中描述了佛罗里达州一个地区在 21 世纪初的繁荣与萧条。但迈尔斯堡-开普科勒尔都市区并非唯一，佛罗里达州许多地区卷入了一个从房地产繁荣到房地产泡沫破裂类似的周期，其他三个州也同样如此：亚利桑那州、加利福尼亚和内华达州。比较四个经历繁荣和萧条的州——通常被称为“砂州”——与该国其他州的经历，为乘数发挥作用提供了一个有用的例证。

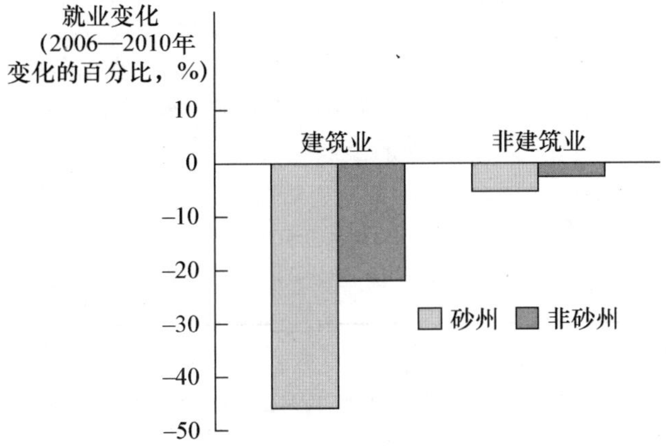

图 26－1　比较房地产萧条对不同区域的影响

资料来源：Bureau of Labor Statistics.

图 26－1 所示为砂州与非砂州相关的就业变化。柱形图高度表示的是从 2006 年房地产热时期到 2010 年房地产低迷时期的就业变化。我们看两种行业的就业变化：建筑业（主要由住房推动）和非建筑业。我们可以马上看出，建筑业在砂州遭受了比其他州更严重的下滑。但砂州遭遇的痛苦并不局限于建筑业的就业，非建筑业的就业也比非砂州下降得多。

非建筑业就业为什么下降？主要是因为砂州建筑业大幅下降，收入减少，导致消费者对各种产品和服务的支出下降，导致从商场到汽车经销商纷纷裁员。也就是说，我们在砂州看到的低迷是乘数在起作用。

及时复习

● 由预期引起的投资支出变化将引致实际 GDP 发生连锁反应，导致消费支出变化，进而导致实际 GDP 进一步变化，如此循环。总产出的变化是投资支出初始变化的乘数倍。

● 任何总支出的自发变化，也就是指并非由实际 GDP 的变化所引起的支出变化，会产生相同的连锁反应。实际 GDP 变化的总大小取决于乘数的大小。假设没有税收和国际贸易，乘数等于 $1/(1-MPC)$，*MPC* 是边际消费倾向。实际 GDP 的变化 Δy 等于 $[1/(1-MPC)]\times\Delta AAS$。

小测验 26－1

1. 解释为什么商业预期的变化所造成的投资支出下降会导致消费支出下降？
2. 边际消费倾向是 0.5，其乘数是多少？如果 *MPC* 是 0.8 时乘数又是多少？
3. 以占 GDP 的百分比来衡量，斯堪尼亚的储蓄份额比亚美利哥更大。哪个国家的乘数更大？请解释。

26.2 消费支出

你是愿意多花钱在餐馆用餐还是为省钱而在家吃饭？你应该买辆新的轿车吗？如果想，要选什么价位的车型？你应该重新装修浴室还是继续使用一年？在现实生活中，家户经常会遇到这种选择，不仅是选择各种消费品，还包括选择总支出水平。这种选择反过来会对经济产生重要影响：消费支出通常要占到对最终产品和服务总支出的三分之二。具体说来，正如我们已经知道的，收入增加额中有多少用于支出——边际消费倾向——决定着乘数的大小，而乘数决定着总支出的自发变化对经济的最终影响。

但是，什么决定着消费支出的多少呢？

□ 26.2.1 当前可支配收入和消费支出

影响一个家庭消费支出最重要的因素是其当前可支配收入，也就是税后收入加上政府转移支付。在日常生活中，我们可以清楚地看出，总体上可支配收入高的人比可支配收入低的人驾驶的汽车要贵、住房也要高档、在吃穿方面花费更多。从数据来看，当前可支配收入与消费支出之间的关系非常清楚。

美国劳工统计局每年都会搜集家庭收入和支出数据。根据税前收入水平，家庭被分成了不同的组，对每组的税后收入也要做出报告。因为收入加上获得的政府转移支付就是劳工统计局所说的家户税后收入即当前可支配收入。

图 26－2 表示的是 2013 年美国不同家庭收入组家户的当前可支配收入与消费支出之间关系的散点图。例如 *A* 点表示的是中间五分位数组的当前可支配收入为 45 826 美元，平均支出为 42 495 美元。这些点连成的曲线从左下向右上倾斜，显然，家户当前可支配收入高的家庭其消费支出水平也高。

把每个家户当前可支配收入与消费支出之间的关系用方程表示出来是一种很有用的做法。**消费函数**（consumption function）就是表现单个家户当前可支配收入与消费支出之间的关系的方程。消费函数最简单的形式是线性方程：

$$c = a + MPC \times yd \qquad (26-5)$$

其中，字母小写表示的是单个家户。

> **消费函数**就是表现单个家户当前可支配收入与消费支出之间关系的方程。

在上式中，c 是单个家户的消费支出，yd 是单个家户的当前可支配收入。我们已经学过，边际消费倾向 *MPC* 是指当前可支配收入增加 1 单位货币时，增加的消费支出所占的比例。a 是常数，是单个家户的自发消费支出，也就是即使家户的可支配收入为 0，家户也会支出的数额。我们假设 a 大于 0，因为即使家户的可支配收入为 0，它们也能够通过借贷或动用储蓄进行消费。我们用 y 代表收入。这是宏观经济学标准的做法，尽管收入（income）并不写成“yncome”。这么做的原因是 I 要表示投资支出。

我们知道 *MPC* 可被表示为消费支出的变化量与当前可支配收入的变化量之间的比率。当表示成单个家户时，我们重新把它写成式（26－6）的形式：

$$MPC = \Delta c / \Delta yd \qquad (26-6)$$

等式两边都乘以 Δyd，我们有：

$$MPC \times \Delta yd = \Delta c \qquad (26-7)$$

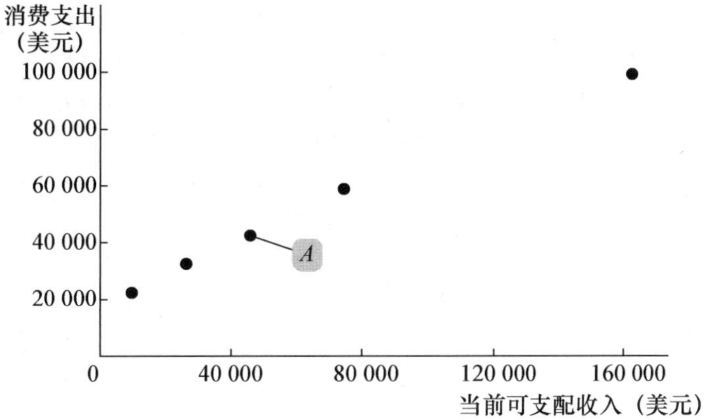

图 26-2　2013 年美国家户当前可支配收入和消费支出

每个点表示的是每一个家户组 2013 年的平均可支配收入和 2013 年的消费支出。例如，中间收入人群当前可支配收入为 40 187～65 501 美元，*A* 点表示的是家户当前可支配收入平均为 45 826 美元，该年家户消费支出平均为 42 495 美元。这些数据清楚地表明，当前可支配收入和消费支出之间存在正相关关系：可支配收入高的家户消费支出水平也高。

资料来源：Bureau of Labor Statistics.

从式（26-7）可以看出，当 yd 增加 1 美元时，c 将增加 $MPC\times1$ 美元。

图 26-3 表现的就是式（26-5）的图形。yd 表示在横轴上，c 表示在纵轴上。单个家户的自发消费支出 a 是指当 yd 为 0 时 c 的取值，这是消费函数 cf 在纵轴上的截距。MPC 是直线的斜率，是曲线在横向变化时的升高幅度。如果当前可支配收入上升了 Δyd，家户可消费支出 c 就上升了 Δc，因为 $MPC=\Delta c/\Delta yd$，所以消费函数的斜率为：

$$\text{消费函数的斜率}=\text{横向变化时的升高幅度}=\Delta c/\Delta yd=MPC \qquad (26-8)$$

在现实生活中，当用实际数据对式（26-5）拟合时，虽然并没有那么完美，但拟合的结果还是相当令人满意的。图 26-4 的数据取自图 26-2，画出的曲线尽可能与数据吻合。根据家户消费支出和当前可支配收入的数据，a 的最佳估计值为 19 343，MPC 为 0.50，所以用数据拟合的消费函数为：

$$c=19\ 343+0.50yd$$

这些数据表明，消费者边际消费倾向近似 0.5。这也就意味着边际储蓄倾向——增加 1 单位可支配收入中用于储蓄的部分——大约也为 0.5。乘数大约为 2.00（=1/0.50）。

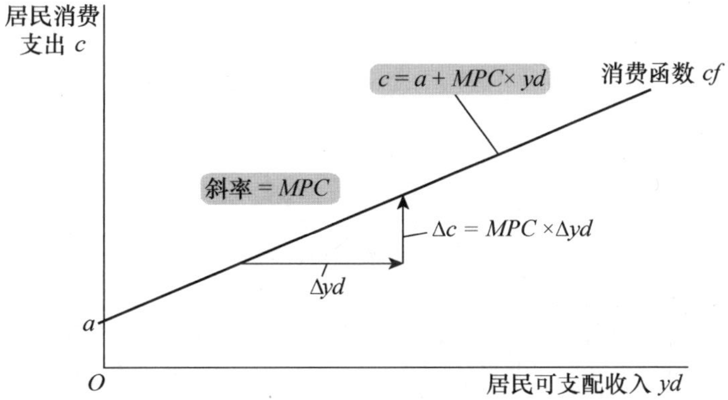

图 26-3　消费函数

消费函数表现的是家户当前可支配收入与其消费支出之间的关系。纵轴截距 a 表示的是家户的自发消费支出，即当当前可支配收入为 0 时的消费支出水平。消费函数 cf 的斜率为 MPC，也就是边际消费倾向，即每增加 1 单位的当前可支配收入，可以增加 $1\times MPC$ 的消费支出。

认识到图 26－4 表现的是单个家户当前可支配收入与它对最终产品和服务的支出之间的微观经济关系非常重要。然而，宏观经济学家们认为，当把经济作为一个总体来看时同样的关系仍然成立，这样一种关系被称为**总消费函数**（aggregate consumption function），表现的是当前总可支配收入与总消费支出之间的关系。所以我们假定它采取与家户的消费函数同样的形式：

总消费函数表现的是当前总可支配收入与总消费支出之间的关系。

$$C=A + MPC \times YD \tag{26-9}$$

其中，C 表示总消费支出（就称为消费支出），YD 表示当前总可支配收入（就称为可支配收入），A 表示总自发消费支出，也就是当当前可支配收入为 0 时，消费支出的数量。这种关系在图 26－5 中用 CF 表示，类似于图 26－3 中的 cf。

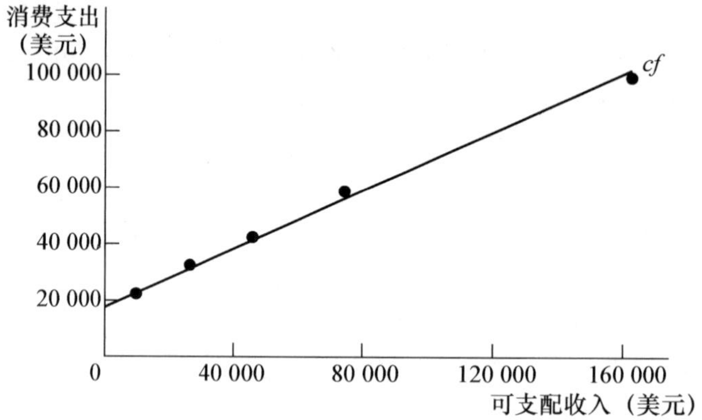

图 26－4　拟合数据的消费函数

图 26－2 的数据重新被用到这里，该曲线是用数据拟合的尽可能靠近的曲线。对于 2013 年的美国家户来说，家户自发消费支出平均的最佳估计值 a 为 19 343 美元，MPC 的最近估计值为 0.5。

资料来源：Bureau of Labor Statistics.

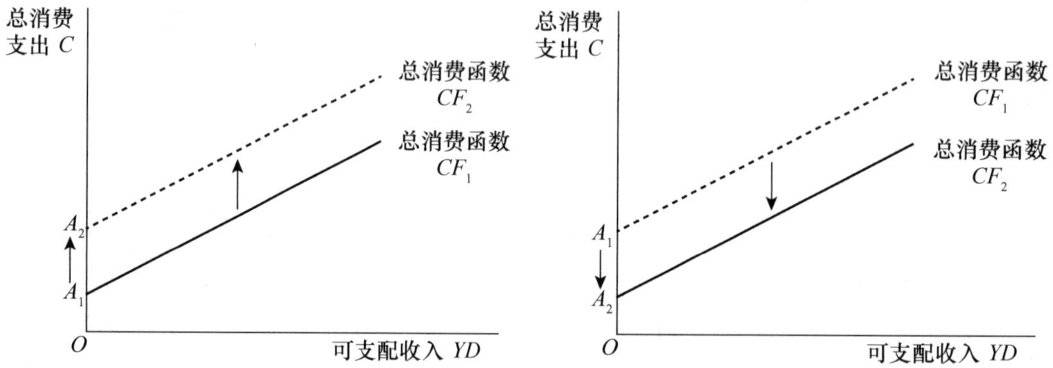

图 26－5　总消费函数的移动

图 26－5（a）表现的是预期未来可支配收入增加的效应。在任一给定的当前可支配收入水平 YD 上，消费支出更多。结果，与总自发消费支出 A_1 对应的初始总消费函数 CF_1 将向上移动到与总自发消费支出 A_2 对应的总消费函数 CF_2 的位置上。财富的增加也会推动总消费函数向上移动。图 26－5（b）表现的是相反的情形，也就是预期未来可支配收入减少的效应。在任一给定的当前可支配收入水平 YD 上，消费支出更少。结果，与总自发消费支出 A_1 对应的初始总消费函数 CF_1 将向下移动到与总自发消费支出 A_2 对应的总消费函数 CF_2 的位置上。财富的减少也会有相同的效应。

□ 26.2.2　总消费函数的移动

总消费函数表现的是在其他条件不变的情况下，经济总体的可支配收入与消费支出之间的关系。除了可支配收入变化外，当其他因素变化时总消费函数将发生移动。有两个主要的因素将会引起总消费函数发生移动：预期未来可支配收入的变化和总财富的变化。

预期未来可支配收入的变化　假定你大学毕业后得到一份非常满意、薪水也不错的工作，但是只有等到9月份才能拿到薪水。也就是说你的可支配收入没有增加。尽管如此，你很有可能现在就增加对最终产品和服务的支出——可能会去购买比原先计划更好的职业装，因为你知道马上就可以获得收入。

反过来，假设你有一份相当不错的职业，但是你获悉公司正计划削减你所在部门的人员，你失业的可能性大大增加，你将不得不去接受一份其他低薪工作。尽管你的可支配收入还没有减少，你可能已经在削减开支以备将来不测。

这两个事例说的都是未来预期的可支配收入变化影响了消费支出。图 26－5 中的两个图描述的是可支配收入和消费支出之间的关系，表现的是预期未来可支配收入变化如何影响消费支出。在图 26－5 中，CF_1 表示的是初始的总消费函数。图 26－5（a）表现的是好消息的影响，也就是消费者预期未来可以获得比过去更高的可支配收入。

在任一给定的当前可支配收入 YD 的水平上，消费者当前的支出将增加，这会引起总自发消费支出 A 增加，从 A_1 移动到 A_2。结果总消费函数从 CF_1 上移到 CF_2。图 26－5（b）表现的是坏消息的影响，也就是消费者预期未来可以获得的可支配收入要少于过去。在任一给定的当前可支配收入水平上，消费者当前的支出 YD 将减少，这会引起总自发消费支出 A 减少，从 A_1 降低到 A_2。由此造成的影响将推动总消费函数从 CF_1 下移到 CF_2。

在 1956 年出版的一本著名的著作《消费函数理论》（*A Theory of the Consumption Function*）中，米尔顿·弗里德曼提出考虑到预期未来收入的影响后，可以解释消费者行为中令人费解的现象。如果观察任一给定年份中的消费支出，我们发现，高收入人群比低收入人群对收入的储蓄更多。（这是从图 26－4 中得出的明显结论：最高收入人群只是花费收入中的很小部分；而最低收入人群的支出则超过其收入。）你可能会认为，这意味着总储蓄率会随着经济增长和平均当期收入的增加而上升，然而，事实上这并没有发生。

弗里德曼指出，当我们观察一个特定年份的个人收入时，当前和预期未来收入之间存在系统性差异，这就在当前收入与储蓄率之间建立起了正相关关系。一方面，低收入人群往往年复一年生活艰难。例如，他们可能是被解雇的工人，但最终可能会找到新的工作。他们预期未来的收入高于他们目前的收入，所以低储蓄甚至负储蓄对他们有些意义。另一方面，某一年获得高收入的人往往会有一个非同寻常的好光景，例如，他们的投资碰巧特别好。他们预期未来的收入会低于目前的收入，所以将意外获得的大部分收入储蓄起来是合理的。

相反，当经济增长时，当前和预期未来收入都会一起增长。当期收入较高往往会导致当前更高的储蓄，但更高的预期未来收入往往会导致当前储蓄减少。因此，当期收入和储蓄率之间存在较弱的相关关系。

弗里德曼认为，消费支出最终主要取决于人们能够预期的长期收入，而不是他们的当前收入。这种说法被称为永久性收入假说。

总财富的变化　设想玛丽亚和马克两个人有望今年赚 30 000 美元。然而，假设他们有不同的个人经历。玛丽亚在过去 10 年中一直工作稳定，拥有自己的住房，还有 200 000 美元银行存款。马克与玛丽亚同龄，但他的工作一直不稳定，时常失业，也没有努力买一套房，储蓄很少。在这种情况下，玛丽亚有的东西，马克没有。尽管他们有相同的可支配收入，但在其他条件相同的情况下，我们预计玛丽亚用于消费的支出要多于马克。也就是说，财富对消费支出有影响。

关于家户财富对支出的影响，在解释消费者如何在支出与储蓄之间进行选择的著名的经济模型生命周期假说中得到了强调。根据这一假说，消费者的支出计划是按照一生来安排的，并不会对他们的当前收入做出反应。所以人们将试图使一生的消费平稳进行——在他们赚钱最多的时候（一般是 40～50 岁）把一部分可支配收入储蓄起来，以便积累起来的财富在他们退休后仍能派上用场。我们无意详细讨论这一假说，我们只想指出该假说说明，财富在决定消费支出方面发挥着重要作用。例如，一对积累了大量财富的中年夫妇——他们已经还清按揭贷款，而且拥有大量的股票和债券——就比一对有同样可支配收入但需要对未来进行储蓄的夫妇花在最终产品和服务上的支出要多。

因为财富影响家户消费支出，所以整个经济中财富的变化可以影响总消费函数。总财富增加，比如说股票市场繁荣，可以增加纵轴上的截距 A，即总自发消费支出水平。这就像预期未来的可支配收入增加一样，总财富增加将推动总消费函数沿着同样的方向变化。总财富下降，比如说 2008 年房价崩溃，将导致 A 减少，推动总消费函数下移。

▶ **真实世界中的经济学**

著名的首次预测失灵

大萧条创造出了现代宏观经济学，同时也诞生了现代计量经济学研究领域，这是应用统计手段对经济模型进行实证数据拟合的分析技术。总消费函数是计量经济学家们首先要研究的模型之一。毫无疑问，他们很快就经历了经济预测大失败中的第一次：第二次世界大战之后的消费支出比他们根据战前数据得到的总消费函数估计出的支出要大得多。

图 26-6 对此进行了解释。图 26-6（a）表示的是 1929—1941 年总可支配收入和消费支出的数据（用 2005 年美元度量）。一条简单的线性消费函数曲线 CF_1 看上去对这些数据拟合得非常好。所以，许多经济学家们认为这种关系在未来将持续下去。但是，图 26-6（b）描述了后来实际发生了什么。左边圆中的数据是图 26-6（a）中大萧条时期的数据。右边圆中的数据是 1946—1960 年的数据（1942—1945 年的数据不包括在内，因为第二次世界大战期间的配给阻碍了消费者的正常支出）。实线 CF_1 是用 1929—1941 年的数据拟合出来的消费函数。我们可以看出，第二次世界大战后的消费支出水平比用大萧条时期得出的两者关系所做出的预测要高得多。例如，1960 年，消费支出比用 CF_1 所做出的预测要高 13.5%。

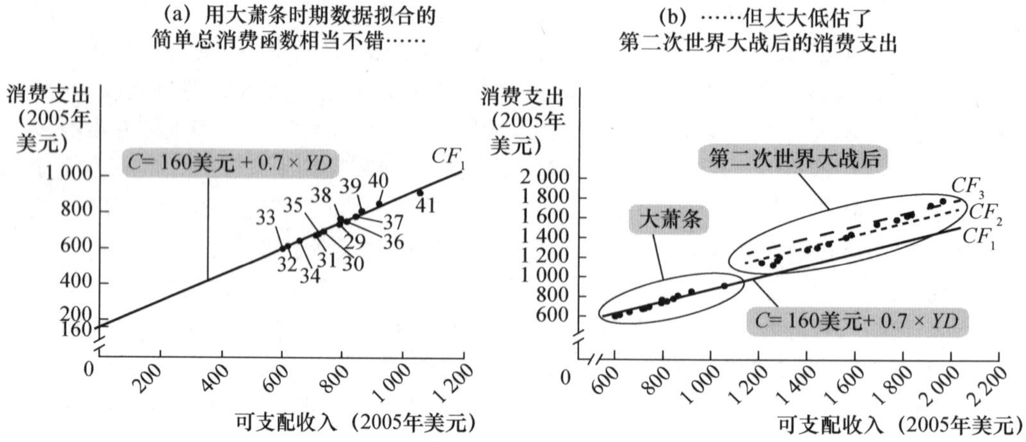

图 26-6　总消费函数随着时间的变化

资料来源：Bureau of Economic Analysis.

为什么从早期推出的相关关系所得出的推论是错误的呢？答案是：从 1946 年之后，预期的未来可支配收入和总财富一直处在上升之中。消费者也逐渐相信大萧条不会出现，第二次世界大战之后的经济繁荣将持续下去。同时，财富也在不断增加。正像图 26-6（b）中的虚线 CF_2 和 CF_3 所表示的那样，预期未来可支配收入和总财富的增加推动了总消费函数曲线多次向上移动。

在宏观经济学中，失败——不管是经济政策还是经济预测——经常会导致理论研究的进步。总消费函数早期阶段对第二次世界大战之后消费支出预测的尴尬结果使我们对消费者行为的理解取得了显著的进步。

及时复习

- 消费函数表现的是单个家户当前可支配收入与其消费支出之间的关系。
- 总消费函数表现的是一个经济体整体可支配收入和消费支出之间的关系。预期未来可支配收入的变化和总财富的变化会引起该函数发生移动。

小测验 26－2

1. 假定一个经济体由三名成员组成，阿格里尼亚、费里西亚和马瑞娜。表中数据列出的是当他们的当前可支配收入增加 10 000 美元时，他们的消费支出的变化情况。

a. 推导出每个人的消费函数，*MPC* 可用当前可支配收入变化 10 000 美元来计算。

b. 推导总消费函数。

当前可支配收入（美元）	消费支出（美元）		
	阿格里尼亚	费里西亚	马瑞娜
0	8 000	6 500	7 250
10 000	12 000	14 500	14 250

2. 假定由于资本市场存在问题，消费者无法借贷和储蓄。这对于预期未来可支配收入变化对消费的影响意味着什么？

26.3 投资支出

尽管消费支出远大于投资支出，但投资支出的扩张与收缩往往会引导着经济周期的起伏。图 26－7 表现了这一点。该图表现的是美国 1973—2009 年 6 次经济衰退中实际投资支出和消费支出年度变化率的情况。我们可以看出，投资支出的波动要比消费支出剧烈得多。此外，由于存在乘数过程，经济学家们相信消费支出的下降是由投资支出下降所导致的衰退的结果。我们稍后就要讨论投资支出的下降如何通过乘数导致了消费支出的下降。

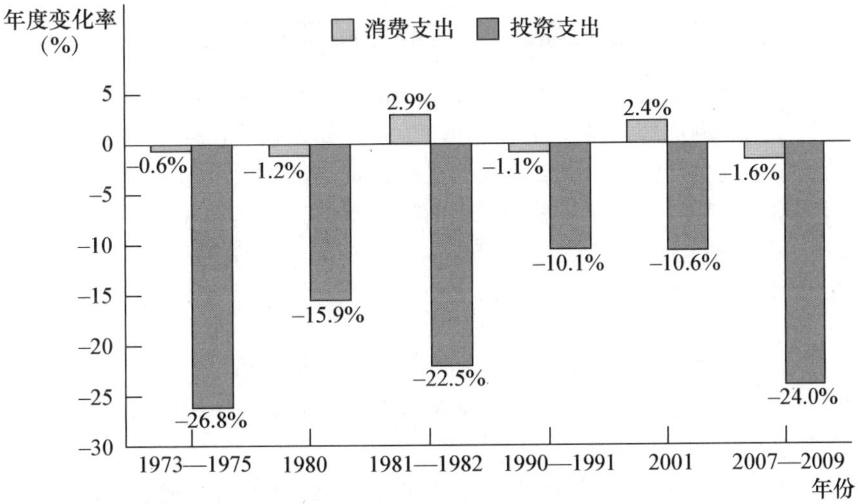

图 26－7　消费支出和投资支出的波动

图中的柱状图表现的是最近 6 次衰退中消费支出和投资支出的年度变化率。从柱的长短变化可以看出投资支出的变化要比消费支出大得多。这种变化形式使许多经济学家相信，新的衰退是随着投资支出下降而发生的。

资料来源：Bureau of Economic Analysis.

计划投资支出是在一定时期内企业计划进行的投资。

在继续这些内容之前，我们先分析决定投资支出的因素，这与决定消费支出的因素有所不同。其中最重要的是利率和预期未来的实际 GDP 水平。我们也会再次用到第 25 章中所提到的情形：企业实际实施的投资支出水平并不是它们计划要进行的投资水平。**计划投资支出**（planned investment spending）是在一定时期内企业计划进行的投资。计划投资支出水平取决于三个主要影响因素：利率水平、未来实际 GDP 的预期和当前的生产能力。我们首先来讨论利率的影响。

□ 26.3.1 利率和投资支出

利率以一种特定的方式对投资支出产生最明显的影响：购买居民建筑即住宅的支出。原因很简单：房屋建筑商只建造他们认为可以售出的房子，当利率处在低水平时，房子相对更便宜，所以更可能售出。

考虑一个潜在购房家庭需要借 150 000 美元买一个房子。在利率为 7.5%时，30 年房贷意味着每月月供 1 048 美元。但是，如果利率为 5.5%，每月月供将只有 851 美元，房子更加实惠。正如在“真实世界中的经济学”专栏中所描述的，利率实际上确实从 20 世纪 90 年代末的 7.5%下降到了 2003 年的 5.5%，这有助于触发本章开篇案例中描述的巨大的房地产繁荣。

利率也影响了其他形式的投资支出。只有当项目收益大于或等于企业为该项目融资必须付出的成本时，它们才会进行这个投资支出项目。正如从第 25 章我们所知道的，如果利率水平提高，由于符合投资条件的项目减少，投资也会减少。

你可能认为一个企业面临着的不同权衡选择是企业用过去的利润而不是借款来为自己的项目提供资金。用于投资支出的过去的利润被称为留存收益。但是，即使企业使用留存收益来支付投资支出，在决定是否对项目提供投资方面仍然存在权衡，因为企业必须考虑其资金贷出的机会成本。例如，企业不去购买新的设备，而是把资金贷出来获得利息。使用留存收益来为投资项目融资的机会成本就是所放弃的利息。

所以，当企业使用留存收益而不是借款来对投资项目融资时，企业面临着的比较项目收益率和市场利率之间的权衡并没有变化。这意味着，不论企业是通过借款还是留存收益来满足投资支出的资金需要，市场利率的提高都会使任一投资项目变得越来越无利可图。相反，市场利率的降低使得原先无利可图的项目现在变得可行了，原来无法获得资金的一些项目现在也能获得资金。

所以，计划投资支出，也就是企业自愿决定是否进行的投资项目的支出，与利率是负相关的。当其他情况不变时，利率水平提高将导致计划投资支出下降。

□ 26.3.2 未来实际 GDP 的预期、生产能力和投资支出

假设企业有足够的生产能力满足当前产品销售要求，但是未来销售预期并不会增加。那么，企业的投资仅限于置换磨损或被新技术所淘汰的机器设备和厂房。但是，如果企业预期在未来销售会迅速增长，其目前的生产能力不足以满足未来的生产需要，那么企业会进行投资支出以满足未来的生产需要。这意味着，其他条件不变，当产品销售预期增加时，企业将进行更多的投资支出。

现在假定企业目前有多余的生产能力满足当前的生产需要，这时即使预期销售会增长，企业也不会增加投资——企业一直会等到销售的增长消化了多余的生产能力。这表明了如下事实，在其他情况不变时，当前的生产能力对投资支出有消极的影响：在其他情况不变时，当前的生产能力越高，投资支出水平越低。

如果我们把预期未来销售增长对投资支出的影响与当前的生产能力放在一起，我们就能合理确定企业在什么情况下会保持高水平的投资支出，那就是销售增长得非常快的时候。在这种情况下，企业多余的生产能力很快就能得到完全利用，所以企业会重新增加投资。

未来销售高增长预期用什么指标来表示呢？就是实际 GDP 的预期高增长率。未来实际 GDP 的预期增长率越高，引致的投资支出水平越高；同样，未来实际 GDP 的预期增长率越低，也会引致低水平投资支出。把这种关系总结成定理就是所谓的**加速原理**（accelerator principle）。正如我们将在“真实世界中的经济学”专栏中所解释的那样，2006 年，当未来实际 GDP 的预期增长为负的时候，计划投资支出——特别是住宅投资支出——下降，导致经济加速滑入衰退。一般情况下，在低投资支出时期，加速原理在投资支出下降中发挥着重要作用。

> 根据**加速原理**，实际 GDP 增长率越高，引致的计划投资支出水平越高，实际 GDP 增长率越低，引致的计划投资支出水平也越低。

□ 26.3.3 存货和非计划的投资支出

大多数企业都有**存货**（inventory），也就是为满足未来销售而持有的产品存量。企业有存货，所以能马上满足购买者的需要——消费者能够买到货架之外

> **存货**是为满足未来销售而持有的产品存量。

的产品而不是等待产品的生产。另外，企业也经常保有投入要素的存货，目的是保证它们有源源不断的必要原材料和零部件。2014 年第二季度末，美国经济中全部的存货价值估计为 17 000 亿美元，超过该年 GDP 的 10%。

正如我们在第 22 章已经解释过的那样，企业增加存货是投资支出的一种形式。例如，美国汽车行业每个月生产 800 000 辆汽车，但只销售了700 000 辆，多出来的 100 000 被存放在汽车公司或经销商的仓库中，准备将来销售。**存货投资**（inventory investment）是在一定时期内一个经济体总存货价值的变化。与其他形式的投资支出不同，存货投资实际上可以为负。例如，汽车公司在一个月内减少它的存货，那么我们说它的存货投资为负。

> **存货投资**是在一定时期内一个经济体总存货价值的变化。

为了理解存货投资，可以想一下超市中管理人员储存罐头类食品的情形。管理人员总是把商店仓库中的存货放满，这样售货员总是能找到他们想要的东西。但是管理人员又不想使货架上放得太多，因为货架的空间有限而且产品也容易腐坏。许多企业有类似的考虑，所以它们的管理人员要认真对待存货问题。可是销售处在波动之中，企业并不总是能精确预测销售数量，所以它们经常发现它们的存货要么过多，要么过少。这种由于未预期到销售的变化而引起的存货波动被称为**非计划的存货投资**（unplanned inventory investment）。它表示的投资支出不管为正还是为负，都是未被预计到的。

所以，在任何时期，**实际投资支出**（actual investment spending）等于计划投资支出加上非计划的存货投资。我们用 $I_{非计划}$ 表示非计划的存货投资，$I_{计划}$ 代表计划投资支出，I 代表实际投资支出，那么三者之间的关系可表示如下：

> **非计划的存货投资**产生于实际销售数量与企业预期不同的时候，导致了存货的非计划变动。
>
> **实际投资支出**等于计划投资支出加上非计划的存货投资。

$$I=I_{非计划}+I_{计划} \tag{26-10}$$

为了理解非计划的存货投资是如何发生的，我们继续以汽车工业为例并做如下假设：第一，在知道实际销售量之前，企业每个月必须事先决定汽车产量；第二，如果预期到下个月汽车销售量为 800 000 辆，企业计划既不增加也不减少目前的存货水平，在这种情况下它将按销售量预期正好生产 800 000 辆汽车。

现在假定下个月汽车的销售量低于预期，只有 700 000 辆。结果剩下的 100 000 辆汽车将被作为非计划的存货投资增加到投资支出中。

当然汽车工业将最终根据销售量的缓慢下降做出调整，非计划的存货投资也会随之做出调整。为了减少存货，企业很可能削减下个月的产量。事实上，研究宏观经济学的经济学家们为预测经济的未来走势，对存货水平会予以高度关注。存货水平的提高一般表明一个经济体中非计划的存货投资在增加，经济增长在放慢，因为销售的增长慢于预期值。存货水平的下降一般表明非计划的存货投资在减少，经济增长在加速，因为销售的增长快于预期值。在下一节中，我们将看到生产如何根据销售和存货的波动做出调整，以使最终产品和服务的实际生产数量等于愿意购买它们的数量。

▶ **真实世界中的经济学**

利率和美国房地产市场的繁荣

在本章开始所描述的迈尔斯堡地区房地产市场的繁荣是美国整体房地产市场繁荣的一个局部。毫无疑问，这次房地产热潮是由低利率引起的。

图 26－8 所示为 1995—2014 年美国 30 年期住房抵押贷款——借钱买房的传统方式——的利率和每月住房建设开工的数量。图 26－8（a）所示为住房抵押贷款利率，从中可以获得利率下跌的基本概念。在 20 世纪 90 年代后半段，住房抵押贷款利率一般为 7%～8%，到了 2003 年时，下降至 5%～6%。在很大程度上，这些低利率是联邦储备银行政策作用的结果：为应对 2001 年经济衰退，美联储降低利率，一直继续削减至 2003 年，主要是出于担心经济复苏太弱，以至无法产生持续的就业增长。

低利率导致住宅投资支出大幅增加，反映在住房建设开工数量激增上，如图 26－8（b）所示。投资支出的上升带动了整体经济扩张，既有投资的直接影响，也通过乘数过程发挥作用。

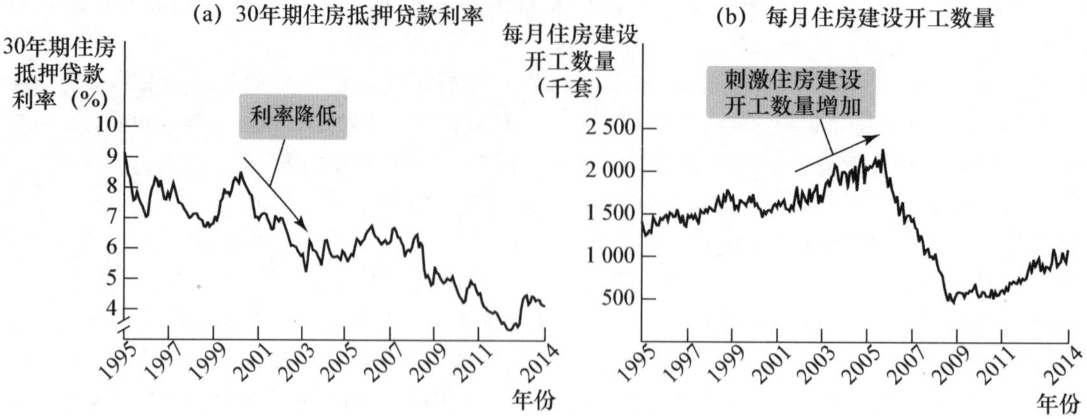

图 26-8　利率和美国房地产市场繁荣

遗憾的是，房地产市场的繁荣最终到了头。2006 年，美国房地产市场很明显正在经历泡沫：人们购买住房是基于未来房价上涨的不切实际的期望。当泡沫破灭时，住房价格和美国经济开始下滑。下滑如此严重，当美联储将联邦基金利率降至零，2009 年年初住房抵押贷款利率下降到低于 5%时，房地产市场才开始稍微稳定。2013 年极低的抵押贷款利率导致 2014 年房价开始显著上升，但仍然远远低于繁荣时的水平。

及时复习

● 计划投资支出与利率之间是负相关关系，与未来实际 GDP 的预期成正相关关系。根据加速原理，计划投资支出与未来实际 GDP 的预期增长率是正相关的。

● 企业保有存货是为了应付未来销售的需要。存货投资是投资支出的一种形式，可以为正，也可以为负。

● 当实际销售额多于或少于预期值时，非计划的存货投资就会发生。实际投资支出等于计划投资支出加上非计划的存货投资。

小测验 26-3

1. 解释如下事件是计划投资支出还是非计划的存货投资的变化，变化方向如何。

a. 消费支出出现未预期到的增加。

b. 企业借款的成本大幅度提高。

c. 实际 GDP 的增长率大幅增加。

d. 销售出现未预期到的下降。

2. 从历史数据来看，投资支出出现极度扩张和下降的情形要多于消费支出，你认为为什么会这样？（提示：请考虑边际消费倾向和加速原理。）

3. 消费需求在 2007 年后期出现萎靡不振，经济学家们担心存货过量——整个经济中非计划的存货投资处在高位水平上——将影响经济复苏的速度。请解释为什么存货过量也就是说存在过多的生产能力会压抑经济活动。

26.4　收入-支出模型

在本章开篇案例中我们叙述了支出的自主变化——房地产泡沫破灭导致支出下降——通过多个乘数过程放大了对实际 GDP 的影响。在本节我们将对这一多阶段过程做进一步的分析。我们将看到，围绕实际 GDP

变化的乘数过程伴随着企业产出水平的变化——企业根据它们的存货变化做出调整。我们也将理解为什么存货在短期宏观经济模型中发挥着核心作用，以及为什么当经济学家们试图明白经济未来可能出现的状况的时候，他们会如此关注企业存货的变化。

在开始前，我们快速复习一下关于乘数过程的假定：

（1）总支出变化导致总产出变化。我们假定生产者在一个固定的价格水平上愿意增加产量。因此支出变化转化为产出变化而不是价格水平的上升或下降。固定的总体价格水平也意味着名义 GDP 和实际 GDP 之间没有差异，所以，我们会交替使用这两个概念。

（2）利率水平是固定的。我们假定利率预先决定，不受我们所使用的模型中的因素影响。与总体价格水平一样，我们这样做实际上是把利率的决定置于模型之外。稍后我们将看到，这一模型仍然可以被用于对利率变化效应的讨论。

（3）税收、政府转移支付与政府购买都为零。

（4）进口和出口都为零。

在后续各章中，我们将放弃总体价格水平是固定的假设。在第 28 章附录中，我们将解释税收对乘数过程的影响。我们将在第 30 章中解释利率的决定，在第 34 章中引入国际贸易。

□ 26.4.1 计划总支出和实际 GDP

在没有政府和国际贸易的经济体中，总需求只有两个组成部分：消费支出 C 和投资支出 I。因为我们已经假定没有税收和政府转移支付，所以总可支配收入就等于 GDP（因为总体价格水平是固定的，所以也与实际 GDP 相同）：最终产品和服务的总价值最终都会成为家户的收入。所以，在这个高度简化的经济体中，国民收入核算有两个基本等式：

$$\mathrm{GDP}=C+I \qquad (26-11)$$

$$YD=\mathrm{GDP} \qquad (26-12)$$

在前面章节中我们已经学过，总消费函数表示的是可支配收入和消费支出之间的关系。我们继续假定总消费函数采取如下形式：

$$C=A+MPC\times YD \qquad (26-13)$$

在我们的简化模型中，我们也将假定计划投资支出 $I_{计划}$ 是固定不变的。

在把这些模型放在一起之前我们还要定义更多的概念：**计划总支出**（planned aggregate spending），也就是经济体中计划支出的总的数量。与企业不同，家户没有像非计划的存货投资一样的未预期的行为。所以计划总支出等于消费支出和计划投资支出之和。我们用 $AE_{计划}$ 表示计划总支出，那么：

$$AE_{计划}=C+I_{计划} \qquad (26-14)$$

> **计划总支出**也就是经济体中计划支出的总的数量。

某一年计划总支出水平依赖于该年实际 GDP 水平。想知道为什么，我们来看表 26-2 给出的具体事例。我们假定总消费函数为：

$$C=3\,000+0.6\times YD \qquad (26-15)$$

在表 26-2 中，实际 GDP，YD，C，$I_{计划}$ 和 $AE_{计划}$ 都是以 10 亿美元来表示，我们假定计划的投资水平 $I_{计划}$ 每年为5 000 亿美元。第 1 列表示的是实际 GDP 可能的水平；第 2 列表示的是可支配收入 YD，在我们这个简化模型中，它等于实际 GDP；第 3 列表示的是消费支出 C，等于 3 000 亿美元再加上 0.6 乘以可支配收入；第 4 列表示的是计划投资支出 $I_{计划}$，不管实际 GDP 水平如何，我们假定它等于 5 000 亿美元，最后一列表示的是计划总支出水平 $AE_{计划}$，它等于总消费支出水平 C 与计划投资水平 $I_{计划}$ 之和。我们可以看出，实际 GDP 水平越高，带来的可支配收入 YD 也越大，每增加 5 000 亿美元 GDP 将使 YD 提高 5 000 亿美元，这又会导致 C 增加 5 000 亿美元×0.6=3 000 亿美元，也就是计划投资 $I_{计划}$ 增加 3 000 亿美元。

表 26-2 单位：10 亿美元

GDP	YD	C	$I_{计划}$	$AE_{计划}$
0	0	300	500	800
500	500	600	500	1 100
1 000	1 000	900	500	1 400
1 500	1 500	1 200	500	1 700
2 000	2 000	1 500	500	2 000
2 500	2 500	1 800	500	2 300
3 000	3 000	2 100	500	2 600
3 500	3 500	2 400	500	2 900

图 26-9 是基于表 26-2 的信息画出的图形。实际 GDP 表示在横轴上，CF 是总消费函数，表示的是消费支出如何受实际 GDP 的影响，$AE_{计划}$ 是计划总支出曲线，相当于总消费函数曲线向上移动 5 000 亿美元（$I_{计划}$ 的数量），表示的是计划总支出如何受实际 GDP 的影响，该曲线的斜率为 0.6，也就是边际消费倾向 MPC。

从表 26-2 中还可以看出实际 GDP 的一个特别之处。只有当实际 GDP 等于 20 000 亿美元的时候，计划总支出 $AE_{计划}$ 才正好等于对应的实际 GDP 水平，在其他任何水平都不相等，这可能吗？我们在第 22 章循环流向图中不是学过一个经济体对最终产品和服务的总支出应该等于最终产品和服务的总价值吗？答案是，从短期来看，计划总支出不一定等于实际 GDP，因为存在非计划总支出——非计划的存货投资 $I_{非计划}$。

正如我们将在下一节中看到的，经济随着时间的推移会到达一种不存在非计划的存货投资的状态，也被称为收入-支出均衡的状态。当这种状态实现的时候，对最终产品和服务的计划总支出等于总产出价值。

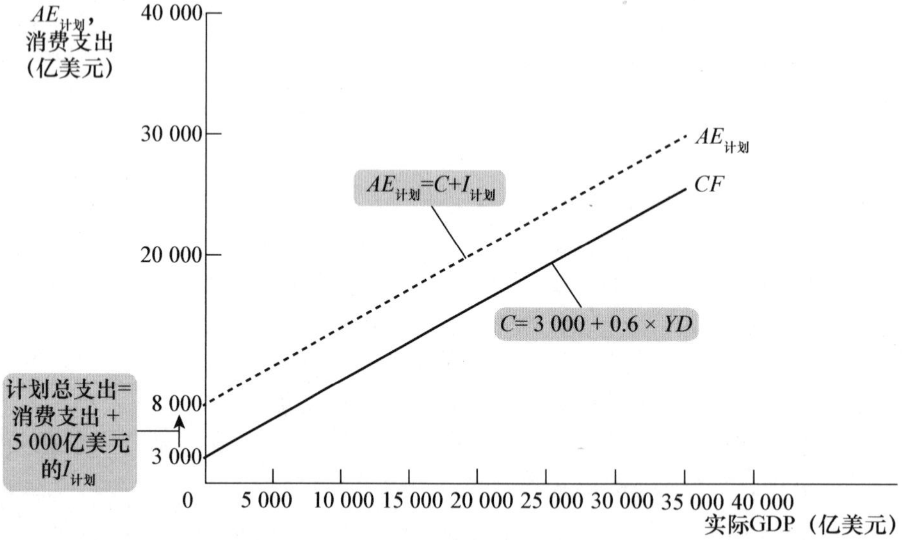

图 26-9 总消费函数和计划总支出

下面的线 CF 是根据表 26-2 的数据得出的总消费函数。上面的线 $AE_{计划}$ 是计划总支出曲线，也是从表 26-2 中的数据得出的，它等于总消费函数向上移动 5 000 亿美元，即计划总支出的数量 $I_{计划}$。

□ 26.4.2 收入-支出均衡

在表 26-2 中列出的实际 GDP 数值中，除了一个值以外，其他的值要么大于要么小于消费支出与计划投资支出相加的和 $AE_{计划}$ 的值。例如，当实际 GDP 等于 10 000 亿美元时，消费支出 C 为 9 000 亿美元，计划投资支出为 5 000 亿美元，计划总支出水平为 14 000 亿美元，这比实际 GDP 多 4 000 亿美元。我们再来看，当实际 GDP 等于 25 000 亿美元时，消费支出等于 18 000 亿美元，计划投资支出为 5 000 亿美元，计划总支出为 23 000 亿美元，比实际 GDP 少 2 000 亿美元。

我们已经解释过，当一个经济体存在非计划的存货投资 $I_{非计划}$ 的时候，计划总支出与实际 GDP 并不相等。表 26－3 中包括了表 26－2 中实际 GDP 的数值和计划总支出的数值，也包括了非计划的存货投资 $I_{非计划}$ 的数值，即实际 GDP 的数值和计划总支出的差额。例如，当实际 GDP 等于 25 000 亿美元时，计划总支出仅为 23 000 亿美元，实际 GDP 超过 $AE_{计划}$ 的 2 000 亿美元中一定包括正的非计划的存货投资。这只能发生在企业过高估计产品销售量，以至生产过多导致存货非预期增加的情况下。一般来说，当实际 GDP 超过 20 000 亿美元时，企业生产的产品多于消费者或其他企业想要购买的产品数量，所以才会出现非计划的存货投资增加。

相反，当实际 GDP 水平低于 20 000 亿美元时，计划总支出的值大于实际 GDP 的值。例如，当实际 GDP 为 10 000 亿美元时，计划总支出为更大的 14 000 亿美元。$AE_{计划}$ 比实际 GDP 多出 4 000 亿美元，相应的非计划的存货投资为－4 000 亿美元。更一般地说，当实际 GDP 低于 20 000 亿美元时，企业低估销售量导致出现非计划的存货投资减少，导致经济中非计划的存货投资的水平为负值。

表 26－3　　　　单位：10 亿美元

实际 GDP	$AE_{计划}$	$I_{非计划}$
0	800	－800
500	1 100	－600
1 000	1 400	－400
1 500	1 700	－200
2 000	2 000	0
2 500	2 300	200
3 000	2 600	400
3 500	2 900	600

把式（26－10）、式（26－11）和式（26－14）放在一起，我们就可以总结出实际 GDP、计划总支出和非计划的存货投资之间的一般关系了：

$$\begin{aligned} GDP &= C + I \\ &= C + I_{计划} + I_{非计划} \\ &= AE_{计划} + I_{非计划} \end{aligned} \tag{26-16}$$

每当实际 GDP 大于 $AE_{计划}$ 的时候，$I_{非计划}$ 为正，每当实际 GDP 小于 $AE_{计划}$ 的时候，$I_{非计划}$ 为负。

但是，公司将会采取行动纠正它们的错误。我们已经假定它们不会改变价格，而是会调整产量。具体来说，如果它们的非计划的存货投资过多，它们将削减产量；如果非计划的存货投资过少，它们将增加产量。通过这些行动，企业最终将会消除存货的非预期变化，推动经济到达实际 GDP 和计划总支出相等的点。

就以我们所举的事例来说明，如果实际 GDP 是 10 000 亿美元，非计划的存货投资的下降将会推动公司增加生产，实际 GDP 也会增加。事实上，每当 GDP 少于 20 000 亿美元时，这种调整就会发生，也就是每当实际 GDP 比计划总支出小的时候。相反地，如果实际 GDP 是 25 000 亿美元，非计划的存货投资的增加将推动企业减少生产，实际 GDP 也就随之下降，每当实际 GDP 比计划总支出多的时候这种调整就会发生。

企业唯一不想在下一时期改变产量的情形是当前总产出水平（用实际 GDP 来衡量）等于计划总支出水平的时候，这一结果就是所谓的**收入-支出均衡**（income-expenditure equilibrium）。在表 26－3 中，当实际 GDP 为 20 000 亿美元时，也就是非计划的存货投资为零时，收入-支出均衡得以实现。从此以后，我们将把收入-支出均衡时的实际 GDP 表示为 Y^*，称之为**收入-支出均衡 GDP**（income-expenditure equilibrium GDP）。

> **收入-支出均衡**是当用实际 GDP 衡量的总产出水平等于计划总支出时一个经济体实现的状态。
>
> **收入-支出均衡 GDP** 是指当实际 GDP 等于计划总支出时的 GDP 水平。

图 26－10 通过图形解释了收入-支出均衡的概念。实际 GDP 标示在横轴上，

第26章　收入和支出

计划总支出 $AE_{计划}$ 标示在纵轴上。图中有两条曲线，实线表示的是计划总支出曲线，它表示的是等于 $C+I_{计划}$ 的 $AE_{计划}$ 如何受到实际 GDP 的影响。该线的斜率，也就是边际消费倾向 MPC，等于 0.6，纵轴的截距为 $A+I_{计划}$（3 000 亿美元＋5 000 亿美元＝8 000 亿美元）。虚线（经常被称为 45 度线）从原点出发，斜率等于 1，表示的是所有等于实际 GDP 的总支出水平的可能点。

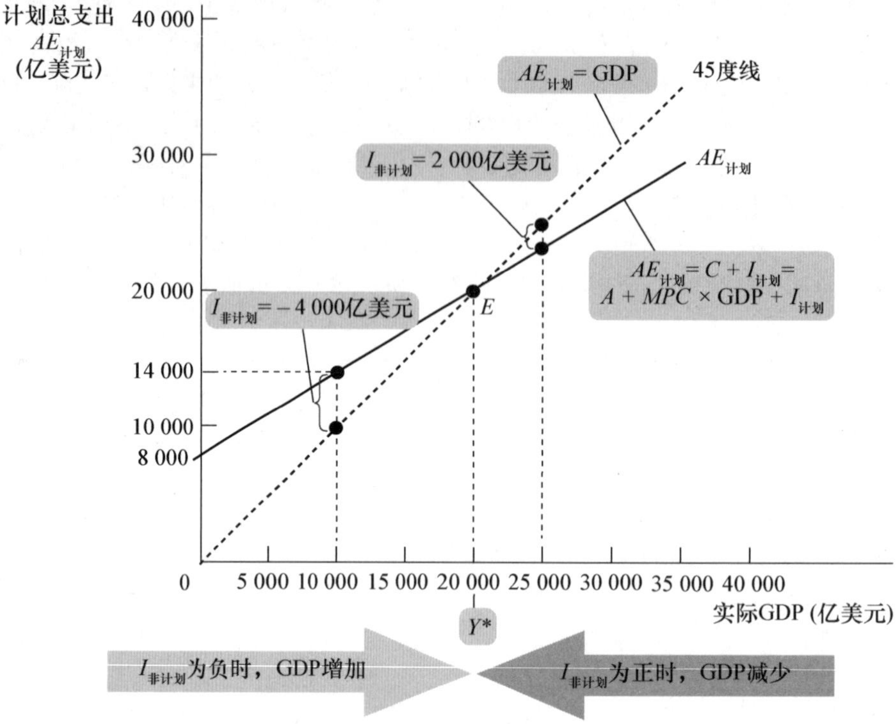

图 26-10　收入-支出均衡

收入-支出均衡在 E 点实现。在该点处，计划总支出曲线 $AE_{计划}$ 穿过 45 度线。在 E 点处，经济体产生的实际 GDP 每年为 20 000 亿美元，这也是实际 GDP 等于计划总支出 $AE_{计划}$，非计划的存货投资 $I_{非计划}$ 等于零的唯一一点。收入-支出均衡 GDP 为 Y^*。凡是小于 Y^* 的实际 GDP，$AE_{计划}$ 的值大于实际 GDP 的值，那么，非计划的存货投资 $I_{非计划}$ 为负，企业将增加产量；凡是大于 Y^* 的实际 GDP，实际 GDP 的值大于 $AE_{计划}$ 的值，那么非计划的存货投资 $I_{非计划}$ 为正，企业将减少产量。

该线可以使我们很容易地确定收入-支出均衡点，该点一定位于 45 度线和计划总支出线上。所以，收入-支出均衡点位于 E 点上，也就是两条线相交的点。收入-支出均衡 GDP 即 Y^* 等于 20 000 亿美元，这与我们在表 26-3 中得到的结果相同。

现在我们来考虑如果经济不在收入-支出均衡状态会发生什么。从图 26-10 中我们可以看出：每当实际 GDP 小于 Y^* 的时候，计划总支出线在 45 度线之上，$AE_{计划}$ 超过了实际 GDP。在这种情况下，$I_{非计划}$ 为负，从图中我们可以看出，当实际 GDP 为 10 000 亿美元时，$I_{非计划}$ 为－4 000 亿美元。因此，实际 GDP 将增加。相反，每当实际 GDP 大于 Y^* 的时候，计划总支出线在 45 度线之下，$AE_{计划}$ 为正，从图中我们可以看出，当实际 GDP 为 25 000 亿美元时，$I_{非计划}$ 为 2 000 亿美元。未预期到的存货积累导致实际 GDP 下降。

图 26-10 显示的图形类型表明了收入-支出均衡为计划总支出线穿过 45 度线的点，这在经济思想史中占有特殊的位置，这是著名的**凯恩斯交叉图**（Keynesian cross）。它由 20 世纪最伟大的经济学家之一保罗·萨缪尔森提出（诺贝尔奖获得者之一），以此解释了约翰·梅纳德·凯恩斯（宏观经济学创始人）的思想。

凯恩斯交叉图是指用图形说明收入-支出均衡位于计划总支出线穿过 45 度线的点上。

□ 26.4.3　乘数过程和存货调整

我们刚刚学习了宏观经济学中非常重要的内容：当家户和企业计划支出与企业当前总产出不相等时，经济将有一个自我调整的过程，推动实际 GDP 向与计划总支出相等的点变动。这种自我调整机制是通过存货来实施的，这就是为什么我们前面提到存货的变化被视为一个经济未来变化态势的先行指标。

既然我们已经知道了实际 GDP 移动如何实现与给定的计划总支出水平相适应的收入-支出均衡水平，那么我们现在转向讨论当计划总支出线移动时会发生什么。经济如何从初始的收入-支出均衡点移到新的收入-支出均衡点呢？什么会成为改变计划总支出的原因呢？

在我们的简化模型中，有两个因素可能改变计划总支出：计划投资支出 $I_{计划}$ 的变化，总消费函数 *CF* 的变化。举例来说，当利率水平改变时，$I_{计划}$ 就会发生变化（请记住，我们假定利率是被模型之外的因素决定的。但是当利率改变的时候，我们仍然能问发生了什么）。总消费函数的变化（也就是它在纵轴的截距 *A* 的变化）可以由总财富的改变引起，比如说住房价值的提高。当计划总支出线移动的时候——在任何给定的实际 GDP 水平上，计划总支出水平发生改变——计划总支出将发生自发变化。

在本章早前我们已经学过，计划总支出的自发变化是指在任一给定的实际 GDP 水平上，企业、家户和政府的自愿支出改变了（虽然我们暂时已经假定不存在政府）。那么，计划总支出的自发变化如何影响收入-支出均衡的实际 GDP 水平呢？

表 26－4 和图 26－11 中使用的数据与我们在表 26－3 和图 26－10 中使用的完全相同。它们也表现了当计划总支出自发增加 4 000 亿美元时产生的影响，也就是在每一个实际 GDP 水平计划总支出都增加 4 000 亿美元时会发生什么。首先看表 26－4。在计划总支出自发变化之前，计划总支出处在与实际 GDP 水平 Y^* 相等的点，等于 20 000 亿美元。在自发变化之后，Y^* 已经增加到 30 000 亿美元。同样的结果在图 26－11 中也可以看到。初始的收入-支出均衡处在 E_1 点，那里 $Y_1{}^*$ 等于 20 000 亿美元。在计划总支出自发增加后，计划总支出线上移，在 E_2 点形成了新的收入-支出均衡点，此时 $Y_2{}^*$ 等于 30 000 亿美元。

表 26－4 单位：10 亿美元

实际 GDP	$AE_{计划}$ 自发变化之前	$AE_{计划}$ 自发变化之后
0	800	1 200
500	1 100	1 500
1 000	1 400	1 800
1 500	1 700	2 100
2 000	2 000	2 400
2 500	2 300	2 700
3 000	2 600	3 000
3 500	2 900	3 300
4 000	3 200	3 600

事实上，收入-支出均衡 GDP 从 20 000 亿美元提高到 30 000 亿美元，要比计划总支出自发增加 4 000 亿美元大得多，对此同样可以用乘数过程来解释。在我们刚才描述的具体事例中，计划总支出自发增加 4 000 亿美元将导致 Y^* 从 20 000 亿美元增加到 30 000 亿美元，上升了 10 000 亿美元。因此，在这个例子中的乘数是 2.5（=10 000 亿美元/4 000 亿美元）。

我们使用图 26－11 可以对这个多阶段的乘数过程做详细分析。从 E_1 点开始，计划总支出的自发增加在计划总支出和实际 GDP 之间形成缺口。这就是 *X* 点与 E_1 点之间的垂直距离，24 000 亿美元与 20 000 亿美元之间的差。这个缺口表示的是存货投资的非计划下降，$I_{非计划}=-4\ 000$ 亿美元。企业对此的回应是增加产出，这推动了实际 GDP 从 $Y_1{}^*$ 开始提高。实际 GDP 的提高会转变为可支配收入 *YD* 的增加，这是连锁反应中的第一个阶段。但是并非到此为止——*YD* 增加推动消费支出 *C* 提高，这引发第二轮实际 GDP 增加。这又会导致可支配收入和消费支出再次增加，如此继续。而且，我们也可以做一个相反过程的思考：计划总支出自发下降也将造成实际 GDP 和消费支出形成一个下降的连锁反应。

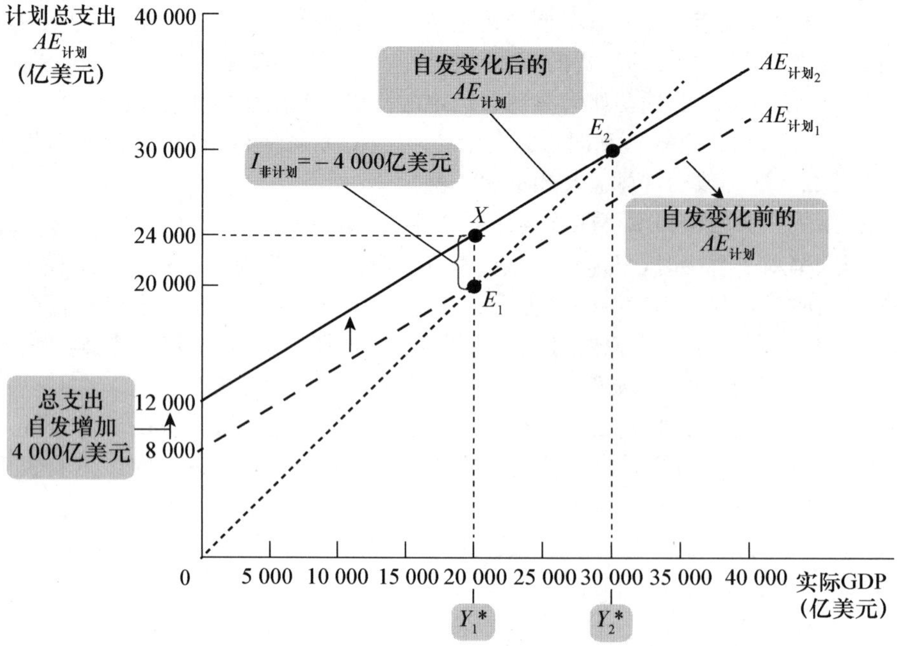

图 26-11　乘数过程

该图表明了计划总支出的自发增加引起的Y^*的变化。经济初始均衡点E_1对应的是收入-支出均衡 GDP，即$Y_1{}^*$，等于 20 000 亿美元。$AE_{计划}$自发增加 4 000 亿美元，计划总支出上移 4 000 亿美元。经济不再处在均衡状态，实际 GDP 等于 20 000 亿美元，但$AE_{计划}$现在为 24 000 亿美元，用X点表示，两条计划总支出线之间的垂直距离等于 4 000 亿美元，表示为$I_{非计划}=-4\ 000$亿美元——经济现在的存货投资为负值。企业对此的反应是增加生产，经济最终在E_2点实现新的收入-支出均衡水平，新的均衡 GDP 即$Y_2{}^*$更高，等于30 000 亿美元。

我们可以用等式对上述结果做一个总结，$\Delta AAE_{计划}$代表的是$AE_{计划}$的自发变化：

$$\begin{aligned}\Delta Y^* &= 乘数\times\Delta AAE_{计划}\\ &=[1/(1-MPC)]\times\Delta AAE_{计划}\end{aligned}\qquad(26-17)$$

我们知道，乘数系数 $1/(1-MPC)$ 大于 1，式（26－17）告诉我们，收入-支出均衡 GDP 的变化 ΔY^* 要多倍于计划总支出的自发变化 $\Delta AAE_{计划}$。这也有助于我们记住一个重要的观点：因为边际消费倾向小于 1，所以每一轮增加的可支配收入和其对应增加的消费支出要小于前面各轮。这是因为在每一轮增加的可支配收入中都有储蓄漏出。结果，虽然实际 GDP 在每一轮都增长，但是实际 GDP 在每一轮增加得都比前一轮少。在一些点上，GDP 的增加可能无法被直接观察到，经济将趋向一个新的收入-支出平衡水平 $Y_2{}^*$。

节俭悖论　你应该还记得，我们在第 21 章提到过节俭悖论，当时是用来举例说明如下事实：在宏观经济学中，许多个体的行动得到的结果完全不同于甚至逊于只是把个体行为加总起来的结果。所谓节俭悖论就是指家户和生产者对将来经济形势看坏而减少他们的支出，他们这样出于良好愿望做出的未雨绸缪的行为对经济造成的消极影响比他们不这样做造成的后果要糟糕。因为通常被认为的“善行”（储蓄有助于一个家户应付艰难时期）行为产生了“坏”的后果（因为它会使所有人的状况变糟），所以称之为悖论。

运用乘数，我们现在能完全看清这种情景是如何发生的了。假定消费支出或者投资支出下降，或两者都下降，就如同住房建设投资支出下降导致 2007—2009 年经济衰退那样。这会引致比最初支出下降数量大得多的均衡 GDP 下降。此时实际 GDP 的下降使消费者和生产者的情况比他们不削减支出时更糟。

相反地，浪费行为则有回报：如果消费者或生产者增加他们的支出，产生的乘数过程将使收入-支出均衡 GDP 以比最初支出变化值大好几倍的规模扩大。因此，浪费支出比他们谨慎花钱带给消费者和生产者的好处更多。

对我们的结果而言，把乘数定义为 $1/(1-MPC)$ 依赖于一个重要的简化假设：没有税收和政府转移支付，所以可支配收入等于实际 GDP。在第 28 章附录中，我们将会引入税收，这将使乘数表达式变得更为复杂，乘数系数本身也将变小。但是我们学习的一般原则——计划总支出的自发改变直接并且通过引致消费支出变化对收入-支出均衡 GDP 产生影响——仍然成立。

在本章前面我们已经注意到，计划投资支出的下降通常是经济衰退的主要原因。因为从历史上来看，它们是引起总支出自发减少次数最多的原因。消费函数曲线随时间变化逐渐上移的趋势，这在“真实世界中的经济学：著名的首次预测失灵”专栏中曾经提到过，说明计划投资支出和消费支出的自发变化在扩张中扮演着重要的角色。但是，不管由什么原因引起，经济中的乘数效应会放大最初改变的总支出量。

▶ 真实世界中的经济学

存货和经济衰退的结束

2001 年年底存货在乘数过程中的作用是一个非常明显的例子，因为这一年经济衰退结束了。经济衰退背后的驱动力是商业投资支出的不景气。经过几年，投资支出才以房地产热潮的方式回归。经济确实在 2001 年年底开始复苏，主要是因为增加了消费支出，特别是对如汽车之类耐用物品的支出。

最初，这一消费支出增加引起了制造商的意外惊喜。图 26－12 给出了实际 GDP、实际消费支出和实际存货 2001 年、2002 年每个季度的变化。请注意 2001 年第四季度消费支出的激增。它并没有导致大量 GDP 增长，因为它被存货下降所抵消。但在 2002 年第一季度，生产商的生产大幅增加，这导致实际 GDP 跳升。

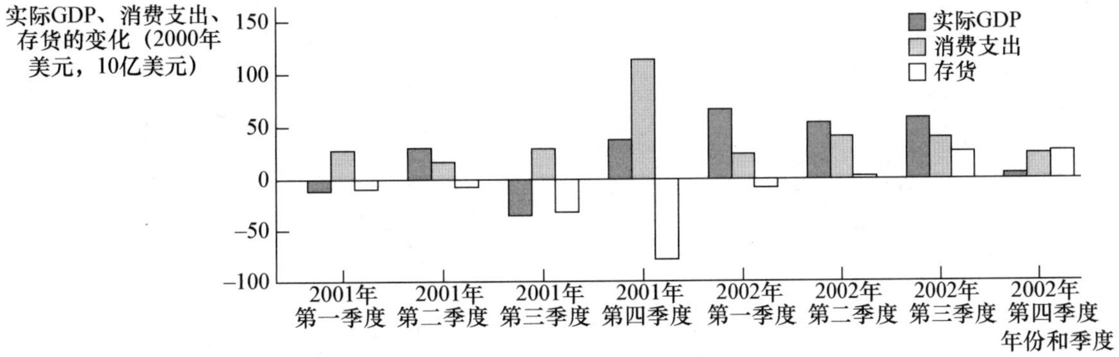

图 26－12　库存和经济衰退的结束

资料来源：Bureau of Economic Analysis.

及时复习

● 当计划总支出和实际 GDP 相等的时候，经济处在收入-支出均衡状态。

● 在任何大于收入-支出均衡 GDP 的产出水平上，实际 GDP 大于计划总支出，存货会逐渐增加。在任何小于收入-支出均衡 GDP 的产出水平上，实际 GDP 小于计划总支出，存货会逐渐下降。

● 当计划总支出自发改变之后，通过存货调整，经济将移动到一个新的收入-支出均衡点上，如凯恩斯交叉图所示。因为乘数效应，收入-支出均衡 GDP 的变化量是总支出自发变化量的几倍。

小测验 26－4

1. 虽然经济学家相信衰退一般开始于投资支出的下降，但他们也相信消费支出会在衰退期间最终下降。请解释这是为什么。

2. a. 采用像图 26－10 那样的图来表示当计划总支出自发下降时会发生什么。请描述经济如何调整到一个新的收入-支出均衡状态。

b. 假设 Y^* 初始时为 5 000 亿美元，计划总支出自发减少了 3 亿美元，在 $MPC=0.5$ 时，计算变化之后的 Y^* 的值。

▶ 企业案例

利好美国的事情也利好通用汽车

2009年，因为经济快速下滑，美国政府采取了许多措施，其中一些是有很大争议的。其中最有争议的是决定用纳税人的资金救助通用汽车，该公司正徘徊在破产的边缘。为了保持公司能继续经营，美国政府给该公司提供495亿美元的贷款，这些贷款随后被转换成股票，政府临时持有该公司61%的所有权。

通用汽车公司在其鼎盛时期曾经是美国的标志，优势明显，在20世纪50年代，公司总裁曾被提名为国防部长，曾声称公司和国家的任何利益冲突都是不可想象的："我认为，利好美国的事情也利好通用汽车，反之亦然。"

2009年，通用汽车的命运与美国的命运似乎并没有交织在一起。然而，紧急救援的关键在于相信通用汽车的问题不完全是由自己造成的，该公司面临困境是因为美国经济也陷入困境，国家复苏也将使汽车公司的命运有很大的不同。

从表面上说，这种相互依存的关系并不十分明显：2007—2009年的经济衰退是由房地产泡沫破灭和银行业出现问题引起，而非由汽车行业的发展引起。但是，乘数效应确实导致汽车销售暴跌，如图26-13所示。果然，随着经济开始复苏，汽车销售收复大部分失地，通用汽车也共享了该行业的复苏。

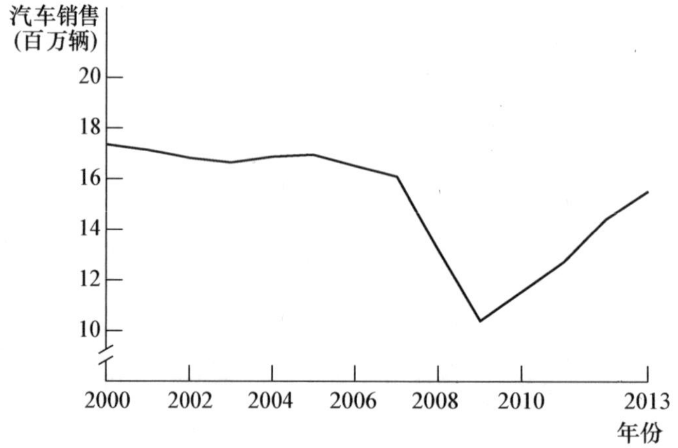

图26-13　收入-支出均衡

拯救通用汽车能证明救助计划合理吗？该公司的复苏意味着纳税人收回了他们的大部分钱，但不是所有。我们知道，近500亿美元政府贷款被转换成通用汽车公司的股票。随着时间的推移，政府出售这些股份得到大约400亿美元，纳税人损失了100亿美元。辩护者仍然宣称救助方案是成功的，因为它复苏了美国汽车工业，创造了就业机会，而且其影响不只是在汽车公司和它们的供应商，还有许多企业的产品销售受到汽车产业所雇用的工人的收入影响。在2009年的夏天，仍然是美国的汽车中心的密歇根的失业率上升到14%以上，但随后开始迅速下降，到2014年年初下降到7.4%。很少有人会认为密歇根就业的快速复苏在没有汽车救援情况下会发生。

最后，通用汽车的复苏是因为美国经济作为一个整体在复苏。确实，利好美国的事情也利好通用汽车；利好通用汽车的事情显然也利好密歇根，也可以说，利好整个美国。

思考题

1. 为什么一场全国性经济衰退是从房地产影响通用汽车这样的公司开始的？

2. 为什么在2009年6月预测汽车销售在不久的将来会改善是合理的？

3. 关于通用汽车的故事怎样有助于解释房地产市场——经济中相对较小部分——的下滑将导致整个国家的深度经济衰退？

小结

1. 总支出的自发变化会导致连锁反应，由此导致的实际 GDP 总变化量等于乘数乘以总支出初始变化量。乘数的大小等于 $1/(1-MPC)$，乘数的大小取决于边际消费倾向 MPC 的大小，也就是增加的可支配收入中用于消费的比例。MPC 越大，乘数越大，任一数量的总支出的自发变化所导致的实际 GDP 的变化也越大。边际储蓄倾向 MPS 等于 $1-MPC$。

2. 消费函数表示的是当前可支配收入如何决定单个家户的消费支出。总消费函数表示的是整个经济中的这一关系。依照生命周期假说，家户试图根据一生的时间来统筹平稳地安排其消费。因此，总财富和预期未来的可支配收入变化将引起总消费函数变化。

3. 计划投资支出与利率和当前生产能力成反比；与未来实际 GDP 的预期成正比。加速原理是说实际 GDP 预期的增长率对投资支出有很大的影响。

4. 企业因为拥有产品存货所以能及时满足消费者需求。当企业存货增加时，存货投资为正值，当企业存货减少时，存货投资为负值。可是经常发生的情况为存货的变化并非有意为之，而是因为对销售预测错误所致。所以非计划的存货投资既可以为正值，也可以为负值。实际投资支出等于计划投资支出加非计划的存货投资。

5. 收入-支出均衡模型是一个没有政府和国际贸易的简化模型，计划总支出水平等于消费支出和计划投资支出之和。在收入-支出均衡 GDP 水平上，或者 Y^* 上，非计划的存货投资为零。当计划总投资大于 Y^* 的时候，预期存货投资为负值。因为存在存货投资的非预期增加，所以企业将减少产量。凯恩斯交叉图表现的是通过存货调整，经济如何自我实现收入-支出均衡。

6. 计划总支出发生自发变化后通过调整过程推动经济到达新的收入-支出均衡点。支出自发变化引起的收入-支出均衡 GDP 的变化等于 $[1/(1-MPC)]\times\Delta AAE_{计划}$。

关键词

边际消费倾向	边际储蓄倾向	总支出的自发变化	乘数	消费函数	总消费函数
计划投资支出	加速原理	存货	存货投资	非计划的存货投资	实际投资支出
计划总支出	收入-支出均衡	收入-支出均衡 GDP	凯恩斯交叉图		

练习题

1. 由于消费者财富的增加，维斯特兰迪亚和伊斯特兰迪亚经济体的消费支出自发增长了 400 亿美元。假设总体价格水平固定不变，两个国家的利率固定不变，没有税收和国际贸易，完成下表所示两个经济体将发生的各轮支出增加，假设维斯特兰迪亚的边际消费倾向为 0.5，伊斯特兰迪亚的边际消费倾向为 0.75。你的计算结果表明边际消费倾向和乘数之间存在什么关系？

维斯特兰迪亚		
轮次	GDP 增量变化	GDP 总变化
1	ΔC=400 亿美元	?
2	$MPC\times\Delta C=$?	?
3	$MPC\times MPC\times\Delta C=$?	?
4	$MPC\times MPC\times MPC\times\Delta C=$?	?
⋮	⋮	⋮
GDP 总变化	$1/(1-MPC)\times\Delta C=$?	

伊斯特兰迪亚		
轮次	GDP 增量变化	GDP 总变化
1	ΔC=400 亿美元	?
2	$MPC\times\Delta C$= ?	?
3	$MPC\times MPC\times\Delta C$=?	?
4	$MPC\times MPC\times MPC\times\Delta C$=?	?
⋮	⋮	⋮
GDP 总变化	$1/(1-MPC)\times\Delta C$=?	

2. 假设总体价格水平是固定的，利率是固定的，没有税收和国际贸易，如果发生以下事件，GDP 的变化是多少？

a. 消费支出自发增长 250 亿美元；边际消费倾向为 2/3。

b. 公司减少投资支出 400 亿美元；边际消费倾向为 0.8。

c. 政府增加购买军事设备 600 亿美元；边际消费倾向为 0.6。

3. 在一个非常小的经济体中，经济学者在各种不同的当前可支配收入水平上观察了 5 个家户的个人消费支出。下表给出了在 3 种收入水平上每位家户的消费支出。

消费者 \ 消费支出（美元） \ 当前可支配收入（美元）	0	20 000	40 000
安德鲁	1 000	15 000	29 000
芭芭拉	2 500	12 500	22 500
凯西	2 000	20 000	38 000
德克兰	5 000	17 000	29 000
埃琳娜	4 000	19 000	34 000

a. 每个家户的消费函数是什么？每个家户的边际消费倾向是多少？

b. 经济体的总消费函数是什么？经济体的边际消费倾向是什么？

4. 2009—2014 年，伊斯特兰迪亚的总消费支出和可支配收入出现了大幅波动。但是财富、利率水平和预期未来的可支配收入没有变化。下表给出了每一年总消费支出和可支配收入的水平。根据这些信息回答下述问题。

a. 画出伊斯特兰迪亚的总消费函数曲线。

b. 边际消费倾向为多少？边际储蓄倾向为多少？

c. 总消费函数是什么？

年份	可支配收入（百万美元）	消费支出（百万美元）
2009	100	180
2010	350	380
2011	300	340
2012	400	420
2013	375	400
2014	500	500

5. 经济分析局报告说，实际总消费支出在 2014 年第二季度增加了 662 亿美元。

a. 如果边际消费倾向为 0.52，实际 GDP 相应会增加多少？

b. 如果除了问题 a 表现的消费支出的增加和非计划的存货投资 $I_{非计划}$ 减少 500 亿美元之外，其他自发支出没有变化，实际 GDP 变化多少？

c. 2014 年第一季度末的 GDP 为 160 141 亿美元。如果 GDP 增加了相当于问题 b 计算的数额，那么 GDP 增长率是多少？

6. 在 21 世纪初期，美国凯斯-希勒房价指数（平均房价的衡量指标）持续上升，直到 2006 年 3 月达到顶峰。从

2006 年 3 月到 2009 年 5 月，指数下降了 32%。同时，股市经历了类似的起伏。从 2003 年 3 月到 2007 年 10 月，衡量股票市场大盘的标准普尔 500 指数几乎翻了一番，从 800.73 点上升到 1 565.15 点。从那时起到 2009 年 3 月，该指数下降了近 60%，降至 676.53 点的低点。你如何看待房价的变动在该十年中的前 5 年对实际 GDP 增长的影响以及自 2006 年房地产市场开始崩溃后对维持消费支出增加的担忧？股市变动在多大程度上减少或增加了消费支出？

7. 下列事件怎样影响计划投资支出的变化？

a. 美联储政策变化导致利率水平下降。

b. 美国环保局发布公告要求公司必须采用新的机械设备以减少二氧化硫的排放。

c. “婴儿潮”一代开始大量退休，他们的储蓄减少，导致利率提高。

8. 解释以下每个行动将如何影响计划投资支出和非计划的存货投资的水平。假设经济最初处于收支平衡。

a. 美联储提高利率。

b. 预期实际 GDP 的增长率有所上升。

c. 大量外国资金流入该国，导致利率降低。

9. 在没有政府和外国部门的经济体中，自发消费支出为 2 500 亿美元，计划投资支出为 3 500 亿美元，边际消费倾向为 2/3。

a. 画出总消费函数线和计划总支出线。

b. 当实际 GDP 等于 6 000 亿美元时，非计划的存货投资为多少？

c. 收入-支出平衡 GDP 即 Y^* 为多少？

d. 乘数是多少？

e. 如果计划投资支出增加到 4 500 亿美元，新的 Y^* 又为多少？

10. 一个经济体的边际消费倾向为 0.5，收入-支出均衡 GDP 即 Y^* 等于 5 000 亿美元。如果计划投资支出增加 100 亿美元，完成下表中支出增加后发生的后续各轮变化。第一行和第二行已经填好。在第一行中，计划投资支出增加 100 亿美元，提高的实际 GDP 和 *YD* 也都为 100 亿美元，导致第二行的消费支出增加 50 亿美元（=*MPC* ×可支配收入改变量），实际 GDP 和 *YD* 也增加 50 亿美元。

a. 10 轮之后，实际 GDP 总体变化的结果如何？乘数是多少？根据乘数公式你预期 Y^* 总体变化是多少？比较第一个和第三个问题的答案，你又有什么发现？

b. 假定边际消费倾向为 0.75，重新计算表中第 2 轮之后的数据，10 轮之后实际 GDP 总体如何变化？乘数系数是多少？当边际消费倾向增加后，乘数系数发生什么变化？

轮次	$\Delta I_{计划}$ 或 ΔC（10 亿美元）	实际 GDP 的变化量（10 亿美元）	*YD* 的变化量（10 亿美元）
1	$\Delta I_{计划}=10.00$	10.00	10.00
2	$\Delta C=5.00$	5.00	5.00
3	$\Delta C=?$	?	?
4	$\Delta C=?$	?	?
5	$\Delta C=?$	?	?
6	$\Delta C=?$	?	?
7	$\Delta C=?$	?	?
8	$\Delta C=?$	?	?
9	$\Delta C=?$	?	?
10	$\Delta C=?$	?	?

11. 虽然美国是世界上最富有的国家之一，它也是世界上最大的负债国。我们时常听到该国的低储蓄率问题。假如政策制定者尝试通过鼓励储蓄来改变这一问题，如果他们成功，那么对实际 GDP 有什么影响呢？

12. 美国经济在 2008 年初显著放缓，决策者非常关注增长问题。为了刺激经济，国会通过了几项救济计划（2008 年《经济刺激法案》和 2009 年《美国复苏与再投资法案》），共计提供约 7 000 亿美元的政府支出。假设为了有说服力，这种支出直接采取支付给消费者的形式。目标是通过增加美国消费者的可支配收入来刺激经济。

a. 如果美国的边际消费倾向（*MPC*）为 0.5，计算该政策导致的消费支出总额初始变化的结果。然后计算 7 000 亿美元支出导致的实际 GDP 变化。

b. 使用收入-支出均衡图形来说明对实际 GDP 的影响。纵轴表示计划总支出 $AE_{计划}$，横轴表示实际 GDP。画出两条总支出曲线（$AE_{计划1}$和 $AE_{计划2}$）和 45 度线来表现自发支出政策变化对均衡的影响。

在线回答问题

13. 下表包含一个经济体的国内生产总值（GDP）、可支配收入（YD）、消费支出（C）和计划投资支出（$I_{计划}$）。假设该经济体没有政府或国外部门。计算计划总支出（$AE_{计划}$）和非计划的存货投资（$I_{非计划}$）。

a. 总消费函数是什么？

b. 收入-支出均衡 GDP(Y^*) 等于多少？

c. 乘数是多少？

d. 如果计划投资支出下降 2 000 亿美元，新的 Y^* 将会是多少？

e. 如果消费支出自发增加 2 000 亿美元，新的 Y^* 将会是多少？

单位：10 亿美元

GDP	YD	C	$I_{计划}$	$AE_{计划}$	$I_{非计划}$
0	0	100	300	?	?
400	400	400	300	?	?
800	800	700	300	?	?
1 200	1 200	1 000	300	?	?
1 600	1 600	1 300	300	?	?
2 000	2 000	1 600	300	?	?
2 400	2 400	1 900	300	?	?
2 800	2 800	2 200	300	?	?
3 200	3 200	2 500	300	?	?

第 26 章附录：乘数的代数推导

本附录列出了乘数的代数推导过程。请回忆在本章讨论过的计划总支出 $AE_{计划}$ 等于消费支出 C（由消费函数决定）与计划总投资 $I_{计划}$之和。把式（26－9）的各项全部写出，我们得到：

$$AE_{计划}=A+MPC\times YD+I_{计划} \tag{26A-1}$$

因为没有税收或政府转移支付，所以可支配收入等于 GDP。因此，式（26A－1）可以表示为：

$$AE_{计划}=A+MPC\times \text{GDP}+I_{计划} \tag{26A-2}$$

收入-支出均衡 GDP（Y^*）等于计划总支出，在收入-支出均衡时：

$$\begin{aligned} Y^* &= AE_{计划} \\ &= A+MPC\times Y^*+AE_{计划} \end{aligned} \tag{26A-3}$$

在式（26A－3）两边减去 $MPC\times Y^*$ 得到：

$$Y^*-MPC\times Y^*=Y^*\times(1-MPC)=A+I_{计划} \tag{26A-4}$$

两边同时除以（$1-MPC$）：

$$Y^*=(A+I_{计划})/(1-MPC) \tag{26A-5}$$

从式（26A－5）可知，计划总支出增加 1 美元——可以改变 A 或者 $I_{计划}$——将引起收入-支出均衡 GDP

(Y^*）增加 $1/(1-MPC)$，所以，在我们的简单事例中，乘数为：

$$乘数=1/(1-MPC) \tag{26A-6}$$

练习题

1. 完成下表中乘数和由自发支出变化引起的 Y^* 改变量的计算。乘数如何随着边际消费倾向变动而变动？

MPC	乘数	支出改变量	Y^* 改变量
0.5	?	$\Delta C=+5\,000$ 万美元	?
0.6	?	$\Delta C=-1\,000$ 万美元	?
0.75	?	$\Delta C=-2\,500$ 万美元	?
0.8	?	$\Delta C=+2\,000$ 万美元	?
0.9	?	$\Delta C=-1\,250$ 万美元	?

在线回答问题

2. 在一个没有政府购买、转移支付或税收、进出口的经济体中，总自发消费支出为 5 000 亿美元，计划投资支出为 2 500 亿美元，边际消费倾向为 0.5。

a. 根据式（26A-1）写出计划总支出的表达式。

b. 用图形表示 Y^*。

c. 乘数是多少？

d. 如果自发消费支出下降了 4 500 亿美元，Y^* 将改变多少？

第 27 章

总供给和总需求

本章将学习

- 总需求曲线如何表现经济中总体价格水平与总产出需求数量之间的关系。
- 总供给曲线如何表现经济中总体价格水平与总产出供给数量之间的关系。
- 为什么短期总供给曲线不同于长期总供给曲线。
- *AD-AS* 模型如何用来分析经济波动。
- 货币政策和财政政策怎样用来稳定经济。

开篇案例

什么类型的冲击？

联邦公开市场委员会（Federal Open Market Committee，FOMC）是联邦储备系统的一个机构，该机构制定美国的货币政策，可以说比其他任何机构（包括总统）都拥有更多的经济权力。2008 年 9 月 16 日，它举行了一次常规会议，后来证明这是一个非常重要的日子。随着投资银行雷曼兄弟（Lehman Brothers）的倒闭，金融业酝酿已久的问题开始爆发，已经陷入衰退的美国经济即将自由落体。毫不奇怪，参加会议的官员非常担心。

但是结果证明许多委员会成员担心的却是其他事情。当委员会发布其 2008 年的会议纪要时——直到 2014 年才公开——我们了解到，在 2008 年夏天，相对于对金融危机或其引起的衰退导致的失业率骤升的担心，大多数委员更忧心通货膨胀，这一态度一直持续到 9 月。在 2008 年 6 月和 8 月的会议上，通货膨胀这个词出现的次数是失业率这个词的 10 倍以上。即使在非常关键的 9 月的会议上，通货膨胀被提及的次数与失业率相比也是 5∶1。

后来的事件表明，这是一个政策优先事项错位的情形，造成了严重后果。为什么？因为应对失业率飙升的适当政策和应对通货膨胀率上涨的政策或多或少是相反的。如果失业是主要问题，美联储应该降低利率，以刺激支出；如果通货膨胀是主要问题，美联储应该提高利率，以对经济降温。

2008 年秋季和夏季的通货膨胀并不是主要问题，而其对立面的失业问题却很严重，委员会集中关注通货膨胀，因此找错了解决问题的方向。

委员会是怎样将优先事项弄错的呢？我们现在知道 2008 年对经济的巨大冲击是金融危机，这反过来导致企业和消费者支出急剧下降。然而，在那一年的大部分时间里，公平地说，美联储和许多其他观察家的眼光却集中于不同的冲击：石油价格飞涨，油价从 2007 年夏天的每桶 60 美元上涨至 2008 年 7 月的每桶 145 美元的峰值。委员会的许多成员更加担心石油价格的影响，而不是金融风暴的聚集。

正如我们已经知道的那样，金融危机和石油价格飙升都可能造成毁灭性的经济问题，但它们造成的问题并不相同，所以应对策略也各异。金融危机通过减少支出损害经济，这是一个需求冲击，它会提高失业率，同时降低通货膨胀率，甚至可能导致通货紧缩，如历史上最糟糕的衰退——1929—1933年期间的经济暴跌。应对这种冲击的经济政策是增加支出，其中包括降息。

然而，石油价格激增通过提高成本和阻碍生产来造成损害，这是一种供给冲击。像负向需求冲击一样，不利的供给冲击会导致经济萎缩，失业率上升。但它们也导致通货膨胀，特别是，它们会导致高通货膨胀率和高失业率的不利结果同时出现，这被称为滞胀，这在20世纪70年代的大部分时间影响着美国经济（主要是由于石油价格在1973年和1979年的两次激增）。应对滞胀非常棘手：你可能想降低利率来保护就业，但你还想提高利率来打击通货膨胀。

最后，面对这些相互矛盾的事情，联邦公开市场委员会做出的回应是什么都不做。整个夏天，一直到2008年9月，利率保持不变。在几个星期内情况变得明朗，需求而不是供给是严重问题。此时美联储开始疯狂用力拉动加速走向困境的经济。但是，2008年美联储的困惑告诉我们，这些决策并不总是易于理解。

我们应该提到，美联储应对金融危机的政策最终只是部分成功。在美联储政策的助推之下，经济在2009年稳定下来，但随后的复苏却非常缓慢。即使美联储更早意识到真正的危险，经济也许仍然会遭受很多损失。但它在2008年的混乱行为肯定没有帮助。

在本章中我们将提出一个模型，以此来区分不同类型的短期经济波动。

为了建立这样一个模型，我们将采用三个步骤：首先，我们将会提出总供给概念；其次，我们会转向具有同样重要意义的总需求概念；最后，我们将会把它们放在一起提出*AD-AS*模型。

27.1 总需求

> **总需求曲线**表现的是总体价格水平和居民、企业、政府与世界其他地区对总产出的需求数量之间的关系。

绝大多数经济学家都同意大萧条是巨大负面需求冲击造成的结果。这是什么意思？在第3章中，我们解释说，当经济学家谈论对特定产品或服务的需求下降时，他们所指的内容可用需求曲线向左移动来表示。同样，当经济学家谈论对整个经济的负面需求冲击时，他们所指的内容可用**总需求曲线**（aggregate demand curve）向左移动来表示。总需求曲线表现的是总体价格水平和来自居民、企业、政府与世界其他地区对总产出的需求数量之间的关系。

图27-1所示为1929—1933年大萧条最后一年1933年的总需求曲线。横轴表示对国内产品和服务的需求总量（以2009年美元计）。我们使用实际GDP来度量总产出，并且经常会交替使用这两个术语。纵轴表示按GDP缩减指数计算的总体价格水平。使用这些变量轴，我们可以绘制一条*AD*曲线，表示在任何给定的总体价格水平下对总产出的需求数量。由于*AD*曲线意在说明1933年的总需求，曲线上的一点对应于1933年的实际数据，当总体价格水平为7.3时，用2009年美元度量的对国内最终产品和服务的总购买量为7 780亿美元。

如图27-1所示，*AD*曲线向下倾斜，表明总体价格水平和对总产出的需求数量之间存在负相关关系。在其他条件不变的情况下，总体价格水平提高，对总产出的需求数量会减少；总体价格水平降低，对总产出的需求数量会增加。依照图27-1，如果价格水平在1933年时为4.2而非7.3，对国内总产出的总需求数量为用2009年美元计算的10 000亿美元，而非7 780亿美元。

对于总需求曲线的第一个重要问题是：曲线为什么向下倾斜？

□ 27.1.1 总需求曲线为什么向下倾斜

在图27-1中，总需求曲线是向下倾斜的。这是为什么？回想国民收入核算的基本方程：

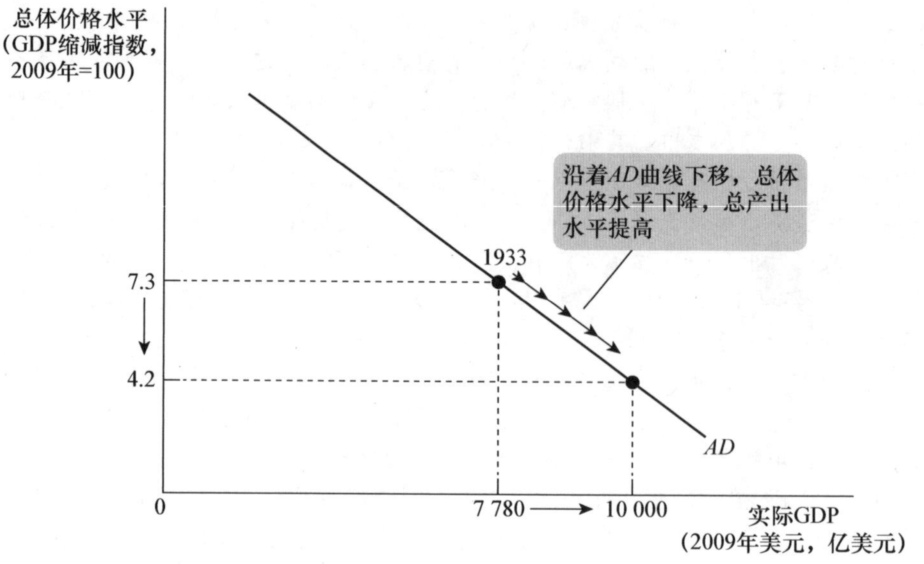

图 27-1　总需求曲线

总需求曲线表现的是总体价格水平和总需求数量之间的关系。总需求曲线向下倾斜，这是由总体价格水平变化的财富效应和利率效应导致的。在该图中，1933 年当总体价格水平为 7.3 时，对产品和服务的总需求数量用 2009 年美元计算为 7 780 亿美元。根据我们所假设的曲线，如果总体价格水平为 4.2，总需求数量为 10 000 亿美元。

$$\text{GDP}=C+I+G+X-IM \tag{27-1}$$

其中 C 代表消费支出，I 代表投资支出，G 代表政府对产品和服务的购买，X 代表对其他国家的出口，而 IM 代表进口。如果这些变量是用不变的货币值来衡量——也就是用某一基年的价格来度量——那么，$C+I+G+X-IM$ 就是在给定时期内对最终国内产品和服务的需求数量。G 是由政府决定的，其他几项是由私人部门决定的。为了明白为什么总需求曲线向下倾斜，我们要明白为什么总体价格水平的提高会引起 C、I 和 $X-IM$ 的降低。

读者可能会认为，总需求曲线向下倾斜是我们第 3 章定义的需求法则的一个自然结果。因为对任意一种产品来说，需求曲线是向下倾斜的，所以很自然对产品的总需求曲线也是向下倾斜的！然而，这并非一种正确的类推。对任何一种产品来说，讨论对该产品的需求如何对其价格做出反应要依赖于一个重要的条件：假定其他产品和服务的价格不变。当产品价格上涨后，产品需求数量下跌的主要原因——也就是说，当我们沿着需求曲线向上移动时，需求数量会下降——是人们把他们的消费转向了其他产品和服务。

但是当我们考虑沿着总需求曲线上下移动的时候，我们也要考虑所有最终产品和服务的价格同时在改变。而且，消费者对产品和服务组合支出的变化与总需求曲线无关：如果消费者决定少购买衣服但多购买汽车，这不一定会改变他们最终产品和服务的总需求数量。

那么，为什么当总体价格水平上涨后，对所有国内生产的最终产品和服务的需求会自动下降？有两个主要理由：总体价格水平变化的财富效应和利率效应。

财富效应　当总体价格水平上升后，如果其他条件不变，人们对许多资产的购买力将会降低。例如，某人在银行有存款 5 000 美元。如果总体价格水平上涨 25%，之前需 5 000 美元购买的东西现在要花费 6 250 美元；之前 4 000 美元的东西，现在需花费 5 000 美元。现在银行的 5 000 美元存款只能购买相当于此前 4 000 美元的东西。数以百万计的其他人也会做出同样的反应导致对于最终产品和服务的支出下降，因为总体价格水平上升导致每个人银行存款账户的购买力降低。

因此，总体价格水平下降，消费者资产的购买力将会增加，消费需求也会增加。**总体价格水平变化的财富效应**（wealth effect of a change in the aggregate price level）是指总体价格水平变化影响消费者所拥有的资产购买力，从而改变了消费支出水平的效应。因为财富效应的存在，当总体价格水平上升时，消费支出水平 C 将下降，导致总需求曲线向下倾斜。

总体价格水平变化的财富效应是指总体价格水平变化影响消费者所拥有的资产购买力，从而改变了消费支出水平的效应。

利率效应 经济学家从最狭义的意义上使用货币概念，指的是现金和那些人们可以开支票的存款。人们和企业持有货币是因为可以降低交易成本和不方便性。当总体价格水平提高的时候，如其他条件不变，人们持有的数量给定的货币的购买力将降低。为了购买与以前同样数量的产品和服务，人们现在需要持有更多的货币。因此，当总体价格水平提高时，人们为了增加他们持有的货币量，一方面通过更多地借贷，另一方面通过出售他们拥有的债券等其他资产，减少他们提供给其他人的借款，推动利率水平提高。

利率水平提高将导致投资支出减少，因为它增加了贷款成本。因为家户将它们的可支配收入更多地用于储蓄，所以消费支出减少了。因此，**总体价格水平变化的利率效应**（interest rate effect of a change in the aggregate price level）是指价格水平的提高通过影响人们持有的货币的购买力导致投资支出和消费支出下降。这也导致了总需求曲线向下倾斜。

> **总体价格水平变化的利率效应**是指价格水平的提高通过影响人们持有的货币的购买力导致投资支出和消费支出下降。

我们将在第 30 章货币政策中进一步讨论货币和利率问题。在第 33 章，我们将讨论利率水平提高会间接导致出口（X）减少和进口（IM）增加。当下我们要明白的一个重要观点是：总体价格水平变化的财富效应和利率效应导致总需求曲线向下倾斜。

□ 27.1.2 总需求曲线与收入-支出模型

在上一章，我们介绍了收入-支出模型，它表现的是经济如何实现收支均衡。现在我们引入了总需求曲线，它将产品和服务的总需求与总体价格水平联系在一起。这些概念如何组合在一起？

我们知道，收入-支出模型的假设之一是总体价格水平是固定的。现在我们放弃这个假设。然而，我们仍然可以使用收入-支出模型来解答在任一给定总体价格水平下的总支出，这正是总需求曲线所表示的。因此，AD 曲线实际上来自收入-支出模型。经济学家有时会说，收入-支出模型被“嵌入”在 AD-AS 模型中。

图 27-2 再次表示了收入-支出均衡如何决定的情形。横轴表示实际 GDP；纵轴表示实际计划总支出。在其他条件相同的情况下，计划总支出等于消费支出加上计划投资支出，它会随实际 GDP 的增长而增加。这可由向上倾斜的线 $AE_{计划1}$ 和 $AE_{计划2}$ 来表示。与我们在第 26 章中所学到的一样，收入-支出均衡是在代表计划总支出的线穿过 45 度线的点上。例如，如果 $AE_{计划1}$ 表示实际 GDP 和计划总支出之间的关系，则收入-支出均衡在 E_1 点，实际 GDP 水平等于 Y_1。

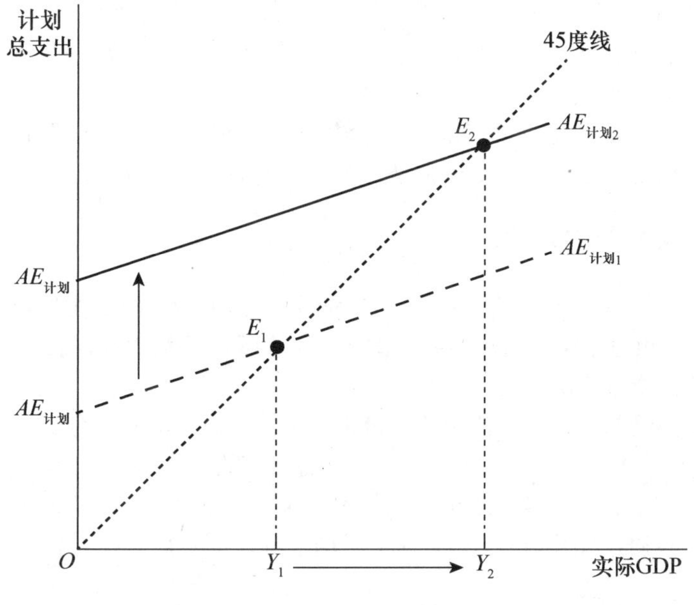

图 27-2 总体价格水平改变如何影响收入-支出均衡

收入-支出均衡发生在实际计划总支出曲线 $AE_{计划}$ 穿过 45 度线的点上。总体价格水平下降，导致 $AE_{计划}$ 曲线从 $AE_{计划1}$ 移动到 $AE_{计划2}$，导致收入-支出均衡 GDP 从 Y_1 上升到 Y_2。

然而，我们刚刚已经知道，总体价格水平变化会改变任何给定实际 GDP 水平的计划总支出水平。这意味着，当总体价格水平变化时，$AE_{计划}$曲线将发生变化。例如，假设总体价格水平下降。由于财富效应和利率效应，总体价格水平的下降将导致在任何给定的实际 GDP 水平上计划总支出增加。因此，$AE_{计划}$曲线将向上移动，如图 27－2 所示，从 $AE_{计划1}$ 移动到 $AE_{计划2}$。计划总支出的增加导致乘数过程，将收入–支出均衡从 E_1 点移动到 E_2 点，实际 GDP 从 Y_1 提高到 Y_2。

图 27－3 表示的是该结果如何用于推导总需求曲线。图 27－3 所示为总体价格水平从 P_1 下降到 P_2 的情形。我们在图 27－2 中看到，总体价格水平的下降将导致 $AE_{计划}$ 曲线上移，从而导致实际 GDP 增加。我们可以在图 27－3 中看到沿着 AD 曲线变化时相同的结果：随着总体价格水平的下降，实际 GDP 从 Y_1 上升到 Y_2。

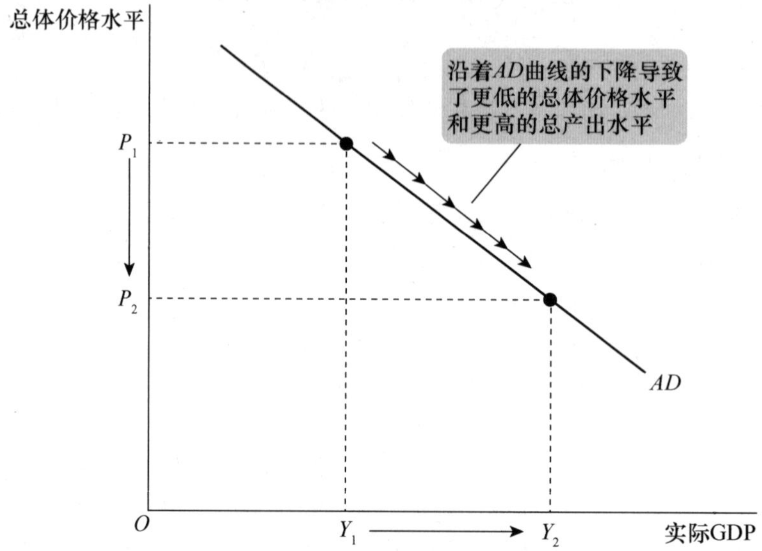

图 27－3　收入–支出模型和总需求曲线

在图 27－2 中，我们看到总体价格水平的下降如何改变计划总支出曲线，导致实际 GDP 上升的情形。这里我们表现的是沿总需求曲线变动所产生的相同结果。如果总体价格水平从 P_1 下降到 P_2，实际 GDP 从 Y_1 上升到 Y_2。因此，AD 曲线是向下倾斜的。

因此，总需求曲线并没有取代收入–支出模型。相反，它是一种总结收入–支出模型关于总体价格水平变化影响的方法。

在实践中，经济学家经常使用收入–支出模型来分析短期经济波动，即使严格来说，它应被视为更完整模型的一个组成部分。特别是在短期内，这通常是一个合理的简化。

□ 27.1.3　总需求曲线的移动

在第 3 章中，我们介绍了单个产品市场中的供需分析，强调了沿需求曲线的移动与需求曲线移动之间的区别的重要性。同样的区别也适用于总需求曲线。图 27－1 表示的是沿总需求曲线的移动。当总体价格水平变化时，产品和服务的总需求量也随之变化。

但也可能出现总需求曲线的移动，在任何给定价格水平上，对产品和服务的总需求数量发生变化，如图 27－4 所示。当我们讨论总需求增加时，我们的意思是说总需求曲线右移，如图 27－4（a）所示，从 AD_1 移动到 AD_2。当对总产出的需求数量在任一给定的总体价格水平上增加时，总需求曲线就会右移。总需求的减少意味着总需求曲线向左移动，如图 27－4（b）所示。向左移动的意思是指在任一给定的总体价格水平上对总产出的需求数量减少了。

许多因素可以改变总需求曲线。最重要的因素是预期的变化、财富的变化以及现有实物资本存量的大小。此外，财政政策和货币政策可以改变总需求曲线。我们将解释改变总需求曲线的每个因素，对改变总需求曲线的因素的概述见表 27－1。

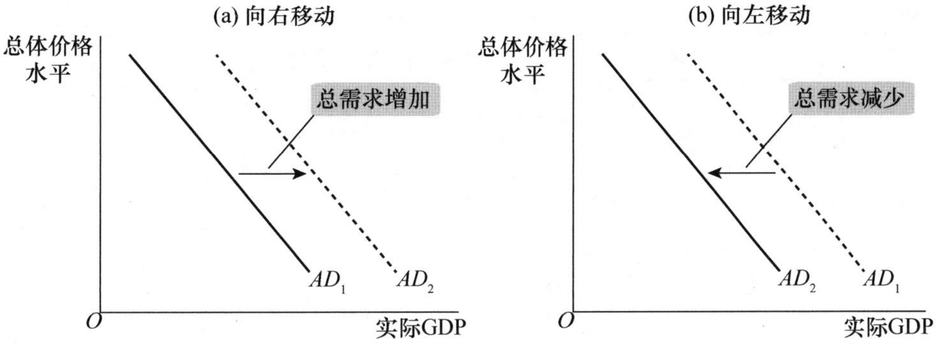

图 27-4　总需求曲线的移动

图 27-4（a）所示为在任一给定价格水平上，由某些事件引起的对总产出需求量增加的效应，比如企业和居民对未来的信心增强或者政府支出增加等。这些事件导致总需求曲线从 AD_1 向右移动到 AD_2。图 27-4（b）所示为由某些事件引起的在任一价格水平上对总产出需求量减少的效应，比如由于股票市场价格下跌引起的财富减少，由此导致总需求曲线从 AD_1 向左移动到 AD_2。

预期的变化　正如第 26 章所说，消费支出和计划投资支出在一定程度上依赖于人们对未来的预期。消费支出的多少不仅依赖于人们现在的收入，还依赖于人们对未来收入的预期。企业投资规模不仅依赖于当前的经济状况，也依赖于它们在未来的预期销售。所以，预期的变化可以推动消费支出和投资支出增加或减少。如果消费者和企业对未来充满信心，总支出将增加；如果他们对未来越来越悲观，总支出将下降。

表 27-1　　引起总需求曲线移动的因素

变量变化	总需求增加	变量变化	总需求减少
预期的变化			
当消费者和企业对未来乐观	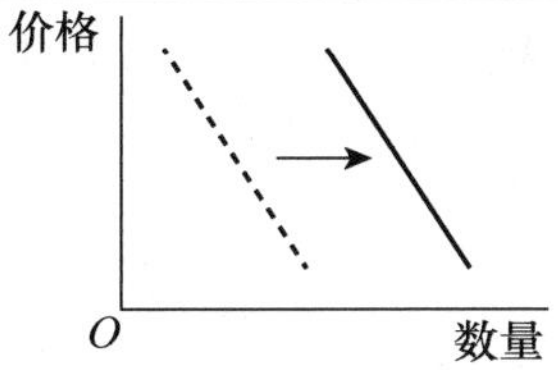	当消费者和企业对未来悲观	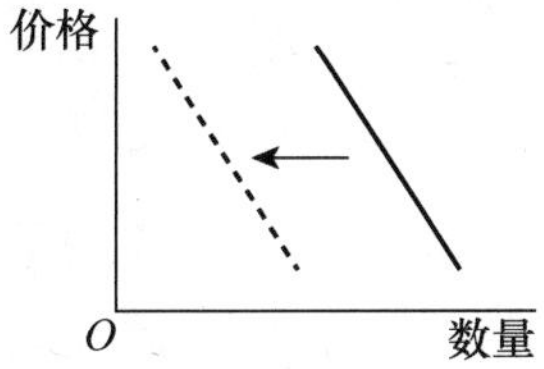
财富的变化			
当家户持有资产的实际价值增加	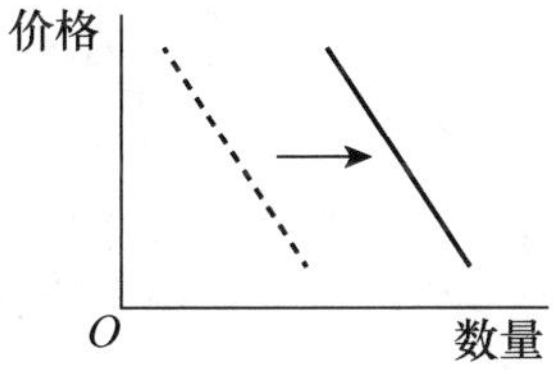	当家户持有资产的实际价值减少	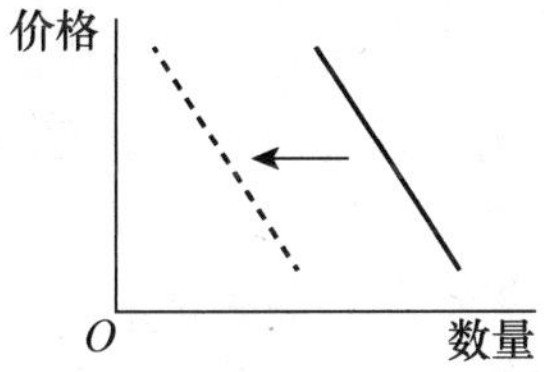
实物资本存量的大小			
当实物资本存量规模相对较小时	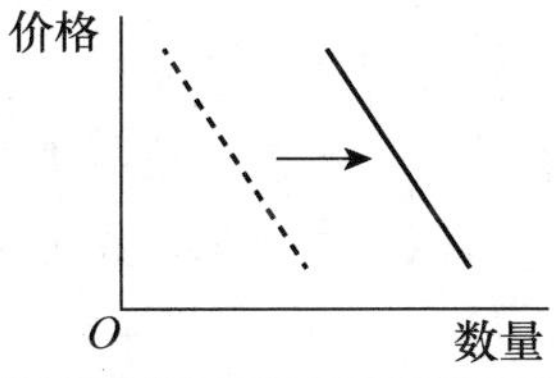	当实物资本存量规模相对较大时	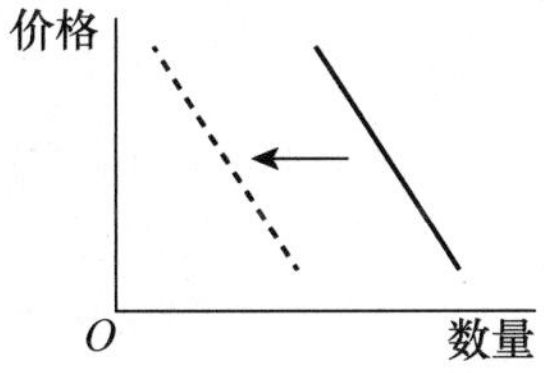
财政政策			
当政府增加支出或减税时	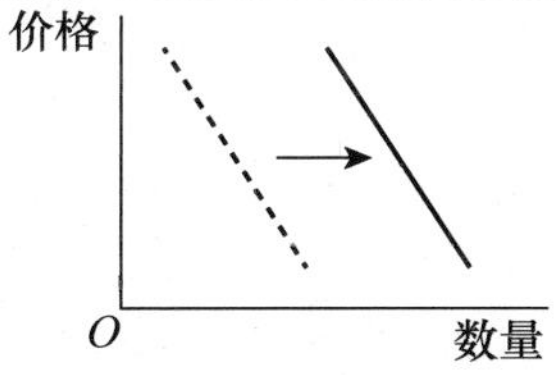	当政府减少支出或增税时	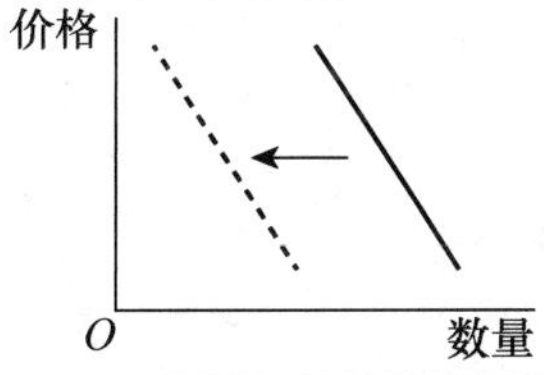

续前表

变量变化	总需求增加	变量变化	总需求减少
货币政策			
当中央银行增加货币供给时	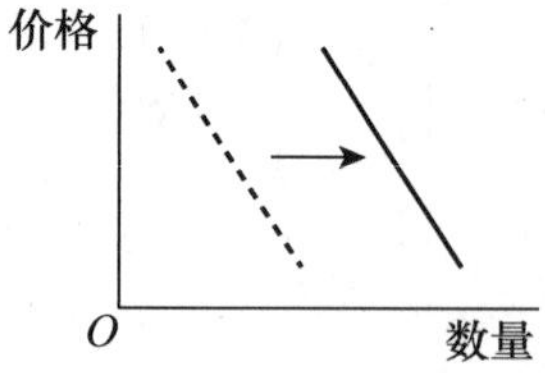	当中央银行减少货币供给时	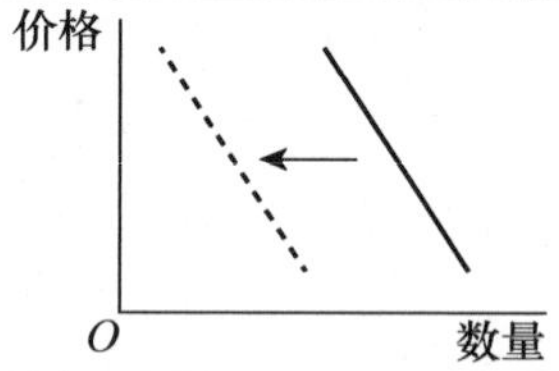

事实上，进行短期的经济预测必须非常重视消费者和企业所做的信心调查。特别地，预测者要非常关注消费者信心指数和密歇根消费者信心指数的变化，前者由美国经济评议会按月发布，后者由密歇根大学按类似的方法计算。

财富的变化 消费支出在一定程度上依赖于居民资产价值的多少。当居民资产的实际价值增加时，购买力提高，这会引起总需求增加。例如在 20 世纪 90 年代，股票市场价值的大幅上升推动了总需求的增加。当居民资产实际价值下跌时，例如股票市场崩盘时，其所代表的购买力和总需求都会下降。股票市场在 1929 年的崩盘是造成大萧条的主要原因之一。同样，当 2007—2009 年经济衰退时，不动产价值的大幅下跌是消费支出减少的一个主要原因。

实物资本存量的大小 企业的投资支出会增加它们的实物资本存量。它们支出的动因在某种意义上依赖于它们现有实物资本价值的高低：企业拥有的实物资本价值越高，在其他情况相同时，增加这种资本的动力越小。这同样适用于其他类型的投资支出，例如，如果近年来建造了大量房产，这将压低对新房的需求，因此也往往会导致住宅投资支出减少。事实上，这就是始于 2006 年住宅投资支出大幅减少的部分原因。过去几年的住房繁荣造成了房屋供给过剩：到 2009 年春季，市场上未售出的房屋存量超过 14 个月的销售量，新房价格下跌已经超过峰值时的 25%。建筑行业难有动力去建造更多的住房。

□ 27.1.4 政府政策和总需求

宏观经济学的核心理论之一是政府可以对总需求产生非常重要的影响，在某些情况下，这种影响可以改善经济绩效。

政府影响总需求曲线的两种主要方式是财政政策和货币政策。在此，我们将会简要地讨论它们对总需求的影响，在稍后的章节我们会做全面的讨论。

财政政策 正像我们在第 21 章所学的那样，财政政策是政府为了稳定经济而运用的政府支出——政府对最终产品和服务的购买以及政府转移支付——或者税收等手段。在实践中，当出现经济衰退时，政府经常使用的对应措施是增加开支或削减税收，或双管齐下。它们经常会通过减少支出或者增加税收来应对通货膨胀。

政府购买本身是总需求的重要组成部分之一，所以政府购买最终产品和服务（用 G 表示）会对总需求曲线产生直接影响。因此，政府增加购买会推动总需求曲线右移，如果减少购买则会发生左移。历史上发生的政府购买增加影响总需求的最为典型的事例是美国政府在第二次世界大战期间的战时支出。

因为战争，美国联邦政府的购买增加了 400%。通常认为，这种购买增加对结束大萧条功不可没。在 20 世纪 90 年代，在面对经济萧条的情况下，日本政府为了增加总需求采取了大规模增加公共投资的做法，如由政府出面来修路、建桥和建水坝。同样，在 2009 年经济衰退中，美国对基础设施项目的支出超过 1 000 亿美元，用于改进公路、桥梁和公共交通等，目的是刺激总支出。

相反，政府的转移支付和税收也能通过改变人们的可支配收入间接对经济产生影响。税率下降意味着留在消费者手中的收入可以更多，增加了他们的可支配收入。增加政府的转移支付也能增加消费支出，推动总需求曲线右移。税率升高减少了消费者得到的可支配收入，这会导致消费支出减少，推动总需求曲线左移。

货币政策 在本章开篇我们讨论了货币政策制定者美联储的一个机构联邦公开市场委员会所面临的问

题，货币政策是指货币数量或利率方面的改变。我们刚刚讨论了总体价格水平提高如何通过降低持有货币的购买力引起利率水平提高的问题。利率水平提高反过来又会减少投资支出和消费支出。

但是，当家户和企业持有的货币数量改变时会发生什么呢？在现代经济中，货币流通数量主要是由政府创造出的机构——中央银行来决定的。（我们将在第29章中学习，美联储负责美国中央银行的职责，既非完全的政府部门，也非完全的私人机构。）当一国中央银行增加货币流通数量时，人们持有较多的货币，他们也愿意放出贷款。这种影响将导致在任一给定的总体价格水平上利率下降，由此导致投资支出和消费支出增加。

也就是说，货币数量的增加导致总需求曲线右移。减少货币数量导致结果与此相反：人们持有的货币数量较之前有所减少，所以人们借款增多而放出的贷款减少。这会引起利率升高，导致投资支出和消费支出减少，推动总需求曲线左移。

▶ **真实世界中的经济学**

1979—1980年沿着总需求曲线移动

当我们观察数据时，经常很难区分哪些变化引起沿着总需求曲线移动，哪些变化导致总需求曲线本身移动。可是，一个例外情况是我们在本章开篇案例中所说的在1979年石油危机之后发生的情况。当面对总体价格水平剧烈上升时——消费者价格通货膨胀率在1980年3月达到了14.8%，美联储仍然坚持缓步增加货币供给的政策。当总体价格水平剧烈上升时，经济中流通的货币供给却增长缓慢，导致在经济中流通的货币的购买力下降。

这导致了借款需求增加，利率水平随之急速升高。银行向其最优质客户收取的优惠利率超过了20%。高利率反过来导致消费支出和投资支出减少：1980年像小轿车之类的耐用消费品的购买量下降了5.3%，实际投资支出下降了8.9%。

换言之，1979—1980年经济所做出的反应如果像我们已经描述的那样，由于总体价格水平提高引起的财富效应和利率效应，出现沿着总需求曲线从右向左移动的情景的话，那么当总体价格水平提高时，对总产出的需求数量应该下降。但这并没有解释为什么总体价格水平会升高。在稍后所学的*AD-AS*模型一节中我们将会看到，对这一问题的回答在于对短期总供给曲线变化的分析。

及时复习

- 总需求曲线向下倾斜是由总体价格水平变化的财富效应和利率效应导致的。
- 总需求曲线表现的是当总体价格水平变化时收入-支出均衡GDP怎样变化。
- 当消费者的财富和对未来的预期发生变化时会引起消费支出改变；而当预期和实物资本存量发生变化时，投资支出会发生改变。
- 财政政策通过政府购买直接影响总需求，而税收和政府转移支付则是间接对总需求产生影响。货币政策通过利率变化间接影响总需求。

小测验27-1

1. 请判断下述事件对总需求的影响，并解释是沿着总需求曲线移动（上移或者下移）还是总需求曲线本身的移动（左移或者右移）。

a. 货币政策变化引起利率水平提高。

b. 总体价格水平提高导致经济中货币的实际价值下降。

c. 关于来年就业市场比预期还差的新闻。

d. 税率下降。

e. 由于总体价格水平下降，经济中资产的实际价值上升。

f. 由于不动产价值骤升，经济中资产的实际价值上升。

27.2 总供给

1929—1933年，总需求大幅下降——任一给定价格水平上产品和服务的需求量下跌了。整个经济中的需求下降导致的结果之一是绝大多数产品和服务的价格下降。到1933年，GDP缩减指数——第22章讨论过的一种价格指数——比1929年下跌了26%；其他价格指数下跌与此类似。第二个结果是大多数产品和服务的产量下降：1933年实际GDP比1929年低27%。第三个结果与实际GDP下降密切相关，失业率从3%骤升至25%。

实际GDP和价格的双双下跌并非偶然。1929—1933年期间，美国经济沿着其**总供给曲线**（aggregate supply curve）向下移动，该曲线表现的是经济中的总体价格水平（经济中最终产品和服务的总体价格水平）与最终产品和服务之间的关系，或者说与生产者愿意提供的总产出之间的关系（我们之前已经学习过，我们用实际GDP来衡量总产出水平，因此，这两个概念我们经常交换使用）。更准确地说，美国经济在1929—1933年期间沿着它的短期总供给曲线下移。

总供给曲线表示的是总体价格水平和总产出供给数量之间的关系。

□ 27.2.1 短期总供给曲线

1929—1933年的情况表明，总体价格水平与总产出供给数量之间存在正相关关系。也就是说，在其他条件不变时，总体价格水平的提高会引起总产出供给数量的增加，反之亦然。为了明白为什么会存在这种正相关关系，我们考虑生产者面临的最基本问题：是否多生产1单位可盈利的产品？我们定义每单位产品利润为：

每单位产品利润＝每单位产品价格－每单位产品成本 (27-2)

显然，答案取决于生产者得到的1单位产品的价格是大于还是少于生产那1单位产品的成本。在任一特定时点上，生产者支出的许多成本是固定的，并不随时间的推移而变化。典型的情况是，不变生产成本中最主要的部分是支付给工人的工资。这里的工资是指提供给工人的各种形式的报酬，包括薪水之外由雇主支付的医疗费用和退休福利。

工资属于典型的不变生产成本，按货币数量计算支付的工资也被称为**名义工资**（nominal wage），经常是在几年前就通过合约确定下来了；即使没有正式的合约，经营者和工人之间经常也有非正式的协议，所以当经济形势变化时，公司改变工资也有滞后性。例如，公司通常在经济状况不佳时也不愿意降低工资——除非经济低迷的时期特别长并且非常严重，因为害怕工人不满。相应地，在经济状况比较好的时候，它们一般也不会增加工人的工资——除非它们面临被竞争对手挖走雇员的风险——因为它们不想鼓励工人经常提出增加工资的请求。

名义工资是指按货币数量计算支付的工资。

因此，正式合约和非正式合约导致的结果是**黏性工资**（sticky wages）成为经济体的特征：当失业率增加时，名义工资缓慢下调，而当劳动力短缺时，名义工资缓慢上调。然而，值得注意的是，名义工资不可能永远是黏性的。最终，不管是正式合约还是非正式合约都将会考虑经济环境的变化重新修订，就像在“追根究底”专栏中所解释的那样，名义工资需要多长时间进行调整需要对区分短期和长期的综合因素进行考虑。

黏性工资是指当失业率增加时，名义工资缓慢下调，而当劳动力短缺时，名义工资缓慢上调。

为了理解许多成本因为名义价格固定导致短期总供给曲线向上倾斜的情形，了解在不同市场中决定的价格不同是有意义的。在完全竞争的市场中，生产者采用给定的价格；在不完全竞争的市场中，生产者有部分能力选择其价格。在两种市场中，价格和产出之间存在短期正相关关系，但原因略有不同。

我们从完全竞争市场中的生产者行为开始；记住，他们采用给定的价格。设想一下，由于某种原因，总体价格水平下降，这意味着最终产品或服务的典型生产者得到的价格是下降的。由于许多生产成本在短期是固定的，因此每单位产出的生产成本不会与产出价格同比例下降。因此，每单位产出的利润减少，导致完全竞争生产者在短期内会减少供给数量。

另外，假设由于某种原因，总体价格水平上升。因此，典型生产者的最终产品或服务获得更高的价格。同样，许多生产成本在短期内是固定的，因此每单位产出的生产成本不会与单位价格同比例上升。由于典型的完全竞争生产者接受给定的价格，每单位产出的利润上升，产量增加。

现在考虑一个不完全竞争的生产者能够设定自己产品的价格。如果对这名生产者的产品需求增加，他将能够以任何给定的价格卖出更多。由于产品需求旺盛，为提高每单位产出的利润，他可能会选择提高价格和产量。事实上，行业分析师经常讨论行业"定价势力"的变化：当需求强劲时，具有定价势力的企业能够提高价格，而且它们确实这么做了。

相反，如果需求下降，企业通常会通过降低价格来限制其销售额的下降。

在完全竞争行业中企业的反应和在不完全竞争行业中企业的反应都会导致总产出和总体价格水平之间的曲线呈向右上方倾斜的形式。当许多生产成本，特别是名义工资被看作固定时，生产者愿意提供的总产出水平与总体价格水平之间存在正相关关系，这可以通过**短期总供给曲线**（short-run aggregate supply curve）来表示。总体价格水平与总产出水平之间存在正相关关系，所以短期总供给曲线是向上倾斜的。

短期总供给曲线表现的是短期内总体价格水平与总产出供给数量之间的关系，这一时间段内的许多生产成本被假定为固定不变。

图 27－5 所示是根据美国 1929—1933 年的真实数据做出的短期总供给曲线 *SRAS*。横轴表示用 2009 年美元计算的总产出水平（或者等价地说是实际 GDP）——一个经济体供给的最终产品和服务的总数量。纵轴表示用 GDP 缩减指数表示的总体价格水平，2009 年时取值 100。1929 年，总体价格水平为 9.9，实际 GDP 为 10 570 亿美元。1933 年，总体价格水平为 7.3，实际 GDP 为 7 780 亿美元。由通货紧缩和总产出水平下降引起的沿着 *SRAS* 曲线的下移经历了几年的时间。

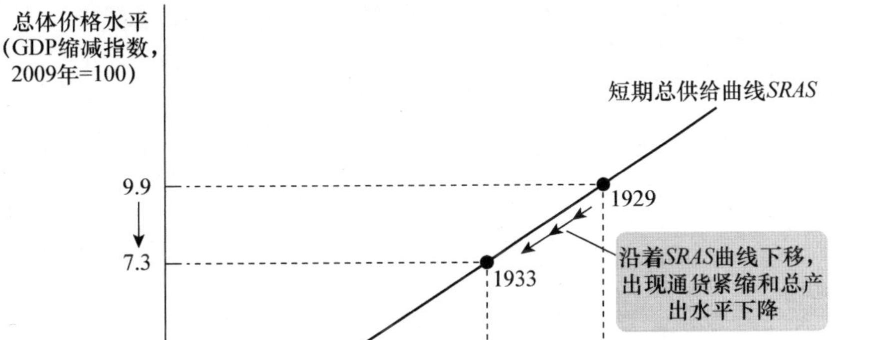

图 27－5　短期总供给曲线

短期总供给曲线表现的是短期内总体价格水平和总产出供给数量之间的关系，在此期间名义工资固定不变。它向上倾斜是因为总体价格水平越高，利润水平越高，在名义工资不变的情况下，总产出数量则会增加。这里我们采用的是 1929—1933 年大萧条期间发生通货紧缩时的数据，总体价格水平从 9.9（1929 年）下降到 7.3（1933 年），受此影响，企业缩减产出，总产出供给数量从 10 570 亿美元下降到 7 780 亿美元（按 2009 年美元计算）。

▶ 追根究底

什么是真正的弹性？什么是真正的黏性？

大多数宏观经济学家同意图 27－5 显示的基本关系是正确的：当其他条件不变时，总体价格水平与总产出供给数量之间在短期存在正相关关系。但是许多学者认为其中的细节要复杂得多。

到现在为止，我们强调了总体价格水平和名义工资之间的差异。那就是，在短期内，总体价格水平是有弹性的，但是名义工资是黏性的。虽然这样一个假定是解释总供给曲线为什么在短期向上倾斜的一个好方法，但是工资和价格的经验数据并不完全支持这种泾渭分明的区别：最终产品和服务的价格有弹性，而工资是黏性的。

一方面，一些名义工资即使是在短期事实上也是有弹性的，因为一些工人没有与他们的雇主签订正式合约或非正式合约。因此一些名义工资是黏性的，而其他则是有弹性的。我们观察到当失业水平迅速提高时，平均的名义工资——一个经济体中所有工人名义工资的平均水平——将出现下跌。例如，在大萧条的早期阶段，名义工资实质上是下跌的。

另一方面，一些最终产品和服务的价格是黏性的，并非有弹性的。例如，一些企业，特别是奢侈品或一些名牌产品的生产者，即使需求下滑，也不愿降低价格，它们宁愿减少产量，即使它们每单位产品的利润没有下跌。

我们已经说过，这些复杂的情形不会改变图形的基本含义。当总体价格水平下降的时候，因为名义工资是黏性的，所以一些生产者会减少产量。而另一些生产者在面对总体价格水平降低时并不降价，而宁愿减少产量。在这两种情形下，总体价格水平和总产出供给数量之间的正相关关系都是成立的。因此，短期总供给曲线终究是向上倾斜的。

□ 27.2.2 短期总供给曲线的移动

图 27-5 所示为 1929—1933 年总产出水平和总体价格水平下跌时沿着短期总供给曲线的移动。当然也有总供给曲线本身的移动，如图 27-6 所示。图 27-6（a）表示的是短期总供给减少，短期总供给曲线左移。当生产者愿意减少任一特定总体价格水平上总产出的供给数量时，总供给就减少了。图 27-6（b）表示的是短期总供给的增加，短期总供给曲线右移。当生产者愿意在任一给定总体价格水平上增加总产出的供给数量时，总供给就增加了。

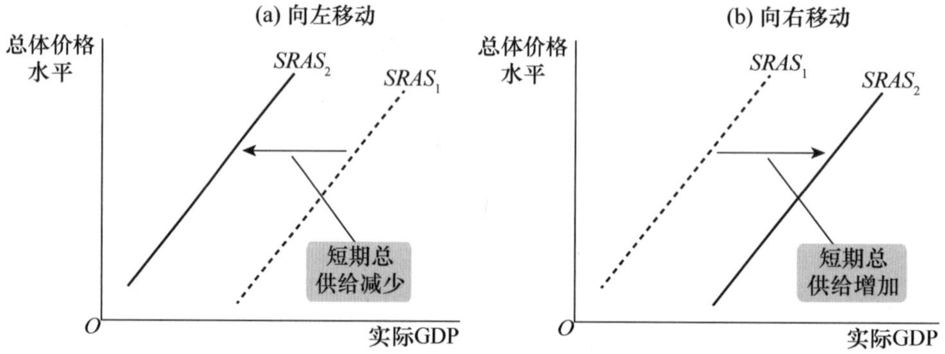

图 27-6　短期总供给曲线的移动

图 27-6（a）表现的是短期总供给的减少：短期总供给曲线从 $SRAS_1$ 向左移动到 $SRAS_2$，在任一价格水平上总产出的供给数量降低；图 27-6（b）表现的是短期总供给的增加：短期总供给曲线从 $SRAS_1$ 向右移动到 $SRAS_2$，在任一价格水平上总产出的供给数量提高。

为了理解短期总供给曲线为什么能够移动，请回忆一个重要的结论：生产者做出生产决策是基于他们每单位产品的利润。短期总供给曲线说明的是总体价格水平和总产出之间的关系：因为一些生产成本在短期是固定的，总体价格水平的变化会引起生产者每单位产品利润的变化，利润变化反过来又会引起产量变化。但是除了总体价格水平以外，能影响每单位产品利润以及产量变化的还有其他因素。其他因素的变化会引起短期总供给曲线发生变化。

为了从直觉上更好地理解，我们假设某种因素导致了生产成本上升，如石油价格上升，那么在任一给定的价格水平上，生产者每单位产品获得的利润减少，结果，生产者在所有价格水平上愿意供应的产量减少，短期总供给曲线左移。相反，假设某种因素导致生产成本下降——名义工资下降，那么在任一给定价格水平上，生产者每单位产品获得的利润增加，结果，生产者在所有价格水平上愿意供应的产量增加，短期总供给曲线右移。

现在我们讨论影响生产者的每单位产品利润从而导致短期总供给曲线发生移动的其他重要因素（见表 27－2）：

表 27－2　　　　引起短期总供给曲线移动的因素小结

变量变化	总供给增加	变量变化	总供给减少
大宗商品价格变化			
当大宗商品价格下降时	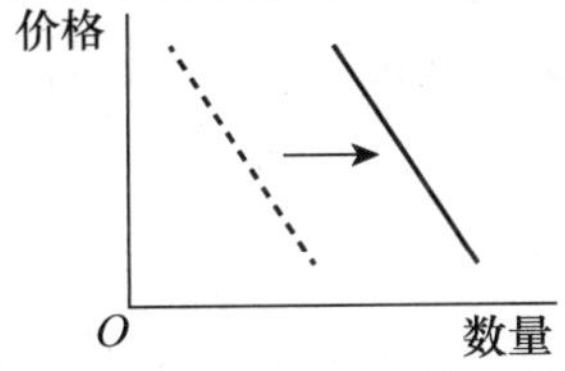	当大宗商品价格上升时	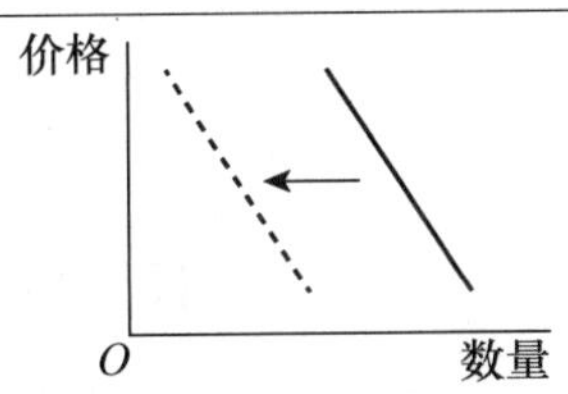
名义工资变化			
当名义工资下降时	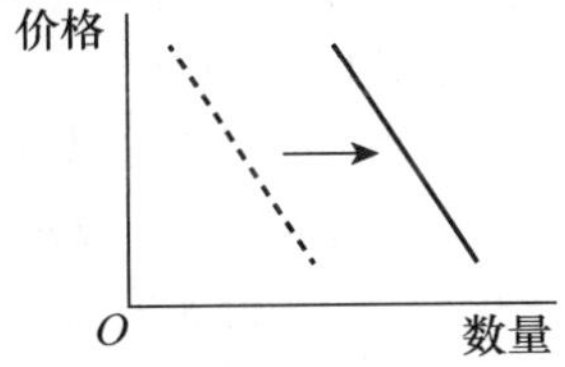	当名义工资上涨时	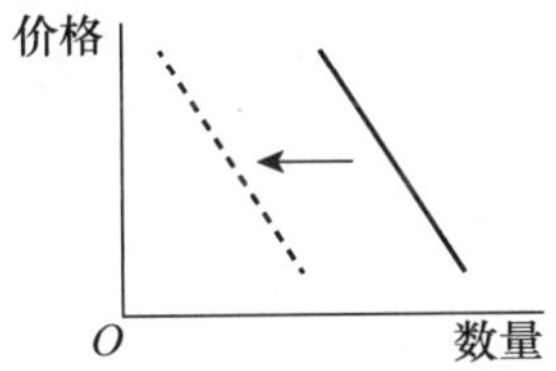
生产率变化			
当工人生产率提高时	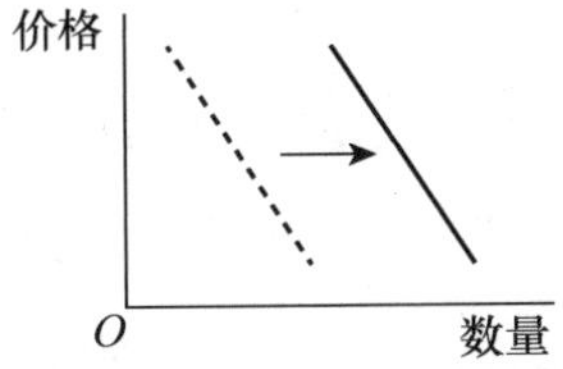	当工人生产率降低时	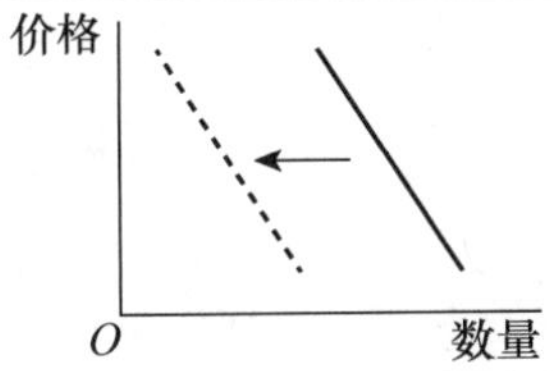

大宗商品价格变化　在本章开篇案例中，我们描述了石油价格的大幅上升怎样导致了美国在 20 世纪 70 年代和 2008 年早期经济出现问题。大宗商品是进行大额买卖的标准投入品，石油是大宗商品。大宗商品（石油）价格的上升增加了生产成本，减少了在任一给定总体价格水平上总产出的供给数量，导致短期总供给曲线左移。相反，大宗商品价格下降将降低生产成本，增加在任一给定总体价格水平上总产出的供给数量，导致短期总供给曲线右移。

为什么大宗商品价格变化的影响没有反映在短期总供给曲线上？因为大宗商品——不像软饮料——并非最终产品，它们的价格没有被包含在总体价格水平的计算之中。更进一步讲，像名义工资一样，大宗商品是大多数生产供应商生产成本中非常重要的组成部分。所以，大宗商品价格变化对生产成本有重要影响。与非大宗商品不同，产业中特有的供给冲击，如中东战争、中国需求增加导致对美国可供石油减少等，对大宗商品的价格变动会产生显著的影响。

名义工资变化　在任一时点上，许多工人的货币工资是固定的，因为工资正式合约或非正式合约是过去签订的。但是如果已经过去足够长的时间，工资正式合约和非正式合约也会重新签订。假设一个经济体中由雇主支付的作为工资重要组成部分的医疗保险费用普遍上涨，这就等于提高了名义工资，因为雇主支付的薪金增加了。因此这种由名义工资增加引起的生产成本上升会推动短期总供给曲线向左移动。相反，假设一个经济体医疗保险费用普遍下跌，这就等于降低了名义工资和生产成本，短期总供给曲线将会右移。

一个重要的历史事件发生在 20 世纪 70 年代，石油价格的大幅上升间接推动了名义工资的上升。这样一种连锁反应的发生是因为当消费品价格上升时，许多工资正式合约中包含了构成名义工资的生活费用补偿金自动增加条款。所以，当石油价格推动消费品价格总体上涨时，通过这一途径，最终引起了名义工资的提高。

因此，经济最终经历了总供给曲线的二次左移：第一次是由石油价格最初的大幅上涨引起的，第二次是由石油价格上涨推动名义工资上涨造成的。石油价格上涨对经济产生的负面影响通过工资正式合约中生活费用补偿金相关机制被放大了。历史发展到今天，工资正式合约中已经鲜有生活费用补偿金了。

生产率变化 生产率的提高意味着一个工人在投入同样数量的生产要素时可以生产更多单位的产品。例如，零售商店中条形码扫描器的引入大幅提高了每单位工人处理进存货、货架再供应方面的工作能力。结果，商店"生产"1美元销售额的成本下降，利润增加，供应数量增加。(想一想沃尔玛公司，其商店数量是随着总供给的增加而增加的。) 因此，不论由什么原因引起的生产率提高，都会增加生产者的利润，推动短期总供给曲线右移。

相反，生产率的降低——比方说，新的规定要求工人花费更多的时间来填报各种表格——会导致每单位工人在使用相同投入时生产的产品数量减少。结果，每单位产品成本上升，利润下降，供给量减少，引起短期总供给曲线左移。

□ 27.2.3 长期总供给曲线

我们已经知道，因为名义工资在短期是黏性的，所以短期总体价格水平的下降会导致总产出供给数量的减少。但是，正像我们前面已经提到的，工资正式合约和非正式合约在长期中会重新签订。因此，像总体价格水平一样，名义工资在长期具有弹性，而非保持黏性。这一事实极大地改变了长期总体价格水平和长期总产出供给数量之间的关系。事实上，从长期来看，总体价格水平对总产出供给数量没有任何影响。

为了明白其中原因，我们做一个想象实验：假设你可以舞动一个魔杖——或者是一个有魔力的条形码扫描器——使一个经济体中所有的价格同时降低一半。"所有的价格"是指所有投入要素的价格，包括名义工资以及最终产品和服务的价格。那么当总体价格水平降低一半、所有投入要素的价格（包括名义工资）降低一半后会发生什么呢?

答案是什么也不会发生。再考虑一下式（27 - 2)：每个生产者出售的产品价格下跌，但是成本以同样的比例下降。结果，价格变化前所生产的每单位有利可图的产品在价格变化后仍然有利润获得。因此，经济体中所有价格水平降低一半后对经济体的总产出水平没有任何影响。换句话说，总体价格水平现在对总产出供给数量不产生任何影响。

当然，事实上没有人能同时按相同的比例改变一切价格。但是，从长期来看，当所有价格具有完全弹性的时候，通货膨胀或者通货紧缩就像由某人按同样的比例来变更所有价格一样。结果，从长期来看，总体价格水平的改变不会改变总产出供给数量。这是因为总体价格水平的改变在长期中伴随着所有投入要素按相同的比例变化，当然包括名义工资。

长期总供给曲线表现的是当所有价格水平（包括名义工资）具有完全弹性时总体价格水平和总产出供给数量之间的关系。

长期总供给曲线（long-run aggregate supply curve）是如图 27 - 7 所示的 *LRAS* 曲线，表现的是当所有价格水平（包括名义工资）具有完全弹性时总体价格水平和总产出供给数量之间的关系。因为总体价格水平在长期对总产出没有任何影响，所以长期总供给曲线是垂直的。当总体价格水平为 15.0 时，总产出供给数量用 2009 年美元计为 8 000 亿美元。如果总体价格水平下跌 50%，变化至 7.5，总产出供给数量用 2009 年美元计仍为不变的 8 000 亿美元。

潜在产出水平是当一个经济体的所有价格（包括名义工资）都具有完全弹性时的实际 GDP 水平。

重要的是不仅要理解 *LRAS* 曲线是垂直的，而且要明白在横轴上刻度的意义。在图 27 - 7 中，横截距即 *LRAS* 与 *X* 轴的支点（用 2009 年美元计的 8 000 亿美元）是经济体的**潜在产出水平**（potential output）Y_P，这是当一个经济体的所有价格（包括名义工资）都具有完全弹性时的实际 GDP 水平。

事实上，现实的实际 GDP 几乎总是高于或低于潜在产出水平。我们将在本章稍后讨论 *AD-AS* 模型时明白其中的原因。更为重要的是，一个经济体的潜在产出水平是一个重要的参照数据，因为它决定了每年实际 GDP 围绕谁变化。

在美国，为了对联邦预算进行分析，国会预算办公室（CBO）会估计每年的潜在产出水平。图 27 - 8 所示为国会预算办公室估计的 1990—2014 年的美国潜在产出水平（浅色线）和同期美国实际 GDP（深色线），真实总产出低于潜在产出水平的年份在横轴上用深色阴影表示，高于潜在产出水平的年份用浅色阴影表示。

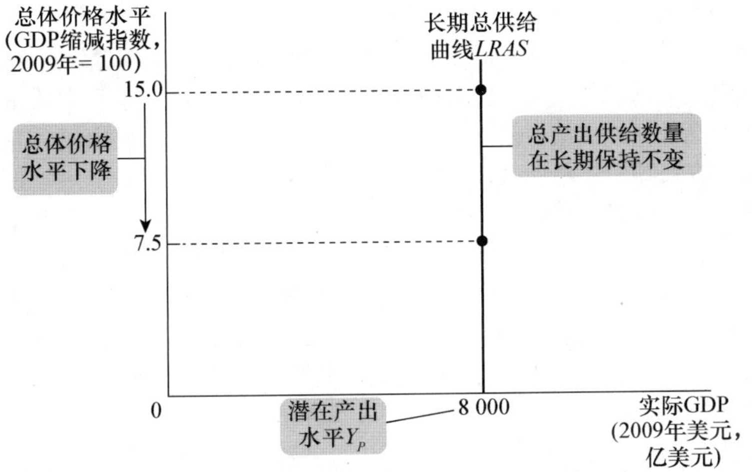

图 27-7 长期总供给曲线

长期总供给曲线表现的是当所有价格（包括名义工资）都具有完全弹性时总体价格水平和总产出供给数量之间的关系。它在潜在产出水平 Y_P 上呈垂直线，这是因为在长期中，总体价格水平对总产出供给数量没有影响。

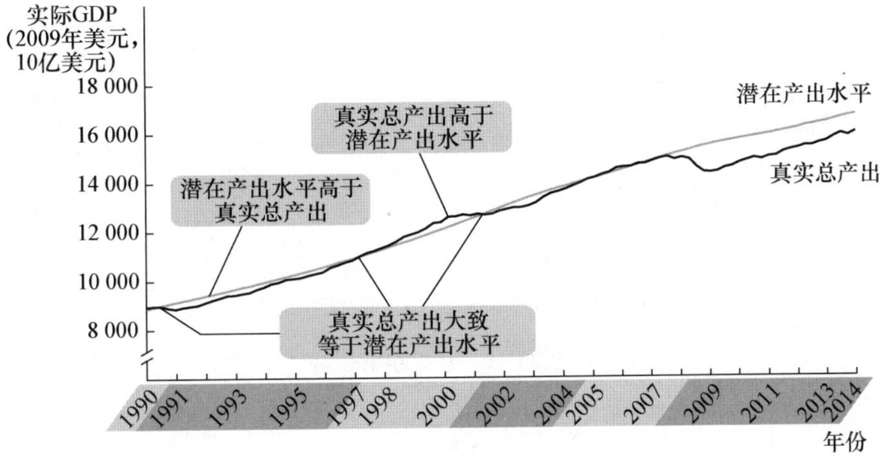

图 27-8 1990—2014 年真实总产出和潜在产出水平

该图所示为 1990—2014 年美国真实总产出和潜在产出水平的情形。浅色线表示国会预算办公室对美国潜在产出水平的估计值，深色线表示美国真实总产出。横轴浅色阴影区域为真实总产出高于潜在产出水平的年份，深色阴影区域为真实总产出低于潜在产出水平的年份。从图中可以看出，在 20 世纪 90 年代早期和 2000 年之后发生过短暂的经济衰退。在 20 世纪 90 年代后期经济繁荣时期，真实总产出明显高于潜在产出水平，但在 2007—2009 年经济衰退后出现了严重下降。

美国潜在产出水平一直随时间的推移在增加，可以用 *LRAS* 曲线向右的一系列移动来表示。是什么引起了这些右移？答案与我们在第 24 章讨论的决定长期经济增长的因素有关，如实物资本和人力资本的增加和技术进步。从长期来看，随着劳动力规模的增加和生产率的提高，一个经济体能够生产的实际 GDP 的水平也在增加。的确，一种考虑长期经济增长的方法就是看该经济体潜在产出水平的增加。我们一般认为，当一个经济体经历长期增长时，长期总供给曲线会向右移动。

□ 27.2.4 从短期到长期

从图 27-8 我们可以看出，一个经济体的产出通常会高于或低于潜在产出水平：在 20 世纪 90 年代早期，真实总产出低于潜在产出水平，到了 90 年代后期，前者又高于后者，21 世纪初，大部分时间又是真实总产出低于潜在产出水平，特别是在 2007—2009 年经济衰退之后更为显著。经济通常处在短期总供给曲线上，但不在长期总供给曲线上。那么，为什么经济与长期总供给曲线有关呢？经济是从短期变化为长期的吗？如果如此，是如何变化的？

回答这些问题的第一步是明白经济运行总是处在短期总供给曲线和长期总供给曲线的两种状态之一：要么是两条曲线同时处在交点处（就像在图 27－8 中真实总产出和潜在产出水平大致重合的情形）；要么在短期总供给曲线上，但是不在长期总供给曲线上（就像真实总产出与潜在产出水平不重合的情形）。但是，故事并未结束。如果经济处在短期总供给曲线而不在长期总供给曲线上，短期总供给曲线将会随时间的推移而移动，直到达到两条曲线相交的经济状态，这也是真实总产出和潜在产出水平相等的点。

图 27－9 表现了这一过程是如何实现的。图中曲线 *LRAS* 是长期总供给曲线，$SRAS_1$ 是初始的短期总供给曲线，此时总体价格水平处在 P_1 水平上。在图 27－9（a）中，经济处在初始的生产点 A_1 上，对应的总产出供给数量为 Y_1，高于潜在产出水平 Y_P。总产出水平（如 Y_1）大于潜在产出水平（Y_P）只有在名义工资没有充分上调的情况下才能做到。在名义工资充分上调前，生产者获得更高的利润，从而生产更多的产量。但是，潜在产出水平高于总产出水平意味着失业率也处在低水平。工作机会充裕，但雇员不足，所以名义工资将会随时间的推移逐渐上涨，这样就会使短期总供给曲线逐渐向左移动，最终它将会停留在一个新的位置上，就像图 27－9（a）中的 $SRAS_2$。在本章稍后的部分，我们将会看到短期总供给曲线的移动会在什么地方结束，这也依赖于总需求曲线。

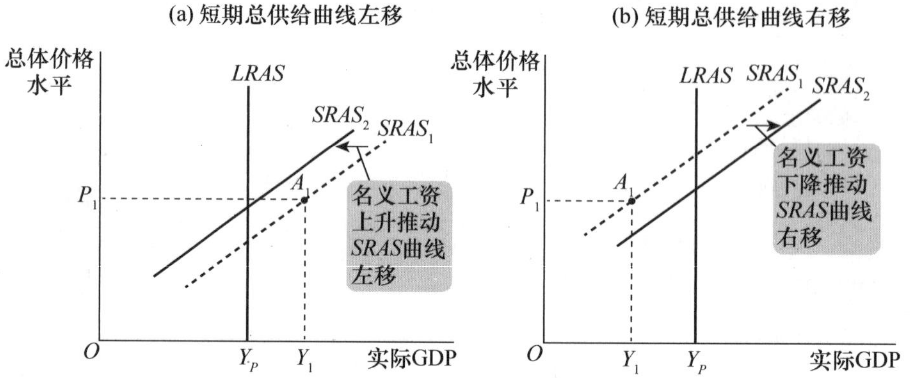

图 27－9　从短期到长期

在图 27－9（a）中，初始的短期总供给曲线是 $SRAS_1$，总体价格水平为 P_1，总产出供给数量为 Y_1，高于潜在产出水平 Y_P。最终，低失业率将引起名义工资上升，推动短期总供给曲线从 $SRAS_1$ 移动到 $SRAS_2$。在图 27－9（b）中发生的是相反的过程。当总体价格水平为 P_1 时，总产出供给数量低于潜在产出水平。高失业率最终会导致名义工资随时间的推移而下降，短期总供给曲线将向右移动。

在图 27－9（b）中，初始的产量点为 A_1，对应的总产出水平为 Y_1，这比潜在产出水平 Y_P 要低。生产的总产出水平（如 Y_1）比潜在产出水平（Y_P）低只是因为名义工资仍然没有充分下调。在名义工资向下调整之前，因为生产者的盈利水平下降（或者为负），产量水平也随之降低。总产出水平低于潜在产出水平意味着失业率也处在高水平上。可雇用的工人很充裕，但工作机会不易得到。这样名义工资将会随时间的推移而下降，短期总供给曲线也逐渐地右移，最终它将会处在一个新的位置上，就像图 27－9（b）中的 $SRAS_2$。

我们稍后将解释短期总供给曲线在长期中将会回到经济的潜在产出水平上。

▶ **疑难解答**

我们到站了吗？长期真正的意思是什么？

我们使用“长期”一词有两种不同的含义。在前面章节，我们集中讨论了长期经济增长，即发生在几十年中的经济增长。在本章，我们引入了代表经济潜在产出水平的长期总供给曲线，即当一个经济体的所有价格（包括名义工资）都具有完全弹性时的总产出水平。看上去似乎我们将同一术语“长期”用于两个不同的概念。并非如此，其实这两个概念表达的是同一个东西。

因为在长期经济运行总是趋向于回到潜在产出水平上，现实总产出水平会围绕潜在产出水平波动，很少会过多背离。所以，从长期来看（比方说几十年），经济增长率非常靠近潜在产出水平。潜在产出增长是由我们分析长期经济增长的一章中提过的因素所决定的。所以，这意味着，长期增长中的“长期”与长期供给曲线中的“长期”是一致的。

▶ 真实世界中的经济学

大衰退时期的黏性工资

我们认为短期总供给曲线向上倾斜主要是因为黏性工资，特别是，即使劳动力供给过剩，雇主也不愿意减少名义工资（工人不愿意接受减薪）。但是工资黏性的证据是什么？

我们可以观察工资在如下情形会发生什么变化：因为类似工人失业，我们预期有许多工人面临减薪或愿意减少工作。如果工资具有黏性特征，我们会发现在这种情况下，许多工人的工资根本没有改变：雇主没有理由给他们加薪，但因为工资黏性，他们的工资也不会降低。

这正是我们在2007—2009年经济大衰退期间和之后发现的现象。旧金山联邦储备银行的经济学家玛丽·戴利（Mary Daly）和巴特·霍宾（Bart Hobijn）研究了一个工人样本的工资变化数据。他们的调查结果如图27-10所示：2007年之后，失业率上升，美国工人获得与一年前相同的工资。

在面临高失业率的欧洲国家，如西班牙，也可以找到类似的结果。经济大衰退提供了强有力的证据，工资确实是黏性的。

当面对2008年金融危机后的经济衰退时，失业率飙升，你可能预计会看到大幅度减薪。但雇主不愿意削减工资。因此，我们看到的是工资持平——既不上升也不下降——的工人数量急剧上升。

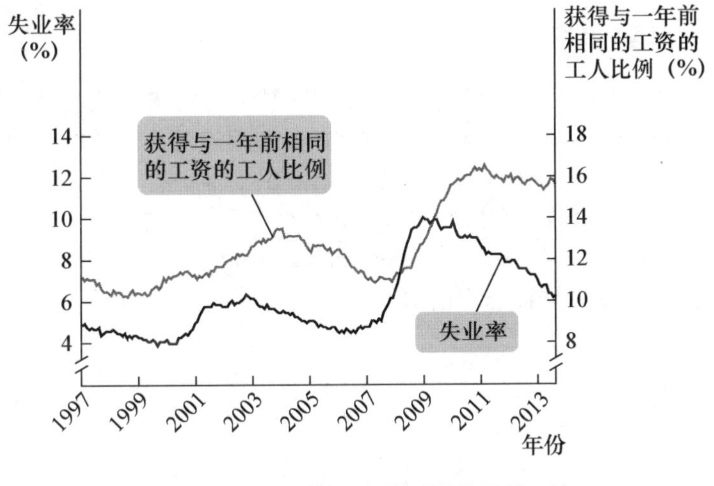

图27-10　经济大衰退时期的黏性工资

资料来源：Bureau of Labor Statistics; Daly and Hobijn.

及时复习

- 总供给曲线表示的是总体价格水平和总产出供给数量之间的关系。
- 短期总供给曲线是向上倾斜的：给定名义工资是黏性的假设，总体价格水平越高，带来的产出水平越高。
- 大宗商品价格、名义工资和生产率的变化会引起短期总供给曲线移动。
- 从长期来看，所有价格都具有弹性，总体价格水平不影响总产出水平。长期总供给曲线是在潜在产出水平上的垂直线。
- 如果真实总产出超过潜在产出水平，名义工资会提高，导致短期总供给曲线左移；如果真实总产出低于潜在产出水平，名义工资会降低，导致短期总供给曲线右移。

小测验 27-2

1. 解释下列事件哪个反映了：(i) 沿着 *SRAS* 曲线的移动；(ii) *SRAS* 曲线的移动。

a. 消费者价格指数（CPI）的上升导致生产者增加产量。

b. 石油价格的下降推动生产者增加产量。

c. 对工人支付的法定退休福利的增加导致生产者降低产量。

2. 假如经济体初始处在潜在产出水平上，而总产出供给数量增加了。还需要什么信息才能决定这会引起沿着 *SRAS* 曲线的移动还是 *LRAS* 曲线本身的移动？

27.3 *AD-AS* 模型

1929—1933 年，随着总体价格水平的下降，美国经济沿着短期总供给曲线下移。相对应的情况是在 1979—1980 年期间，随着总体价格水平的上升，美国经济沿着总需求曲线上移。在每种情形下，引起沿着曲线移动的因素导致另一条曲线移动。1929—1933 年总需求曲线左移，因为消费支出大幅下降。1979—1980 年短期总供给曲线左移，因为石油价格冲击导致短期总供给大幅下降。

所以，想了解经济中发生的现象，我们必须把总供给曲线和总需求曲线放在一起。这就是 ***AD-AS* 模型**（*AD-AS* model）——我们理解经济波动最为基础的模型。

***AD-AS* 模型**是把总供给曲线和总需求曲线放在一起来分析经济波动的模型。

□ 27.3.1 短期宏观经济均衡

我们先从短期分析开始。图 27-11 所示是在同一个图中放入总需求曲线和短期总供给曲线。曲线 *AD* 和 *SRAS* 的交点为 E_{SR}，表示的是**短期宏观经济均衡**（short-run macroeconomic equilibrium）。在该点处，总产出的供给水平等于由国内居民、企业、政府和世界其他国家对总产出的需求量。在交点 E_{SR} 处的价格水平为 P_E，是**短期均衡总体价格水平**（short-run equilibrium aggregate price level）。在交点 E_{SR} 处的总产出水平 Y_E 是**短期均衡总产出水平**（short-run equilibrium aggregate output）。

短期宏观经济均衡是指总产出的供给等于需求的状态。

短期均衡总体价格水平是在短期宏观经济均衡时的总体价格水平。

短期均衡总产出水平是在短期宏观经济均衡时的总产出水平。

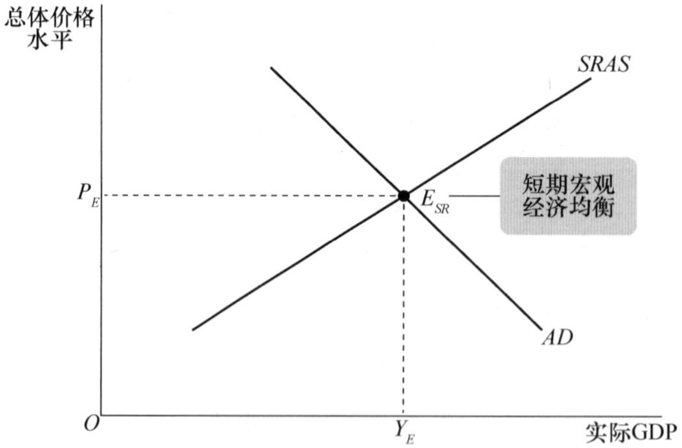

图 27-11 *AD-AS* 模型

AD-AS 模型把短期总供给曲线和总需求曲线组合到一起。两条线的交点 E_{SR} 是短期宏观经济均衡点，对总产出的需求数量等于总产出的供给数量。P_E 是短期均衡总体价格水平，Y_E 为短期均衡总产出水平。

在供给和需求模型中，我们看到的是任何一种产品如果出现短缺将引起市场价格上升，如果存在剩余则会引起价格下跌。这些因素保证市场会达到均衡。同样的逻辑也适用于短期宏观经济均衡。如果总体价格水平高于均衡水平，总产出水平的供给数量将超过需求数量，这会推动总体价格水平下跌，向均衡水平移动。

如果总体价格水平低于均衡水平，总产出水平的供给数量将小于需求数量。这会推动总体价格水平上涨，同样推动经济走向均衡水平。在下面的讨论中，我们总是假定经济处在短期宏观经济均衡状态。

实际上，总产出水平和总体价格水平具有长期上升趋势。基于这一点，我们还做了一个重要的简化假定：不论哪一个变量值降低了，都意味着与长期趋势相比降低了。例如，假设总体价格水平通常每年上涨4%，如果某一年价格水平只上涨了3%，按照我们的分析要求，这就意味着减少了1%。事实上，自从大萧条以后，任何一个大国的总体价格水平实际下降的年份是非常少见的——日本1995年之后出现的通货紧缩是少有的例外之一。但是，总体价格水平相对于长期趋势下降的情形有许多。

不管是 *SRAS* 曲线的移动还是 *AD* 曲线的移动，都会改变短期均衡总产出和短期均衡总体价格水平。下面我们分别进行分析。

□ 27.3.2 总需求曲线的移动：短期效应

能够引起总需求曲线移动的事件被称为**需求冲击**（demand shock），如预期或财富的改变，实物资本存量规模的影响，财政政策和货币政策的运用等。大萧条就是由负向需求冲击引起的，当时来自企业和消费者的需求由于1929年的股票市场崩溃和1930—1931年的银行倒闭而大幅减少。

能够引起总需求曲线移动的事件被称为**需求冲击**。

大萧条的结束也是由正向需求冲击所致，因为在第二次世界大战期间政府购买大幅增加。在2008年，美国经济经历了另一场具有重要影响意义的负向需求冲击，因为房地产市场从繁荣走向衰退，消费者和企业大规模削减了他们的投资支出。

图27-12表示的是短期负向需求冲击和正向需求冲击，图27-12（a）所示为负向需求冲击，冲击导致需求曲线 *AD* 向左移动，从 AD_1 移动到 AD_2。经济沿着曲线 *SRAS* 从 E_1 移动到 E_2，导致短期均衡总体产出水平和短期均衡总体价格水平同时下降。图27-12（b）所示为正向需求冲击，推动需求曲线 *AD* 向右移动。当经济沿着曲线 *SRAS* 从 E_1 上移到 E_2 时，短期均衡总产出水平和短期均衡总体价格水平同时上升。需求冲击会导致总产出水平和总体价格水平沿着相同的方向变化。

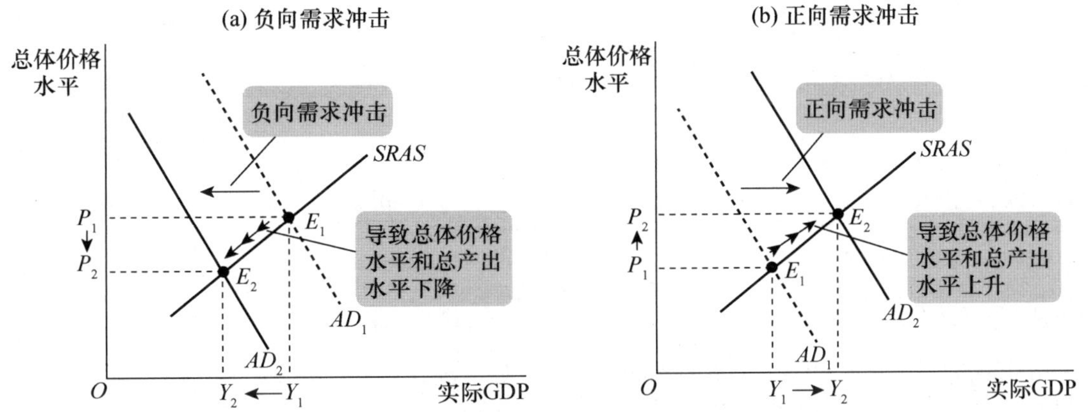

图27-12 需求冲击

需求冲击导致总需求曲线发生移动，推动总体价格水平和总产出水平沿着相同的方向变化。图27-12（a）表示负向需求冲击导致总需求曲线向左移动，从 AD_1 移动到 AD_2，总体价格水平从 P_1 下降到 P_2，总产出水平从 Y_1 下降到 Y_2。图27-12（b）表示正向需求冲击导致总需求曲线向右移动，推动总体价格水平从 P_1 上升到 P_2，总产出水平从 Y_1 增加到 Y_2。

□ 27.3.3 *SRAS* 曲线的移动

能够引起短期总供给曲线移动的事件就是所谓的**供给冲击**（supply shock），如大宗商品价格变化，名义工资变化和生产率变化。负向供给冲击抬高生产成

引起短期总供给曲线移动的事件就是所谓的**供给冲击**。

本，导致在任一总体价格水平上生产者愿意提供的产出减少，导致短期总供给曲线向左移动。1973—1979年，伴随世界石油供给困难，美国经济经历了严重的负向供给冲击。相反，正向供给冲击会降低生产成本，增加在任一总体价格水平上的产出水平，导致短期总供给曲线向右移动。1995—2000年，由于网络技术和其他信息技术应用大大提高了生产率，美国在此期间经历了正向供给冲击。

图27－13（a）表示的就是负向供给冲击效应。初始均衡在E_1，总体价格水平为P_1，总产出水平为Y_1。石油供给困难引起了短期总供给曲线左移，即曲线$SRAS_1$沿着曲线AD移动到曲线$SRAS_2$，结果，总产出水平下降而总体价格水平上升。在新的均衡点E_2处，与此前相比，新的均衡价格水平P_2比以前上升，而新的均衡总产出Y_2比以前下降。

滞胀是通货膨胀与总产出下降同时发生。

图27－13（a）中高通货膨胀和产出水平下降叠加在一起有一个特别的名称：**滞胀**（stagflation），即增长停滞加通货膨胀。滞胀是一种非常痛苦的经历：总产出下降导致失业率上升，人们感到他们的购买力被上涨的价格所侵蚀。20世纪70年代发生的滞胀现象在国民中形成了一种悲观情绪，我们稍后还将看到，这也让政策制定者左右为难。

图27－13（b）表示的正好是相反的正向供给冲击。总产出水平上升而总体价格水平下降推动$SRAS$曲线从$SRAS_1$沿着AD下移到$SRAS_2$。20世纪90年代后期发生的令人欣慰的供给冲击导致充分就业和通货膨胀下降同时出现。所以，与长期价格变化趋势相比，总体价格水平出现下降。这种同时出现的现象在当时形成了一种全国性的乐观情绪。

正向供给冲击和负向供给冲击的特征不同于需求冲击，它们会引起总体价格水平和总产出水平沿着相反的方向变化。

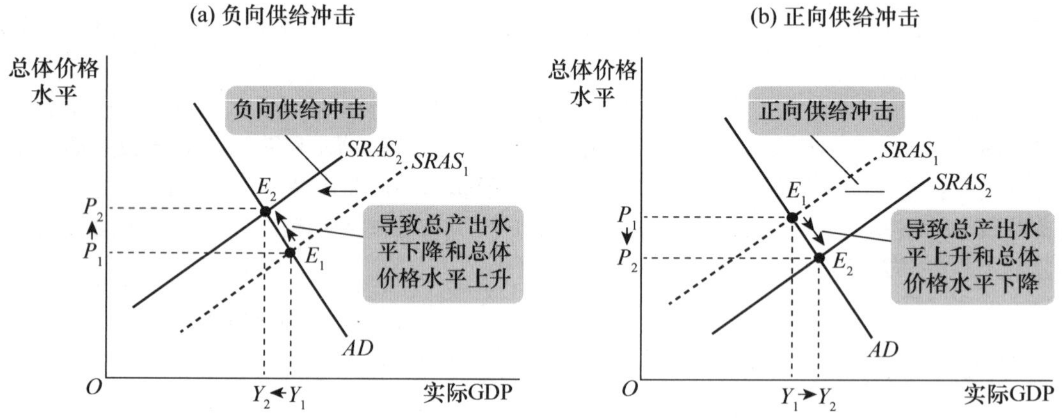

图27－13　供给冲击

供给冲击导致短期总供给曲线发生移动，推动总体价格水平和总产出水平沿着相反的方向变化。图27－13（a）表示负向供给冲击导致短期总供给曲线向左移动，引发滞胀——总产出水平下降和高通货膨胀并行。短期总供给曲线从$SRAS_1$曲线移动到$SRAS_2$曲线，经济从E_1移动到E_2，总体价格水平从P_1变化到P_2，总产出水平从Y_1下降到Y_2。图27－13（b）表示正向供给冲击导致短期总供给曲线向右移动，推动总产出水平上升和总体价格水平下降，短期总供给曲线从$SRAS_1$曲线移动到$SRAS_2$曲线，经济从E_1移动到E_2，总体价格水平从P_1变化到P_2，总产出水平从Y_1上升到Y_2。

供给冲击和需求冲击还有另一个重要的不同之处。我们已经知道，政府可以通过货币政策和财政政策移动总需求曲线，这就意味着政府所发挥的作用是可以创造出如图27－12所示的某种类型的冲击。政府要想移动总供给曲线是很困难的，有什么移动总需求曲线的好的政策理由吗？我们稍后将对此做出讨论。首先，我们先比较短期宏观经济均衡和长期宏观经济均衡有什么不同。

▶ 国际比较

21世纪的供给冲击

近年来，石油和其他原材料的价格非常不稳定，2007—2008年价格暴涨，2008—2009年价格暴跌，

2010 年下半年开始又一次上涨。这些大幅波动的原因不同，但它们产生的宏观经济影响是明确的：世界上许多地区遭受了一系列供给冲击。2007—2008 年出现负面冲击，2008—2009 年出现正面冲击，2010—2011 年出现另一个负面冲击。

我们可以在下图中看到这些冲击的影响，其中显示了通过三个大型经济体消费者价格相对前一年的变化百分比度量的通货膨胀率。美国、德国（与许多其他欧洲国家使用相同的货币）和中国的经济政策有很大的不同。然而，所有三个国家的通货膨胀率在 2007—2008 年都大幅上升，之后又大幅下降，并在 2011 年再次大幅上升。

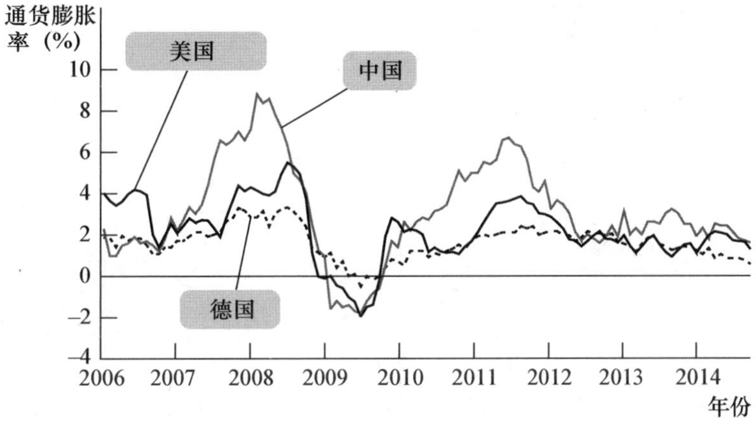

资料来源：Federal Reserve Bank of St. Louis.

□ 27.3.4 长期宏观经济均衡

当短期宏观经济均衡点处在长期总供给曲线上时，就实现了所谓的**长期宏观经济均衡**。

图 27－14 把总需求曲线、短期总供给曲线和长期总供给曲线一同置于一个图上。总需求曲线 AD 在 E_{LR} 点与短期总供给曲线相交。这里我们假定已经经过足够长的时间调整，经济也处在长期总供给曲线 $LRAS$ 上，E_{LR} 就成了三条曲线的交点。因此，短期均衡总产出水平等于潜在产出水平 Y_p。当短期宏观经济均衡点也处在长期总供给曲线上时，就实现了所谓的**长期宏观经济均衡**（long-run macroeconomic equilibrium）。

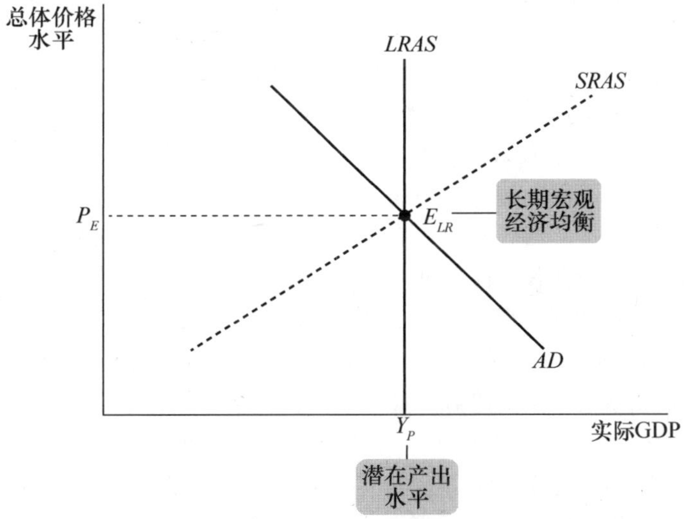

图 27－14　长期宏观经济均衡

这里的短期宏观经济均衡点也同时处在长期总供给曲线上，短期均衡总产出水平等于潜在产出水平 Y_P。所以，经济在 E_{LR} 点处在长期宏观经济均衡状态。

为了看清长期宏观经济均衡的意义，我们考虑当需求冲击将经济推离长期宏观经济均衡时会发生什么。在图 27－15 中，我们假定初始的总需求曲线为 AD_1，初始的短期总供给曲线为 $SRAS_1$，所以初始的宏观经济均衡点为 E_1 点，它在长期总供给曲线 $LRAS$ 上。也就是说，在这个经济体的初始点，短期宏观经济均衡等于长期宏观经济均衡，实际总产出水平等于潜在产出水平 Y_1。

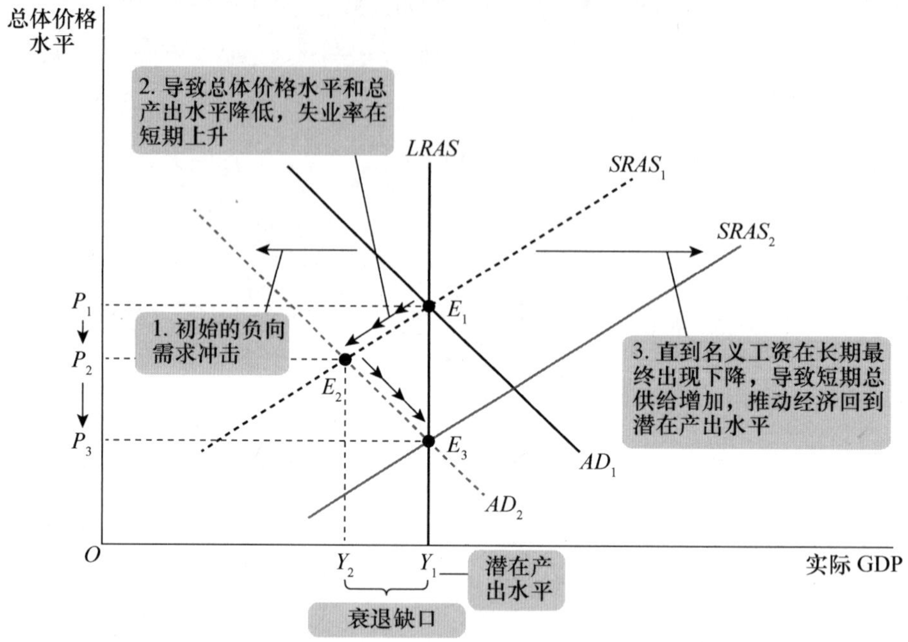

图 27－15　负向需求冲击的短期和长期效应

在长期，经济会进行自我矫正，需求冲击仅仅对总产出产生暂时的影响。从 E_1 点开始，负向需求冲击导致总需求曲线从 AD_1 向左移动到 AD_2。经济在短期将移动到 E_2点，出现衰退缺口，总体价格水平从 P_1 降低到 P_2，总产出水平从 Y_1 降低到 Y_2，失业率上升。但是从长期来看，高失业率会导致名义工资下降，曲线 $SRAS_1$ 向右移动到曲线 $SRAS_2$，总产出水平从 Y_2 上升到 Y_1，总体价格水平再次下降，从 P_2 下降到 P_3。长期宏观经济均衡最终在 E_3点得到恢复。

现在我们假定由于某种原因，比如说企业和消费者对未来的预期看淡，总需求下降，总需求曲线向左移动到 AD_2。结果，当经济在短期稳定在 E_2 点的时候，总体价格水平 P_2 和总产出水平 Y_2 较以前都下降了。总需求下降的短期效应就像美国在 1929—1933 年所经历的那样，总体价格水平和总产出水平比以前都下降了。

> **当总产出水平低于潜在产出水平时，表明存在衰退缺口。**

在新的短期均衡 E_2 点上，总产出水平低于潜在产出水平。在这种情形下，该经济体存在**衰退缺口**（recessionary gap）。在现实世界中，衰退缺口意味着存在很大的痛苦，因为与此对应的是高失业率。美国在 1933 年时，衰退缺口扩大引发了严重的社会和政治问题。而同期德国衰退缺口扩大是希特勒掌权的重要原因。

但是，事情并非到此就结束了。当失业率居高不下的时候，像其他黏性价格一样，名义工资最终会下降，推动生产者最终增加产出。结果，衰退缺口的存在将推动短期总供给曲线逐渐向右移动，在曲线 $SRAS_1$ 到达曲线 $SRAS_2$ 之前，这一过程会一直持续，将经济推向新的均衡点 E_3，此时 AD_2、$SRAS_2$ 和 $LRAS$ 相交。在 E_3点经济又回到长期宏观经济均衡状态，回到了潜在产出水平 Y_1 上，但是总体价格水平 P_3 降低了，反映了长期总体价格水平下降的趋势。最终经济在长期中进行了自我矫正。

如果总需求增加又会发生什么？结果如图 27－16 所示，这时我们仍然假定初始的总需求曲线是 AD_1，初始的短期总供给曲线是 $SRAS_1$，初始的宏观经济均衡点 E_1 点处在长期总供给曲线 $LRAS$ 上。所以，初始时经济也处在长期宏观经济均衡状态。

现在假定总需求增加，AD_1 向右移动到 AD_2。由此导致的结果是：当经济在短期稳定在 E_2点时，总体价格水平 P_2和总产出水平 Y_2都上升了。在这一新的短期均衡点上，总产出水平高于潜在产出水平，为了得到这一更高的产出水平，失业率水平也应该下降。当这种情形发生时，该经济存在着**通货膨胀缺口**（inflationary gap）。

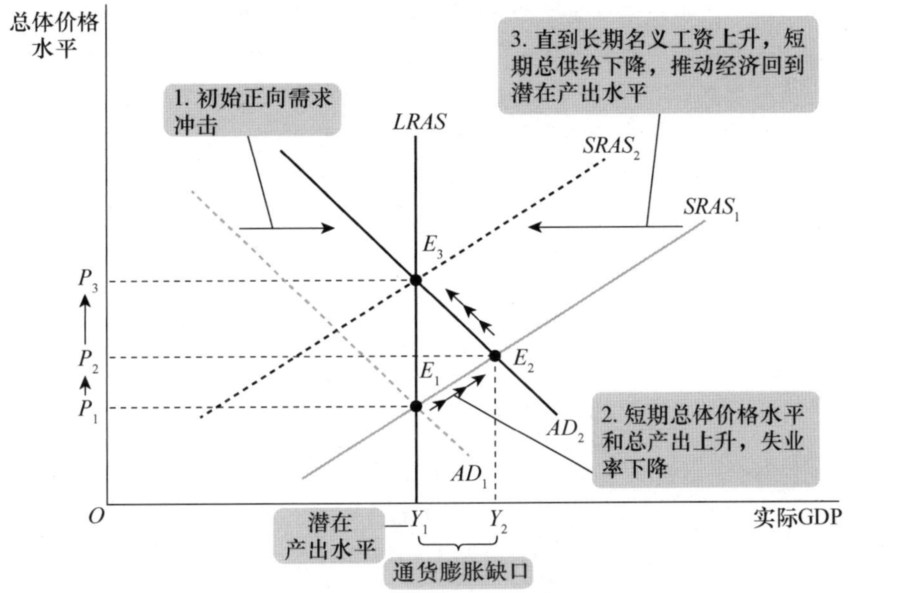

图 27-16 正向需求冲击的短期和长期效应

从 E_1 点开始，正向需求冲击导致总需求曲线从 AD_1 向右移动到 AD_2。经济在短期将移动到 E_2 点，出现通货膨胀缺口，总体价格水平从 P_1 上升到 P_2，总产出水平从 Y_1 上升到 Y_2，失业率下降。但是从长期来看，低失业率会导致名义工资上升，曲线 $SRAS_1$ 向左移动到曲线 $SRAS_2$，总产出水平从 Y_2 下降到 Y_1，总体价格水平再次上升，从 P_2 上升到 P_3。长期宏观经济均衡最终在 E_3 点得到恢复。

就像衰退缺口一样，故事到此并非结束。当失业率很低时，像其他黏性价格一样，名义工资最终将会上涨，结果将推动有通货膨胀缺口的短期总供给曲线逐渐向左移动，在曲线 $SRAS_1$ 到达曲线 $SRAS_2$ 之前，这一过程会一直持续，直到把经济推向新的均衡点 E_3，此时 AD_2、$SRAS_2$ 和 $LRAS$ 相交。在 E_3 点上，经济又回到长期宏观经济均衡状态，回到了潜在产出水平 Y_1，但是总体价格水平 P_3 提高了，反映了长期总体价格水平上涨的趋势。

> 当总产出水平高于潜在产出水平时出现**通货膨胀缺口**。

为了总结经济如何对衰退缺口和通货膨胀缺口做出反应，我们集中在**产出缺口**（output gap）上，即真实总产出对潜在产出水平偏离的比例。产出缺口的计算如下：

> **产出缺口**是真实总产出对潜在产出水平偏离的比例。

$$产出缺口=[(真实总产出-潜在产出水平)/潜在产出水平]\times 100\% \qquad (27-3)$$

我们的分析认为，产出缺口总是趋向于零。

当存在衰退缺口时，产出缺口为负，名义工资最终会下降，推动经济回到潜在产出水平；而当存在通货膨胀缺口时，产出缺口为正，名义工资最终会上涨，也会把经济推回到潜在产出水平。所以，经济运行在长期会**自我矫正**（self-correcting）：总需求冲击对总产出水平的影响只发生在短期而非长期。

> 经济运行在长期会**自我矫正**：总需求冲击对总产出水平的影响只发生在短期而非长期。

▶ **真实世界中的经济学**

现实中的供给冲击和需求冲击

供给冲击和需求冲击各自会多频繁地引起经济衰退呢？在大多数情况下（并非全部），经济衰退主要是由需求冲击所致。但是当负向供给冲击出现时，导致的衰退结果也非常严重。

我们具体来看。第二次世界大战之后，美国经历的正式有定论的经济衰退有 12 次。其中有两次，即 1979—1980 年和 1981—1982 年的衰退经常被认为是连在一起的“双份衰退”。所以，总衰退的次数是 11 次。其中有两次：1973—1975 年期间的衰退和 1979—1982 年的双份衰退表现出明显的滞胀特征，总产出水平下降和价格水平上涨并存。在这两次衰退中，引起冲击的原因都是中东动荡——1973 年的阿拉伯和以色列的战争和1979年的伊朗革命——造成石油供应紧张，推动价格骤升。事实上，经济学家有时也称这两次衰退为“欧佩克Ⅰ号”（OPEC Ⅰ）和“欧佩克Ⅱ号”（OPEC Ⅱ），得名于世界石油卡特尔组织欧佩克。第3次衰退开始于2007年，一直持续到2009年，不是由油价飙升引起，但至少部分地由油价飙升加剧了衰退。

所以，11次中有8次是需求冲击而非供给冲击的结果。可是，如果从失业率来看，两次供给冲击导致的衰退是最严重的。图27-17所示为美国1948年后的失业率变化，1973年阿拉伯和以色列战争和1979年伊朗革命在图中做了标记。第二次世界大战以来，两次最高的失业率水平是由两次大的负向供给冲击所致。

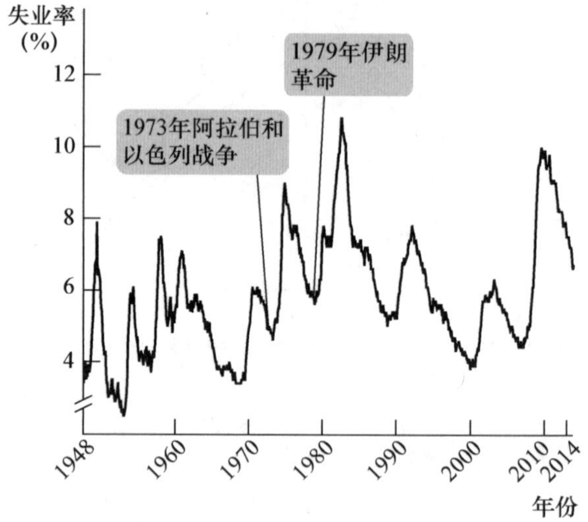

图27-17　负向供给冲击非常少但后果严重

资料来源：Bureau of Labor Statistics.

供给冲击的后果非常严重还有一个原因：宏观经济政策在处理供给冲击时要比处理需求冲击时难办。事实上，正如开篇案例所描述的那样，2008年美联储经历艰难时期的原因是，2008年年初美国经济陷入衰退的部分原因是供给冲击（尽管它也面临需求冲击）。之后我们会看到为什么供给冲击会出现这样的问题。

及时复习

- *AD-AS* 模型用于研究经济波动。
- 当总需求曲线和短期总供给曲线相交时就会出现短期宏观经济均衡，由此决定了短期均衡价格水平和短期均衡产出水平。
- 需求冲击使 *AD* 曲线移动，引起总产出水平和总体价格水平沿相同方向变动。供给冲击使 *SRAS* 曲线移动，引起总产出水平和总体价格水平沿相反方向变动。滞胀是负向供给冲击引起的结果。
- 当存在衰退缺口时，名义工资会下降；而当存在通货膨胀缺口时，名义工资会上升。两种情形都会推动经济朝着 *AD*、*SRAS* 和 *LRAS* 曲线相交的长期宏观经济均衡方向运动。
- 产出缺口总是趋向于零，因为经济在长期会自我矫正。

小测验27-3

1. 描述下列冲击对总体价格水平和总产出水平的短期影响：

a. 政府大幅提高最低工资水平，许多工人的工资因此增加了。

b. 太阳能公司启动了一项大规模的投资项目。

c. 国会同意增税并削减支出。

d. 恶劣的天气在世界范围内造成谷物减产。

2. 生产率的提高提升了潜在产出水平，但是有人担心，即使在长期中，对增加的产出的需求也会不足。你如何回应这种说法？

27.4 宏观经济政策

我们刚刚学过经济在长期中会自我矫正，并且最终会回到潜在产出水平上。大多数经济学家相信，这种自我矫正过程要花费几年甚至十几年或更长时间。特别是当总产出水平小于潜在产出水平时，在回到正常水平前，经济可能会经历相当长的产出不振、失业率居高不下的时期。

这种信念的背后是最为著名的经济学家之一的约翰·梅纳德·凯恩斯的名言："在长期，我们都死了。"我们将在"追根究底"专栏中解释他说出这句名言的前因后果。

▶ 追根究底

凯恩斯和长期

英国经济学家约翰·梅纳德·凯恩斯（1883—1946）在创建宏观经济学的现代研究领域方面所发挥的作用无人能出其右。他最著名的贡献之一是提出长期的意义。

1923 年，凯恩斯出版了《货币改革略论》(*A Tract on Monetary Reform*)，这是一本讨论第一次世界大战后欧洲的经济改革的小册子。在书中，他批评了他的许多同事讨论问题时只是集中讨论长期的事情——就像我们已经分析过的长期宏观经济均衡，而忽略了沿途可能发生的痛苦和灾难。下面就是较为完整的引文：

> 长期对当前事务会产生错误导向。在长期，我们都死了。如果经济学家在有暴风雨的季节只是告诉我们暴风雨终究会过去，大海也会恢复平静，那么经济学家就赋予了自己太容易且毫无用处的任务。

政府运用**稳定政策**来降低衰退程度，控制过度扩张。

经济学家通常对凯恩斯名言所做的解释是：政府不要等待经济自我矫正。相反，许多（当然并非所有的）经济学家认为，在经济经历了总需求曲线移动的灾难时，政府应该使用财政政策和货币政策推动其回到潜在产出水平上。采取主动的**稳定政策**（stabilization policy）是合理的做法，政府政策可以缓解衰退的严重性，并阻止经济过度扩张。

经济稳定政策有助于改善经济运行的绩效吗？如果我们再次审视一下图 27－8，答案是肯定的。通过采用某些积极的稳定政策，在经过大约 6 年的衰退缺口之后，美国经济在 1996 年回到了潜在产出水平。类似的情形还有，在经历了大约 4 年的通货膨胀缺口之后，美国经济在 2001 年回到了潜在产出水平。这比经济学家认为的在没有主动的稳定政策背景下经济的自我矫正将持续 10 多年的时间要短。但是，我们稍后将看到，改善经济效率的能力并不总是能得到保证，它取决于经济面对的是哪种类型的冲击。

□ 27.4.1 当面对需求冲击时的政策

假设一个经济体经历了像图 27－15 所示的负向需求冲击。我们在本章已经做过讨论，货币政策和财政政策能够导致总需求曲线移动。如果政策制定者对于总需求的下降反应迅速，他们将使用货币政策或者说财政政策推动总需求曲线向右移动。如果政策制定者能够准确地预测总需求曲线的移动，他们就能缩短图 27－15 所示的调整过程，也就是并不需要经过一个产出减少和价格下跌的过程，政府可以管理经济使之保持在 E_1 点的水平上。

为什么说缩短图 27－15 所示的调整过程并且把经济保持在初始的均衡状态是人们所期望的事情呢？原因有两个：首先，总产出水平的短暂下降如果不进行政策干预并不是一件好事，特别是因为这种下降与高失业率相关；其次，我们在第 23 章已经简单解释过，价格稳定一般被认为是一个非常令人满意的目标。所以防止通货紧缩——总体价格水平下降——是一件好事。

这是否意味着政策制定者应该总是补偿总需求的下降呢？并非一定如此。一些增加总需求的政策措施可能以降低长期经济增长为代价，因为它们对私人投资支出具有挤出作用。而且在现实生活中，政策制定者掌握的信息是不完全的，所以政策效果也难以做到准确。这样经济稳定政策就存在受损多于得益的风险。也就是说，试图用来稳定经济的政策可能会带来更多的不稳定。我们将在第 33 章介绍有关宏观经济政策的长期争论。尽管如此，大多数经济学家仍然相信采用宏观经济政策来抵消对于总需求曲线严重的负向冲击还是有许多可资借鉴的事例的。

政策制定者也应该试着抵消正向需求冲击吗？似乎不该如此，毕竟，通货膨胀可能不是好事，难道更多的产出和低失业率也不是好事情吗？似乎没有必要。现在大多数经济学家相信，从短期通货膨胀缺口中所得到的暂时的好处将来必须付出代价。所以无论是正向冲击还是负向冲击，今天的政策制定者通常都试图去抵消其作用。我们将在第 30 章中解释原因，试图消除衰退缺口和通货膨胀缺口通常依靠的是货币政策而不是财政政策。在 2007—2008 年，美联储大幅降低利率，试图阻止衰退缺口的扩大；在美国经济似乎存在通货膨胀缺口的十年初期，美联储通过提高利率来产生相反的作用。

那么，宏观经济政策又是如何应对供给冲击的呢？

□ 27.4.2　对供给冲击的反应

我们现在可以回到本章的开篇案例了。我们现在要解释为什么联邦公开市场委员会的委员们会担心滞胀。

在图 27－13（a）中，我们看到了负向供给冲击的效应。从短期来看，这种冲击会造成总产出水平下降、总体价格水平上升。我们已经指出，对于负向需求冲击，政策制定者通过采用货币政策和财政政策能够把总需求推回到原来的水平上。但是，对于负向供给冲击，他们又能做或者说应该做什么呢？

与总需求曲线完全不同的是，移动短期总供给曲线的政策并不容易找到。没有哪项政府政策能轻松地影响生产者的盈利能力，并且因为移动短期总供给曲线获得补偿。所以，对于负向供给冲击，政策所做出的反应并非试图将该曲线推回到原来的位置。

如果您考虑采用移动总需求曲线的货币政策或者财政政策来应对供给冲击，显然并不正确。两件糟糕的事情是同时发生的：总产出水平下降会导致失业率增加和总体价格水平上升。移动总需求曲线的政策有助于解决一个问题，但同时恶化了另一个问题。如果政府采取行动增加总需求，可以限制失业率增加，减少产出下降，但会使通货膨胀更加严重。如果政府采取行动减少总需求，可以阻止通货膨胀，但是会使失业率上升。

这是一种没有良好答案的艰难权衡。美国和其他经济发达国家在面对 20 世纪 70 年代的供给冲击时，最终采取的是稳定价格的政策，但付出了高失业率的代价。对于 20 世纪 70 年代和 2008 年早期的政策制定者，他们所面临的选择比通常情况下要更难。

▶ 真实世界中的经济学

稳定政策能实现稳定吗？

我们已经介绍了稳定政策作为应对需求冲击方法的理论合理性，但稳定政策真的能稳定经济吗？我们可以将观察长期的历史记录作为一种思路来尝试回答这个问题。在第二次世界大战之前，美国政府没有真正的稳定政策，主要是因为宏观经济学当时并不存在，并且没有关于如何做的共识。自第二次世界大战以来，特别是自 1960 年以来，主动的稳定政策已成为标准做法。

所以，这里的问题是：自政府开始努力稳定经济以来，经济实际上变得更加稳定了吗？答案是不完全肯定的，原因有二：一是第二次世界大战前的数据不如现代的数据可靠。二是2007年开始的严重的、持续的萧条已经动摇了人们对政府政策有效性的信心，尽管似乎波动的幅度已经减轻了。

图27-18显示了自1890年以来失业人数占非农劳动力的百分比。（我们关注非农工人，因为农民虽然经常遭遇经济困难，但很少被作为失业者。）即使忽略在大萧条期间失业率的大幅上升，第二次世界大战之前的失业率比战后有更大的变化。同样值得注意的是，战后失业率在1975年、1982年以及2010年达到一定时期的峰值，这符合巨大供给冲击的特征。对于这种冲击，稳定政策没有好的作用。

可能的情形是，经济出现的更大的稳定性反映的是好运气而非政策作用。但从表面上看，证据表明稳定政策确实发挥了稳定作用。

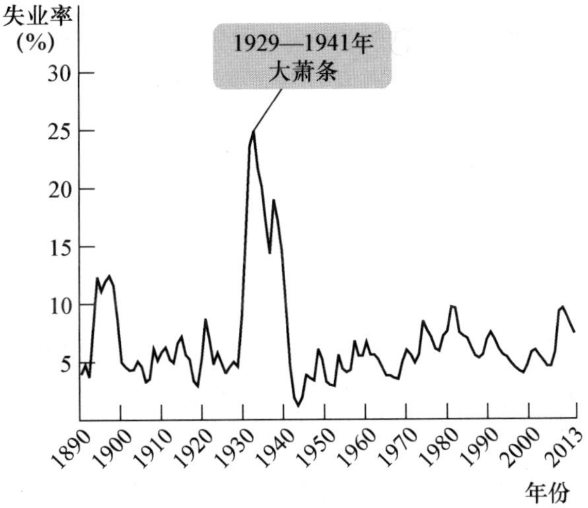

图27-18 稳定政策能实现稳定吗？

资料来源：Christina Romer，"Spurious Volatility in Historical Unemployment Data，" *Journal of Political Economy* 94，no.1 (1986)：1-37 (years 1890—1928)；Bureau of Labor Statistics (years 1929—2014).

及时复习

● 稳定政策是运用财政政策和货币政策来抵消需求冲击。其中也有一些缺陷。这些政策会导致长期的预算赤字，挤出效应也会降低长期经济增长率。而且，由于预测不准确，误导性的政策容易增加经济的不稳定性。

● 负向供给冲击造成了政策制定的难题，因为应对产出下降的政策会使通货膨胀率更高，对付通货膨胀的政策会使产出下降更多。

小测验27-4

1. 假设某人宣称："货币政策或财政政策只是暂时对经济进行了一次拔苗助长式的刺激——获得了暂时的高产出，但将来不得不忍受通货膨胀的痛苦。"

a. 用*AD-AS*模型解释上述这句话的意思。

b. 对于稳定政策来讲，上述说法正确吗？为什么？

2. 2008年，在房地产泡沫崩溃以及大宗商品价格，特别是石油价格大幅上涨之后，美联储内部对于如何回应存在很大的分歧，一些人主张降低利率，另一些人则反对降低利率，因为这将导致通货膨胀率上升。根据*AD-AS*模型解释形成这些观点的理由。

▶ **企业案例**

减 速

2008—2009年全球经济衰退几乎对所有人都造成了伤害。然而，到了2011年，严重的危机慢慢消退。富裕国家的失业率仍然高企，但整个世界经济增长相对加快，企业利润也出现了增长。

然而，有一个行业并未改善，即航运业。波士顿咨询公司2012年的一份报告指出，集装箱运输行业（即运输随处可见的货物标准集装箱，以及在几乎每个大港口利用巨型吊车在卡车和货船之间转运货物）在2011年似乎已经被忘记了。尽管世界贸易仍以较快速度增长，且与一年前相比运载的货物更多，但世界上最大的航运公司——丹麦马士基航运公司的利润下降超过30%。

为什么2011年是航运业糟糕的一年？答案是，虽然世界贸易以及对航运的总体需求上升，但是油价也上涨了。这对于航运公司是一个坏消息，因为对它们来说，燃油成本是主要费用。如图27-19所示，在大衰退期间，当燃油成本降低时，利润会暂时增加。但是，在2010年年底，随着燃油价格开始上涨，情况不同了。2011年，随着燃油价格飙升至每吨近700美元，利润下降超过10亿美元。

石油价格冲击的一个后果是世界贸易减速：航运公司船舶降速，即降为17节而不是通常的20节，这样可以更好地节省燃料。一些航运公司甚至降为慢行，速度下降为15节，尽管这对发动机有害。

马士基航运公司和其他航运公司在2012年有所改进，因为油价略有下降。但2011年遇到的麻烦提醒人们，陷入经济困境的方式不止一种。

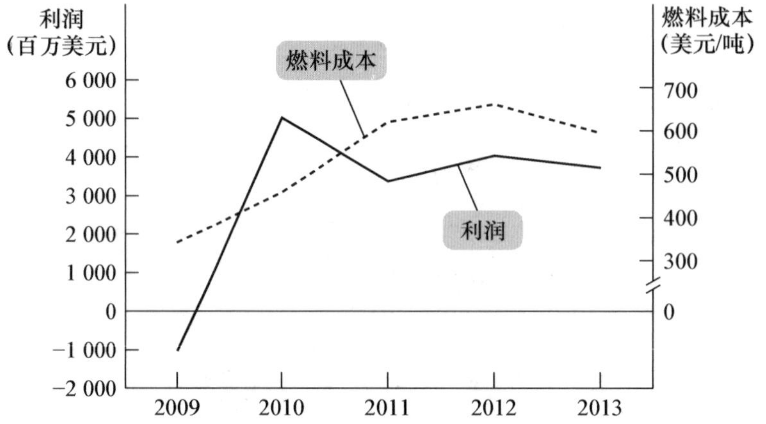

图27-19　航运业的石油价格冲击

资料来源：Investor. maersk. com/financialHighlights. cfm；Boston Consulting Group，bcgperspectives. com，"Restoring Profitability to Container Shipping：Charting a New Course，" October 10，2012.

思考题

1. 马士基航运公司在2011年遇到的问题与我们对衰退原因的分析有什么关系？

2. 2008年年初，美联储必须对两种不良现象做出应对选择。与那些没有昂贵原材料投入（如医疗保健）的公司相比，这种选择如何影响马士基航运公司？

3. 2011年，世界经济运行保持良好，但欧洲经济陷入衰退。你认为欧洲内部运输公司（主要是用卡车，而非船只）会受到什么影响？为什么？

小结

1. 总需求曲线表示的是总体价格水平和对总产出需求数量之间的关系。

2. 总需求曲线向下倾斜的原因有二：第一是总体价格水平变化的财富效应，即当总体价格水平上升时，居民所拥有的财富的购买力下降导致消费支出减少；第二是总体价格水平变化的利率效应，即总体价格水平的提高降低了居民和企业持有货币的购买力，推动了利率水平上升，由此导致投资支出和消费支出减少。

3. 总需求曲线移动是因为预期的变化、非总体价格水平改变引起的财富的变化和实物资本存量的变化。政策制定者可以运用财政政策和货币政策来移动总需求曲线。

4. 总供给曲线表示的是总体价格水平和总产出供给数量之间的关系。

5. 由于名义工资在短期是黏性的，所以短期总供给曲线是向上倾斜的。总体价格水平越高，每单位产品所获得的利润越大，所以短期增加的总产出越多。

6. 大宗商品价格、名义工资和生产率的变化能够改变生产者的利润，并且导致短期总供给曲线发生移动。

7. 从长期来看，包括名义工资在内的所有价格都是灵活变动的，所以一个经济体可以在潜在产出水平组织生产。如果实际总产出水平超过潜在产出水平，由于失业率水平低，名义工资最终将会提高，总产出水平也将下降。如果实际总产出水平低于潜在产出水平，由于失业率水平高，名义工资最终将会下降，总产出水平也将提高。所以，长期总供给曲线是位于潜在产出水平上的一条垂直线。

8. 在 *AD-AS* 模型中，短期总供给曲线和总需求曲线的交点是短期宏观经济均衡点。该点决定了短期均衡的总体价格水平和短期均衡的总产出水平。

9. 总供给曲线的移动（供给冲击）和总需求曲线的移动（需求冲击）会引发经济波动。需求冲击所引起的总体价格水平变化和总产出水平变化与经济沿着短期总供给曲线变动的方向相同。供给冲击引起的总体价格水平变化和总产出水平变化与沿着总需求曲线变化的方向相反。一种非常棘手的情形是滞胀，也就是通货膨胀和总产出水平下降同时发生，这是由负向供给冲击所致。

10. 需求冲击对总产出仅仅在短期产生影响，因为经济在长期会进行自我矫正。当存在衰退缺口时，名义工资的最终下降会推动经济向长期宏观经济均衡水平变化，也就是使总产出等于潜在产出水平。当存在通货膨胀缺口时，名义工资的最终上升会推动经济向长期宏观经济均衡方向变化。我们可以使用产出缺口（实际总产出和潜在产出水平之间的百分比差异）来概括经济如何应对衰退缺口和通货膨胀缺口。因为经济长期会趋向自我修正，产出缺口总是趋于零。

11. 用失业衡量的衰退缺口的高成本和通货膨胀缺口导致的未来不利后果，推动许多经济学家主张采用主动的稳定政策即财政政策和货币政策来抵消需求冲击。其中也存在一些不足，因为这样的政策可能会导致长期预算赤字和对私人投资支出的挤出，这会损害长期经济增长，而且时效性差的政策也会增加经济的不稳定。

12. 负向供给冲击造成了政策困境：通过增加总需求来应对总产出水平的下降将导致更高的通货膨胀率；而对付通货膨胀的政策则又会导致总需求不足和总产出水平减少。

关键词

总需求曲线	总体价格水平变化的财富效应	总体价格水平变化的利率效应	总供给曲线
名义工资	黏性工资	短期总供给曲线	长期总供给曲线
潜在产出水平	*AD-AS* 模型	短期宏观经济均衡	短期均衡总体价格水平
短期均衡总产出水平	需求冲击	供给冲击	滞胀
长期宏观经济均衡	衰退缺口	通货膨胀缺口	产出缺口
自我矫正	稳定政策		

练习题

1. 美元相对于其他国家货币贬值后，尽管美国的总体价格水平仍然保持不变，但对于外国人来说，美国生产的最终产品和服务变得便宜了。国外对美国产品的总需求增加。你的同学认为这表现为沿着总需求曲线向下移动，因为外国人对于价格降低做出的反应是增加需求，但你坚持认为这应该表现为总需求曲线向右移动。谁的观点正确？请做出解释。

2. 你的同学对短期总供给曲线向上倾斜和长期总供给曲线为垂直线困惑不解，你能向他解释为什么曲线形态不同吗？

3. 假设在维格兰德，所有工人在每年的 1 月都要签署一份年度工资合约。无论在这一年中最终产品和服务的价格如何变化，所有工人都按照合约规定得到工资。当工资合约签署后，该年最终产品和服务的价格出人意料地出现了下降。通过图形来回答下列问题，假设经济初始时处在潜在产出水平：

a. 总产出水平从短期来看如何对价格下降做出反应？

b. 在企业和工人就工资水平重新谈判后又会发生什么？

4. 经济位于下页图中的 *A* 点。假设总体价格水平从 P_1 提高到 P_2，随着总体价格水平的提高，总供给在短期和长期如何做出调整？通过图形来说明。

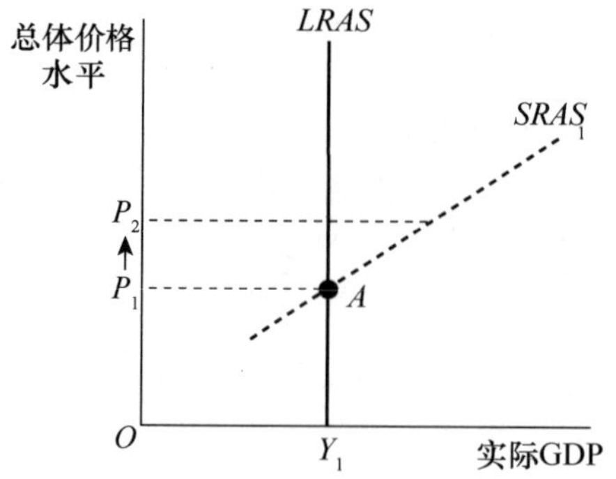

5. 当总体价格水平提高后，假设所有居民持有的资产自动增值了（一个例子是假设这是一种按通货膨胀率调整的债券，也就是说，债券的利率水平在其他条件不变的时候会与通货膨胀率同步调整）。这种资产分配导致的总体价格水平变化对财富效应有什么影响？对总需求曲线的斜率有什么影响？总需求曲线仍然还是向下倾斜的吗？请解释。

6. 假设经济目前处在潜在产出水平。假设你是政策制定者，在一所大学中学习经济学的学生请你对如下各种类型的冲击从最不愿意使用到最想使用进行排序：正向需求冲击、负向需求冲击、正向供给冲击和负向供给冲击。你的排序结果是什么？请解释为什么这样排序？

7. 请解释如下政府政策影响的是总需求曲线还是短期总供给曲线？怎样影响？

a. 政府降低最低名义工资水平。

b. 政府永久性增加对困难家庭的临时补助、对抚养孩子家庭进行政府转移支付。

c. 为减少财政预算赤字，政府宣布来年居民将支付更高的税赋。

d. 政府削减军备开支。

8. 在维格兰德每年的 1 月 1 日，所有工人都要签署年度工资合约。在去年 1 月，新的计算机操作系统的引入大大提高了劳动生产率。请解释维格兰德如何从一种短期宏观经济均衡走向另一种，并用图说明。

9. 美国经济评议会每月发布基于对 5 000 个美国代表性家庭调查得出的消费者信心指数。许多经济学家据此来跟踪经济状况。该会于 2011 年 6 月 28 日发布的新闻稿说："美国经济评议会消费者信心指数自 5 月下降后，6 月再次下降。该指数现在为 58.5（1985 年＝100），低于 5 月的 61.7。"

a. 基于这个消息，作为经济学家，你是否对经济增长感到鼓舞？

b. 根据 *AD-AS* 模型解释你的答案。画出典型图形，标明两个均衡点 E_1 和 E_2。纵轴标记"总体价格水平"，横轴标记"实际 GDP"。假设所有其他主要宏观经济因素保持不变。

c. 政府应怎样对这个新闻做出反应？采取什么样的政策措施有助于中和消费者信心指数下降的作用？

10. 2007 年美国经济遭遇两次重大冲击，导致出现了 2007—2009 年的严重衰退。一次与油价有关；另一次是房地产市场萧条。使用 *AD-AS* 框架分析这两次冲击对 GDP 的影响。

a. 画出典型的总需求曲线和短期总供给曲线。横轴标记"实际 GDP"，纵轴标记"总体价格水平"。标出均衡点 E_1、均衡产出 Y_1 和均衡价格 P_1。

b. 来自能源部的数据表明，世界原油的平均价格从 2007 年 1 月 5 日的每桶 54.63 美元上升到 2007 年 12 月 28 日的 92.93 美元。石油价格的上涨会引起需求冲击还是供给冲击？在问题 a 的基础上重新画图，通过移动适当的曲线来说明这种冲击的影响。

c. 联邦住房企业监督办公室计算并公布住房价格指数，在 2007 年 1 月至 2008 年 1 月之间的 12 个月内，美国房价平均下降了 3.0%。房价下跌会导致供给冲击还是需求冲击？对问题 b 重新画图，通过移动适当的曲线来说明这种冲击的影响。标记新的均衡点 E_3、均衡产出 Y_3 和均衡价格 P_3。

d. 比较均衡点 E_1 和 E_3。两次冲击对实际 GDP 和总体价格水平有什么影响（提高、降低或者不确定）？

11. 当下述各种经济事件发生时，请用总需求曲线、短期总供给曲线和长期总供给曲线解释该经济体如何从一种长期宏观经济均衡走向另一种。请用图解释。在每种情形下，总体价格水平和总产出水平的长期影响和短期影响如何？

a. 由于股票市场价格下跌，家户持有的财富减少。

b. 政府降低税收，家户可支配收入增加，但是政府购买并没有相应减少。

12. 当下述政府政策改变时，请用总需求曲线、短期总供给曲线和长期总供给曲线解释该经济体如何从一种长期宏观经济均衡走向另一种。请用图解释。在每种情形下，对总体价格水平和总产出水平的长期效应和短期效应如何？

a. 对家户征收的税收增加。

b. 货币数量增加。

c. 政府购买增加。

13. 在下图中，某经济体处在短期宏观经济均衡 E_1 点上：

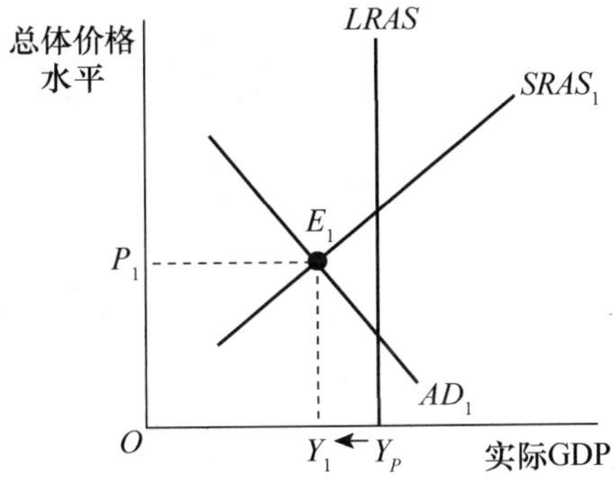

a. 该经济存在通货膨胀缺口还是衰退缺口？

b. 为了把经济推回到长期宏观经济均衡水平，政府应该采取什么政策？请用图解释。

c. 如果政府并不通过干预来封闭缺口，经济会回到长期宏观经济均衡水平上吗？请解释并用图说明。

d. 政府封闭缺口的各种政策各有什么优势和劣势？

14. 在下图中，当经济处在长期宏观经济均衡 E_1 点的时候，石油冲击将短期总供给曲线移动至 $SRAS_2$ 处。根据图回答问题：

a. 石油冲击在短期如何影响总体价格水平和总产出水平？这种现象被称为什么？

b. 政府如何采用财政政策或者货币政策来应对负向供给冲击？请用一张图解释所选政策如何影响实际 GDP 的变化。用另外一张图解释所选政策如何影响总体价格水平的变化。

c. 为什么说供给冲击使政府政策制定者面临两难选择？

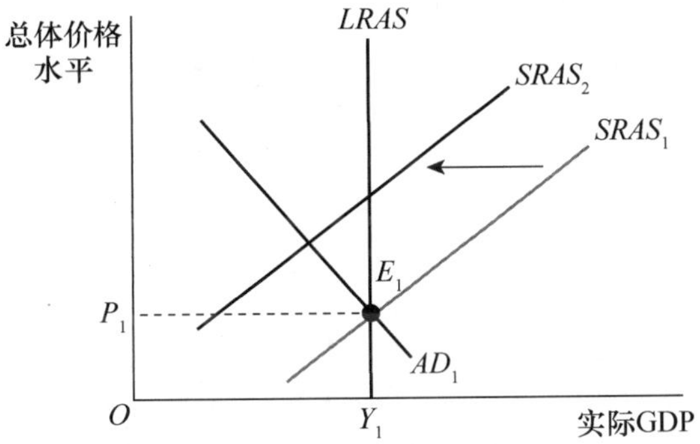

15. 在 20 世纪 90 年代后期，美国经济的典型特征是在低通货膨胀下经济高速增长，也就是说，GDP 的增长伴随着轻微的总体价格水平上升。请用总需求曲线和总供给曲线对此做出解释。

在线回答问题

16. 在以下每种情况下，在短期，请确定事件是否引起曲线移动或是沿着曲线移动，并确定涉及的曲线以及曲线变化的方向。

a. 由于美元相对于其他货币升值，美国生产商现在对美国生产中使用的主要大宗商品——外国钢材——支付较少美元。

b. 美联储增加的货币数量增加了人们希望贷款的数量，利率降低。

c. 规模更大的工会运动导致名义工资更高。

d. 总体价格水平的下降提高了家户和企业所持有的货币量的购买力。因此，它们的借款减少，贷出增加。

第 28 章

财政政策

本章将学习

- 财政政策是什么，为什么它是管理经济波动的一种重要工具。
- 哪些政策归入扩张性财政政策，哪些归入紧缩性财政政策。
- 为什么财政政策有乘数效应，这种效应如何受到自动稳定器影响。
- 政府为什么要计算周期调整的预算余额。
- 为什么公债数额巨大会成为受关注的问题。
- 为什么政府的隐含债务也是应该被关注的问题。

开篇案例

多大是足够大?

2009 年 2 月 27 日，奥巴马总统签署了《美国复苏与再投资法案》(American Recovery and Reinvestment Act，简称《复苏法案》)，这是一项价值 7 870 亿美元的一揽子支出、援助和税收减免计划，旨在帮助苦苦挣扎的美国经济扭转从 2007 年 12 月开始的严重衰退。当该法案最终在国会通过后，奥巴马称赞该法案说："规模合适。范围合适。概括地说，这是创造就业机会的优先举措，将重振我们的经济，并将其转型以适应 21 世纪。"

其他人就不那么肯定了。一些人认为，在美国家庭遭受痛苦的时候，政府应该削减开支，而不是增加开支。众议院共和党领导人约翰·博纳 (John Boehner) 说："现在是政府勒紧裤腰带，向美国人民表明我们要同甘共苦的时候了。"一些经济分析师警告说，通常所说的《复苏法案》之类的刺激性法案将抬高利率，增加国家的债务负担。

也有人持相反的抱怨态度——相对经济遇到的麻烦，刺激规模太小。例如，2001 年诺贝尔经济学奖得主约瑟夫·斯蒂格利茨 (Joseph Stiglitz) 在谈到这一刺激性法案时说："首先，正如我之前所说的，这并不足够。法案试图弥补总需求的不足，但是规模太小了。"

时间的流逝并没有解决这些争端。是的，一些预测被证明是错的。一方面，奥巴马希望这项法案立竿见影地阻止经济下降：虽然经济衰退在 2009 年 6 月正式结束，但是在 2011 年和 2012 年，失业率仍然居高不下，那时刺激措施已基本完成。另一方面，与预期相反的是，刺激未能实现利率上升，因为美国借款成本按历史标准仍然保持低位。

对刺激的净效应仍然有争议，反对者认为它无助于经济，而捍卫者辩称，如果没有该项法案，事情会更糟。

无论判断如何——在未来几十年内，这是经济学家和历史学家可能会争论的问题之一，2009 年的《复苏法案》是使用政府支出和税收来管理总需求的财政政策的一个经典例子。

在本章中我们将看到财政政策如何融入我们在第 26 章和第 27 章研究的经济波动模型。我们还将看到为什么预算赤字和政府债务可能造成问题，以及短期和长期关注可以从不同的方向推动财政政策。

28.1 财政政策：几个基本点

我们先看一些现象：经济先进国家的现代政府花费巨大，也征收大量税收。图 28-1 所示为 2013 年部分高收入国家政府支出和税收占 GDP 的百分比数据。我们可以看到，法国政府部门相对而言较为庞大，占了整个经济产出的一半以上 。相对于加拿大和大部分欧洲国家，美国政府在经济中发挥的作用要小一些。但从美国政府在美国经济中扮演的角色来看，作用仍然不小。因此，联邦预算的变化——政府支出或税收的变化——对美国经济仍然能产生巨大的影响。

为了分析这些影响，我们从政府支出和税收如何影响经济的收入流开始。然后，我们就能看清楚政府支出和税收政策如何影响总需求。

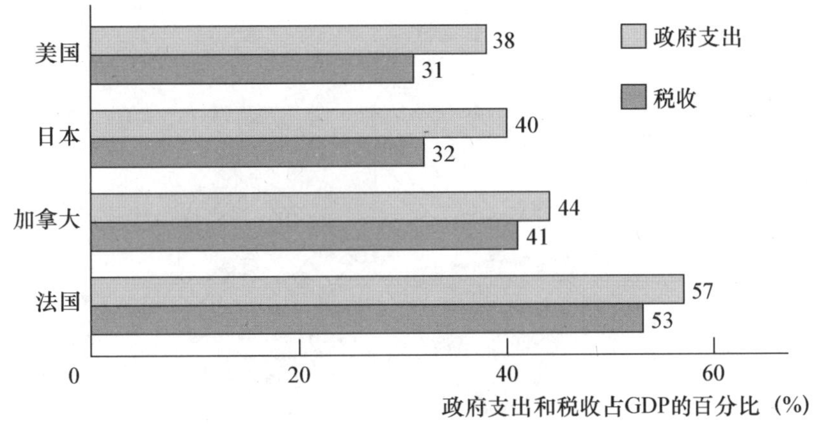

图 28-1　2013 年部分高收入国家政府支出和税收

政府支出和税收被表示为占 GDP 的百分比。法国政府部门相对较为庞大，占整个经济产出的一半以上。美国政府尽管规模也很庞大，但比加拿大和大多数欧洲国家要小。

资料来源：OECD.

□ 28.1.1 税收、产品和服务购买、政府转移支付和借债

在图 22-1 中我们看到的是整个经济的收入和支出循环。其中部门之一是政府。资金以税收的形式流入政府，再以政府购买产品和服务、对居民的政府转移支付等形式流出。

美国人缴纳哪种类型的税负呢？这些钱会流向哪里？图 28-2 所示为美国 2013 年的税收构成。税收当然必须交给政府。在美国，国税由联邦政府在全国范围内征收；州税由每个州政府征收；而且每个县、城市和城镇都征税。在联邦政府层面，对个人收入和企业利润征收的个人所得税和社会保险税（我们稍后将对此进行解释）占比最大。在州和地方层面，情况较为复杂，这些层面的政府依靠销售税、财产税、所得税和各种不同类型的收费获得收入。

2013 年，全部政府收入的 43%来自对个人收入和企业利润的征税；社会保险税占 24%；其他各种类型的税主要是由州和地方政府征收的各种税费。

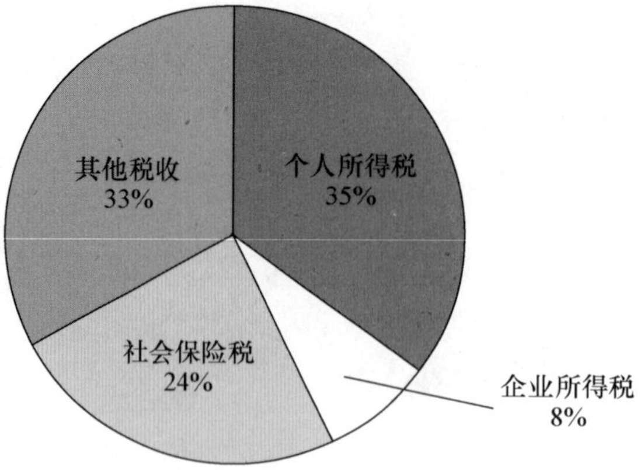

图 28－2　2013 年美国的各种税收来源

个人所得税、企业所得税和社会保险税是美国政府税收收入的主要来源。其余部分来自财产税、销售税和其他收入来源。
资料来源：Bureau of Economic Analysis.

图 28－3 所示为美国各级政府在 2013 年的全部政府支出，分为两种形式：一种形式是购买产品和服务，包括从购置军队军火到向公立学校教师（他们提供国民收入账户中的教育服务）支付薪水等项目，其中国防和教育是最大的支出项目。“其他产品和服务”这个项目主要包括州政府和地方政府的各种支出，如警察和消防员的薪水以及公路工程维护等。

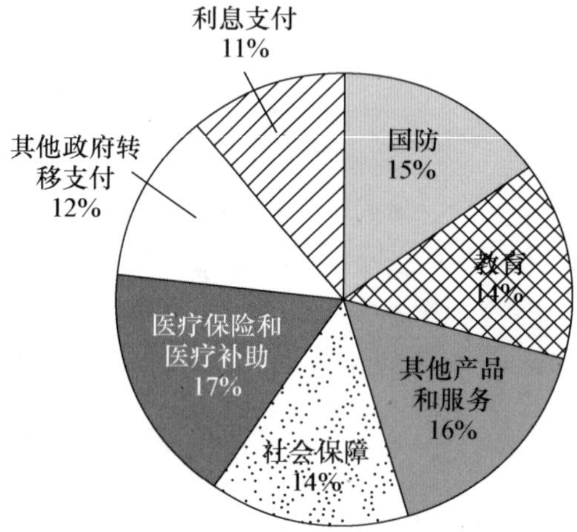

图 28－3　2013 年美国政府的全部政府支出

政府支出分为两种形式：一种形式是购买产品和服务；另一种形式是政府转移支付。国防和教育是政府购买支出中最重要的项目，政府转移支付的三个主要项目是：社会保障、医疗保险和医疗补助（由于四舍五入，百分比之和不一定正好等于 100%）。
资料来源：Bureau of Economic Analysis.

另一种形式的政府支出是政府转移支付，是指政府提供给家户但并没有从家户那里获得产品和服务的支出。在现代美国以及加拿大和欧洲，政府转移支付占政府预算非常大的比例。美国政府的转移支付主要用在三个项目上：

- 社会保障，主要是为了使老年人、丧失工作能力的人、福利降低的亡故者的配偶和需供养的孩子等得到收入保证。
- 医疗保险，支付超过 65 岁老人的大部分医疗保健费用。
- 医疗补助，支付低收入人群的大部分医疗保健费用。

社会保险（social insurance）一词所说的就是政府有目的地提供一些支持项目帮助困难家庭渡过危机。其中包括社会保障、医疗保险和医疗补助，此外还有一些小型的项目，如失业保险和食品券。2014 年，美国实施《平价医疗法案》

社会保险是指政府有目的地提供一些项目帮助困难家庭渡过危机。

(Affordable Care Act，ACA)。为了确保医疗保险覆盖到每个美国人，ACA 通过建立一个受监管的私人保险市场、发放补贴和放宽医疗补助资格来发挥作用。在美国，社会保险主要通过专门的工资税——我们之前提到的社会保险税——来支付。(ACA 除外，它主要依靠私人购买医疗保险。)

但是，税收政策和政府支出是如何影响经济运行的呢？答案是征税和政府支出对经济中的总支出会产生很大的影响。

□ 28.1.2 政府预算和总支出

我们先回忆一下国民收入核算的基本等式：

$$\text{GDP}=C+I+G+X-IM \tag{28-1}$$

该等式的左侧是 GDP，一个经济体所生产的最终产品和服务的价值。右侧是总支出，也就是一个经济体中对最终产品和服务的总支出，它等于消费支出（C）、投资支出（I）、政府对产品和服务的购买（G）和出口值（X）减去进口值（IM）之和。它包括构成总需求的各种来源。

政府能够直接控制式（28－1）右侧的一个变量：政府对产品和服务的购买（G）。但是，这并不是财政政策对一个经济体总需求的唯一影响。通过税收和转移支付，政府也能影响消费支出（C），有时候也可以影响投资支出（I）。

为了理解预算为什么影响消费支出，可以考虑一下可支配收入，也就是家户可以用于支出的总收入，它等于居民从工资、红利、利息和租金获得的收入减去税收再加上政府转移支付。所以，无论是税收增加还是政府转移支付减少都将减少可支配收入。当其他条件不变时，可支配收入的下降将导致消费支出下降。相反，不论是税收减少还是政府转移支付增加都将提高可支配收入，如果其他条件不变，可支配收入增加将引起消费支出增加。

政府能够影响投资支出的能力更是一个复杂的问题，在此我们不做详细讨论。关键点是政府收取所得税和改变征税规则将会影响企业增加或减少对投资类产品的支出规模。

因为政府本身是经济体中一个重要的支出来源，税收和转移支付会影响消费者和企业的支出，所以政府可以通过改变税收或者政府支出使总需求曲线移动。正像我们在第 27 章所见，移动总需求曲线可能是出于一些非常充分的理由。

正如本章开篇案例所述，2009 年年初，奥巴马政府认为美国政府采取行动增加总需求——将总需求曲线右移到原来的位置——至关重要。2009 年的刺激计划是财政政策的一个典型例子：运用税收、政府转移支付或政府购买产品和服务可以移动总需求曲线，以达到稳定经济的目的。

□ 28.1.3 扩张性财政政策和紧缩性财政政策

为什么政府要移动总需求曲线呢？因为它试图封闭缺口，也就是当总产出水平低于潜在产出水平时的衰退缺口，或者是当总产出水平大于潜在产出水平时的通货膨胀缺口。

> **扩张性财政政策**会增加总需求。

图 28－4 表示的是一个经济体存在衰退缺口。$SRAS$ 是短期总供给曲线，$LRAS$ 是长期总供给曲线，AD_1 是初始的总需求曲线。在初始的短期宏观经济均衡点 E_1 点上，总产出水平为 Y_1，低于潜在产出水平 Y_P。政府应该做的是增加总需求，把总需求曲线向右移动到 AD_2 的位置。这将增加总产出水平，使之等于潜在产出水平。增加总需求的财政政策被称为**扩张性财政政策**（expansionary fiscal policy），一般采取三种形式：

- 增加政府对产品和服务的购买；
- 减税；
- 增加政府转移支付。

2009 年的《美国复苏与再投资法案》是所有三个因素的组合：直接增加联邦支出和援助州政府以帮助它们维持开支，对大部分家户减税，增加对失业者的救助。

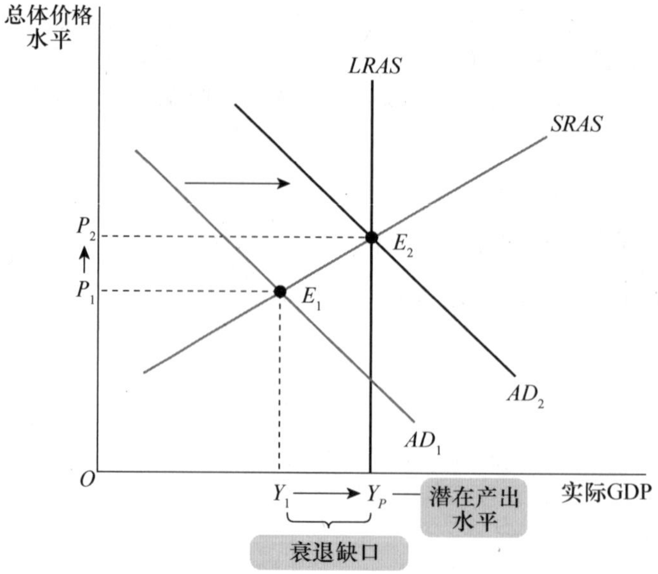

图 28-4　扩张性财政政策能消除衰退缺口

在 E_1 点，总需求曲线 AD_1 与 SRAS 相交，经济实现短期宏观经济均衡，但非长期宏观经济均衡。在该点，存在衰退缺口 Y_P-Y_1。扩张性财政政策——增加政府购买、减税和增加政府转移支付——可以推动总需求曲线向右移动。通过将 AD_1 移动到 AD_2，衰退缺口消失，经济变动到一个新的短期宏观经济均衡点 E_2 点，这也是长期宏观经济均衡点。

图 28-5 表现了相反的情形——一个经济体存在通货膨胀缺口。同样，SRAS 是短期总供给曲线，LRAS 是长期总供给曲线，AD_1 是初始的总需求曲线。在初始的短期宏观经济均衡点 E_1 点，总产出水平为 Y_1，高于潜在产出水平 Y_P。正像我们之后要解释的那样，政策制定者经常通过消除通货膨胀缺口来降低通货膨胀率。为了消除如图 28-5 所示的通货膨胀缺口，财政政策应该减少总需求，把总需求曲线向左移动到 AD_2 的位置。这将减少总产出水平，使之等于潜在产出水平。减少总需求的财政政策被称为**紧缩性财政政策**(contractionary fiscal policy)，正好与扩张性财政政策相反。

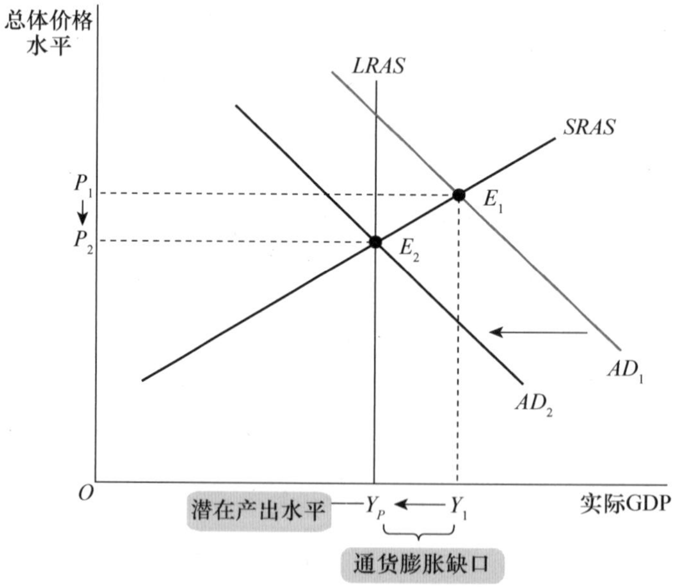

图 28-5　紧缩性财政政策能消除通货膨胀缺口

在 E_1 点，总需求曲线 AD_1 与 SRAS 相交，经济实现短期宏观经济均衡，但这并非长期宏观经济均衡。在该点，存在通货膨胀缺口 Y_1-Y_P。紧缩性财政政策，如减少政府购买、增税和减少政府转移支付，可以推动总需求曲线向左移动。通过将 AD_1 移动到 AD_2，通货膨胀缺口消失，经济变动到一个新的短期宏观经济均衡点 E_2点，这也是长期宏观经济均衡点。

可通过三种可能的途径来实施紧缩性财政政策：

- 减少政府对产品和服务的购买；
- 增税；
- 减少政府转移支付。

紧缩性财政政策的典型事例是1968年美国政策制定者对通货膨胀越来越担心，当时的美国总统林登·约翰逊实行暂时额外征收10%个人所得税的政策，也就是每个人的个人所得税都提高10%。他还试图削减政府购买，因为对于越南战争政府开支很大。

紧缩性财政政策会减少总需求。

□ 28.1.4 扩张性财政政策真能发挥作用吗

实际上，运用财政政策，特别是在面临衰退缺口的情况下使用扩张性财政政策往往是有争议的。现在，我们简要总结一下关于扩张性财政政策的主要争论，以便我们能够理解何时对它们提出批评是合理的，何时不合理。

一般来说，反对使用扩张性财政政策有三种论点：

- 政府支出总是挤出私人支出；
- 政府借款总是挤出私人投资支出；
- 政府预算赤字导致私人支出减少。

第一个论点总体上是错误的，但它在公开辩论中作用突出。第二个论点在某些情况下成立，但并非在全部情况下都成立。第三个论点虽然提出了一个重要的问题，但并非认为扩张性财政政策不起作用的充足理由。

论点1：政府支出总是挤出私人支出 有人声称，扩张性财政政策永远不能增加总支出，因此永远不能提高总收入，原因如下："政府花费的每1美元都来自私人部门，因此政府支出的任何增加一定会被私人支出的等量下降所抵消。"换言之，政府花费的每1美元都会挤出或取代私人支出的1美元。

那么，这个观点有什么问题吗？该说法错误，因为它假定经济中的资源总是处在充分就业状态，因此经济所获得的总收入总是一个固定量，其实并非如此。真实的情形是，政府支出是否会挤出私人支出取决于经济所处的状况。特别是，当经济存在衰退缺口时，经济中存在闲置资源，因此产出以及收入低于其潜在水平。在这期间，扩张性财政政策可使失业资源得到利用，产生更高的支出和更高的收入。政府支出只有在经济充分就业时才能挤出私人支出。因此，扩张性财政政策总是挤出私人支出的观点总体上是错误的。

论点2：政府借款总是挤出私人投资支出 在第25章中，我们讨论了政府借款资金的可能性，原本这些资金可用于私人投资支出，也就是说，它挤出了私人投资支出。政府借款总是导致私人投资支出减少的论点成立吗？

与论点1相似，论点2也是错误的，因为挤出现象是否发生取决于经济是否处于不景气状态。如果经济并非不景气，政府借款增加，增加了对可贷资金的需求，可以提高利率，挤出私人投资支出。然而，如果经济处在衰退时期呢？在这种情况下，挤出的可能性要小得多。当经济远离充分就业时，财政扩张将导致更高的收入，这反过来导致在任一给定利率上储蓄增加。更大的储蓄池允许政府在不提高利率的背景下借款。2009年的《复苏法案》就是一个例子：尽管政府借款数额很多，但美国利率保持在历史低点附近。最后，只有当经济充分就业时，政府借款才能挤出私人投资支出。

论点3：政府预算赤字导致私人支出减少 其他条件相同，扩张性财政政策将导致政府预算赤字扩大，政府债务增加。负债提高最终需要政府增加税收来偿还。因此，根据反对扩张性财政政策的第三个论点，消费者预计他们在未来将支付更高的税收来偿还政府今天的债务，这将迫使他们减少开支以节省资金。这一论点最初是由19世纪经济学家大卫·李嘉图提出，被称为李嘉图等价。这是一个常常被认为意味着扩张性财政政策对经济没有影响的论点，因为有远见的消费者将抵消政府扩张的任何企图（同理，也将抵消任何紧缩性财政政策的作用）。

然而，在现实中，消费者行为符合这样的远见和预算纪律值得怀疑。对大多数人而言，当获得额外钱财时（由财政扩张所致），一般至少会花费一些。因此，即使采取临时减税或以现金形式向消费者转移支付，财政政策也可能具有扩张效应。

此外，即使李嘉图等价有可能成立，直接购买产品和服务的政府支出临时增加，例如道路建设计划，仍将导致近期总支出增加。这是因为即使消费者预期未来的税收会上升，他们减少支出也会是在一段时间内节省支出，支付未来的税费。同时，政府额外增加的支出也将集中在不久的将来，即在经济需要时。

因此，虽然李嘉图等价强调的影响可能会减少财政扩张的影响，但声称其使财政扩张完全无效的说法既不符合消费者的实际行为，也非相信政府支出增加没有效果的可信理由。总之，这不是一个反对扩张性财政政策的有效论点。

总而言之，我们预期扩张性财政政策起作用要取决于具体情况。当经济出现衰退缺口时——就像2009年《复苏法案》通过时那样——经济学告诉我们，这就是扩张性财政政策有助于经济的情形。然而，当经济已经达到充分就业时，扩张性财政政策就是错误的政策，将导致挤出、经济过热和通货膨胀率上升的后果。

□ 28.1.5 一个告诫性意见：财政政策的滞后

观察图28-4和图28-5，似乎非常明显，政府应该积极地运用财政政策——当经济存在衰退缺口时，总是采用扩张性财政政策；当经济存在通货膨胀缺口时，总是采用紧缩性财政政策。但是许多经济学家也警告说，极端地采用积极主动的稳定政策并不可取，他们认为，政府越努力来稳定经济——既可以借助财政政策，也可以借助货币政策——结果可能会使经济越不稳定。

我们将把与货币政策相关的警示性意见留待第30章讨论。对于财政政策来说，之所以要提出告诫性意见，是因为：在政策被采用和实施的过程中存在时滞问题。为了明白这些时滞的本质，想一想在政府为消除衰退缺口而增加政府支出之前会有什么事情发生。首先，政府需要认识到经济中存在衰退缺口：经济数据的搜集和分析需要花费时间，所以经常是在数月之后政府才认识到衰退已经发生。其次，政府必须制订支出计划，这通常要花费数月时间，特别是那些制定政策的官员还要争论资金应该怎么使用，而且还得通过立法程序。最后，使用资金也必须花费时间，例如在修建一条道路的工程开工前必须进行调研，而这种调研的支出可能并不大。所以，在大量资金支出前需要花费相当多的时间来准备。

因为这些时滞的存在，增加支出以消除衰退缺口的努力用了过长时间，以至于等到财政政策发挥效力之时，衰退缺口可能已经转为通货膨胀缺口。在这种情况下，财政政策就是成事不足，败事有余了。

这并不意味着在什么情况下都不应该采用积极的财政政策。毕竟，2009年年初，有足够的理由认为美国经济的滑落将会既深又长，在未来两年推出的财政刺激计划几乎可以肯定将推动总需求曲线右移。事实上，我们在本章稍后可以看出，2009年的刺激计划可能消失得过早而使经济仍然深陷衰退。但是，滞后问题使得财政政策和货币政策的实际应用比我们刚才给出的简单分析要难得多。

▶ 真实世界中的经济学

《复苏法案》中有什么内容？

正如我们刚刚学到的，财政刺激可以采取三种形式：增加政府对产品和服务的购买，增加政府转移支付和减税。那么《复苏法案》采取了什么形式呢？答案有点复杂。

图28-6显示了《复苏法案》中预算的构成情况，这是一项将减税、转移支付和政府支出融合在一起的计划。这里给出了四种而不是三种类别的数据。“基础设施和其他支出”是指用于道路、桥梁和学校的支出以及像研究与开发的“非传统”基础设施支出，所有这些都归入政府购买产品和服务的种类。“减税”类别不言自明。“向个人转移支付”大多是对失业者扩大福利的形式。第四类“对州和地方政府转移支付”大约占了三分之一的资金。为什么这是第四类？

因为美国有多层次的政府。作者居住在普林斯顿镇，普林斯顿镇有自己的预算，该镇是默瑟县的一部分，该县也有自己的预算，它是新泽西州的一部分，该州也有自己的预算，而新泽西州又是美国的一部分。衰退的影响之一是国家和地方政府的收入急剧下降，这迫使这些较低层面的政府削减开支。联邦政府的援助——向州和地方政府转移支付——旨在缓解这种开支缩减。

也许《复苏法案》中最令人惊讶的一点是，几乎没有直接涉及对产品和服务的联邦政府支出。该计划的大部分内容为以一种或多种方式将钱给予他人，并希望他们会用于支出。

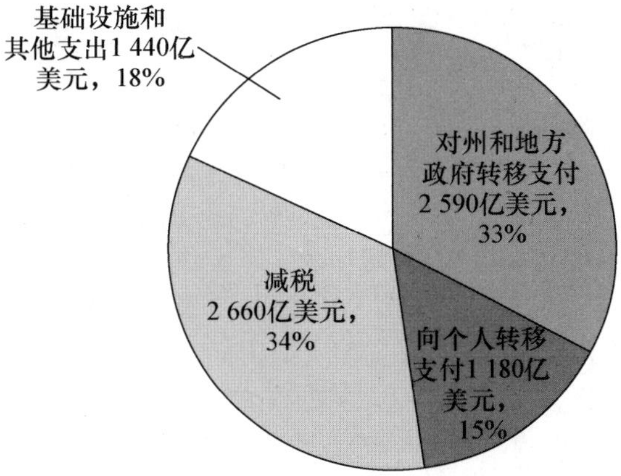

图 28-6　2009 年美国《复苏法案》

资料来源：Congressional Budget Office.

及时复习

● 财政政策的主要渠道是税收和政府支出。政府支出的形式包括购买产品和服务与转移支付。

● 在美国，大多数政府转移支付用于社会保险计划，旨在减轻经济困难，主要用于社会保障、医疗保险和医疗补助。

● 政府直接控制 G，通过税收和转移支付间接影响 C 和 I。

● 扩张性财政政策是由增加政府支出、减少税收或增加政府转移支付来实现的。紧缩性财政政策是通过减少政府支出、增加税收或减少政府转移支付来实现的。

● 基于挤出效应，怀疑扩张性财政政策有效性的观点只有在经济完全处于就业状态时才成立。因为李嘉图等价，扩张性财政政策没有效果，即今天消费者将削减支出以抵消预期未来税收增加的行为似乎在实践中并不真实。很显然，时间滞后可以降低财政政策的有效性，并可能使之适得其反。

小测验 28-1

1. 在下列每一种情形中，请判断是扩张性财政政策，还是紧缩性财政政策。

a. 雇用几万人的遍布全国的几个军事基地被关闭了。

b. 符合领取失业人员救济金条件的法定失业周数延长了。

c. 对汽油征收的联邦税收提高了。

2. 请解释为什么联邦政府提供的灾难救助，也就是对一些自然灾害如台风、洪水和农作物大规模减产的受损者迅速给予资助，比必须通过立法程序才发放补助对稳定经济的效果更好。

3. 下面的命题成立吗？给出解释。“当政府扩张时，私人部门会萎缩；当政府萎缩时，私人部门将扩张。”

28.2　财政政策和乘数

扩张性财政政策，像美国 2009 年的刺激计划，会推动总需求曲线向右移动；紧缩性财政政策，像林登·约翰逊政府征收附加税的做法，会推动总需求曲线向左移动。然而，对于政策制定者来说，知道变化的方向还不够，他们需要清楚一种具体的政策措施会推动总需求曲线移动多少距离？为了得到这些估计，必须使用乘数概念，这个概念我们在第 26 章学习过。

□ 28.2.1　政府增加购买产品和服务的乘数效应

假设政府决定花费 500 亿美元用于修建道路和桥梁，那么政府对产品和服务的购买将直接增加对产品和服务的总支出 500 亿美元。但是，我们在第 26 章已经学习过，政府购买将触发散布于整个经济的连锁反应，所以还有间接效应。生产政府需要的产品和服务的企业将获得收益，这些收益又将以工资、利润、利息和租金的形式流入家户手中。由此带来的可支配收入提高将增加消费支出，消费支出的增加反过来推动企业增加产能，导致可支配收入进一步增加，这将带来新一轮消费支出的增长，如此继续。

正如我们已经知道的，乘数是由政府购买产品和服务变化引起的实际 GDP 变化量与政府支出改变量的比率。政府购买产品和服务的增加是总支出自发增加的一个主要事例。

在第 26 章，我们考虑的是简化情形，没有税收和国际贸易，所以实际 GDP 的任何改变都表现在家户上。我们还假定总体价格水平固定不变，因此任何名义 GDP 的增加也就是实际 GDP 的增加，并且假定利率水平也固定不变。因此，乘数等于 $1/(1-MPC)$。例如，如果边际消费倾向等于 0.5，那么乘数就为 $1/(1-0.5)=1/0.5=2$。假定乘数等于 2，政府增加 500 亿美元购买产品和服务将增加实际 GDP 1 000 亿美元。在这 1 000 亿美元中，500 亿美元是政府支出初始增加的数额，另外 500 亿美元是消费支出增加带来的后续影响。

反过来，如果政府减少对产品和服务的购买又会发生什么呢？除了在前面加上一个负号外，其他计算完全相同：如果政府购买减少 500 亿美元，边际消费倾向仍然为 0.5，那么实际 GDP 将减少 1 000 亿美元。

□ 28.2.2　政府转移支付和税收变化的乘数效应

扩张性或紧缩性财政政策并不只有政府改变对产品和服务的购买这一种方式。政府也可以通过改变税收或者转移支付来实现同样的目的。一般来说，在税收或政府转移支付方面所做的改变对总需求曲线的影响要小于同样规模政府购买所发挥的作用。

想知道为什么，我们可以设想政府不是支出 500 亿美元用于建造桥梁而是简单通过政府转移支付的形式付出 500 亿美元。在这种情况下，因为没有政府对产品和服务的购买，所以对总需求没有直接影响。实际 GDP 的上升仅仅因为家户支出这 500 亿美元中的一部分——它们可能不会被全部支出。

表 28-1 对假设的两种扩张性财政政策做出比较，假设 $MPC=0.5$，乘数=2：一种是直接增加 500 亿美元用于购买产品和服务，另一种是政府进行转移支付，向消费者支出 500 亿美元补贴。两种情况都会对实际 GDP 产生第 1 轮效应，无论是由于政府购买还是得到补贴的消费者购买，之后会再进行一系列后续的购买，因为实际 GDP 增加带来了更多的可支配收入。

然而，转移支付的第 1 轮效应相对小于政府直接购买，因为我们假设 $MPC=0.5$，在 500 亿美元中只花费了 250 亿美元，另外 250 亿美元被节省了。结果，所有后续其他轮次的购买也相对较小。最终，转移支付导致实际 GDP 增加了 500 亿美元。相比之下，政府购买增加 500 亿美元，实际 GDP 增加了 1 000 亿美元。

总的来说，扩张性财政政策采取转移支付形式增加的实际 GDP 可能会比政府初始支出更多或更少，也就是说，乘数可能大于或小于 1，这取决于 *MPC*。在表 28-1 中，*MPC* 等于 0.5，乘数正好是 1：转移支付增加 500 亿美元，实际 GDP 增加 500 亿美元。如果 *MPC* 小于 0.5，则初始转移支付花费也较小，则转移支付乘数小于 1。如果初始转移支付花费较大，则乘数大于 1。

表 28-1　　当乘数为 2 时财政政策的假想效应

对实际 GDP 的影响	政府增加 500 亿美元用于购买产品和服务	政府增加 500 亿美元用于转移支付
第 1 轮	500 亿美元	250 亿美元
第 2 轮	250 亿美元	125 亿美元
第 3 轮	125 亿美元	62.5 亿美元
⋮	⋮	⋮
最终效应	1 000 亿美元	500 亿美元

减税与转移支付的效果类似。减税使可支配收入增加，引发一系列消费支出增加。但是总的效应小于同等规模政府增加购买产品与服务所产生的效应，因为居民将一部分减税收入储蓄起来了，所以总支出自发变

化的效应要小一些。

我们还应该注意，税收带来了更复杂的影响：它们一般会改变乘数的大小。因为在现实中，政府很少征收**定量税**（lump-sum tax），即向居民征收税收的多少与他们的收入没有关系的税种。定量税不影响乘数的大小。相反，大部分税收并非通过定量税来获得，所以税收收入取决于实际 GDP 水平。

定量税是指税收大小不取决于纳税者收入的税种。

在实践中，经济学家经常争论获得减税收入或者得到政府增加的转移支付的人群的乘数大小的问题。例如，我们可以比较增加失业救济金与减少公司对股东分红应缴纳税收各自产生的影响。对消费者的调查表明，与红利收入获得者相比，失业人员对其可支配收入增加后用于开支的比例要相对高一些。这是因为与拥有大量股票的人相比，失业人员的边际消费倾向更大，因为前者相对富裕，所以可支配收入中用于增加储蓄的比例也相对高一些。如果情况真是这样，那么用于失业救济的单位货币支出所引起的总需求增加要大于对红利减税以增加收入所产生的结果。

□ 28.2.3 税收如何影响乘数

在第 26 章我们引入乘数分析时，我们简单假定，增加 1 美元实际 GDP 将增加可支配收入 1 美元。实际上，政府税收在乘数过程的每一轮增加中都拿走了实际 GDP 的一部分，因为大部分政府税收与实际 GDP 正相关。因此，一旦我们在模型中考虑到税收，可支配收入的增加就少于 1 美元。

当实际 GDP 增加时，政府税收增加并非政府有意为之。这其实是税法自动执行的结果。根据税法，大部分政府税收将会自动随着实际 GDP 的增加而上升。比如说，当实际 GDP 增加后，所得税也随之增加，因为每个人应缴税数额与他的收入成正比，实际 GDP 上升推动了家户可支配收入的增加；实际 GDP 上升，销售税也随之增加，这是因为人们有更多的收入用于购买产品和服务；公司所得税也会随实际 GDP 的上升而增加，因为公司利润会随着经济的扩张而增加。

税收收入自动增加的效应会降低乘数值。我们知道，乘数是连锁反应的结果：实际 GDP 越高，可支配收入越多，由此引致的消费支出也会增加，而这又会带来实际 GDP 的进一步上升。当政府拿走实际 GDP 增加额中的一部分时，那就意味着在这个过程中的每一个阶段，消费支出会比没有税收时更少。因此，乘数会变小。在本章附录中，我们将会推导当考虑到与实际 GDP 正相关的税收时的乘数。

许多宏观经济学家认为，在现实生活中，税收导致乘数变小是一件好事。在第 27 章我们已经指出，尽管并非全部但是大多数经济衰退是由于负向需求冲击所致。经济扩张会引起税收收入增加的机制同样也适用于经济收缩引起税收收入减少。当实际 GDP 下降时，税收收入减少，这样的负向需求冲击的影响将比没有税收时要小。税收收入降低将缓解总需求初始下降带来的不利影响。

实际 GDP 下降引起政府所获得的税收收入自动减少——因为居民缴纳的税收额减少了，这就像在面对经济衰退时，财政政策自动进行扩张一样。同样地，当经济扩张时，政府发现自己在自动实行紧缩性财政政策——税收增加了。在没有政策制定者做任何主动调整的背景下，政府支出和税收的变动规则导致在经济收缩时财政政策是扩张性的、在经济扩张时财政政策又是紧缩性的，这就是所谓的**自动稳定器**（automatic stabilizer）。

自动稳定器是指政府支出和税收的变动规则导致在经济收缩时财政政策是扩张性的、在经济扩张时财政政策又是紧缩性的。

相机抉择的财政政策是指政策结果是由政策制定者主动作为而非自动调节机制自动作用的财政政策。

税收并非唯一的自动稳定器，尽管这是最为重要的一种。一些政府转移支付也发挥着自动稳定器的作用。例如，许多人得到的失业保险在经济衰退时要比经济繁荣时更多，医疗补助和食品券也是如此。所以，当经济收缩时转移支付会增加，而当经济扩张时转移支付又会减少。就像税收收入的变化一样，转移支付的变化也会降低乘数，因为一定数额的实际 GDP 的上升或下降所导致的可支配收入的变化也小了。

就像政府税收一样，许多宏观经济学家相信，政府转移支付降低了乘数是一件好事。从更一般的意义上来看，自动稳定器所导致的扩张性和紧缩性的财政政策结果被认为对宏观经济稳定发挥了非常重要的作用，因为它们缓解了商业周期的波动幅度。

那么，非自动稳定器的财政政策作用结果又如何呢？**相机抉择的财政政策**（discretionary fiscal policy）

是指政策结果是由政策制定者主动作为而非自动调节机制自动作用的财政政策。例如，在经济衰退时期，政府为了刺激经济会通过立法进行减税或有目的地增加政府开支。一般只有在特殊情况下，如出现特别严重的经济衰退时，经济学家才倾向于支持使用相机抉择的财政政策。

▶ **真实世界中的经济学**

紧缩和乘数

我们已经解释了财政政策乘数的原理，但在实践中，经济学家对乘数效应有什么实证经验证据吗？直到几年前，答案仍是我们没有所希望的那么多的证据。

问题是，财政政策的巨大变化是相当罕见的，而且通常与其他事情同时发生，很难将政府支出和税收的影响与其他因素的影响区分开来。例如，美国在第二次世界大战期间大大增加了开支，但它也对许多消费品实行配给，或多或少地禁止建造新房等。因此，从和平时期到战争时期从整体上来区分支出增加的影响是非常困难的。

然而，最近的事件提供了相当多的新证据。2009 年后，几个欧洲国家面临债务危机，因此它们被迫转向其他欧洲国家寻求援助。这种援助的条件是紧缩性财政政策——大幅削减支出并增加税收。通过对被迫紧缩的国家的经济表现与没有紧缩的国家的经济表现进行比较，我们得到了对支出和税收变化的影响相对清晰的看法。

图 28-7 比较了 2009—2013 年期间一些国家实行紧缩的规模与在同一时期 GDP 增长的情况。紧缩通过本章后面定义的周期调整的预算余额的变化来度量。希腊被迫大幅削减支出，并且产出也大幅下降，但是即使没有希腊，负相关关系也非常明显。散点图拟合线的斜率为－1.6，也就是说，该图表明，削减支出和增加税收（我们在这里不能区分它们）的平均乘数为 1.6。

正如我们所预期的，对这一结果，经济学家提出了一些条件和注意事项，事实上，这不是一个真正的受控制实验。然而，总体而言，最近的经验似乎支持财政政策确实将 GDP 按预测方向移动的观点，而且乘数系数大于 1。

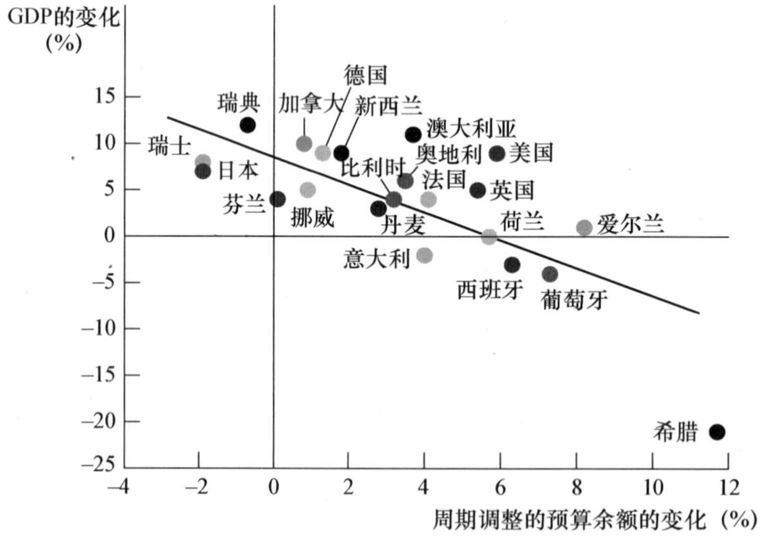

图 28-7　2009—2013 年的财政乘数

资料来源：OECD；World Development Indicators.

及时复习

- 乘数是由总支出自发变化引起的实际 GDP 总变化与总支出自发变化的比率。乘数的大小由边际消费倾向决定。

● 改变税收和政府转移支付也会导致实际GDP变化，但是与同等数量政府购买变化所导致的影响相比要小一些。

● 税收会导致乘数变小，定量税除外。

● 税收和政府转移支付的某些项目可作为自动稳定器，因为税收与实际GDP的变化呈正相关关系，而某些转移支付与实际GDP的变化呈负相关关系。许多经济学家认为，由此导致的乘数系数变小是好事。相反，对相机抉择的财政政策能否发挥积极作用则存在争论。

小测验28-2

1. 请解释为什么政府增加5亿美元购买产品和服务导致的实际GDP的增加要大于增加同等数量政府转移支付导致的实际GDP增加。

2. 请解释为什么政府减少5亿美元购买产品和服务导致的实际GDP的减少要多于减少同等数量政府转移支付导致的实际GDP减少。

3. 波多维国没有失业保险福利和税收制度，只使用定量税。邻国摩尔多瓦发放慷慨的失业救济金，但居民必须支付收入的一定百分比用来缴税。当发生正向或负向需求冲击时，哪个国家的实际GDP会出现更大的变化？请解释。

28.3 预算余额

报纸杂志对政府预算的评论喜欢集中在一点上：政府预算出现盈余还是赤字，规模有多大。人们通常认为盈余是好事，当2000年联邦政府出现创纪录的财政盈余之后，许多人认为应该为此庆祝；而人们也通常认为赤字不是好事，所以当2009年和2010年联邦政府出现创纪录的财政赤字之后，许多人认为这值得关注。

财政盈余和财政赤字如何与对财政政策的分析相结合呢？财政赤字难道不能成为好事而财政盈余不能成为坏事吗？我们来分析一下出现财政盈余和财政赤字的原因以及所产生的结果。

□ 28.3.1 预算余额是衡量财政政策的一种手段

我们所说的盈余和赤字是什么意思呢？就像我们在第25章所说过的，预算余额就是某一年政府收入与支出之间的差额，前者通过税收的方式获得，后者是指政府对产品和服务的购买加上政府转移支付。也可以说，预算余额即政府储蓄，可用式（28-2）［与式（25-7）相同］来表示：

$$S_{\text{政府}}=T-G-TR \tag{28-2}$$

式中，T表示税收收入，G表示政府支出，TR表示政府转移支付。正如我们在第25章所学，预算盈余是指预算余额为正值，预算赤字是指预算余额为负值。

在其他条件不变的情况下，扩张性财政政策——增加政府对产品和服务的购买、提高政府转移支付或减税——将减少该年度的预算余额。也就是说，扩张性财政政策将减少预算盈余或者扩大预算赤字。相反，紧缩性财政政策——减少政府对产品和服务的购买、降低政府转移支付或增税——将增加该年度的预算余额、增加预算盈余或减少预算赤字。

你可能认为这意味着预算余额的变化可以用来衡量财政政策。事实上，经济学家经常是这样认为的：用预算余额的变化来评判当前财政政策是扩张性的还是紧缩性的是一种“快速但有误”的检测方法。他们指出，这种快速但有误的方法有时容易得出错误结论的原因有两点：

● 两种对预算余额影响相同的财政政策可能对经济的影响并不相同。我们已经知道，政府购买产品和服务的变化对实际GDP的影响要大于同等规模的税收和政府转移支付的影响。

● 预算余额的变化经常是经济波动的结果而非原因。

为了更好地理解第二点，我们需要考察商业周期对预算的影响。

□ 28.3.2 商业周期与周期调整的预算余额

从历史数据来看，联邦政府预算余额与商业周期关系非常密切。当经济衰退时，预算一般为赤字，而当经济扩张时，赤字会缩小或者可能变为盈余。图 28－8 所示为 1964—2013 年美国联邦预算赤字占 GDP 的百分比。有阴影的区域表示经济衰退时期，无阴影的区域表示经济扩张时期。我们可以看出，在每次经济衰退时期，联邦预算赤字是增加的，而在经济扩张时期则是下降的。实际上，在 1991—2000 年的长扩张期后期，赤字实质上已经变为负的——预算赤字变成了预算盈余。

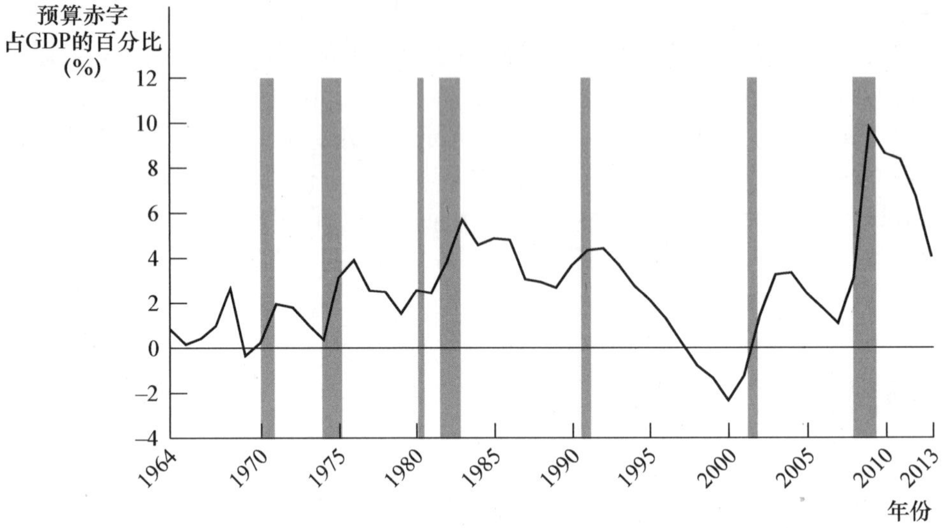

图 28－8　1964—2013 年美国联邦预算赤字和商业周期

预算赤字占 GDP 的百分比在经济衰退时期（阴影区域）上升，在经济扩张时期下降。
资料来源：Federal Reserve Bank of St. Louis.

如果我们把预算赤字占 GDP 的百分比与失业率进行比较，如图 28－9 所示，那么商业周期与预算余额的关系更为清晰。当失业率上升时，预算赤字几乎总是增加，而当失业率下降时，预算赤字总是下降。

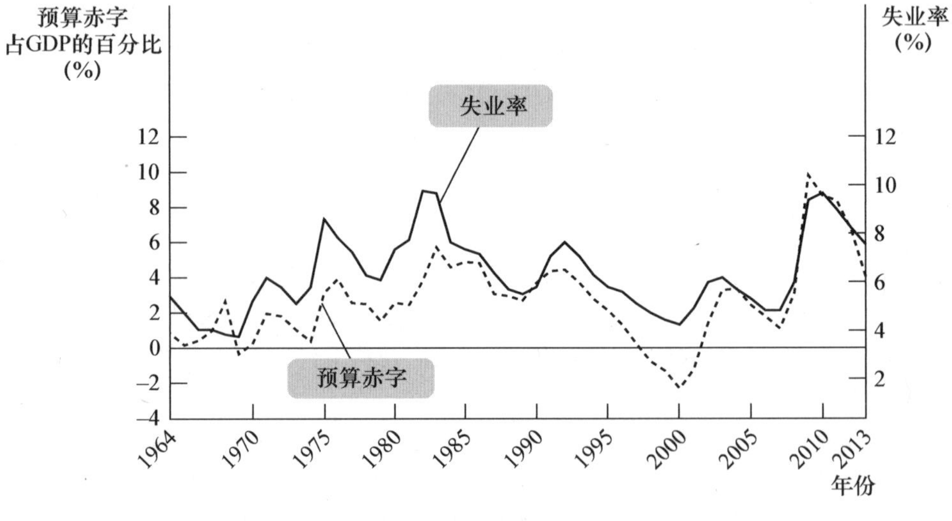

图 28－9　1964—2013 年美国联邦预算赤字和失业率

预算余额与商业周期之间存在紧密关系：经济衰退，预算余额会出现赤字，而经济扩张，预算余额会出现盈余。在这里，失业率是商业周期的一个指向性指标，而且我们还看到，较高的预算赤字与较高的失业率是相关的。这可以在图形中得到确认：预算赤字占 GDP 的百分比与失业率密切相关。
资料来源：Federal Reserve Bank of St. Louis.

商业周期和预算余额的这种关系是否证明政策制定者在使用相机抉择的财政政策——在经济衰退时期采用扩张性财政政策，而在经济扩张时期采用紧缩性财政政策？不一定如此。图 28－9 所表现的这种关系在很大程度上反映的是自动稳定器的作用。在讨论自动稳定器的时候我们已经知道，当经济处在扩张时期时，政府税收一般会增加，一些政府转移支付如失业救济金一般会下降。相反，当经济处在紧缩时期时，政府税收一般会减少，一些政府转移支付如失业救济金一般会增加。所以，即使没有政策制定者主动采取行动，在经济衰退时期，预算会走向赤字，而在经济扩张时期，预算会出现盈余。

在对预算政策进行评价时，搞清楚预算余额的变化是由于商业周期引起的还是由于主动推行的经济政策引起的通常非常重要。前者受到自动稳定器作用的影响，而后者受到政府支出、政府转移支付和税收主动变化的影响。还有一点值得注意，商业周期对预算余额的影响是暂时的：衰退缺口（实际 GDP 小于潜在产出水平）和通货膨胀缺口（实际 GDP 大于潜在产出水平）一般经过很长时间才能消除。剔除衰退缺口和通货膨胀缺口对预算余额的影响后，我们才能搞清楚政府的税收政策和支出政策能否在长期产生影响。

换言之，政府的税收政策能够获得足够的收入用于支持长期支出吗？正如我们稍后要学到的，这个问题比政府当年是预算盈余还是预算赤字要重要得多。

为了把商业周期的影响和其他因素的影响区分开来，许多国家的政府做了如下估计：如果既没有衰退缺口也没有通货膨胀缺口，那么预算余额又如何呢？**周期调整的预算余额**（cyclically adjusted budget balance）就是实际 GDP 与潜在产出水平正好相等时的政府预算余额水平。这一概念考虑了如果衰退缺口被消除后，政府所征收的额外税收收入与政府节余的转移支付，或者说如果通货膨胀缺口消除后，政府所损失的税收收入和额外的转移支付。

周期调整的预算余额就是实际 GDP 与潜在产出水平正好相等时的政府预算余额水平。

图 28－10 所示为 1964—2014 年真实预算赤字与国会预算办公室估计的周期调整的预算赤字的比较，两者都表示为占 GDP 的百分比。我们看到，周期调整的预算赤字要比真实预算赤字波动幅度小。1975 年、1983 年和 2009 年的真实预算赤字要大一些，通常是由经济萧条引起的。

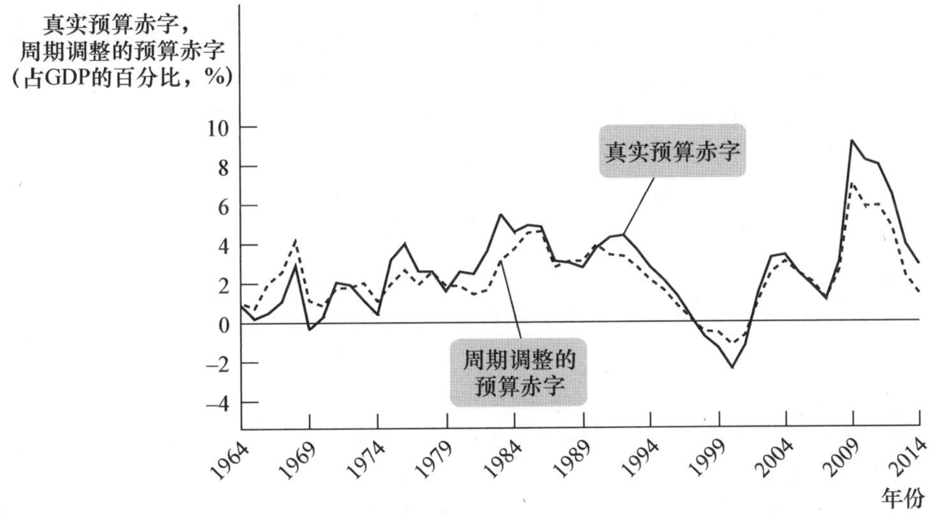

图 28－10　真实预算赤字和周期调整的预算赤字

周期调整的预算赤字是指当经济处在潜在产出水平时估计的预算赤字。周期调整的预算赤字要比真实预算赤字波动小，因为预算赤字较大的年份也一般是经济存在较大衰退缺口的时候。

资料来源：Congressional Budget Office；Bureau of Economic Analysis.

□ 28.3.3　预算应该平衡吗

我们将在下一节学到，持续的预算赤字对政府和经济都会带来一些问题。当然，为了迎合选民，政客们总是选择减税而不减少政府支出或者增加政府支出而不增税，所以预算赤字难以避免。结果，有时候政策制定者通过立法程序——甚至修改宪法——来制定一些财政政策规范以防止政府出现预算赤字。通常预算必须平衡作为一种要求被提出，也就是在每一个财政年度收入至少等于支出。要求年度预算平衡是一个有益的观点吗?

许多宏观经济学家并不同意这一观点。他们相信，只要总的来看预算是平衡的就可以了——要允许在经济形势不好的年份有赤字存在，可以通过形势好的年份的财政盈余来弥补。他们不认为政府应该在每一年保持预算平衡，因为如果这样将降低作为自动稳定器的税收和政府转移支付的作用。

之前我们已经学过，当经济出现下滑的时候，税收下降和政府转移支付增加将有助于降低经济衰退的程度。但是税收下降与政府转移支付增加将会导致预算赤字。如果受制于预算平衡的要求，那么政府将不得不针对这种预算赤字采取紧缩性财政政策，这无疑会加深经济衰退的程度。

但是，那些关注预算过度赤字的政策制定者有时候也感到颁布一些严格的政策规定或者至少规定赤字上限是必要的。正如“真实世界中的经济学”专栏中所说，欧洲已经有很多强制财政承担短期财政政策面临的挑战的责任的有问题的调解规则。

▶ **真实世界中的经济学**

欧洲对财政规则的探索

1999年，许多欧洲国家迈出了具有重要历史意义的一步，它们采用了一种统一货币——欧元——来取代它们各自的货币，如法国法郎、德国马克和意大利里拉。随着欧元的引入，欧洲中央银行成立，负责制定整个欧元区的货币政策。

作为签订新货币条约的一部分，成员国政府也签订了一份欧洲稳定条约。该条约规定各国政府必须把预算赤字——真实预算赤字而非周期调整的预算赤字——保持在GDP的3%及以下。该条约的目的是防止政治压力造成不负责任的赤字最终损害新货币。

可是稳定条约存在较为严重的副作用：每当经济下滑推动它们的赤字超过临界水平时，原则上，它会迫使各国削减支出和/或增加税收。这将使财政政策变成一种促使经济衰退恶化而不是与之抗争的力量。

然而，稳定条约已被证明不可能被执行：欧洲国家，包括法国甚至德国——素有财政诚信的声誉，在2001年及其后续衰退中也完全忽略了该项规则。

2011年，欧洲再次进行了尝试，这次是在严重的债务危机背景下。在2008年金融危机之后，事实上所有投资者都对希腊、爱尔兰、葡萄牙、西班牙和意大利失去了信心，他们担心这些国家偿还所有债务的能力和/或意愿，以及这些国家为减少赤字所做的努力很可能会推动欧洲重新陷入衰退。然而，回到旧的稳定条约似乎没有意义。另外，很明显，稳定条约规定的预算赤字规模不会对防止危机产生太大的影响——2007年除希腊之外的所有有问题的债务国的赤字都在GDP的3%以下，爱尔兰和西班牙甚至出现了盈余。

因此，2011年12月达成的条约是根据“结构性”预算余额制定的，或多或少对应于我们定义的周期调整的预算余额。根据新规则，每个国家的结构性预算余额应该非常接近于零，赤字不超过GDP的0.5%。这似乎是一个比旧的稳定条约好得多的规则。

然而，大问题依然存在。一个问题是结构性预算余额的估计数是否可靠。此外，新规则似乎禁止在任何情况下使用相机抉择的财政政策。到2015年年初，很显然，这个刻板的财政约束政策成为一个问题：欧洲疲弱的经济显然需要刺激，但财政规则禁止这样做。

在对自己的财政规则的优越性感到沾沾自喜之前，美国人也应看到自己类似的有缺陷的欧洲稳定条约的美国版本。联邦政府预算发挥着自动稳定器的作用，但是50个州中有49个州的州宪法规定，州政府预算每年必须平衡。2008年当衰退来袭的时候，大部分州面对衰退不得不削减开支和征税，完全采取了宏观经济学认为错误的做法。

及时复习

● 预算赤字在经济衰退时期趋向于增加，在经济扩张时期趋向于下降。这反映了商业周期对预算余额的影响。

● 周期调整的预算余额是指如果经济处在潜在产出水平上预算余额的估计值。它比真实预算赤字的波动要小。

● 许多经济学家相信，在经济形势不好的年份，政府可以有预算赤字，而在经济形势好的时候应该有盈余。要求预算平衡的条约将降低自动稳定器的作用。

小测验 28-3

1. 为什么周期调整的预算余额比真实预算余额可以更好地度量政府政策在长期内是否可以持续？
2. 解释为什么州宪法要求保持财政预算平衡的州要比没有这样要求的州经历的经济波动更剧烈。

28.4 财政政策的长期影响

2009 年，希腊政府陷入了财政困境。与欧洲大多数其他国家政府（以及美国政府）一样，希腊政府正面临巨额预算赤字，这意味着它需要继续借入更多的资金来支付其支出，并在现有贷款到期时偿还现有到期贷款。但是政府，如公司或个人一样，只有当贷款人相信它们有很大的可能愿意或能够偿还它们的债务时才能借到钱。到了 2009 年，大多数投资者对希腊的财政前景失去信心，不愿意再借钱给希腊政府。那些愿意贷款的人需要很高的利率来补偿他们的损失风险。

图 28-11 比较了希腊政府和德国政府发行的 10 年期债券的利率。2007 年年初，希腊可以以几乎与德国相同的利率借款，因为该国被广泛认为是一个非常安全的借款人。然而，到了 2011 年年底，希腊必须支付约等于德国 10 倍的借款利率。

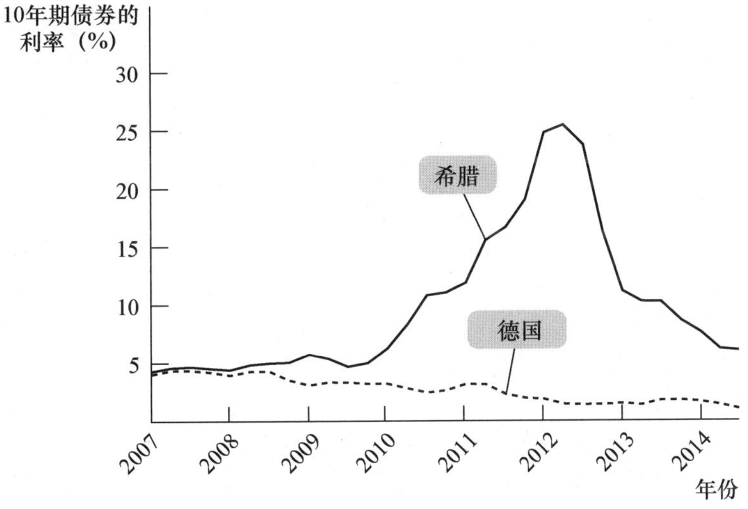

图 28-11 希腊和德国的长期利率

直到 2008 年，希腊的利率只略高于德国，该国被广泛认为是一个非常安全的借款人。但是到了 2009 年年初，由于希腊的债务和赤字比以前报告的显然大出许多，投资者失去信心，导致希腊借款成本大幅提高。

资料来源：Federal Reserve Bank of St. Louis；OECD "Main Economic Indicators Complete Database".

为什么希腊会出现这些问题？主要是因为投资者对其债务水平的深深忧虑（很明显，部分原因是希腊政府一直在利用创造性会计行为掩盖已经承担的债务）。毕竟政府债务是对未来向贷款人还款的承诺。到了 2009 年，希腊政府似乎已经承诺了比它可能提供的多得多的债务。

结果希腊发现自己无法从私人贷款人那里借来更多资金；它从其他欧洲国家和国际货币基金组织那里得

到了紧急贷款，但这些贷款的条件是希腊政府大幅削减开支，这将严重损害其经济，给希腊人带来严重的经济困难，并导致大规模的社会动荡。

好消息是，到了2014年中期，希腊的借款成本大幅下降。在一定程度上，这反映了日渐强烈的意识，希腊将保持支出，尽管有巨大的痛苦。然而，它也反映了欧洲中央银行的干预，它向投资者保证，它将“不惜一切”来维持欧洲的共同货币——欧元；这一举动被广泛解释为一种保证，如有必要，它会介入并购买希腊和其他困扰债务人的债券。

然而，尽管有这个好消息，希腊和其他国家的危机表明，没有财政政策可以不考虑政府预算盈余和赤字的长期影响，特别是对政府债务的影响。

□ 28.4.1 赤字、盈余和债务

当一个家庭在一年中入不敷出时，该户人家要么举债，要么出让资产得到额外的资金。如果一个家庭年复一年地借债，那么长此以往就会累积起巨额债务。

政府同样也是如此。有一点不同的是，政府不能通过出卖国家公共用地得到大量资金。当政府支出大于税收收入而入不敷出时——预算赤字——政府总是选择借债。一个持续预算赤字的政府就会累积起巨额债务。

> **财政年度**是指将从10月1日到来年的9月30日作为完整的财政年度进行总决算，用结束年份来命名。

> **公债**是由个人和非政府机构持有的政府债务。

为了理解如下数字，我们应该知道一些联邦政府预算核算的具体内容。由于历史原因，美国政府并不是按自然日历进行核算的，而是将从10月1日到来年的9月30日作为完整的**财政年度**（fiscal year）进行总决算，用结束年份来命名，例如2014财政年度是从2013年10月1日开始到2014年9月30日结束。

当2013财政年度结束时，美国政府的债务总额大约等于17.1万亿美元。当然，由于特殊的计算方法，一些政府项目特别是社会保障基金被作为政府总债务的一部分。我们稍后介绍这些规定。目前，我们集中讨论**公债**（public debt），也就是由个人和非政府机构持有的政府债务。当2013财政年度结束时，联邦政府公债“只有”12万亿美元，相当于GDP的72%。而2013财政年度结束时的联邦政府公债大于2012财政年度结束时的公债，因为政府在2013年出现赤字：一个持续存在预算赤字的政府，公债水平将上升。为什么这是一个问题呢？

▶ 疑难解答

赤字和债务

人们容易犯的错误之一——在报纸和新闻报道中经常会出现——是混淆赤字和债务。我们来看一下它们的区别：

赤字是在一定时期内（通常是指一年，但并非一定如此）政府支出大于其税收收入。赤字数额在公布的时候通常会指出是在什么期间，如美国在2011财政年度的预算赤字为1.3万亿美元。

债务是在某一时点上政府所欠资金总额。债务总额通常会指明具体的时点，如美国在2011财政年度结束时的债务总额为10.1万亿美元。

赤字和债务是有关系的，当政府出现赤字时，政府债务会增加。但是，它们又不完全相同，它们甚至表明不同的故事。2011年意大利陷入债务危机，按历史标准，赤字相当小，但债务非常高，这是过去政策累积的结果。

▶ 国际比较

美国式债务

美国的公债是如何在国际上累积起来的？以美元计算，美国公债规模是第一——但这并没有提供太多的信息，因为美国经济规模和政府税基比任何其他国家都要大得多。更具信息量的是比较公债占GDP的百分比。

下图显示了2013年年底一些富国的净公债占GDP的百分比。净公债是政府债务减去政府可能拥有的任

何资产——该调整可以产生很大的差异。你在这里看到的是，美国或多或少处在中间位置。

毫不意外，希腊排在首位，其他净公债高的国家大多数是欧洲国家，它们的债务问题一直引人关注。然而有趣的是，日本也排名靠前，因为该国在 20 世纪 90 年代使用大量的公共支出支撑经济。然而，投资者仍然认为日本是一个可靠的政府，所以尽管其净公债高，但其借贷成本仍然很低。

与其他国家相比，挪威有很大的负净公债。挪威怎样做到这一点的？一个词：石油。挪威是世界上第三大石油出口国，因为北海有大量石油储存。挪威政府并不立即支出石油收入，而是像沙特阿拉伯这样的传统石油生产国一样，利用这些资金建立一个投资基金，以备未来之需。因此，挪威拥有庞大的政府资产，而不是大量的政府债务。

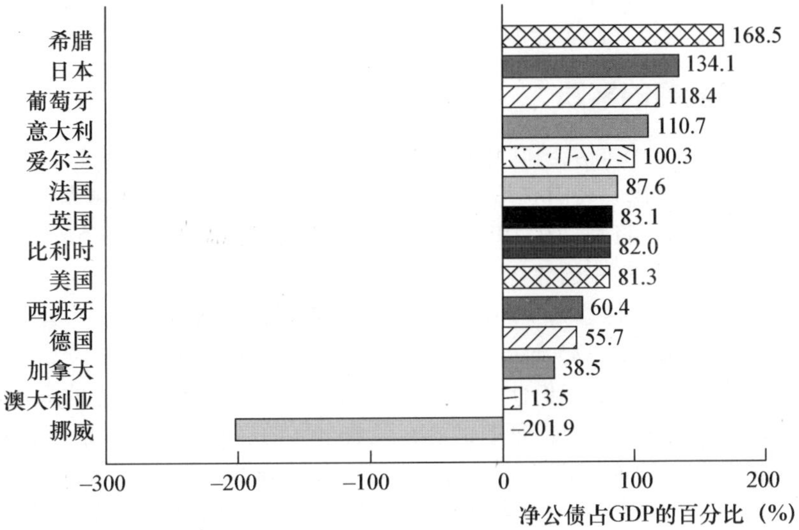

资料来源：International Monetary Fund.

□ 28.4.2 政府债务增加引发的问题

当一个国家的政府持续出现预算赤字的时候就要小心了，原因有二：第一，当政府在金融市场中借债时，它与计划通过借债用于投资的企业形成竞争。结果，政府借债对私人投资形成挤出效应，从而影响长期经济增长。

第二个原因是：通过增加政府债务来解决今天的财政赤字将对未来的预算形成压力。当前赤字对未来预算约束的影响是不言自明的。像个人一样，政府也得还债，对累积所欠债务也必须支付债务利息。当政府负债规模很大时，支付的利息也相当可观。在 2013 财政年度，美国联邦政府支付了相当于 GDP 总额 1.3%也就是 2 210 亿美元的债务利息。高负债国家意大利 2013 年支付的债务利息为其 GDP 的 5%。

在其他条件不变时，政府支付的利息越多，它必须征收的税收也越多，或者减少支出，或者用更多的借债来弥补缺口。但是，当政府借债来支付未偿债务利息时，它的负债就会进一步增多。这一过程最终会达到这样一种情况：借债人对政府的还贷能力产生疑问。这就像一个消费者在已经超出他的信用卡额度之后会发现贷款人再也不愿借出更多资金了。由此引出的后果可能是政府无法如期偿债——对其所欠债务停止偿还。违约经常会引起金融和经济骚动。

美国人对政府违约的说法不太熟悉，但这种事情确实会发生。在 20 世纪 90 年代，阿根廷是一个收入相对较高的发展中国家，其经济政策获得广泛赞誉，所以也能从外国贷款人那里借来大笔资金。但是到了 2001 年，当不断攀升的利息支付失去控制后，该国停止支付所欠债务。最后，该国与大部分债权人达成协议，只支付所欠数额的三分之一。

2010—2013 年，投资者认为几个欧洲国家即希腊、爱尔兰和葡萄牙出现阿根廷式违约的概率很高，并严重担忧意大利和西班牙。每个国家被迫对紧张的贷款人债务支付高利率，从而进一步加剧了违约风险。

债务违约会造成一国金融市场出现大的动荡，严重动摇了公众对政府和经济的信心。阿根廷债务违约引发了银行危机和严重的经济衰退。即使是一些高负债国家的政府也尽力避免出现债务违约，高负债的负担一般会迫使政府大力削减开支或提高税收，这些在政治上不受欢迎的措施也会对经济造成损害。在某些情况下，旨在使贷款人放心政府能偿还债务的紧缩措施到头来会抑制经济发展，使贷款人的信心继续下降。

有人可能会问的一个问题是：当政府借债有困难时，为什么不通过多印货币来付账？是的，它可以这么做，但这会带来另一个问题：通货膨胀。事实上，预算问题是引起严重通货膨胀的主要原因。政府并不想把自己置于如下艰难的选择：债务违约与为偿债印钞而引发通货膨胀。

对赤字的长期效应担忧并不否定在经济衰退时使用财政政策来刺激经济。但是，这些担忧意味着政府应该努力用经济形势好的时候获得的预算盈余来弥补经济形势不好时候的预算赤字。换句话说，政府应该在一段时间内大致维持财政预算平衡。它们实际做得怎么样呢？

□ 28.4.3 赤字与债务的实践

图 28-12 所示为 1940—2013 年间美国联邦政府的预算赤字和债务水平，图 28-12（a）所示为预算赤字占 GDP 的百分比。我们可以看出，美国联邦政府在第二次世界大战期间有巨额赤字，战后很快出现盈余，但是从此以后赤字成为正常现象，特别是在 1980 年之后。这似乎与政府应该用经济形势好的时期的预算盈余来弥补经济形势不好时候的预算赤字的建议是矛盾的。

但是，从图 28-12（b）来看，这些赤字还没有导致负债如脱缰野马的后果。我们经常使用**债务-GDP 比率**（debt-GDP ratio）也就是政府债务占 GDP 的百分比这一指标来评估政府的偿债能力。当我们使用这一指标时，不是简单地看债务的规模，因为 GDP 作为衡量经济总体规模的指标也是一个表示政府能征收的潜在税收水平的良好指标。如果政府债务的增长显著慢于 GDP 的增长，那么偿债的负担与政府征税的能力相比实际上是下降的。

债务-GDP 比率是政府债务占 GDP 的百分比。

我们从图 28-12（b）可以看出，尽管联邦政府的债务几乎每年都在增长，但是第二次世界大战结束之后的 30 年间债务-GDP 比率呈下降趋势。这表明即使债务仍在增长，但债务-GDP 比率却在下降，只要 GDP 的增长快于债务的增长。在“追根究底”专栏中，我们集中讨论在第二次世界大战期间，美国政府的债务为什么大幅上升，我们还要解释为什么经济增长和通货膨胀有时候可以使政府持续保留预算赤字，但仍然会使债务-GDP 比率下降。

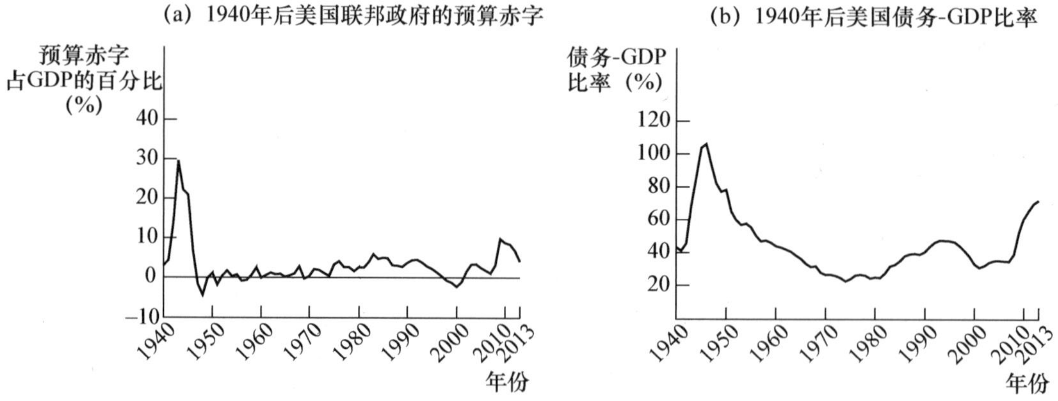

图 28-12　美国联邦政府的预算赤字和债务水平

图（a）表示的是 1940—2013 年美国联邦政府预算赤字占 GDP 的百分比。美国联邦政府在第二次世界大战期间有巨额赤字，此后则降低。图（b）表示的是美国的债务-GDP 比率。通过比较图（a）和图（b）我们可以发现，在许多年份，尽管有政府赤字，但债务-GDP 比率却在下降。这个表面上看似矛盾的结果反映的事实是：即使债务增加，但债务-GDP 比率却在下降，只要 GDP 的增长快于公债的增长。

资料来源：Office of Management and Budget.

当然，当债务增长快于 GDP 增长时，政府财政持续保持大额赤字也会导致债务-GDP 比率升高。在 2008 年金融危机之后，美国政府出现的赤字远大于第二次世界大战以来的赤字，债务-GDP 比率开始急剧上升。2008 年，许多其他国家的债务-GDP 比率也出现了类似的波动。经济学家和政策制定者都认为这并非一个可持续的趋势，政府需要使其支出和收入恢复一致。

但是在什么时候使支出与收入相符有很大争议。一些人认为应该立即进行财政紧缩，其他人则认为这种紧缩应该推迟到主要经济体从其衰退中恢复之后。

▶ **追根究底**

第二次世界大战之后债务出现了什么变化？

我们从图 28－12 可以看出，美国政府在第二次世界大战期间债务巨大。到战争结束时，债务-GDP 比率超过 100%，许多人担心如何偿还这些债务。

真实的情况是这些债务从来没有被偿还过。1946 年公债的规模为 2 420 亿美元，随着美国战后出现预算盈余，在接下来的几年中这一数字略有下降，但是到了 1950 年，随着朝鲜战争的开始，美国政府再次出现预算赤字。到 1962 年债务回到了 2 480 亿美元。

但是到了这时候已经没有人担心美国政府的财政健康状况，因为债务-GDP 比率几乎下降了一半。这是由什么促成的呢？强有力的经济增长和温和的通货膨胀推动了 GDP 的快速增长。这个经验清楚地说明了如下事实：现代国家的政府可以永远有赤字，只要赤字规模不太大。

□ 28.4.4 隐含债务

观察图 28－12，我们可能马上会得出一个结论：一直到 2008 年危机袭来之前，联邦政府预算保持得相当不错：尽管 2001 年后重新出现的预算赤字使债务-GDP 比率提高了一些，但与历史数据和其他发达国家相比仍然处在低水平上。事实上，许多专家从长期预算角度来观察美国（以及其他一些国家，如日本和意大利）现在的赤字情形，提出了存在危险的警告。原因是**隐含债务**（implicit liabilities）问题。隐含债务是指尽管没有包括在通常的债务统计中，但实际上仍由政府承诺支付的支出。

> **隐含债务**是指尽管没有包括在通常的债务统计中但实际上仍由政府承诺支付的支出。

美国政府最大的隐含债务是转移支付项目中两项主要与老年人利益相关的项目：社会保障和医疗保险，第三项大隐含债务是医疗补助，该项目是对低收入阶层提供补助。在这些情形下，政府承诺现在提供的转移支付福利未来也将提供。所以，这些项目代表的未来负债相当惊人，尽管这些负债并没有包括在目前的负债统计之中。当前这三个项目加在一起占联邦政府支出的 40%。

财政专家对由这些转移支付项目带来的隐含债务非常担心。图 28－13 解释了其中的原因。图 28－13 所示为 2000—2013 年真实的社会保障支出、医疗保险支出、医疗补助支出和 CHIP（对没有保险的儿童提供医疗服务的项目）支出占 GDP 的比例，同时列出了国会预算办公室对到 2038 年的支出所做的预测。根据这些预测，社会保障支出和其他三项支出在未来的几十年里将有大幅增长。为什么？

对社会保障来说，答案是人口统计学规律。社会保障是一种现收现付式制度：现在有工作的人支付税收用来支持当前已经退休人员的福利。所以，获得福利的退休人数与支付社会保障资金的工人人数之比对该体制的融资有重要影响。

1946—1964 年，美国人口出生率非常高，通常被称为婴儿潮时期。婴儿潮时期出生的人目前大部分都处在工作年龄，这就意味着他们正在缴纳税收并且还没有享受福利。但是，一些人开始退休，越来越多的人随后也会如此，他们没有了纳税的薪水，但开始享受福利。

结果，获得福利的退休人数与支付社会保障资金的工人人数之比将会提高。2010 年，向该系统缴纳社会保障资金的每 100 个工人供养 34 个获得福利的退休人员。到 2030 年，社会保障局估计这一数字将上升到 46 人，到 2050 年将上升到 48 人，到 2080 年将上升到 51 人。因此，随着婴儿潮一代走向退休，福利将相对于经济规模继续增长。

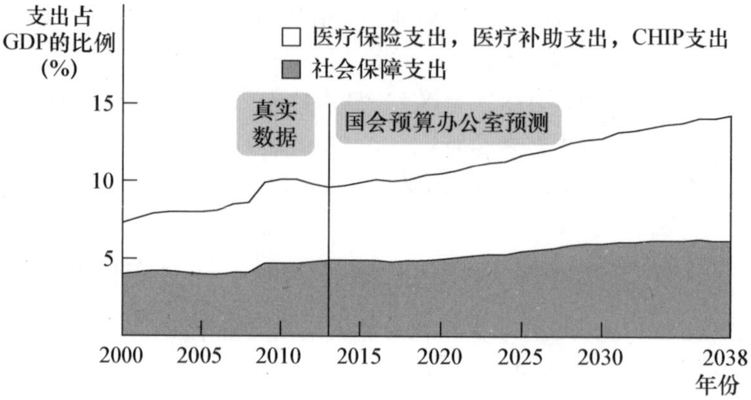

图 28-13　对联邦预算的未来需求

该图显示了国会预算办公室对社会保险计划支出在 GDP 中所占份额的估计。部分由于人口老龄化，但主要由于医疗保健成本上升，这些项目预计会随着时间的推移变得更加昂贵，给联邦预算带来了麻烦。

资料来源：Congressional Budget Office.

婴儿潮时期出生的人口走向老龄化，就其自身来讲只是一个中等大小的长期财政问题，而医疗保险支出和医疗补助支出预计提高则是值得关注的严重问题。不断提高的医疗保险支出和医疗补助支出背后的主要问题是有关健康保健支出的长期发展趋势：其增长速度快于整个政府支出的增长速度，无论是由政府支持的健康保健支出还是由私人支持的这种支出都是如此。

在某种意义上，美国政府的隐含债务已经反映在债务统计中。我们前面提到过，到 2013 财政年度结束，美国政府的债务总额为 17 万亿美元，但其中只有 12 万亿美元是欠公众的。对这种差异的主要解释是社会保障支出和部分医疗保险（医院的保险项目）支出是通过专项税收来支持的，即以工资中的特殊税收形式来支付。目前这些专项税收形成的收入要大于目前支付福利的需要。

特别是 20 世纪 80 年代中期之后，社会保障制度获得的收入远大于目前需要，目的是为婴儿潮时期出生人口的退休做准备。社会保障制度的这种剩余已经累积成社会保障信托基金，到 2013 年年底累积共计 2.8 万亿美元。

信托基金以美国政府债券的形式持有，这包括在 17 万亿美元的政府债务总额中。你可能会认为，将社会保障信托基金持有的政府债券包括在政府债务总额中听起来有一些滑稽，毕竟这些债券是政府一些部门（非社会保障部门的其他政府部门）欠政府另一些部门（社会保障部门）的钱。但是，债务对应的是实际债务（尽管是隐含的）——政府承诺将来支付的退休福利。所以，许多经济学家认为，总量 17 万亿美元的债务是公债与由社会保障部门和其他基金持有的政府债务之和，相对于数额较少的公债，这才较为准确地表明了政府财政目前的状况。

▶ 真实世界中的经济学

我们会成为希腊吗？

2009 年下半年，希腊陷入财政危机，除非支付很高的利率，否则无法借款，其他一些欧洲国家很快也处于同样的困境。与此同时，美国也出现了大额预算赤字，而且根据历史标准来看有高额债务。那么，美国是否有变成希腊的危险？

一些有影响力的人这么认为并发出了许多可怕的警告。例如，2010 年美联储前主席艾伦·格林斯潘（Alan Greenspan）发表了《美国债务和希腊的类比》（U.S. Debt and the Greece Analogy）这篇文章，他警告，美国很快将面临利率飙升。2011 年，总统预算委员会联合主席厄斯金·鲍尔斯（Erskine Bowles）和艾伦·辛普森（Alan Simpson）警告，两年内可能发生财政危机。许多人也这么认为。

事实上，美国的借款成本在 2014 年仍然很低，没有供贷中断的迹象。但美国只是幸运吗？

根据一些经济学家的说法，并非如此，特别是比利时经济学家保罗·德格罗韦（Paul De Grauwe），他从2011年就认为一个国家借款的货币是关键的区别。虽然美国有很多政府债务，但它欠的是美元；同样，英国的债务是英镑，日本的债务是日元。相比之下，希腊、西班牙和葡萄牙不再有自己的货币，它们的债务是欧元。

为什么这很重要？正如我们前面所解释的，虽然美国也不能总是依靠印钞来弥补赤字，因为这样做可能导致通货膨胀失控，但具有印发美元的能力意味着美国政府不会用尽现金。这反过来意味着美国不容易遭遇财政恐慌，财政恐慌会造成投资者因担心突然违约而拒绝放贷。德格罗韦认为欧洲债务人的困境主要是由这种财政恐慌的风险所致。

图28-14给出了证明德格罗韦观点的一些证据。它对2012年欧洲债务危机最糟糕的那年一些国家的净债务额占GDP的比例与政府债券利率进行了比较。浅色标记对应于欧元区，即没有自己货币的国家，而深色标记显示具有自己货币的国家。在欧元区中，债务和借款成本之间存在明显的相关性，但欧元区之外的国家，包括英国、日本和美国，则并非如此。

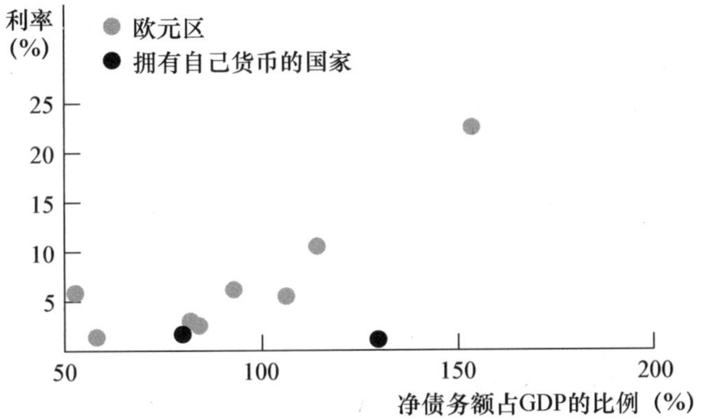

图28-14　2012年债务与利率

资料来源：Eurostat；International Monetary Fund.

事实上，即使在欧元区内，高债务国家的借款成本在欧洲中央银行承诺通过向政府提供现金来“应对一切可能”后也大幅下降，这进一步证明了财政恐慌的风险是高利率的一个重要因素。消除这种风险大大稳定了状况。

无论如何，到2014年，美国即将变成希腊的警告大多销声匿迹了。美国面临许多风险，但都似乎并未特别迫切。

及时复习

- 持续的预算赤字会导致公债规模增加。
- 公债规模增加可能会导致政府债务违约。在不那么极端的情况下，这会造成对投资支出的挤出，降低长期经济增长率。这表明经济形势不好的财政年度的预算赤字应该用经济形势好的财政年度的预算盈余来弥补。
- 衡量财政健康状况广泛使用到的指标是债务-GDP比率。一个GDP增加的国家，如果GDP增长快于债务增长，那么即使有预算赤字，它的债务-GDP比率也会保持稳定。
- 在官方公布的公债之外，现代政府还有大量隐含债务。美国政府最大的隐含债务来自社会保障支出、医疗保险支出和医疗补助支出。

小测验28-4

1. 在其他情况不变时，请解释如下事件对美国政府公债或隐性债务的影响。公债或隐性债务会变大或变小吗？

a. 实际GDP增长率提高。

b. 退休人员寿命延长。

c. 税收收入减少。

d. 政府借债用于支付当前公债利息。

2. 假定出现经济衰退，当前公债余额也非常大。请解释在决定是否通过赤字来增加支出时，政策制定者面对短期和长期目标如何做出权衡。

3. 请解释紧缩性财政政策怎样可能使得政府无法偿还其债务。

▶ **企业案例**

太阳来了

索拉纳电厂于2013年开业，占地3平方英里，位于亚利桑那州希拉本德沙漠上，距离凤凰城约70英里。大多数太阳能装置依赖于将光直接转换成电的光伏板，然而索拉纳使用镜面系统将太阳的热量聚焦在黑色管道上，管道将热量传递给熔盐的罐子。盐中的热被用于发电。这种装置的优点在于工厂可以在太阳下山后长时间保持发电，从而大大提高发电效率。

索拉纳电厂是仅有的少数运行或正在建设中的集太阳能用于发电的电厂之一，如图28－15所示，太阳能发电的重要性迅速上升，2008—2013年太阳能发电量几乎翻了两番。这种突然上升有许多原因，奥巴马政府的激励措施——为促进绿色能源发展投入了大量资金——是一个主要因素。特别是索拉纳公司是由西班牙公司阿文戈亚在获得政府14.5亿美元的联邦贷款的帮助下建成的；阿文戈亚也获得了12亿美元在莫哈韦沙漠建设类似的发电厂。

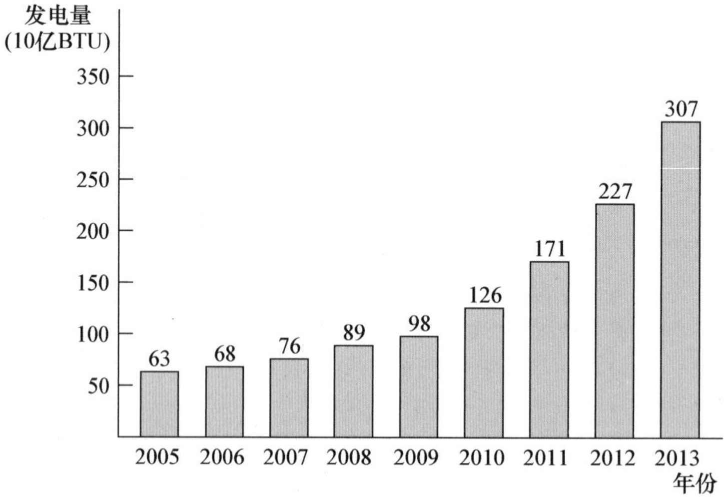

图28－15　2005—2013年太阳能发电量的增加

资料来源：U. S. Energy Information Administration.

虽然索拉纳电厂是刺激支出的一个很好的例证，但它也是一个说明为什么这种支出往往在政治上很困难的很好的例子。虽然阿文戈亚拥有必要的技术，但该项目创造的建筑工作当然是在美国，对非美国公司发放联邦贷款有许多抗议。此外，太阳能发电项目的长期融资可行性在一定程度上取决于政府补贴和其他有利于可再生能源的政策是否能够继续，而这存在不确定性。

然而，就刺激目标而言，索拉纳电厂似乎已经做了它应该做的：在许多建筑工人失业，借款便宜之时，它创造了工作机会。

思考题

1. 政府对索拉纳电厂的资助与对更加传统的政府支出项目（如道路和学校）的资助在政治上的反应有何不同？这个案例告诉我们应如何评估财政刺激支出项目的价值？

2. 在本章我们讨论过相机抉择的财政政策的滞后问题。关于这个问题，索拉纳电厂告诉了我们什么？

3. 经济深度衰退时是不是进行能源项目的好时机？为什么？

小结

1. 政府在经济中发挥着重要作用，政府以税收形式回收 GDP 中的一大部分份额，同时通过购买产品和服务、进行转移支付（大部分用于社会保险）形成大份额支出。财政政策通过税收、政府转移支付及政府对产品和服务的购买来移动总需求曲线。

2. 政府购买产品和服务直接影响总需求，改变税收和政府转移支付是通过影响居民可支配收入间接影响总需求。扩张性财政政策推动总需求曲线向右移动，而紧缩性财政政策推动总需求曲线向左移动。

3. 只有当经济充分就业时，扩张性财政政策才有可能挤出私人支出和私人投资支出。有人认为扩张性财政政策由于李嘉图等价而不起作用，因为消费者将减少今天的支出以抵消预期的未来增税，这在实践中似乎并不真实。显而易见的是，由于政策制定和实施的时间滞后，非常积极的财政政策可能使经济不稳定。

4. 财政政策对经济有乘数效应，乘数大小依赖于财政政策。除了定量税外，税收将降低乘数大小。扩张性财政政策导致实际 GDP 增加，而紧缩性财政政策导致实际 GDP 减少。由于税收或转移支付的变化因在第 1 轮支出中出现储蓄而被吸出一部分，所以政府购买产品和服务的变化对于经济的影响比等量税收或转移支付的改变的影响更大。

5. 纳税规则 ——除定量税外——和一些转移支付可作为自动稳定器发挥作用，将减少乘数大小，并自动降低商业周期的波动幅度。相比之下，相机抉择的财政政策是决策者的自主行动，而非由商业周期引起。

6. 预算余额的波动部分是由商业周期影响所致。为了区分商业周期与相机抉择的财政政策的影响，政府会估计周期调整的预算余额，这是一种假定经济处在潜在产出水平的预算余额。

7. 美国政府根据财政年度进行预算计算。持续的预算赤字有长期影响，因为它们将导致公债增加。这之所以成为问题是出于如下两个原因：公债会挤出投资支出从而降低长期经济增长率。在极端情形下，债务增加会导致政府不能如期偿债，引起经济和金融危机。

8. 衡量财政健康状况广泛使用的指标是债务-GDP 比率。如果 GDP 随着时间的推移而上升，那么该比率在债务上升的情况下可能是稳定甚至是下降的。可是，稳定的债务-GDP 比率可能会形成万事大吉的错误印象。因为现代国家政府经常会有大额隐含债务。美国政府最大的隐含债务为社会保障支出、医疗保险支出和医疗补助支出，人口老龄化和医疗成本的上升推动这一成本呈上升趋势。

关键词

社会保险	扩张性财政政策	紧缩性财政政策	定量税	自动稳定器	相机抉择的财政政策
周期调整的预算余额	财政年度	公债	债务-GDP 比率		隐含债务

练习题

1. 下图表现的是阿尔巴尼亚当前的宏观经济形势。你已经被聘为该国的经济顾问，帮助经济实现潜在产出水平 Y_P。

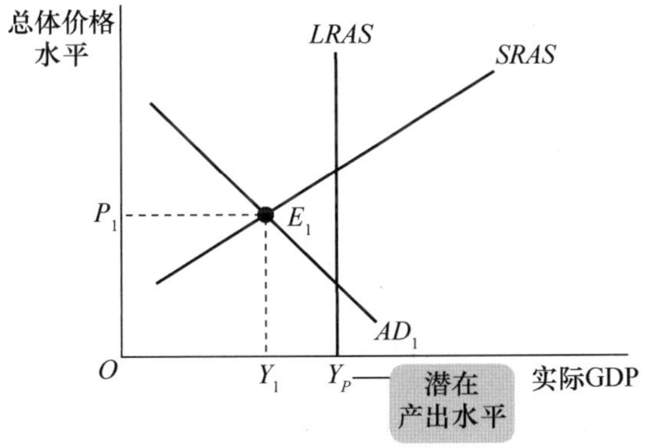

a. 阿尔巴尼亚现在存在的是衰退缺口还是通货膨胀缺口？

b. 采用扩张性还是紧缩性财政政策可以帮助阿尔巴尼亚经济实现潜在产出水平 Y_P？请举出实现这一政策的一些事例。

c. 请画图表示成功实施财政政策后阿尔巴尼亚的宏观经济情况。

2. 下图表现的是布列塔尼亚当前的宏观经济形势，实际 GDP 是 Y_1，总体价格水平为 P_1。你已经被聘为该国的经济顾问，帮助该国经济实现潜在产出水平 Y_P。

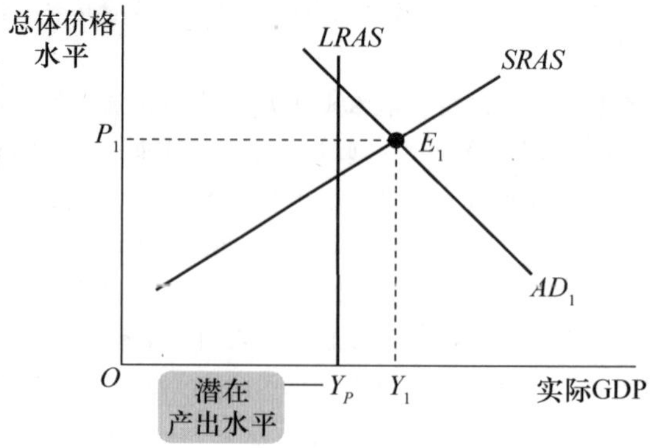

a. 布列塔尼亚现在存在的是衰退缺口还是通货膨胀缺口？

b. 采用扩张性还是紧缩性财政政策可以帮助布列塔尼亚经济实现潜在产出水平 Y_P？请举出实现这一政策的一些事例。

c. 请画图表示成功实施财政政策后布列塔尼亚的宏观经济情形。

3. 当一个经济体处在长期宏观经济均衡时，发生了如下冲击。冲击之后该经济体将会面对哪一类缺口：衰退缺口还是通货膨胀缺口？哪种类型的财政政策可以帮助该经济体实现潜在产出水平？

a. 股票价格上涨提高了居民持有的股票价值。

b. 公司越来越相信衰退很可能在不久后出现。

c. 因预期有爆发战争的可能性，政府增加了对军事装备的购买。

d. 经济中的货币数量减少，利率提高。

4. 在 2008 年的一次采访中，德国财政部长史坦布律克（Steinbrueck）表示："我们必须注意，在欧洲和其他地方不会出现经济（增长）下降和高通货膨胀并存的现象——专家称之为滞胀。"这种情况可以通过短期总供给曲线从其原始位置 $SRAS_1$ 到其新位置 $SRAS_2$ 的移动来解释，其中新的均衡点为图中的 E_2 点。在这个问题中，我们试图了解为什么滞胀特别难以用财政政策解决。

a. 如果政府主要关注维持经济增长，对此应该采取什么适当的财政政策？使用图形说明政策对均衡点和总体价格水平的影响。

b. 如果政府主要关注维持价格稳定，对此应该采取什么适当的财政政策？使用图形说明政策对均衡点和总体价格水平的影响。

c. 讨论问题 a 和问题 b 中的政策在治理滞胀方面的有效性。

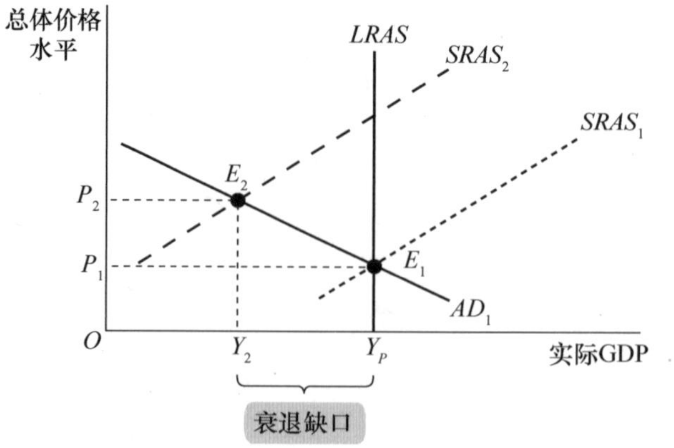

5. 说明为什么在边际消费倾向（*MPC*）为 0.6 时，政府购买产品和服务（*G*）减少 100 亿美元对实际 GDP 产生的影响要大于减少同样数量的政府转移支付（*TR*）。第 1 轮和第 2 轮已经填好：在第 1 轮，政府购买减少 100 亿美元将使实际 GDP 和可支配收入 *YD* 减少 100 亿美元，引起第 2 轮消费开支减少 60 亿美元（$=MPC\times\Delta YD$）。然而，政府转移支付减少 100 亿美元在第 1 轮对实际 GDP 没有影响，只是影响可支配收入 *YD* 减少了 100 亿美元，由此导致在第 2 轮消费开支也减少 60 亿美元。

	G 减少 100 亿美元			*TR* 减少 100 亿美元		
轮次	*G* 或 *C* 改变量（10 亿美元）	实际 GDP 改变量（10 亿美元）	*YD* 改变量（10 亿美元）	*TR* 或 *C* 改变量（10 亿美元）	实际 GDP 改变量（10 亿美元）	*YD* 改变量（10 亿美元）
1	$\Delta G=-10.00$	−10.00	−10.00	$\Delta TR=-10.00$	0.00	−10.00
2	$\Delta C=-6.00$	−6.00	−6.00	$\Delta C=-6.00$	−6.00	−6.00
3	$\Delta C=?$	?	?	$\Delta C=?$	?	?
4	$\Delta C=?$	?	?	$\Delta C=?$	?	?
5	$\Delta C=?$	?	?	$\Delta C=?$	?	?
6	$\Delta C=?$	?	?	$\Delta C=?$	?	?
7	$\Delta C=?$	?	?	$\Delta C=?$	?	?
8	$\Delta C=?$	?	?	$\Delta C=?$	?	?
9	$\Delta C=?$	?	?	$\Delta C=?$	?	?
10	$\Delta C=?$	?	?	$\Delta C=?$	?	?

a. 当政府购买产品和服务减少 100 亿美元时，经过 10 轮后引起的实际 GDP 改变量为多少？

b. 当政府转移支付减少 100 亿美元时，经过 10 轮后引起的实际 GDP 改变量为多少？

c. 应用政府购买和政府转移支付的乘数计算公式，分别计算政府购买和政府转移支付减少 100 亿美元引起的实际 GDP 改变量为多少？解释它们的差别。［提示：政府购买的乘数为 $1/(1-MPC)$。但是 1 美元的政府转移支付初始时仅仅会导致实际 GDP 改变 $MPC\times 1$ 美元，政府转移支付的乘数为 $MPC/(1-MPC)$。］

6. 在下述情形中，要么存在衰退缺口，要么存在通货膨胀缺口。假定总供给曲线是水平的，所以由总需求曲线的移动引起的实际 GDP 的变化等于总需求曲线移动的距离。试计算必须有多少政府购买产品和服务的变化和政府转移支付的变化才能消除缺口。

a. 实际 GDP 为 1 000 亿美元，潜在产出水平为 1 600 亿美元，边际消费倾向为 0.75。

b. 实际 GDP 为 2 500 亿美元，潜在产出水平为 2 000 亿美元，边际消费倾向为 0.5。

c. 实际 GDP 为 1 800 亿美元，潜在产出水平为 1 000 亿美元，边际消费倾向为 0.8。

7. 大部分宏观经济学家相信，作为自动稳定器的税收降低了乘数是一件好事情。然而，乘数越小意味着消除通货膨胀缺口和衰退缺口所必需的政府购买产品和服务、政府转移支付或税收的变动越大。你能解释这种表面上的不一致吗？

8. 在过去五年中，麦克罗兰德的政府预算盈余一直在增加。两名政府政策制定者对为什么会这样有不同看法。一方认为预算盈余增加表明经济在增长；另一方认为这表明政府采取了紧缩性财政政策。你能决定谁是正确的吗？如果不能，为什么？

9. 图 28 - 10 所示为 1964—2014 年美国真实预算赤字与周期调整的预算赤字占实际 GDP 的百分比。假定潜在产出水平没有变化，请用这个图判断 1990—2013 年间哪一年政府采用相机抉择的扩张性财政政策，哪一年采用紧缩性财政政策。

10. 你是一位竞选政府官员的候选人的经济顾问。他请你总结一下联邦政府平衡预算规则的经济后果，并就他是否应该支持这些规则提出建议。你会提出什么建议？

11. 2014 年，伊斯特兰迪亚的经济政策制定者预计在未来 10 年该国债务- GDP 比率与预算赤字- GDP 比率在政府赤字增加的背景下将出现不同的变化。实际 GDP 目前每年为 10 000 亿美元，预计将以每年 3%的速度增长，公债目前是 3 000 亿美元，2014 年的预算赤字为 300 亿美元。

a. 假定在未来 10 年政府预算赤字仍然维持在 300 亿美元，完成下表中的债务- GDP 比率和预算赤字- GDP 比率的计算。（请注意，政府债务的增加额是前一年赤字的数量。）

b. 假定在未来 10 年政府预算赤字每年以 3%的速度增长，重新计算下表中的债务-GDP 比率和预算赤字-GDP 比率。

c. 假定在未来 10 年政府预算赤字每年以 20%的速度增长，再次计算下表中的债务-GDP 比率和预算赤字-GDP 比率。

d. 在三种不同情形下，随着时间的推移，债务-GDP 比率和预算赤字-GDP 比率会发生什么样的变化？

年份	实际 GDP（10 亿美元）	债务（10 亿美元）	预算赤字（10 亿美元）	债务-GDP 比率	预算赤字-GDP 比率
2014	1 000	300	30	?	?
2015	1 030	?	?	?	?
2016	1 061	?	?	?	?
2017	1 093	?	?	?	?
2018	1 126	?	?	?	?
2019	1 159	?	?	?	?
2020	1 194	?	?	?	?
2021	1 230	?	?	?	?
2022	1 267	?	?	?	?
2023	1 305	?	?	?	?
2024	1 344	?	?	?	?

12. 你的同学认为政府预算赤字和债务的差别与消费者储蓄和财富的差别类似。他也认为，如果预算赤字多，债务也一定多。你同学的看法哪一点正确？哪一点不正确？

13. 在如下情形中，哪种政府债务规模和哪种预算赤字的规模表明该经济体存在潜在问题？

a. 政府债务水平相对较低，但是为了建设连接该国主要大城市的高速铁路，政府出现了较大规模的赤字。

b. 由于通过赤字来支持的战争最近刚刚结束，所以政府债务处于相当高的水平，但是政府目前的赤字很小。

c. 政府债务水平相对较低，但是为了支付债务利息，政府出现了预算赤字。

14. 如下事件怎样影响当前政府的公债水平和隐性债务水平？

a. 2003 年，美国国会通过并经总统布什签署的《医疗现代化法案》（Medicare Modernization Act）对老人和丧失工作能力的人在处方药方面提供补贴。法案规定的部分补贴马上生效，其他则留待未来生效。

b. 对于未来的退休人员来说，享受社会保障的退休年龄提高到 70 岁。

c. 对于未来的退休人员来说，享受社会保障仅限于低收入人群。

d. 因健康保健支出增加比通货膨胀率整体上增长得要快，所以社会保障支出每年增加主要是因健康保健支出增长所致，并非因整个通货膨胀率上升所致。

15. 与家户不同，政府通常能够承受大量债务。例如，2013 年，美国政府的债务总额达到 17.3 万亿美元，约占 GDP 的 101.6%。当时，根据美国财政部的说法，政府对其债务支付的平均利率为 2.0%。然而，当未偿债务非常大时，预算赤字就难以进行下去了。

a. 使用上述利率和债务数据计算政府债务的年利息成本。

b. 如果政府在预算平衡的情况下运作，在考虑利息支付之前，GDP 必须以什么速度增长才能使债务-GDP 比率保持不变？

c. 如果政府在 2015 年出现 6 000 亿美元的赤字，计算国债的总增长。

d. 当 2014 年的赤字为 6 000 亿美元时，GDP 将以什么速度增长才能使债务-GDP 比率保持不变？

e. 为什么债务-GDP 比率是一个国家债务的首选度量标准，而不是债务的货币价值？为什么保持这个数字在政府的控制之中非常重要？

在线回答问题

16. 下表所示是某经济体中消费者的边际消费倾向与他们收入水平之间的关系：

a. 假设政府增加对产品和服务的购买。对于表中的每个收入群体，乘数为多少？在每个收入群体中，政府购买产品和服务所花费的每 1 美元带来的回报是多少？

b. 如果政府需要消除衰退缺口和通货膨胀缺口，购买产品和服务的财政政策主要应针对哪组人群？

收入水平范围	边际消费倾向
0～20 000 美元	0.9
20 001～40 000 美元	0.8
40 001～60 000 美元	0.7
60 001～80 000 美元	0.6
大于 80 000 美元	0.5

第 28 章附录：税收和乘数

在本章中，我们描述了与 GDP 成正比的税收如何降低了经济中的乘数大小以及发挥自动稳定器的作用。下面我们从数学上进一步了解其中的原理。

具体说来，我们假定政府从实际 GDP 增加中以税收形式获得的部分为实际 GDP 的 t 比例部分，这里 t 为税率，介于 0 与 1 之间。让我们重复使用第 26 章练习题中的例子，考虑投资支出增加 1 000 亿美元所带来的影响。同样的分析适用于总支出的任何自发增加，特别是政府购买产品和服务的增加也是如此。

投资支出增加 1 000 亿美元，开始时将增加 1 000 亿美元实际 GDP（第 1 轮）。当没有税收时，可支配收入也会增加 1 000 亿美元。但是，在征税情况下，实际 GDP 增加的部分将以税收形式被拿走，可支配收入只上升 $(1-t)\times 1\,000$ 亿美元。第 2 轮的消费支出增加等于边际消费倾向（MPC）乘以可支配收入的增加，即 $MPC\times(1-t)\times 1\,000$ 亿美元。这导致第 3 轮消费支出增加 $[MPC\times(1-t)]\times[MPC\times(1-t)]\times 1\,000$ 亿美元，如此继续。所以对实际 GDP 的总效应为：

投资支出的增加 1 000 亿美元 = 1 000 亿美元

+第 2 轮消费支出的增加 = $[MPC\times(1-t)]\times 1\,000$ 亿美元

+第 3 轮消费支出的增加 = $[MPC\times(1-t)]^2\times 1\,000$ 亿美元

+第 4 轮消费支出的增加 = $[MPC\times(1-t)]^3\times 1\,000$ 亿美元

⋮　　　　　　⋮

实际 GDP 总的变化 = $\{1+MPC\times(1-t)+[MPC\times(1-t)]^2+[MPC\times(1-t)]^3+\cdots\}$ $\times 1\,000$ 亿美元

我们在第 26 章中指出，数列形式 $1+x+x^2+\cdots$，当 $0<x<1$ 时，等于 $1/(1-x)$。在这个例子中，$x=MPC\times(1-t)$。因此，考虑后续的消费支出增加后，政府购买产品和服务增加的 1 000 亿美元的全部影响为：

$$\frac{1}{1-MPC\times(1-t)}\times 1\,000 \text{ 亿美元}$$

当我们计算没有税收的乘数的时候，我们知道乘数等于 $1/(1-MPC)$。但是，当我们假定实际 GDP 增加的部分被征收了 t 比例税收后，乘数变为：

$$\text{乘数}=\frac{1}{1-MPC\times(1-t)}$$

这个值总是小于 $1/(1-MPC)$，随着 t 的增加，乘数会变小。例如，假设 $MPC=0.6$，在没有税收情况下，

乘数为：$1/(1-0.6)=1/0.4=2.5$。现在假定 $t=1/3$，也就是说实际 GDP 增加的 1/3 将被政府征收走。所以乘数为：

$$\frac{1}{1-0.6\times(1-1/3)}=\frac{1}{1-0.6\times2/3}=\frac{1}{1-0.4}=\frac{1}{0.6}=1.667$$

练习题

1. 一个经济体的边际消费倾向为 0.6，实际 GDP 等于 5 000 亿美元，政府征收的税收为实际 GDP 的 20%。如果政府购买增加了 100 亿美元，完成下表并计算各轮增加的支出。第 1 轮和第 2 轮已经为你填好。在第 1 轮中，政府增加 100 亿美元的购买提高的实际 GDP 也为 100 亿美元，征收的税收为 20 亿美元，*YD* 增加了 80 亿美元；在第 2 轮中，80 亿美元的 *YD* 增加的消费支出为 48 亿美元（$=MPC\times YD$）。

单位：10 亿美元

轮次	*G* 或 *C* 改变量	实际 GDP 改变量	税收改变量	*YD* 改变量
1	$\Delta G=10.00$	10.00	2.00	8.00
2	$\Delta C=4.8$	4.80	0.96	3.84
3	$\Delta C=?$	?	?	?
4	$\Delta C=?$	?	?	?
5	$\Delta C=?$	?	?	?
6	$\Delta C=?$	?	?	?
7	$\Delta C=?$	?	?	?
8	$\Delta C=?$	?	?	?
9	$\Delta C=?$	?	?	?
10	$\Delta C=?$	?	?	?

a. 在第 10 轮后，实际 GDP 改变量是多少？乘数是多少？基于乘数公式，你预期实际 GDP 总的变化会是多少？比较两个答案后你得出什么结论？

b. 假定边际消费倾向是 0.75，政府征收的税收为实际 GDP 的 10%，重新完成上表。在第 10 轮后，实际 GDP 改变量是多少？乘数是多少？

在线回答问题

2. 为消除如下事例中的衰退缺口或通货膨胀缺口，请计算政府购买产品和服务必须改变的数量。假定短期总供给曲线是水平线，所以实际 GDP 的改变量就等于总需求曲线移动的距离：

a、实际 GDP 为 1 000 亿美元，潜在产出水平为 1 600 亿美元，政府征收税收为实际 GDP 的 20%，边际消费倾向为 0.75。

b. 实际 GDP 为 2 500 亿美元，潜在产出水平为 2 000 亿美元，政府征收税收为实际 GDP 的 10%，边际消费倾向为 0.5。

c. 实际 GDP 为 1 800 亿美元，潜在产出水平为 1 000 亿美元，政府征收税收为实际 GDP 的 25%，边际消费倾向为 0.8。

第 29 章

货币、银行业和美国联邦储备系统

本章将学习

- 货币的不同职能和在经济中采取的多种外在形式。
- 私人银行和美国联邦储备系统的行为如何决定货币供给。
- 美国联邦储备系统如何使用公开市场业务来改变基础货币。

开篇案例

钱之趣味

2013 年，秘鲁利马的警察逮捕了一名 13 岁的男孩，他随身携带了一个装满 70 万美元假币的袋子。这个男孩和其他几个孩子都为秘鲁多个非常成功的假币工厂工作。

近年来，秘鲁已成为美元假币的主要来源地。这些假币工厂中的工人精心地为私自伪造的钞票增加细节装饰，仿造出了很难察觉的高品质假币。

有趣的是，精心装饰的纸片很少或者说根本没有内在价值。事实上，印有蓝色或橙色墨水的 100 美元假钞自身的价值比不上用于打印的纸张的价值。

但是，如果这张纸上的墨水正好是绿色的，那么人们会认为它是钱，并且会接受它并用于对真实的产品和服务付款。为什么？因为他们确信他们可以做同样的事情：用那种绿色纸交换真实的产品和服务。

事实上，这里有一个谜团：如果秘鲁制造的 100 美元假币进入美国，成功地交换到了产品或服务，没有人意识到它是假的，谁从中受到伤害了呢？接受一张 100 美元假币，不像购买了一辆后来发现是次品的汽车或事后证明不可食用的一顿饭那样后果严重。只要假币的事实没有被发现，它就会像一张真正的 100 美元钞票一样被转手流通。

谜团的答案是，假币的真正受害者是美国纳税人，因为美元假币减少了可用于支付美国政府运转所需资金的收入。因此，特勤部门非常勤勉地监督美国货币的真实性，及时调查任何关于伪造美元的报告。

特勤部门的努力证明，货币与普通的产品和服务不同，它肯定不像是一张彩色的纸一样。在本章中，我们将解释货币概念、货币职能、现代货币体系的运作以及维持和监管它的机构，包括美国联邦储备系统（简称美联储）。

29.1 货币的含义

在每日的交谈中，人们经常用金钱来表达“财富”的意思。如果人们问：“扎克伯格有多少钱?”答案可能是："哦，大约 300 亿美元吧！但是，谁去计算过呢？"这个数字包括他拥有的股票、债券、不动产和其他资产的价值。

但是，经济学家定义的货币并不包括所有类型的财富。你钱包中的钞票是货币；其他类型的财富，如轿车、房屋以及股票凭证就不是货币。那么经济学家是如何区分货币和其他形式的财富的呢？

□ 29.1.1 什么是货币

货币是根据它能做什么来定义的：**货币**（money）是能方便用于购买产品和服务的任何资产。在第 25 章中我们讲到过，如果一种资产能够轻松地变成货币，那么它就是流动性资产。货币不仅包括现金，根据定义，它具有流动性，也包括其他流动性较高的资产。

> **货币**是能方便用于购买产品和服务的任何资产。

考虑一下自己在杂货店如何付款，我们就可以清楚货币和其他资产之间的区别了。收银员在收到现金后才卖出牛奶和即食比萨——他们不接受股票凭证和一组上好的棒球卡片。你如果想用股票凭证来换取杂货店的食品，你必须卖掉它们换来货币，然后用得到的货币购买食品。

当然，许多商店允许你使用由银行账户做支撑而开出的支票来购物（或者用与你银行账户有关的借记卡）。你没有把它们转成现金，难道你的银行账户变成货币了吗？是的。**流通中的通货**（currency in circulation）也就是公众手中持有的真实现金，它是货币。**支票银行存款**（checkable bank deposits）也就是人们可以用来开支票的银行账户，它也是货币。

> **流通中的通货**是公众手中持有的真实现金。
>
> **支票银行存款**是人们可以用来开支票的银行账户。
>
> **货币供给**是一个经济体中被认为是货币的金融资产的总价值。

货币只包括现金和支票银行存款这两种资产吗？不一定如此。我们将在稍后看到，**货币供给**（money supply）有两种被广泛使用的定义，在一个经济体中金融资产的总价值可被认为是货币。狭义的定义是流动性最高的资产，它只包括流通中的通货、旅行支票和支票银行存款。广义的定义除以上三种外，还包括那些可方便转变为支票银行存款的其他资产，比如通过拨打电话或者点击鼠标就可转成支票银行存款的储蓄账户存款。不管怎样，两种有关货币供给的定义都区分了容易用于购买产品和服务的资产和那些不容易用于该用途的资产。

在贸易中获得收益的过程中，货币发挥了关键作用，因为它使得间接交换成为可能。设想一下心外科医生购买冰箱时的情况。医生能提供的有价值的服务是做心外科手术，而商店老板能提供的有价值的产品是冰箱和其他家电。如果不使用货币，而是直接通过服务与产品进行物物交换，那么让双方碰面是何等困难。在一个物物交换体系中，一位心外科医生和一个商店老板的交易只有在商店老板碰巧想做心外科手术而心外科医生碰巧想要一台新的冰箱时才能进行。

这就是著名的要寻找"需求的双重耦合"问题：在一个物物交换系统中，两个行为人只有当相互提供的正好是相互需要的产品或服务时才能成交。货币解决了这一问题：个体行为人把他们所提供的产品或服务先交换成货币，然后用货币再换取他们所需要的产品或服务。

因为货币使得从贸易中获得收益更为容易，所以它增进了福利，即使它不直接生产任何东西。正如亚当·斯密所言："把货币比作一条公路可能非常恰当，当它把乡村所有的草和玉米带到市场上并进行流通时，它本身生产不出其中任何一种产品。"

我们更进一步来看货币在经济中发挥的作用。

□ 29.1.2 货币的职能

在现代经济中，货币有三种主要职能：交换媒介、储藏手段和价值尺度。

交换媒介 前面心外科医生购买冰箱的例子就是货币充当交换媒介的例子。**交换媒介**（medium of exchange）是指一种人们获得它是为了交换而非用于消费的资产。人们当然无法吃掉钞票，但是可以用钞票购买可使用的产品和服务。

> **交换媒介**是指一种人们获得它是为了交换而非用于消费的资产。

在正常情况下，某国的官方货币——美国的美元、墨西哥的比索等——在国家所有交易中实际上发挥的就是交换媒介的作用。在经济存在问题的时候，其他产品和资产也可以发挥同样的作用。例如，在经济恐慌的时候，其他国家的货币经常会变成交换媒介，如美元在出现问题的拉丁美洲国家和欧元陷入困境的东欧国家经常扮演这种角色。有一个著名的事例：在第二次世界大战的战俘营中，香烟充当过交换媒介。即使是不吸烟的人也要把产品换成香烟，因为香烟可以容易地交换到其他产品。在德国 1923 年超级通货膨胀时期，鸡蛋和矿灯之类的产品也充当过交换媒介。

▶ **国际比较**

重要货币

美国人倾向于认为美元是世界主要货币，它仍然是全球最有可能被接受的货币。但也有其他重要的货币。货币重要性的一个简单度量是流通中的通货的价值。下图显示了 2013 年年底流通的四种主要货币的数量（单位为 10 亿美元）。美元是次于欧元居第二位的货币。欧元排前的地位并不令人意外，因为使用欧元的国家合在一起的经济体与美国经济体一样大，即欧元区。尽管经济规模小得多，但日本却紧随美国，这主要是因为日本人使用现金，而不像欧洲人或美国人那样使用支票和信用卡。最后，中国经济迅速增长，现在已经超过日本。

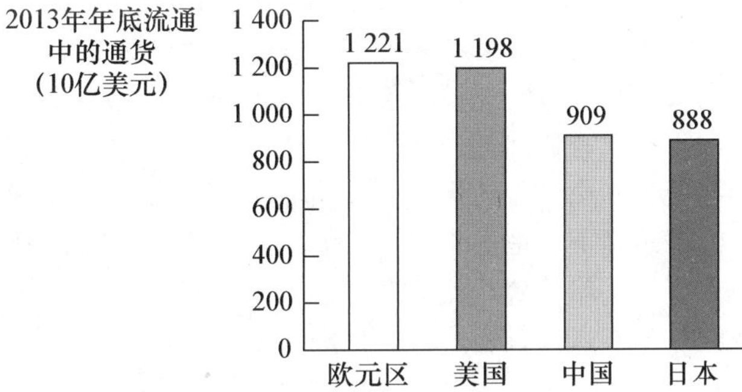

资料来源：Federal Reserve Bank of St. Louis；European Central Bank；Bank of Japan；The People's Bank of China.

储藏手段　为了充当交换媒介，货币也必须具有**储藏手段**（store of value）——在一定时间内购买力的保存手段。为了理解为什么这是必要的，我们可以设想在经济体中，交换媒介是圆锥形雪糕。那么，这样的经济体很快就会因货币的消融而蒙受灾难：在你可以用它购买别的东西之前，你的交换媒介经常会化为一摊水。（我们在第 31 章将会看到，高通货膨胀率引起的问题之一实际上就是货币价值被“融化了”。）当然，货币并非唯一的储藏手段。任何可以随时间推移而保持购买力的资产都具有储藏手段。因此，储藏手段是必需的但并非货币的独特特征。

储藏手段是指在一定时间内购买力的保存手段。

价值尺度　最后，货币通常被视为一种**价值尺度**（unit of account）——一种人们用来设定价格与进行经济核算的尺度。为了理解这个职能的重要性，考虑如下历史事实：在中世纪，农民通常需要向土地所有者提供产品和劳动力，而不是金钱。例如，农民需要每周在地主土地上劳动一天，并交出他所收获产品的五分之一。

今天，租金与其他价格一样，几乎总是以货币计算。这使得事情更清楚：想象一下，如果现代房东遵循中世纪的实践，你决定租哪个公寓就困难多了。例如，假设史密斯先生说他会让你住在一个地方，但你每周要帮助他清扫房子两次，每天给他 1 磅牛排，而琼斯女士希望你每周帮她清扫房子一次，但她每天想要 4 磅鸡。谁提供了更好的交易？很难说。如果史密斯想要每月 600 美元，琼斯想要 700 美元，进行比较就很容易了。换句话说，如果没有一个公认的标准，交易条款更难确定，交易并从中获益也更加困难。

价值尺度是一种人们用来设定价格与进行经济核算的尺度。

□ 29.1.3 货币的类型

> **商品货币**是指一种除了充当交换媒介还具有其他作用的商品。

在已经被使用了数千年的历史中，货币采取过这样或那样的形式。在大部分时期，人们使用的是**商品货币**（commodity money）：交换媒介本身是商品，通常是金或者银，而这些商品还有其他作用。其他作用赋予了商品货币自身价值，但这些价值与它们充当交换媒介无关。举例来说，香烟曾经作为第二次世界大战战俘营中的货币，也是有价值的，因为许多囚犯会吸烟。除了能被铸造成金币之外，因为可以作为珠宝和装饰物，黄金也是有价值的。

> **商品本位货币**本身没有价值，是一种终极价值由银行承诺总可以按要求转换成有价值的商品的交换媒介。

1776 年，美国宣布独立，亚当·斯密出版了《国富论》(*The Wealth of Nations*)，除金币或银币外，当时广泛流通的货币是纸币。与现代钞票不同，当时这种纸币由私人银行发行的银行券组成，银行承诺可以按要求把它们发行的银行券换成金币或银币。也就是说，最初发行的替代商品货币的纸币是一种**商品本位货币**（commodity-backed money），它本身没有价值，是一种终极价值由银行承诺总可以按需求转换成有价值的商品的交换媒介。

商品本位货币优于金币或银币等商品货币之处在于摆脱了贵金属资源的约束。那些发行纸币的银行还不得不保有一些金银在手边，足以满足人们用纸币赎回金银的需求即可。因为在正常时间，只有一小部分纸币持有人想赎回金银。因此发行纸币的银行只需要把相当于它发行在外的纸币中的一部分以金银的形式保存在钱窖中即可。这样，它就能把剩余的部分金银贷给想要使用它们的人。社会就可以把金银用于其他方面，对参与交易的各方从贸易中获得的收益没有任何损失。

在《国富论》中，亚当·斯密有一段著名的形容货币的话——“建在空中的公路”。斯密把货币类比成一条假想的公路，但没有包括公路路基下土地的价值。一条真实的公路提供有用的服务是有代价的：开辟为道路的土地可能可被用来种植农作物。如果公路建造在空气之上，它就不用破坏有用的土地。正如斯密所理解的，当银行以纸币替代金银的时候，它完成了一个类似的壮举：它减少了社会为提供货币职能而占用的真实资源的数量。

> **法定货币**是指价值完全取决于作为交换媒介的官方地位的货币。

此时，你可能会问这样一个问题，为什么以金银为本位的纸币可以在货币体系中发挥作用呢？事实上，今天的货币体系远胜于斯密赞美的已经消失的金银发挥作用的体系。一张美元钞票不是商品货币，甚至也不是商品本位货币。它的价值完全取决于作为一种支付手段而被广泛接受，这种作用最终取决于美国政府发行的数量。价值完全取决于作为交换媒介的官方地位的货币就是所谓的**法定货币**（fiat money），因为其存在完全是由政府法令来支撑的，这是一个由统治者颁布的政策的历史术语。

与商品本位货币相比，法定货币有两大主要优势。第一，它更像是一种“建在空中的公路”——除了印刷所用的纸之外，创造它不会使用任何真正的资源。第二，货币的供给可以根据经济的需要进行调整，而不是由金银矿藏的数量决定。

法定货币也存在一定风险。在本章的开篇案例中，我们描述了风险之一——假币。假币制造者“篡夺”了美国政府的特权，美国政府拥有发行美元的唯一合法权利。伪造者通过用假币交换产品和服务而获得的好处是以牺牲美国联邦政府的利益为代价的，美国联邦政府通过发行新货币来满足日益增长的货币需求，从而弥补了自己的一小部分但重要的花费。

更大的风险是，每当政府受到诱惑而滥用这种特权时，它们可以大规模印钞。在第 31 章，我们将了解政府有时如何过分依赖印钞来支付账单，从而导致高通货膨胀发生。但是在本章中，我们将继续专注于货币是什么以及如何管理的问题。

□ 29.1.4 货币供给的度量

美联储计算两种**货币总量**（monetary aggregate），也就是对货币供给的总体度量，这与货币的严格定义显著不同。这两种货币总量就是所谓的 M1 和 M2（过去还有第三个定义，你也猜得出，即 M3，但是 2006

年美联储得出结论：该指标没什么用处）。

M1 是最狭义的定义，仅仅包括流通中的通货（也就是人们常说的现金）、旅行支票和支票银行存款；M2 在 M1 的基础上增加了一些其他类型的资产，通常是指**近似货币**（near-money）——一些本身不能作为交换媒介但可以随时转为现金或者支票银行存款的金融资产，如储蓄账户。例如小面额的定期存单之类的定期存款，这种存款不能开支票，但在到期日之前，在支付一点罚息后可随时提取。因为流通中的通货与支票银行存款直接用作交换媒介，所以 M1 是流动性最高的货币指标。

货币总量就是对货币供给的总体度量。

近似货币是指一些不能直接作为交换媒介但可以随时转为现金或者支票银行存款的金融资产。

图 29－1 表现的是 2013 年 12 月美国 M1 和 M2 的真实构成。M1 的值为 26 388 亿美元，其中 44％为流通中的通货，其余部分中绝大部分为支票银行存款，旅行支票只占其中很小一部分。M2 为 109 683 亿美元，M1 占 M2 的 24％。M2 包括 M1 和其他类型的资产：两种类型的银行存款——储蓄存款和定期存款（它们都不可以直接开支票），再加上货币市场基金，这是一种只投资于流动资产的共同基金，与银行存款类似。这些准货币要支付利息，而现金（流通中的通货）不支付利息，它们通常支付的利率比活期银行存款的利率更高。

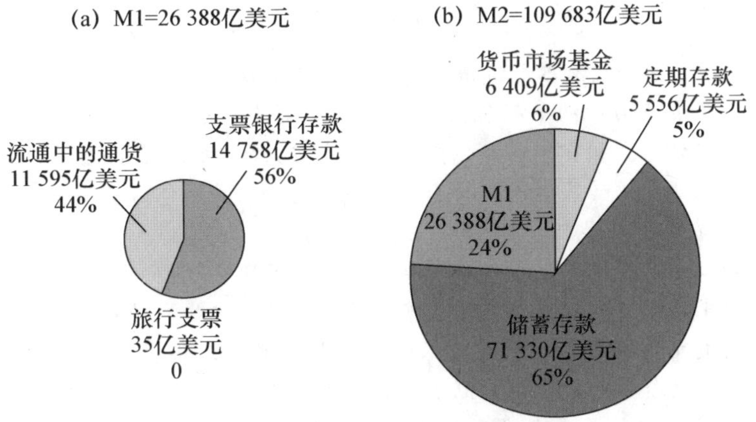

图 29－1　2013 年 12 月的货币总量

美联储使用两种货币总量的定义：M1 和 M2 。图（a）表示 M1 中支票银行存款占了一半以上，其余主要为流通中的通货。M2 如图（b）所示，定义广泛得多，包括 M1、其他多种存款以及与存款类似的资产，它几乎扩大了 5 倍。

资料来源：Federal Reserve Bank of St. Louis.

▶ 疑难解答

货币供给不包括什么？

如股票和债券之类的金融资产是货币供给的一部分吗？不！它们并不在定义范围内，因为它们的流动性没有足够大。

大致来说，组成 M1 的资产可以用于购买杂货：通货、旅行支票和支票银行存款（只要你购物的杂货店接受支票或借记卡就有效）。M2 则更广泛，因为它包括可以很容易和迅速地被转化为 M1 的储蓄账户等。例如，通常情况下，你可以通过点击鼠标或打自动服务电话在你的储蓄账户和支票账户之间转移资金。

相比之下，将股票或债券转换成现金需要出售股票或债券，这通常需要一些时间，还涉及支付经纪人的费用。因此，这些资产的流动性比银行存款小得多。因而股票和债券，与银行存款不同，不被认为是货币。

▶ 追根究底

钱都到哪儿去了？

警觉的读者可能对货币供给的数字有点儿吃惊：流通中的通货超过 10 000 亿美元。这就相当于每个美国人有 3 000 美元现金，包括男人、女人和孩子在内。有多少人会在他们的皮夹中放上 3 000 美元？没几个人。那么这些钱都到哪儿去了？

部分答案是它并不在个人的皮夹中，而在收银机中。企业和个人都需要持有现金。

经济学家认为现金在人们想要隐藏的交易中也扮演着重要角色。小额生意和自我雇用生意有时也偏爱使用现金进行交易，因为这样它们可以对国内收入署隐藏收入。同时，贩毒人员和其他犯罪人员显然也并不想让他们的行为在银行留有记录。事实上，一些分析人员已经尝试利用公众持有的现金来推论经济中存在的违法活动的规模。

然而，持有大量通货的一个重要理由是在美国之外美元的流通。美联储估计 60%的美国通货实际上是由外国人持有的——主要是在那些本国居民不信任他们国家货币的国家，因此，美元已成为一种被广泛接受的交换媒介。

▶ 真实世界中的经济学

美元的历史

美元是纯粹的法定货币：它们没有本质价值，没有任何本位做支撑。然而，美国货币并非一直如此。在早期欧洲殖民时期，后来变成美国人的早期殖民者使用的是商品货币，部分为欧洲铸造的金币和银币。但是，这类货币在大西洋的这边非常稀少，所以殖民者主要依靠其他形式的商品货币。例如在弗吉尼亚州的殖民者采用香烟作为货币，东北部的殖民者采用贝壳念珠（蛤壳的一种）作为货币。

到了后来，商品本位货币获得了广泛的使用。但是，这并不是我们现在意义上的纸币，也就是由政府发行并且有财政部长签名的纸币。在南北战争之前，美国政府并不发行纸币。美元券是由私人银行发行的，这些银行承诺如果持有人要求，则可以把这些美元券换成银币。但是这些承诺并不总是可靠的，因为一些银行会倒闭，这些银行发行的美元券将变成废纸。可以理解，人们不愿意接受任何传言有问题的银行发行的货币。在私人银行制度下，一些货币的价值比其他银行的货币要低。

那个时代一件令人好奇的文物是由坐落于新奥尔良的路易斯安那国民银行发行的银行券，这种银行券在南方各州成为使用最广泛的银行券。这些银行券一面用英文印制，另一面用法文印制（当时，在新奥尔良的许多人最初是法国殖民者，人们使用法语）。所以，10 美元银行券一面读“十”，另一面读作“Dix”（法文“10”的意思）。所以，10 美元银行券也被读作“dixies”，这大概就是美国南方对 10 美元所起绰号的来源。

1862 年，美国政府开始发行官方纸币美元，用于支付南北战争的花费。开始时这种纸币用商品来度量，并没有固定的票面值。1873 年之后，美国政府用黄金支撑纸币的价值，这实际上是把美元转换成商品本位货币。

1933 年，美国前总统富兰克林·罗斯福割裂了美元与黄金的联系，他执政时的联邦预算官员（担心如果最终没有黄金为本位，公众将丧失对美元的信心）失望地宣称：“这将是西方文明的结束。”事情并没有这样结束。美元和黄金的联系几年后又被恢复了，之后在 1971 年 8 月再次割裂——似乎永远是这样了。虽然存在美元没落的警告，但美元仍是世界上使用最广泛的货币之一。（现在排在欧元之后居第二位。）

及时复习

- 货币是方便用于购买产品和服务的任何资产。流通中的通货和支票银行存款都是货币供给的一部分。
- 货币有三种职能：交换媒介、储藏手段和价值尺度。
- 从历史上来看，货币采取的形式首先是商品货币，后来是商品本位货币，今天的货币纯粹是法定货币。
- 货币供给可通过两种货币总量来度量：M1 和 M2。M1 包括流通中的通货、支票银行存款和旅行支票。M2 是在 M1 的基础上再加上各种近似货币。

小测验 29－1

1. 假设你持有一张礼品券，在加盟店可以换取某些东西。这张礼品券是货币吗？为什么？

2. 尽管大部分银行账户支付利息，但是存款人通过购买定期存单可以获得更高的利息。定期存单和支票银行存款的区别在于定期存单如果比到期日提前几个月或几年支取，存款人要遭受一定的损失。小额定期存单计算在 M2 中，不计算在 M1。请解释为什么它不算 M1 的一部分。

3. 解释为什么商品本位货币系统比商品货币系统可以更有效地使用资源。

29.2 银行在货币体系中的作用

最狭义的货币供给 M1 中有 40%是流通中的通货——1 美元、5 美元等。很显然，这些通货是由美国财政部印制的。但 M1 的其余部分是银行存款，而且存款账户的数额占广义货币 M2 的主要部分。所以，银行存款是货币供给的主要部分。这个事实把我们带入了下一个话题：银行在货币体系中的作用。

□ 29.2.1 银行的作用

我们在第 25 章中学过，银行是采用银行存款形式的流动资产为借款人的非流动性投资提供融资的金融中介。银行能够创造流动性是因为对银行来说没有必要把所有存款资金都以高流动性资产的形式来持有。除非爆发银行挤兑（我们稍后马上要对此进行介绍），银行所有的存款人不可能同时提款。所以，银行在为存款人提供流动性资产的同时，还可以把存款人的大部分资金投向非流动性资产，如抵押贷款和企业贷款。

然而银行也不可能把存款人的资金全部贷出，因为它们必须满足任何一个想要提取存款的人的要求。为了满足这个要求，银行在手中必须持有大量流动资产。在现代美国银行体系中，这些流动资产可以以现金形式存放在银行的钱窖中，也可以以存款形式存放在自己的美联储账户中。正如我们稍后将看到的，后者多多少少能转化为通货。银行所持有的通货和在美联储的存款被称为**银行准备金**（bank reserve）。因为银行准备金存在银行钱窖和美联储，而非公众所持有，所以它们不是流通中的通货的组成部分。

> **银行准备金**是银行所持有的通货加上在美联储的存款。

为了了解银行在决定货币供给中的基本作用，我们首先介绍一个用于分析银行财务状况的简单工具：**T 形账户**（T-account）。企业的 T 形账户通过在单一表格中显示企业的资产和负债（左侧资产，右侧负债）来总结其财务状况。

> **T 形账户**是一个用于分析银行账务状况的简单工具，它在单一表格中显示企业的资产和负债。

图 29－2 的 T 形账户是一个假想企业——萨曼沙冰沙公司——而非银行的例子。根据图 29－2，萨曼沙冰沙公司拥有一幢价值 30 000 美元的建筑物，15 000 美元的制作冰沙的设备。这些是资产，因此它们位于表的左侧。运营需要融资，该企业从一家本地银行借了 20 000 美元。银行贷款是负债，所以位于表的右边。通过查看 T 形账户，我们可以立即看到萨曼沙冰沙公司拥有什么和欠他人什么。它被称为 T 形账户是因为表中线条的形状为 T 形。

资产		负债	
建筑物	30 000 美元	银行贷款	20 000 美元
制作冰沙的设备	15 000 美元		

图 29－2　萨曼沙冰沙公司的资产和负债

T 形账户描述的是企业财务状况。以目前讨论的企业为例，企业资产包括建筑物和制作冰沙的设备，被记录在左边，负债包括银行贷款，被记录在右边。

萨曼沙冰沙公司是一家普通的非银行企业。现在我们来看一个假想的银行——第一街道银行——的 T 形账户。该银行有 100 万美元的银行存款。

图 29-3 所示是第一街道银行的财务状况。第一街道银行的未偿贷款位于左边，因为它们是资产，代表从银行借款的人预期偿还的资金。在这个简化的例子中，银行唯一的其他资产是银行准备金。我们知道，银行可以将准备金以现金形式保存在银行的保险库中或以存款形式存在美联储。右边是银行的负债，在这个例子中，完全由第一街道银行客户的存款组成。这些是负债是因为它们代表最终必须偿还给存款人的资金。

顺便说一下，请注意，在这个例子中，第一街道银行的资产大于其负债。这应该是其正常状态！事实上，我们很快就会看到，法律要求银行保持资产大于负债一定比例。

资产		负债	
贷款	1 200 000 美元	存款	1 000 000 美元
银行准备金	100 000 美元		

图 29-3　第一街道银行的资产和负债

第一街道银行的资产为 1 200 000 美元贷款和 100 000 美元银行准备金，负债为 1 000 000 美元存款，即所欠的将钱存放在第一街道银行中的人的钱。

在这个事例中，第一街道银行持有的银行准备金为银行存款的 10%。银行存款中被银行作为准备金持有的资金比例被称为**准备金率**（reserve ratio）。在当代美国体系中，美联储除了其他作用外还监管银行的行为，规定了银行必须持有的最低准备金率。为了明白为什么要对银行进行监管，我们先来看一下银行可能面对的问题：银行挤兑。

准备金率是银行存款中被银行作为准备金持有的资金比例。

□ 29.2.2　银行挤兑问题

在正常情况下，因为只有少部分存款人会来提取存款，所以银行可以把存款中的大部分贷出。但是如果出于某种原因，所有存款人或大部分存款人在很短的时间内比如说几天内想提出他们的所有存款，那么会发生什么呢？

如果大部分存款人同时提取存款，银行将没有足够的现金来满足这些要求。原因是银行已经将大部分存款人的资金转换为借款人的贷款，这是银行赚取收入的方式——收取贷款利息。

然而，银行贷款不具备流动性，它们不能在短时间内轻易转换为现金。想了解其中的原因，我们假设第一街道银行向当地一个二手车经销商开好车公司贷款 100 000 美元。为了筹集现金，第一街道银行把它对开好车公司的贷款出让给其他银行和投资者。如果第一街道银行想在短期内快速出让这些贷款，想购买这些贷款的人将会怀疑：第一街道银行之所以想出让这些贷款可能有什么问题，可能这些贷款无法被归还。这样第一街道银行只有打一个大的折扣才能快速出让，比如说折价 40%，以 60 000 美元卖出。

如果第一街道银行的大部分存款人突然决定同时提取存款，将迫使银行低价卖出持有的资产来筹集必要的现金。毋庸置疑，这将导致银行破产，银行无法向所有存款人支付他们的全部存款。

这个过程是如何爆发的？也就是说，是什么导致第一街道银行的存款人同时来提取存款？答案可能是一则关于银行存在金融危机而广为散发的谣言。即使存款人不敢确定谣言为真，为安全起见，他们想在他们还能收回资金的时候提取存款。如果存款人想当然地认为其他存款人也会恐慌并且来提取存款并导致银行破产，情况就会变得更糟糕。他们就会加入这一挤兑的行列。换言之，对银行财务状况的担心能变成一种自我实现的预言：相信其他人将会挤兑的存款人自己也会成为他们中的一员。

银行挤兑（bank run）是银行的许多存款人由于害怕银行倒闭而试图提取他们存款的一种现象。而且，银行挤兑并不仅仅是对有问题的银行和它的存款人有害。从历史上来看，银行挤兑经常有传染性，对一个银行进行挤兑会导致对其他银行失去信任，引起后续的银行挤兑发生。

银行挤兑是银行的许多存款人由于害怕银行倒闭而试图提取他们存款的一种现象。

在“真实世界中的经济学”专栏中，我们描述了这种真实情形，也就是美国在 20 世纪 30 年代早期发生了大规模银行挤兑。有鉴于这种经历和其他国家的类似经历，美国和其他现代国家的政府已经建立了一套银行监管体系用来保护存款人和防止银行挤兑。我们将在第 32 章再次用到银行挤兑的内容，并对金融危机及其后果进行深入分析。

□ 29.2.3 银行监管

在美国你应该担心因为银行挤兑而遭受损失吗？不需要。在 20 世纪 30 年代银行危机之后，美国和其他现代国家的政府已经建立了一套应对银行挤兑的保护存款人和经济体的制度。这一制度有四个重要特征：存款保险，资本金要求，法定准备金要求和贴现窗口（当需要现金时的一种现金来源）。

存款保险 几乎所有的美国银行都宣称自己是联邦存款保险公司的会员。我们在第 25 章中学过，该公司提供**存款保险**（deposit insurance），也就是说由联邦政府向存款人保证即使银行不能全额支付存款，政府可以向每名存款人支付不超过最高限额的存款。联邦存款保险公司目前对每个参加保险的银行的每个账户提供最多为250 000 美元的保证金。

> **存款保险**是指当银行无法全额支付存款时，银行存款人每个账户最高限额以下的存款都能得到保障的制度。

我们要充分认识到，存款保险不仅在银行真的倒闭时保护了存款人，也消除了发生银行挤兑的主要原因，因为存款人知道即使银行倒闭他们的存款也是安全的，他们也没有必要因为银行出现问题的谣言而去挤兑。

资本金要求 尽管存款保险制度保护整个银行体系免受银行挤兑的冲击，但它也引出了重要的动机问题。因为存款人不会遭受损失，他们就没有动力去监管银行的财务健康状况。同时，银行所有者也更愿意从事风险更高的投资，因为具有这样风险的贷款获得的利息更高。如果一切如人所愿，银行所有者获益匪浅；但是如果事情进展不利，政府通过联邦存款保险来弥补损失。

为了减少银行过度承担风险的动机，监管者要求银行所有者持有的资产要大大高于银行存款的价值。如果做到了这一点，即使一些贷款变成坏账，银行持有的资产仍然大于它的存款，这样出现的损失自然由银行所有者而不是政府来承担。银行资产超过银行存款和其他负债的部分被称为银行资本。例如，第一街道银行的资本为 300 000 美元，等于资产总价值的 23% [=300 000 美元/(1 200 000 美元+ 100 000 美元)]。在实践中，银行资本不少于其资产的 7%。

法定准备金要求 另外一个减少银行挤兑风险的方法是要求银行保持相对较高的法定准备金。**法定准备金**（reserve requirement）是由美联储规定的银行最低准备金。举例来说，在美国，支票银行存款的最低法定准备金率为 10%。

> **法定准备金**是由美联储规定的银行最低准备金。

贴现窗口 对银行运营的最后一个保护是美联储（我们将在本章后面更详细地讨论）准备好向有问题的银行提供贷款，这种安排被称为**贴现窗口**（discount window）。借钱的能力意味着银行可以避免被迫以甩卖价格出售其资产，以满足存款人亟须提取现金的突然需求。相反，它可以转向美联储借入偿还存款人所需的资金。

> **贴现窗口**是美联储准备好向有问题的银行提供贷款的安排。

▶ 真实世界中的经济学

多么美妙的银行制度

在下个圣诞节有一件事情可以确信：在你所居住的城镇中至少有一个电视台将会播放 1946 年的电影《美妙人生》(*It's a Wonderful Life*)，由吉米・斯图尔特（Jimmy Stewart）扮演乔治・贝利（George Bailey)，一个小城的银行家，天使拯救了他的生命。电影的场景是：当惊慌失措的存款人纷纷去提款时，贝利的银行出现挤兑。

在电影拍摄时，这样的场景对美国人来说仍然记忆犹新。1930 年后期出现了第一波银行挤兑热潮，1931 年出现了第二波，1933 年早期出现了第三波。到最后，超过三分之一的银行倒闭。为了结束恐慌，新就任的总统富兰克林・罗斯福宣布全国银行“放假”，所有银行歇业一周，使监管者有时间关闭不健康的银行，认证健康的银行。

从此以后，监管制度保护了美国和其他发达国家银行免受挤兑威胁。事实上，当《美妙人生》拍摄时，电影中的场景已经远离了当时人们的生活。但是，在过去几十年中，发展中国家经历了几次银行挤兑风潮：1997—1998 年东南亚地区的经济危机，开始于 2001 年后期的阿根廷的严重经济危机都是其中的典型事例。正如第 32 章所解释的，2008 年世界金融市场的“恐慌”非常类似于银行挤兑风潮。

注意我们说的是大部分银行挤兑的情形。存款保险有一些限制，特别是在美国，目前只对参保银行中个人存款人的第 1 个 25 万美元提供保险。因此，一些被认为有问题的银行仍然可能被挤兑。事实上，这正是 2008 年 7 月发生在印地麦克银行的事情，印地麦克银行是一家总部位于帕萨迪纳的放贷人，该行发放了大量被怀疑有问题的住房贷款。当怀疑印地麦克银行的财务稳健性有问题时，存款人开始提取存款资金，迫使联邦监管机构介入并关闭了该银行。在英国，存款保险的限额要低得多。同年北方银行遭遇了标准的挤兑。然而，与 20 世纪 30 年代的银行挤兑不同，印地麦克银行和北方银行的大多数存款人都收回了所有资金，这些银行的恐慌并没有传播到其他机构。

及时复习

- T 形账户用来分析银行财务状况。银行准备金是银行持有的现金加上在美联储的存款。准备金率是准备金与银行存款的比率。
- 由于银行贷款不流动，但银行必须按存款人的需要偿付资金，银行挤兑成为一个潜在问题。虽然在 20 世纪 30 年代大规模发生银行挤兑，但在美国通过银行监管，挤兑已大部分消失，监管形式有存款保险、资本金要求、法定准备金要求和贴现窗口。

小测验 29－2

1. 假设你是第一街道银行的存款人。你听到传言说银行贷款遭受严重损失。每个人都知道这是谣言，但是每个人都认为其他大部分存款人会相信这则传言。在没有存款保险的情况下为什么这个谣言会导致银行挤兑发生？为什么存款保险可以改变目前的形势？

2. 一个骗子有了一个大胆的想法：他想开一家无本银行，并且把所有存款都投到房地产开发商那里来获取高利息。如果房地产市场繁荣，贷款会被归还，他也将获得丰厚的利润；如果房地产市场萧条，贷款无法收回，银行将破产，但他没有遭受任何损失。现在的银行监管如何挫败这种阴谋？

29.3 货币供给的决定

如果不存在银行，就没有支票银行存款账户，流通中的通货数量会等于货币供给数量。在这种情况下，货币供给量的增长直接由铸造和印制货币的机构控制。但是当有银行存在时，银行通过创造的支票银行存款账户以两种方式影响货币供给：

（1）银行会让一部分通货退出流通，那些保存在银行的保险柜中而不是在人们钱包中的钞票并非货币供给的组成部分。

（2）更为重要的是，银行通过接受存款提供贷款创造货币，这使得货币供给大于流通中的通货数量。

下面我们来看银行如何创造货币以及什么决定着它们创造的数量。

□ 29.3.1 银行如何创造货币

为了了解银行如何创造货币，我们检视一下当某人把钞票存进银行后会发生什么。以吝啬鬼赛拉斯为例，他原来把装满钞票的鞋盒放在床垫下。假定他意识到把钱存进银行既安全又方便，购物时还可以随时使用借记卡刷卡付账。假定他因此拿出了 1 000 美元现金存进第一街道银行，开了一个支票银行存款账户。赛拉斯的行为会对货币供给量产生什么影响呢？

图 29－4（a）所示为他存款的初始影响。第一街道银行在赛拉斯的账户中贷记 1 000 美元，所以支票银行存款增加 1 000 美元，赛拉斯的钱被放入银行的保险柜，所以第一街道银行的银行准备金也增加了 1 000

美元。

这种初始交易对货币供给没有任何影响。流通中的通货减少了 1 000 美元，但是支票银行存款——它也是货币供给的一部分——增加了同样的数量。

但是，事情到此并没有结束。因为第一街道银行现在可以把部分赛拉斯的存款贷出。假定银行把存款的 10%留作银行准备金，然后把剩余部分贷给赛拉斯的邻居玛雅。第二阶段的影响如图 29 - 4（b）所示。第一街道银行的存款没有变化，它的负债没有变化。但是它的资产构成发生了变化。它的银行准备金与不进行贷款相比减少了 900 美元（当然比赛拉斯存款前增加了 100 美元）。至于那 900 美元现在已经变成贷款收据，也就是对玛雅的现金贷款。

因此，通过贷款给玛雅把赛拉斯的 900 美元货币存款再次投入流通，第一街道银行事实上已经增加了货币供给。也就是说，流通中的通货和支票银行存款的总额比起赛拉斯将现金置于床下时增加了 900 美元。虽然赛拉斯仍然是 1 000 美元的拥有者，但是这 1 000 美元以支票银行存款形式存在，玛雅可以以现金形式借用 900 美元。

（a）银行做出新的贷款前的初始影响

资产		负债	
贷款	没有变化	支票银行存款	+1 000美元
银行准备金	+1 000 美元		

（b）银行做出新的贷款后的影响

资产		负债	
贷款	+900 美元	支票银行存款	没有变化
银行准备金	−900 美元		

图 29 - 4　现金转化为第一街道银行的支票银行存款对货币供给的影响

当赛拉斯把 1 000 美元（原来储存在床垫下面）存进支票银行存款账户中后，初始对货币供给没有任何影响：流通中的通货下降 1 000 美元，银行存款增加 1 000 美元。在银行 T 形账户中［见图（a）］表现为：支票银行存款初始增加 1 000 美元，银行准备金增加 1 000 美元。到第二阶段［见图（b）］，银行把赛拉斯存款的 10%（100 美元）作为银行准备金，把剩余部分（900 美元）贷给玛雅。结果表现为：银行准备金下降 900 美元，贷款增加 900 美元。在负债一边，仍然是赛拉斯的 1 000 美元支票银行存款，没有变化。从支票银行存款和流通中的通货之和来看，货币供给现在增加了 900 美元——由玛雅持有的 900 美元。

到此故事仍然没有结束。假定玛雅用她得到的贷款从阿珂姆商店购买了一台电视机。那么，商店的老板安尼·阿珂姆怎样处理这笔货款呢？如果她只是持有现金，那么货币供给不会有任何增加。但是如果她把 900 美元存进银行，比方说第二街道银行，第二街道银行会把这笔存款的一部分留作准备金，然后把剩余部分贷出，这就会创造出更多的货币。

假设第二街道银行像第一街道银行一样留下 10%作为准备金，把剩余部分贷出。也就是 90 美元作为准备金，贷出 810 美元给其他人，这会进一步增加货币供给。

表 29 - 1 总结了我们描述的上述过程。开始的货币供给仅仅包括赛拉斯的 1 000 美元。当他把 1 000 美元存进支票银行存款账户且银行增加贷款后，货币供给增加到 1 900 美元；经过第二轮存款和第二轮贷款后，货币供给增加到 2 710 美元。这一过程仍然在继续（尽管我们只考虑了赛拉斯把现金存入支票银行存款账户的情形，如果是把现金转换成其他形式的近似货币，结果也一样）。

表 29 - 1　银行如何创造货币　　单位：美元

	流通中的通货	支票银行存款	货币供给
第一阶段（赛拉斯将他的现金保存在床下）	1 000	0	1 000
第二阶段（赛拉斯在第一街道银行存款，后者把赛拉斯存款中的 900 美元借给玛雅）	900	1 000	1 900
第三阶段（安尼·阿珂姆把 900 美元存进第二街道银行，后者把 810 美元借给其他人）	810	1 900	2 710

这样的货币创造过程似曾相识。在第 26 章我们描述过乘数过程：实际 GDP 的初始增加会引致消费支出增加，而后者又会进一步导致实际 GDP 增加，再进一步导致消费支出增加，如此循环。我们在此看到了另一种乘数——货币乘数。下面我们学习这一乘数的大小是如何决定的。

□ 29.3.2 准备金、银行存款和货币乘数

在表 29－1 中，我们分步骤描述了赛拉斯存款效应，我们假定银行的贷款最后总会被作为存款回到同一个银行或其他的银行，也就是说这些贷款又回到了银行体系，尽管不一定回到贷出银行自身。

实际上，部分贷款会被借款人留在他们的钱包中而不存入银行，所以部分贷款从银行体系中漏出了。这种漏出会降低货币乘数，就好像实际收入中的储蓄漏出降低实际 GDP 的乘数一样。(但是请记住，这里的漏出源自借款人将他们的资金保持为通货状态，而不是源自消费者将他们收入的一部分储存起来。)

超额准备金是银行准备金超出法定准备金之上的部分。

但是，我们先暂时不论这种复杂的方面，先讨论一种只存在支票银行存款的货币体系，即资金总是存在银行账户中、人们不持有现金的情形。也就是说，在只存在支票银行存款的货币体系中，从银行借入的所有资金都立即存入支票银行存款账户。我们假设银行必须满足最低存款准备金率 10%的要求，每家银行都会把所有**超额准备金**(excess reserves) 也就是超出法定准备金之上的部分全部贷出。

现在假设一家银行突然发现自己多出了 1 000 美元的超额准备金。那么接下来会发生什么？答案自然是：银行贷出 1 000 美元，这笔钱会变成银行体系中某个银行的支票银行存款账户中的存款，然后引发与表 29－1 类似的货币乘数过程。

在第一阶段银行贷出 1 000 美元超额准备金，这笔钱会变成某个银行的支票银行存款账户中的存款，后者会留下 10%也就是 100 美元作为准备金，把余下的 90%或者说 900 美元贷出，这又会变成另一个银行的支票银行存款账户的存款。收到这 900 美元存款的银行也留下 10%即 90 美元作为准备金，把剩余的 810 美元贷出。收到这 810 美元存款的银行也留下 10%即 81 美元作为准备金，把剩余的 729 美元贷出，这样一直继续下去。这一过程的结果是：支票银行存款账户存款总的增加量为：

$$1\,000\text{ 美元}+900\text{ 美元}+810\text{ 美元}+729\text{ 美元}+\cdots\cdots$$

我们用 rr 来表示准备金率。一般来说，一个银行贷出 1 000 美元超额准备金增加的支票银行存款总额为：

$$\begin{array}{l}\text{一个银行贷出 1 000 美元超额准备金}\\\text{增加的支票银行存款总额}\end{array}=1\,000\text{ 美元}+1\,000\text{ 美元}\times(1-rr)+1\,000\text{ 美元}\times(1-rr)^2+1\,000\text{ 美元}\times(1-rr)^3+\cdots \quad (29-1)$$

上式可以被简化为：

$$\text{一个银行贷出 1 000 美元超额准备金增加的支票银行存款总额}=1\,000\text{ 美元}/rr \quad (29-2)$$

如果准备金率为 10%，即 0.1，增加 1 000 美元的超额准备金增加的支票银行存款总额为 1 000 美元/0.1＝10 000美元。事实上，在只有支票银行存款的货币体系中，支票银行存款的总价值等于银行准备金除以准备金率。或者换一种说法，如果准备金率是 10%，银行持有的每单位美元能支持的支票银行存款为：1 美元/rr＝1 美元/0.1＝10 美元。

□ 29.3.3 现实中的货币乘数

事实上，货币供给的决定要比我们上述简单模型复杂得多，因为它不仅依赖于银行存款的准备金率，而且受到货币供给中每个人愿意持有的现金比率的影响。事实上，我们已经在赛拉斯把钱置于床下的事例中看到了这一点，当他把持有的现金变为支票银行存款后，他触发了货币供给增加的一系列活动。

基础货币是流通中的通货与银行准备金之和。

为了定义现实中的货币乘数，我们应该认识到现代货币当局控制的是银行准备金和流通中的通货之和，即基础货币，而不是在总量中如何分配银行准备金和流通中的通货的比例。再考虑一下赛拉斯的例子：他把钱从床下取出存进银行，就减少了流通中的通货的数量而增加了银行准备金的数量，增减数量相同——这样基础货币数量净额不变。货币当局控制的是**基础**

货币（monetary base）的数量，等于流通中的通货加上银行准备金。

基础货币与货币供给并不一样，原因有二：第一，作为基础货币构成部分的银行准备金并不是货币供给的一部分。1美元当它在某人钱包中时是货币供给的一部分，因为人们可以花掉它，但是当它在银行的保险柜中或是在美联储的存款账户中时，就不再是货币供给的一部分，因为它不能被花掉。第二，支票银行存款不是基础货币的一部分，却是货币供给的一部分，因为它可被用于支出。

图29－5对两个概念做了形象的解释。左边的圆圈表示基础货币，它包括银行准备金和流通中的通货。右边的圆圈表示货币供给，主要包括流通中的通货加上支票银行存款。如图所示，流通中的通货既是基础货币的一部分，也是货币供给的一部分。但是，银行准备金并不是货币供给的一部分，支票银行存款也不是基础货币的一部分。在实践中，基础货币实际上主要是流通中的通货，它也占了货币供给近一半。

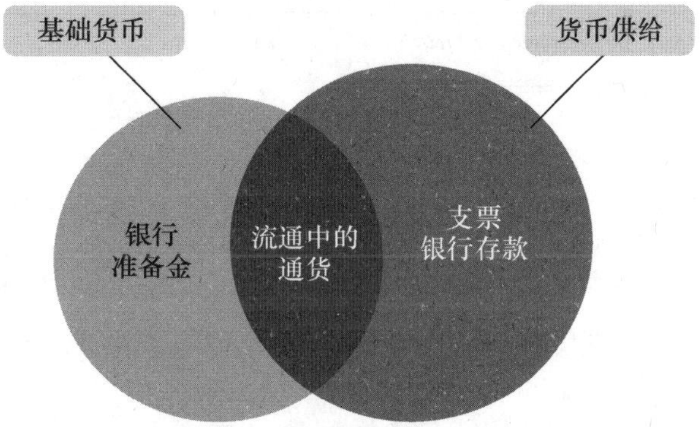

图29－5 基础货币和货币供给

基础货币等于银行准备金加上流通中的通货，它与货币供给并不相同。货币供给主要包括支票银行存款加上流通中的通货。每单位银行准备金会支持数单位的支票银行存款，这使得货币供给比基础货币要大。

现在我们可以正式将**货币乘数**（money multiplier）定义为货币供给对基础货币的比率。在2008年金融危机之前，美国的货币乘数约为1.6，危机后下降到0.7左右。即使在危机之前，它也比1/0.1＝10小得多，这是银行准备金率为10%（美国大多数支票银行存款的最低法定准备金率）的只有支票银行存款的货币体系的货币乘数。真实的货币乘数如此之小的原因是人们持有大量现金，1美元流通中的通货与1美元银行准备金不同，前者并不支持货币供给的多倍创造。事实上，在危机前流通中的通货占基础货币的90%以上。但是，到2013年年底，流通中的通货在基础货币中占不到三分之一。发生了什么？

货币乘数是货币供给对基础货币的比率。

答案是金融危机造成了异常情况。正如本章稍后部分所解释的以及在第32章将更详细说明的，在2008年9月雷曼兄弟（一家主要的金融机构）破产后出现了一个非常异常的情况。银行看不到安全、有利可图的贷款机会，便在美联储账户中大量存款——这种存款是基础货币的组成部分。因此，流通中的通货不再是基础货币的主要部分，并且由于在美联储的所有这类存款，基础货币实际上大于M1，因此货币乘数小于1。

▶ **真实世界中的经济学**

货币供给的收缩

在我们虚构的事例中表现的是银行如何创造货币，我们描述了吝啬鬼赛拉斯决定把钱从床下拿出转变为支票银行存款。这导致货币供给增加，因为银行以赛拉斯的存款为基础开始了一系列贷款活动。但是，如果赛拉斯由于某种原因又想回到固有的习惯，他把钱从银行取出重新放回到床下，结果会导致贷款减少，最终会导致货币供给减少。20世纪30年代由银行挤兑所引发的结果正好就是这样。

表29－2所示为1929—1933年期间由于银行倒闭动摇公众信心所发生的情况。第2列表示的是公众持有的流通中的通货。因为许多美国人认为把钱拿在手中比在银行安全，所以导致通货持有量骤升。第3列表

示的是支票银行存款，当公众把钱从银行提出后，通过我们已经分析过的货币乘数过程，该数量锐减。（贷款数量也下降了，就像在其他银行挤兑风潮中一样，为了生存，银行增加了超额准备金。）第4列所示为M1的值，根据我们前面学习过的货币总量的第一层次的统计，因为支票银行存款下降的数量超过了流通中的通货增加的数量，所以M1也大幅下跌。

表29-2　　1929—1933年银行挤兑的效果

	流通中的通货	支票银行存款	M1
1929年	39.0亿美元	227.4亿美元	266.4亿美元
1933年	50.9亿美元	148.2亿美元	199.1亿美元
变化率	+31%	-35%	-25%

资料来源：U. S. Census Bureau (1975)，*Historical Statistics of the United States*.

及时复习

- 银行把超额准备金贷出后，产生了影响货币供给的乘数效应，银行创造了货币。
- 在一个只有支票银行存款的货币体系中，货币供给量等于银行准备金除以法定准备金率。然而，在现实中，公众以现金形式而不是以支票银行存款形式持有现金，这将降低货币乘数。
- 基础货币等于银行准备金加流通中的通货，所以并不等于货币供给。货币乘数等于货币供给除以基础货币。

小测验29-3

1. 假定准备金总额为200美元，支票银行存款总额为1 000美元。我们也假定公众没有持有任何通货。现在如果法定准备金率从20%降低到10%。请按步骤写出这将怎样导致银行存款扩张。

2. 我们仍以赛拉斯把1 000美元现金存入第一街道银行为例，法定准备金率仍然为10%。我们现在假定得到银行贷款的人把贷款额的一半作为现金持有。请按步骤写出这将怎样导致银行存款扩张。

29.4 美国联邦储备系统

> **中央银行**是监管银行体系和控制基础货币的机构。

谁来负责并确保银行保持充足的准备金？谁来决定基础货币的数量？在美国，答案是一个被称为美国联邦储备系统的机构，简称美联储。美联储是一个**中央银行**（central bank），负责监督和管理银行体系，并且控制基础货币。其他国家也有中央银行，如英格兰银行、日本银行和欧洲中央银行。欧洲中央银行为18个欧洲国家统一的中央银行，这18个国家是：奥地利、比利时、塞浦路斯、爱沙尼亚、芬兰、法国、德国、希腊、爱尔兰、意大利、拉脱维亚、卢森堡、马耳他、荷兰、葡萄牙、斯洛伐克、斯洛文尼亚和西班牙。顺便提及，世界最早的中央银行是瑞典的瑞典银行，它为诺贝尔经济学奖提供奖金。

□ 29.4.1 美联储的结构

1913年诞生的美联储在法律上的地位有些特殊，它并非美国政府的一个机构，但也不是真正的私人机构。严格地说，美联储由两部分组成：联邦储备委员会和12个地区性的联邦储备银行。

联邦储备委员会通过在华盛顿特区的办公室来监督整个系统，它的构成像一个政府机关：它的7个理事会成员由总统提名并要得到参议院核准。他们的任期为14年，目的是在制定货币政策时摆脱来自政治方面的压力。尽管该委员会的主席经常会被任命，每4年一次，但通常会被再次任命，担任的时间也比较长。威廉·麦克切斯尼·马丁（William McChesney Martin）从1951年担任联邦储备委员会主席以来一直持续到1970年。艾伦·格林斯潘1987年担任主席，一直持续到2006年。之后的接任者本·伯南克（Ben Bernanke）一直担任到2014年。

12个地区性的联邦储备银行各自管理一个区域，提供各种不同的银行业务和管理服务。举例来说，它们的任务之一是稽查私人银行的财务报表，要确保它们的财务状况健康。每个地区的联邦储备银行都要从本地地方银行和企业界选择董事并成立一个董事会来进行管理。纽约联邦储备银行执行一项特殊任务：它负责公开市场业务，通常这是货币政策的主要工具之一。图 29-6 表示出了每个地区的联邦储备银行以及它们所在的城市。

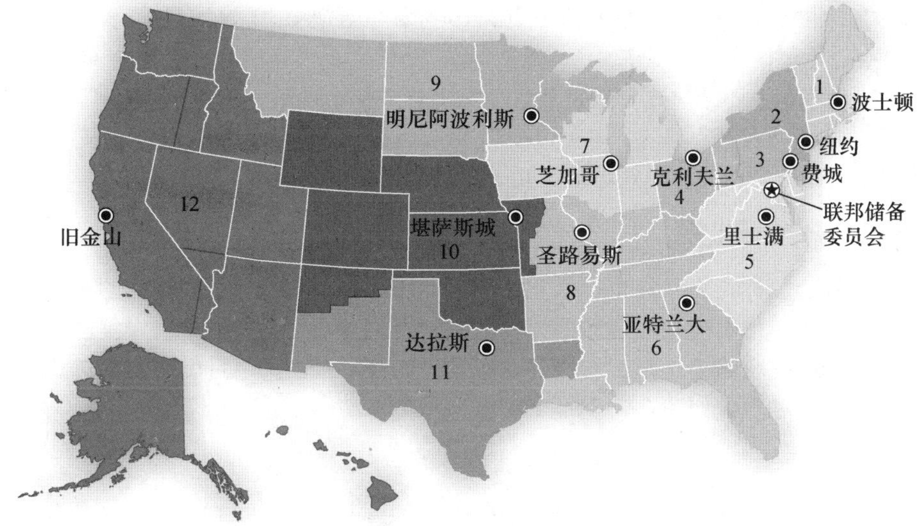

图 29-6　美国联邦储备系统

美联储由位于华盛顿特区的联邦储备委员会和 12 个地区性的联邦储备银行组成。本图给出了 12 个地区性的联邦储备银行的位置。
资料来源：Board of Governors of the Federal Reserve System.

货币政策的决定是由联邦公开市场委员会做出的，该委员会由联邦储备委员会成员和 5 位地区性的联邦储备银行行长组成。纽约联邦储备银行行长永远是委员会成员，另外 4 位从其他 11 个地区性的联邦储备银行行长中选择。联邦储备委员会的主席通常也担任联邦公开市场委员会的主席。

创设一个结构如此复杂的机构，目的是最终对选民负责，因为联邦储备委员会成员是由总统提名并经参议院核准的，他们都是被选举出来的官员。但是，联邦储备委员会成员的长期任职和他们被任命的间接过程使之在很大程度上摆脱了政治压力。

□ 29.4.2　美联储决定法定准备金和贴现率

美联储有三个主要的政策工具：法定准备金、贴现率和最重要的公开市场业务。

在我们讨论银行挤兑时，我们说美联储会设定一个最低准备金率，目前对于支票银行存款为 10%。如果在两个星期内商业银行平均法定准备金率无法达到要求，则将会面临处罚。

当银行似乎无法达到美联储的准备金要求时，它应该怎样应对呢？在通常情况下，它会通过**联邦基金市场**（federal funds market）向其他银行借入准备金，联邦基金市场使准备金达不到要求的银行可以从那些持有超额准备金的银行借到准备金（一般是隔夜拆借）。这个市场的利率是由供求决定的，但是美联储对供求的影响很大。我们将在下一章看到，**联邦基金利率**（federal funds rate），即在联邦基金市场中借贷的利率，在现代货币政策中扮演一个关键角色。

> **联邦基金市场**是准备金达不到要求的银行可以从持有超额准备金的银行借到准备金的金融市场。
>
> **联邦基金利率**是在联邦基金市场中被决定的利率。
>
> **贴现率**是美联储向银行提供贷款时收取的利率。

另外，银行也可以通过贴现窗口从美联储借入准备金。美联储向银行提供贷款时收取的利率称为**贴现率**（discount rate）。现阶段，贴现率被设定在比联邦基金利率高 1%的水平上，目的是防止银行转向美联储借入准备金。然而，从 2007 年秋季开始，美联储降低联邦基金利率和贴现率之间的差价，这是对金融危机回应的一种措施，参见稍后“真实世界中的经济学”的介绍。因此，2008 年春天，贴现率仅比联邦基金利率高 0.25 个百分点。2014 年夏天，贴现率只比联邦基金利率高 0.65 个百分点。

为了改变货币供给，美联储可以改变法定准备金率或贴现率，或者双管齐下。如果美联储降低法定准备金要求，银行就可以把更大比例的存款贷出，导致贷款增加，通过货币乘数增加货币供给。如果美联储提高法定准备金要求，银行将被迫减少贷款数额，通过货币乘数减少货币供给。

如果美联储缩小联邦基金利率和贴现率之间的利差，银行借入准备金的成本将下降，银行将增加贷款，通过货币乘数增加货币供给。如果美联储扩大联邦基金利率和贴现率之间的利差，银行贷款将减少，通过货币乘数减少货币供给。

在当前实践中，美联储并不通过改变法定准备金率来管理货币供给。法定准备金率最新一次显著的变动是在 1992 年。美联储通常也不使用贴现率手段。正如我们前面提到的，为了应对金融危机，从 2007 年开始，贴现窗口有了短期贷款。在通常情况下，货币政策几乎完全使用美联储的第三个政策工具：公开市场业务。

□ 29.4.3 公开市场业务

就像被它监管的银行一样，美联储也有自己的资产和负债。美联储的资产主要包括持有的美国政府债券，主要是期限在一年以内的美国政府短期债券，也就是美国财政债券。请记住，美联储并不是美国政府的一部分，所以那些政府的财政债券是政府的债务，却是美联储的资产。它的负债包括流通中的通货和银行准备金。美联储通常的资产和负债如图 29-7 的 T 形账户所示。

资产	负债
政府债券（财政债券）	基础货币（流通中的通货加银行准备金）

图 29-7 美联储的资产与负债

美联储的资产主要是美国政府短期债券，通常称为财政债券。负债是基础货币——流通中的通货加银行准备金。

> **公开市场业务**是指美联储买进或卖出部分美国政府财政债券。

公开市场业务（open-market operation）是指美联储买进或卖出部分美国政府财政债券，通常是与商业银行进行交易，这些商业银行主要从事对企业的贷款业务，不从事对居民的贷款业务。美联储从来不从美国联邦政府直接购入财政债券，理由如下：当中央银行直接购买财政债券时，就是直接贷款给政府——这实际上是通过印刷钞票来对政府预算赤字进行融资。从历史上看，这将会导致灾难性的高通货膨胀。

图 29-8 所示是在进行公开市场业务操作后美联储和商业银行的财务状况变化。当美联储买入美国政府财政债券后，它是通过贷记这些银行的准备金账户数额来向银行支付款项的，数额大小等于财政债券的价值。如图 29-8（a）所示，美联储从商业银行购买了 1 亿美元的美国政府财政债券后，基础货币增加了 1 亿美元，因为银行准备金增加了 1 亿美元。当美联储向商业银行卖出美国政府财政债券时，它借记这些银行的准备金账户，这就减少了银行准备金。如图 29-8（b）所示，美联储卖出 1 亿美元美国政府财政债券后，银行准备金和基础货币都减少了。

读者可能一直在考虑美联储从哪里获得资金来购买美国政府财政债券。答案是只要简单动一动笔（更可能是点击一下鼠标）就可以贷记银行账户，增加银行准备金（只有当银行需要通货形式的额外准备金时，美联储才会印钞来支付政府债券）。请记住，现在货币是法定货币，不依赖于任何东西。所以，美联储可以根据自己的意志创造出额外的基础货币。

通过公开市场业务增加或减少的准备金不会直接影响货币供给。然而，公开市场业务启动了货币乘数过程。在图 29-8（a）中，当增加了 1 亿美元银行准备金后，商业银行把多余的准备金贷出后马上就使货币供给增加 1 亿美元。这些贷款中的一部分又将会以存款的形式回到银行体系，这又会增加银行准备金，引起下一轮的贷款增加，如此继续。所以，在公开市场上购买美国政府财政债券将启动货币乘数发生作用，引起货币供给增加。当然，在公开市场上卖出财政债券将引发相反的过程：随着银行准备金的减少，商业银行被迫削减贷款，导致货币供给减少。

(a) 通过公开市场买入 1 亿美元美国政府财政债券

	资产	负债
美联储	财政债券　+1 亿美元	基础货币　+1 亿美元

	资产	负债
商业银行	财政债券　−1 亿美元 银行准备金+1 亿美元	没有变化

(b) 通过公开市场卖出 1 亿美元美国政府财政债券

	资产	负债
美联储	财政债券　−1 亿美元	基础货币　−1 亿美元

	资产	负债
商业银行	政府债券　+1 亿美元 银行准备金−1 亿美元	没有变化

图 29-8　美联储进行公开市场业务

在图（a）中，美联储从商业银行买进美国政府财政债券后，基础货币增加。美联储购买 1 亿美元美国政府财政债券，通过给商业银行增加 1 亿美元的银行准备金来付款，所以基础货币增加了 1 亿美元。商业银行把这些多出来的银行准备金贷出，通过货币乘数增加货币供给。在图（b）中，美联储卖出美国政府财政债券后导致基础货币减少。1 亿美元的美国政府财政债券被卖出，导致商业银行的银行准备金减少 1 亿美元，基础货币也减少 1 亿美元。银行准备金减少后将减少贷款，通过货币乘数减少货币供给。

▶ 追根究底

谁得到了美联储资产的利息？

正如我们刚刚学到的，美联储拥有很多资产——财政债券，它以贷记银行准备金账户的形式从商业银行购买。这些资产支付利息。然而，美联储的主要负债是基础货币，美联储通常不对这些负债支付利息。因此，美联储实际上是一个有着以零利率借入资金并以正利率贷出的特权机构。这听起来像一个非常有利可图的业务。谁获得了这些利润？

答案是美国纳税人。美联储保留一部分利息来资助运营，但将大部分都交给美国财政部。例如，2013 年，美联储的总收入为 795 亿美元，几乎全部为其资产利息，其中 777 亿美元返还给财政部。

我们现在可以更好地理解本章的开篇案例——在秘鲁伪造美元——的影响。比如说，20 美元假钞进入流通，它具有与美国政府发行的 20 美元真币相同的经济效果。也就是说，只要没有人认为它们是假钞，那么假钞就可以用于所有实际目的，作为基础货币的一部分。

同时，美联储根据经济考量决定基础货币的发行规模，特别地，美联储通常不会发行太多的基础货币，因为这可能导致更高的通货膨胀率。因此，20 美元假钞进入流通意味着美联储少发行真的 20 美元钞票。当美联储合法发行 20 美元钞票时，它如果换成财政债券，这些票据的利息可用于支付美国政府的费用。因此，20 美元假钞减少了美联储可以获得的财政债券数量，从而减少了美联储和美国财政部的利息收入。因此，纳税人承担了假钞的真实成本。

经济学家经常说（其实并不确切）美联储控制着货币供给。从理论上说，它只能控制基础货币。但是，通过增加或减少基础货币，美联储对货币供给和利率水平产生了很大的影响。这种影响是货币政策的基础，货币政策是我们下一章讨论的主题。

□ 29.4.4 欧洲中央银行

正如我们前面提到的，美联储只是世界上许多中央银行中的一家，它比瑞典银行和英格兰银行年轻得多。大体而言，其他中央银行的运作方式与美联储大致相同，尤其是在世界经济重要性方面能与美联储竞争的唯一的中央银行欧洲中央银行更是如此。

欧洲中央银行（ECB）成立于1999年1月，当时有11个欧洲国家放弃了本国货币，并采用欧元作为它们的共同货币，联合货币政策也由欧洲中央银行来制定（自1999年以来又有8个国家加入）。欧洲中央银行立即成为一个极为重要的机构：虽然没有一个欧洲国家的经济规模接近美国，但欧元区即已经采用欧元作为它们货币的合并经济体大致与美国的经济规模相当。因此，欧洲中央银行和美联储是货币世界中的两大巨头。

像美联储一样，欧洲中央银行的地位也很特殊：它既不是私人机构，又不是完全的政府机构。事实上，它不可能是政府机构，因为没有一个统一的欧洲政府！对于迷惑不解的美国人而言感到幸运的是：欧洲中央银行和美联储有惊人的相似之处。

欧洲中央银行位于德国的法兰克福市，它并不是美联储的类似版本，它与位于华盛顿特区的联邦储备委员会是对等的。与地区性的联邦储备银行对应的欧洲类似机构是欧洲各国的中央银行，如法国银行、意大利银行等。直到1999年，这些国家的此类银行都等同于它们国家的美联储。举例来说，法国银行控制着法国的基础货币。

今天这些国家的中央银行就像地区性的联邦储备银行一样，为当地银行和企业提供各种金融服务，并从事公开市场业务，但制定货币政策的职能已上交欧洲中央银行。然而各国的中央银行并不是小机构，它们的雇员超过50 000人。2014年欧洲中央银行的雇员大约有2 000人。

在欧元区，每个国家都会选择由谁来管理自己的中央银行。欧洲中央银行是通过像联邦储备委员会一样的执行董事会来管理的；它的成员是由使用欧元的国家政府一致同意选出来的。联邦公开市场委员会的类似机构是欧洲中央银行的管理委员会。正如联邦公开市场委员会的成员由联邦储备委员会成员与地区性的联邦储备银行行长轮流担任一样，欧洲中央银行的管理委员会由执行董事会和各国中央银行的行长轮流担任。

就像美联储一样，欧洲中央银行最终也是由选民来决定的，这就极大地避免了超出国境线的政治压力，与美联储相比，更能脱离短期的政治压力。

▶ **真实世界中的经济学**

美联储资产负债表的正常和异常

图29-7所示为美联储资产负债表的简化版本。这里的负债完全由基础货币组成，资产完全由财政债券组成。这是一种过度简化，美联储的业务在现实中非常复杂，其资产负债表包含了一些其他内容。但是，在正常情况下，图29-7是一个合理的近似：基础货币通常占美联储负债的90%，资产的90%是对美国财政部的债权（如财政债券）。

但到了2007年下半年，我们很痛彻地意识到我们已经进入非正常时间。动荡的根源是巨大的房地产泡沫破裂，正如第25章所描述的那样，这导致那些已经提供抵押贷款或持有按揭相关资产的金融机构出现巨额损失。人们对金融体系普遍丧失信心。

我们将在下一节更详细地描述，不仅标准存款吸收银行存在麻烦，而且非存款金融机构即不接受客户存款的金融机构也是如此。它们背负大量债务，因为房地产泡沫破裂而面临巨大损失且持有流动性不足的资产，金融恐慌袭击着这些“非银行的银行”。在几个小时内，金融系统停摆，因为金融机构经历了本质上是银行挤兑的冲击。

例如，2008年，许多投资者担心贝尔斯登的财务健康状况，贝尔斯登是一家华尔街非存款金融机构，从事复杂的金融交易，用借入的资金买卖金融资产。当市场对贝尔斯登的信心丧失时，该公司发现自己已经无法筹集到这些交易结束时需交付的资金，所以它迅速崩溃。

美联储开始采取行动，以避免整个金融部门崩溃的局面出现。它大规模扩大了贴现窗口的业务，向接受存款的银行以及华尔街金融公司等非存款金融机构提供巨额贷款。这对被金融市场拒绝的金融机构提供了流动性。这些公司利用了从美联储廉价借款的资格，它们用手边资产作为抵押品，不过这是一些杂乱的房地产贷款、商业贷款等。

从图 29－9 我们可以看出，从 2008 年年中开始，美联储大幅降低了对传统证券的持有数量，如财政债券，而大幅增加了它对金融机构的贷款。“对金融机构的贷款”是指贴现窗口贷款，但也包括美联储直接向像贝尔斯登这样的公司发放的贷款。“对关键信贷市场提供的流动性”包括美联储购买的公司债券等资产，当利率高涨时，这对于保持对企业的贷款利率是必要的。最后，“联邦机构债务”是对联邦政府支持的住房抵押贷款机构房地美和房利美的债务，美联储被迫购买这些贷款是为防止抵押贷款市场崩溃。

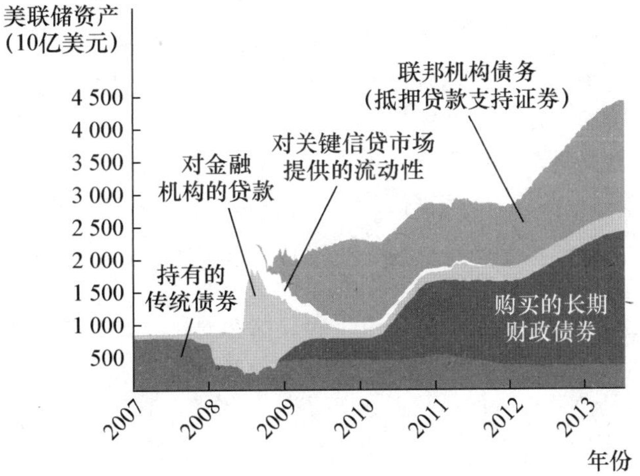

图 29－9　美联储的资产

资料来源：Federal Reserve Bank of Cleveland.

随着危机在 2009 年年末消退，美联储没有恢复其传统的资产持有操作。相反，它转变为持有长期财政债券，并增加了购买联邦机构债务的规模。整个事件非常不寻常，这与美联储正常开展业务的方式有很大的不同，但是美联储认为这是避免金融和经济崩溃所必要的。如图所示，美联储做的不仅仅是确定基础货币的大小。

及时复习

● 美联储是美国的中央银行，负责监管银行体系和制定货币政策。

● 美联储规定法定准备金率。银行间借贷准备金的市场是联邦基金市场，在这一市场中确定的利率是联邦基金利率。银行也可以按贴现率从美联储借钱。

● 尽管美联储可以改变法定准备金率或者贴现率，但是在实践中，货币政策是通过公开市场业务来实行的。

● 通过公开市场购买财政债券可以增加基础货币和货币供给，而在公开市场中卖出财政债券则会减少基础货币和货币供给。

小测验 29－4

1. 假设银行贷出的所有货币都以支票银行存款形式回到了银行体系中，准备金率为 10%，请分步骤描述美联储在公开市场中购买 1 亿美元财政债券后对支票银行存款的影响。货币乘数为多少？

29.5 美国银行体系的演变

到目前为止，我们一直在描述美国的银行体系及其运作方式。然而，为了完全理解这个系统，弄清楚为什么创设以及如何创设这个机构是有帮助的，这与怎样以及何时犯错误密切相关。21 世纪美国银行业体系的关键要素并非凭空创造：2008 年开始的对银行的规制的改变和美联储的努力已经推动了金融改革的进行。这一改革预示着在未来几年将重新塑造金融体系。

□ 29.5.1 20 世纪初的美国银行危机

1913 年创立的美联储标志着美国银行业走向现代时代的开始。1864—1913 年，美国银行业由一个联邦监管的国家银行系统主导。它们被允许成为唯一发行货币的机构，它们发行的纸币由联邦政府按统一的大小和设计印制。一家国家银行可以发行多少货币取决于其资本。尽管相对于早期银行各自发行银行券，这一制度改善了许多，但实际上没有统一性，也没有规制，国家银行制度仍然遭受了许多银行倒闭和重大金融危机的打击——至少每十年一次，而且往往是两次。

影响这一系统的主要问题是货币供给不能做出充分反应：对当地经济变化很难在全国范围内转移货币来迅速做出反应。(特别是，纽约市的银行和农村银行之间经常存在为获得足够数量货币的激烈竞争。) 银行没有足够的货币来满足提款需求的谣传很快就会导致银行挤兑。一家银行挤兑会引发传染，触发对附近其他银行的挤兑，对当地经济造成大范围恐慌和破坏。作为回应，一些地方银行家集中他们的资源创建了本地结算所，在发生恐慌时，对成员负债联合担保，一些州政府开始对银行存款提供存款保险。

然而，1907 年恐慌的原因与以前的危机不同。事实上，此次危机的原因与 2008 年危机的根本原因非常相似。1907 年恐慌的爆发点是纽约市，但后果是破坏了整个国家，导致了四年的深度衰退。

危机起源于纽约市类似于银行的被称为信托的机构，该类机构接受存款，但最初旨在管理富裕客户的资产和遗产。因为这些信托被认为只参与低风险的活动，因此对它们的监管较少，准备金要求也较低，现金储备也少于国家银行。

然而，随着美国经济在 20 世纪前十年的蓬勃发展，信托开始在房地产市场和股票市场中进行投机，这些投机领域是禁止国家银行进入的。信托比国家银行受到更少的监管，因此它们能够向存款人支付更高的回报。然而，信托搭了国家银行稳健声誉的便车，存款人认为两类机构同样安全。结果，信托行业迅速增长：到 1907 年，纽约市信托的总资产与国家银行的总资产一样多。同时，信托拒绝加入纽约清算所，这是纽约市国家银行的联合体，可保证彼此的稳健。该清算所会要求信托持有更高的准备金，而这将降低它们的利润。

1907 年的恐慌始于尼克博克 (Knickerbocker) 信托公司的失败，尼克博克信托公司是纽约市的一家大型信托公司，因在股市投机失败后遭受巨大损失，破产倒闭。很快，其他纽约市的信托公司面临压力，受到惊吓的存款人开始排长队提取资金。纽约清算所拒绝借钱给信托公司，甚至一些健康的信托公司也受到严重冲击。在两天内，十几家重要的信托公司倒闭。信贷市场停摆，股票市场大幅下跌，因为股票交易者无法获得信贷为他们的交易融资，商业信心尽失。

幸运的是，纽约市最富有的人、银行家 J. P. 摩根 (J. P. Morgan) 迅速介入制止恐慌。当了解到危机正在蔓延，很快健康的信托和银行金融机构也将沦陷时，他与其他银行家，以及如约翰·洛克菲勒 (John Rockefeller) 这样富裕的人和美国财政部长合作，向银行和信托公司提供准备金，帮助它们抵挡提款的冲击。一旦人们确信他们可以拿回资金，恐慌就停止了。虽然恐慌本身持续了不到一个星期，但恐慌和股市崩溃对经济造成了毁灭性打击。接踵而至的是 4 年经济衰退，产出下降 11%，失业率从 3%上升到 8%。

□ 29.5.2 应对银行危机：创设美联储

对银行危机频繁发生的担忧和 J. P. 摩根在拯救金融系统方面所发挥的前所未有的作用促使联邦政府开

始进行银行改革。1913 年，国家银行系统停止运行，美国建立了美联储，迫使所有接受存款的机构持有足够的准备金，并开放其账户供监管机构检查。1907 年的恐慌使许多人相信，是时候集中控制银行准备金了。此外，美联储被赋予发行货币的唯一权利，以使货币供给满足全国的经济条件。

虽然新体系对银行准备金进行了标准化和集中化，但并没有消除银行挤兑的潜在风险，因为银行准备金仍低于其存款的总价值。在大萧条期间，更多银行挤兑的潜在风险成为现实。暴跌的产品价格对美国农民影响尤其严重，在 1930 年、1931 年和 1933 年引发了一系列银行挤兑现象，从中西部银行开始，然后传播到全国各地。

一家特别大的银行在 1930 年倒闭后，联邦政府官员意识到，整个经济范围内的影响迫使他们必须不再袖手旁观，而要更积极地进行干预。1932 年，复兴金融公司成立，该公司有权向银行贷款，以稳定银行部门。此外，1933 年的《格拉斯-斯蒂格尔法案》(Glass-Steagall Act) 创建了联邦存款保险公司并提高了银行从美联储借款的能力。然而，野兽还没有被驯服。银行害怕从复兴金融公司借款，因为这样做是向公众表明存在问题的信号。

正如我们前面所提到的，在 1933 年的银行挤兑灾难发生期间，新总统富兰克林·罗斯福开始履职。他立即宣布“银行放假”，关闭所有银行，直到监管机构能够处理这个问题。

1933 年 3 月，紧急措施出台，赋予复兴金融公司特别权力来稳定和重组银行业，它可以通过提供贷款或直接购买银行股份向银行提供资金。根据新规则，监管机构关闭了那些无力持续的银行，通过允许复兴金融公司购买银行优先股（赋予美国政府比正常股东更多权利的股份）并大大扩展银行从美联储借款的能力为可持续银行注入资本。到 1933 年，复兴金融公司在银行资本上投资了 162 亿美元（2010 年美元），占当时美国所有银行总资本的三分之一，它购买了几乎所有银行的股份。在此期间，复兴金融公司向银行提供的借款超过 324 亿美元（2010 年美元）。

经济史学家一致同意，20 世纪 30 年代早期的银行危机大大加剧了大萧条的严重性，因为银行业崩溃，人们从银行提出货币囤积在床下，减少了货币供给，造成货币政策无效。

> **商业银行**是接受存款并由存款保险担保的存款银行。**投资银行**是创造和交易金融资产但未被存款保险涵盖的银行。

虽然复兴金融公司的强力行动稳定了银行业，但需要新的立法来防止未来的银行危机。1933 年的《格拉斯-斯蒂格尔法案》将银行分为两类：**商业银行** (commercial bank) 和**投资银行** (investment bank)。商业银行是接受存款并由存款保险担保的存款银行，投资银行是创造和交易股票和公司债券等金融资产但未被存款保险涵盖的银行，因为它们的活动被认为更有风险。

Q 条例禁止商业银行向支票账户存款支付利息，据认为这将促进银行之间的不健康竞争。此外，对投资银行的监管要比商业银行严格得多。然而，防止银行挤兑最重要的措施是建立联邦存款保险（最初每笔存款限额为 2 500 美元）。

这些措施显然是成功的，美国享受了一个较长时期的金融和银行稳定。随着旧日糟糕记忆的逐渐消失，大萧条时代的银行规章被取消了。1980 年，Q 条例被取消；到 1999 年，《格拉斯-斯蒂格尔法案》被弱化，不再限制商业银行提供金融资产交易等服务。

□ 29.5.3 20 世纪 80 年代的储蓄和贷款协会危机

> **储蓄和贷款协会**是一种存款银行，通常专注于处理家庭贷款。

银行业除了银行外，还包括**储蓄和贷款协会** [savings and loans (thrifts), S&L]，该类机构旨在接受储蓄并将其转化为购房者的长期抵押贷款。S&L 受到联邦存款保险的保护，并受到严格的安全性监管。然而，20 世纪 70 年代麻烦降临，因为通货膨胀率高，储蓄者从支付低利息的 S&L 账户中提取资金，并将它们存入支付高利息的货币市场基金账户。此外，高通货膨胀率严重侵蚀了长期资产的价值，即这类机构持有的长期抵押贷款的价值。

为了提高 S&L 在银行中的竞争地位，国会放松管制，允许 S&L 除了提供长期房屋抵押贷款之外，还可进行更多的风险投资。然而，新的自由没有随之跟上更多的监管，因此对 S&L 的监管程度要低于银行。毫不奇怪，在20世纪70年代和80年代的房地产繁荣期间，S&L进行了高风险的房地产贷款。此外，部分S&L的高管出现腐败，使得这类机构成为他们的私人存钱罐。

不幸的是，在20世纪70年代末和80年代初，来自国会的政治干预使无力偿还债务的S&L继续经营，而类似情形的银行则很快被银行监管机构关闭。到20世纪80年代初，大量S&L破产。由于账户由联邦存款保险保护，破产的S&L的负债现在成为联邦政府的负债，存款人的钱由纳税人来支付。1986—1995年，联邦政府关闭了超过1 000家破产的S&L，美国纳税人付出的代价超过1 240亿美元。

作为经典的亡羊补牢案例，1989年国会对S&L的经营进行全面监督。国会还授权房利美和房地美接管以前由S&L提供的大部分住房抵押贷款。房利美和房地美是在大萧条期间创建的准政府机构，帮助低收入和中等收入家庭负担房屋贷款。可以得出结论：S&L危机加速了金融和房地产行业的急剧下滑，导致了20世纪90年代初的衰退。

□ 29.5.4 回到未来：2008年的金融危机

2008年的金融危机与以往危机的特点相同。像1907年的恐慌和S&L危机一样，它涉及的是不像存款银行那样被严格管制的金融机构，也与过度投机有关。与20世纪30年代初的危机一样，美国政府开始时都不愿采取积极行动，直到损害的规模变得相当清楚之后才予以重视。

此外，到20世纪90年代末，技术和金融创新的进步创造出了另一个在2008年时发挥关键作用的系统性弱点。长期资本管理公司（LTCM）的故事集中反映了这些问题。

> 当金融机构通过借钱为其投资融资时，就引入了**杠杆**。

长期资本管理公司［Long-Term Capital（Mis）Management，LTCM］创建于1994年，是一家对冲基金，是私人合伙制投资基金，只对富有的个人和机构开放。对冲基金几乎不受监管，它们被允许进行比共同基金更高风险的投资，共同基金对一般投资者开放。通过使用大量**杠杆**（leverage）也就是借钱以增加其回报，LTCM使用复杂的计算机模型，利用全球金融市场中资产价格的微小差价来赚钱，低价购买，以更高的价格卖出。在某一年，LTCM的收益率高达40%。

LTCM还大量参与衍生工具的交易，这是更为复杂的金融工具，是从更基础的金融资产中衍生出来的。衍生品是流行的投资工具，因为它们的交易成本比基本金融资产便宜，并且可以被构造成适合买方或卖方的特定需求的产品。然而，它们的复杂性使得人们很难度量其价值。LTCM相信，它们的计算机模型可以准确地度量使用借款进行的衍生品巨额赌注交易中的风险。

然而，LTCM的计算机模型没有预测到1997—1998年期间亚洲和俄罗斯的一系列金融危机。通过大量借款，LTCM已经成为全球金融市场中一个具有很大势力的参与者，当它卖出资产时，它能压低其企图出售的资产的价格。由于世界各地市场价格下跌，LTCM的投资者因恐慌而要求赎回他们的资金，当LTCM试图出售资产以满足这些要求时便遭受损失。LTCM的运行很快崩溃，因为它无法借到资金，其他交易人拒绝与之交易。世界各地的金融市场因为恐慌而停摆。

> **资产负债表效应**是指由于资产价格下降而使公司的净价值减少。
>
> 当为弥补损失而卖出资产时会产生负的资产负债表效应，迫使债权人收回贷款，导致更多的资产销售，使资产价格变得更低，造成**去杠杆化的恶性循环**。

美联储意识到，如果允许LTCM的剩余资产以恐慌价格出售，**资产负债表效应**（balance sheet effect）会使整个金融系统产生严重风险：由于LTCM的资产销售会压低全世界的资产价格，其他公司持有的资产的价格下降将造成资产负债表上的资产价值减损。此外，资产价格下跌意味着借款人资产负债表上持有的资产价值可能会低于临界值，导致出现信贷合同条款违约，迫使债权人收回贷款。这反过来会导致更多的资产销售，因为借款人试图筹集资金来偿还贷款，更多的信用出现违约，更多的贷款被收回，造成**去杠杆化的恶性循环**（vicious cycle of deleveraging）。

纽约联邦储备银行在1998年安排了一项36.25亿美元的LTCM救助计划，其他私人机构接受LTCM一定份额的资产和债务，并以有序的方式进行清算，最终获得了小额利润。纽约联邦储备银行的快速行动阻止了LTCM引发危机传染，但LTCM的几乎所有投资者都失去了其资产。

次级贷款和房地产泡沫　在LTCM危机之后，美国金融市场趋于稳定。即使股价在2000—2002年期间出现大幅下跌，美国经济陷入衰退，但金融市场基本保持稳定。然而，在2001年衰退的复苏期间，另一次金融危机的种子开始发芽。

故事始于低利率：到2003年，美国利率处于历史低位，部分原因是美联储政策，部分原因是其他国家特别是中国的大量资本流入。这些低利率导致房地产市场繁荣，从而推动美国经济走出衰退。然而，随着房地产市场的蓬勃发展，金融机构承担的风险也开始日益增长，而且这种风险尚未被充分了解。

次级贷款是指不符合通常借款标准的家庭贷款。

传统上，只有能够证明他们有足够的收入来支付抵押贷款，人们才能够借钱买房。不符合通常借款标准的家庭贷款，称为**次级贷款**（subprime lending），只是整个贷款中的一小部分。但在2003—2006年蓬勃发展的房地产市场中，次级贷款开始似乎是一个安全的筹码。由于房地产价格不断上涨，无法支付抵押贷款的借款人总是可以通过出售房地产来偿还贷款。因此，次级贷款爆炸性增长。

证券化是指贷款被组合在一起按份额出售给投资者的过程。

谁在提供这些次级贷款？在大多数情况下，不是传统银行将存款人的钱贷出。相反，大多数贷款是由“贷款发起人”贷出的，因为它们能迅速将贷款出售抵押给其他投资者。通过被称为**证券化**（securitization）的过程，这些出售成为可能：金融机构将这些贷款组合在一起，然后将这些组合按基金份额出售。这些基金份额被认为是相对安全的投资，因为大量的购房者不太可能同时违约。

但正好发生了这样的事情。房地产热最终演变成了泡沫，当2006年年底房价开始下跌时，许多次级借款人无法归还他们的抵押贷款，或只有通过卖房子来偿还抵押贷款。结果，次级抵押贷款支持的证券投资者开始蒙受重大损失。银行和其他类似银行的机构持有大量由抵押贷款支持的资产。就像在1907年金融恐慌中扮演重要角色的信托公司，对这些“非银行的银行”的监管要比商业银行宽松，这使它们能够为投资者提供更高的收益，但也使它们在危机中非常脆弱。反过来，抵押贷款相关的损失导致了人们对金融体系信任的崩溃。

图29-10所示是度量这种信任损失的一种方法：TED差价，即银行相互拆借的3个月贷款的利率与联邦政府3个月债券的利率之间的差额。由于政府债券被认为非常安全，TED差价显示了银行在相互借贷时它们认为承担的风险有多大。在通常情况下，差价大约是一个百分点的四分之一，但从2007年8月开始上升，2008年10月飙升至前所未有的4.58个百分点，然后在2009年年中才恢复到正常水平。

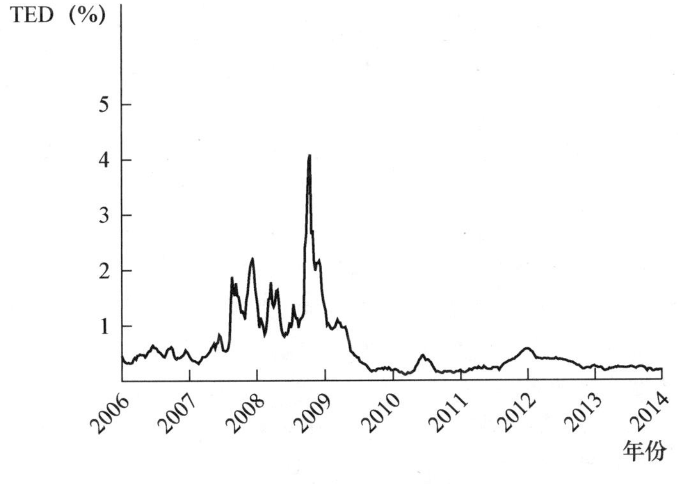

图29-10　TED差价

TED差价，即银行相互拆借的3个月贷款的利率与联邦政府3个月债券的利率之间的差额，被广泛用于表示资金的紧张程度。2007—2008年，金融危机导致TED差价飙升。

资料来源：British Bankers' Association；Federal Reserve Bank of St. Louis.

危机和应对　对金融体系信任的崩溃，加上金融公司遭受的巨大损失，形成去杠杆化的恶性循环和整个经济的信贷紧缩。企业发现即使对于短期业务借款也很难；个人发现无法得到住房贷款，信用卡额度也减少了。

总体而言，金融危机的负面经济影响与20世纪30年代初银行危机的影响有着明显和令人不安的相似之处，30年代的危机促成了大萧条。政策制定者注意到了相似之处，并试图阻止这种局面重演。从2007年8月开始，美联储进行了一系列努力，向金融体系提供现金，扩大机构贷款的范围，并购买私人部门的债务。美联储和财政部还采取措施拯救那些被认为非常重要的私人公司，例如投资银行贝尔斯登和保险公司美国国际集团。

然而，2008年9月，决策者决定允许一家大型投资银行雷曼兄弟倒闭。他们很快对这一决定感到遗憾。在雷曼兄弟公司倒闭的几天内，普遍的恐慌弥漫了整个金融市场，如图29-10所示的TED差价激增。为了应对危机加速，美国政府进一步干预并支持金融体系，美国财政部开始为银行"注入"资本。在实践中，注入资本意味着美国政府将向银行提供现金以换取股份——事实上是对金融体系部分国有化。

到2010年秋季，金融体系似乎已经稳定下来，大部分机构已经偿还了联邦政府在危机期间注入的大部分资金。一般认为，纳税人最终并没有损失多少钱。然而，银行的复苏并未与整体经济的成功转型相匹配：尽管2007年12月开始的衰退在2009年6月正式结束，但失业率仍然居高不下。

联邦储备委员会用新型的公开市场业务来应对这种困难的情形。传统的公开市场业务仅限于短期政府债务，但美联储认为这还不够。它通过贴现窗口贷款提供大量的流动性，并购买大量其他资产，主要是长期财政债券和政府资助的住房贷款机构房地美和房利美的债务。这解释了2008年9月后美联储资产激增的现象，如图29-9所示。

与以前的危机相同，2008年的危机导致了银行监管的变化，最引人注目的是2010年颁布的《多德-弗兰克法案》。我们在"真实世界中的经济学"专栏中讨论该法案。

▶ **真实世界中的经济学**

2008年危机后的监管

2010年7月，《华尔街改革和消费者保护法案》(Wall Street Reform and Consumer Protection Act，通常称为《多德-弗兰克法案》)分别在参议院和众议院通过后，由奥巴马总统签署成为法律。这是自20世纪30年代以来颁布的最大的金融改革法案——不足为奇，因为该国刚刚经历了自20世纪30年代以来最严重的金融危机。它如何改变了监管呢？

在大多数情况下，它并没有改变对传统存款银行的监管。这些银行面临的主要变化是创建一个新的机构，即消费者金融保护局，其使命是防止借款人在不了解但看似有吸引力的金融交易中被剥削。

主要变化是对金融机构而非银行进行监管，这些机构如雷曼兄弟破产，可能引发银行危机。新法律赋予了一个特别的政府委员会（即金融稳定监管委员会）权力，将某些机构认定为具有系统重要性的机构，即使它们不是普通存款银行。

这些具有系统重要性的机构将受到银行式的监管，包括相对较高的资本要求和限制其可能承担的风险。此外，联邦政府获得"决议授权"，有权按接管陷入困境的银行相同的方式来接管陷入困境的其他金融机构。

除此之外，法律还制定了关于衍生品交易的新规则，这些复杂的金融工具在LTCM破产以及2008年危机中发挥了重要作用：大多数衍生品今后必须在交易所买卖，每个人都可以观察到它们的价格和交易量。这个规则使金融机构承担的风险更加透明。

总的来说，《多德-弗兰克法案》最有可能被视为试图将老式银行监管的精神扩展到21世纪更为复杂的金融体系。它会成功地消除未来的银行危机吗？让我们拭目以待！

及时复习

- 美联储是为了应对1907年的金融恐慌而创建的。
- 20世纪30年代早期的大规模银行挤兑导致了更大的银行监管和联邦存款保险的创立。银行分为两类：商业银行（有存款保险）和投资银行（没有存款保险）。

● 在 20 世纪 70 年代和 80 年代的储蓄和贷款协会危机中，监管不足的储蓄和贷款协会因风险投机而遭受巨大损失。

● 在 20 世纪 90 年代中期，对冲基金 LTCM 使用大量杠杆在全球市场投机，造成巨大损失，走向崩溃。在其销售资产弥补损失时，LTCM 对世界各地的公司造成资产负债表效应。为了防止去杠杆化的恶性循环，纽约联邦储备银行协调了私人救助。

● 在 21 世纪初期，次级贷款通过证券化在金融系统扩散，导致金融危机。美联储通过向金融机构注入现金和购买私人债务来应对。

● 2010 年，《多德-弗兰克法案》修订了金融规制，以防止 2008 年的危机重演。

小测验 29-5

1. 1907 年的金融恐慌、储蓄和贷款协会危机和 2008 年的危机有什么相似之处？
2. 为什么美联储的创立未能阻止大萧条时的银行挤兑？什么措施可停止银行挤兑？
3. 描述资产负债表效应。描述去杠杆化的恶性循环。为什么政府有必要介入以制止去杠杆化的恶性循环？

▶ **企业案例**

完美的礼物：现金还是礼品卡？

当有人给你礼物来表达他或她的感激时总是让人开心的。在过去几年中，越来越多的人为表达感激之情而赠送零售商发行的礼品卡，这是一种可以兑换产品的预付塑料卡。GiftCardUSA. com 网站说，超过 80%的美国百强零售商的畅销卡是它们的礼品卡。

与允许接收人选择他或她想要的东西相比，什么可以更简单和有用？礼品卡难道不比现金或支票更隐私一些吗？

然而，一些网站正在从中获利，因为礼品卡接收人往往愿意以折扣价（有时以相当大的折扣）出售他们的卡，将卡换成冷冰冰、无人情味的美元和美分。

Cardpool. com 就是一个这样的网站。在撰写本文时，它回收全时卡的价格相当于卡面值的 88%。例如，价值为 100 美元的卡，卖方将获得 88 美元的现金。但对于盖璞卡，它的出价只等于面值的 70%。Cardpool. com 通过以比买价更高的价格转售而获利。例如，它以面值 88%的价格购买全时卡，再以面值的 97%销售出去。

许多消费者以相当大的折扣将礼品卡换成现金。与现金相比，零售商更鼓励使用礼品卡，因为发行的礼品卡的价值大部分未被使用，这种现象被称为漏损。

漏损是如何发生的呢？可能人们将卡弄丢了，或者他们只花了一张面额 50 美元礼品卡中的 47 美元，而没有回到商店再去使用剩下的 3 美元。此外，可能零售商对使用礼品卡收取手续费或者设定到期日期，而客户忘记在到期前去使用礼品卡。如果零售商停业，未使用的礼品卡的价值也就随之消失了。

除了漏损，当客户试图正好用完他们的礼品卡面额时发现，正好花费礼品卡的金额太难做到了，这样零售商自然也会受益。相反，客户最终的消费额要多于卡的面值，有时甚至比没有礼品卡时花得更多。

相对于对忠诚客户通过折扣卡（曾经是通常的做法）进行回报的做法，礼品卡对于零售商更有利，因此它们已经偏向于分发礼品卡。正如一位评论员在解释为什么零售商喜欢礼品卡而不是折扣卡时所指出的："在花钱方面没有人会忽视。"

然而，未来对礼品卡发行商来说可能并不那么有利可图。在经济困难时期，消费者用卡消费时会更加谨慎。2009 年颁布的立法要求这类卡片的有效期至少为 5 年。因此，漏损急剧下降，当然每年仍然超过 10 亿美元。

思考题

1. 为什么礼品卡所有者愿意以小于面值的价格出售他们的卡？
2. 为什么像沃尔玛、家得宝和全时这样的零售商的礼品卡比那些像盖璞这样的服装零售商的礼品卡的折扣要小一些？

3. 运用你对问题 2 的答案解释为什么现金从不“打折”销售？

4. 解释为什么零售商更喜欢给忠实客户礼品卡而不是折扣卡。

5. 最近的立法限制零售商对礼品卡征收费用和设定到期日，并要求更多地披露条款。你认为国会为什么通过了这项立法？

小结

1. 货币是方便用于购买产品和服务的任何资产。流通中的通货和支票银行存款被认为是货币供给的两个主要组成部分。货币可以发挥三方面的作用：作为交换媒介用于交易，作为储藏手段在一定时间内保持购买力，作为价值尺度标明价格。

2. 从发展的时间进程来看，除了自身作为产品具有价值之外仍然充当货币的商品货币（如黄金和白银）逐渐被商品本位货币（如以黄金为本位的纸币）所取代。今天的货币是纯粹的法定货币，其价值完全取决于官方的定位。

3. 美联储用两个指标定义货币供给。M1 是最狭义的货币总量，仅仅包括流通中的通货、旅行支票和支票银行存款。M2 包括更为广泛的被称为近似货币的资产，其中主要是可以很容易地转化为支票银行存款的银行存款。

4. 银行允许存款人马上提取现金，但是它们也会把由自己管理的大部分存款贷出。为了满足存款人提现的要求，银行会保留准备金。准备金由存放在自己保险柜中的现金和在美联储的存款组成。准备金率是准备金与银行存款的比率。T 形账户汇总银行的财务状况，贷款和准备金记为资产，存款记为负债。

5. 银行有时会遭受银行挤兑的冲击，最为著名的是在 20 世纪 30 年代早期。为了防范这种风险，存款人现在受到了存款保险的保护，银行所有者也有资本金要求以防止他们用存款人的钱发放风险过高的贷款，而且银行必须满足最低准备金要求。

6. 当流通中的通货存入银行后，它就引发了一个乘数过程：银行把超额准备金贷出会导致货币供给增加，也就是银行创造货币。如果全部的货币供给之中包括支票银行存款，货币供给将等于准备金数额除以准备金率。在现实中，基础货币的大部分由流通中的通货构成，货币乘数是货币供给与基础货币的比率。

7. 基础货币是由美国的中央银行美联储来控制的。美联储兼具政府部门和私人部门的一些特征。美联储监管银行并设定储备金要求。为了达到要求，银行在联邦基金市场上通过联邦基金利率相互借贷准备金。银行也可以通过贴现窗口按照贴现率从美联储借入准备金。

8. 公开市场业务是美联储最主要的货币政策工具：美联储通过向银行买进和卖出美国政府财政债券来增加和减少基础货币。

9. 为了应对 1907 年的金融恐慌，美联储成立，目的是集中持有银行准备金，检查银行账簿，保证货币供给充分响应经济条件的变化。

10. 在 20 世纪 30 年代初，大萧条引发了广泛的银行挤兑，极大地恶化和延长了萧条的持续。联邦存款保险公司创立，政府通过向银行贷款和购买银行股份来对银行注资。到了 1933 年，银行被分为两类：商业银行（存款保险覆盖）和投资银行（存款保险不覆盖）。公众接受存款保险终于阻止了大萧条时的银行挤兑。

11. 20 世纪 80 年代的储蓄和贷款协会危机是由于监管不足、过度投机造成巨大损失所致。破产的储蓄和贷款协会的存款人用纳税人的钱进行了补偿，因为存款保险覆盖它们。危机导致金融和房地产部门严重损失，导致 20 世纪 90 年代初期的经济衰退。

12. 20 世纪 90 年代中期，对冲基金 LTCM 使用大量杠杆在全球金融市场进行投机，在造成巨大损失后倒闭。LTCM 规模如此之大，以至当其销售资产来弥补损失时，它对世界各地的公司造成了资产负债表效应，形成了去杠杆化的恶性循环。结果是世界各地的信贷市场将停摆。纽约联邦储备银行协调了对 LTCM 的私人救助，恢复了世界信贷市场。

13. 在 21 世纪最初 10 年中期，美国房地产泡沫出现，次级贷款借助证券化在金融系统中传播。当泡沫破裂时，银行和非银行金融机构出现巨大损失，导致金融系统大规模崩溃。为了防止另一次大萧条，美联储和美国财政部扩大了对银行和非银行机构的贷款，通过购买银行股和私人债务提供资本。由于大部分危机源于非传统银行机构，2008 年的危机表明，金融部门需要更广泛的安全网络和更广泛的监管。2010 年《多德-弗兰克法案》是自 20 世纪 30 年代以来最大的金融改革法案，旨在防止另一场危机。

关键词

货币	流通中的通货	支票银行存款	货币供给	交换媒介
储藏手段	价值尺度	商品货币	商品本位货币	法定货币
货币总量	近似货币	银行准备金	T 形账户	准备金率
银行挤兑	存款保险	法定准备金	贴现窗口	超额准备金
基础货币	货币乘数	中央银行	联邦基金市场	联邦基金利率
贴现率	公开市场业务	商业银行	投资银行	储蓄和贷款协会
杠杆	资产负债表效应	去杠杆化的恶性循环	次级贷款	证券化

练习题

1. 下述交易，哪一种情形影响 M1？哪一种情形影响 M2？

a. 你出售部分股票并把所得存进你的储蓄存款账户。

b. 你出售部分股票并把所得存进你的支票存款账户。

c. 你把存款从储蓄存款账户转到支票存款账户。

d. 你在自己轿车脚垫下发现了 0.25 美元并把它存进你的支票存款账户。

e. 你在自己轿车脚垫下发现了 0.25 美元并把它存进你的储蓄存款账户。

2. 有三种形式的货币：商品货币、商品本位货币和法定货币。下述情形中使用的是哪一种货币？

a. 朗姆酒在殖民地时期的澳大利亚被用于购买产品。

b. 在许多欧洲国家盐曾经被用作产品交易的媒介。

c. 在不长的一段时间，德国发行的纸币（黑麦马克）可以赎回一定数量的黑麦。

d. 纽约小城伊萨卡可以发行自己的通货伊萨卡小时券，这种货币可以购买当地的产品和服务。

3. 下表所示是由圣路易斯联邦储备银行提供的 2003—2013 年的 M1 和 M2 的构成，单位是 10 亿美元。根据表中数字计算流通中的通货占 M1 和 M2 的比重。你认为 M1 和 M2、流通中的通货占 M1 的比重、流通中的通货占 M2 的比重有什么样的变化规律和发展趋势？对此如何解释？

年份	流通中的通货	旅行支票	支票银行存款	储蓄存款	定期存款	货币市场基金	M1	M2	流通中的通货占 M1 的比重	流通中的通货占 M2 的比重
2003	662.5	7.6	635.9	3 159.0	818.1	752.8	?	?	?	?
2004	697.8	7.5	670.6	3 506.5	828.4	677.6	?	?	?	?
2005	724.6	7.2	643.0	3 601.6	993.7	682.4	?	?	?	?
2006	750.2	6.7	610.6	3 691.8	1 206.0	776.6	?	?	?	?
2007	760.6	6.3	608.1	3 864.1	1 276.0	930.6	?	?	?	?
2008	816.2	5.5	782.0	4 085.6	1 457.6	1 021.6	?	?	?	?
2009	863.7	5.1	825.3	4 809.3	1 183.1	781.2	?	?	?	?
2010	918.7	4.7	912.7	5 329.6	927.9	675.7	?	?	?	?
2011	1 001.2	4.3	1 154.3	6 032.8	767.0	663.7	?	?	?	?
2012	1 090.0	3.8	1 353.5	6 687.5	633.0	642.0	?	?	?	?
2013	1 159.5	3.5	1 475.8	7 133.0	555.6	640.9	?	?	?	?

4. 请说明下述各项哪些是 M1 的组成部分？哪些是 M2 的组成部分？哪些两者都不是？

a. 你校园用餐卡中的 95 美元。

b. 你轿车零钱罐中的 0.55 美元。

c. 你储蓄账户中的 1 663 美元。

d. 你支票账户中的 459 美元。

e. 你拥有价值 4 000 美元的 100 股股票。

f. 你的西尔斯（Sears）信用卡透支额度 1 000 美元。

5. 特雷西·威廉姆斯把他抽屉中的 500 美元存进当地银行的支票账户。

a. 这笔存款最初怎样改变了当地银行的 T 形账户？这对货币供给有影响吗？

b. 如果银行准备金率为 10%，针对这笔新的存款，银行该如何做？

c. 如果每次银行发出贷款后，这笔贷款将以同样数量存入另一家不同的银行，当这样扩张时，经济中的货币供给量总共会增加多少？

d. 如果每次银行发出贷款后，这笔贷款将以同样数量存入另一家准备金率为 5%的银行，最初的 500 美元存款将会使货币供给增加多少？

6. 瑞安·科曾斯从他在当地银行的支票存款账户中提出 400 美元放在自己的钱包中。

a. 这笔提款怎样改变了当地银行的 T 形账户？对货币供应有什么影响？

b. 如果银行准备金率为 10%，针对这笔提款，银行该如何做？假设银行通过减少其持有的存款金额来应对准备金不足，直到其准备金水平满足其所要求的准备金率。银行通过收回部分贷款来减少存款，强迫借款人从他们的支票存款账户（在同一家银行）提取现金以偿还这些贷款。

c. 如果每次银行削减贷款后，支票银行存款也会下降同样数量，经济中的货币供给会减少多少？

d. 如果每次银行削减贷款后，支票银行存款也会下降同样数量，当准备金率为 20%时，400 美元的提款将会使货币供给减少多少？

7. 伊斯特兰迪亚国政府采用与美国一样的方法计算货币总量，该国中央银行规定的法定准备金率为 10%。根据下列信息回答后面所提出的问题：

银行在中央银行的存款=2 亿美元
公众持有的通货=1.5 亿美元
银行保险柜中的通货=1 亿美元
支票银行存款=5 亿美元
旅行支票=1 000 万美元

a. M1 为多少？

b. 基础货币为多少？

c. 商业银行有超额准备金吗？

d. 商业银行能增加支票银行存款吗？如果可以，能增加多少？

8. 在威斯特兰迪亚国，公众以通货形式持有 50%的 M1，法定准备金率为 20%。如果新增 500 美元现金存款，货币供给会增加多少？请完成下表。（提示：第一行表示的是银行必须持有 100 美元的最低法定准备金——20%×500 美元=100 美元，该笔存款有 400 美元超额准备金可以贷出。可是，公众想把贷款的 50%留作通货，也就是仅仅有 0.5×400 美元=200 美元的第 1 轮贷款将会在第 2 轮被存入银行。）你的答案与另一种全部贷款以存款形式回到银行体系而且公众不持有任何通货的经济体相比有什么不同？这说明公众持有通货的愿望和货币乘数之间的关系是什么？

轮次	存款（美元）	法定准备金（美元）	超额准备金（美元）	贷款（美元）	持有的通货（美元）
1	500.00	100.00	400.00	400.00	200.00
2	200.00	?	?	?	?
3	?	?	?	?	?
4	?	?	?	?	?

续前表

轮次	存款（美元）	法定准备金（美元）	超额准备金（美元）	贷款（美元）	持有的通货（美元）
5	?	?	?	?	?
6	?	?	?	?	?
7	?	?	?	?	?
8	?	?	?	?	?
9	?	?	?	?	?
10	?	?	?	?	?
10 轮之后总计	?	?	?	?	?

9. 在下述情形下，货币供给会发生什么变化？

a. 法定准备金率为 25%，存款人从支票存款账户中提出 700 美元。

b. 法定准备金率为 5%，存款人从支票存款账户中提出 700 美元。

c. 法定准备金率为 20%，消费者在支票存款账户中存入 750 美元。

d. 法定准备金率为 10%，消费者在支票存款账户中存入 600 美元。

10. 尽管美联储不通过改变法定准备金率来控制货币供应，但是阿尔巴尼亚的中央银行会这么做。该国的商业银行拥有 1 亿美元准备金、10 亿美元的支票银行存款，初始法定准备金率为 10%。该国商业银行采取不留超额准备金的做法。公众不持有通货，只有支票银行存款。

a. 当法定准备金率下降到 5%时，货币供给会发生什么变化？

b. 如果最低法定准备金率上升到 25%，货币供给会发生什么变化？

11. 使用图 29－6，找到你所住区的联邦储备银行。登录 www.federalreserve.gov/bios/pres.htm 确认联邦储备银行的主席是谁，并到如下网址 www.federalreserve.gov/fomc/确定所住区的联邦储备银行主席是不是联邦公开市场委员会的投票成员。

12. 当美联储卖出了 3 000 万美元美国政府财政债券后，请写出美联储和商业银行的 T 形账户变化。如果公众持有固定数量的通货（也就是说，所有新贷款创造出同样数量的支票银行存款），最低准备金率为 5%，商业银行的支票银行存款如何变化？货币供给如何变化？当货币供给改变这么多时，请写出商业银行的 T 形账户的最终变化。

13. 国会研究服务局（The Congressional Research Service）估计，朝鲜不法分子印制的 100 美元假钞在流通的金额至少有 4 500 万美元。

a. 为什么美国纳税人因为朝鲜的美元假钞而受损？

b. 截至 2014 年 12 月，美国财政债券一年期利率为 0.13%。按照 0.13%的利率，美国纳税人因为这些 4 500 万美元的假钞每年损失多少钱？

14. 如图 29－9 所示，在美联储的资产中，美国财政债券所占比重自 2007 年以来已经有所下降。登录 www.federalreserve.gov，在"选择统计发布"项目下点击"查看所有"。在"货币存量和准备金余额"标题下，单击"影响准备金余额的因素"。单击当前发布的数据。

a. 在"联邦储备银行状况声明"下，查看"总计"列。"总资产"旁边显示的金额是多少？"美国财政债券"旁边显示的金额是多少？在美联储的总资产中，美国财政债券占多少百分比？

b. 美联储的资产像图 29－9 中 2007 年 1 月的情况一样主要是美国财政债券，还是像图 29－9 中 2013 年年中那样还持有大量其他资产？

15. 下图为 1980 年 1 月至 2014 年 1 月期间美国新住房开工数量，单位为千套/月。该图显示 1984—1991 年和 2006—2009 年新住房开工量大幅下降。新住房开工量与可用的抵押贷款有关。

a. 引起新住房开工数量在 1984—1991 年下降的原因是什么？

b. 什么原因导致新住房开工数量在 2006—2009 年下降？

c. 如何更好地监管金融机构，防止上述两种情况发生？

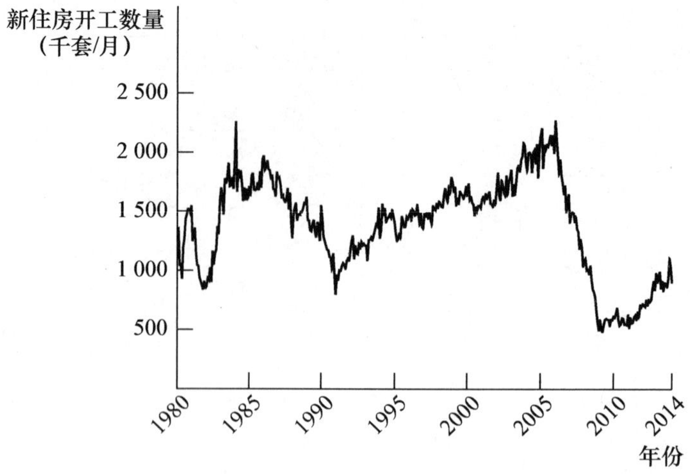

资料来源：Federal Reserve Bank of St. Louis.

在线回答问题

16. 当美联储购买了 5 000 亿美元美国财政债券后，请写出美联储和商业银行的 T 形账户变化。如果公众持有固定数量的通货（也就是说，贷款会创造出同等数量的存款），最低准备金率为 10%，银行没有超额准备金，商业银行的存款如何变化？货币供给如何变化？当货币供给改变的数量为上述数值时，请写出商业银行的 T 形账户的最终变化。

第 30 章

货币政策

本章将学习

- 货币需求曲线是什么。
- 流动性偏好模型怎样决定短期利率。
- 美联储如何制定货币政策改变利率，影响短期总产出。
- 为什么货币政策是平稳经济的主要工具。
- 将美联储与其他中央银行进行比较。
- 为什么经济学家相信货币中性——货币政策在长期只影响价格水平，而不影响总产出。

开篇案例

政府中最有权力的人

2014 年，《纽约客》（*New Yorker*）杂志的记者尼古拉斯·莱曼（Nicholas Lemann）参观了纽约联邦储备银行的交易大厅。他发现很奇怪，他所见的相当不起眼，他的描述如下：书桌前的人“看起来像刚毕业的学生”，“穿着商务休闲装”。主楼层有两个小房间。在一个房间里，五个“满脸严肃的人”正在购买“美国长期政府债券，每月数量达 30 亿美元”。在另一个房间里，有七个人购买数量稍小一些的抵押贷款支持债券——政府支持的住房贷款债券。莱曼对缺乏戏剧性感到困惑，他提问：“我所见的毫无重要性可言——没有奢侈，没有情感，甚至没有说话，这真的是资本主义世界跳动的心脏吗?”

答案基本上是肯定的。莱曼参观了纽约联邦储备银行，因为他要为被任命为美联储理事会主席的珍妮特·耶伦（Janet Yellen）写一个简介。这是一个非常重要的位置，正如莱曼所写：“有一个老的说法是美联储主席是政府中最重要的人。在金融危机之后，这种说法实际上并没有完全体现出来。”

人们有时会说，美联储主席决定发行多少钞票。事实并非如此。就以一件事为例，美联储并不印钞，此外，货币发行量的决定是由委员会而非个人决定。但正如我们在第 29 章中所学到的，美联储可以使用公开市场业务和其他行动（如改变准备金要求）来改变货币供给，耶伦比任何美国人对这些行动的影响都大。

这些行动很重要。美国自第二次世界大战以来经历的大约一半的经济衰退可以归因于（至少部分地归因于）美联储决定收紧货币以打击通货膨胀。在其他情况下，美联储在应对衰退和促进复苏方面发挥了关键作用。2008 年的金融危机使美联储处于风暴中心。它对危机的积极应对引发了赞美和谴责。2009 年《时代》（*Times*）杂志将本·伯南克（Ben Bernanke）——珍妮特·耶伦的前任——评为“年度人物”。但在下一年，一些华尔街著名人物和经济学家以公开信的形式指责他使美元“贬值”。

美联储主席的权力来自理事会能够指导在纽约这两个小房间的工作人员的行动。美联储的所作所为主要是制定货币政策。货币政策看上去没有那么重要，但合理的货币政策对于创造就业、稳定价格以及其他更多方面至关重要。

在本章中，我们将了解货币政策如何运作——美联储的行动如何能够对经济产生强大的影响。我们将从家户和企业的货币需求开始分析。然后，我们将看到美联储如何改变货币供给，在短期内改变利率，从而影响实际GDP。我们将考察美国的货币政策实践，并将其与其他中央银行的货币政策进行比较。最后我们将检视货币政策的长期影响。

30.1 货币需求

在前面章节中，我们知道货币供给总量有不同的类型。M1是对货币供给最通用的定义，包括流通中的通货（现金）、支票银行存款和旅行支票。M2是对货币供给的广义定义，包括M1和容易转化成支票银行存款的存款。我们也知道了人们为什么持有货币——方便购买产品和服务。现在，我们再深入一层进行分析，在一定时间点上，个人和企业为什么持有货币以及持有的货币数量由什么来决定。

□ 30.1.1 持有货币的机会成本

大部分经济决策涉及边际上的权衡取舍。也就是说，人们在决定消费多少产品时，是比较多消费1单位产品的收益与成本相比是否物有所值。同样的决策方法也可适用于持有多少数量的货币。

个人和企业把其部分资产以货币形式持有，一部分原因是持有货币可以直接用来购买产品和服务。但是，这种便利性也是要付出代价的：与非货币资产相比，持有货币带来的收益通常相对较低。

为理解货币便利性会导致产生一些机会成本，我们来看一个例子：即使当今信用卡、借记卡和自动提款机很流行，人们仍然继续在他们的钱包中放入一些现金，而不是将这部分资金放在生息账户中。他们这样做是因为他们想在不接受信用卡的地方购买午餐或不想在商店因为刷卡费用而不接受小额支付时不得不去自动提款机取钱。换句话说，在你的钱包中保有一些现金的便利性比你通过在银行中保有那些资金所获得的利息更有价值。

即使将货币放入支票账户中，也需要在便利性和赚取利息之间进行权衡。这是因为你可以通过把钱转为资产而不是支票账户来赚取更高的利率。例如，许多银行提供比普通银行账户更高利率的定期存单。但是，如果你在到期前一定时间（例如6个月）提取定期存单存款也会支付罚金。人们将资金存放在支票账户中就放弃了把这些资金存入定期存单可能获得的较高利率，目的是在需要时随时使用现金。

因此，了解货币需求的意义在于理解个人和企业如何在持有现金的好处（方便但不能生息）与持有生息的非货币资产（带来利息但不方便）之间进行权衡。这种权衡受利率影响。（与前面一样，当说到利率时，应理解我们的意思是名义利率，也就是说，没有经过通货膨胀调整。）接下来，我们将检视这种权衡从2007年6月到2008年6月在利率大幅下降时如何改变。

表30-1所示为在2007年6月这一特定月份持有货币的机会成本。第一行给出了1个月期的定期存单的利率，即个人如果愿意绑定他们的资金1个月可能获得的利率。2007年6月，1个月期的定期存单利率为5.30%。第二行所示为付息的需求存款（具体包括在M2中，减去小额定期存款）的利率。这些账户中的资金比定期存单中的资金更容易使用，但便利性的代价是利率更低，只有2.30%。最后一行所示为钱包中的现金的利率——当然是零。

表30-1所示为在某一时间点持有货币的机会成本，但是当总体利率水平变化时，持有货币的机会成本也会改变。具体来说，当整体利率水平下降时，持有货币的机会成本也会下降。

表 30-1　**2007 年 6 月部分利率**

1 个月期的定期存单的利率	5.30%
付息的需求存款的利率	2.30%
现金利率	0

资料来源：Federal Reserve Bank of St. Louis.

短期利率是指不到一年到期的金融资产的利率。

表 30-2 所示为 2007 年 6 月至 2008 年 6 月期间选定的几种利率变化的情形，在此期间，美联储在一次（并不成功的）应对快速恶化的经济衰退的努力中降低了利率。2007 年 6 月和 2008 年 6 月的利率比较说明了当持有货币的机会成本大幅下降时会发生什么。在 2007 年 6 月至 2008 年 6 月期间，联邦基金利率（美联储最直接控制的利率）下降了 3.25 个百分点。1 个月期的定期存单的利率几乎下降了 2.8 个百分点。这些利率是**短期利率**（short-term interest rate）——不到一年到期的金融资产的利率。

短期利率在 2007 年 6 月至 2008 年 6 月之间下降，但现金利率并没有下降相同的幅度。现金利率当然保持为零。付息的需求存款的利率也出现下降，但远远低于短期利率。从表 30-2 的两列比较可以看出，持有货币的机会成本下降了。表 30-2 的最后两行对这种比较做了总结，分别给出了定期存单与付息的需求存款的利率以及定期存单与现金的利差。

这些利差——持有货币而不是生息资产的机会成本——在 2007 年 6 月至 2008 年 6 月之间急剧下降。由此得出的一般性结论是：短期利率越高，持有货币的机会成本越高；短期利率越低，持有货币的机会成本越低。

表 30-2 中的联邦基金利率和 1 个月期的定期存单的利率下降的百分比几乎相同，这并非偶然：所有短期利率都倾向于一起变动，极少有例外。短期利率倾向于一起变动的原因是，定期存单和其他短期资产（如 1 个月期和 3 个月期的美国财政债券）实际上在竞争同样的业务。投资者会卖出任何利率低于平均利率的短期资产，而将他们的财富转移到具有更高收益的短期资产上。出售资产反过来又迫使利率上升，因为投资者必须得到更高的利率才会购买。

相反，投资者会把他们的财产转移到提供高于平均收益率的任何短期金融资产中。当销售者发现降低收益率后仍有人愿意购买时，该资产的收益率将会下降。所以短期金融资产的利率将趋于一致，因为没有资产一直提供高于或低于平均收益率的收益率。

表 30-2　**利率与持有货币的机会成本**

	2007 年 6 月	2008 年 6 月
联邦基金利率	5.25%	2.00%
1 个月期的定期存单的利率	5.30%	2.50%
付息的需求存款的利率	2.30%	1.24%
现金利率	0.00	0.00
定期存单与付息的需求存款的利差	3.00%	1.26%
定期存单与现金的利差	5.30%	2.50%

资料来源：Federal Reserve Bank of St. Louis.

长期利率是指到期期限达几年甚至更长时间的金融资产利率。

表 30-2 仅仅列出了短期利率。在任何时点上，**长期利率**（long-term interest rates）与短期利率不同，所谓长期利率是指到期期限达几年甚至更长时间的金融资产利率。在现实中，短期利率和长期利率的差异有时是非常重要的。

此外，影响货币需求的是短期利率而非长期利率，因为持有货币的决策涉及持有货币的便利性与短期资产（到期时间在一年或更短时间内）收益的权衡比较。然而，目前我们忽略短期利率和长期利率之间的区别，并假设只有一个利率。

□ 30.1.2 货币需求曲线

在其他条件不变时，因为利率总水平将影响持有货币的机会成本，个人和企业持有的货币数量与利率之间是负相关关系。在图 30－1 中，横轴为货币需求数量，纵轴为利率 r，我们可以将其视为代表性短期利率，例如 1 个月期的定期存单的利率。（正如我们在第 25 章讨论的那样，它是名义利率，而不是影响人们货币分配决策的实际利率。因此，图 30－1 中的 r 和所有后续的数字都是名义利率。）

货币需求曲线表示利率与货币需求数量之间的关系。

公众的货币需求数量与利率之间的关系可由**货币需求曲线**（money demand curve，MD）来表示，如图 30－1 所示。货币需求曲线向下倾斜，是因为在其他条件不变时，利率越高，持有货币的机会成本也越高，人们将减少货币需求数量。例如，假设利率非常低，比方说 1%，持有货币放弃的利息也非常少，结果个人和企业往往愿意持有数量较多的货币以避免在购物时持有的其他资产必须转换成货币带来的成本和麻烦。

相反，当利率相对较高时，比方说 15%（美国在 20 世纪 80 年代早期曾经达到过这一水平），持有货币的机会成本就相当高。人们愿意只持有少量货币和存款，只有当需要时才将其转成现金。

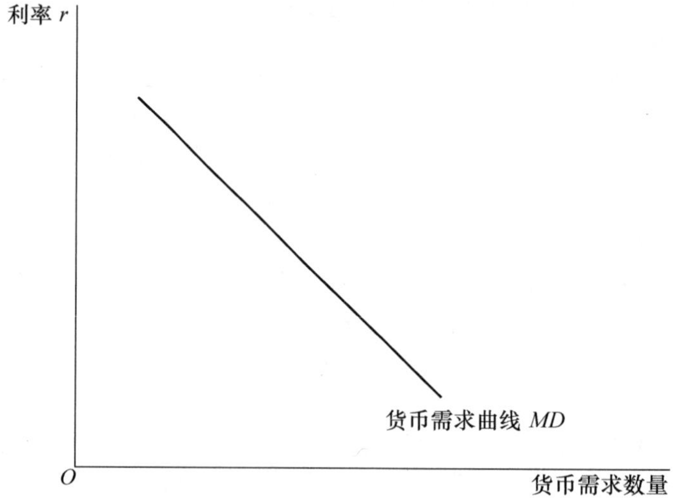

图 30－1 货币需求曲线

货币需求曲线表现的是利率和货币需求数量之间的关系。它向下倾斜，因为利率水平越高，持有货币的机会成本越大，导致货币需求数量减少。相应地，利率水平越低，持有货币的机会成本越小，货币需求数量增加。

你可能会问，我们画出的货币需求曲线为什么要把利率——与其他资产如股票或不动产的收益率不同——置于纵轴？就像我们前面所解释的，对大部分人来说，与持有多少数量货币的决策相关的问题是：是否把资金投入其他形式的可较为迅速和方便地转为货币的资产？股票不适合这个定义，因为当你买卖股票时，交易费用较高（这就是为什么股票市场的投资者不会太频繁地买卖的原因）。不动产也不符合这一定义，因为销售房地产涉及更高的费用，也可能需要很长时间。因此，能进行相关类比的是“近似于”货币的资产——定期存单之类流动性高的资产。正如我们已经知道的，所有这些资产的利率通常紧密相关。

□ 30.1.3 货币需求曲线的移动

除利率之外，许多因素也影响货币需求。当这些因素中的一种发生变化时，货币需求曲线发生移动。图 30－2 表现了货币需求曲线的移动：货币需求增加，MD 曲线向右移动，增加了任何给定利率所需的货币数量；货币需求减少，MD 曲线向左移动，减少了任何给定利率所需的货币数量。

导致货币需求曲线移动的最重要因素有：总体价格水平的变化，实际 GDP 的变化，信贷市场和银行业务的技术变革以及制度的变革。

总体价格水平的变化 与 20 世纪 50 年代相比，美国人钱包中的现金数量以及存在支票账户中的金钱要多出许多。原因之一是如果他们想要购买东西就必须这样做，那时几乎所有东西都比之前花费更多，之前你在麦当劳买一份汉堡包、薯条和饮料只需 45 美分，一加仑汽油只需 29 美分。因此，在其他条件不变的情况下，价格越高，货币需求数量越多（*MD* 曲线向右移动），而价格越低，货币需求数量越少（*MD* 曲线向左移动）。

我们可以更加具体地来看总体价格水平对货币需求数量的影响，在其他条件不变的情况下，货币需求数量与总体价格水平之间成比例变动。也就是说，在一定利率水平上，如图 30－2 中的 r_1，当总体价格水平提高 20%时，货币需求数量也会提高 20%——从 M_1 变动到 M_2。为什么？因为如果所有价格上涨了 20%，购买同样的产品和服务需要多花 20%的钱。当总体价格水平下降 20%时，购买同样的产品和服务则少花 20%的钱，表现为从 M_1 变动到 M_3。我们将在后面看到，货币需求数量与总体价格水平成比例变化的事实对货币政策的长期影响非常重要。

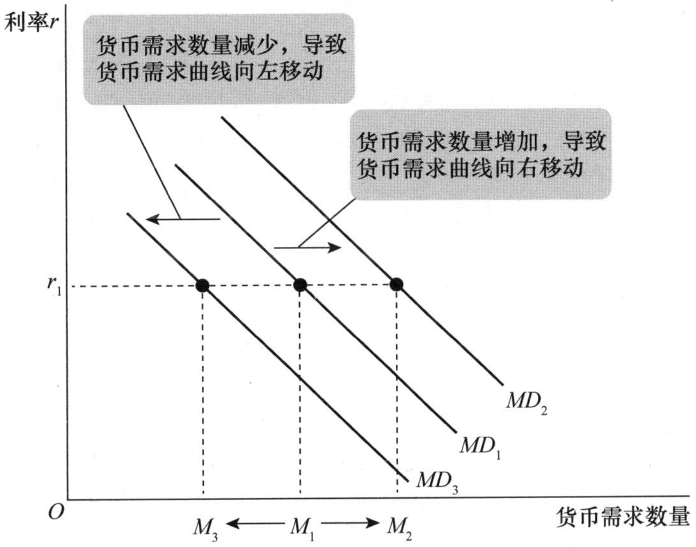

图 30－2　货币需求数量的增加和减少

当影响货币需求数量的非利率因素改变时，货币需求曲线发生变化。货币需求数量的增加将导致货币需求曲线从 MD_1 向 MD_2 变动，并且货币需求数量在任何给定的利率上增加。货币需求数量减少将推动货币需求曲线向左移动，从 MD_1 变动到 MD_3，并且在任何给定的利率上货币需求数量下降。

实际 GDP 的变化　家户和企业持有货币是为了便利购买产品和服务。他们计划购买的产品和服务的数量越多，在利率水平不变时他们愿意持有的实际货币需求数量越大。所以，实际 GDP 增加将会推动实际货币需求曲线向右移动，而实际 GDP 减少将会推动实际货币需求曲线向左移动。

信贷市场和银行业务的技术变革　信用卡在当今美国各地都可使用，但并不总是如此。允许客户跨月滚动余额（称为余额循环）的第一张信用卡是在 1959 年发行的。在此之前，人们不得不支付现金购买或每月结账。在余额循环信用卡发明后，人们为购买而持有的钱就减少了，也减少了对货币的需求。此外，推动信用卡广泛普及并被广泛接受的银行业务的技术变革放大了这一效果，人们可以更容易进行购买而不必将有息资产转换为资金，进一步减少了对货币的需求。

制度的变革　制度的变革可以增加或减少货币需求。例如，直到 20 世纪 80 年代初期，根据 Q 条例，美国银行不能对支票账户支付利息，所以持有支票银行存款的机会成本非常高。当银行制度改变，允许银行对支票账户支付利息后，实际货币需求也随之增加了，货币需求曲线向右移动。

▶ 真实世界中的经济学

还是想持有现金

金融专家们说日本仍然是一个现金社会。从美国和欧洲来的旅游者在看到日本人很少使用信用卡，钱包中装着厚厚的日元现钞时惊讶不已。确实，日本是一个经济和技术发达的国家，某些统计指标，如交通运输方面甚至超过美国。然而这样一个经济大国中的居民为什么在进行交易时采用的是美国和欧洲以前一代人的做法呢？答案自然涉及影响货币需求数量的因素。

日本人大量使用现金的一个原因是他们的制度从来没有努力推动人们更多地转向对塑料卡片的依赖。原因较为复杂，日本的零售商店大多是小型的夫妻店，它们不愿意对信用卡进行技术投资；日本的银行在推动交易技术进步方面也非常缓慢；游客也经常对日本的自动提款机在晚上很早关闭而不是日夜都能使用感到迷惑不解。

日本人持有大量现金还有其他原因：这样做的机会成本很低。自从20世纪90年代中期开始，日本的短期利率低于百分之一；日本的犯罪率低也是原因之一，装满现金的钱包很少被偷。所以为什么不持有现金呢？

及时复习

● 货币提供的收益率要低于其他金融资产。我们通常在比较货币的收益率时使用短期利率而不是长期利率。

● 持有货币可以提供流动性，但是当利率水平提高后，持有货币的机会成本就增加了，从而导致货币需求曲线向下倾斜。

● 总体价格水平的变化、实际GDP的变化、信贷市场和银行业务的技术变革以及制度的变革会导致货币需求曲线移动。货币需求数量增加，导致货币需求曲线向右移动；货币需求数量减少，导致货币需求曲线向左移动。

小测验 30-1

1. 解释下面的每一项将如何影响货币需求数量。变化导致的是沿着货币需求曲线的移动还是货币需求曲线的移动？

a. 短期利率从5%上升到30%。

b. 所有价格下降10%。

c. 超市采用新的无线技术自动向信用卡收钱，人们不必在收银机前排队结账。

d. 为了避免大幅增加税收，居民将他们的资产转入海外银行账户。税务机关更难跟踪这些账户，但所有人将账户资金转换为现金也更难了。

2. 请解释如下事件哪个会增加持有货币的机会成本？哪个会减少？哪个没有影响？

a. 商家对通过借记卡或信用卡交易的低于50美元的购物收取1%的费用。

b. 为了吸引更多存款，银行提高了6个月期定期存单的利息。

c. 在节假日，零售商暂时将价格降低到出乎意料低的水平。

d. 食物的成本显著上升。

30.2 货币与利率

> 联邦公开市场委员会今天决定把联邦基金目标利率降低75个基点，新的水平为2.25%。
>
> 最近的信息表明，经济增长前景在未来将走弱。消费支出的增长已经放缓，劳动市场已经疲软。金融市场仍然处于相当大的压力之下，信贷条件趋紧，房地产市场萎缩在加速，这些可能会影响未来几个季度的经济增长。

这是2008年3月18日美联储发布的新闻稿的开始部分（联邦基金利率的调整基点为0.01个百分点，因此，该报告暗示美联储将目标利率从3%降至2.25%）。在第29章中，我们已经了解了联邦基金利率，它是银行相互借出准备金以满足所需的准备金的利率。正如声明所暗示的，在每年举例八次的会议上，一个被称为联邦公开市场委员会的小组决定联邦基金利率的目标。然后由美联储官员实现这一目标。该任务由纽约联邦储备银行通过公开市场柜台来完成，该银行将购买和出售短期美国政府债务，即财政债券，以实现这一目标。

正如我们已经看到的，其他短期利率，如定期存单的利率，随联邦基金利率的变动而变动。因此，当美联储在2008年3月将联邦基金目标利率从3%降至2.25%时，许多其他短期利率也下降了约四分之三个百分点。

美联储是如何实现联邦基金目标利率的？更重要的是，美联储如何能够影响利率呢？

□ 30.2.1 均衡利率水平

为简化起见，我们假定非货币金融资产只有一种利率，无论是短期还是长期。为了明白利率是如何被决定的，请看图 20－3，该图所示为**利率的流动性偏好模型**（liquidity preference model of the interest rate），这个模型认为利率水平是由货币市场中的货币供给和货币需求决定的。在图 30－3 中，我们把货币需求曲线 MD 和**货币供给曲线**（money supply curve）AS 放在一起。货币供给曲线表示的是美联储提供的货币数量如何随利率的变化而变化。

利率的流动性偏好模型认为利率水平是由货币市场中的货币供给和货币需求决定的。

货币供给曲线表现的是货币供给数量如何随利率的变化而变化。

在第 29 章中，我们学习过美联储如何通过在公开市场业务中买进或卖出财政债券来增加和减少货币供给数量，它也能通过贴现窗口或改变法定准备金率来影响利率。为简单起见，我们假定美联储通过一种或多种手段简单选择能够实现目标利率的货币供给数量。货币供给曲线就是一条垂直线，如图 30－3 中的 MS 所示，与横轴交点处的货币供给数量是由美联储选定的 $\overline{M}$。货币市场在该点实现均衡，此时货币供给等于货币需求，得到均衡利率 r_E。

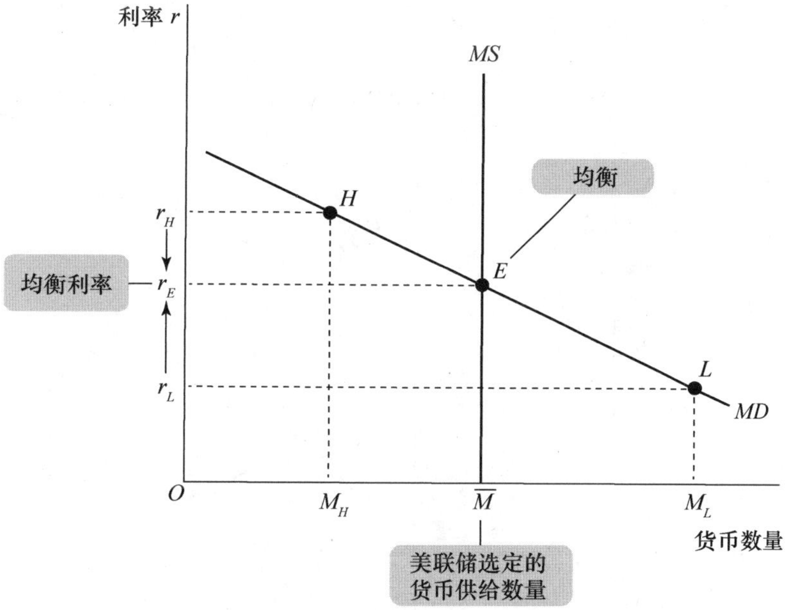

图 30－3 货币市场的均衡

货币供给曲线 MS 是美联储选定的货币供给数量 $\overline{M}$ 水平上的一条垂直线。在利率水平 r_E 上，货币市场实现均衡。公众的货币需求数量等于货币供给数量 $\overline{M}$。

在 L 点，r_L 低于 r_E，货币需求数量 M_L 大于货币供给数量 $\overline{M}$。公众卖出生息的非货币金融资产而增加货币持有量，投资者将把利率推高至 r_E。在 H 点，r_H 高于 r_E，货币需求数量 M_H 小于货币供给数量 $\overline{M}$。公众减少货币持有量，买入生息的非货币金融资产，投资者将把利率压低至 r_E。

为了理解为什么 r_E 是均衡利率，我们可以考虑如果市场在 L 点时会发生什么，此时利率水平为 r_L，r_L 低于 r_E，公众希望持有的货币数量为 M_L 大于实际货币供给数量 $\overline{M}$。这意味着公众想把他们财富中生息的非货币金融资产如定期存单转为货币。

这一结果有两层含义：一是货币需求数量大于货币供给数量；二是对生息的非货币金融资产的需求数量小于供给数量。所以那些想卖出生息的非货币金融资产的人发现他们只有提高利率才能吸引购买者。结果利率将从 r_L 上升到公众持有的货币数量与实际货币供给数量 $\overline{M}$ 相等的水平上。也就是说，利率水平会一直提高到 r_E。

现在我们考虑如果市场在图 30－3 中的 H 点会发生什么。此时，r_H 高于 r_E，货币需求数量 M_H 小于实际货币供给数量 $\overline{M}$。这意味着公众对生息的非货币金融资产的需求大于供给。那些想卖出生息的非货币金融资产的人发现他们即使以更低利率出售也能找到购买者。这将导致利率从 r_H 下降，一直会下降到公众愿意持有的货币数量等于实际货币供给数量 $\overline{M}$ 相对应的水平上。也就是说，利率水平将变动为 r_E。

□ 30.2.2 利率的两个模型

读者可能注意到了，这是我们第二次讨论利率水平的决定了。在第 25 章，我们讨论过决定利率使用的可贷资金模型，根据那个模型，利率水平的决定是由可贷资金市场上可贷资金的供给数量与需求数量相等所决定的。但是，我们在这里讨论的是决定利率的不同模型：利率是由货币市场中货币供给和货币需求相等所决定的。哪一个是正确的呢？

两个模型都正确。在本章附录，我们将解释两个模型是一致的。现在，我们暂时不管利率决定的可贷资金模型，而是集中讨论利率决定的流动性偏好模型。这个模型最重要的一点是向我们展示了货币政策（美联储和其他中央银行采取的行动）如何发挥作用。

□ 30.2.3 货币政策和利率

我们来分析美联储如何通过变动货币供给量来改变利率。图 30－4 表示的是当美联储将货币供给数量从 $\overline{M}_1$ 变为 $\overline{M}_2$ 时利率将怎样变化。经济原来处在均衡状态 E_1，均衡利率为 r_1，货币供给数量为 $\overline{M}_1$。当美联储把货币供给数量增加到 $\overline{M}_2$ 后，货币供给曲线将向右移动，从 MS_1 变化到 MS_2，导致均衡利率下降到 r_2。为什么？因为 r_2 是满足公众愿意持有的货币数量等于实际货币供给数量 $\overline{M}_2$ 的唯一利率水平。

所以，增加货币供给数量将压低利率水平；同样减少货币供给数量将抬高利率水平。通过增加或减少货币供给数量，美联储可以调整利率。

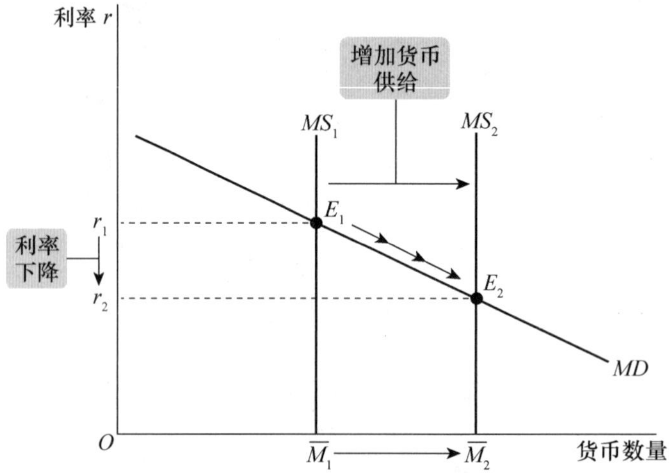

图 30－4　货币供给数量增加对利率的影响

美联储可以通过增加货币供给数量来降低利率水平。当货币供给数量从 $\overline{M}_1$ 改变为 $\overline{M}_2$ 后，利率水平从 r_1 下降到 r_2。为了吸引人们持有更多的货币，利率必须从 r_1 下降到 r_2。

联邦基金目标利率是美联储希望实现的联邦基金利率水平。

在实践中，每次联邦公开市场委员会开会决定的利率水平将维持六个星期直到下次例会。美联储确定**联邦基金目标利率**（target federal funds rate），这是它希望实现的联邦基金利率水平。设在纽约联邦储备银行的公开市场业务办公室（我们前面提到的那两个小办公室）通过买卖财政债券来调节货币供给，直到现实的联邦基金利率等于目标利率。货币政策的其他工具——贴现窗口和准备金率变化——不会定期使用（虽然美联储在努力解决 2008 年金融危机时使用了贴现窗口贷款）。

图 30－5 表示的是这种目标如何实现。r_T 是联邦基金目标利率。在图 30－5（a）中，初始的货币供给曲线为 MS_1，货币供给数量为 $\overline{M}_1$，均衡利率 r_1 高于目标利率水平 r_T。为了把利率降低至 r_T，美联储在公开市场上买入财政债券。正如我们在第 29 章学习过的，在公开市场上买进财政债券将通过货币乘数导致货币供

给量增加。这通过在图 30－5（a）中货币供给曲线从 MS_1 向右移动到 MS_2 来表示，货币供给数量增加到 $\overline{M}_2$。这将推动均衡利率降低到目标利率水平 r_T。

在图 30－5（b）中表现的是相反的情形。同样，初始的货币供给曲线为 MS_1，货币供给数量为 $\overline{M}_1$。但是，这时均衡利率 r_1 低于目标利率水平 r_T。在这种情形下，美联储在公开市场上卖出财政债券，通过货币乘数导致货币供给数量减少到 $\overline{M}_2$，供给曲线将从 MS_1 向左移动到 MS_2，这将推动均衡利率水平上升到目标利率水平 r_T。

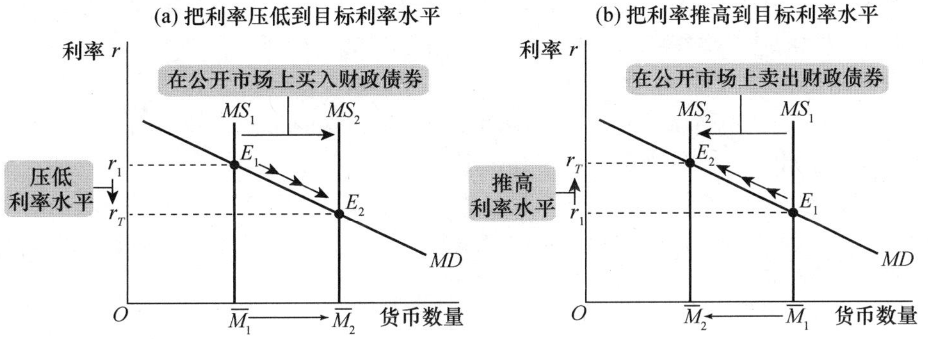

图 30－5　联邦基金利率的决定

美联储确定联邦基金目标利率并通过公开市场业务操作来实现利率目标 r_T。在图（a）中，初始的均衡利率 r_1 高于目标利率水平。美联储在公开市场上买入财政债券增加货币供给，推动货币供给曲线从 MS_1 向右移动到 MS_2，把利率压低到目标利率水平 r_T。在图（b）中，初始的均衡利率 r_1 低于目标利率水平 r_T。美联储在公开市场上卖出财政债券减少货币供给，推动货币供给曲线从 MS_1 向左移动到 MS_2，推动利率上升到目标利率水平 r_T。

▶ **疑难解答**

目标和市场

在过去几十年中，美联储对如何制定货币政策的细节做了改变。在 20 世纪 70 年代后期和 80 年代早期，美联储采用货币供给量水平作为目标，通过改变基础货币来实现目标。在这种政策之下，联邦基金利率可以自由浮动。现阶段美联储采取相反的操作，确定联邦基金利率目标，为实现目标允许货币供给量自由变化。

许多人错误地认为美联储操作的方式改变了货币市场运行的方式。有时你可能听到有人说利率不再反映货币供给和需求了，因为美联储决定着利率。

事实上，货币市场运行照旧：利率仍然是由货币供给和货币需求决定的。唯一不同的是，现在美联储通过调节货币供给来实现目标利率。不混淆政府的操作程序变化与经济的运行方式变化是非常重要的。

□ 30.2.4　长期利率

之前我们提到过长期利率（也就是期限达几年的债券或贷款的利率）并不一定会随着短期利率的变化而变化。这可能吗？

我们来看米丽的例子，她决定在未来两年将用 10 000 美元购买美国政府债券。但是，她还没有决定是购买 1 年期利率为 4%的债券还是购买 2 年期利率为 5%的债券。如果她购买 1 年期债券，那么在 1 年内，米丽将收到她为债券支付的 10 000 美元（本金）加上利息。如果相反，她购买了 2 年期债券，米丽将不得不等到第 2 年年底再收回本金和利息。

你可能认为 2 年期债券显然要好一些，但是并不一定。假设米丽认为 1 年期债券的利率在下一年会有大幅度上升。如果她购买 1 年期债券，那么来年她就可以把钱用于购买利率更高的债券。这样她两年得到的利息要多于她购买 2 年期债券。例如，假设利率为 4%的 1 年期债券下一年利率将上升至 8%，那么先购买 1 年期债券然后再购买另一个 1 年期债券在两年时间内得到的收益率为 6%，显然好于 2 年期债券的收益率 5%。

当投资者选择短期债券和长期债券时会有同样的考虑。如果他们认为短期利率将会升高，即使长期债券利率高于短期，投资者也将购买短期债券。如果他们认为短期利率将会降低，即使目前短期债券利率高于长期，投资者也将购买长期债券。

该例子表明长期利率主要反映了市场对未来短期利率会发生什么的平均预期。当长期利率高于短期利率时，如同 2014 年一样，市场预示着短期利率在未来会上升。

然而，这并非全部内容：风险也是一个因素。回到米丽决定是购买 1 年期还是 2 年期债券的例子。假设她投资 1 年时间后需要用到现金，比如说要支付紧急医疗费用。如果她买了 2 年期债券，她必须出售这些债券来应付意外费用。但她的债券会得到什么价格？这取决于经济体中其他利率发生的变化。我们在第 25 章学过，债券价格和利率变化方向相反：如果利率上升，债券价格下跌，反之亦然。

这意味着如果米丽购买 2 年期债券而不是 1 年期债券，那么米丽将面临额外的风险，因为如果一年后债券价格下跌，她必须出售债券以筹集现金，她将在债券上亏损。由于这一风险因素，长期利率平均高于短期利率，以补偿长期债券购买者面临的较高风险（尽管这种关系在短期利率异常高时会被逆转）。

正如我们将在本章后面看到的，长期利率不一定随着短期利率变动的事实有时是货币政策需考虑的一个重要因素。

▶ **真实世界中的经济学**

美联储的操作逆转

我们在本节开篇引用了美联储 2008 年 3 月 18 日公告中的内容，它降低了目标利率。这个特别的行动是一个更大故事的一部分：从 2007 年 9 月开始的美联储政策大幅逆转。

图 30－6 显示了从 2004 年年初到 2014 年年中的两种利率：由联邦公开市场委员会决定的联邦基金目标利率与市场有效或真实的联邦基金利率。正如我们所看到的，美联储从 2004 年年底到 2006 年年中分步提高了目标利率。这样做是为了防止可能的经济过热和通货膨胀率上升。但是，从 2007 年 9 月开始，美联储进行了戏剧性的操作逆转，因为房价下跌触发了日益严重的金融危机，最终导致严重的经济衰退。2008 年 12 月，美联储决定允许联邦基金目标利率在 0～0.25%的区间内变动。从那时起直到写作本书时，联邦基金利率保持在接近零的水平，目的是应对非常疲软的经济和高失业率。

图 30－6 还表明，美联储并不总是能实现目标。有多次，特别是 2008 年，有效的联邦基金利率大大高于或低于目标利率。但这并不会持续很长时间，总体上美联储得到了它想要的，至少就短期利率来说是这样。

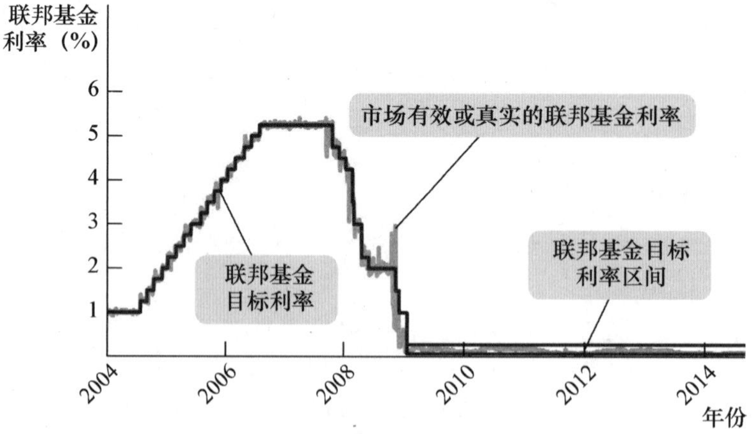

图 30－6　美联储的操作逆转

资料来源：Federal Reserve Bank of St. Louis.

及时复习

- 根据利率的流动性偏好模型，均衡利率是由货币供给曲线和货币需求曲线决定的。
- 美联储可以通过公开市场业务移动货币供给曲线来改变利率。在实践中，美联储确定联邦基金目标利率并通过公开市场业务来实现这一目标利率。

● 长期利率反映了对未来短期利率会发生什么的预期。由于风险因素，长期利率往往高于短期利率。

小测验 30－2

1. 假定在每一利率水平上的货币需求数量都增加了。请画图说明在货币供给不变的情况下，这对均衡利率会产生什么影响。

2. 假定美联储为达到联邦基金目标利率采用政策手段。请说明在问题 1 的情况下，如果想保持联邦基金利率不变，美联储该怎么做？用图说明。

3. 弗兰妮必须决定今天买 1 年期债券，1 年后再买 1 年期债券，还是今天买 2 年期债券。在下面哪种情况下她最好采取第一种方法？在哪种情况下她最好采取第二种方法？

a. 今年 1 年期债券的利率为 4%；明年将是 10%。2 年期债券的利率为 5%。

b. 今年 1 年期债券的利率为 4%；明年将是 1%。2 年期债券的利率为 3%。

30.3 货币政策和总需求

在第 28 章，我们学习了怎样用财政政策来稳定经济。现在我们来看货币政策——改变货币供给或者利率——如何发挥同样的作用。

□ 30.3.1 扩张性和紧缩性货币政策

在第 27 章我们已经知道货币政策会导致总需求曲线移动。我们现在解释这是如何做到的：通过货币政策来影响利率。

图 30－7 表现了这一过程。首先假设美联储试图降低利率，于是它扩大货币供给。如图 30－7 的上半部分所示，在其他条件相同时，较低的利率将导致更多的投资支出。这也将导致更多的消费支出，通过乘数过程，导致对总产出的需求增加。最后，当货币供给增加时，在任何给定的总体价格水平上，对产品和服务的需求会增加，*AD* 曲线向右移动。增加对产品和服务的需求的货币政策被称为**扩张性货币政策**（expansionary monetary policy）。

或者，假设美联储希望提高利率，因此它减少货币供给。我们可以在图 30－7 的下半部分看到这一过程。货币供给减少，导致利率提高。较高的利率导致投资支出降低，然后降低消费支出，导致总需求减少。因此，当货币供给减少时，对产品和服务的需求将减少，*AD* 曲线向左移动。减少对产物和服务的需求的货币政策被称为**紧缩性货币政策**（contractionary monetary policy）。

扩张性货币政策是增加总需求的货币政策。
紧缩性货币政策是减少总需求的货币政策。

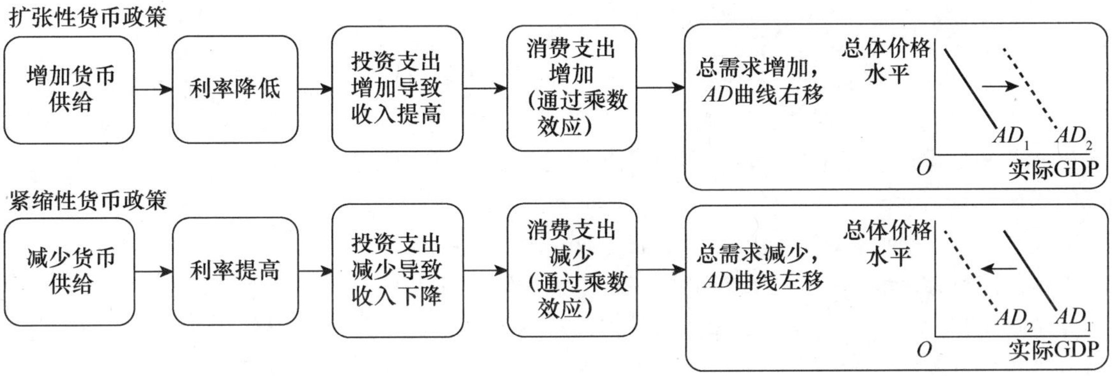

图 30－7 扩张性和紧缩性货币政策

上半部分所示为美联储采用扩张性货币政策增加货币供给时发生的情形。利率降低，投资支出增加导致收入提高，进一步推动消费支出增加，*AD* 曲线右移。下半部分所示为美联储采用紧缩性货币政策减少货币供给时发生的情形。利率提高，投资支出减少导致收入下降，进一步推动消费支出减少，*AD* 曲线左移。

□ 30.3.2 货币政策实践

美联储如何决定是使用扩张性货币政策还是紧缩性货币政策呢？它是如何决定多少变化就是足够的呢？政策制定者既要努力防止衰退，也要努力确保价格稳定：保持低通货膨胀率（但通常不为零）。真实的货币政策反映了这些目标的结合。

一般来说，当真实的实际 GDP 低于潜在产出水平时，美联储和其他国家的中央银行倾向于采取扩张性货币政策。图 30-8（a）显示了 1985 年以来美国的产出缺口与联邦基金利率，我们在第 27 章将产出缺口定义为真实的实际 GDP 与潜在产出水平之间的百分比差异。（当真实的实际 GDP 超过潜在产出水平时，产出缺口为正。）正如我们所看到的，当正的产出缺口扩大时，即当经济正在形成通货膨胀缺口时，美联储倾向于提高利率；而当产出缺口缩小时，美联储倾向于降低利率。

一次显著的例外是 20 世纪 90 年代末，即使经济形成正的产出缺口（随之而来的是低失业率），美联储仍然在几年内保持利率稳定。20 世纪 90 年代末美联储愿意保持低利率的原因之一是通货膨胀率低。

图 30-8（b）比较了通货膨胀率（以不包括食品和能源的消费者价格变化率代表）与联邦基金利率。我们可以看出，在 20 世纪 90 年代中期，21 世纪最初 10 年早期和后期的低通货膨胀率有助于在 20 世纪 90 年代末、2002—2003 年和 2008 年再次实行宽松的货币政策。

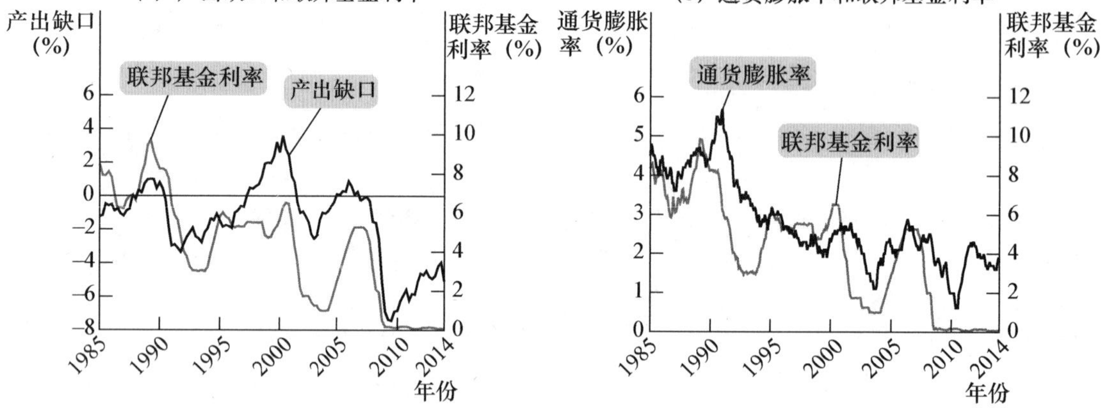

图 30-8 使用产出缺口和通货膨胀率研究货币政策

图（a）所示为当产出缺口为正时，即真实的实际 GDP 高于潜在产出水平时，联邦基金利率通常会上升；当产出缺口为负时，联邦基金利率会下降。图（b）表明，当通货膨胀率高时，联邦基金利率往往处在高位，而当通货膨胀率低时，联邦基金利率往往处在低位。

资料来源：Federal Reserve Bank of St. Louis.

□ 30.3.3 确定货币政策的泰勒规则方法

在 1993 年，斯坦福大学经济学家约翰·泰勒（John Taylor）建议货币政策应遵循一个简单的规则：应同时考虑商业周期和通货膨胀率。他还建议，真实的货币政策看起来好像是由美联储决定，实际上或多或少是在遵循拟定的规则。**货币政策的泰勒规则**（Taylor rule for monetary policy）是指在设定利率时要考虑到通货膨胀率和产出缺口，或在某些情况下的失业率水平。

> **货币政策的泰勒规则**是指在设定利率时要考虑到通货膨胀率和产出缺口，或在某些情况下的失业率。

货币政策的泰勒规则的一个广泛应用的例子是美联储的货币政策、通货膨胀率和由旧金山联邦储备银行的经济学家估计得出的失业率之间的关系。这些经济学家发现，1988—2008 年，美联储的行为通过以下泰勒规则得到了很好的解释：

联邦基金利率＝2.07＋1.28×通货膨胀率－1.95×失业率缺口

通货膨胀率用上一年不包括食品和能源的消费者价格变化率来度量，失业率缺口用真实失业率与国会预算办公室对自然失业率的估计之间的差额来代表。

图 30－9 将用本规则预测的联邦基金利率与 1985 年至 2014 年中期的真实联邦基金利率进行比较。正如我们所看到的，1988 年至 2008 年年底，美联储决定的利率非常接近根据特定泰勒规则预测的水平。

□ 30.3.4 通货膨胀目标制

通货膨胀目标制是指中央银行设定通货膨胀率目标，并制定政策以实现这一目标。

直到 2012 年 1 月，美联储没有明确承诺实现特定的通货膨胀率。然而，在 2012 年 1 月，美联储宣布它的政策将保持每年约 2%的通货膨胀率。有了这个声明，美联储与部分其他中央银行一样，明确了通货膨胀目标。因此，它们不是使用泰勒规则来设定货币政策，而是宣布它们想要实现的通货膨胀率——通货膨胀目标，制定政策来达到该目标。这种制定货币政策的方法被称为**通货膨胀目标制**（inflation targeting），即中央银行宣布它正试图实现的通货膨胀率，并制定政策以实现这一目标。新西兰的中央银行是第一个采用通货膨胀目标制的国家，其指定的目标范围为 1%～3%。

其他国家中央银行也承诺实现具体目标。例如，英格兰银行已承诺将通货膨胀率保持在 2%。在实践中，这些版本之间似乎没有太大的区别：中央银行目标通货膨胀率似乎在这个范围的中间，有固定目标的中央银行往往给自己相当大的摆动空间。

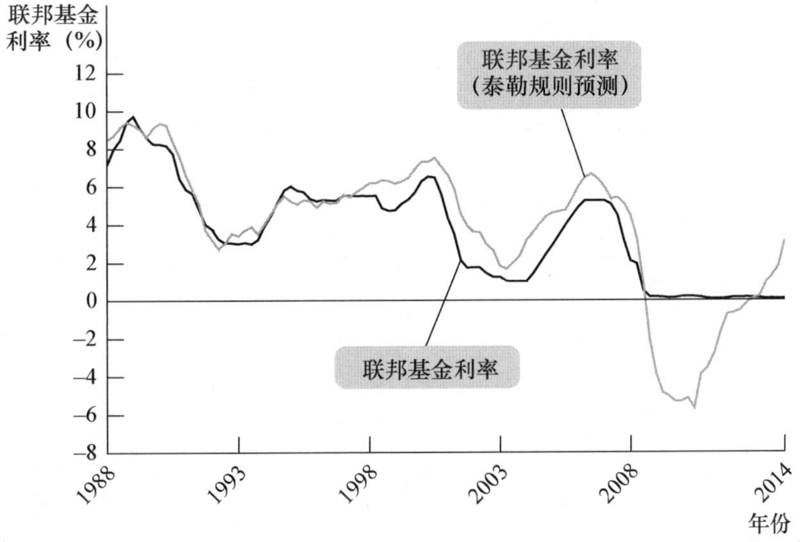

图 30－9 泰勒规则和联邦基金利率

浅色线表示旧金山联邦储备银行根据泰勒规则预测的联邦基金利率，它将利率与通货膨胀率和失业率联系起来。深色线表示的是真实的联邦基金利率。在 2008 年年底之前，真实利率的轨迹与预测的水平相当接近。但是此后泰勒规则要求负利率，这是不可能的。

资料来源：Bureau of Labor Statistics; Congressional Budget Office; Federal Reserve Bank of St. Louis; Glenn D. Rudebusch, "The Fed's Monetary Policy Response to the Current Crisis," *FRBSF Economic Letter* ＃2009－17 (May 22, 2009).

通货膨胀目标制和泰勒规则之间的一个主要区别是，通货膨胀目标制是前瞻性的而不是回顾过去的。也就是说，泰勒规则是根据过去的通货膨胀率来调整货币政策，但通货膨胀目标制则是基于对未来通货膨胀的预测。

通货膨胀目标制的倡导者认为，它相比泰勒规则有两大主要优势：透明度和问责制。第一，经济不确定性降低，因为中央银行的计划是透明的：公众知道通货膨胀目标制下中央银行的目标。第二，中央银行的成功与否可以通过观察真实的通货膨胀率与目标通货膨胀率的匹配程度来判断，可以向中央银行问责。

对通货膨胀目标制的谴责是它的限制性太强，因为有时候其他问题——比如金融体系的稳定性——应该优先于实现任何特定的通货膨胀率。事实上，在 2007 年下半年和 2008 年年初，美联储降息的幅度远大于泰勒规则或通货膨胀目标制确定的幅度，因为它担心金融市场的动荡将导致大衰退。（事实上，衰退确实发生了。）

许多美国宏观经济学家对通货膨胀目标制有正面的评价，包括本·伯南克（前任美联储主席）。在 2012 年 1 月，美联储宣布它所要求的“价格稳定”意味着 2%的通货膨胀率，虽然它没有明确承诺这是要实现的目标通货膨胀率。

▶ **国际比较**

通货膨胀目标制

下图为已采取通货膨胀目标制的六个中央银行的目标通货膨胀率。新西兰的中央银行在1990年推出了通货膨胀目标制。今天，目标通货膨胀率范围为1%～3%。加拿大和瑞典的中央银行具有相同的目标范围，但指定2%作为准确目标。英国和挪威的中央银行也有具体的目标通货膨胀率，分别为2%和2.5%。没有一个国家说明它们准备偏离这些目标的范围。自2012年以来，美联储也将目标通货膨胀率定为2%。

在实践中，这些细节上的差异似乎并不会导致结果的任何显著差异。新西兰的目标是变化范围的中间，通货膨胀率为2%；英国、挪威和美国允许围绕它们的目标通货膨胀率在相当大的范围内波动。

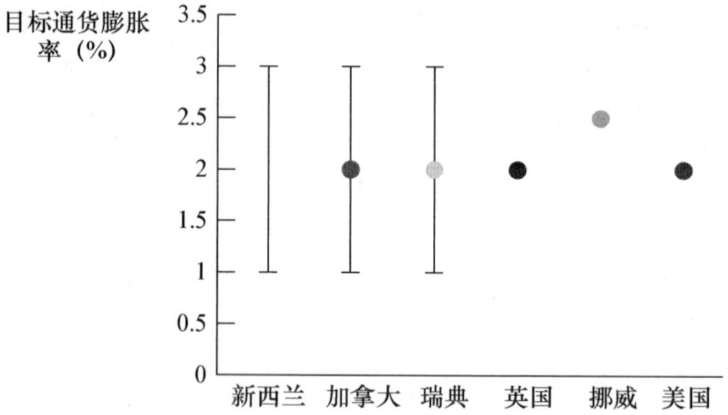

□ 30.3.5 零下限问题

如图30-9所示，基于通货膨胀率和失业率的泰勒规则在预测美联储1988—2008年期间政策方面做得很好。此后，事情变得糟糕起来，而且只是因为一个简单的原因：失业率很高，通货膨胀率低，同样的泰勒规则要求利率小于零，这是不可能的。

> **利率的零下限**意味着利率不可能小于零。

为什么不可能有负利率？因为人们可以持有现金，这也是零利率。没有人会购买一种利率小于零的债券，因为持有现金将是一种更好的选择。利率不能低于零的事实——称为**利率的零下限**（zero lower bound for interest rates）——限制着货币政策的作用。在2009年和2010年，通货膨胀率低，经济运行远低于潜在水平，因此美联储希望增加总需求。然而，通常的做法——在公开市场买入短期政府债券以扩大货币供给——由于短期利率已经为零或接近零而变得已经没有操作空间。

2010年11月，美联储开始试图回避这个问题，而是用了一个有些模糊的名称“量化宽松”。它不只是购买短期政府债券，而且开始购买长期政府债券——5年期或6年期而非3个月的财政债券。正如我们已经指出的，长期利率并不完全与短期利率吻合。在美联储开始这个计划时，短期利率接近零，但长期利率为2%～3%。美联储希望直接购买长期债券会降低长期利率，对经济产生扩张性影响。

后来美联储进一步扩大该计划，也购买抵押证券，这类债券通常提供比美国政府债券更高的利率。这也是希望这些利率可能被压低，从而对经济产生扩张性影响。与普通的公开市场业务一样，量化宽松由纽约联邦储备银行承担。

此政策有效吗？美联储认为它有助于经济。然而，复苏仍然保持令人失望的缓慢步伐。

▶ **真实世界中的经济学**

美联储想要什么？它又得到了什么？

有证据能表明美联储实际上可能会引起经济紧缩或扩张吗？你可能认为为找到这样的证据只需看看当利率上升或下降时经济发生什么就可以了。但事实证明，这种方法存在一个较大的问题：美联储通常改变利率的目的是企图驯服商业周期，如果经济正在扩张，则提高利率，如果经济正在下滑，则降低利率。因此，在真实数据中，经常看起来低利率伴随着疲软的经济，高利率伴随着强劲的经济。

在 1994 年的一篇名为《货币政策问题》(Monetary Policy Matters) 的文章中，宏观经济学家克里斯蒂娜·罗默 (Christina Romer) 和戴维·罗默 (David Romer) 通过关注那些并非对商业周期做出反应的货币政策事件来解决这个问题。具体来说，他们使用了来自联邦公开市场委员会和其他来源的资料来确定"美联储实际上决定尝试通过创造衰退来降低通货膨胀率"。

图 30-10 所示为 1952—1984 年的失业率，罗默和罗默确定了 5 个美联储决定衰退的日期 (用垂直线表示)。5 种情形中的 4 种是决定对经济进行收缩，经过适度滞后的调整之后，失业率上升。平均而言，罗默和罗默发现，当美联储决定失业率应该上升时，失业率上升了 2 个百分点。

所以，美联储得到了它想要的。

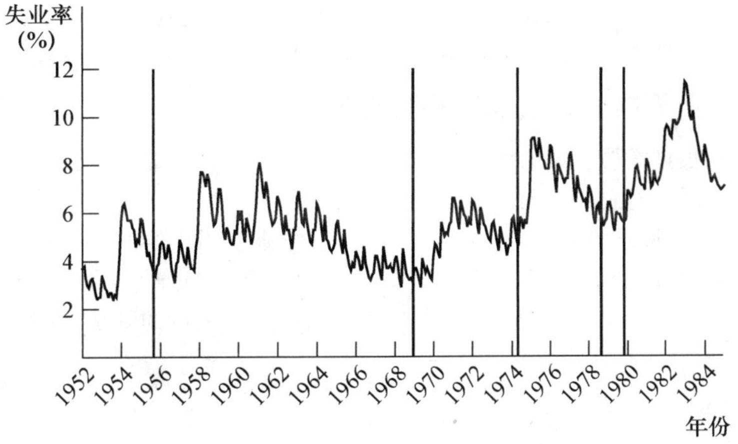

图 30-10 美联储想要创造衰退时

资料来源：Bureau of Labor Statistics；Christina D. Romer and David H. Romer，"Monetary Policy Matters，" *Journal of Monetary Economics* 34 (August 1994)：75-88.

及时复习

- 美联储可以使用扩张性货币政策增加总需求，使用紧缩性货币政策减少总需求。美联储和其他中央银行通常试图驯服商业周期，同时保持低但为正的通货膨胀率。
- 根据货币政策的泰勒规则，当有高通货膨胀率和正产出缺口或非常低的失业率时，联邦基金目标利率应上升；当有低的或负的通货膨胀率和负产出缺口或高失业率时，联邦基金目标利率应下降。
- 一些中央银行通过通货膨胀目标制制定货币政策，这是一个前瞻性的政策规则，而不是使用泰勒规则：一种回顾过去的政策规则。虽然通货膨胀目标制具有透明度和问责制的好处，但有些人认为通货膨胀目标制的限制性过强。直到 2008 年，美联储遵循一个宽松的泰勒规则定义。从 2012 年年初开始，目标通货膨胀率定为每年 2%。
- 利率的零下限——利率不能低于零——限制着货币政策的作用。
- 与财政政策相比，由于货币政策滞后性相对较小，它成为宏观经济稳定的主要工具。

小测验 30-3

1. 假设经济目前存在产出缺口，美联储使用扩张性货币政策弥补这一缺口。请说明该政策对下述各项的短期影响：

a. 货币供给曲线。

b. 均衡利率。

c. 投资支出。

d. 消费支出。

e. 总产出。

2. 在制定货币政策时，哪个中央银行——一个根据泰勒规则操作，另一个通过通货膨胀目标制操作——可能更直接地应对金融危机？请解释。

30.4 长期中的货币、产出和价格

通过扩张和紧缩效应，货币政策通常是帮助稳定经济的政策工具。然而，并非所有中央银行的行动都是富有成效的。特别是，中央银行有时印钞并非为了应对衰退缺口，而是帮助政府支付账单，这种行动通常会破坏经济的稳定。

当货币供给的变化推动经济背离而不是朝着长期均衡状态变化时会发生什么？我们在之前章节中学过在长期中经济有自我矫正功能：需求对总产出的冲击仅仅是暂时的。如果需求冲击是货币供给改变的结果，我们将得出一个非常有说服力的结论：从长期来看，货币供给的改变将会影响总体价格水平，不会影响实际产出水平或者利率水平。为了理解其原因，我们看看增加货币供给后会发生什么。

□ 30.4.1 增加货币供给的长期和短期效应

为了分析货币供给的长期效应，认为中央银行选择货币供给目标而非利率目标是有帮助的。在评估货币供给增加的影响时，我们回到对总需求增加的长期影响的分析。

图 30-11 表示的是当经济开始处在潜在产出水平 Y_1 时增加货币供给的长期效应和短期效应。初始的短期总供给曲线为 $SRAS_1$，长期总供给曲线为 $LRAS$，初始的总需求曲线为 AD_1。经济初始均衡点为 E_1 点，因为该点既在短期总供给曲线上也在长期总供给曲线上，所以该点表示的既是长期宏观经济均衡又是短期宏观经济均衡。实际 GDP 处在潜在产出水平 Y_1 上。

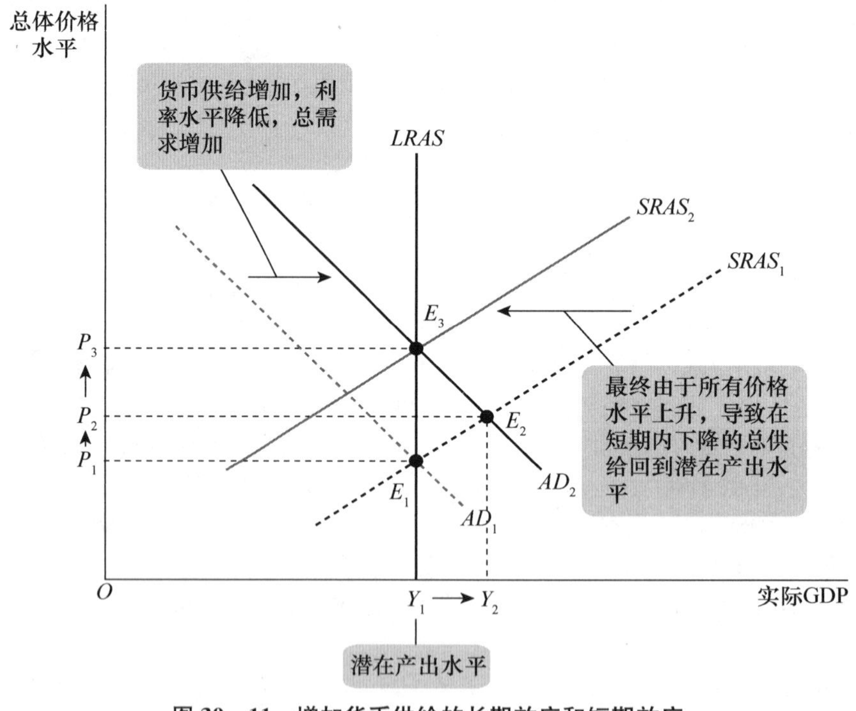

图 30-11 增加货币供给的长期效应和短期效应

当经济已经处在潜在产出水平时，增加货币供给对实际 GDP 可以产生正的短期效应，但是对实际 GDP 没有长期效应。经济开始时处在 E_1 点，该点表示的既是长期宏观经济均衡又是短期宏观经济均衡。增加货币供给将推动总需求曲线向右移动，经济达到新的短期宏观均衡 E_2点，新的实际 GDP 为 Y_2。但是 E_2点并非长期均衡点，Y_2 大于潜在产出水平 Y_1，随着时间的推移，这会导致名义工资上升。从长期来看，名义工资的上升会推动短期总供给曲线左移到新的位置 $SRAS_2$。经济在 $LRAS$ 曲线上的 E_3点达到新的短期均衡和长期均衡，产出又回到潜在产出水平 Y_1。当经济已经处在潜在产出水平，货币供给增加的长期效应仅仅表现在总体价格水平从 P_1 提高到 P_3。

现在我们假定货币供给增加。在其他条件相同的情况下，货币供给增加会降低利率，增加投资支出，从

而进一步增加消费支出，如此继续。因此，货币供给的增加使得对产品和服务的需求增加，将 AD_1 曲线向右移动到 AD_2。从短期来看，经济将在 E_2 点达到新的短期宏观经济均衡，价格水平将从 P_1 上升到 P_2，实际 GDP 从 Y_1 上升到 Y_2。也就是说，在短期，总体价格水平和产出水平都会上升。

但是，因为产出水平 Y_2 要高于潜在产出水平，随着时间的推移，名义工资将上升，引起短期总供给曲线向左移动。当 $SRAS_1$ 移动到 $SRAS_2$ 时，这一过程才结束，经济达到 E_3 点，短期宏观经济均衡和长期宏观经济均衡都得以实现。所以，货币供给增加的长期效应表现为总体价格水平从 P_1 上升到 P_3，但是产出水平会回到潜在产出水平 Y_1。从长期来看，扩张性货币政策将提高总体价格水平但对实际 GDP 没有影响。

我们就不详细描述紧缩性货币政策的效应了，上述思路同样适用。从短期来看，当货币供给下降后，随着经济中短期总供给曲线向左移动，会导致产出水平减少。但是从长期来看，紧缩性货币政策仅仅会导致总体价格水平下降，推动实际 GDP 回到潜在产出水平。

□ 30.4.2 货币中性

货币供给变化在长期怎样改变总体价格水平呢？答案是，从长期来看，货币供给的改变会导致总体价格水平以相同比例变化。举例来说，如果货币供给下降 25%，总体价格水平在长期中也会下降同样的幅度；如果货币供给增加 50%，总体价格水平也会在长期中上升 50%。

我们是怎么知道这一点的呢？考虑如下的思想实验：假设经济中所有的价格水平都上升了一倍，既包括最终产品和服务的价格，也包括所有生产要素的价格，如名义工资。我们假设在同一时间，货币供给也增加了一倍。这些事件对于从实际变量来看的经济体有什么区别吗？经济中所有的实际变量——如实际 GDP、货币供给的实际价值（能购买的产品和服务的数量）——都没有变化。所以对人们来说没有理由表现出不同的行为。

我们也可以把上述说法反过来：如果经济是从长期宏观经济均衡开始，货币供给发生了变化，长期宏观经济均衡要求把所有实际变量恢复到原来的水平。这其中当然包括把实际货币供给恢复到原来的水平。所以，如果货币供给下降 25%，总体价格水平也必须下降 25%；如果货币供给增加 50%，总体价格水平也必须上升 50%，依此类推。

这种分析引出了一个重要的概念：**货币中性**（monetary neutrality），意思是说货币供给变化不对经济产生实际影响。从长期来看，货币供给增加的唯一效应是推动总体价格水平上升同样比例。经济学家对长期的货币中性有不同的看法。

> **货币中性**是指货币供给变化不对经济产生实际影响。

在此我们有必要回忆凯恩斯的名言："在长期，我们都死了。"在长期，货币供给的变化除了影响总体价格水平外，不影响实际 GDP、利率水平以及其他所有变量。但是如果由此得出美联储是无关紧要的结论，这也是愚蠢的想法。从短期来看，货币政策对经济还是会产生重要的影响，会使得经济衰退和扩张表现出不同结果。这对社会福利至关重要。

□ 30.4.3 货币供给变化与长期利率

在短期，当增加货币供给时会导致利率水平下降，当减少货币供给时会导致利率水平上升。但是，在长期，货币供给变化并不影响利率水平。

图 30－12 解释了其中的原因。这里的图表现的是美联储增加货币供给前后的货币需求曲线和货币供给曲线。我们假定经济初始在 E_1 点，此时经济处在潜在产出水平的长期宏观经济均衡点，货币供给等于 $\overline{M}_1$。初始均衡利率为 r_1，由货币需求曲线 MD_1 与货币供给曲线 MS_1 决定。

现在假定货币供给增加，从 $\overline{M}_1$ 上升到 $\overline{M}_2$。在短期，经济将从 E_1 点变动到 E_2 点，利率水平从 r_1 下降到 r_2，然而，随着时间的推移，总体价格水平上升，将提高货币需求，将货币需求曲线从 MD_1 向右移动到 MD_2。经济移动到新的长期均衡 E_3 点，利率上升到原来的水平 r_1。

事实证明，长期均衡利率是原始利率 r_1。原因有：第一，由于货币中性，从长期来看，总体价格水平上升幅度与货币供给增加的比例相同，所以如果货币供给上升 50%，价格水平也会上升 50%。第二，在其他情况相同的情况下，货币需求与总体价格水平的变化比例相同。

因此，货币供给增加 50%会使总体价格水平提高 50%，从而在任何给定利率上货币需求数量也会增加 50%。因此，在初始利率 r_1 上的货币需求与货币供给的上升正好相同，因此 r_1 仍然是均衡利率。从长期来看，货币供给的变化不会影响利率。

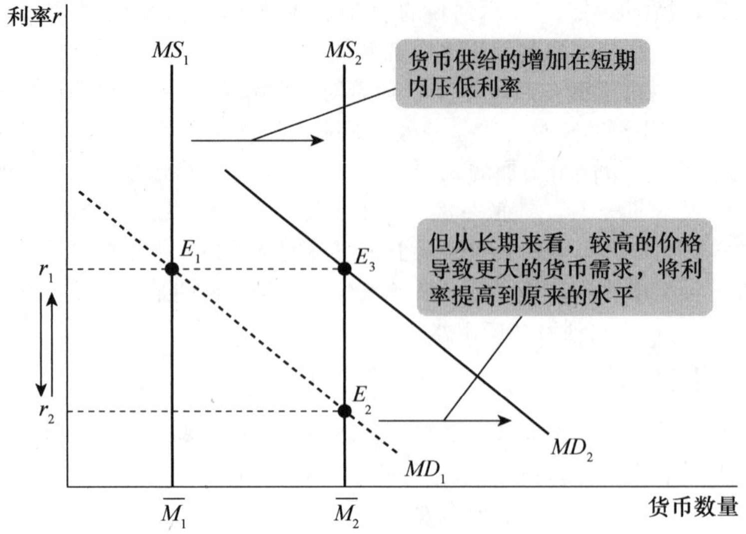

图 30－12　长期利率的决定

从短期来看，货币供给从 $\overline{M}_1$ 增加到 $\overline{M}_2$ 将推动利率从 r_1 下降到 r_2，经济走向短期均衡 E_2。然而，从长期来看，总体价格水平上升与货币供给的增加比例相同，导致任一给定利率水平上的货币需求增加与总体价格水平的上升比例相同，从 MD_1 移动到 MD_2。结果是任何给定利率水平上货币需求数量的增加正好等于货币供给数量的增加。经济在 E_3 时会回到长期均衡，利率回到 r_1。

▶ 真实世界中的经济学

货币中性：来自国际方面的证据

从现在来看，发达国家的货币政策非常相似。每个发达国家（例如欧元区国家）的中央银行都独立于政治压力；所有国家的中央银行都试图保持总体价格水平大致稳定，通常是指年度通货膨胀率保持在2%～3%。

但是，如果我们将时间放长，增加考察的国家，我们就会发现各个国家在货币供给增长方面有很大的不同。从20世纪70年代到现在，一些国家的货币供给每年仅增长几个百分点，如瑞士和美国；但在一些相对贫困的国家，如南非，则增长迅速。这些差异可以让我们观察在长期货币供给增加与总体价格水平上升保持相同比例的说法是否为真。

图30－13所示为1981—2013年期间所选取的样本国家的货币供给年均增长率和总体价格水平（平均通货膨胀率）年均增长率，每个点代表一个国家。如果货币供给增加与总体价格水平的上升之间对应得非常精确的话，那么这些点应该在45°线上。

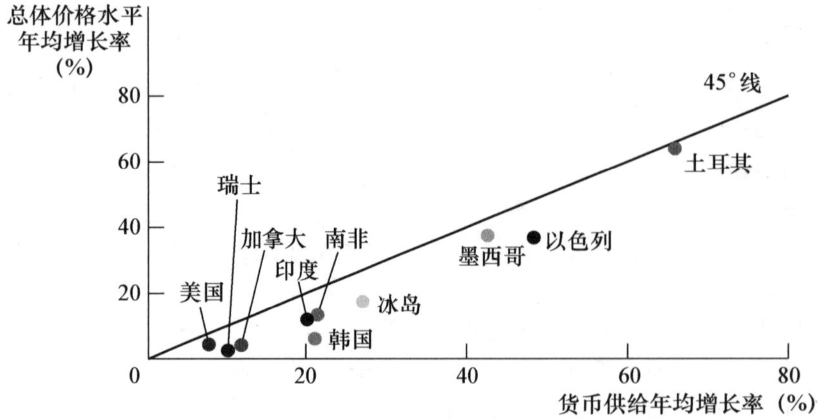

图 30－13　货币供给和通货膨胀率之间的长期关系

资料来源：Federal Reserve Bank of St. Louis.

事实上，这种对应关系并不精确，因为总体价格水平受到货币以外的其他因素的影响。但是散点的分布非常靠近45°线，这或多或少表明货币供给和总体价格水平之间存在比例关系。也就是说，这些数据支持从长期来看货币中性的观点。

及时复习

- 根据货币中性概念，货币供给的增加在长期不会影响实际GDP，只影响总体价格水平。经济学家相信货币在长期是中性的。
- 从长期来看，经济中的均衡利率水平并不受货币供给的影响。

小测验30-4

1. 假定尽管该经济体初始时处在长期宏观经济均衡和短期宏观经济均衡的水平上，但中央银行把货币供给增加了25%。请描述这对下列变量的长期影响和短期影响（尽可能给出数字）。

a. 总产出水平。

b. 总体价格水平。

c. 利率。

2. 为什么货币政策在短期内影响经济，但在长期不影响？

▶ **企业案例**

PIMCO下注钱会贬值

太平洋投资管理公司（PIMCO）是世界上最大的投资公司之一。除此之外，它还经营着世界上最大的共同基金——PIMCO总收益基金。比尔·格罗斯（Bill Gross）在1971—2014年担任PIMCO的负责人，他预测金融市场特别是债券市场趋势的能力堪称传奇，PIMCO在这个领域进行了大量投资。

2009年秋天，格罗斯决定将PIMCO的更多资产投入美国政府长期债券。这相当于下注美国长期利率将下降。这个赌注特别有趣，因为它与许多其他投资者的下注正相反。例如，2009年11月，摩根士丹利投资银行告诉其客户，预计长期利率将大幅上升。

PIMCO这样下注的依据是什么？格罗斯在2009年9月的报道中解释了公司的想法。他认为失业率可能保持在高位，通货膨胀率较低。他确信“全球政策利率”意味着联邦基金利率及其在欧洲和其他地方的等价指标将“在相当长一段时间保持在低水平”。

PIMCO的观点与其他投资者的观点形成鲜明对照：摩根士丹利投资银行预计长期利率上升的部分原因是，它认为美联储将在2010年提高联邦基金利率。

PIMCO与大多数人到底谁正确呢？如图30-14所示，尽管由于投资者对经济复苏相对乐观，2010年稍晚时候联邦基金利率有所上升，但大部分时间保持在零附近，长期利率在大部分时间也是下降的。摩根士丹

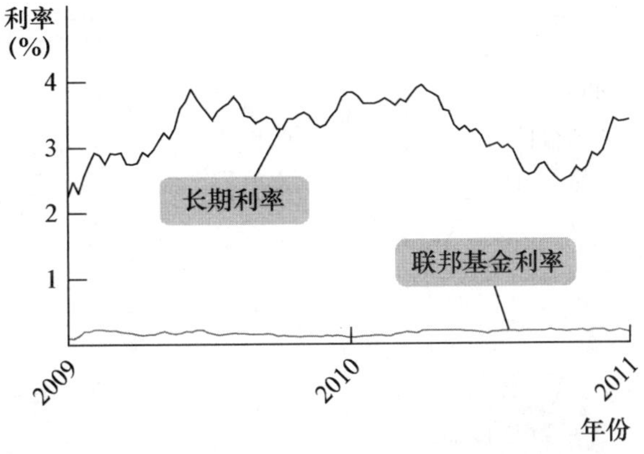

图30-14 2009—2011年联邦基金利率和长期利率

资料来源：Federal Reserve Bank of St. Louis.

利投资银行因为下注利率上涨而向投资者道歉。

然而，格罗斯的远见在2011年的准确性要低得多。他预计2011年中期美国经济将大幅增长，并导致通货膨胀，所以在年初大幅减少对美国政府债券的总投资额。但这一次他错了，因为疲软仍在继续。到2011年夏末，格罗斯认识到他的错误，因为美国债券价值上涨，他的基金价值下降了。他向《华尔街日报》承认，他因自己的赌注而失眠，并称之为“错误决策”。这是一个错误，而且他一蹶不振。大多数观察家一致认为，格罗斯在2014年离职的主要原因是PIMCO在2011年的糟糕赌注中遭受损失。

思考题

1. 为什么PIMCO认为失业率将保持在高位、通货膨胀率处在低位会导致政策利率长期保持在低水平？
2. 为什么低政策利率表明长期利率也低？
3. 即使联邦基金利率仍近似为零，导致2010年年底长期利率上升的原因是什么？

小结

1. 货币需求曲线源于持有货币的机会成本和货币提供流动性之间的权衡取舍。持有货币的机会成本受到短期利率的影响，不受长期利率的影响。总体价格水平的变化、实际GDP的变化、信贷市场和银行业务的技术变革以及制度的变革将导致货币需求曲线移动。

2. 利率的流动性偏好模型认为，利率是由货币市场中货币需求曲线和货币供给曲线决定的。美联储通过移动货币供给曲线可以改变利率水平。在实践中，美联储通过公开市场业务来实现联邦基金目标利率，其他利率则随之而动。虽然长期利率不一定随着短期利率变动，但它们反映了对未来短期利率会发生什么的预期。

3. 扩张性货币政策通过增加货币供给来降低利率。这增加了投资支出和消费支出，从而在短期内提高了总需求和实际GDP。紧缩性货币政策通过减少货币供给来提高利率。这减少了投资支出和消费支出，从而在短期内降低了总需求和实际GDP。

4. 美联储和其他国家的中央银行试图稳定经济，限制真实产出对潜在产出的波动，同时保持通货膨胀率在正的低水平。根据货币政策的泰勒规则，当存在高通货膨胀率与正产出缺口或低失业率时，联邦基金目标利率会上升；当存在较低或为负的通货膨胀率与负产出缺口或高失业率时，联邦基金目标利率会下降。一些国家的中央银行（包括2012年1月的美联储）采用了通货膨胀目标制，这是一种前瞻性的政策规则，而泰勒规则则是一种回顾式的政策规则。因为货币政策的执行滞后程度比财政政策低，所以它是稳定经济的首选政策工具。因为利率不能低于零——利率的零下限，所以货币政策的作用有限。

5. 从长期来看，货币供给的改变只影响总体价格水平，对实际GDP或利率没有影响。数据表明货币中性成立：货币供给改变在长期对经济没有实际影响。

关键词

短期利率	长期利率	货币需求曲线	利率的流动性偏好模型
货币供给曲线	联邦基金目标利率	扩张性货币政策	紧缩性货币政策
货币政策的泰勒规则	通货膨胀目标制	利率的零下限	货币中性

练习题

1. 请登录联邦公开市场委员会的网站（www. federalreserve. gov/FOMC/），找到该委员会最新会议后的声明（点击“会议日历和信息”，并点击日历中最新的消息）。

a. 联邦基金目标利率为多少？

b. 这一联邦基金目标利率与上次会议声明中所确定的利率相同吗？如果不相同，差距为多少？

c. 该声明对美国宏观经济情况做出了什么判断？如何描述美国经济的现状？

2. 下述事件如何影响货币需求？请说明以下每种情形会导致需求曲线本身的移动还是沿着需求曲线的移动，并说明变化的方向：

a. 利率水平从 12%降到 10%。

b. 感恩节的来临拉开了假期购物季的序幕。

c. 麦当劳和其他快餐店开始接受信用卡。

d. 美联储在公开市场中买进美国政府财政债券。

3. a. 请访问 www.treasurydirect.gov。在“个人”按钮下，找到“财政证券和项目”，点击“财政债券”，在“概览”下，点击“最新拍卖利率”，最新发行的 26 周财政债券的投资收益率为多少？

b. 找你最喜欢的银行网站查询它 6 个月的定期存单的利率为多少？

c. 为什么 6 个月期的定期存单利率高于 26 周财政债券？

4. 请访问 www.treasurydirect.gov。在“个人”按钮下，找到“财政证券和项目”，点击“财政票据”，在“概览”下，点击“最新拍卖利率”，根据最新发行的票据和债券最新拍卖结果回答下面的问题。

a. 2 年期和 10 年期票据的利率为多少？

b. 2 年期和 10 年期票据的利率的相关性如何？为什么 10 年期票据的利率比 2 年期票据的利率高（或者低）？

5. 一个经济体存在衰退缺口，如下图所示。为了消除这个缺口，中央银行应该采用扩张性货币政策还是紧缩性货币政策？当中央银行采取消除衰退缺口的货币政策时，利率、投资支出、消费支出、实际 GDP 和总体价格水平会发生什么样的变化？

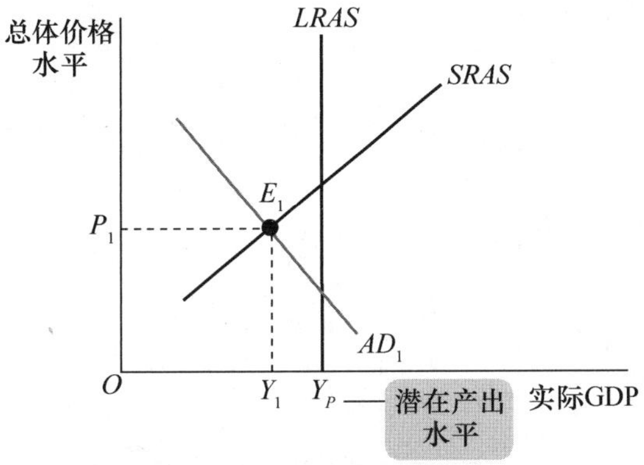

6. 一个经济体存在通货膨胀缺口，如下图所示。为了消除这个缺口，中央银行应该采用扩张性货币政策还是紧缩性货币政策？当中央银行采取消除通货膨胀缺口的货币政策时，利率、投资支出、消费支出、实际 GDP 和总体价格水平会发生什么变化？

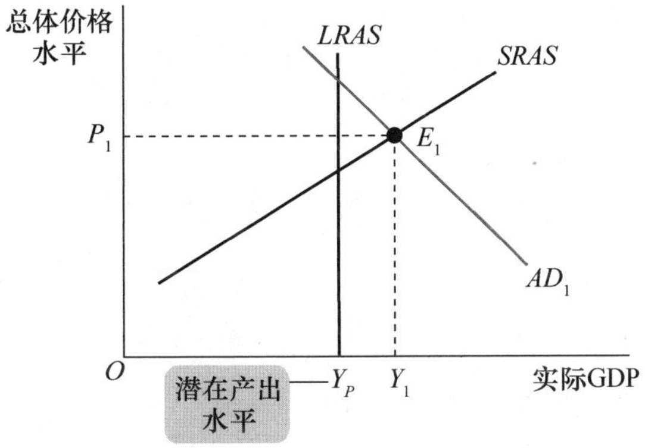

7. 在伊斯特兰迪亚的经济中，货币市场最初处在均衡状态，但经济开始滑向衰退。

a. 通过下图来解释：如果伊斯特兰迪亚的中央银行一直保持不变的货币供给水平 $\overline{M}_1$，利率如何变化？

b. 如果该国中央银行试图保持目标利率水平 r_1，面对经济出现衰退的情况中央银行应该做出怎样的反应？在图中标明中央银行的反应。

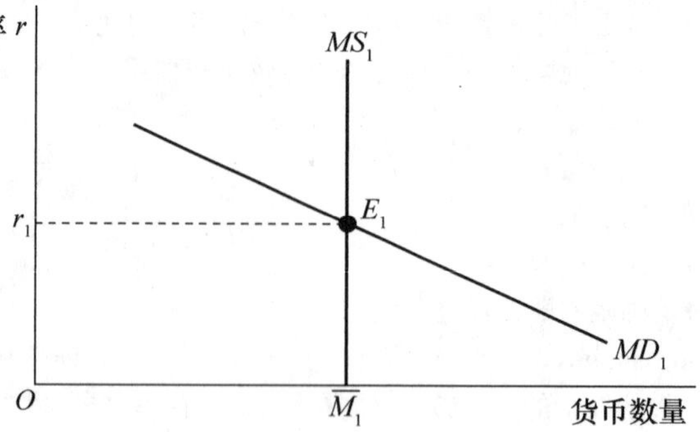

8. 假设在威斯特兰迪亚，货币市场最初处于均衡状态，而中央银行决定减少货币供给。

a. 使用问题 7 中的图解释在短期内利率会发生什么变化？

b. 从长远来看，利率会发生什么？

9. 一个经济体处在长期均衡状态，失业率水平为 5%。政府通过法案要求中央银行运用货币政策把失业率降低到 3%并保持下去。在短期，中央银行如何实现这一目标？在长期又如何实现？请画图说明。

10. 根据欧洲中央银行网站的说法，欧盟条约“已经声明，确保价格稳定是货币政策创造有利的经济环境和高就业率最重要的功能”。如果价格稳定是货币政策唯一的目标，请解释在经济衰退时期货币政策应如何操作。请分析两种情形：由需求冲击导致经济衰退和由供给冲击导致经济衰退。

11. 货币政策的有效性依赖于货币供给在多大程度上影响利率变化。通过利率变化，货币政策影响投资支出和总需求曲线。阿尔巴尼亚和布列塔尼亚的需求曲线并不相同，如下图所示。在哪个国家货币政策更有效？为什么？

(a) 阿尔巴尼亚

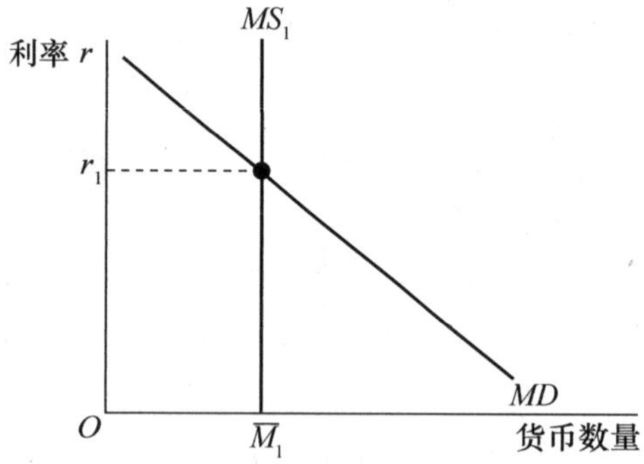

(b) 布列塔尼亚

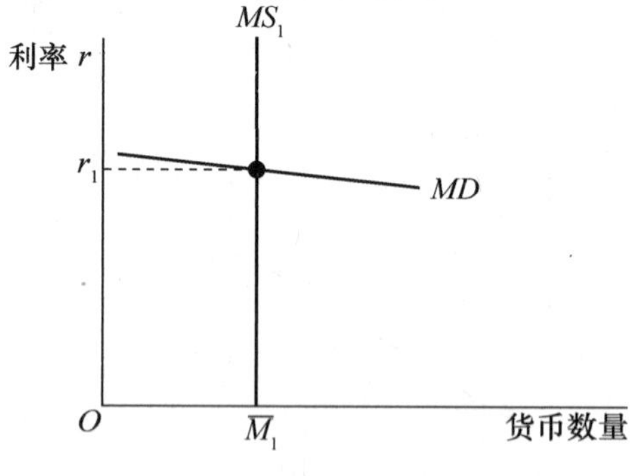

12. 在经济大萧条期间，尽管利率已经非常低，但美国的企业人士对经济增长的前景非常悲观，所以不愿意增加投资支出。这种情形怎样对运用货币政策来缓解大萧条形成潜在的限制？

在线回答问题

13. 由于在 2007—2009 年衰退期间经济放缓，美联储联邦公开市场委员会在 2007 年 9 月 18 日至 2008 年 12 月 16

日期间将联邦基金利率从 5.25%的高点经过一系列降息降至 0～0.25%，目的是通过增加总需求来刺激经济。

a. 使用流动性偏好模型来解释联邦公开市场委员会如何在短期内降低利率。用图来说明这一机制。纵轴标记“利率”，横轴标记“货币数量”。图中应显示两个利率 r_1 和 r_2。

b. 解释为什么利率下降会导致在短期内总需求增加。

c. 假设 2015 年经济处于潜在产出水平，但是这被美联储忽略了，美联储继续扩张货币。请说明这样的货币政策对 *AD* 曲线的影响。借助 *LRAS* 曲线说明这种政策对 *AD* 曲线的影响，纵轴标记“总体价格水平”，横轴标记“实际 GDP”。在其他条件相同时，这会导致总体价格水平上升。

第 30 章附录： 利率两模型的一致性

在第 30 章前面我们提出了利率的流动性偏好模型，在这个模型中，均衡的利率水平是货币需求量与货币供给量相等时的利率。我们在第 25 章学过利率决定的可贷资金模型，利率水平是在储蓄者提供的可贷资金数量与投资者需要的可贷资金数量一致时所决定的。这两个利率模型是一致的吗？是的。我们现在要采取两个步骤来解释，先集中于短期，然后再转向长期。

□ 30A.1 短期利率

我们在第 30 章已经讨论过，利率水平下降将导致投资支出 *I* 增加，由此导致实际 GDP 上升和消费支出 *C* 增加。实际 GDP 增加不仅会导致消费支出增加，它也会导致储蓄增加：在乘数过程的每一个阶段，可支配收入增加中有一部分会用于储蓄。储蓄会增加多少呢？

在第 25 章我们引入了储蓄-投资支出等式：经济中的总储蓄总是等于投资支出。这就是说，当利率下降导致投资支出增加的时候，由此引致的实际 GDP 增加也会正好形成额外的储蓄与投资支出相一致。换言之，当利率下降后，储蓄供给增加的数量会正好与对储蓄的需求数量相吻合。理解这种关系是理解利率两模型的一致性的关键。

图 30A－1 表现了为什么在短期两个模型是一致的。图 30A－1（a）表示的是利率的流动性偏好模型。MS_1 和 MD_1 分别表示初始货币的供给曲线和需求曲线，r_1 是初始均衡利率水平，在该水平上货币市场的货币需求等于货币供给。图 30A－1（b）表示的是利率的可贷资金模型。S_1 是可贷资金初始供给曲线，*D* 是可贷资金的需求曲线。利率 r_1 是使得可贷资金市场中当可贷资金的供给数量等于可贷资金的需求数量时的利率水平。

在图 30A－1 中，货币市场和可贷资金市场处在同样的初始均衡 E_1 点，利率水平同为 r_1，你可能认为这只是一种巧合，但实际上总是如此。为了看清这是为什么，我们来考虑当美联储将货币供给从 $\overline{M}_1$ 增加到 $\overline{M}_2$ 之后会发生什么，这会导致货币供给曲线向右移动到 MS_2，货币市场中的均衡利率将降低到 r_2，推动经济移到短期均衡 E_2 点。

图 30A－1（b）中的可贷资金市场会发生什么呢？在短期，利率下降、货币供给增加会导致实际 GDP 上升，通过乘数过程引起储蓄的增加。储蓄的增加会引起可贷资金的供给曲线从 S_1 向右移动到 S_2，可贷资金市场中的均衡从 E_1 点变动到 E_2 点，导致该市场利率水平随之下降。因为储蓄增加的数量会正好与投资增加的数量吻合。这就告诉我们，可贷资金市场中的均衡利率会下降到 r_2，与货币市场中新的均衡利率水平是一致的。

从短期来看，货币供给和货币需求决定利率，可贷资金市场跟随货币市场的变化直到可贷资金市场中的均衡利率与货币市场中的均衡利率一致。

请注意我们这里的用词“在短期”。总需求的变化仅仅在短期会影响总产出水平。从长期来看，总产出等于潜在产出水平。所以，我们这里所说的利率下降导致总产出水平提高、导致储蓄增加仅仅适用于短期。

从长期来看（我们下一节将讨论），利率的决定是完全不同的，因为两个市场的角色正好换位。在长期，可贷资金市场决定均衡利率，货币市场跟随可贷资金市场的变化而变化。

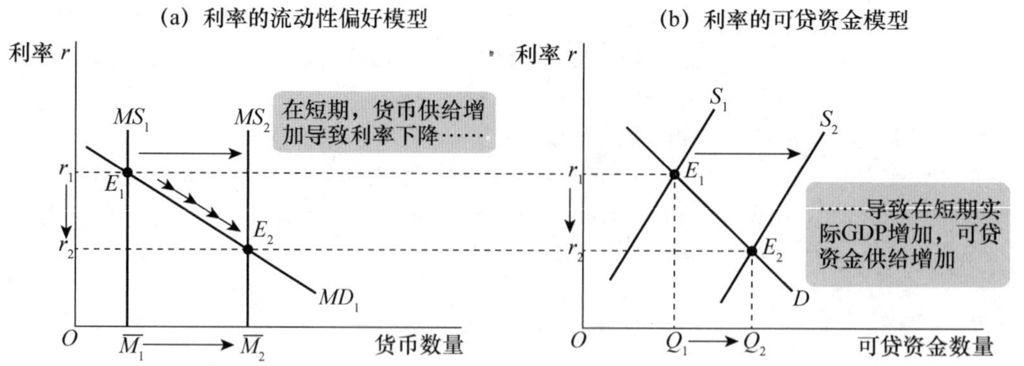

图 30A-1　短期利率的决定

图 30A-1（a）所示为利率的流动性偏好模型：均衡利率会使货币供给数量与货币需求数量一致。从短期来看，利率是在货币市场中决定的，当货币供给从$\overline{M}_1$增加到$\overline{M}_2$后推动均衡利率水平从 r_1 下降到 r_2。图 30A-1（b）表现的是利率的可贷资金模型。当货币市场中的利率下降后，通过乘数效应导致实际 GDP 和储蓄增加，可贷资金的供给曲线从 S_1 右移到 S_2，导致利率从 r_1 下降到 r_2。因此，可贷资金市场中新的均衡利率与货币市场中新的均衡利率 r_2 是一致的。

□ 30A.2　长期利率

在短期内，货币供给量的增加导致利率下降，货币供给量的减少导致利率上升。但从长期来看，货币供给量的变化不会影响利率。

图 30A-2 解释了原因。如图 30A-1 所示，图 30A-1（a）是利率的流动性偏好模型，图 30A-1（b）是可贷资金的供给和需求。我们假设在这两个图中经济最初处于 E_1 点，在长期宏观经济均衡时，货币供给量等于$\overline{M}_1$。可贷资金的需求曲线是 D，可贷资金的初始供给曲线是 S_1。两个市场的初始均衡利率为 r_1。

现在假设货币供给从$\overline{M}_1$增加到$\overline{M}_2$。如图 30A-2（a）所示，首先利率将降低到 r_2。从长期来看，货币中性，总体价格水平与货币供给量按相同的比例上升。我们也知道，总体价格水平的上升使货币需求同比增长。因此，从长期来看，货币需求曲线移到 MD_2，随着价格上升，货币需求增加，均衡利率将上升到其初始水平 r_1。

图 30A-2（b）所示为在可贷资金市场中发生了什么。如前所述，货币供给量增加，导致实际 GDP 短期上升，这将导致可贷资金的供给曲线从 S_1 向右移到 S_2。然而，从长期来看，实际 GDP 随着工资和其他名义价格的上涨回落到原来的水平。因此，最初从 S_1 移到 S_2 的可贷资金供给曲线移回到 S_1。

从长期来看，货币供给量的变化不会影响利率。那么，什么决定图 30A-2 中的长期利率 r_1？答案是可贷资金的供给和需求。更具体地说，从长期来看，均衡利率使得潜在产出产生的可贷资金的供给和需求相匹配。

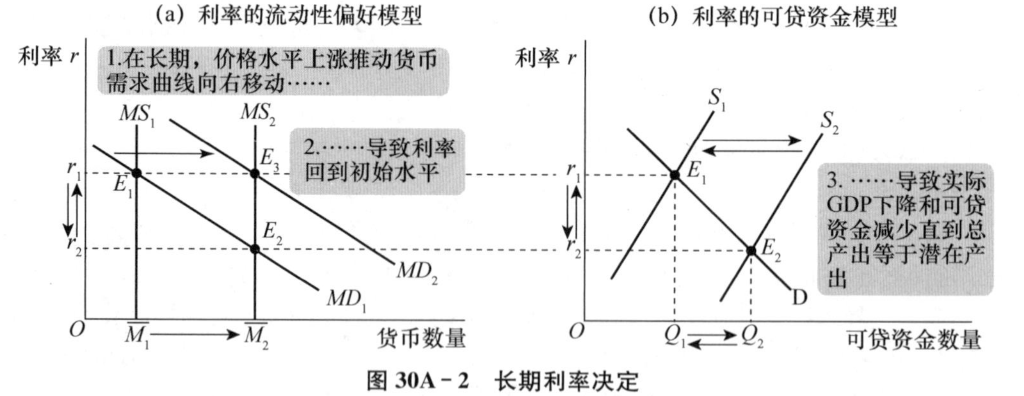

图 30A-2　长期利率决定

图 30A-2（a）所示为流动性偏好模型根据货币供给从$\overline{M}_1$增加到$\overline{M}_2$进行的长期调整；图 30A-2（b）所示为可贷资金市场的相应长期调整。两图从 E_1 点开始，此时长期宏观经济均衡处在潜在产出状态，对应的利率为 r_1。如图 30A-1 所讨论的，货币供给量的增加将使利率从 r_1 下降到 r_2，在短期实际 GDP 增加，储蓄提高。在图 30A-2（a）和图 30A-2（b）中表现为从 E_1 点到 E_2 点的移动。然而，从长期来看，货币供给量的增加会提高工资和其他名义价格。这将导致图 30A-2（a）中的货币需求曲线从 MD_1 变动到 MD_2，导致经济从 E_2 点变动到 E_3 点，利率从 r_2 上升到 r_1。利率上升导致实际 GDP 下降，储蓄减少，可贷资金供给曲线从 S_2 移回 S_1，可贷资金市场从 E_2 点移回 E_1 点。从长期来看，均衡利率是通过实际 GDP 等于潜在产出时可贷资金供给和需求的匹配来确定的。

练习题

1. 使用类似于图 30A－1 的图形，解释货币市场和可贷资金市场如何对短期内货币供给量的减少做出反应。

在线回答问题

2. 比较货币供给量增加对利率的短期影响和长期影响。哪个市场决定短期利率？哪个市场决定长期利率？你的答案对货币政策在短期和长期对实际 GDP 的影响有什么暗示？

第 31 章

通货膨胀、反通货膨胀和通货紧缩

本章将学习

- 为什么试图通过印刷钞票来获取通货膨胀税的做法会导致更高的通货膨胀率和恶性通货膨胀。
- 菲利普斯曲线是什么，该曲线怎样描述在失业和通货膨胀之间的短期的权衡取舍。
- 为什么失业和通货膨胀这种权衡取舍在长期不存在。
- 为什么由于预期通货膨胀的影响，扩张性政策作用有限。
- 为什么即使是中等水平的通货膨胀也难以结束。
- 为什么通货紧缩是经济政策的一个难题；为什么政策制定者倾向于低但为正的通货膨胀率。
- 为什么名义利率不可能低于零下限；流动性偏好存在风险。

开篇案例

提手提箱去银行

2008 年，非洲国家津巴布韦获得了一个不好的名声，该国通货膨胀率为有记录的最高通货膨胀率中的一种，最高峰时通货膨胀率达到约百分之 5 000 亿！虽然政府不断引入更大面额的津巴布韦元，例如，2008 年 5 月，该国发行了面额为 5 亿津巴布韦元的货币，但人们仍然需要大量货币来支付生活必需品：价值 100 美元的津巴布韦元放在一起重约 40 磅。津巴布韦元的价值越来越低，以至于一些人从银行提取现金时要随身带手提箱，以便能够带走足够支付普通生活费用的现金。到最后，津巴布韦元几乎一文不值。到 2008 年 10 月，该国货币几乎从流通中消失，被美元和南非兰特取代。

津巴布韦的经历令人震惊，但并非前所未有。1994 年亚美尼亚的通货膨胀率达到 27 000%。1991 年尼加拉瓜通货膨胀率超过 60 000%。津巴布韦的经历几乎与历史上最著名的极端通货膨胀的例子相媲美，这发生在 1922—1923 年的德国。当德国恶性通货膨胀将要结束时，价格每天上涨 16%，通过复利计算，这意味着在 5 个月内价格上涨了百分之 5 000 亿。

人们不愿意持有纸币，因为它们每个小时都在贬值，鸡蛋和矿灯开始作为货币流通。德国企业每天给工人发几次工资，这样在货币价值丧失前人们可以把它们用掉［对小时工资（hourly wage）赋予了新的含义］。传说在酒吧喝酒的时候，人们一次要两杯啤酒，以免在点第二杯啤酒时价格又上涨了。

美国从未经历过那种通货膨胀。美国最严重的通货膨胀发生在 20 世纪 70 年代末，当时消费价格以每年 13%的速度上升。然而，即使是这样的通货膨胀率，美国公众也深感不安，美联储为了使美国通货膨胀率回到可以接受的水平而采取的政策导致了自大萧条以来最严重的衰退。

什么引起了通货膨胀率的上升与下降？在本章我们将探讨通货膨胀发生的原因。我们将看到津巴布韦遭受高通货膨胀率的根本原因与温和通货膨胀的原因有很大的区别。我们也将学习为什么反通货膨胀，即通货膨胀率下降很难做到。最后，我们将讨论与通货紧缩，即价格下降相关的具体问题。

31.1 货币和通货膨胀

我们稍后即将看到，即使如美国经历过的那些温和的通货膨胀——甚至 20 世纪 70 年代末的通货膨胀率为两位数——都有复杂的原因。但是，高通货膨胀总是与货币供给量的快速增长联系在一起的。

要理解其中的原因，我们需要重新审视货币供给量变动对总体价格水平的影响。然后我们转向讨论政府有时会迅速增加货币供给的原因。

□ 31.1.1 货币和价格的古典模型

在第 30 章我们已经学过，在短期，增加货币供给将通过使利率水平下降从而推动投资支出和消费支出增长来使实际 GDP 增加。然而，从长期来看，随着名义工资和其他黏性价格的上升，实际 GDP 将下降到原来的水平上。所以，货币供给的任何增加在长期并不会导致实际 GDP 变化；在其他条件不变时，它只会导致整体价格水平上升，也就是经济中所有产品和服务的价格，包括名义工资和中间产品的价格水平的上升。当整体价格水平上升后，总体价格水平，也就是最终产品和服务的价格水平也就自然上升了。

所以，名义货币供给量 M 的变化在长期会导致总体价格水平的变化，使实际货币供给量 M/P 回到它的初始水平，对总需求或实际 GDP 不会产生长期影响。例如，当土耳其在 2005 年 1 月把它的货币土耳其里拉拿掉 6 个 0 之后，土耳其的实际 GDP 并没有改变。唯一的改变是价格数字后面的 0 的个数，某样东西原来为 2 000 000 里拉，现在为 2 里拉。

这里重复分析在长期会发生什么。在讨论总体价格水平的较大变化时，宏观经济学家们经常发现忽略长期和短期的差别有助于分析。相反，他们在采用简化模型进行分析时，认为货币供给量变化迅速影响总体价格水平，而不是经过较长时间后才产生影响。因为我们在前面章节中强调过短期和长期的区别，你可能对这个假定有些怀疑。然而，了解了我们马上要做出的解释之后，你可能会理解，在面临高通货膨胀时做出这个假定也是合理的。

> 根据**价格水平的古典模型**，实际货币供给量总是处在长期均衡水平上。

在简化模型中，实际货币供给量 M/P 总是处在长期均衡水平上，这是根据所谓的**价格水平的古典模型**（classical model of the price level）得出的，这是凯恩斯著作发表之前古典经济学家们经常使用的模型。为了理解古典模型和为什么在理解高通货膨胀时它们仍然有用，我们再看 *AD-AS* 模型，以及该模型如何解释货币供给量增加的影响（除非特别指明，我们所指的总是名义货币供给量的变化）。

图 31－1 所示为根据 *AD-AS* 模型讨论的增加货币供给量的影响。经济开始时处于 E_1 点，这是满足短期和长期宏观经济均衡的点。它既位于总需求曲线 AD_1 与短期总供给曲线 $SRAS_1$ 的交点上，也位于长期供给曲线 $LRAS$ 上。在 E_1 点，均衡总体价格水平为 P_1。

现在假定货币供给增加。这种扩张的货币政策将推动总需求曲线向右移动到 AD_2，经济将变动到新的短期均衡点 E_2。随着时间的推移，名义工资将随着总体价格水平上升而增加，$SRAS_1$ 将向左移动到 $SRAS_2$。新的长期均衡点位于 E_3，实际 GDP 回到原来的水平。正如我们在第 30 章所学过的，货币供给增加在长期将会推动总体价格水平提高同样的比例，从 P_1 上升到 P_3。因此，货币供给增加在长期对实际货币数量 M/P 以及实际 GDP 没有影响。从长期来看，货币是中性的，前面我们已经提出过这一点。

价格水平的古典模型忽略了从 E_1 到 E_2 的短期变动，该模型假定经济会直接从一种长期均衡状态变化到另一种长期均衡状态。换言之，当货币供给量增加时，它假定经济直接从 E_1 变动到 E_3，实际 GDP 从来不会发生变化。事实上，在古典模型中，对货币供给量增加的影响的分析假定短期供给曲线和长期供给曲线都是垂直线。

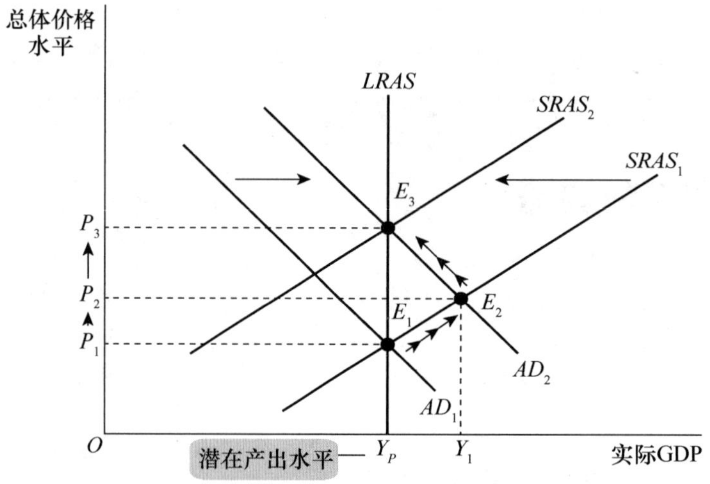

图 31－1　价格水平的古典模型

从 E_1 点开始，增加货币供给将推动总需求曲线向右移动，表现为从 AD_1 移动到 AD_2。新的宏观经济均衡在 E_2 点和更高的价格水平 P_2 实现。在长期，名义工资的增加将推动 $SRAS_1$ 向左移动到 $SRAS_2$。价格水平从 P_1 到 P_3 提高的比例等于货币供给增加的比例。在价格水平的古典模型中，我们忽略存在调整期，认为价格水平上涨到 P_3 是瞬间完成的。在高通货膨胀时期这是一个合理的假定。

事实上，在低通货膨胀时期这并不是一个合理的假定。在低通货膨胀时期，当货币扩张后工人和企业对工资和价格提高做出反应是要花费一定时间的。在这种情况下，一些名义工资和一些商品的价格在短期是黏性的。因此，在低通货膨胀时期，SRAS 曲线是向上倾斜的，货币供给变化会导致实际 GDP 在短期发生变化。

在高通货膨胀时期又会怎么样呢？在面对高通货膨胀时，经济学家们观察到名义工资和价格的短期黏性消失了。工人和企业对通货膨胀非常敏感，货币供给量增加后会迅速增加他们的工资和提高价格。这意味着在高通货膨胀时期，工资和中间产品的价格调整要快于低通货膨胀时期。因此，短期总供给曲线会快速向左移动，快速回到长期均衡状态。这就是说，价格水平的古典模型对于经历持续高通货膨胀的经济来说更为合适。

在经历持续高通货膨胀的经济中，所有价格快速调整的结果是：货币供给量的变化会迅速转化成通货膨胀率的变化。我们再回头看看津巴布韦。图 31－2 所示为 2003 年至 2008 年 4 月货币供给量和消费价格的年变化率的情况。我们可以看出，货币供给量的大幅增长与通货膨胀率的大幅上升几乎是同步的。请注意，为了在图上展示这些非常大的增加的百分比——百分之成千上万的数字——我们在纵轴上使用对数刻度，这样我们能够按相同的规模来表示同等大小的百分比变化。

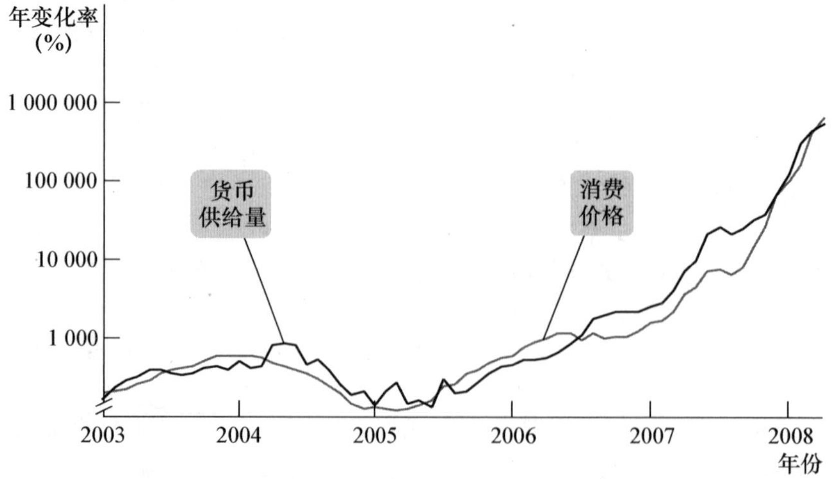

图 31－2　津巴布韦货币供给量和消费价格的年变化率

图上数字以对数刻度表示，它显示了 2003 年至 2008 年 4 月津巴布韦货币供给量和消费价格的年变化率。货币供给量的迅速激增反映在价格水平大致相同的激增上。

资料来源：International Monetary Fund.

是什么原因促使一国增加如此多的货币供给量并导致了百分之几百万甚至几千万的通货膨胀率呢?

□ 31.1.2 通货膨胀税

现代经济使用的是法定货币——一些没有实际价值但是可以被作为交换媒介的纸。在美国和其他富裕国家，确定发行多少纸币的权力掌握在中央银行手中，在某种意义上独立于政治程序。然而，如果政治领导人决定控制货币政策，这种独立性总是可以被剥夺的。

那么，有什么能够阻止政府不是通过征税和借债而是简单发行货币来支付账单的行为呢？无能为力！事实上，包括美国政府在内的各国政府一直在这么做。在美联储而不是财政部发行货币的情况下，美国政府是如何做到这一点的呢？答案是财政部和美联储的行为是协调一致的。政府购买产品和服务后，财政部通过发行债券提供融资，美联储在公开市场上从公众手中买入财政债券，这样就通过货币创造对债务实现了货币化。实际上美国政府能够而且也确实通过印刷钞票来增加收入。

例如，在 2007 年 8 月，美国的基础货币——银行准备金与流通中的通货之和——比上年多出 6 000 亿美元。之所以会增加这么多，是因为在一年的时间内，美联储发行了 200 亿美元的货币或等值的电子等价物，并通过公开市场进入流通。换一种说法，美联储无中生有地创造出货币并用它向私营部门购买政府有价证券。的确，美国政府对美联储所拥有的债务支付利息，但根据法律，美联储应将其收到的政府债务利息支付给财政部，只保留足够的资金用于自己的运营。实际上，美联储的行动使政府能够通过印刷钞票支付 6 000 亿美元的未偿债务。

看待这一问题的另一种方法是认为印刷钞票的权力本身就是一种获得收入的来源。经济学家们把政府通过印刷钞票的权力获得的收入称为铸币税，这是一个可以追溯到中世纪的古老术语。它指的是中世纪的贵族——法语为“seigneurs”——可以把在黄金和白银被铸成金币和银币时收取的费用留归自己。

铸币税只占美国政府预算收入的很小一部分（大约为 1%）。此外，铸币税对美联储发行多少货币的决定没有任何影响；美联储担心的是通货膨胀和失业，而不是收入。但并非总是如此，即使在美国：在内战时期，战争双方都依靠铸币税来弥补内战期间的预算赤字。在历史上有许多场合，政府把它们的印钞机作为一个关键的收入来源。

这通常发生在如下情形：政府赤字巨大，但是又没有能力或者政治上的权利可以通过征税和削减开支来弥补这些赤字。政府无法通过借款来弥补缺口是因为潜在的贷款出借人担心政府的软弱将继续下去而无法归还借款。

在这种情况下，政府只有通过印刷钞票来弥补预算赤字。这样做的结果就是增加了流通中的通货数量。正如我们已经知道的那样，货币供给量的增加迟早会转化成相等幅度的价格水平的上升。因此，通过印刷钞票来弥补预算赤字将导致通货膨胀。

政府通过印刷钞票来购买产品和服务最终到底由谁来支付呢？答案是由现在持有货币的人们。之所以说由他们支付，是因为他们所持有货币的购买力被侵蚀掉了。换一种说法，政府征收了**通货膨胀税**（inflation tax)，通过印刷钞票来弥补预算赤字并造成通货膨胀，降低了公众所持有的货币的价值。

> **通货膨胀税**是指因为通货膨胀，公众所持有的货币的价值降低了。

考虑一下通货膨胀税代表的是什么可能更有意义。如果通货膨胀率为 5%，那么现在的 1 美元只能购买一年后价值现在 0.95 美元的产品和服务。这相当于对公众持有的所有货币征收了 5%的税。

但是为什么有政府会将通货膨胀率推高到百分之几百或几千呢？我们接下来讨论恶性通货膨胀的逻辑。

□ 31.1.3 恶性通货膨胀的逻辑

通货膨胀等于对持有货币的人征税。像大多数税收一样，这也会引起人们改变行为。特别是当通货膨胀率很高的时候，人们尽可能避免持有货币而代之以产品或者能生息的资产。在本章开篇案例中，我们描述了在德国恶性通货膨胀时期，人们使用鸡蛋或矿灯作为交换媒介，因为它们随着时间的推移保持了实际价值，但货币无法保留。在德国恶性通货膨胀高峰期间，人们经常烧纸币，因为这比木材便宜。

而且，人们没有减少对名义货币的持有——他们减少了对实际货币的持有，人们持有的货币的购买力实际上比在通货膨胀率较低时减少了。他们这样做是使用货币来购买随时间可保值的产品或持有如黄金那样的资产。为什么？因为他们拥有的实际货币越多，政府通过通货膨胀税所攫取的实际资源量就越大。

我们现在可以解释一个国家是如何陷入极端通货膨胀的境地的。当政府必须获得更多的通货膨胀税来弥补巨大的预算赤字时，就会发生高通货膨胀。

因此，政府在短期内（如1个月）获得的铸币税等于货币供给量在这段时间内的变化。我们用M来表示货币供给量，并使用符号Δ表示“每月变化”。那么，

$$\text{铸币税} = \Delta M \qquad (31-1)$$

然而，铸币税的货币价值本身不是非常有用。毕竟，通货膨胀的要义是一定数量的货币可购买的东西越来越少。因此，看实际铸币税也许更有用，即通过印刷钞票获得的收入除以价格水平P：

$$\text{实际铸币税} = \Delta M/P \qquad (31-2)$$

式（31－2）可以通过除以和乘以当前货币供给量M来重写，即：

$$\text{实际铸币税} = (\Delta M/M) \times (M/P) \qquad (31-3)$$

即

$$\text{实际铸币税} = \text{货币供给量增长率} \times \text{实际货币供给量}$$

但正如我们刚才解释的，面对高通货膨胀，公众减少了其所持有的实际货币数量，因此式（31－3）中的最右边项M/P变小了。假设政府需要印刷足够的钞票来支付一定数量的产品和服务，也就是说，它需要获得一定量的实际铸币税。由于实际货币供给量M/P随着人们持有的实际货币量减少而下降，政府必须通过加大货币供给量增长率$\Delta M/M$来应对。这将导致更高的通货膨胀率。人们将通过减少他们的实际货币持有量M/P再次响应这个新的更高的通货膨胀率。

随着过程变得自我加强，它很容易失控。虽然政府最终必须收回铸币税来偿还赤字的数额不变，但政府需要增加通货膨胀率来获得这一收入。因此，政府被迫更快地增加货币供给，导致更高的通货膨胀率，如此循环。

可以做这样的类比：假设一个城市政府希望对乘坐出租车的人征收特殊费用以获得更多的收入。该项费用增加了乘车人的成本，人们将转向其他易获得的出行方式，如乘坐公共汽车或步行。随着乘坐出租车的人数的减少，政府获得的收入也将下降，为了获得与以前同样的收入就必须提高收费标准。你可以想象这会形成恶性循环：政府对出租车征收特别费用，导致乘坐出租车的乘客减少，政府再次提高对出租车乘客的收费则会导致乘车人数进一步减少，如此继续。

把乘出租车换成实际货币供给，通货膨胀税换成对乘车人征收的费用，这就变成了恶性通货膨胀的故事。政府印刷钞票和公众之间展开竞赛：为了弥补公众持有货币数量的减少，印钞机必须转动得越来越快。在到达某一时刻后，通货膨胀将演变为恶性通货膨胀，人们不再愿意持有任何货币（而是采用鸡蛋和矿灯进行交易）。到最后，政府不得不放弃通货膨胀税，关停印钞机。

▶ **真实世界中的经济学**

津巴布韦的通货膨胀

我们在本章开篇案例中给出了津巴布韦的例子，这是最近一个经历超高通货率膨胀国家的新事例。图31－2表示的是津巴布韦货币供给量快速增长，但几乎同时伴随了通货膨胀率的快速上升。但是，只看变化率并没有给出津巴布韦价格上涨多少的真实感受。

图 31-3 表示的是津巴布韦 2000 年 1 月至 2008 年 7 月的消费价格指数。我们把 2000 年 1 月的水平定为 100。与图 31-2 相同，我们采用了对数刻度。在 8 年时间里，消费价格指数上升了近百分之八十万亿！

为什么津巴布韦政府的政策导致通货膨胀驶上了高速公路？原因就是政治不稳定，这在该国有历史根源。直到 20 世纪 70 年代，津巴布韦被少数白人统治；即使在转变为多数人的组织统治之后，该国许多农场仍然留在白人手中。最终，津巴布韦总统罗伯特·穆加贝（Robert Mugabe）通过没收农场并将它们转交给他的政治支持者来巩固自己的统治。

但是，由于这种没收干扰了正常生产，结果破坏了该国的经济和税基。该国政府不可能通过增加税收或削减开支来平衡其预算。与此同时，政权的不稳定使津巴布韦无法在世界市场借到外债。像此前许多国家那样，津巴布韦政府转向了通过印刷钞票度日，也就导致了恶性通货膨胀的发生。

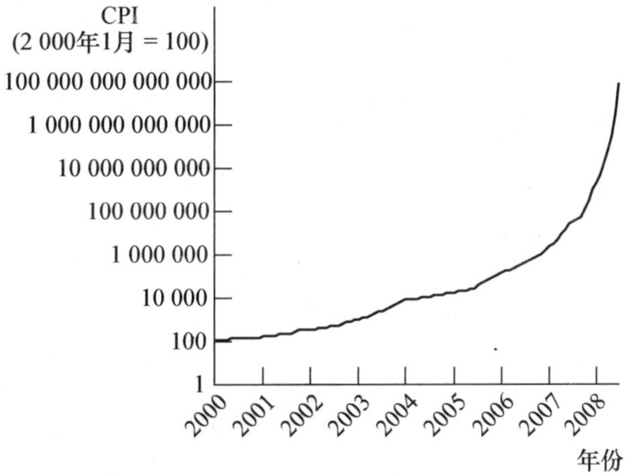

图 31-3　2000—2008 年津巴布韦的消费价格指数

资料来源：International Monetary Fund.

及时复习

● 价格水平的古典模型没有区分长期和短期。它解释了货币供给量增加如何直接转化成通货膨胀。对于持续出现高通货膨胀或恶性通货膨胀的国家而言，这种解释是合理的。

● 政府有时候通过印刷钞票来弥补预算赤字，由此导致的货币价值损失被称为通货膨胀税。

● 高通货膨胀率会引起人们减少实际货币的持有数量，政府为了获得更高的通货膨胀税就会发行更多的货币，通货膨胀率也就会加速上升。由此引出的自我强化会发展成恶性通货膨胀。

小测验 31-1

1. 假设一个此前通货膨胀率一直较低的经济体的货币供给量有了大幅增长，由此引出的后果是总产出在短期得以增加。如果应用价格水平的古典模型来解释，这种情形意味着什么？

2. 假设一个经济体中所有的工资和价格水平都采用了通货膨胀指数化方法，即工资与价格水平自动用通货膨胀数据进行调整，这时仍然会有通货膨胀税吗？

31.2　温和通货膨胀与反通货膨胀

富裕、政治稳定的国家（如美国和英国）的政府不会被迫印刷钞票来支付账单。然而，在过去 40 年里，这两个国家以及其他一些国家经历了令人不舒服的通货膨胀。在美国，通货膨胀率在 20 世纪 80 年代初达到 13%的峰值。在英国，1975 年的通货膨胀率达到 26%。为什么政策制定者允许这种情况发生？

简而言之，答案是：在短期内，促进经济繁荣的政策也往往导致更高的通货膨胀率，而降低通货膨胀率的政策往往会让经济承压。这对政府既有诱惑，也有困境。

首先，想象一下自己是一名政治家，1～2 年内面临选举，并假设目前通货膨胀率相当低。你可能会试图采取降低失业率的扩张性政策以取悦选民，即使你的经济顾问警告说，这将最终导致更高的通货膨胀率。你也可能会向别的经济顾问咨询，他们会告诉你无须担心。在政治中，如在普通生活中一样，一厢情愿的思考往往胜过对现实的分析。

相反，想象自己是一名经济正遭受通货膨胀国家的官员。你的经济顾问可能会告诉你，降低通货膨胀率的唯一办法是推动经济进入衰退，这将导致暂时的失业率升高。你愿意付出这个代价吗？也许不会。

这种政治上的不对称——推动通货膨胀政策通常产生短期的政治收益，但是使通货膨胀下降的政策通常会付出短期的政治成本——解释了为什么无须实施通货膨胀税的国家有时会导致严重的通货膨胀问题。例如，英国 26%的通货膨胀率主要是英国政府在 1971 年决定实施高度扩张性货币政策和财政政策的结果。政治家们忽视了这些政策会导致通货膨胀的警告且极不愿意扭转这一过程，即使在已经很清楚这种警告正确的情况下。

但为什么扩张性政策会导致通货膨胀？为了回答这个问题，我们首先要看看产出和失业之间的关系。

□ 31.2.1 产出缺口和失业率

在第 27 章我们引入了潜在产出水平的概念，也就是在所有价格充分调整后，经济体能够产出的实际 GDP 水平。潜在产出水平一般会随着时间的流逝呈现持续增长的态势，反映的是长期增长。然而，我们在学习总供给-总需求模型时知道，在短期，真实总产出水平会围绕潜在产出水平波动：当真实总产出水平低于潜在产出水平时会存在衰退缺口；而当真实总产出水平高于潜在产出水平时会存在通货膨胀缺口。

在第 27 章我们将真实的实际 GDP 产出水平与潜在产出水平之间差额的百分比称为产出缺口。当一个经济体的产出高于或低于其被“预期”的产出水平时就会存在正向或负向的缺口，因为所有的价格还没有做出调整。我们已经学过，工资就是劳动市场的价格。

同时，我们在第 23 章中了解到，失业率由周期性失业率和自然失业率组成，自然失业率是指失业率不受经济周期影响的那部分。因此，失业率和产出缺口之间存在一种关系，这种关系可由两个规则来定义：

- 当真实总产出水平等于潜在产出水平时，真实失业率等于自然失业率。
- 当产出缺口为正向时（存在通货膨胀缺口），失业率低于自然失业率；当产出缺口为负向时（存在衰退缺口），失业率高于自然失业率。

换言之，总产出水平围绕潜在产出水平长期趋势波动，相应的就是失业率围绕自然失业率波动。

这一解释是合理的。当一个经济体的产出水平小于潜在产出水平时，也就是产出缺口为负向时，说明它没有充分利用生产性资源。在这些资源中，没有充分利用的劳动也是经济中最重要的资源。所以我们有理由认为负向产出缺口是与不合理的高失业率相联系的。相反，当一个经济体的产出水平大于潜在产出水平时，其对资源的使用暂时高于正常水平。因为存在正向缺口，我们可以预期存在一个低于正常水平的失业率。

图 31－4 证实了上述规律。图 31－4（a）所示为真实失业率和自然失业率（为国会预算办公室所估计）。图 31－4（b）所示为两个系列。一个是周期性失业率，也就是真实失业率与国会预算办公室所估计的自然失业率之间的差，对应左轴；另一个是国会预算办公室所估计的产出缺口，对应右轴。为了使两者之间的关系更加清晰，产出缺口的系列是用相反的方向来表示的，所以，如果真实产出超过潜在产出，曲线下行，如果真实产出低于潜在产出，曲线则上行。

我们可以看出，两个系列走势非常相似，显示了产出缺口和周期性失业率之间存在非常显著的关系。周期性失业率高的年份，如 1982 年、1992 年或 2009 年，也是负向产出缺口大的年份。周期性失业率低的年份，如 20 世纪 60 年代末或 2000 年，也是正向产出缺口显著的年份。

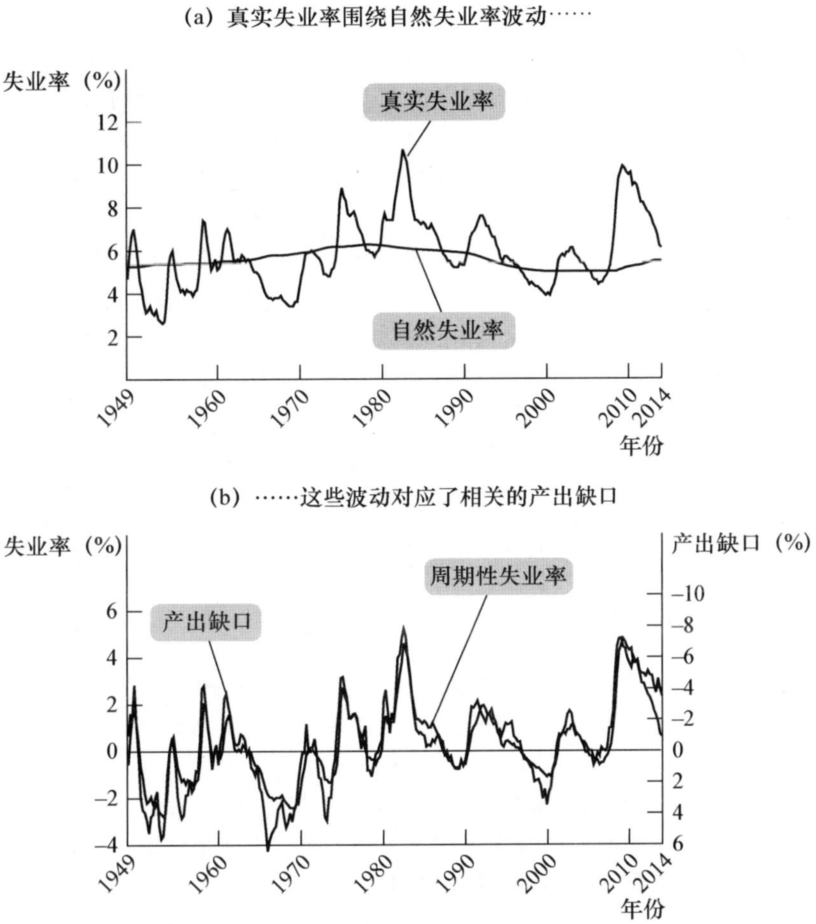

图 31－4　周期性失业率和产出缺口

图 31－4（a）所示为 1949—2014 年之间美国真实的失业率和国会预算办公室估计的自然失业率。真实失业率围绕自然失业率波动经常会持续一段时间。图 31－4（b）表示的是周期性失业率——真实失业率与自然失业率的差——和产出缺口，也是由国会预算办公室所估计的。失业率是用左轴度量的，产出缺口是用相反方向的右轴度量的，目的是使它与失业率变化方向相同：当产出缺口为正向时，真实失业率小于自然失业率；当产出缺口为负向时，真实失业率大于自然失业率。两个系列走势非常相似，显示了产出缺口和周期性失业率之间存在非常显著的关系。

资料来源：Federal Reserve Bank of St. Louis；Congressional Budget Office.

▶ **追根究底**

奥肯定律

尽管周期性失业率和产出缺口会一起变化，但周期性失业率的变化似乎比产出缺口小。例如，在 1982 年，产出缺口达到－8%，但周期性失业率仅为 4%。对这种重要关系的观察就是著名的**奥肯定律**（Okun's law）的基础，阿瑟·奥肯是约翰·肯尼迪总统的首席经济顾问。

根据奥肯定律——产出缺口和失业率之间的负相关关系——所做的当代估计发现的典型结果是：当产出缺口上升 1%时会导致失业率下降大约 0.5 个百分点。

> **奥肯定律**描述了产出缺口和失业率之间的负相关关系。

举个例子，假设自然失业率为 5.2%，经济目前的产出水平仅为潜在产出水平的 98%，也就是产出缺口为－2%，根据奥肯定律预测的失业率将为：5.2%－(1/2)×(－2%)＝6.2%。

事实上，产出增加 1%使失业率降低 1%的二分之一，这可能令人困惑：你可能预期产出缺口与失业率之间存在一对一的关系。难题不是总产出上升 1%需要就业率增加 1%吗？难道不是使失业率下降

1%吗？

情况并非这样。有几个较为容易理解的理由来证明产出缺口的变化和失业率的变化之间并非一一对应的关系。首先，当对公司产品需求变化时，公司可以通过调整在职人员的工作时间来应对。例如，当对公司产品需求突然增加时，公司可以通过适当增加在职人员的工作时间而不是通过雇用新的工人来应对；相反，当销售减少时，公司通过减少在职人员的工作时间而不是解雇工人来应对。这种行为减少了产出波动对于就业人员数量的影响。

其次，寻找工作职位的工人人数受到可提供职位的影响。假定工作职位的数量减少了 100 万个。失业人数的上升将少于 100 万，因为某些工人会变得意志消沉而主动放弃寻找工作（我们在第 23 章中指出，如果工人不主动寻找工作就不算失业人员）。反过来看，如果经济中的工作职位的数量增加了 100 万个，一些原来不主动寻找工作的人也开始行动起来，结果统计的失业率减少要少于 100 万个。

最后，劳动生产率的增长速度在经济繁荣时期一般会加快，而在经济萧条时期劳动生产率的增长速度会放慢甚至下降。这种现象产生的原因是经济学家们争论的主题之一。结果，经济繁荣和萧条对于就业的影响就没有那么强烈了。

□ 31.2.2 短期菲利普斯曲线

我们刚刚讨论了扩张性政策导致失业率下降。我们下一步是要理解政府面临的诱惑和困境使得失业率和通货膨胀率之间存在短期权衡；失业率降低会导致通货膨胀率上升，反之亦然。与此相关的核心概念是菲利普斯曲线。

这一概念来源于 1958 年发表了一篇非常著名论文的新西兰经济学家 A. W. H. 菲利普斯。他根据英国的历史数据研究发现：当失业率高的时候，工资水平趋向下降，而当失业率低的时候，工资水平趋向上升。不久后，其他经济学家采用英国的数据、美国的数据和其他国家的数据，发现了失业率和通货膨胀率（也就是总体价格水平的变化率）之间也存在类似的规律。例如，图 31－5 显示了 1955—1968 年每一年美国失业率和通货膨胀率之间的关系，每一个点代表一年的数据。

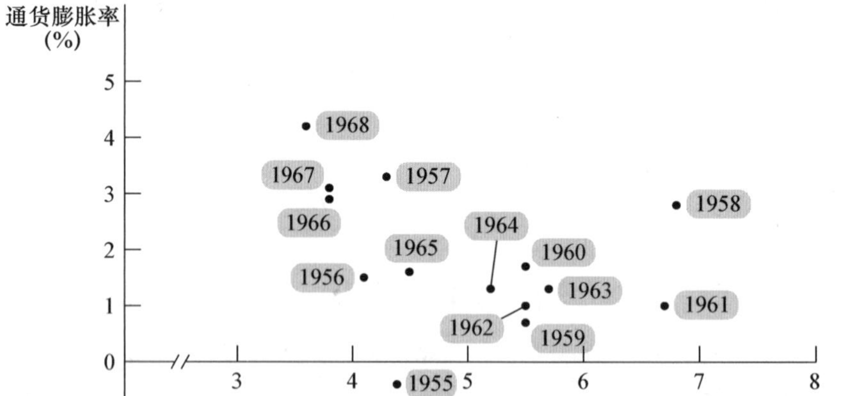

图 31－5　1955—1968 年的失业率和通货膨胀率

每个组合点表示的是美国每年的失业率和消费价格指数上涨率。数据排列与短期菲利普斯曲线的初始概念相对应。
资料来源：Bureau of Labor Statistics.

依据图 31－5 之类的证据，许多经济学家认为失业率和通货膨胀率之间存在负向的短期关系，这被称为**短期菲利普斯曲线**（short-run Phillips curve，简称 *SRPC*）。（我们稍后将解释短期和长期的菲利普斯曲线之间的差异。）图 31－6 所示为一个假设的短期菲利普斯曲线。

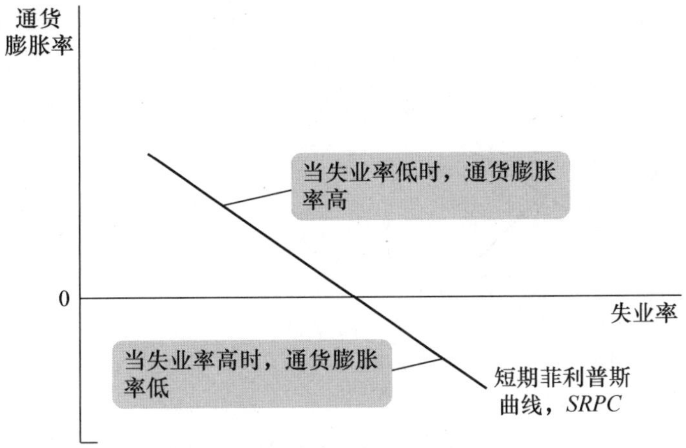

图 31－6　短期菲利普斯曲线

短期菲利普斯曲线是向下倾斜的，因为失业率和通货膨胀率之间是负相关的。

美国短期菲利普斯曲线的早期估计非常简单：它们表示失业率和通货膨胀率负相关，没有考虑任何其他变量。在 20 世纪 50 年代和 60 年代，这种简单的方法似乎已经够用。这个简单的关系在图 31－5 的数据中看得很清楚。

> **短期菲利普斯曲线**描述了失业率和通货膨胀率短期内是负相关的。

▶ **追根究底**

总供给曲线和短期菲利普斯曲线

在前面章节中，我们多次使用 *AD-AS* 模型，其中短期总供给曲线——描述实际 GDP 和总体价格水平之间关系的曲线——发挥了关键作用。现在我们又引入了短期菲利普斯曲线的概念，一种描述失业率和通货膨胀率关系的曲线。这两个概念可以搭配在一起使用吗？

通过观察图 31－7（a）我们可以得到部分答案，该图表现的是总体价格水平和产出缺口如何受到总需求变化的影响。假定在第一年总需求曲线为 AD_1，长期总供给曲线为 *LRAS*，短期总供给曲线为 *SRAS*。初始宏观经济在 E_1 点处在均衡状态，此时价格水平为 100，实际 GDP 为 10 万亿美元。请注意，在 E_1 点实际 GDP 等于潜在产出水平，所以产出缺口为零。

现在考虑来年经济可能的两种变化路径：一种是总需求不变，经济仍然停留在 E_1 点；另一种是总需求移动到 AD_2，经济变动到 E_2。

在 E_2 点，实际 GDP 为 10.4 万亿美元，超过潜在产出水平 0.4 亿美元，产生 4% 的产出缺口。此时，在 E_2 点总体价格水平为 102，上升了 2%。所以图 31－7（a）告诉我们，在这个事例中，当产出缺口为 0 时，通货膨胀率为 0，当产出缺口为 4% 时，通货膨胀率为 2%。

图 31－7（b）所示为上述所隐含的失业率和通货膨胀率之间的关系。假定自然失业率水平为 6%，根据此前介绍的奥肯定律，产出缺口每增加 1%，会引起失业率降低 0.5%。在这种情况下图 31－7（a）所示的两种情形——总需求不变或者上升——在图 31－7（b）中对应两个点。在 E_1 点，失业率水平为 6%，通货膨胀率为 0；在 E_2 点，失业率水平为 4%，因为产出缺口为 4%，导致失业率比自然失业率 6% 低 2%（=4%×0.5），通货膨胀率为 2%。所以，失业率和通货膨胀率之间存在负相关关系。

这样我们可以说短期总供给曲线和短期菲利普斯曲线完全相同吗？不完全如此。短期总供给曲线表示的是失业率变化和通货膨胀率变化的关系，但是短期菲利普斯曲线表示的是失业率水平和通货膨胀率水平之间的关系。使两者协调一致的完整分析超出了本书的难度。重要的一点是明白短期菲利普斯曲线的概念尽管并非一样，但是非常接近于短期总供给曲线。

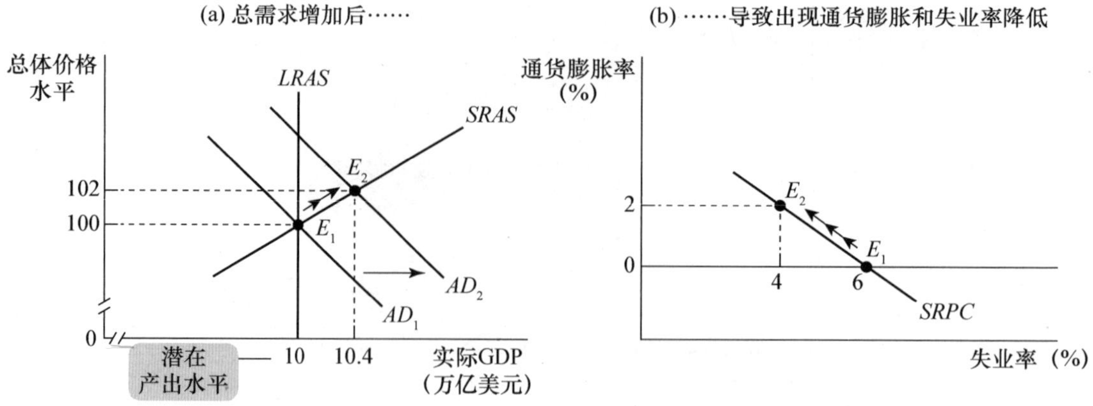

图 31－7 *AD-AS* 模型和短期菲利普斯曲线

短期菲利普斯曲线非常接近于短期总供给曲线。在图 31－7（a）中，初始宏观经济在 E_1 点处在均衡状态，此时价格水平为 100，实际 GDP 为 10 万亿美元。现在考虑两种可能性：一种是总需求曲线仍然在 AD_1，产出缺口和通货膨胀率都为 0。另一种是总需求曲线向外移动到 AD_2，产出缺口为 4%，通货膨胀率为 2%。假定自然失业率为 6%，失业率与通货膨胀率之间的关系如图 31－7（b）所示。如果总需求没有增加，失业率为 6%，通货膨胀率为 0；如果总需求增加，失业率为 4%，通货膨胀率为 2%。

然而，即使在当时，一些经济学家认为更准确的短期菲利普斯曲线应包括其他因素。在第 27 章中，我们讨论了供给冲击的影响，例如石油价格的突然变化，这改变了短期总供给曲线。这种冲击也改变了短期菲利普斯曲线：油价上涨是 20 世纪 70 年代发生通货膨胀的一个重要因素，也在 2007—2008 年通货膨胀率加速上涨中发挥了重要作用。一般来说，负向供给冲击使 *SRPC* 随着每一失业率水平上通货膨胀率的增加而上升，而正向供给冲击使其随着每一失业率水平上通货膨胀率的下降而下降。两个结果如图 31－8 所示。

然而，供给冲击并非唯一能够影响通货膨胀率的因素。在 20 世纪 60 年代早期，通货膨胀率处在低水平已经 10 多年了，美国人缺乏应付通货膨胀的经验。到了 60 年代晚期，通货膨胀率已经持续了一段时间，人们开始对未来有了通货膨胀预期。两位经济学家——芝加哥大学的米尔顿·弗里德曼和芝加哥大学的埃德蒙·费尔普斯（Edmund Phelps）——各自独立地提出了重要假说：对于未来的通货膨胀预期直接影响现在的通货膨胀率。今天的大部分经济学家接受了预期通货膨胀率——雇主和工人对不久的将来通货膨胀率的预期——是除了失业率之外影响通货膨胀率最重要的因素。

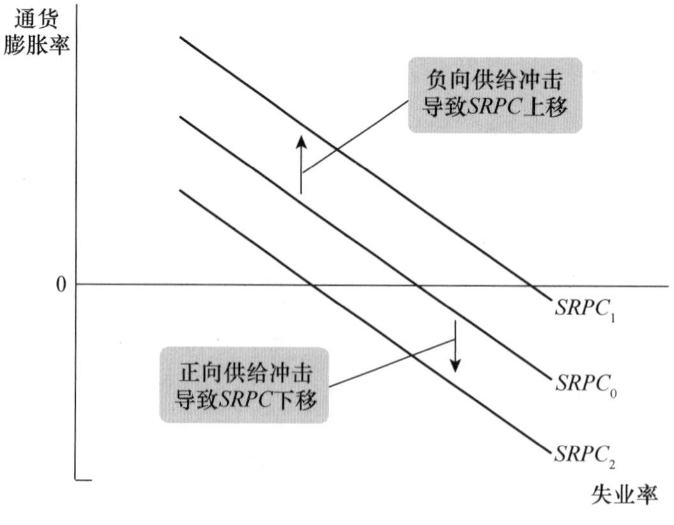

图 31－8 短期菲利普斯曲线与供给冲击

负向供给冲击导致 *SRPC* 上移，正向供给冲击导致 *SRPC* 下移。

□ 31.2.3 通货膨胀预期和短期菲利普斯曲线

预期通货膨胀率是雇主和工人对不久的将来通货膨胀率的预期。当代宏观经济学家的重大发现之一是预期通货膨胀率影响失业率和通货膨胀率的短期替代，导致短期菲利普斯曲线移动。

为什么预期通货膨胀率变化会影响短期菲利普斯曲线呢？设想我们处在雇主和工人要就未来几年工人的工资签订合约的情境中。如果每个人预期未来的通货膨胀率将升高（包括工资上升），我们有太多的理由可以相信，所签订的工资水平一定高于大家一致认为通货膨胀率保持平稳时的水平。工人将要求工资应该考虑到未来收入购买力下降的情形。他或她还会要求工资不应低于其他工人。对雇主来讲，也愿意现在提高工资，因为如果今后雇用工人，成本将更高。而且，价格升高将使雇主也能够支付得起高工资，因为他的销售额也将增加。

正是由于这些原因，预期通货膨胀率提高推动了短期菲利普斯曲线向上移动：当预期通货膨胀率提高时，与任一失业率水平所对应的真实通货膨胀率也会提高。事实上，宏观经济学家们相信预期通货膨胀率和真实通货膨胀率之间的关系是一一对应的。这就是说，当预期通货膨胀率提高时，任一失业率水平所对应的真实通货膨胀率都会上升同样的幅度；当预期通货膨胀率降低时，任一失业率水平所对应的真实通货膨胀率都会下降同样的幅度。

图 31-9 所示为预期通货膨胀率如何影响短期菲利普斯曲线的情形。首先假定人们预期未来的通货膨胀率为 0。图中 $SRPC_0$ 是当公众预期通货膨胀率为 0 时的短期菲利普斯曲线。根据 $SRPC_0$，如果失业率为 6%，真实通货膨胀率将为 0；如果失业率为 4%，真实通货膨胀率将为 2%。

之后假定预期通货膨胀率为 2%。在这种情况下，雇主和工人将对工资和价格形成预期：在任一失业率水平上，真实通货膨胀率将比人们预期通货膨胀率为 0 时高出 2%。$SRPC_2$ 表示的是当预期通货膨胀率为 2%时的短期菲利普斯曲线，它是 $SRPC_0$ 向上平行移动两个百分点而得到的。根据 $SRPC_2$，如果失业率为 6%，真实通货膨胀率将为 2%；如果失业率为 4%，真实通货膨胀率将为 4%。

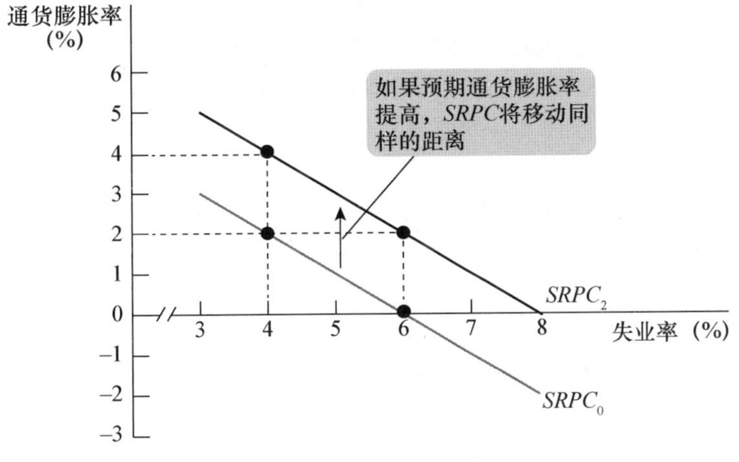

图 31-9 预期通货膨胀率和短期菲利普斯曲线

预期通货膨胀率将引起短期菲利普斯曲线移动。$SRPC_0$ 是预期通货膨胀率为 0 时的短期菲利普斯曲线；$SRPC_2$ 是当预期通货膨胀率为 2%时的短期菲利普斯曲线。在任一失业率水平上，每额外增加 1 个百分点的预期通货膨胀率，真实通货膨胀率也将提高一个百分点。

什么决定着预期的通货膨胀率水平呢？一般认为，人们根据经历的通货膨胀的经验对通货膨胀率形成预期。如果过去几年通货膨胀率一直在 0 左右，人们预期在未来它也将会围绕 0 波动。如果通货膨胀率平均围绕 5%波动，人们预期在未来它也将会围绕 5%波动。

既然预期通货膨胀率是现代短期菲利普斯曲线讨论中如此重要的部分，你可能奇怪为什么在最初形成的短期菲利普斯曲线中没有考虑这一因素？答案就是历史的局限性。我们再次回到 20 世纪 60 年代早期，当时人们已经习惯于低通货膨胀率，有理由相信未来的通货膨胀也会是温和的。直到 1965 年之后，持续通货膨胀成为人们生活的一部分。到了此时，经济学家们认为，预期通货膨胀率在影响价格确定上应该具有重要作用。

果然，通货膨胀率和失业率之间似乎明显的关系在 1969 年以后发生了变化。图 31－10 给出了 1961—1990 年美国失业率和通货膨胀率的轨迹。如你所见，变化轨迹看起来更像一条缠在一起的纱线而非一条平滑的曲线。

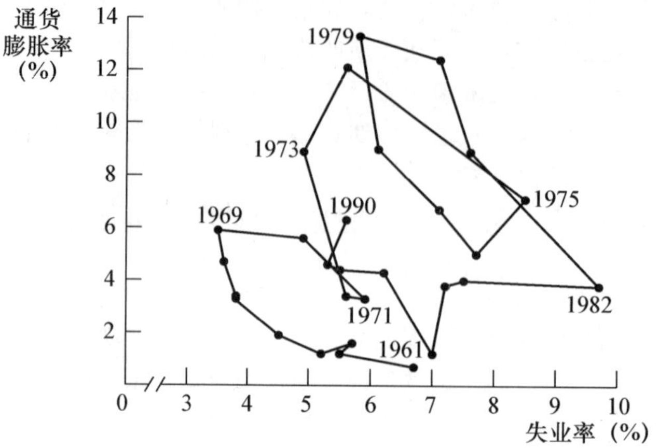

图 31－10　1961—1990 年失业率与通货膨胀率

在 20 世纪 70 年代，由于美国经济经历了高失业率和高通货膨胀率的并发，在 20 世纪 50 年代和 60 年代似乎持续的短期菲利普斯曲线关系崩溃了。经济学家们认为，这是负向供给冲击和几年高于预期通货膨胀率累积效应作用的结果。20 世纪 80 年代时通货膨胀率下降，90 年代是低失业率和低通货膨胀率时期。

资料来源：Bureau of Labor Statistics.

在 20 世纪 70 年代和 80 年代初的大部分时间里，经济遭遇了失业率高过平均水平与现代美国历史上前所未有的通货膨胀率的双重袭击。这种情况被称为滞胀——经济停滞加上高通货膨胀。相反，在 20 世纪 90 年代后期，经济则经历了低失业率和低通货膨胀的幸福结合。怎样解释这些发展呢?

部分答案可归因于美国经济在 20 世纪 70 年代遭受的一系列负向供给冲击。石油价格，特别是随着中东地区战争和革命而出现的上涨，导致石油供给减少，而且石油出口国故意减少生产以提高价格。在石油价格的冲击下，劳动生产率增长也有所放缓。这两个因素都推动短期菲利普斯曲线向上移动。相比之下，在 20 世纪 90 年代，供给冲击是正向的。石油和其他原材料价格普遍下跌，生产率增长加快。因此，短期菲利普斯曲线向下移动。

同样重要的是预期通货膨胀率的作用。如本章前面所述，通货膨胀在 20 世纪 60 年代加速。在 20 世纪 70 年代，公众预期高通货膨胀率，这也使短期菲利普斯曲线向上移动。在 20 世纪 80 年代，为了使通货膨胀率下降进行了持续而代价不菲的努力。结果是到了 20 世纪 90 年代后期，预期通货膨胀率非常低，尽管失业率低，但是真实通货膨胀率也很低。

▶ **真实世界中的经济学**

大衰退中的菲利普斯曲线

我们在这本书叙述过程中已经几次回顾了 2008 年全球经济危机冲击。这场危机导致许多国家的失业率急剧上升，特别是在部分（并非全部）欧洲国家，甚至几年后失业率仍然很高。根据菲利普斯曲线的逻辑，失业率的这种激增应该会导致通货膨胀率下降，受影响最严重的国家的下降幅度应该最大。后来的发展确实如此。

图 31－11 所示为部分欧洲经济体在 2007 年（大衰退的前夕）至 2013 年间失业率和通货膨胀率的变化。除德国之外，每个国家的失业率都上升了，爱尔兰和经济陷入困境的南欧国家大幅度上升。12 个国家中有 9 个国家的通货膨胀率下降了，远远超过那些同样陷入困境的经济体的平均水平。失业率和通货膨胀率之间的关系并不完全确切，在经济学中这种关系很少见。但数据表现与失业率和通货膨胀率之间在短期存在权衡的理论是一致的。顺便说一下，美联储研究人员在美国主要大都市地区的失业率和通货膨胀率之间发现了类似

的关系，其中一些地区的住房价格下跌得比其他地区更大。

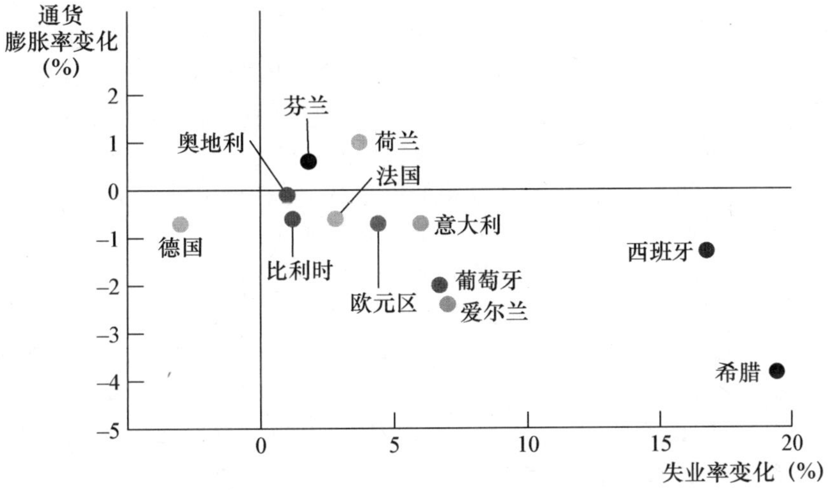

图 31－11　2007—2013 年部分欧洲国家的失业率上升和通货膨胀率下降

资料来源：IMF World Economic Outlook.

及时复习

- 奥肯定律描述了产出缺口和周期性失业率之间的关系。
- 短期菲利普斯曲线说明了失业率和通货膨胀率之间的负相关关系。
- 负向供给冲击使短期菲利普斯曲线向上偏移，但正向供给冲击使其向下偏移。
- 预期通货膨胀率的上升推动短期菲利普斯曲线上移：预期通货膨胀率每增加 1 个百分点将推高与任何给定失业率对应的真实通货膨胀率上升 1 个百分点。
- 在 20 世纪 70 年代，一系列负向的供给冲击和劳动生产率增长的放缓导致了滞胀和短期菲利普斯曲线向上移动。

小测验 31－2

1. 解释短期菲利普斯曲线如何说明在给定水平的预期通货膨胀率下，周期性失业率与真实通货膨胀率之间的负相关关系。
2. 短期菲利普斯曲线对产品价格下降的反应是什么？对产品价格激增的反应又是什么？请说明。

31.3　长期通货膨胀率与失业率

短期菲利普斯曲线表明，在任何给定的时间点，失业率和通货膨胀率之间存在权衡替代关系。根据这种观点，决策者有一个选择：他们可以选择接受高通货膨胀率，以实现低失业率。事实上，在 20 世纪 60 年代，许多经济学家认为这种权衡是真实的选择。

然而，这种观点被后来的认识所改变，预期通货膨胀率影响短期菲利普斯曲线。在短期，期望往往与现实不一致。然而，从长期来看，任何持续的通货膨胀率都将反映在预期中。如果通货膨胀率一直很高，就像在 20 世纪 70 年代一样，人们会预期同样的情形将会持续；如果通货膨胀率一直很低，如近年来的情形，人们对通货膨胀率的期望也会如此。

因此，从长期来看，当实际通货膨胀被纳入预期时，通货膨胀率和失业率之间的替代会怎样呢？大多数宏观经济学家认为，事实上没有长期替代。也就是说，从长期来看，不可能通过接受更高的通货膨胀率来实现更低的失业率。为了理解原因，我们需要引入另一个概念：长期菲利普斯曲线。

□ 31.3.1 长期菲利普斯曲线

图 31－12 重新使用了图 31－9 的两条短期菲利普斯曲线 $SRPC_0$ 和 $SRPC_2$，并且附加了另外一条短期菲利普斯曲线 $SRPC_4$，该曲线对应的预期通货膨胀率为 4%。接下来我们将解释垂直的长期菲利普斯曲线 *LRPC* 的意义。

假设一个经济体过去的通货膨胀率为 0，在这种情况下，当前的短期菲利普斯曲线将反映为 0 的预期通货膨胀率，也就是 $SRPC_0$。如果失业率为 6%，真实通货膨胀率将为 0。

现在假定政策制定者试图以高通货膨胀率来获得低失业率。他们使用货币政策、财政政策或者双管齐下把失业率降低到 4%。这将推动经济处在 $SRPC_0$ 的 *A* 点，真实通货膨胀率为 2%。

随着时间的流逝，公众将逐渐形成 2%的预期通货膨胀率。预期通货膨胀率的提高将推动短期菲利普斯曲线上移到 $SRPC_2$。当失业率为 6%时，真实通货膨胀率为 2%。根据这条新的短期菲利普斯曲线，当失业率为 4%时会导致真实通货膨胀率为 4%——$SRPC_2$ 上的 *B* 点——而不是 *A* 点对应的真实通货膨胀率 2%。

最终这 4%的通货膨胀率将形成人们的预期，短期菲利普斯曲线将再次上移到 $SRPC_4$。为了保证实现 4%的失业率目标，现在要求的真实通货膨胀率为 6%（$SRPC_4$ 上的 *C* 点），如此继续。总之，如果一直试图通过高通货膨胀率来保持低失业率的话，随着时间的流逝就会导致通货膨胀加速。

为了避免随着时间的流逝出现通货膨胀加速，失业率必须足够高才能使真实通货膨胀率与预期通货膨胀率相一致。这就是 $SRPC_0$ 上 E_0 点的情形：当预期通货膨胀率为 0 时，失业率为 6%，真实通货膨胀率为 0；$SRPC_2$ 上的 E_2 点也是这种情形：当预期通货膨胀率为 2%时，失业率为 6%，真实通货膨胀率为 2%；$SRPC_4$ 上的 E_4 点也是这样：当预期通货膨胀率为 4%时，失业率为 6%，真实通货膨胀率为 4%。正如我们将在第 33 章中所学到的，加速通货膨胀率和失业率之间的关系被称为自然率假说。

非加速通货膨胀失业率是指当通货膨胀率不随时间变化时对应的失业率。

当通货膨胀率不随时间变化时对应的失业率（图 31－12 中的 6%）就是所谓的**非加速通货膨胀失业率**（nonaccelerating inflation rate of unemployment，简称 NAIRU）。当失业率低于 NAIRU 的时候，会导致永久加速的通货膨胀，所以无法长久维持。大部分宏观经济学家相信存在 NAIRU，从长期来说失业率和通货膨胀率之间不存在替代关系。

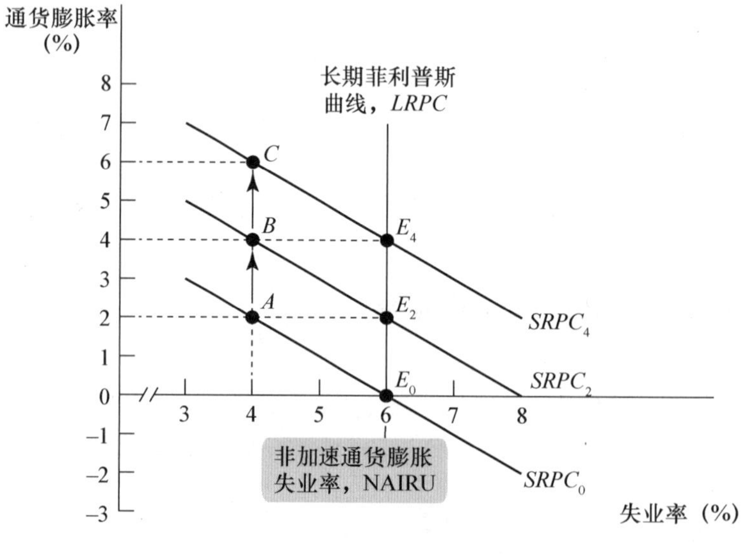

图 31－12　NAIRU 和长期菲利普斯曲线

$SRPC_0$ 是当预期通货膨胀率为 0 时的短期菲利普斯曲线。当失业率为 4%时，经济处在 *A* 点，通货膨胀率为 2%。随着升高了的通货膨胀率形成人们的预期，*SRPC* 将向上移动到 $SRPC_2$。如果失业率仍然保持 4%，经济将变动到 B 点，通货膨胀率将上升到 4%。人们的预期将再次改变，*SRPC* 将继续向上移动到 $SRPC_4$。当失业率为 4%时，经济将变动到 *C* 点，真实通货膨胀率将上升到 6%。这里，6%就是 NAIRU，即非加速通货膨胀失业率。只要失业率保持在 NAIRU，通货膨胀率就将会与预期通货膨胀率保持一致，不会发生变化。当失业率低于 6%时，就会出现永久加速的通货膨胀。长期菲利普斯曲线 *LRPC* 通过 E_0、E_2、E_4 点，它是垂直线：从长期来看，失业率和通货膨胀率不存在替代关系。

我们现在来解释垂直 *LRPC* 的意思。**长期菲利普斯曲线**（long-run Phillips curve）表示的是对通货膨胀预期有足够的时间进行调整之后，失业率和通货膨胀率的长期关系。该曲线为垂直线是因为任何低于 NAIRU 的失业率都会导致永久加速的通货膨胀。换言之，该曲线表明，扩张性政策是有上限的，因为从长远来看，低于 NAIRU 的失业率无法维持。此外，我们还没有强调一个对应的观点：任何高于 NAIRU 的失业率都会导致通货膨胀减速。

长期菲利普斯曲线是表示对通货膨胀预期有足够的时间进行调整之后，反映失业率和通货膨胀率长期关系的曲线。

□ 31.3.2 自然失业率：再讨论

我们知道，自然失业率是指真实失业率围绕其波动的正常失业率。现在我们又引入了 NAIRU，这两个概念有关系吗？

答案是 NAIRU 是自然失业率的另一个名称。这是一个经济体为了避免加速通货膨胀"需要"的失业率水平，它等于自然失业率。

事实上，经济学家们通过观察商业周期中的通货膨胀率和失业率变化获得 NAIRU 存在的证据来估计自然失业率。例如，欧洲主要国家通过不愉快的经历认识到自然失业率已经达到 9%以上（这让它们有些沮丧）。在 20 世纪 80 年代后期，以及 90 年代后期，欧洲的通货膨胀开始加速，因为欧洲失业率从高于 9%下降到接近 8%。

在图 31－4 中我们使用了国会预算办公室所估计的美国的自然失业率数据。该办公室的一个预测通货膨胀率变化的模型就是基于真实失业率对自然失业率的偏离做出的。根据真实失业率和通货膨胀率的数据，这些模型可以推演出自然失业率——这就是国会预算办公室数据的出处。2014 年最后 3 个月，该机构估计美国的自然失业率为 5.5%。

□ 31.3.3 反通货膨胀的成本

经验表明，决策者发现减缓通货膨胀要比加速通货膨胀更困难。原因是：一旦公众已经预期到通货膨胀将持续，减缓通货膨胀就将是一件痛苦的事情。

不断试图把失业率保持在自然失业率水平之下会导致通货膨胀加速，因为其中已经嵌入人们预期的通货膨胀率。为了减缓通货膨胀，政策制定者需要采用相反的操作，采取紧缩性政策把失业率抬高到自然失业率水平之上一段时间。降低已经嵌入人们预期的通货膨胀率的过程就是所谓的反通货膨胀，我们在第 23 章学习过这一概念。

反通货膨胀的代价相当高昂。正如"真实世界中的经济学"专栏中所介绍的那样，在 20 世纪 80 年代初期，美国为降低高通货膨胀率所付出的代价相当于一年实际 GDP 的 18%左右，在今天相当于 2.6 万亿美元。花费这一代价的理由是通货膨胀是永远的痛。尽管经济由于反通货膨胀而带来的短期生产率损失不能得到弥补，但是我们不再有由于持续的高通货膨胀而带来的其他成本支出。事实上，美国、英国以及其他经历 20 世纪 70 年代高通货膨胀的发达国家最终认识到降低通货膨胀率所承受的痛苦——短期内实际 GDP 出现较大幅度的下降——是值得的。

一些经济学家认为，如果政府做出降低通货膨胀率的明确表态，反通货膨胀的成本则可以降低。他们认为，一项目标明确、可信度高的反通货膨胀政策可以降低对未来通货膨胀的预期，从而推动短期菲利普斯曲线向下移动。一些经济学家相信，美联储旗帜鲜明地对付 20 世纪 70 年代的通货膨胀的行为是值得信赖的，尽管反通货膨胀的成本非常巨大，但仍然低于它们可能应有的规模。

▶ **国际比较**

世界性的反通货膨胀

20 世纪 80 年代的高通货膨胀并非美国独有。其他先进国家在 20 世纪 70 年代也经历了高通货膨胀，然后在 80 年代以严重衰退为代价带来通货膨胀率下降。下页图显示了英国、意大利和美国 1970—2013 年的年通货膨胀率。在 1973 年和 1979 年的两次石油价格冲击之后，所有三个国家都经历了高通货膨胀，美国的通货膨胀是三国中最严重的。然后所有三个国家经历了严重的衰退，以使通货膨胀率下降。自 20 世纪 80 年代以来，所有富裕国家的通货膨胀率一直处在低水平且保持稳定。

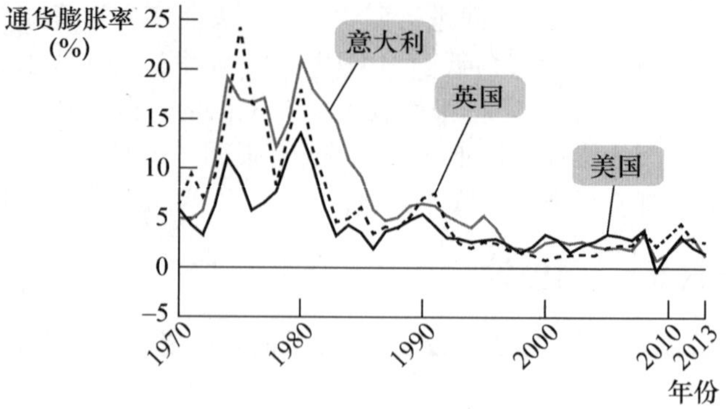

▶ 真实世界中的经济学

20 世纪 80 年代的反通货膨胀

在本章我们已经几次提到 20 世纪 70 年代美国是以高通货膨胀率结束的，至少从美国和平时代的历史来看是这样，1980 年的通货膨胀率为 13%。造成通货膨胀的部分原因是一些一次性事件，特别是一次世界石油危机。预期未来年通货膨胀率为 10%或更高已经深深根植于人们的脑海中。

然而，到了 20 世纪 80 年代中期，通货膨胀率徘徊在每年大约 4%的水平上。图 31－13（a）表示的是核心消费价格指数每年变化的比率——也被称为核心通货膨胀率。这一指数没有包括能源和食品的价格，被广泛认为比全部都包括的消费价格指数更好地反映了现行通货膨胀发展的趋势。根据这一指数，通货膨胀率从 70 年代末的大约 12%降低到 80 年代中期的大约 4%。

这样的反通货膨胀是如何实现的呢？当然代价沉重。从 1979 年后期开始，美联储推出严厉的紧缩性货币政策，由此经济开始了大萧条之后最严重的衰退。图 31－13（b）表示的是国会预算办公室估计的 1979—1989 年的产出缺口，从图中可以看出，1982 年实际产出水平比潜在产出水平低 7%，相对应的失业率超过 9%，总产出水平一直到 1987 年才回到潜在产出水平。

我们在分析菲利普斯曲线时指出，为了打破通货膨胀预期的循环，出现像 20 世纪 80 年代那样的失业率暂时上升是必不可少的。一旦对通货膨胀的预期下降，经济就能在低通货膨胀率水平上回到自然失业率水平。这就是当时发生的故事。

但成本是巨大的。如果把 1980—1987 年的产出缺口加在一起，我们发现在此期间经济所付出的代价平均大约为每年产出水平的 18%。如果现在做同样的事情，那就意味着要放弃超过 2 万亿美元的产品和服务的价值。

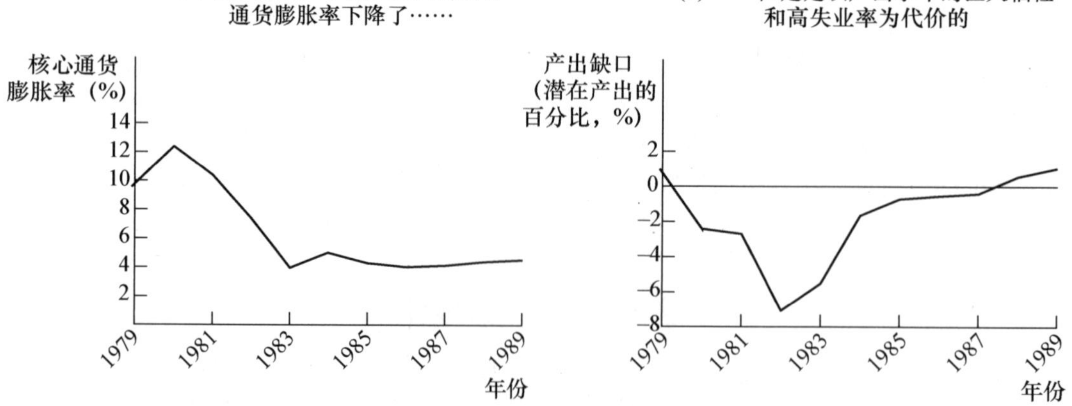

图 31－13　反通货膨胀

资料来源：Bureau of Labor Statistics; Congressional Budget Office.

及时复习

- 保持失业率低于 NAIRU（非加速通货膨胀失业率）的政策将导致通货膨胀加速，因为通货膨胀预期调整到更高的真实通货膨胀水平。NAIRU 等于自然失业率。
- 长期菲利普斯曲线呈垂直状，表明低于 NAIRU 的失业率不能长期维持。因此，扩张性政策有上限。
- 反通货膨胀导致一个经济体付出高昂的代价——失业和产出损失。政府这样做是为了避免持续高通货膨胀的成本。

小测验 31－3

1. 为什么长期失业率与通货膨胀率不存在替代关系？

2. 英国的经济学家认为他们国家的自然失业率水平在 20 世纪 70 年代显著上升，从大约 3%上升到 10%。在此期间，英国的通货膨胀率加速增长，有一段时间超过 20%。这些现象如何联系在一起？

2. 为什么反通货膨胀对经济会造成很大的损害？有没有方法减少这种损害？

31.4 通货紧缩

在第二次世界大战之前，通货紧缩也就是总体价格水平的下降与通货膨胀一样司空见惯（我们在第 21 章介绍了通货紧缩）。事实上，美国的消费价格指数在第二次世界大战前夕比 1920 年低 30%。第二次世界大战后，在所有国家通货膨胀成了常态。但是，在 20 世纪 90 年代，通货紧缩在日本再次出现并被证明很难逆转。对潜在通货紧缩的担忧在 21 世纪初期的美国货币政策中发挥了关键作用，并在 2008 年金融危机之后再次发挥作用。

为什么通货紧缩是一个问题？为什么很难终结？

31.4.1 债务通货紧缩

通货紧缩与通货膨胀类似，有赢家也有输家，但在相反的方向。由于价格下降，未来 1 美元的实际价值高于今天的 1 美元。因此，贷款人——被欠钱者，在通货紧缩条件下得益，因为借款人还款的真正价值增加。借款人损失，因为他们债务的实际负担增加了。

在大萧条开始时，欧文·费雪（他第一个分析了第 25 章描述的预期通货膨胀率对利率影响的费雪效应）的一篇著名的分析文章指出，通货紧缩对借款人和贷款人的影响可能会加剧经济衰退。通货紧缩实际上使真正的资源远离借款人，并将其重新分配给贷款人。

费雪认为，通货紧缩造成借款人受损，通常是因为缺乏现金，在债务负担增加时被迫大幅削减开支。然而，当他们的贷款价值提高时，贷款人不可能大幅增加支出。费雪认为，总的效应是通货紧缩降低了总需求，恶化了经济衰退，这种恶性循环可能导致进一步的通货紧缩。通货紧缩在减少总需求方面的影响，被称为**债务通货紧缩**（debt deflation），可能在大萧条中发挥了重要作用。

> **债务通货紧缩**是指由于通货紧缩造成未偿债务实际负担增加引起的总需求减少。

31.4.2 预期通货紧缩效应

与预期通货膨胀类似，预期通货紧缩也影响名义利率。我们再回头看图 25－7，它表现的是预期通货膨胀怎样影响均衡利率。在图 25－7 中，如果预期通货膨胀率为 0，均衡名义利率为 4%。显然，如果预期通货膨胀率为－3%，也就是公众预期通货紧缩率为每年 3%，均衡名义利率将为 1%。

但是，如果预期通货膨胀率为－5%将会发生什么？名义利率将降低到－1%吗？不会！没有人会按负名义利率向外贷款，因为他们持有现金会更好。经济学家们认为名义利率存在一个**零下限**（zero bound），也就是它不可能低于 0。

> 名义利率有**零下限**，即它不可能低于 0。

零下限限制了货币政策的有效性。假定经济出现衰退，产出低于潜在产出水平，失业率高于自然失业率水平。在正常情况下，中央银行应该降低利率来增加总需求。如果名义利率已经为 0，中央银行将无法降低利率。银行业拒绝贷款给个人与企业，因为当通货膨胀率为负、而名义利率为 0 时，持有现金可以获得正的实际收益：随着价格下降，一定数额的现金在一段时间后可以购买更多的产品。继续增加基础货币要么被存放在银行的钱窖中，要么被个人和企业以现金形式持有，而不会被支出。

名义利率不可能低于零下限使得常规货币政策——降低利率——无法应对经济低迷的情形，这被称为**流动性陷阱**（liquidity trap）。流动性陷阱可以发生在可贷资金需求急剧下降时，这正是大萧条时期发生的情况。图 31 - 14 所示为 1920—2014 年的美国政府短期债务利率。我们可以看到，从 1933 年直到第二次世界大战美国经济迎来全面的经济复苏，利率接近零下限。在第二次世界大战后，当通货膨胀成为世界各地的常态时，零下限问题基本上消失了，因为公众形成的是通货膨胀预期而不是通货紧缩预期。

> 名义利率不可能低于零下限使得常规货币政策无法应对经济低迷的情形，这被称为**流动性陷阱**。

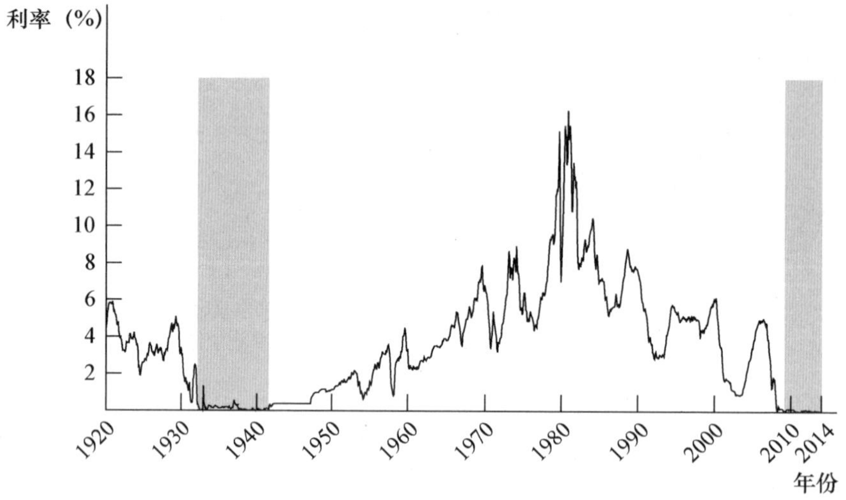

图 31 - 14　美国历史上的零下限

该图所示为美国的短期利率，特别是 1920—2014 年 3 个月期国库券的利率。如左边的阴影区所示，在 20 世纪 30 年代的大部分时间里，利率非常接近零，扩张性货币政策的空间很小。在第二次世界大战后，持续通货膨胀使利率保持在零以上。然而，在 2008 年下半年，随着房地产泡沫破裂和金融危机，3 个月期国库券的利率再次几乎为零。

资料来源：National Bureau of Economic Research; Federal Reserve Bank of St. Louis.

然而，日本经济最近的历史，如图 31 - 15 所示，为通货紧缩和流动性陷阱问题提供了一个现代例证。日本在 20 世纪 80 年代末经历了股票和房地产价格的巨大繁荣，然后两个泡沫都破灭了。结果是长期的经济停滞，即所谓的“失去的十年”，它逐渐降低通货膨胀率，最终导致持续的通货紧缩。

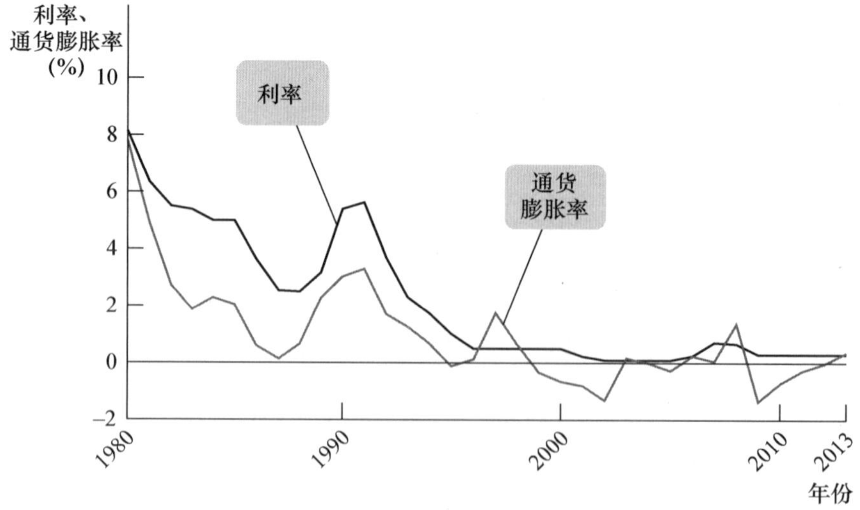

图 31 - 15　日本“失去的十年”

日本长期的经济衰退导致 20 世纪 90 年代后期的通货紧缩。日本中央银行采取了降息措施，但最终遇到了零利率下限。

资料来源：Federal Reserve Bank of St. Louis.

为了应对经济疲软，日本中央银行（相当于美联储）一再降息。最终，形成了零利率政策。日本活期借款利率相当于美国联邦基金利率，名义水平设置为零。由于经济仍然低迷，因此希望进一步降息。但这是不可能的：日本遇到了零下限的限制。

2008 年金融危机之后，世界上最重要的中央银行——美联储和欧洲中央银行——发现自己面临日本中央银行自 20 世纪 90 年代以来同样的处境：尽管它们试图管理的经济体的货币政策利率接近于零，但通货膨胀率仍然低于目标水平。截至 2014 年，美国和欧元区都没有经历真实的通货紧缩，但正如“真实世界中的经济学”所描述的，欧洲正在越来越令人吃惊地接近这种状态。

▶ **真实世界中的经济学**

欧洲正在变成日本吗?

在 2008 年金融危机之后，美联储官员对陷入“日本化”的可能性深感担忧，因为他们担心像 20 世纪 90 年代以来的日本一样，美国可能会陷入通货紧缩的陷阱。为了避免这种可能性，他们采取了一些非常措施，特别是大规模购买资产，即所谓的“量化宽松”措施，如第 30 章所述。到 2014 年，似乎美国通货紧缩的危险正在减少。

但是，欧洲就不同了。在美国经济从 2007—2009 年的衰退中持续恢复的情况下（当然是令人失望地缓慢），因债务危机受到阻碍的欧元区在 2011 年末回到衰退。2013 年经济恢复增长，但从图 31－16（a）中可以看出，它几乎对高失业率没有任何影响。如图 31－16（b）所示，2013—2014 年通货膨胀率开始下滑至 1%以下，导致人们担心欧洲将重蹈日本“失去的十年”的覆辙。虽然欧洲在 2014 年还没有经历真实的通货紧缩，但正如国际货币基金组织所言，欧洲正遭受“低通货膨胀”的困扰，其通货膨胀持续低于目标水平，这也造成了许多同样的问题。特别是，低于预期的通货膨胀使得葡萄牙、西班牙和希腊等债台高筑的国家的问题恶化。

和多年前的日本银行一样，欧洲中央银行发现很难有效地应对滑向通货紧缩的局面。2014 年 6 月，欧洲中央银行采取了一项非凡的重要政策措施，将私人银行在该行的存款利率降至－0.1%，即它开始向银行存款收取手续费。但是即使如此，对经济似乎也没有多大提振。

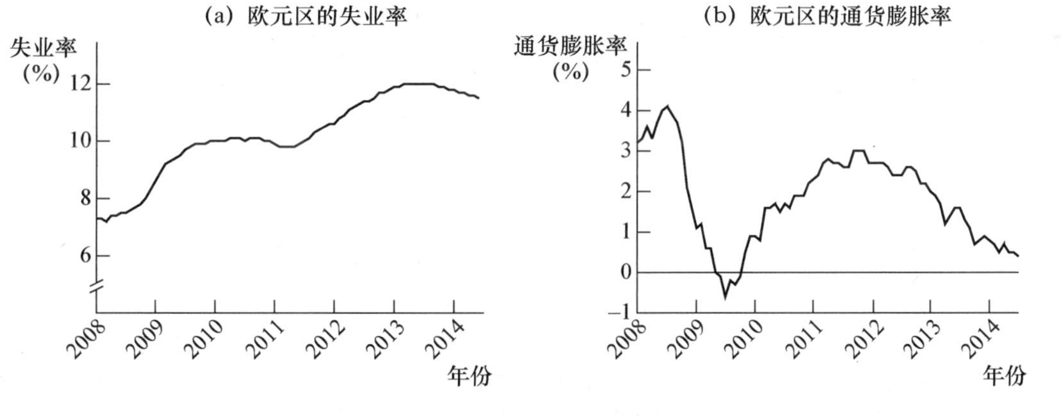

图 31－16　2008—2014 年的欧洲困境

资料来源：Eurostat.

及时复习

● 未预期到的通货紧缩有利于贷款人而损害借款人。这可能导致债务通货紧缩，会产生总需求收缩效应。

● 通货紧缩使利率很可能遇到零下限。当发生这种情况时，经济陷入流动性陷阱，货币政策不再发挥任何作用。

小测验 31 - 4

1. 当名义利率为负时，为什么没有人愿意借出资金？这会对货币政策带来什么问题？

▶ **企业案例**

印钞执照

人们有时谈论有利可图的公司时戏称它们有“印钞执照”。英国公司德拉鲁（De La Rue）实际真有“印钞执照”。1930 年，德拉鲁公司印制的东西从邮票扩展到货币，为中国当时的政府印制钞票。今天，它是最大的纸币制造商，印制从英国到斐济大约 150 个国家的货币。

德拉鲁公司的业务在 2011 年得到了意想不到的关注，当时利比亚 1969—2011 年的统治者穆阿迈尔·卡扎菲（Muammar Gaddafi）正在努力镇压一场激烈的民众起义。为了筹集资金，他转向铸币税，订购印刷价值约 15 亿美元的利比亚第纳尔。但利比亚钞票没有在利比亚印刷，而是在英国德拉鲁公司的一家工厂印刷。英国政府，卡扎菲政权的敌人之一，在新钞票运送到利比亚之前将其没收并拒绝归还，直到卡扎菲政府被推翻。

为什么这么多国家会转向像德拉鲁公司及其主要竞争对手，德国捷德公司（Giesecke&Devrient）以及法国欧贝特公司（Oberthur）这样的私人公司来印制它们的货币？简单的答案是，印钞并不像听起来那么容易——印制高质量的难以伪造的钞票需要高度专业的设备和专业知识。尤其是现在许多国家正在转向印刷聚合物的钞票，这种钞票比纸币更耐用，更难以伪造。在 2014 年，德拉鲁公司被指定生产下一代英国纸币，即第一种完全由塑料制成的货币。

事实上，德拉鲁公司在质量控制方面也有自己的问题，它在 2010 年时爆发了一个丑闻。当时它的一个工厂生产出了有缺陷的安全纸，而它的员工掩盖了这个问题。然而，许多国家一定会继续依靠专业私营公司印制其货币。

思考题

1. 通过他人实际来印钞时政府如何获得印钞收入？
2. 为什么直到 2011 年年初，卡扎菲才转向通过印钞获得收入？
3. 新政府发放这些第纳尔对利比亚经济有没有风险？

小结

1. 在分析高通货膨胀时，经济学家们使用了价格水平的古典模型，该模型认为货币供给量的变化会导致价格水平同比例变化，即使在短期也是如此。

2. 政府有时会通过印钞来弥补预算赤字。当政府这样做时，它就向持有货币的人征收了通货膨胀税，税收数额等于通货膨胀率乘以货币供给量。政府获得资源的实际价值可以用实际通货膨胀税也就是通货膨胀率乘以实际货币供给量来表示。为了逃避支付通货膨胀税，人们会减少实际货币持有量，这迫使政府提高通货膨胀率以获得同样数量的实际通货膨胀税。在某些情况下，这会导致实际货币供给量逐渐减少而通货膨胀率逐渐升高的恶性循环，最终导致恶性通货膨胀和财政危机。

3. 产出缺口等于真实的实际 GDP 水平和潜在产出水平之差。正向产出缺口与低于正常水平的失业率相关，负向产出缺口与高于正常水平的失业率相关。奥肯定律描述了周期性失业率与产出缺口之间的关系。

4. 不需要通过印钞来支付政府赤字的国家仍然有可能陷入温和通货膨胀，要么是因为政治机会主义，要么是因为主观想法。

5. 在任一时点，短期菲利普斯曲线表现的是失业率和通货膨胀率之间存在负相关关系。当预期通货膨胀率变动时，短期菲利普斯曲线也会发生移动。长期菲利普斯曲线表示的是当预期有时间调整时失业率和通货膨胀率之间的关系。长期菲利普斯曲线呈垂直状，它定义了非加速通货膨胀失业率，即 NAIRU。它等于自然失业率。滞胀是高失业率和高通货膨胀率同时发生，反映了短期菲利普斯曲线的向上移动。

6. 一旦通货膨胀已经预嵌在预期中，降低通货膨胀率可能很困难，因为反通货膨胀的代价非常大，需要牺牲大量总产出，导致失业水平过高。然而，在降低 20 世纪 70 年代的高通货膨胀率时，美国和其他富裕国家的决策者愿意支付这种代价。

7. 通货紧缩会带来几个方面的问题：它可以导致债务通货紧缩，也就是未偿债务余额实际负担增加，会推动经济衰退进一步加深；对于经受通货紧缩的国家，利率水平很可能会遇到零下限，当出现这一问题时，这种经济体就面临流动性陷阱，货币政策将变得无效。对流动性陷阱的担心也是想保持价格稳定的政策制定者偏好低但为正的通货膨胀率的主要原因。

关键词

价格水平的古典模型	通货膨胀税	奥肯定律	短期菲利普斯曲线	非加速通货膨胀失业率
长期菲利普斯曲线	债务通货紧缩	零下限	流动性陷阱	

练习题

1. 在斯考特皮耶经济体中，政策制定者想通过货币政策来降低失业率和提高实际 GDP。采用下图来说明为什么这个政策最终将导致总体价格水平提高但实际 GDP 不会改变。

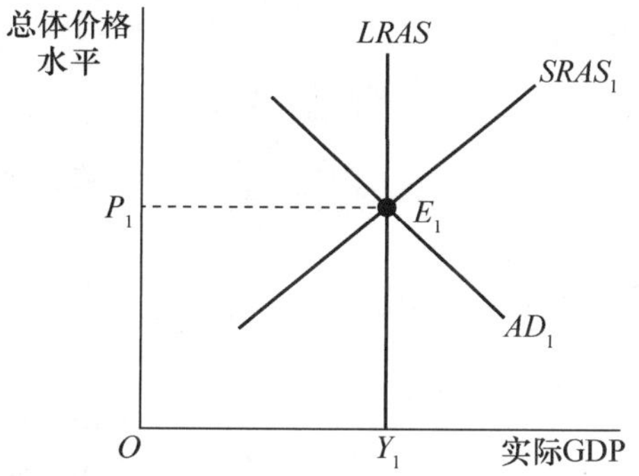

2. 下述事例与价格水平的古典模型相关吗？

a. 一个经济体失业人数众多，但是没有通货膨胀历史。

b. 一个经济体刚刚经历了 5 年的恶性通货膨胀。

c. 尽管一个经济体三年前经历了 10%～20%的通货膨胀，但是价格水平最近已经稳定下来，失业率也接近于自然失业率水平。

3. 美联储会按时公布美国基础货币的数据。你可以从各种网站上找到这些数据，包括圣路易斯联邦储备银行网站。请访问：http://research.stlouisfed.org/fred2/，点击“分类”，然后点击“货币、银行与金融”，再点击“货币数据”，然后点击“基础货币”，再点击“基础货币总计”，查看最新报告，然后点击“查看数据”。

a. 该列最后两个数据表示基于去年基础货币的水平，它改变了多少？

b. 这对政府弥补赤字有多大的帮助？

c. 为什么中央银行独立于负责支出的政府部门是非常重要的事情？

4. 假定价格水平开始时为 1，回答下述关于（实际）通货膨胀税的问题：

a. 玛丽亚把 1 000 美元放在她的抽屉中一年，这一年通货膨胀率为 10%，该年她支付的实际通货膨胀税为多少？

b. 第二年玛丽亚继续把 1 000 美元放在抽屉中，那么第二年开始时这 1 000 美元的实际价值是多少？第二年的通货膨胀率仍然为 10%，那么第二年她支付的实际通货膨胀税为多少？

c. 第三年玛丽亚继续这样做，那么第三年开始时这 1 000 美元的实际价值是多少？第三年的通货膨胀率仍然为 10%，那么第三年她支付的实际通货膨胀税为多少？

d. 三年后，累计的实际通货膨胀税为多少？

e. 假定通货膨胀率为 25%，重新计算问题 a 到问题 d，为什么恶性通货膨胀与此问题类似？

5. 通货膨胀税通常被作为发展中国家的重要收入来源，其中税收征收和报告制度不完善，逃税可能很多。

a. 根据下表计算美国与印度的通货膨胀税。

	2013 年通货膨胀率	2013 年货币供给量	2013 年中央政府收入
印度	9.48%	191 180 亿卢比	107 260 亿卢比
美国	1.46%	28 320 亿美元	31 130 亿美元

资料来源：Bureau of Economic Analysis；Controller General of Accounts (India)；Reserve Bank of India；International Monetary Fund；The World Bank.

b 以政府收入的百分比计算，两国的通货膨胀税有多大？

6. 由于担心政府借款对私人投资支出的挤出效应，一名总统候选人认为美国应该通过印刷钞票来弥补政府赤字。这一计划有什么可取之处又有什么危害？

7. 如下散点图表示的是 1996—2013 年美国的失业率和产出缺口间的组合。画一条通过散点图的直线，该直线表现了奥肯定律：

失业率 $= b - m \times$ 产出缺口

b 为纵轴截距，$-m$ 为斜率

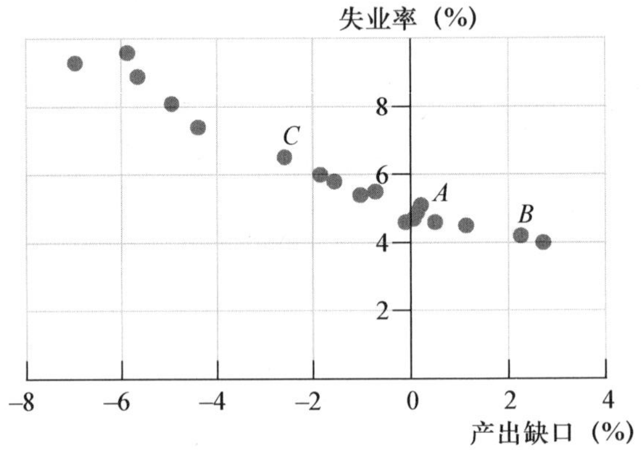

当产出水平等于潜在产出水平时，失业率为多少？如果产出缺口为 2%，失业率为多少？如果产出缺口为 −3%，失业率为多少？从上述结果我们可以得出的奥肯定律中的系数 m 为多少？

8. 由于过去两年经历了经济衰退，阿尔巴尼亚的人们预期未来的失业率会降低。经过 6 个月的强劲经济增长后，失业率仍然与萧条结束时的水平一样。你怎样解释尽管经济已经增长但失业率没有下降的原因？

9. a. 请访问 www. bls. gov，点击链接“主题”，在左边的“通货膨胀与价格”下点击“消费价格指数”链接。向下滚动到“CPI 表”，并找到“消费价格指数详细报告，年平均表，2009 年（PDF）”链接。2008—2009 年 CPI 的百分比变化的价值是多少？

b. 访问 www. treasury. gov，点击“资源中心”，在那里点击“数据和图表中心”，然后点击“利率统计”。在下拉窗口中选择“每日国债利率”和“2009”。查看“4 周银行贴现率”中的数据。最大值是多少？最小值是多少？然后对 2007 年也查找同样数据。2009 年和 2007 年比较数据有何变化？你如何将它与你在 a 问题中的答案联系起来？利用关于国库券利率的数据，你会推断 2007 年通货膨胀率与 2009 年相比的水平变化吗？（可以回到 www. bls. gov 网站查看你的答案，以找出 2006—2007 年 CPI 的百分比变化。）

c. 你如何描述 2007—2009 年美国经济的变化？

10. 下页表提供了美国平均年失业率和通货膨胀率的数据。使用数字构建与图 31 - 5 类似的散点图。讨论为什么在短期内失业率在通货膨胀率下降时会上升。

年份	失业率	通货膨胀率
2003	6.0	2.3
2004	5.5	2.7
2005	5.1	3.4
2006	4.6	3.2
2007	4.6	2.9
2008	5.8	3.8
2009	9.3	−0.3
2010	9.6	1.6
2011	8.9	3.1
2012	8.1	2.1
2013	7.2	1.5

11. 布里塔尼亚经济体在失业率等于自然失业率时出现了高通货膨胀。政策制定者试图用尽可能低的经济成本来降低通货膨胀率。假定该国的经济状态并不是负向供给冲击的结果。它们怎样使反通货膨胀的失业成本最低？有可能实现无成本的反通货膨胀吗？

12. 当一家抵押贷款公司借给米勒一家100 000美元购买一幢价值105 000美元的住房后，第一年价格水平出人意料地下跌了10%，谁是得益者？谁是受损者？如果在未来几年通货紧缩继续，情况又将如何？持续的通货紧缩如何从总体上影响一个经济体？

在线回答问题

13. 由于经历的历史不同，各国把预期通货膨胀率反映在真实通货膨胀率中的调整速度经常存在很大的差异。像日本这样的国家，由于在最近年份经济中很少发生通货膨胀，所以在真实通货膨胀率中反映出相应的预期通货膨胀率花费的时间也长。相反，像津巴布韦这样的国家，由于最近一直经历高通货膨胀，所以在真实通货膨胀率中能迅速反映出相应的预期通货膨胀率的变化。对于两种类型的国家来说，上述情况如何影响短期和长期菲利普斯曲线？为了降低失业率，上述情况对货币政策和财政政策的有效性意味着什么？

第 32 章 危机与后果

本章将学习

- 存款银行和影子银行有什么不同。
- 为什么尽管两种银行存在差异，但两种银行都会面临银行挤兑。
- 在金融恐慌和银行危机期间会发生什么。
- 为什么经济面临金融恐慌和银行危机时会造成严重后果且会持续。
- 监管漏洞和影子银行的崛起怎样导致 2008 年的金融危机。
- 新的监管框架如何努力避免另一场危机。

开篇案例

从干货的供应者到世界的毁灭者

1844 年，德国移民亨利·雷曼（Henry Lehman）在亚拉巴马州蒙哥马利开设了一家干货店。随着时间的推移，雷曼和跟着他到美国的兄弟分开做棉花贸易，然后逐步参与到各种金融活动。到 1850 年，雷曼兄弟公司在华尔街成立；到 2008 年，凭借其出色的金融资产交易技能，雷曼兄弟成为全国顶级投资银行之一。与商业银行不同，投资银行进行金融资产交易，不接受客户存款。

但在 2008 年 9 月，雷曼的运气用尽。该公司对次级抵押贷款大量投资，次级抵押贷款是向收入太少或资产不足以符合标准抵押贷款的购房者提供的贷款。在 2008 年夏季和秋季，随着美国房地产市场的暴跌，与次级抵押贷款相关的投资损失巨大，雷曼兄弟遭受重创。

雷曼兄弟公司一直在短期信贷市场上大量借款——通常使用隔夜贷款，即必须在下一个工作日偿还——以支持其正在进行的业务和交易。雷曼兄弟公司深陷房地产市场的传言开始散播，导致信贷来源枯竭。2008 年 9 月 15 日，该公司宣布破产，这是截止到那时美国最大的破产案。这一事件震惊了世界！

当雷曼兄弟公司倒下时，它引发了一系列连锁反应，几乎使整个世界的金融系统崩溃。因为雷曼兄弟公司掩盖了它严重的脆弱性，它的破产也令人大感意外。通过证券化（我们在第 29 章中定义的一个概念），世界各地的金融机构都持有大量房地产贷款，因为这些贷款的违约率上升，贷款价值迅速恶化。因为有资金可放贷款的公司决定持有资金，而不是出借给雷曼兄弟公司这类公司承担失去资金的风险，所以信贷市场停摆了。世界范围内借款人深受全球信贷紧缩的打击：他们要么失去了获得信贷的渠道，要么被迫支付大幅提高的利率。股市暴跌，道琼斯指数在几周内下跌了近 3 000 点，超过其价值的四分之一。

其后果并不仅限于金融市场。当雷曼兄弟公司破产后，美国经济已经陷入衰退，但在随后的几个月里，经济衰退的步伐大大加快，导致大衰退，这是自 20 世纪 30 年代大萧条以来美国经济最糟糕的衰退。到 2010

年年初美国就业走出低谷时，它失去了800多万个就业机会。欧洲和日本也遭受了自20世纪30年代以来最严重的衰退，世界贸易猛烈下跌的速度比大萧条时的第一年还要快。

所有这一切带来巨大冲击，因为很少有人想象到这样的事件在21世纪的美国可能出现。然而，知道金融史的经济学家很快就认识到他们所看到的其实是金融恐慌的一个现代版本，即金融市场突然和大范围停摆。金融恐慌是第二次世界大战之前美国金融体系的常规特征。正如我们在第29章讨论的那样，2008年美国的金融恐慌与1907年的恐慌有很多共同之处，后者造成的损害推动了美联储制度的建立。金融恐慌几乎总是包括银行危机，在危机中很大一部分银行会停止运作。

反思起来，即使在现代世界，雷曼兄弟公司倒闭后的恐慌并非独一无二。长期资本管理公司（LTCM）在1998年的破产也造成了金融恐慌：全球金融市场停摆，直到联邦储备委员会匆忙救助并协调公司业务。由于美联储迅速解决了LTCM危机，它的破产并没有对整个经济造成打击。

金融恐慌和银行危机频繁发生，有时对产出和就业会产生灾难性影响。智利在1981年的银行危机之后，人均实际GDP下降了19%，之后十年的大部分时间仍在持续下降。芬兰在1990年银行危机之后，失业率从3.2%猛增至16.3%。日本20世纪90年代初的银行危机导致了10多年的经济停滞。

在本章，我们将研究银行危机和金融恐慌的原因和后果，并扩展第29章讨论的同一话题。我们将首先研究银行为什么易受危机影响，以及如何转变为全面金融恐慌。之后，我们将转向这种危机的历史及其造成的后果，探索为什么它们对经济具有如此的破坏性。最后，我们将讨论政府如何设法限制金融危机发生的风险。

32.1 银行：福利和危险

正如我们在前几章中所学到的，银行在任何现代经济中都发挥着至关重要的作用。在第29章中，我们将商业银行以及储蓄和贷款协会定义为具有如下职能的金融中介：向储蓄者提供储蓄存款形式的流动性金融资产，并利用资金为流动性不足的借款人投资支出需求提供资金。接受存款银行履行向储户提供流动性和直接影响货币供给水平的重要职能。

然而，雷曼兄弟公司不是存款银行。相反，它是一家投资银行（这也在第29章中定义过），它为了自己的利润和投资者的利润而从事投机交易业务。然而，雷曼兄弟公司陷入了麻烦，与接受存款的银行别无二致：它经历了失去信心，这非常像银行挤兑——许多银行的储户因为担心银行倒闭而试图撤回资金的现象。雷曼兄弟公司是影子银行这种更大分类的金融机构的一分子。影子银行概念由巨型债券基金PIMCO的经济学家保罗·麦考利（Paul McCulley）提出，包括各种类型的金融企业，例如，像雷曼兄弟公司这样的投资银行，像LTCM公司这样的对冲基金，以及货币市场基金。（正如我们稍后将更详细地解释的那样，“影子”是指在2008年危机之前，这些金融机构既没有受到密切关注也没有受到有效监管的事实。）

像存款银行一样，影子银行易受银行挤兑的影响，因为它们有相同的经济任务：期限转换，将短期负债转变为长期资产。从现在开始，我们将使用存款银行作为接受存款的银行（商业银行及储蓄和贷款协会），以便更好地将它们与不接受存款的影子银行（投资银行、对冲基金和货币市场基金）区分开来。

□ 32.1.1 收益率和流动性之间的权衡取舍

想象一下，你生活在一个没有银行的世界。进一步想象，你已经节省下了大量金钱，但并无计划在短期内花掉。你能用这些资金做什么？

答案之一是，你可以简单地把钱存起来，比如说，把它们放在你的床下或一个安全的地方。当你需要时，钱会永远在那里，但它只是躺在那里，不会产生任何利息。

或者，你可以将钱借给一个不断成长的企业。这就让你的资金运转起来了，对你和经济都有好处，因为你提供的贷款会获得利息，对于经济，这笔资金将有助于支付投资支出。然而，这里会存在一个潜在的缺陷，在贷款偿还之前如果你需要钱，可能无法及时收回。

如果我们要求你想象的情形是你并无短期花钱的计划，你可以借出资金。但是，通常不可能预测你何时需要现金支出。例如，你的车可能会坏掉，或者你得到一个令人兴奋的出国留学的机会。现在，贷款是一种资产，有办法将资产转换成现金。例如，您可以尝试向其他人出售贷款。但这可能很困难，特别是如果你在短期需要现金。因此，在没有银行的世界上，当出现意想不到的财务需求时，最好有一些现金在手上。

换句话说，在没有银行的情况下，储户在决定将他们的资金借出多少以及持有多少以应急需时面临权衡取舍，即在流动性（短期内将资产变成现金的能力）与用个人资产获得利息或其他收入之间进行权衡。如果没有银行，人们会选择将大部分财富闲置，将财富放在保险箱而不是用来帮助支付生产性投资。然而，银行改变了这种情形，即在那些资金被用于生产性贷款的时候，也允许人们可以获得他们的资金。

□ 32.1.2 银行的目的

正如我们所知，银行业诞生自一个让人感到意外的地方，它最初是中世纪金匠的副业。根据他们业务的性质，金匠需要用金窖来存储他们的黄金。随着时间的推移，金匠认识到他们也可以为他们的客户提供保管服务，因为富有的人可能更愿意将他们的金银藏匿在金匠处，而不是留在家里，以防盗贼抢夺。

在金匠处存放黄金和白银会收到一份收据，可以随时用它兑换贵金属。一个有趣的事情发生了：人们开始购买东西时，不是将收据兑换成贵金属，然后用贵金属支付，而是直接将贵金属的收据交给卖方。因此，纸币的早期形式就诞生了。

同时，金匠认识到了另一样东西：尽管他们有义务按需归还客户的贵金属，但他们实际上不需要把所有的财富藏在窖中。毕竟，他们的所有客户不太可能在同一天提取他们的黄金和白银，特别是在客户使用收据作为付款方式的情况下。因此，金匠可以放心地把他们的一些客户的贵金属贷给其他企业来使用，只在手边保留足以满足一些客户可能需马上提取他们贵金属的要求的部分，再加上一些额外的储备以防意外需求。

所以银行业诞生了。从更抽象的形式来看，存款银行今天与那些金匠做着同样的事情：它们接受个人储蓄，承诺按需返回，但将大部分资金投入运转，这基于如下事实：并非每个人都想同时提取这些资金。典型的银行账户可以满足随时提取资金的要求，甚至可以迅速兑换成现金，但银行并不会真正保证每个人的现金安全。相反，银行借出了大部分的资金，保留有限的准备金以满足日常提款。而且，由于存款可以投入使用，银行不会向你收取（或收取很少）费用以保证你的存款安全。根据你的账户类型，它们甚至可能会向你支付存款利息。

期限转换是指将短期负债转换为长期资产。

更一般的情形是，存款银行的做法是向存款人短期借款（存款人可以要求在任何时候偿还贷款），并长期借给其他人（在贷款结束日期之前，不能强迫他们偿还）。这就是经济学家所谓的**期限转换**（maturity transformation）：将短期负债（本例中的存款）转换为长期资产（赚取利息的银行贷款）。如雷曼兄弟公司之类的影子银行也从事期限转换活动，但它们在这样做时不涉及接受存款。

影子银行是从事期限转换的非存款类金融机构。

雷曼兄弟公司不接受存款，而是在短期信贷市场中借入资金，然后将这些资金投资在长期投机性项目上。事实上，**影子银行**（shadow bank）是不接受存款、但从事期限转换的金融机构——借入短期借款，然后进行长期贷款或投资。正如银行存款人从银行提供的流动性和更高的收益率中获益一样，像雷曼兄弟公司这样的影子银行也从流动性中受益（它们的贷款必须快速偿还，通常是隔夜偿还），而且与其他方式相比，它们投资的资金收益率更高。

在一代人之前，存款占据了银行大部分业务。然而，大约在 20 世纪 80 年代左右，影子银行稳步壮大。影子银行越来越受欢迎，因为它不受制于存款银行的规定，例如资本要求和准备金要求。所以像引起 1907 年的恐慌的不受监管的信托机构一样，影子银行可以为其客户提供更高的资金收益率。截至 2007 年 7 月，即通常认为到 2008 年 9 月雷曼兄弟公司倒闭到达高潮的金融危机开始的时间，美国的影子银行按金额计算是正式的存款银行的 1.5 倍。

正如我们在第 29 章中所指出的那样，银行业中的事情并非总是简单。我们了解了为什么存款银行会受挤兑影响。雷曼兄弟公司和LTCM的案例如此鲜活地证明，同样的脆弱性也影响着影子银行。接下来我们解释为什么。

□ 32.1.3 影子银行与银行挤兑再现

因为存款银行只持有存款人资金的一小部分，银行挤兑通常导致银行倒闭：银行无法满足存款人提款的要求，只好关门。不幸的是，银行挤兑是可以自我实现的预言：虽然银行可能具有相对良好的财务状况，但如果有足够的存款人相信它有麻烦并试图取回他们的资金，这种信念最终将使银行走向毁灭。

为了防止这种情况发生，美国（和大多数其他国家）在20世纪30年代之后采取了内容广泛的银行监管，形式有由美联储定期审计，设计存款保险制度，制定资本要求和准备金要求，以及允许陷入困境的银行从美联储的贴现窗口借款。

然而，影子银行不吸收存款。那么它们为什么也容易受到银行挤兑的影响？原因是，影子银行像存款银行一样，要进行期限转换，借入短期借款进行长期投资。如果有一天影子银行的放款人突然出于安全考虑决定不再借出，除非它能立即出售资产来筹集现金，否则就会很快撑不下去。这正是雷曼兄弟公司所发生的事情。

雷曼兄弟公司为了为交易业务提供资金，在隔夜拆借信贷市场（也称回购市场）中借入资金，在下一个工作日进行偿还。因此，雷曼兄弟公司的回旋余地很小，每天它必须能够说服其债权人公司是其资金的一个安全存放地。直到有一天不再具有这种能力，灾难来临。LTCM也面临同样的情况，对冲基金有巨额杠杆（也就是说，它借用了巨额资金），像雷曼兄弟公司一样，为其交易业务提供资金。有一天，由于债权人认为该公司在1997—1998年亚洲和俄罗斯金融危机期间损失巨大，其信贷来源就枯竭了。

银行挤兑对与银行有关的每个人都造成伤害：股东、债权人、存款人和贷款客户及其雇员。像传染病一样蔓延的银行挤兑的破坏性很大，它将导致其他银行的存款人也失去信心，进而导致银行大规模倒闭和银行业危机。20世纪30年代初，美国曾经发生这样的事情，因为美国公众涌向银行提取存款——银行存款总额下降了35%——并代之以持有货币。直到2008年，美国从未再次发生过此类事件。我们的下一个主题就是探索如何和为什么银行挤兑会重现。

▶ 真实世界中的经济学

雷曼兄弟公司最后的时光

2008年9月12日，在一个星期五的晚上，位于曼哈顿的纽约联邦储备银行总部正在召开紧急会议。出席会议的是布什政府财政部长汉克·保尔森，纽约联邦储备银行主席蒂姆·盖特纳（后来是奥巴马政府财政部长）以及该国最大的投资银行的负责人们。雷曼兄弟公司迅速瓦解，保尔森召开会议，希望迫使投资银行家们达成一项协议，像第29章所述的对LTCM的救助计划一样，避免雷曼兄弟公司破产。自从6个月前几乎破产的投资银行贝尔斯登公司被强行出售给一个更健康的银行之后，雷曼兄弟公司面临越来越大的压力。像贝尔斯登公司一样，雷曼兄弟公司对次级抵押贷款和其他与房地产相关的资产投入巨大。当贝尔斯登公司倒下后，债权人开始收回贷款，其他银行也拒绝借钱给该公司，许多人担心下一个倒下的是雷曼兄弟公司。

2008年7月，雷曼兄弟公司报告2008年第二季度（4—6月）亏损28亿美元，随后股票价格下跌了54%。随着股价的下跌，雷曼兄弟公司的信贷来源开始枯竭，交易业务也开始萎缩。雷曼兄弟公司的首席执行官理查德·福尔德开始疯狂寻找一个更健康的银行来购买雷曼兄弟公司的股票，并提供急需的资金。到2008年9月初，雷曼兄弟公司第三季度的亏损已经上升到39亿美元。9月9日，另一个状况良好的投资银行摩根大通，作为雷曼兄弟公司交易的主要融资来源行，要求50亿美元现金作为额外担保，否则将冻结雷曼兄弟公司的账户并停止提供信贷。因无法找到现金来源，雷曼兄弟公司徘徊在破产边缘。

在9月12日的会议上，财政部长保尔森敦促投资银行家一起购买雷曼兄弟公司的不良资产。但是，为了在极其动荡的市场上能让自己生存下来，他们拒绝了，除非保尔森对他们购买的雷曼兄弟公司的资产价值以政府名义作保。财政部通过安排贝尔斯登公司的购买者从纽约联邦储备银行获得巨额贷款才使得贝尔斯登公司的出售成为可能。这一次，面对来自国会对“纾困银行家”的反对，保尔森拒绝提供政府帮助。2008 年 9 月 15 日星期一早上，雷曼兄弟公司倒下，成了历史上代价最为昂贵的一次破产。

然而，正如福尔德先前对保尔森的警告所言，雷曼兄弟公司的破产将引发狂潮。同一天，美国股市下跌 504 点，触发了银行借款成本上升，以及世界各地对货币市场基金和金融机构的挤兑。到星期二，保尔森同意对另一家大型公司，即美国国际集团进行 850 亿美元的救助，该公司当时是世界上最大的保险公司。几个月后在市场稳定之前，美国政府提供了 2 500 亿美元资本输血来支持美国主要银行。是否正因为保尔森不采取行动来挽救雷曼兄弟公司才造成了灾难性的错误，这很可能是一个在未来几年内都有争议的问题。

及时复习

- 流动性和收益率之间存在权衡取舍关系。如果没有银行，人们会把大部分财富作为闲置现金持有。
- 银行允许储户在流动性收益权衡方面做出更好的选择，因为它们进行期限转换的活动。储户如需要可以立即获得他们的资金，并获得这些资金的利息。
- 1980 年以来，影子银行一直稳步扩大，因为影子银行——从事期限转换的非存款金融机构——在很大程度上没有受到监管，它们被允许向储蓄者支付更高的收益率。在雷曼兄弟公司破产时，影子银行的业务规模是存款银行的 1.5 倍左右。
- 由于影子银行像存款银行一样从事期限转换业务，它们也可能受到银行挤兑冲击。影子银行依赖短期借款来操作；当短期贷款人不贷款给影子银行时，他们的拒绝会使银行破产。

小测验 32－1

1. 以下哪些是期限转换的事例？哪些是类似于银行挤兑的现象，对倒闭的恐惧成为一个自我实现的预言？请解释。

a. 你将彩票卖给投彩人，其中每个持票人有机会赢得 10 000 美元大奖。

b. 丹娜用她的信用卡借款支付她的生活费，而她花了一年的时间进修了提高工作技能的课程。如果没有更好的工作，她将无法偿还信用卡累积的欠款。

c. 投资合作伙伴投资了办公楼。合作伙伴用自己的资金投资，只有通过向其他人出售所占份额来收回资金。

d. 当地学生会的储蓄银行向学生提供支票账户用以吸收存款，并将这些资金投资于学生贷款。

32.2 银行危机和金融恐慌

银行破产是常见之事：即使在一个好的年景，通常也会有几家美国银行出于某种原因出现问题。影子银行有时也会破产。相比之下，**银行危机**（banking crisis）——大部分存款银行或影子银行破产或受到破产威胁的情形——相对较少。然而，它们确实会发生，经常对经济产生范围广泛的严重负面影响。什么会同时导致这么多的机构陷入麻烦？我们来看银行危机的逻辑，然后回顾一些历史经验。

> **银行危机**是指大部分存款银行或者影子银行破产或者受到破产威胁的情形。

□ 32.2.1 银行危机的逻辑

当许多银行（存款银行或影子银行）同时陷入困境时，有两种可能的解释。第一，由于资产泡沫，许多银行可能犯类似的错误。第二，可能存在金融传染，一家机构的问题传播开来并造成其他机构出现麻烦。

共同犯错 在实践中，银行危机通常是因为许多银行在投资资产泡沫方面犯了同样的错误。在**资产泡沫**（asset bubble）中，某些类型的资产（如房屋）价格被投资者依据价格进一步上涨的预期推向不合理的高水平。一段时间以来，这样的泡沫本身就可以自成因果。一个典型的例子是 20 世纪 80 年代的储蓄和贷款协会危机，当时的商业房地产，特别是办公楼的建造出现大繁荣。许多银行向房地产开发商提供了大量贷款，因为它们相信这种繁荣将会无限期地持续下去。到了 20 世纪 80 年代后期，很明显开发商已走到头，它们建造的办公空间远远超过国家需要。办公楼无法出租出去，租金被迫降低，许多开发商拖欠贷款，最后导致出现一波银行倒闭风潮。

2002—2006 年，类似的现象再现，房价迅速上涨导致许多人大量贷款购房，因为他们相信房价会继续上涨。随着越来越多的买家涌入市场，这一过程出现加速，房价上涨得更快。最终，市场中的新买家消失，泡沫破裂。此时资产价格下跌，美国的一些地方在 2006—2009 年期间房价下降了一半。这反过来削弱了人们对由于资产价格下跌而遭受损失的金融机构的信心。信心丧失，如果足够严重，可能引起整个经济范围内的恶性衰退螺旋，这就是金融传染的标志。

> **资产泡沫**是指由于预期未来价格会上升，资产价格被推高到不合理的高水平。

金融传染 在特别严重的银行危机中，存款银行或影子银行之间会发生**金融传染**（financial contagion）的恶性衰退螺旋：每个机构的倒闭都加剧了存款人或贷款人的担忧，增加了另一家银行破产的可能性。

正如已经指出的，传染的一个根本原因来自银行挤兑的逻辑。对存款银行来说，当一家银行倒闭时，存款人可能对其他银行也感到担忧。类似地，对影子银行而言，当一家银行倒闭时，短期信贷市场中的贷款人对向其他银行的贷款也变得紧张起来。因为影子银行在很大程度上不受监管，特别容易受到恐惧和谣言的影响。

> **金融传染**是指存款银行或影子银行之间发生的恶性衰退螺旋：每个银行的倒闭都会加剧担忧，加大其他银行破产的可能性。

还有第二种传染途径：资产市场和去杠杆化的恶性循环，这是我们在第 29 章中学过的现象。当金融机构面临降低负债水平和筹资压力时，它会试图出售资产。然而，为了快速出售资产，它通常必须以很高的折扣价格出售。这会传染到其他金融机构拥有的类似的资产，价格由于"大甩卖"而下降。资产价格的下降也伤害了其他金融机构的财务状况，导致这些机构的债权人停止借款给它们。这种连锁效应迫使更多的金融机构出售资产，加剧资产价格螺旋下降。这种螺旋降价在雷曼兄弟公司倒闭后的几个月里非常显而易见：金融机构持有的各种资产的价格，从公司债券到学生贷款组合，随着每个人都试图出售资产和筹集现金而出现价格暴跌。后来，随着危机的严重程度减弱，许多这类资产的价格至少部分得到恢复。

将资产泡沫与巨大的、不受监管的影子银行系统以及去杠杆化的恶性循环结合起来，很容易看到金融市场为什么会爆发全面的**金融恐慌**（financial panic），即当人们突然丧失了对金融机构和金融市场的流动性的信心时可能就会出现，正如 2008 年美国经济中所发生的情形。金融恐慌几乎总是涉及银行危机，无论是存款银行部门，还是影子银行部门，或两者都有。

因为银行提供了交易金融资产（如股票和债券）所需的大部分流动性，严重的银行危机几乎总是导致在资产泡沫中股票市场和债券市场混乱。这些市场的混乱，以及急于出售资产和筹集现金的仓促行为，导致去杠杆化的恶性循环。随着恐慌加剧，存款人和投资者相信，存放他们资金最安全的地方是他们的床下，他们囤积现金的行为进一步加深了危机。

> **金融恐慌**是指当人们对金融机构和金融市场的流动性突然失去信心时，金融市场出现的突然的和广泛的崩溃。

那么，关于银行危机和金融恐慌，历史可以告诉我们什么呢？

□ 32.2.2 银行危机史：恐慌时代

在内战和大萧条之间，美国有一个著名的易于发生危机的银行系统。此后，银行受到监管：大多数银行业务由"国民银行"操作，这些银行由联邦政府管理，遵守下文所述的涉及准备金和资本的规则。然而，当时并没有保护存款人的制度。结果，银行挤兑很普遍，银行危机（当时被认为是恐慌）的发生也相当频繁。

表 32－1 所示为全国性银行危机的日期和每个危机阶段倒闭的银行数量。注意该表分为两部分。第一部分是"国民银行时代"，它在 1913 年创立美联储之前，美联储的建立被认为可以结束这种危机，但实际上并未做到。表的第二部分是 20 世纪 30 年代初发生的创纪录的银行倒闭浪潮。

引发这些恐慌的事件不同。在 19 世纪，铁路建设出现了一个繁荣和萧条的周期，这与 20 世纪 80 年代办公楼地产的繁荣和萧条周期相似。像现代房地产公司一样，19 世纪铁路公司大量依赖借款来为它们的投资项目提供资金。像办公楼一样，铁路需要花很长时间来建设。这意味着过度建设会反复发生：竞争迫使铁路公司的投资扩张，合在一起才发现，相对于铁路运输的需求，它们已经铺设了太多的轨道。当过度建设显而易见时，商业企业倒闭，债务违约，整体银行危机接踵而至。1873 年的恐慌开始于当地一家名为杰伊·库克（Jay Cooke）的金融公司，它在铁路企业中的大额投资出现失败。1893 年的恐慌开始于过度扩张的费城和雷丁铁路公司（Philadelphia and Roading Railroad）的倒闭。

表 32-1　　银行倒闭数量：国民银行时代与大萧条时期

国民银行时代（1863—1912 年）		大萧条时期（1929—1941 年）	
恐慌时间	倒闭数量	恐慌时间	倒闭数量
1873 年 9 月	101	1930 年 11—12 月	806
1884 年 5 月	42	1931 年 4—8 月	573
1890 年 11 月	18	1931 年 9—10 月	827
1893 年 5—8 月	503	1932 年 6—7 月	283
1907 年 10—12 月	73*	1933 年 2—3 月	银行假期（政府临时关闭银行）

* 这一数据低估了 1907 年危机的规模，因为它没有考虑到信托公司倒闭的数量。

正如我们将在本章后面看到的，19 世纪和 20 世纪初的主要金融恐慌发生之后都伴随严重的经济衰退。然而，20 世纪 30 年代初的银行危机让以前的危机如小巫见大巫。在 1930—1932 年的四次连续倒闭浪潮中，美国约 40%的银行关门了。最后，富兰克林·德拉诺·罗斯福宣布暂时关闭所有银行，即所谓的“银行假期”，以结束恶性循环。与此同时，经济暴跌，实际 GDP 下降了三分之一，价格也急剧下降。

对于 20 世纪 30 年代初的银行危机仍然存在相当大的争议。在一定程度上，这种争议是关于因果关系的：银行危机是否导致更广泛的经济危机，还是相反？（毫无疑问，因果关系在两个方向上都存在，但影响的程度仍然存在争议。）对于银行危机可以在多大程度上避免也存在争议。米尔顿·弗里德曼和安娜·施瓦茨（Anna Schwartz）在他们著名的研究著作《美国货币史：1867—1960 年》（*A Monetary History of the United States*，1867—1960）中认为，美联储可以而且应该防止银行危机——如果是这样，大萧条本身应该可以被阻止。然而，这种观点并没有被其他经济学家所接受。

在美国，20 世纪 30 年代的经历导致银行改革，并在 70 多年中防止了危机的重演。然而，在美国之外也发生了一些重大的银行危机。

□ 32.2.3　世界各地的现代银行危机

世界各地的银行危机发生得比较频繁。然而，银行危机发生的方式根据银行部门具体制度框架的不同而各不相同。根据国际货币基金组织 2008 年的分析，1970—2007 年间，世界各地发生了至少 127 次银行危机。这些危机大多发生在缺乏先进国家监管保障措施的小型贫困国家。在相对贫困国家，银行通常以同样的方式陷入困境：资本不足，核算糟糕，贷款太多，通常还有腐败。但是，发达国家的银行也可能犯同样的错误，例如，在 20 世纪 80 年代，美国出现的“储蓄和贷款协会危机”（第 29 章曾经做过介绍）。

在更先进的国家，银行危机几乎总是作为资产泡沫的结果出现——通常是房地产。在 1985—1995 年期间，由于房地产泡沫破裂，三个先进国家——芬兰、瑞典和日本——经历了银行危机。三个国家的银行大量贷款促成膨胀的房地产形成泡沫。图 32-1 所示为 1985—1995 年芬兰、瑞典和日本三国经通货膨胀调整后的房地产价格变化的情形。正如我们所看到的，在三个国家，房价急剧上升之后是大幅下跌，导致许多借款人因房地产贷款违约，推动各国的银行系统出现大范围破产。

在美国，雷曼兄弟公司在 2008 年 9 月的倒闭引发影子银行业的银行危机，其中包括金融传染和金融恐慌，但存款银行业基本上不受影响。正如我们在开篇案例中所讨论的，2008 年的金融危机是毁灭性的，因为证券化已经在美国和国外的整个影子银行业散播了次级抵押贷款。

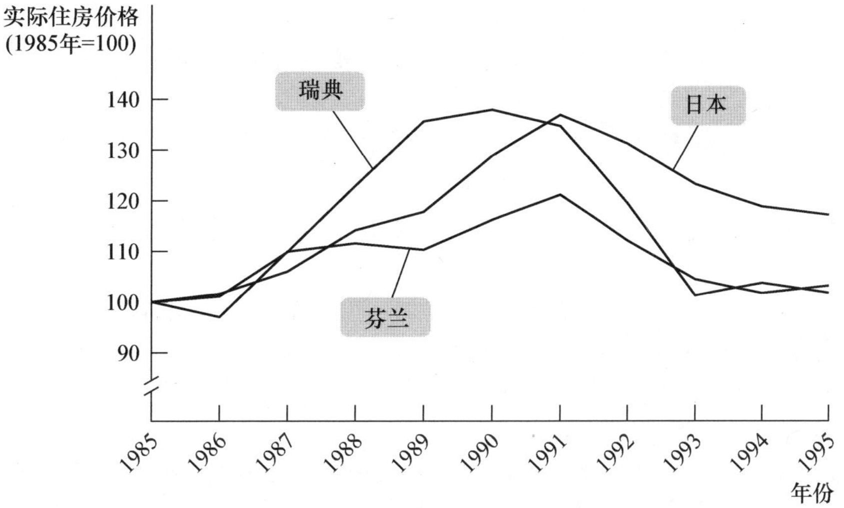

图 32-1　三国银行危机中的实际住房价格

1985—1995 年间，芬兰、瑞典和日本各自由于房地产泡沫而经历了银行危机。在图中我们可以看出，每个国家的实际住房价格（经通货膨胀调整后的房地产价格）大幅上升，然后大幅下降。实际住房价格的急剧下降使每个国家银行部门中的许多银行陷入破产。

资料来源：Bank of Finland；Statistics Sweden；Japan Real Estate Institute；Bank for International Settlements；OECD.

在撰写本章时，美国的影子银行业仍然比危机前有所缩小。2008 年以来，投资者重新发现了监管的好处，存款银行业因影子银行业缩小而获得发展。然而，影子银行注定不会消失。中国的影子银行业在过去几年中以惊人的速度成长，2014 年该国成为世界第三大影子银行业规模国家，这也是中国领导人非常关注的领域。在下一节中，我们将了解为什么银行业的问题很快会转化为更广泛的经济问题。

▶ **真实世界中的经济学**

爱尔兰破产

在 20 世纪 90 年代和 21 世纪最初 10 年的大部分时间里，爱尔兰被认为上演了一个经济成功发展的故事："凯尔特虎"正以令欧洲其他地区羡慕的速度增长。但这一奇迹在 2008 年突然停止，因为爱尔兰发现自己面临巨大的银行危机。

与早期芬兰、瑞典和日本的银行危机一样，爱尔兰的危机源自对房地产的过度乐观。20 世纪 90 年代，爱尔兰的房价开始上涨，部分是由于经济强劲增长的推动。然而，房地产开发商开始预计价格会不断上涨，爱尔兰银行都愿意借给这些开发商大量的钱来支持它们的投机。住房价格在 1997—2007 年期间翻了三倍，住房数量在同一时期翻了两番，银行提供的信贷总额的增长比任何其他欧洲国家都快得多。为了筹集资金支持狂热贷款，爱尔兰银行通过使用大量的"批发"资金——从其他银行和私人投资者借入的短期借款——来补充存款人的资金。

2007 年，爱尔兰房地产泡沫破灭，住房价格开始下跌，住房销售数量大幅下降。爱尔兰银行在繁荣期间提供的许多贷款都被违约了。所谓的鬼屋，即新开发的大片无人居住的破损的住房，成为爱尔兰的一道风景。2008 年，爱尔兰银行问题预示着要变成一种银行挤兑——不是来自存款人，而是像雷曼兄弟公司和贝尔斯登公司面临的情况一样，来自通过批发银行向银行提供短期资金贷款的市场贷款人。与美国一样，为稳定局面，政府干预成为必要：爱尔兰政府介入并保证偿还所有银行债务。

新问题由此引发，爱尔兰纳税人陷入承担巨大潜在银行损失的境地。在银行危机爆发之前，爱尔兰似乎有良好的财政状况，政府债务相对较低，有少许预算盈余。然而，银行危机的影响使爱尔兰政府偿付能力面临严重问题，无论是否可以筹集资金来履行其保证偿还所有银行债务的义务。由于对爱尔兰政府偿付能力有怀疑，在国际债券市场中爱尔兰政府为筹资需支付更高的利率。与大多数银行危机一样，爱尔兰经济经历了严重衰退。爱尔兰的失业率从危机前的不到 5%上升到 2012 年年初的 15%以上，在撰写本章时仍然超过 11%。

还值得注意的是，爱尔兰的问题只是几个欧洲国家主要是西班牙、葡萄牙和希腊更广泛危机的一部分。我们将在本章后面讨论这次更广泛的危机。

及时复习

● 虽然个别银行倒闭比较常见，但银行危机则是较为少见的，银行危机通常会严重损害更大范围的经济。

● 银行危机可能由存款银行或影子银行投资于泡沫资产引发，或者可能通过金融传染，由银行挤兑或去杠杆化的恶性循环引发。大部分不受监管的影子银行尤其容易受到传染。

● 2008 年，巨大的影子银行资产泡沫和去杠杆化的恶性循环造成了金融恐慌和银行危机，因为存款人削减支出，投资者囤积资金，所以经济急剧下滑。

● 在内战与大萧条之间，美国遭受了大量的银行危机和金融恐慌，每次紧随其后的都是经济的严重衰退。20 世纪 30 年代的银行改革阻止了直到 2008 年之前另一次银行危机的爆发。

● 尽管发达国家也发生银行危机，但银行危机通常发生在小且贫困的国家。雷曼兄弟公司的倒闭在影子银行业引发了银行危机和金融恐慌，导致投资者转回存款银行业。

小测验 32－2

1. 根据专栏“爱尔兰破产”，定义以下内容：

a. 资产泡沫。

b. 金融传染的渠道。

2. 根据专栏“爱尔兰破产”，你认为爱尔兰政府为什么试图通过为银行债务担保来稳定局面？为什么这是一个有问题的政策？

32.3 银行危机的后果

如果银行危机只影响银行，并不会引起多大担忧。但银行危机几乎总是与经济衰退相连，严重的银行危机与最严重的经济衰退有关。此外，历史表明，部分由银行危机引起的经济衰退造成持续的经济损失，需要多年才能恢复。

□ 32.3.1 银行危机、经济衰退和复苏

严重的银行危机是指大部分银行业务彻底无法进行（即破产）或大部分信任丧失，必须由政府来救助。这种危机几乎总是导致严重的经济衰退，通常情况是之后经济缓慢复苏。

图 32－2 用在空间和时间上分离的三次银行危机后的失业率来说明这一现象：1893 年的恐慌、1991 年的瑞典银行危机和 2008 年的美国金融危机引发了大衰退。在图中，t 表示危机发生的年份：美国为 1893 年，瑞典为 1991 年。如图所示，这三个危机跨越了 100 多年，产生了类似的严重后果：失业率大幅上升后再缓慢且不稳定地下降，根据危机前多年来的标准来看，失业人数仍然保持在高位。第三条线所示为 2008 年危机后美国的失业情况。

这些历史例子较为典型。图 32－3 引自被广泛引用的经济学家卡门·莱因哈特（Carmen Reinhart）和肯尼思·罗戈夫（Kenneth Rogoff）的一项研究，他们比较了一系列严重的银行危机之后的就业绩效。左边的条形图所示为危机期间和危机之后失业率上升的情形；右边的条形图所示为在失业率开始下降前持续的年份。数字令人震惊：平均而言，在严重的银行危机之后，失业率上升 7 个百分点，在许多情况下，失业率花了 4 年或更长时间才开始下降，更不用说返回到危机前的水平。

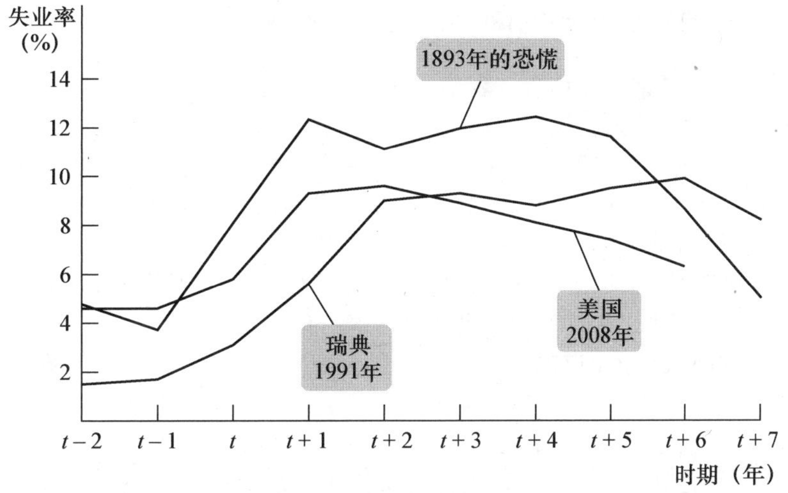

图 32－2　银行危机前后的失业率

该图所示为三次银行危机后的失业率：1893 年的恐慌、1991 年的瑞典银行危机和 2008 年的美国金融危机。t 代表危机爆发的年份——1893 年的恐慌为 1893 年，瑞典银行危机为 1991 年，美国次贷危机为 2008 年。$t-2$ 是危机发生前的两年；$t+5$ 是危机发生后的五年。在所有三种情况下，经济遭受银行危机的严重破坏：失业率大幅上升后然后再缓慢且不稳定地下降。在三起案例中，与危机前的水平相比，危机发生五年后失业率仍然居高不下。

资料来源：Christina D. Romer，"Spurious Volatility in Historical Unemployment Data，" *Journal of Political Economy* 94，no. 1 (1986)：1－37；Eurostat；Bureau of Labor Statistics.

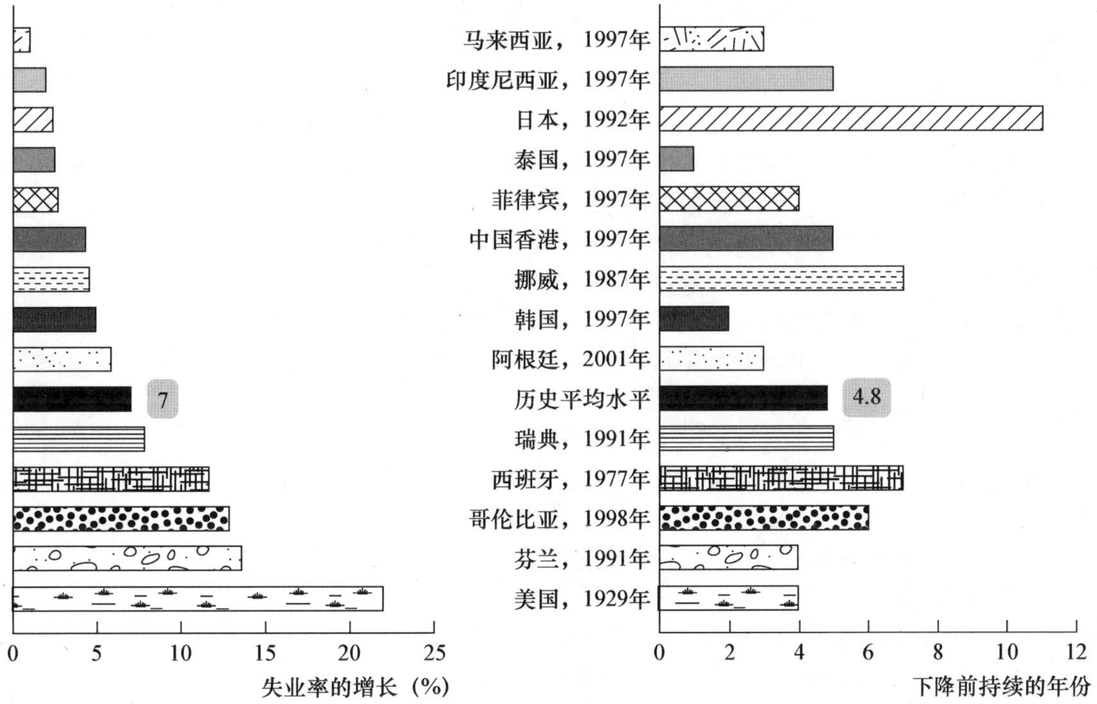

图 32－3　银行危机与失业率

经济学家卡门・莱因哈特和肯尼思・罗戈夫比较了几个遭受严重的银行危机的地区的就业绩效。对于每个地区，左边的条形图显示了危机期间和之后失业率的上升情况，右边的条形图显示了失业率开始下降需要的时间。平均而言，在严重的银行危机之后，失业率上升了 7 个百分点，在许多情况下，经过四年或更长时间，失业率才开始下降，更不用说恢复到危机前的水平。

资料来源：Carmen M. Reinhart and Kenneth S. Rogoff，"The Aftermath of Financial Crises，" *American Economic Review* 99，no. 2 (2009)：466－472.

□ 32.3.2 为什么银行危机引致的经济衰退如此严重?

不难看出为什么银行危机通常会导致经济衰退。有三个主要原因：减少信贷可用性的信贷萎缩，由债务过剩造成的财务困境，以及货币政策丧失效力。

1. 信贷萎缩。银行系统的功能受阻通常导致信贷可用性减少，称为**信贷萎缩**（credit crunch），其中潜在借款人根本无法获得信贷或必须支付非常高的利率。无法获得借贷或不愿意支付更高的利率，企业和消费者将减少开支，经济将陷入衰退。

信贷萎缩是指借款人要么无法获得借款，要么支付高额利率。

2. 债务过剩。银行危机通常会因为去杠杆化的恶性循环而导致许多资产的价格降低，因为受困债务人试图出售资产以筹集现金，资产价格被压低并导致进一步的财务困境。正如我们已经知道的，去杠杆化是危机蔓延的一个因素，降低了银行在资产负债表中持有的资产价值，从而破坏了其偿债能力。它也为经济中的其他行为人带来了问题。举一个最近人们很熟悉的例子，房价下跌让消费者变穷，特别是在他们仍然需要偿还所购买房屋债务的情况下。然而，银行危机往往会使消费者和企业**债务过剩**（debt overhang）：债务高，但资产减少。与信贷紧缩一样，这也导致支出减少，经济衰退，因为消费者和企业不得不减少开支，以减少债务，重建资产。

债务过剩是指去杠杆化的恶性循环导致借款人负债增加，收益减少。

3. 货币政策丧失效力。银行危机导致衰退的一个关键特征是，当它们发生时，货币政策——决策者应对消费和投资支出下降所造成的负面需求冲击的主要工具——大部分失去效力。货币政策的无效会使银行危机所致的衰退特别严重且持续下去。

回想一下，第 29 章介绍了美联储如何正常地应对衰退：它从事公开市场业务，从银行购买短期政府债务。这样银行有多余的准备金用于借贷，导致利率下降，并通过增加消费支出和投资支出推动经济扩张。

在正常情况下，这种政策非常有效。然而，在银行危机之后，整个过程往往会停摆。银行担心存款人挤兑或债权人失去信心，往往持有更多的超额准备金而不贷出。同时，由于资产价格暴跌而陷入经济困境的企业和消费者，即使利率下降，也可能不愿意借款。因此，即使利率非常低也不足以推动经济回到充分就业。

在上一章中，我们描述了经济陷入流动性陷阱的问题，甚至将短期利率推向零也不足够。事实上，所有的历史事件——20 世纪 30 年代的美国、20 世纪 90 年代的日本以及 2008 年后的一些国家——都是发生在一次严重的银行危机之后，其中利率的零下限成为货币政策的重要约束。

常规货币政策工具无法抵消银行危机造成的对宏观经济的破坏，这是此类危机造成深度、长期萧条的主要原因。明显的解决方案是寻找其他政策工具。事实上，政府通常在银行陷入危机时会采取各种特殊措施。

□ 32.3.3 政府介入

在大萧条之前，政策制定者常常对银行危机采取自由放任的态度，允许银行倒闭是因为相信市场力量的作用。在 20 世纪 30 年代的大灾难之后，几乎所有的政策制定者都认为有必要采取措施控制银行倒闭所造成的损失。一般来说，中央银行和政府采取了三种主要行动来限制银行危机的影响：

（1）它们作为最后贷款人。

（2）它们向存款人和其他人的银行债权提供担保。

（3）在极端危机中，中央银行介入并向私人信贷市场提供融资。

最后贷款人 一家机构，通常是一个国家的中央银行，当金融机构无法从私人信贷市场中借款时，由它向金融机构提供资金，它就是**最后贷款人**（lender of last resort）。特别是，中央银行可以向被存款人挤兑但基本面良好的银行提供资金，以免银行为筹集现金而降价销售资产。这是一条救生通道，目的是防止失去对银行偿付能力的信心，变成一个自我实现的预言。

美联储是否在 2008 年的金融危机中扮演了最后贷款人的角色？确实如此。图 32-4 所示为 2005—2010 年间其他银行从美联储借款的情况：商业银行在危机前从中央银行借款的数额可以忽略不计，但在雷曼兄弟公司倒闭后的几个月里，借款额增加到 7 000 亿美元。为理解这笔借款有多大，请注意，危机前银行总准备金不足 500 亿美元，因此这些贷款是银行初始准备金的 14 倍。

最后贷款人是指一家机构，通常是一个国家的中央银行，当金融机构无法从私人信贷市场中借款时，由它向金融机构提供资金。

政府担保　然而，最后贷款人可以贷出的资金规模是有限的：如果有充分理由相信银行从根本上无力偿债，中央银行贷款是无法恢复对银行的信心的。如果公众认为银行的资产不足以支付其债务，即使不必在短时间内出售这些资产，最后贷款人也不会有多大帮助。在多数银行危机中，有很多理由相信许多银行是真的破产了。

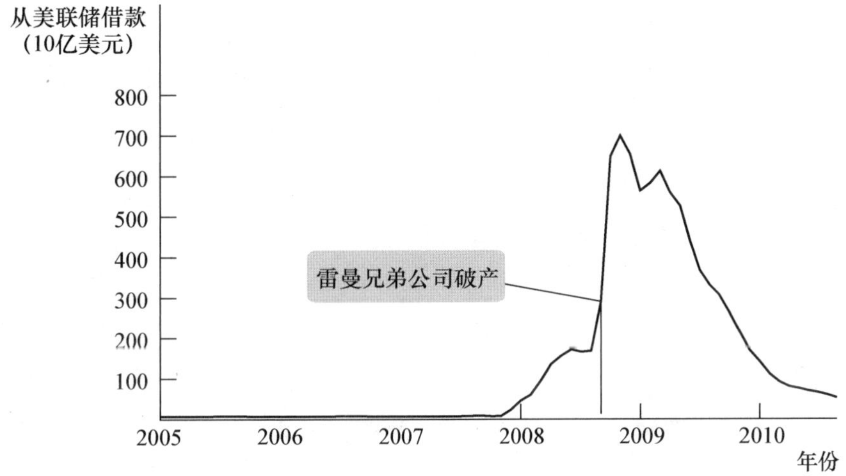

图 32－4　存款银行从美联储的总借款

虽然商业银行在 2008 年危机爆发之前，从美联储借款的数额可以忽略不计，但在雷曼兄弟公司倒闭后的几个月里，它们的借款飙升到 7 000 亿美元，是危机前银行总准备金的 14 倍。

资料来源：Federal Reserve Bank of St. Louis.

正如我们已经知道的，在这种情况下，政府经常介入来对银行负债提供担保。2007 年，北岩银行遭受的银行挤兑冲击英国银行业，在英国政府介入并不论存款多少都提供担保后才得以平息。爱尔兰政府最终介入，不仅对全国各银行的存款，而且对所有银行的债务提供担保。瑞典在 1991 年银行危机之后做了同样的事情。

当政府承担银行风险时，它们经常要求一个交换，即它们经常会取得正在救助银行的所有权——一种被称为国有化的行动。北岩银行在 2008 年被国有化。瑞典在 1992 年将其银行系统中的一大部分国有化。在美国，联邦存款保险公司常规性地接管无偿付能力的银行。在 2009 年，它接管了 140 家银行。然而，爱尔兰没有接管银行，因为任何债务都由纳税人担保。

这些政府的接管几乎总是暂时的。一般来说，现代政府想拯救银行，而非经营银行。因此，政府最终将国有化银行重新民营化，将其卖给私人买家，当然是在它们认为可以的情况下。

直接融资提供者　正如我们在第 29 章中所介绍的，在 2008 年金融危机恶化期间，美联储扩大业务，超出了公开市场业务和发放贷款给存款银行的通常做法。它还开始向影子银行贷款，并购买私人公司发行的商业票据——短期债券，以及购买政府资助的房屋抵押机构房利美和房地美的债务。当私人信贷市场枯竭时，美联储通过这种方式提供信贷来维持经济运行。

▶ **真实世界中的经济学**

银行与大萧条

根据官方商业周期年表，美国在 1929 年 8 月进入衰退，即那一年有名的股市崩盘的前两个月。虽然股市崩盘肯定会使萧条更糟糕，直到 1930 年年末，此次衰退似乎还是一次普通的衰退。然后，银行开始倒闭。大多数经济学家认为，银行危机是相对严重但仍非灾难性衰退转化为大萧条的转折点。

银行危机是怎样伤害更大范围的经济的呢？主要是因为信贷萎缩，特别是企业不能借款或发现自己被迫支付大幅提高的利率。图 32－5 所示为这种信贷萎缩的一个指标，即利差，它是指信用较好但并非优质企业借款的利率和联邦政府借款的成本之差。

信用评级机构穆迪给出的“Baa”级公司债券是“中级债券”——能够偿付但不完全可靠的公司债务。[“Baa”是指对诸如DirecTV公司或时代华纳电缆（Time Warner Cable）公司债券的具体评级。]在银行危机爆发之前，“Baa”级借款人的利率只比政府借款利率高出约2个百分点，这种低利差持续至1931年夏天。此后，利差开始扩大，1932年达到7个百分点以上。记住这只是信贷危机的一个指标：许多可能的借款人完全被拒之门外。

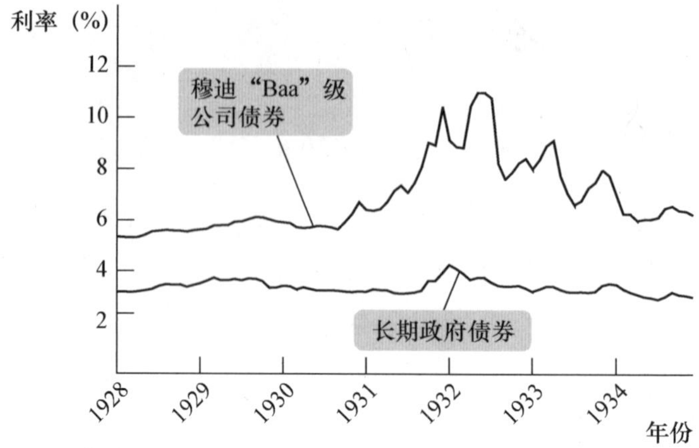

图 32－5　20世纪30年代的银行危机与信贷萎缩

资料来源：Federal Reserve Bank of St. Louis.

关于20世纪30年代初的银行危机，一个引人注目的事实是，美联储虽然具有作为最后贷款人的法律能力，但很大程度上没有这样做。当时没有发生像2007—2009年那样银行从美联储借款激增的现象。事实上，在整个20世纪30年代的银行危机时期，银行从美联储借款的水平低于1928—1929年达到的水平。

与此同时，美联储和联邦政府在1933年之前都没有采取任何行动来挽救倒闭的银行。因此，20世纪30年代初银行危机的一个明显特征是，政策制定者似乎允许这种现象发生。这并非任何人想要重复的经历。

及时复习

- 银行危机几乎总是导致经济衰退，严重的银行危机与严重的经济衰退相关。从历史上看，严重的银行危机导致失业率平均上升7个百分点。
- 银行危机造成的经济衰退尤其严重，因为它涉及信贷萎缩，去杠杆化的恶性循环，加上债务过剩，导致家庭和企业削减开支，进一步使衰退恶化。
- 银行危机引起的经济衰退不仅严重而且持续时间长，因为它使货币政策无效：即使中央银行可以降低利率，但财政困难的家庭和企业可能仍然不愿意借款和花钱。
- 中央银行和政府使用两种主要类型的政策来限制银行危机造成的损失：作为最后贷款人，为偿还银行负债提供担保。在救助银行之后，政府有时将银行国有化，然后再对其民营化。在极端危机中，中央银行将为私人信贷市场提供直接融资。

小测验 32－3

1. 解释为什么美联储能够防止2008年的危机转变为另一次大萧条，但无法防止失业率激增。
2. 解释为什么在严重的银行危机之后，极低的利率——甚至低至0——可能无法使经济回到充分就业。

32.4　2008年危机及其后果

正如我们刚才看到的，银行危机通常会对经济造成大麻烦。2008年金融危机的后果与这一历史经验相比又如何呢？同样不幸，答案仍然是历史所证明的结果：金融危机再次带来严重而且持续时间长的经济损失。来自危机的余震继续在当今世界经济中传播。

□ 32.4.1 严重危机，复苏缓慢

图 32-6 所示为美国和欧元区在危机及其以后的实际 GDP。欧元区是使用欧元作为共同货币的国家集团，这些国家合成的经济规模大致与美国相当。对于两个经济体，用指数表示的实际 GDP 在危机前一个季度达到高峰——美国 2007 年最后一个季度、欧元区 2008 年第 1 季度，此时的指数被设定为 100。我们可以看到，美国经历了一个急剧下滑的过程，然后是相对缓慢的复苏，欧洲甚至更糟，2011 年又回到了衰退。

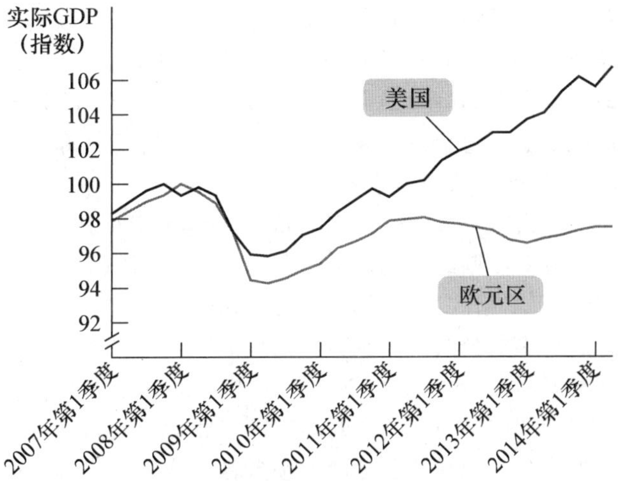

图 32-6 美国和欧元区的危机与复苏

在 2008 年金融危机之后，欧元区和美国的总产出大幅下跌。此后，美国的产出开始缓慢但持续地复苏。然而，欧洲在 2011 年又回到了衰退。

资料来源：Bureau of Economic Analysis；Eurostat.

美国经济的严重衰退和复苏缓慢对工人是一个坏消息，因为健康的就业市场依赖于经济增长足够快以适应不断增长的劳动力和提高的生产力的要求。图 32-7 显示了美国失业率的两个指标——总体失业率和失业超过 27 周或更长时间的百分比。这两个指标在危机期间大幅上升，并在多年后仍然保持高位，这表明在劳动市场很难找到一份工作。

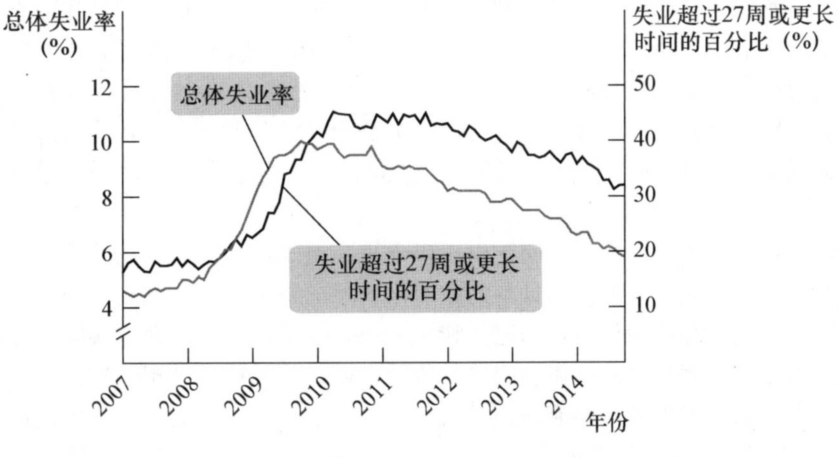

图 32-7 2008 年危机以后美国的失业率

2008 年以后，美国的失业率大幅上升，持续居高不下。长期失业率，即失业超过 27 周或更长时间的百分比，也同时上升。到 2011 年，几乎一半的美国失业工人为长期失业。

资料来源：Federal Reserve Bank of St. Louis.

令人遗憾的是，假如考虑到初始金融冲击的严重性和这种冲击的历史经验，这一结果本应该被预期到。回头看图 32-2：与 1893 年的恐慌或 1991 年的瑞典银行危机的后果相比，2008 年后美国所经历的大衰退比预想的好多了。肯尼思·罗戈夫（我们前面提到过他的研究）观察到的是，美国经历了“色彩丰富的严重金融危机”。

□ 32.4.2 欧洲余震

困扰复苏希望的一个重要因素是几个欧洲国家出现的特殊困难，这种困难引发了第二次金融危机的出现。

2008 年的危机由私人债务主要是住房贷款问题引起，然后触发了对银行的信任危机。在 2011 年和 2012 年，人们担心会出现第二次危机，这是因为担心南欧国家和爱尔兰是否可以偿还其日益增加的公共债务。

欧洲的麻烦首先出现在希腊，一个具有财政不负责任很长历史的国家。2009 年年底有消息说前希腊政府低估了预算赤字的规模和政府债务的数额。这促使贷款人拒绝进一步贷款给希腊。为了防止希腊债务违约，其他欧洲国家向希腊政府提供了紧急贷款，以使希腊政府大力降低预算赤字。但是，这压低了希腊经济增长的速度，到 2011 年年底，人们普遍认为希腊将无法全额偿还其公共债务。

就该事件本身来说，对欧洲经济是可控冲击，因为希腊占欧洲 GDP 的比重不到 3%。遗憾的是，欧洲官员在面对希腊问题和大力减少预算对希腊经济的影响时的指责对其他欧洲国家的公债市场形成威胁。因此，到了 2011 年秋季，危机已经蔓延到希腊国界以外，两个主要的欧洲经济体国家——西班牙和意大利——受到冲击，它们发现自己被迫以高得多的公共债务利率偿付债务。

图 32-8 所示为西班牙和意大利在 2008 年和 2011 年危机期间的压力度量——西班牙和意大利政府发行的 10 年期债券的利率与德国 10 年期债券的利率之间的差额，后者是人们认为的安全投资。因为所有三个国家使用相同的货币——欧元，如果意大利和西班牙政府债务被视为与德国政府债务一样安全，这些利率应该相同。利差——西班牙和意大利公共债务的利率与德国公共债务的利率之间的差异——的上升将表明，越来越多的人认为西班牙和意大利政府不能全额偿还债务。从图 32-8 可以看出，2007 年的利差几乎为零，当时投资者认为德国、西班牙和意大利的公共债务有同样的风险。然而，随着利差开始上升，2008 年后的情况开始改变。

西班牙的财政问题主要受 2008 年危机的影响。在危机之前，西班牙似乎处于非常好的财政状况，债务低，预算盈余。然而，像爱尔兰一样，西班牙在 2000—2007 年间出现了巨大的房地产泡沫。当泡沫破裂时，西班牙经济陷入严重衰退，税收收入大幅减少，造成巨额预算赤字。与此同时，人们担心西班牙政府可能最终不得不花费大笔钱来挽救银行。因此，投资者开始担心西班牙政府的偿付能力和可能的违约。

意大利的情况有些不同。长期以来，意大利的公共债务占国内生产总值的百分比一直保持在高水平，但近年来没有出现大的赤字；到 2010 年春天，其财政状况看起来相当稳定。然而，到了这时，投资者开始对意大利政府的偿付能力产生怀疑，部分原因是在 2008 年危机之后，意大利经济增长缓慢——太慢，人们担心是否有足够的税收来偿还公共债务。这些疑虑造成意大利公共债务利率上升，这反过来又形成了一个恶性循环：由于担心意大利政府偿付能力导致更高的利息支付，进一步恶化了意大利的财政状况，使其更接近危险的边缘。

一些经济学家认为，西班牙和意大利的问题由于以下事实更加恶化：在采用欧元后，它们的债务实际上是外币。为什么这很重要？像美国、英国或日本的政府以自己的货币借贷，钱用不完——它们可以印刷更多的钱。诚然，这可能会产生不好的副作用，如通货膨胀；但是信贷萎缩——政府实际上无法偿还债务——被排除在外。然而，西班牙和意大利政府可能会用尽其货币，而且债券投资者担心这使它们容易受到类似银行挤兑的影响，其中投资者信心丧失会造成流动性危机——缺乏现金——从而迫使它们违约。

这一论点在 2012 年获得了很大的认可，当时欧洲中央银行宣布，如果必要的话，它将成为欧元区的最后贷款人，直接购买该地区陷入困境的政府债券，大大减少了对这些国家政府流动性危机的担忧。如图 32-8 所示，西班牙和意大利债券的利差在这一政策公布后大幅下跌。虽然欧元区对政府违约的直接担忧已大大缓解，但在编写本书时，欧洲的经济困难依然严重。

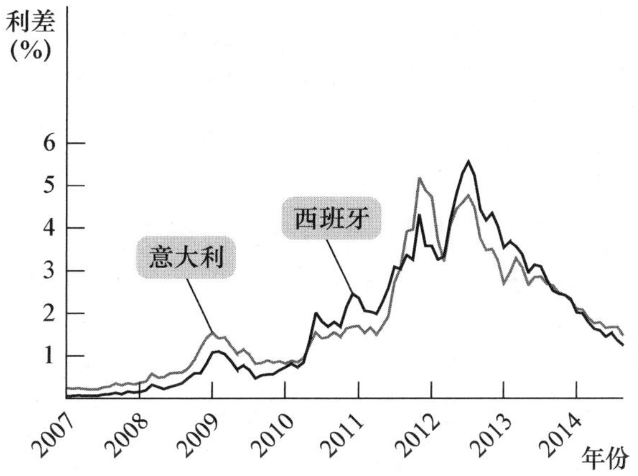

图 32－8　相对于德国 10 年期债券的利差

投资者对政府违约风险的看法的一个指标是该国政府债券与被认为是安全投资的国家的政府债券之间的利差。意大利和西班牙 10 年期债券的利率与德国 10 年期债券的利率之差因为投资者对意大利和西班牙违约担忧的加剧而加大，之后欧洲中央银行宣布如有必要将购买国债以避免信贷萎缩。

资料来源：Federal Deserve Bank of St. Louis；OECD.

□ 32.4.3　刺激-紧缩的争论

在 2008 年金融危机之后，经济困难的持续存在导致了对适当应对政策的激烈辩论。一般来说，经济学家和政策制定者对于在这种情形下是更多地财政刺激还是**财政紧缩**（fiscal austerity）是有争论的，前者是指扩张性财政政策，如增加政府支出和可能的减税以促进支出和减少失业；后者是指紧缩性财政政策，如削减开支和增加税收以减少预算赤字。

主张更多刺激的支持者指出，主要经济体总体上持续表现不佳，高失业率和相对低通货膨胀率的组合清楚地表明需要扩张性财政政策。由于货币政策受限于零下限（我们在第 31 章讨论的一个概念），刺激倡议者主张采用扩张性财政政策填补空白。

> **财政紧缩**是指如削减开支和增加税收等旨在减少预算赤字的财政政策。

紧缩阵营则有非常不同的观点。受希腊偿付能力问题的严重影响，他们认为所有问题的共同根源是政府赤字和债务水平过高。他们认为，2008 年危机后几年中，像美国这样继续有大量政府赤字的国家有可能让投资者对其偿还债务的能力丧失信心。此外，紧缩政策倡导者声称，削减政府开支实际上不会导致经济收缩，因为这将提高投资者的信心，并将政府债务利率保持在低位。

辩论的双方都辩称最近的经验驳斥了另一方的主张。紧缩支持者认为，高失业率持续存在的现象表明，美国和其他主要经济体在 2009 年采取的财政刺激计划不起作用。刺激倡导者认为，这些计划力度不够，并指出许多经济学家从一开始就警告其力度不足。刺激倡导者进一步认为，赤字的危险性被夸大了，日本、美国和英国国家的借款成本并未上升，而是已经下降到创纪录的低点。与受债务困扰的欧洲国家不同，它们仍然有自己的货币，具有灵活性变化的空间。他们驳斥说，用削减开支来增强信心只是幻想而已。

到 2014 年，理论辩论的天平似乎倾向于反对紧缩倡导者。国际货币基金组织和其他国家的研究似乎也支持如下警告，紧缩政策将压低产出和就业，特别是在利率几乎没有下降空间的情况下。尽管有多年的高预算赤字，但以本国货币借贷的国家的利率仍然较低。正如我们在图 32－8 中所看到的，即使欧洲中央银行政府公共债务水平很高，一旦欧洲中央银行采取措施结束对信贷紧缩的担忧，借款成本会大幅下降。然而，理论争论的转变并没有导致实际经济政策出现巨大变化。

□ 32.4.4　后危机衰退的教训

几乎所有主要经济体在应对 2008 年金融危机所引发的后果——高失业率，低增长率，令人担忧的国家偿债能力以及公共债务高利率——时都面临较大难题。

很显然，避免金融危机之后出现可怕问题的最好办法首先是不发生危机。这怎么能做到？在一定程度上，人们可能希望应该更好地对金融机构进行监管。我们接下来谈谈对监管改革的尝试。

▶ **真实世界中的经济学**

但愿像 20 世纪 30 年代

美国 2008 年金融危机的后果让人害怕，但至少我们可以说，与大萧条期间发生的事情相比，这要好得多，当时实际 GDP 下降了三分之一。然而，对欧洲我们不能这样说。部分原因是，在大萧条时，欧洲没有像美国那么严重。但也因为欧洲没有从 2008 年危机中获得令人信服的复苏，在 2011 年又回到衰退。因此，虽然最初的衰退不如 20 世纪 30 年代那么深，但到本书写作时，欧洲实际上要比其 20 世纪 30 年代差。

图 32－9 所示为痛苦程度比较。深色线表示的是 1929 年以来西欧实际 GDP 增长情况，浅色线表示从 2008 年开始的欧元区的实际 GDP 增长情况；在每种情况下，危机前的峰值设置为 100。两次危机的前一年半非常相似，到 2009 年中期，欧洲像美国一样出现了衰退，使每个人都一声叹息。但是，在 20 世纪 30 年代欧洲经济初始下跌后随之而来的是强劲而持续的复苏，这一次欧洲的复苏到 2011 年才爆发。

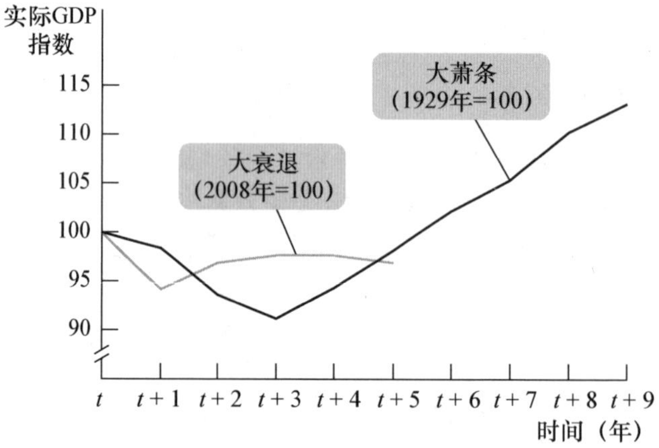

图 32－9　欧洲实际 GDP 指数（以危机峰值那年为 100）

资料来源：Maddison Project；Eurostat.

到 2014 年年底的相似时点，欧洲令人难以置信地大大落后于 20 世纪 30 年代，因此，英国经济史学家尼古拉斯·克拉夫茨（Nicholas Crafts）发表的一篇文章被广泛引用，文章标题为“欧元区：但愿像 20 世纪 30 年代”。

我们可以将 2008 年以来欧洲的糟糕表现部分归因于政策错误，部分归因于欧元本身的束缚。然而，不管如何归因，欧洲的困境表明，金融危机确实可以造成可怕的损害。

及时复习

● 2008 年金融危机造成的经济损害规模大、时间长。危机的余震继续在世界经济中传播。

● 世界上两个最大的经济体——美国和欧盟——经济萎缩了 5%以上，经历了严重的经济衰退而且复苏相对缓慢。严重的衰退和复苏缓慢对工人是非常坏的消息。

● 2008 年金融危机后经济困难的持续存在导致几个欧洲国家出现了严重的偿付能力问题。财政刺激和财政紧缩哪一个是正确的政策处方引发了激烈的辩论，刺激倡导者似乎占据优势。

小测验 32－4

1. 2011 年 11 月，法国政府宣布它将调低对 2012 年经济增长的预测。它也调低了 2012 年预计的税收收入，因为经济疲软意味着税收收入减少。为了减轻低收入对预算赤字的影响，政府还宣布了一揽子增税和削减开支计划。在刺激-紧缩的争论中，法国站在哪一边？

32.5 危机唤醒金融监管

到 2009 年年底，世界各国政府和中央银行的干预使金融市场恢复了平静。但是，全球经济的巨大损失已经铸成。大多数先进国家遭受了 20 世纪 30 年代以来最深的经济衰退。所有迹象表明，金融危机后缓慢复苏的典型模式将重复出现，失业率在未来几年仍将保持高位。

2008 年的银行危机清楚地表明，金融监管是一个持续的过程——为跟上不断变化的世界，监管应该与时俱进。依赖非常短期的贷款、缺乏监管以及游弋在最后贷款人机制之外，影子银行容易受到危机和恐慌的影响。那么危机带来了哪些最新的变化？在 2008 年危机中，有一点变得十分清楚，银行监管的传统范围太窄。在这个影子银行承担了大部分银行业务的世界中，只规制存款银行显然是不够的。

在危机之后，显然需要彻底改革金融监管体制。2010 年，美国国会通过了一项法案，表征了对前几年事件努力的回应。像大多数立法一样，《华尔街改革和消费者保护法》（通常被称为《多德-弗兰克法案》）在细节上非常复杂。其中包含了四项主要元素：

（1）消费者保护；

（2）衍生品监管；

（3）影子银行的监管；

（4）解决面临破产的非银行金融机构的处置权。

消费者保护 酿成金融危机的一个因素是，许多借款人接受了他们不明白的合约报价，例如在前两年付款容易但后来需要大幅度提高付款的抵押贷款。为了限制今后的滥用行为，新法律设立了一个特别办公室，即消费者金融保护局，致力于监管金融业和保护借款人。

衍生品监管 危机发生的另一个因素是衍生品——复杂的金融工具——的扩散，这些工具应该有助于分散风险，但可以说只是简单地掩盖了风险。根据新法律，大多数衍生品必须在开放、透明的市场上进行买卖，这样做是希望限制金融机构可以承担的无形风险的程度。

影子银行的监管 正如我们已经知道的，金融危机发生的一个关键因素是，不符合银行常规定义但扮演银行角色的机构崛起，酿成了银行危机风险。如何将监管扩展到这些机构？《多德-弗兰克法案》不再提供一个明确的新定义来定义银行。相反，它提供了一种金融版本的说法："当你看到你会知道它。"具体来说，它设定一个特别小组有能力指定金融机构是"系统重要性"的机构，这意味着它们的活动有可能造成银行危机。这些机构的资本、投资等会受到类似于银行的监管。

解决处置权 2008 年的事件清楚地表明，政府通常觉得在危机中不仅要对存款担保，而且要对各种金融机构债务提供担保。然而，问题是如何在不产生巨大激励问题的情况下才能做到这一点？如果金融机构知道，当陷入困境时它们将获得政府救助，这是否会激励它们进行过度的风险行为呢？部分答案是授权政府获得对需要救助的金融机构的控制权，过去已经对面临倒闭的商业银行和储蓄机构采取了这种方式。这种新的权力，称为处置权，可被视为解决 2009 年初几个大型金融机构濒临崩溃的一个似乎见效的解决办法。然而，不清楚华盛顿是否有合法权利来策划对纳税人来说是公平的救援。

所有这一切现在都是美国的法律，但有两件事仍然不清楚：（1）这些规制措施如何在国际金融体系中发挥作用？其他国家会采取类似的政策吗？如果它们这样做，不同国家政策之间的冲突如何解决？（2）这些规制措施会不会成功？20 世纪 30 年代后银行监管催生了几十年的稳定，但危机会再次发生吗？或者新系统是否会面临严重的测试失败？

没有人知道这些问题的答案。我们只需要等待并且观察。

▶ **真实世界中的经济学**

基金跌破面值事件

在 1970 年，名为布鲁斯·本特（Bruce Bent）的金融创新者向美国金融界介绍了一个新概念：货币市场基金。大多数共同基金为小投资者提供了购买股票的机会：当你在富达（Fidelity）或先锋（Vanguard）等共同基金中购买了基金份额时，你将间接获得股票的多元化组合。然而，本特创建了一个只投资于短期资产的共同基金，例如财政债券、高风险公司发行的商业票据（这些公司的违约风险较低）。这个想法是为人们提供一个安全但利率高于银行存款利率的地方存放他们的资金。许多人最终看到货币市场基金相当于银行账户，但更好一些。

货币市场基金的货币不同于存放在银行的货币的一个关键点是：货币市场基金没有联邦存款保险。2008年9月16日，在雷曼兄弟公司倒闭后的第二天，人们就知道一个大型货币市场基金因雷曼兄弟公司倒闭事件而损失很多资金，甚至“跌破了面值”。也就是说，它没有足够的资产来偿还所有把钱存入基金的人。因此，基金不得不暂停取款；实际上是“银行”突然关门。

哪个基金处在这样的困境？储备优质基金，它完全由布鲁斯·本特控制。惊慌的货币市场基金的客户在两天的时间里赎回了数亿美元的基金份额。

联邦政府对货币市场基金建立了一个临时的保险制度，给予它们与存款银行相同的受保护地位，从而制止了恐慌。但是，货币市场基金恐慌是金融创新破坏传统银行安全网的一个现实教训。

及时复习

- 当雷曼兄弟公司陷入危机后，政府和中央银行进入市场平息危机。大多数先进经济体经历了自20世纪30年代以来最严重的衰退。
- 2010年，美国国会颁布了《多德-弗兰克法案》，以纠正2007—2009年危机暴露出的监管问题。它设立了消费者金融保护局以保护借款人和消费者利益，对衍生品进行更严格的监管，将监管范围扩大到影子银行业，并授权政府获得任何需要救助的金融机构的控制权。

小测验 32-5

1. 为什么使用短期借款和在最后贷款人系统之外的影子银行容易受到类似于银行挤兑事件的影响？
2. 如果没有影子银行，只有正式的存款银行，你认为2008年的危机会减轻吗？
3. 描述美国政府在影响银行应对2007—2009年危机时所面临的激励问题。《多德-弗兰克法案》如何尝试解决这些激励问题？

小结

1. 在没有银行时，人们以闲置现金的形式持有他们的大部分财富，来解决流动性和收益率之间的权衡取舍难题。银行进行期限转换，将短期负债转换为长期资产。银行允许存款人能够立即获得他们的资金并为这些资金支付利息来提高存款人的福利。

2. 影子银行自1980年以来迅速扩张。因为大多没有被监管，它们可以向存款人支付比存款银行更高的收益率。像存款银行一样，影子银行也进行期限转换，即用短期借款投资长期资产。因此，影子银行也可能面临银行挤兑的冲击。

3. 虽然银行危机很少，但它们通常对经济造成严重损害。危机有两个主要来源：共同犯错，如投资资产泡沫，以及金融传染。金融传染通过银行挤兑或通过去杠杆化的恶性循环传播。当不受监管时，影子银行尤其容易受到传染。2008年，由于资产泡沫、规模巨大的影子银行业和去杠杆化的恶性循环的共振，金融恐慌袭击了美国。

4. 美国遭受了许多次银行危机和金融恐慌，每次都伴随严重的经济衰退。20世纪30年代的金融危机促使了对银行的改革，一直到2008年成功阻止了另一场危机的爆发。世界各地的银行危机频繁发生，主要是在小国和穷国。然而，在不久前，一些发达国家因为房地产泡沫引起了银行危机。

5. 严重的银行危机几乎总是不可避免地导致深度和长期的经济衰退，在危机开始后几年，失业率会持续居高不下。银行危机对经济造成如此严重破坏的三个主要原因是：银行危机导致信贷萎缩，去杠杆化的恶性循环导致债务过剩，货币政策随着经济陷入流动性陷阱而变得无效。因此，家户和企业不能或不愿意支出，从而导致经济衰退深化。

6. 与大萧条期间不同的是，政府现在介入并采取行动，通过充当最后贷款人和对银行负债担保，努力限制银行危机造成的损害。有时但并非总是，政府会将银行国有化，再对其进行民营化。在极端危机中，中央银行可能直接为商业交易提供资金。

7. 2008年金融危机造成的经济损失大，时间长。世界上两个最大的经济体——美国和欧盟——遭遇严重衰退，产出萎缩了5%以上，其次是恢复相对缓慢。2008年后，经济困难持续存在引起了经济学家和政策制定者之间何为合理政策的激烈辩论，一派呼吁进行更多的财政刺激——更多的政府支出和减税，以促进支出和减少失业；另一派支持财政紧缩——减少支出和增税，以减少预算赤字。

8. 由于影子银行的兴起，20世纪30年代建立的银行业监管体系已经受到侵蚀。依赖短期融资（回购），缺乏监管，以及在最后贷款人体系之外的影子银行很容易受到银行恐慌的影响。

9. 2008年危机开始于房地产泡沫破灭后影子银行遭受了巨大损失。尽管世界各地的政府和中央银行都采取了应对危机和经济衰退的政策，但是大多数先进国家还是经历了20世纪30年代以来最严重的经济衰退。持续高失业率可能在未来持续几年。

10. 金融危机之后，美国国会通过了《多德-弗兰克法案》，希望防止危机重演。新改革的主要内容是加强消费者保护，对衍生品进行更多的监管，对影子银行监管以及设置对各种金融机构的处置权。我们还没有看到这些变化是否足够以及这些政策是否会被其他国家采用。

关键词

期限转换	影子银行	银行危机	资产泡沫	金融传染
金融恐慌	信贷萎缩	债务过剩	最后贷款人	财政紧缩

练习题

1. 下列哪一项不是去杠杆化的恶性循环的例子？请说明。

a. 你读书的大学决定在镇中心卖出几栋商住楼，目的是改善校园内的建筑物。

b. 一家公司决定出售其持有的大型和有价值的艺术收藏品，因为其资产负债表上的其他资产的价格已经跌至临界水平之下，迫使债权人因为原始贷款合同中的规定而收回公司贷款。

c. 公司决定发行更多股票，目的是偿还部分债务。

d. 影子银行必须出售其持有的公司债券，因为资产价格下跌导致其对某些债权人的贷款违约。

2. 下图所示为2000—2010年凯斯-希勒美国房价指数，美国房价在金融危机之前或是之后形成高点了吗？请解释你的答案。

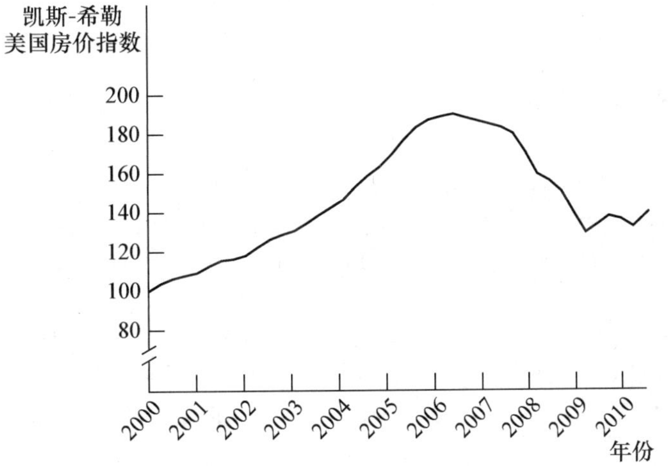

资料来源：Robert J. Shiller，*Irrational Exuberance*，2nd ed.（Princeton，NJ：Princeton University Press 2005）；data retrieved from http://www.econ.yale.edu/～shiller/data.htm.

3. 图 32-2 是 1893 年的美国恐慌、1991 年的瑞典银行危机和 2008 年美国金融危机前后年份的失业率。

a. 在图 32-2 中，1893 年的恐慌之后多少年，美国失业率达到峰值？

b. 在图 32-2 中，1991 年银行危机后多少年，瑞典失业率达到峰值？

c. 在图 32-2 中，2008 年金融危机发生多少年后，美国失业率达到峰值？

4. 2007—2009 年，美联储作为最后贷款人，在私人市场无法提供资金时入场。美联储也接手了许多银行。2007 年，它接手了 3 家银行；2008 年，它接手了 25 家银行；2009 年，它接手了 140 家银行。访问 www.fdic.gov；在“银行倒闭信息”下点击“完全倒闭的银行列表”，然后计算迄今为止美联储接手的银行数量。自 2009 年危机以来银行倒闭数量是否有所下降？

5. 在 2008 年 10 月的金融危机期间，联邦政府可以以 2.73%的年利率（5 年期国债证券的收益率）借款。然而，2008 年 10 月，“Baa”级借款人（穆迪评级为不完全可靠的企业借款人）必须支付 8.88%的利率。

a. 这些企业借款人和联邦政府借款成本的区别是什么？

b. 请访问 www.research.stlouisfed.org/fred2/categories/22，点击“财政固定到期债券”的链接，找到 10 年期美国国债的最近利率。然后回到原始网页点击“公司债券”，点击“穆迪”，找到“Baa”级公司债券的利率。企业借款人和美国政府之间借款成本现在的差额是多少？

c. 自 2008 年 10 月金融危机高峰以来，这种借款成本的差异扩大还是缩小了？为什么？

6. 访问 www.federalreserve.gov 并点击“银行信息和法规”选项，选择“银行数据”链接，再选择“大型商业银行”。在该项中选择最新版本的季度数据。

a. 哪家银行拥有的合并资产最多？

b. 哪家银行拥有的国内资产最多？

c. 在问题 b 中列出的银行国内资产占美国 GDP 的百分比是多少？［提示：你可以在 http://research.stlouisfed.org/fred2/series/GDP? cid =106 找到美国 GDP，使用“国内生产总值（GDP）”和“当前美元和实际 GDP”链接。］

7. 访问 www.fdic.gov，点击“行业分析”按钮，然后点击“研究与分析”链接。选择“第一个 50 年：FDIC 1933—1983 年的历史”。打开第 3 章“FDIC 的建立”，并向下滚动到题为“1933 年银行危机”的部分和题为“联邦存款保险立法”的部分。阅读该部分，然后回答下列问题。

a. 罗斯福总统于 1933 年 3 月 4 日宣誓就职。他应对银行危机的第一次正式行为是什么？

b. 1933 年期间有多少银行停业？

c. 谁是国会联邦存款保险的主要支持者？

d. 联邦存款保险临时基金为多少位存款人提供保障？

8. 美国政府问责局进行研究以支持国会决策。在 LTCM 危机之后，它对 www.gao.gov/products/GGD-00-3 发布的危机事件进行了总结。阅读摘要，然后回答以下问题。

a. LTCM 在 1998 年亏损了多少？

b. 为什么美国政府问责局的结论是 LTCM 能够建立一个对银行系统构成系统性风险的杠杆交易头寸？

c. 总统工作组对证券交易委员会和商品期货交易委员会的建议是什么？

在线回答问题

9. 以下哪些是债务过剩的情形？哪些情形可能导致削减支出？请说明。

a. 你的叔叔借钱开办一家餐馆，在经营失败后，你的叔叔必须关闭该餐馆，但仍然必须偿还他的债务。

b. 你的父母贷款买房。现在你的父亲搬到一个新的城市，你的父母必须卖掉住房。房子的价值在你的家人居住期间已经增值了。

c. 你朋友的父母用一笔贷款购买公寓供她读大学时居住。其间，房地产市场价格暴跌。当你的朋友离开学校时，公寓的价值明显低于贷款的价值。

d. 你完成学业，获得所学专业的荣誉学位，就业前景一片光明，但是有 25 000 美元学生贷款必须偿还。

第 33 章

宏观经济学：事件与思想

本章将学习

➢ 为什么古典宏观经济学不足以解决大萧条的问题。

➢ 凯恩斯和大萧条的经验如何使积极的宏观经济政策合法化。

➢ 什么是货币主义，为什么货币主义者声称使用相机抉择的货币政策将面临限制。

➢ 挑战如何导致对凯恩斯经济学的修正和新古典宏观经济学的出现。

➢ 为什么大缓和共识受到 2008 年金融危机的挑战，导致经济学家对在经济困难时期最好使用财政政策还是货币政策的激烈辩论。

开篇案例

两次萧条的故事

2002 年 11 月，美联储举行了一次特别会议，纪念米尔顿·弗里德曼 90 岁生日。出席会议的人员包括本·伯南克，他最近刚从普林斯顿大学到美联储任职，后来成为美联储主席。在他的致辞中，伯南克综述了弗里德曼的学术贡献，特别集中于弗里德曼和他的合作者安娜·施瓦茨的论点，如果美联储尽职尽责，20 世纪 30 年代的大萧条本可以避免。

在他的演讲结束时，伯南克直接对着坐在观众席上的弗里德曼和施瓦茨说："在结束演讲前，我略微滥用一下我作为美联储官方代表的权利。我想对米尔顿和安娜说：关于大萧条，你们是对的，我们确实是这么做的。很抱歉，但是感谢你们，我们不会再重蹈覆辙了。"

今天，在一场灾难性的金融危机之后，又伴随多年的高失业率，这些话听起来有些空洞。事实证明，避免严重的经济衰退并不像弗里德曼、施瓦茨和伯南克所相信的那么容易。然而，大衰退比大萧条的破坏性要小一些，并且可以合理地认为，一些原因是宏观经济学已经经过三个世代的巨大演变。因此，与大萧条相比，在大衰退期间，政策制定者知道更多衰退的原因以及如何与之抗争。

在本章中，我们将追述宏观经济思想过去 85 年的发展史。正如我们将看到的，这种发展受到经济事件的强烈影响，从 20 世纪 30 年代的大萧条到 20 世纪 70 年代的经济衰退，到 1985—2007 年出现的令人惊讶的经济稳定期。我们将看到这一进程还在继续，因为大衰退造成的经济困难促使许多宏观经济学家重新思考他们认为他们所知道的事情。

33.1 古典宏观经济学

宏观经济学一词出现于1933年，由挪威经济学家朗纳·弗里施（Ragnar Frisch）首先使用，此时正是大萧条最严重的时候，所以这一概念的提出可能并非偶然。当然，也有经济学家认为我们现在讨论的宏观经济话题——总体价格水平和总产出水平的变动——此前就有。

□ 33.1.1 货币和价格水平

在第31章我们介绍了价格水平的古典模型。根据古典模型，价格是灵活变动的，这使总供给曲线即使在短期也是垂直的。在这个模型中，当其他条件不变时，增加货币供给会导致总体价格水平以同样的比例上升，对总产出水平没有任何影响。结果，货币供给的增加只会带来通货膨胀。在20世纪30年代之前，价格水平的古典模型是经济学关于货币政策效果的主导思想。

难道古典经济学家真的相信货币供给的改变只影响总体价格水平而对总产出没有影响吗？大概也不是这样。研究经济思想史的学者认为，1930年之前，大多数经济学家意识到货币供给的改变在短期既影响总产出又影响总体价格水平，或者换成现在的术语，他们意识到短期总供给曲线是向上倾斜的。但是，他们认为这种短期效应并不重要，而把注意力更多地放在长期效应上。正是这样一种态度，使凯恩斯对把注意力集中在长期上的做法嗤之以鼻，他说："在长期，我们都死了。"

□ 33.1.2 商业周期

古典经济学家尽管对短期缺乏兴趣，但他们也意识到经济增长并非一帆风顺。美国经济学家韦斯利·米切尔（Wesley Mitchell）是对商业周期进行数量研究的先驱人物。在1920年，他建立了国家经济研究局（NBER），这是一个独立的非营利组织，也是现如今宣布经济萧条和经济扩张开始的权威机构。正是有了米切尔的研究成果，1930年之前衡量商业周期的方法取得了很大进步。但是仍然没有被广泛接受的理论来解释商业周期的成因以及应对方法。

因为缺乏清晰的理论，政策制定者在应对经济衰退的看法上存在很大的分歧。一些经济学家认为，为了治理衰退应该采用扩张性货币政策和财政政策；而另外一些经济学家则相信这样的政策将使衰退更严重或仅仅是把必然发生的事情向后推了。例如，1934年，哈佛大学的约瑟夫·熊彼特（Joseph Schumpeter），他因为很早认识到技术变革的重要性而在当代非常有名，他对试图采用扩张性货币政策来缓解经济大萧条发出过警告："这最终将导致崩溃，使情况比呼吁治理时更差。"当大萧条来袭时，由于缺乏共识，政策制定者手足无措。

然而，需要是发明之母。正像我们将要解释的，大萧条给经济学家们提供了强大的动力来提出新理论为政策提供指导，经济学家们也付诸行动了。

▶ **真实世界中的经济学**

商业周期始于何时？

由国家经济研究局保存的正式记录的美国商业周期仅仅可以追溯到1854年。之所以这样是出于如下两个原因：一是向前追溯得越久，经济数据越难以获得；二是现代意义上的商业周期在1854年前的美国不会经常发生。

在19世纪上半叶，美国是一个以农业为主的经济体。图33-1所示为1840—1900年期间，农业与制造业和矿业分别占GDP的比重的估计值的变化。从图中我们可以看出，在1840年，相对于农业，制造业的比重相当低，直到19世纪80年代制造业的经济重要性才超过农业。

为什么农业相对于制造业的相对重要性很重要？总产出在农业经济时代的波动与我们现在知道的商业周

期有很大的不同。这是因为农产品的价格波动很大，以农业为主的经济体的短期总供给曲线大概接近于垂直线，所以需求冲击并不会带来产出波动。相反，农业经济时代的波动主要是由于天气对农业产出的影响。相比之下，经济学家认为，现代商业周期主要是由总需求曲线的变化所引起。

现代意义上的商业周期大概始于英国——工业革命的故乡，到 1820 年，英国已经是一个以工业化和城市化为主的国家了。1846—1847 年英国出现的经济衰退就特别具有现代感：它跟随过度乐观的行为出现，由于对一种令人兴奋的新技术——铁路建设——大量支出，形成非常大的总需求，然后在铁路投资者意识到他们已经建设过头后出现暴跌。

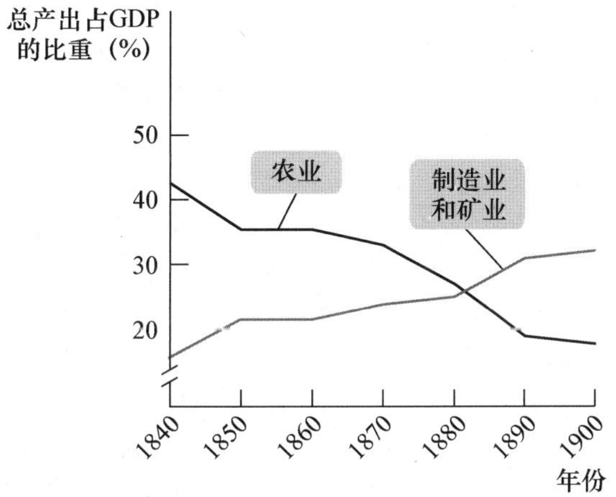

图 33-1　19 世纪经济特征的变化

在 19 世纪上半叶，美国主要是农业经济，大概没有经历过现代意义上的商业周期。到了 19 世纪后半期，美国成为一个工业国，现代商业周期开始出现。

资料来源：Robert E. Gallman，“Economic Growth and Structural Change in the Long Nineteenth Century，” in Stanley L. Engerman and Robert E. Gallman，eds.，*The Cambridge Economic History of the United States*，*vol. Ⅱ*：*The Long Nineteenth Century*（Cambridge，UK：Cambridge University Press，2000），p. 1-55.

及时复习

- 古典宏观经济学家集中于讨论货币政策对总体价格水平的长期影响，而忽略了对总产出的短期影响。
- 到大萧条发生时，度量商业周期的方法有了很大的进步，但是对它为什么发生并没有被广泛接受的理论解释。

小测验 33-1

1. 当本·伯南克对米尔顿·弗里德曼致敬时说，“关于大萧条……我们确实是这么做的。”他指的是当时的美联储没有采取扩张性货币政策。为什么古典经济学家认为，美联储的行动不会对大萧条的持续时间和下跌深度产生影响？

33.2　大萧条和凯恩斯革命

大萧条已经足以证明经济学家无法忽略短期。它不仅使经济受到很大伤害，而且威胁到社会和政治制度的稳定。特别是，大萧条帮助希特勒在德国攫取了政权，奠定了第二次世界大战的基础。

全世界都想知道这场经济灾难是怎样发生的？我们对此应该做些什么？但是，因为没有被广泛接受的关于商业周期的理论，经济学家们给出的经常是矛盾的甚至有害的建议。一些人相信，只有对经济体制进行巨大的变革才能终结这种衰退，比如说由政府来接管所有私营企业并用命令经济取代市场经济；另一些人认为，经济衰退是自然现象甚至是有益的，它有助于消除过去过剩的产能，所以应该无为而治。

然而另外一些经济学家则认为，衰退是破坏性的，应该治理，而且可以在无损市场经济的基础上进行治理。这种观点最有影响力的支持者是英国经济学家约翰·梅纳德·凯恩斯，他把 20 世纪 30 年代面临问题的美国和英国经济比喻为一辆引擎有缺陷的轿车。为了使经济正常运行，他认为并不需要做全面的检修，只需要做局部修理即可。

这个比喻很形象，但是问题的本质到底是什么？

□ 33.2.1 凯恩斯的理论

在 1936 年，凯恩斯在一本名为《就业、利息和货币通论》(*The General Theory of Employment, Interest, and Money*，简称《通论》）的书中提出他对大萧条的解释，也就是对经济引擎缺陷的解释。在 1946 年，美国伟大的经济学家、诺贝尔经济学奖得主保罗·萨缪尔森写道："从写作上看，这是一本相当糟糕且结构混乱的著作……不时闪现的真知灼见和洞察力点缀在冗长乏味的代数计算中……我们发现它的分析易于理解且非常新颖。总之，这是一本天才的著作。"萨缪尔森的如下两点评论是对的：《通论》并非容易读懂的一部书，但是它与亚当·斯密的《国富论》一样，是最负影响的经济学著作之一。

正如萨缪尔森所说的那样，凯恩斯的著作是一个混杂了大量思想的宝库。凯恩斯主义经济学的思想主要反映在两个创新方面：第一，凯恩斯强调的是总需求变化对于总产出水平的短期效应的重要性，与古典学派不同，后者关注的是长期总体价格水平如何决定。直到《通论》出版，大部分经济学家把短期宏观经济学看作无关紧要的情形，凯恩斯的著名论断"在长期，我们都死了"针对的其实就是这种观点。凯恩斯把经济学家的注意力引向关注短期总供给曲线向上倾斜的情形，因而总需求曲线的变化不仅影响总产出和就业，而且影响总体价格水平。

图 33-2 表现了凯恩斯主义者和古典学派宏观经济学的差异。在这两个图中，*SRAS* 表示的都是短期总供给曲线；在这两个图中我们都假定由于某种原因总需求曲线从 AD_1 左移到 AD_2，比如说，由于股票市场价格下降导致家户消费支出减少。

图 33-2（a）表示的是古典学派的看法：在图中，短期总供给曲线是垂直的。因此，总需求下降导致价格水平从 P_1 下降到 P_2，但总产出没有变化。图 33-2（b）表示的是凯恩斯主义者的看法：该图中短期总供给曲线是向上倾斜的，总需求的下降既导致价格水平从 P_1 下降到 P_2，也引起总产出从 Y_1 变化到 Y_2。

正像我们已经解释的那样，许多古典宏观经济学家也同意图 33-2（b）所描述的短期情形才更为准确，但是他们认为短期并不重要。凯恩斯强烈反对这种看法，他认为短期经济问题造成了巨大的社会困扰，而这事实上是可以修复的。[需要说明的是，在凯恩斯的《通论》中并没有图 33-2（b）中所示的图形。但是将凯恩斯对总供给的讨论转化成现代经济学用语，就清楚地表明 *SRAS* 是向上倾斜的。]

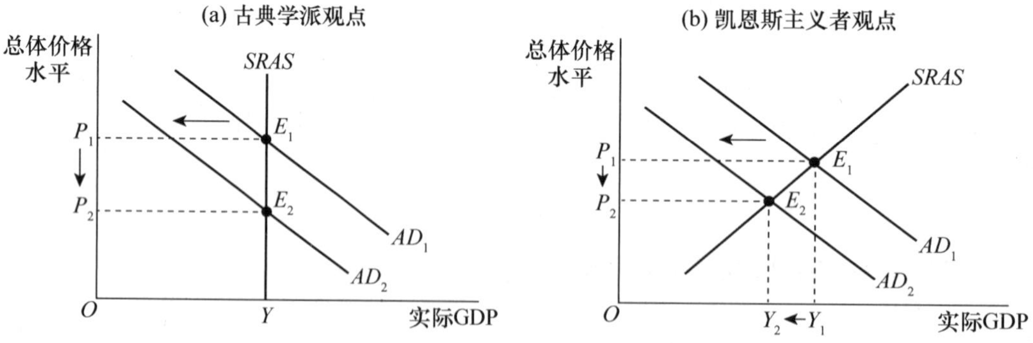

图 33-2 古典学派和凯恩斯主义者的宏观经济学比较

古典学派和凯恩斯主义经济学的一个重要区别在于对短期总供给曲线的看法不同。图 33-2（a）表现的是古典学派的看法：*SRAS* 是垂直的，总需求曲线的变动只影响总体价格水平，不影响总产出水平。图 33-2（b）表现的是凯恩斯主义者的看法：在短期，*SRAS* 是向上倾斜的，所以总需求曲线的变动既影响总产出水平，也影响总体价格水平。

凯恩斯的第二个创新有关是什么因素导致了总需求曲线移动并造成商业周期。古典经济学家将需求曲线的变化几乎完全归结为货币供给量的变化。相比之下，凯恩斯认为，其他因素，特别是"动物精神"的变化——现在一般温和地称为"商业信心"——对商业周期的形成造成主要影响。凯恩斯之前，经济学家的通常看法是：只要货币供给保持不变，商业信心下降既不影响总体价格水平，也不影响总产出水平。凯恩斯提出了完全不同的观点。例如，对未来利润的悲观预期可能导致投资支出下降，导致经济衰退。

凯恩斯主义经济学（Keynesian Economics）商业周期这种创新的观点已经深深根植于公众的意识，在某种意义上，许多人可能从来没有听说过凯恩斯或者听说过他但自认为并不同意他的理论，却一直在运用凯恩斯的思想。例如，一个商业形势评论家有时候会这样说："企业抑制投资支出，因为它们担心消费需求过低，这就是复苏已经停滞的原因。"无论评论员是否知道，该声明是纯粹的凯恩斯主义经济学观点。

> **凯恩斯主义经济学**主要有两项主张：总需求的改变影响总产出、就业和价格，商业信心的改变引起商业周期。

凯恩斯自己已经意识到他的思想将成为"人所共知"的思想的一部分。在《通论》的结束部分，他提出了另外一个著名论断："实业界人士，不管多么自信自己未曾受到任何学派思想的影响，通常是一个死去多年的经济学家思想的奴隶。"

▶ 追根究底

凯恩斯的政治学

一些政治评论员将凯恩斯主义经济学作为左派经济学的代名词。因为凯恩斯证明了某种政府干预主义的合理性，这些政治评论员甚至认为，凯恩斯自己也是某种左派主义者，甚至可能是社会主义者。但是，情况远比这复杂得多。

我们已经在正文中解释过，凯恩斯主义者的思想实际上被许多政治党派的经济学家和政策制定者所接受。在2004年，美国总统乔治·布什是保守党，总统的首席经济学家格里高利·曼昆也是保守党，但是曼昆也是著名的凯恩斯主义思想的支持者。事实上，凯恩斯自己既非社会主义者，也没有多少左派主义者的成分。当《通论》出版时，英国的许多学者认为只有社会主义才是解决危机的唯一途径。他们认为，大萧条是资本主义经济体制最后的危机，只有政府全面接管各个产业才能拯救这一制度。相反，凯恩斯认为这并非问题的答案。他认为所有的资本主义市场制度都只需要进行局部修理。在这种意义上，他的思想是亲资本主义的而且在政治上是保守的。

真实的情况是：在20世纪40年代、50年代和60年代，凯恩斯主义经济学的兴起与政府在经济中各个方面影响的加强和那些主张政府应该发挥更大作用从而热衷于凯恩斯主义经济学的经济学家是分不开的。另外，到了20世纪70年代和80年代，重新热衷于自由市场政策是与一系列对凯恩斯主义思想的挑战联系在一起的，我们在本章稍后部分将对此加以介绍。

最近的历史表明，很容易发现一些受人尊敬的经济学家和决策者有保守的政治偏好，同时尊重凯恩斯对宏观经济学的根本贡献。正如我们将很快学到的，同样可能找到那些对凯恩斯的一些观点提出质疑的自由主义者。

□ 33.2.2 治理经济萧条的政策

凯恩斯理论的实践意义主要是使**积极的宏观经济政策**（macroeconomic policy activism）的合理性得到了承认，也就是使用货币政策和财政政策来熨平商业周期。

的确，一些经济学家在凯恩斯之前呼吁实施积极的宏观经济政策，特别是倡导用货币扩张来对抗经济衰退。像凯恩斯一样，一些经济学家甚至认为，在经济衰退时期，暂时的预算赤字是一件好事。但当时的积极的宏观经济政策被认为是极具争议的，那些主张者受到了猛烈的攻击。

> **积极的宏观经济政策**即使用货币政策和财政政策来熨平商业周期。

因此，当一些政府在20世纪30年代遵循我们现在称为凯恩斯主义的政策时，它们是半信半疑地推行，不足以扭转大萧条。在美国，富兰克林·罗斯福政府采取了适度的赤字支出来努力创造就业机会，这些行动似乎在改善经济方面有所作为。但是，1937年，罗斯福接受了非凯恩斯主义经济学家的建议，他们敦促罗斯福平衡联邦预算，提高利率，尽管当时经济仍陷入深度衰退之中。这导致了一次新的衰退出现。

然而，随着时间的推移，凯恩斯主义思想传播开来，在第二次世界大战后，它被经济学家广泛接受。当然，对这些观点的一系列挑战也导致这些观点出现相当大的改变，即使在那些继续相信凯恩斯对衰退原因解释大致正确的经济学家中也是如此。在接下来的部分，我们将了解这些挑战和学派：新古典经济学和新凯恩斯经济学。

▶ **真实世界中的经济学**

大萧条的终结

如果根据凯恩斯的思想制定的经济政策带来了大萧条的终结，那将是一个精彩的故事。遗憾的是，事实并非如此。但是，大萧条最终结束的方式使经济学家相信凯恩斯基本上是正确的。

经济学家从凯恩斯的著作中学到的是，经济复苏需要积极的财政扩张——赤字支出规模足够大，以创造就业机会和提高总需求。这种情况在美国发生不是因为有意为之的经济政策，而是由于一场非常大规模的战争（第二次世界大战）需要大量政府支出。绝大多数证据表明，正是第二次世界大战的政府支出将经济从大萧条中解放出来，最终结束了对凯恩斯观点有效性的争论。

图 33-3 所示为美国在 1930—1947 年的失业率和预算赤字占 GDP 的比例。我们可以看到，20 世纪 30 年代的赤字规模并不大。在 1940 年，随着战争爆发的危险越来越大，美国开始大规模购置军备，预算赤字规模逐渐增大。在 1941 年 12 月 7 日珍珠港事件之后，美国才出现大规模赤字，1943 财政年度（始于 1942 年 7 月）的赤字达到 GDP 的 30%。如果换成今天，相当于 5.1 万亿美元。

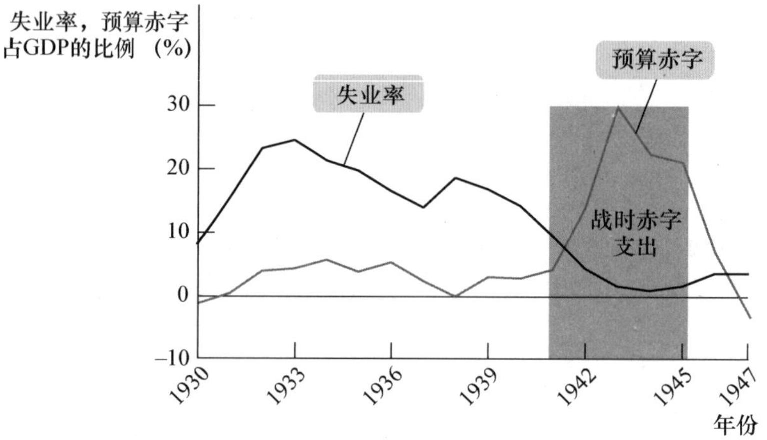

图 33-3　财政政策和大萧条的终结

经济学家和政策制定者清楚地认识到，尽管政府支出增长巨大，经济在大萧条时期仍然低迷了十多年，最终以可持续的方式复苏了。第二次世界大战并非凯恩斯财政政策设计的结果。很难相信除了世界大战之外有什么事件会让美国政府花这么多钱。然而，无心插柳，第二次世界大战的支出表明，扩张性财政政策可以使经济摆脱严重的不景气。

及时复习

● 凯恩斯经济学的关键创新是强调短期，其中 *SRAS* 曲线向上倾斜而不是垂直，以及商业信心变化使 *AD* 曲线移动从而产生商业周期。

● 凯恩斯主义经济学证明了积极的宏观经济政策的合理性。

● 凯恩斯主义者已经被那些没有听说过凯恩斯或者不同意凯恩斯理论的人所使用。

小测验 33-2

1. 在 2012 年年初的新闻稿中，计算小企业乐观指数的全国独立企业联合会指出：“小企业乐观指数在 1 月份上升了 0.1 点……从历史上看，乐观情绪仍然处于衰退水平。虽然小企业主对商业环境和实际销售增长的前景似乎不那么悲观，但是这种乐观情绪并没有表现在招聘或增加库存计划中。”这句话对凯恩斯经济学家来说似乎很熟悉吗？凯恩斯经济学家对公共政策需要会得出什么结论？

33.3 对凯恩斯主义经济学的挑战

凯恩斯理论从根本上改变了经济学家对商业周期的看法。但是该理论并非无可挑剔。随着政府支出成功结束大萧条，凯恩斯经济学也面临一系列新的挑战。因此，到了 20 世纪 80 年代，宏观经济学家的共识从 20 世纪 50 年代盛行的凯恩斯主义的强大版本有所后退。特别是，许多经济学家开始建议，限制积极的宏观经济政策的有效性。

□ 33.3.1 货币政策的复活

许多宏观经济学家同意凯恩斯的观点，即在萧条期间货币政策相对无效。我们在第 31 章中所说的流动性陷阱就遇到了这种现象。在这种情况下，货币政策是无效的，因为利率低至零下限。请记住，在零下限，利率不能被进一步降低来恢复经济，因此扩张性货币政策没有效果。在 20 世纪 30 年代，当凯恩斯写作其著作时，利率事实上非常接近于零。

当接近于零利率的时代在第二次世界大战结束和经济复苏之后结束时，偏好凯恩斯经济学的政策摆锤变得摇摆不定，许多经济学家继续强调财政政策的作用，并低估货币政策的有用性。然而，由于宏观经济学家最终重新评估了货币政策的重要性，摆锤开始部分回摆。

改变这种局面的具有里程碑意义的是 1963 年出版的《美国货币史：1867—1960 年》，作者是芝加哥大学的米尔顿·弗里德曼和国家经济研究局的安娜·施瓦茨。正如我们在开篇案例中所提到的，弗里德曼和施瓦茨使许多经济学家（当然并非全部）相信，如果美联储能够通过增加货币供给来防止货币收缩，大萧条是可以避免的。他们也使大多数经济学家相信，在经济管理中，货币政策可以发挥关键作用。

货币政策中利率复活的意义非常重大，因为它表明管理经济的重任可以从财政政策上卸掉，意思是说，经济管理可以在很大程度上脱离政治家的把握。这个特征对许多人很有吸引力，因为财政政策必然涉及政治选择。如果政府试图通过减税来推动经济，它必须决定减税的对象；如果政府试图通过削减开支来刺激经济，它必须决定钱用于何处。因此，如果财政政策是唯一可用的工具，经济管理往往会被政治进程阻碍。

相反，货币政策不涉及这种政治选择，当中央银行降低利率来应对经济萧条时，它同时针对的是所有人的利率。所以把对财政政策的依赖转变成对货币政策的依赖使宏观经济学越来越技术化，政治话题的味道越来越淡。事实上，正像我们在第 29 章中所学到的那样，在主要经济体中，货币政策是由脱离了政治过程的独立的中央银行所操作的。

□ 33.3.2 货币主义

在《美国货币史：1867—1960 年》出版后，米尔顿·弗里德曼领导了一场旨在消除所有种类积极的宏观经济政策——包括财政政策和货币政策——的运动。相反，他认为管理经济最好的办法是采用非行动或非相机抉择的货币政策。**货币主义**（monetarism）坚信，如果货币供给平稳增长，GDP 也将平稳增长。货币主义者的政策主张是：中央银行制定一个稳定不变的货币供给增长率目标，比方说每年 3%，并始终保持这一目标而不管经济如何波动。

> **货币主义**坚信如果货币供给平稳增长，GDP 也将平稳增长。

认识到货币主义保留了许多凯恩斯主义思想非常重要。像凯恩斯一样，弗里德曼认为短期非常重要，总供给在短期的变化既影响总产出，又影响总体价格水平。他也像凯恩斯一样认为在大萧条期间应该采用幅度更大的扩张政策，尽管他相信只有货币政策是必要的。

可是，货币主义者认为，政策制定者试图熨平经济上下波动的努力实际上使事情变得更加糟糕。在第

28 章，我们描述过相机抉择的财政政策的时滞性问题。例如，一个试图通过增加支出来应对衰退的政府有时会发现，当它意识到经济正在衰退而采取行动时，结果经济衰退结束了，支出进一步促进了繁荣，而不是应对衰退。根据货币主义者的观点，**相机抉择的货币政策**（discretionary monetary policy）——为稳定经济而由中央银行改变利率或货币供给——会面临类似的问题，很容易造成经济不稳定。

通过改变利率或者货币供给来稳定经济的政策就是**相机抉择的货币政策**。

弗里德曼也认为，如果中央银行听从他的建议，不采用积极的货币政策，并不跟随经济的波动改变货币供给量，那么财政政策的作用比凯恩斯主义者所相信的小得多，因为存在挤出效应，即政府支出挤出私人投资支出。在第 25 章我们分析了这是怎样发生的：政府支出导致预算赤字，推高利率水平，挤出私人投资支出。弗里德曼等人指出，如果货币供给量固定不变，而政府采取扩张性财政政策，随着利率的上升，将发生挤出效应，从而限制了财政扩张对总需求的影响。

图 33－4 说明了这一观点。图 33－4（a）表示的是总产出水平和总体价格水平。AD_1 是初始的总需求曲线，*SRAS* 是短期总供给曲线。在初始均衡状态，总产出水平为 Y_1，总体价格水平为 P_1。图 33－4（b）表示的是货币市场，*MS* 是货币供给曲线，MD_1 是初始的货币需求曲线，所以初始的利率水平为 r_1。

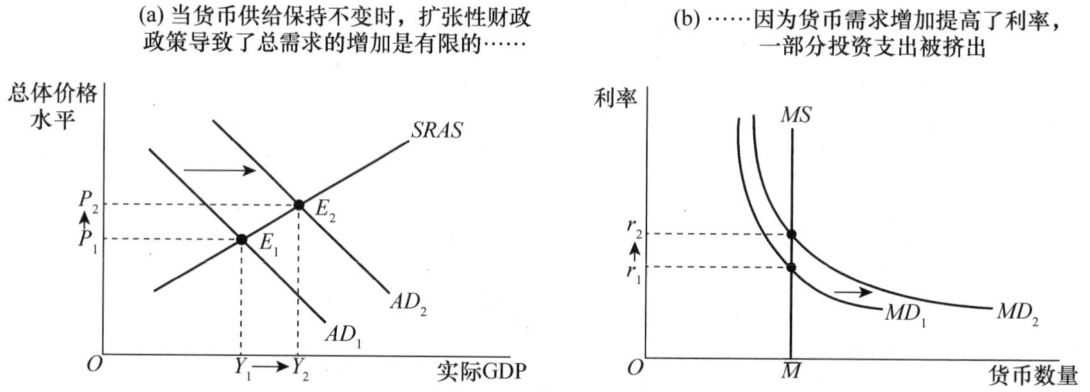

图 33－4　在货币供给保持不变的情况下的财政政策

在图 33－4（a）中，扩张性财政政策推动 *AD* 曲线向右移动，推动总体价格水平和总产出升高。然而，这也会导致货币需求增加。假设货币供给保持不变，如图 33－4（b）所示，货币需求的增加提高了利率，减少了投资支出，部分抵消了财政扩张的作用。所以，*AD* 曲线移动的距离要小于应有的距离，这表明：在货币供给保持不变的情况下，财政政策的效应大打折扣。

现在假设政府增加对产品和服务的购买。我们知道这将推动需求曲线 *AD* 向右移动，如图所示，从 AD_1 到 AD_2，总体产出水平也将增加，从 Y_1 到 Y_2，总体价格水平将上升，从 P_1 到 P_2。总产出水平的增加和总体价格水平的上升将引起货币需求增加，推动货币需求曲线从 MD_1 向右移动到 MD_2，这将推动均衡利率水平提高到 r_2。弗里德曼认为，利率水平的升高将引起投资支出减少，部分抵消政府开支的初始增加。结果，需求曲线 *AD* 向右移动的距离要小于第 28 章分析中所指出的乘数分析中移动的距离。弗里德曼认为，当货币供给的增加保持不变时，乘数将非常小，从而使用财政政策就没有多大意义了，即使是在经济疲软阶段。

正如我们已经提到的，弗里德曼并不主张积极的货币政策。他认为，政府为稳定经济采用相机抉择的财政政策所面临的时滞问题同样也适用于相机抉择的货币政策。弗里德曼的解决办法是让货币政策"自转"。他认为，中央银行应该遵循**货币政策规则**（monetary policy rule），也就是一套决定其行为的规则，而应较少相机抉择。在 20 世纪 60 年代和 70 年代，大多数货币主义者认为最好的货币政策规则就是货币供给保持慢速平稳增长。

货币政策规则是中央银行的一套行为规则。

与这一观点相关的重要概念是**货币流通速度**（velocity of money），即货币供给量与名义 GDP 的比率。货币流通速度是衡量买方和卖方之间每单位美元每年平均转手的次数（例如，我给星巴克咖啡师 1 美元小费，她用它购买午餐，如此继续）。这个概念可以引出流通速度方程，与名义 GDP 和货币供给量相关：

货币流通速度即货币供给量与名义 GDP 的比率。

$$M\times V=P\times Y \tag{33-1}$$

在这一等式中，M 是货币供给量，V 是货币流通速度，P 是价格水平，Y 是实际 GDP。

货币主义者认为，大量历史数据表明，货币流通速度 V 在短期是稳定的，只是在长期才会有所变化。所以，如果美联储能够把 M 保持在一个稳定增长的水平上，名义 GDP 也将稳定增长。

货币主义理论对于 20 世纪 70 年代末和 80 年代初的货币政策产生了重要影响。因为美联储努力保持货币供给增长率不变。然而，情况很快表明，货币供给的稳定增长并不能确保经济的稳定增长，货币流通速度也并没有稳定到使这一简单的货币政策规则发挥作用的程度。图 33－5 表明了一系列事件最终动摇了货币主义观点的基础。该图表示的是 1960 年到 2014 年年中名义 GDP 与 M1 的比率的变化。我们可以看到，一直到 1980 年，货币流通速度的变化相当平稳，似乎保持着可以预测的变化趋势。然而，当美联储在 20 世纪 70 年代后期与 1980 年初开始采用货币主义理论后，货币流通速度开始变得不稳定——大概是由金融市场创新所致，如信用卡的大规模使用。

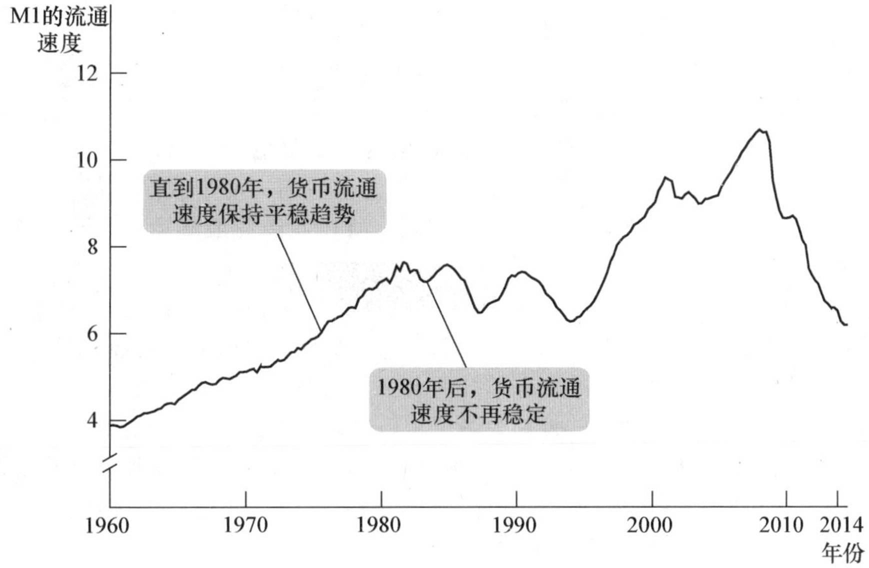

图 33－5　货币流通速度

1960—1980 年，货币流通速度保持稳定，所以货币主义者相信货币供给的稳定增长将导致经济的稳定增长。然而，1980 年之后货币流通速度捉摸不定，削弱了传统货币主义赖以成立的基础。

资料来源：Federal Reserve Bank of St. Louis.

因此，在当今的宏观经济学家中很难再找到传统的货币主义者，即那些相信如果货币供给稳定增长 GDP 也稳定增长的人。然而，正像我们将在本章稍后学到的，货币主义最初所担忧的——过度的相机抉择的货币政策将使经济实际上变得更不稳定的结论——已经被宏观经济学家广泛接受。

□ 33.3.3　对宏观经济政策的限制：通货膨胀和自然失业率

执行积极的宏观经济政策的时滞问题不是对凯恩斯经济学的唯一批评。另一个严重的问题是其对通货膨胀的影响。在 20 世纪 40 年代和 50 年代，许多凯恩斯经济学家认为，扩张性财政政策可以用来实现永久的充分就业。然而，到了 20 世纪 60 年代，许多经济学家意识到，持续的扩张性政策可能导致通货膨胀问题。然而，他们仍然认为，如果政府愿意接受更高的通货膨胀率，政府可以保持低失业率。

> 根据**自然率假说**，由于通货膨胀最终嵌入预期中，为了避免加速通货膨胀，失业率必须足够高，以至实际通货膨胀率等于预期通货膨胀率。

然而，1968 年，米尔顿·弗里德曼和哥伦比亚大学的埃德蒙·费尔普斯 (Edmund Phelps) 各自独立提出，在长期，失业和通货膨胀之间实际上没有权衡替代关系。根据弗里德曼和费尔普斯的**自然率假说** (natural rate hypothesis)，任何试图使失业率保持在最低水平的努力，不仅会导致通货膨胀，还会导致不断加重的通货膨胀。我们在第31章中描述了这个论点的逻辑；这里重要的一点是，如果这是真的，自然率假说意味着凯恩斯政策不能像宏观经济学家以前所相信的那样完成使命。因为政府不能保持低于自然率的失业率，它的任务不是保持失业率低，而是稳定保持在自然率附近——防止失业率大幅波动高于或低于自然率。

事实上，自然率假说在20世纪70年代以后被大多数经济学家所接受。弗里德曼-费尔普斯假说提出了一个强有力的预测：失业和通货膨胀之间的明显权衡替代在价格上涨的长期不成立。一旦通货膨胀被嵌入公众的期望，即使面对高失业率也会继续。果然，这正是20世纪70年代所发生的事情。这种准确的预测是宏观经济分析的胜利成果之一。它说服了大多数经济学家相信自然率假说是正确的，虽然有些宏观经济学家认为，该假说在非常低的通货膨胀率或通货紧缩时不起作用。

□ 33.3.4 政治商业周期

对凯恩斯主义经济学的最后一个挑战并非集中于经济分析是否正确，而是其引起的政治后果。大量经济学家和政治学家指出积极的宏观经济政策使其自身可以为政治所左右。

> 当政治人物使用宏观经济政策为政治目的服务时，就会出现**政治商业周期**的结果。

统计数据表明，选举结果容易受到选举前几个月经济状况的影响。在美国，选举日前六个月左右的时间如果经济增长加速，失业率下降，那么执政党一般会获得胜利，即使此前三年的经济表现非常糟糕。这样就有了明显滥用积极的宏观经济政策的动机：在选举年份刺激经济，而以后续年份出现高失业率或高通货膨胀率为代价。这样做会引起经济出现不必要的波动，所以**政治商业周期**（political business cycle）是由于服务于政治目的而推行宏观经济政策的结果。

一个经常引用的事例是1972年选举之前，扩张性财政政策和货币政策导致了美国经济快速增长，而选举后出现了通货膨胀率的持续快速上升。肯尼思·罗戈夫是一个受人尊敬的宏观经济学家，他曾经是国际货币基金组织的首席经济学家，他形容当时的美国总统理查德·尼克松是“政治商业周期划时代的英雄”。

我们已经指出，避免政治商业周期的一种途径是把货币政策置于免受政治党派压力的、独立的中央银行手中。除非在特殊情形下（如流动性陷阱），政治商业周期通常也是制约相机抉择的财政政策的原因之一。

▶ **真实世界中的经济学**

美联储对货币主义的短暂尝试

在20世纪70年代后期和80年代早期，美联储进行过短暂的货币主义尝试。在此前相当长的时间里，美联储都是以利率作为政策目标，根据经济状况来调整目标利率。然而到了70年代后期，美联储宣布以几个货币供给量指标作为政策目标，并宣布终止利率目标。大多数人都看得出这一改变具有强烈的货币主义倾向。

到了1982年，美联储放弃了货币主义。1982年之后，美联储开始采用相机抉择的货币政策，导致了货币供给的大幅波动。到了20世纪80年代末，美联储又回到确定目标利率的政策选择上。

为什么美联储对货币主义浅尝辄止了呢？美联储转向货币主义主要反映了20世纪70年代所发生的事件，当时通货膨胀率的大幅上升打破了人们认识的通货膨胀率与失业率之间此长彼消的关系，也引起了对传统凯恩斯主义的怀疑。自然率假说成功预测了失业和通货膨胀之间替代关系的恶化，也提高了弗里德曼与其学术同行的声望。所以，政策制定者愿意尝试弗里德曼的政策建议。

放弃货币主义也反映了如下事件的影响：我们在图33-5中看到，货币流通速度在1980年之前变化趋势平稳，但之后出现巨大波动。这也使得货币主义看上去不那么吸引人了。

及时复习

● 相对于财政政策，早期的凯恩斯主义不太重视货币政策的作用，但是后来的宏观经济学家认识到货币政策也同样有效，除非在流动性陷阱的情况下。

● 货币主义认为，由于时滞，相机抉择的财政政策和相机抉择的货币政策害处很多，稳定经济最好采用简单的货币政策规则。货币主义认为货币流通速度是稳定的，因此货币供给的稳定增长将导致 GDP 的稳定增长。这一教义在一段时间内曾经很受欢迎，但由于预言没能实现而失去了青睐。

● 现在被广泛接受的自然率假说对宏观经济政策可以实现的目标提出了严格的限制。这意味着政策应旨在将失业率稳定在自然率附近。

● 对政治商业周期的担忧表明，中央银行应该独立，应该避免相机抉择的财政政策，除非在流动性陷阱这样的极端情况下。

小测验 33-3

1. 根据图 33-5 回答下列问题：

a. 如果美联储采取货币供给不断增长的货币主义政策，从 2008 年开始，根据货币流通速度方程，产量会发生什么变化？

b. 事实上，从 2008 年开始，美联储加速了 M1 的增长速度，部分是为了抵消失业率的大幅增长。货币主义者是否同意这项政策？根据货币主义者的观点，改变失业率有什么限制？

2. 积极的宏观经济政策的局限性是什么？

33.4 理性预期、真实商业周期与新古典宏观经济学

我们已经知道，古典经济学和凯恩斯主义经济学的核心差异之一是古典经济学家相信短期总供给曲线是垂直的，而凯恩斯主义经济学则声称短期总供给曲线是向上倾斜的。所以，向右上方倾斜的需求曲线造成的结果是需求冲击——导致需求曲线移动——会引起总产出水平波动。

20 世纪 50 年代和 60 年代，对凯恩斯主义经济学的挑战来自货币主义和自然率理论学家，他们并没有依赖古典学派的思想观点。挑战者接受向上倾斜的总供给曲线的观点——总需求增加导致短期总产出上升，总需求下降导致短期总产出下降。反过来，他们认为，传统凯恩斯主义者所倡导的政策药方，即积极的宏观经济政策，将会加剧他们试图治愈的严重疾病——经济波动。

在 20 世纪 70 年代和 80 年代，认为总需求曲线的变化只影响总体价格水平，而非总产出水平的古典观点在被称为**新古典宏观经济学**（new classical macroeconomics）的方法中恢复。这可以分为两个阶段。第一阶段，一些经济学家根据理性预期的概念挑战关于短期总供给曲线倾斜的传统观点。第二阶段，一些经济学家认为，生产力的变化会导致经济波动，这种观点被称为真实商业周期理论。

> **新古典宏观经济学**是指对商业周期的看法回到古典学派的观点，认为总需求曲线只是影响总体价格水平而非总产出水平。

□ 33.4.1 理性预期

在 20 世纪 70 年代，著名的理性预期概念对宏观经济学产生了重要影响。**理性预期**（rational expectation）由约翰·穆特（John Muth）在 1961 年最早引入经济理论，该理论认为个人和企业会运用所有可以获得的信息来做出最优决策。

例如，当雇主和雇员在商讨长期工资合同时就需要估计合同期内的通货膨胀率。理性预期理论认为，在估计未来的通货膨胀率时，人们不仅会看过去的通货膨胀率，也会考虑所有可以获得的关于货币政策和财政政策的信息。假设去年价格并没有上升，但是根据政策制定者所颁布的货币政策和财政政策，经济分析人士清楚地看出在未来几年将出现显著的通货膨胀。尽管过去价格并没有上升，根据理性预期理论，长期工资合同将反映这种预期的通货膨胀。

> **理性预期**理论认为个人和企业会运用所有可以获得的信息来做出最优决策。

理性预期会对政府政策的实行产生显著的影响。根据最初的自然率假说，政府推行提高通货膨胀率的政策来降低失业率在短期是可以达到目的的，但是当高通货膨胀嵌入人们的预期后，这种替代最终将无法实现。根据理性预期理论，我们应该把“最终”一词拿掉，而是使用“立即”一词：如果政府试图用高通货膨

胀率来保证低失业率的目的非常明显的话，通货膨胀率将立即升高。因此，在理性预期下，政府干预在短期和长期都会失败。

到了20世纪70年代，芝加哥大学的罗伯特·卢卡斯（Robert Lucas）发表了一系列非常有影响力的论文，根据理性预期的思想，他认为只有当货币政策出乎公众预料时才能引起产出水平和失业率的改变，否则，试图降低失业率只会导致更高的价格水平。根据卢卡斯的**理性预期经济模型**（rational expectations model），货币政策在稳定经济方面毫无用处。在1995年，卢卡斯因为该项研究获得诺贝尔经济学奖，这项成果现在仍然广受赞誉。然而，许多经济学家（也许是大部分宏观经济学家，特别是那些为决策者提供建议的人）现在认为他的结论被夸大了。美联储当然认为它可以在稳定经济方面发挥有益的作用。

> **理性预期经济模型**认为货币政策的预期变化对失业率和产出水平没有影响，只是影响价格水平。

为什么在许多宏观经济学家看来，卢卡斯的宏观经济学的理性预期模型未能准确描述经济的真实行为？**新凯恩斯主义经济学**（new Keynesian economics）为在20世纪90年代变得有影响力的一套观点提供了解释。该学派认为，市场缺陷相互作用，使许多价格在经济中表现出暂时黏性。由于价格黏性，预期通货膨胀不能足够快地抵消积极的宏观经济政策的作用。

> **新凯恩斯主义经济学**认为市场缺陷会导致整个经济中的价格黏性。

例如，一个新凯恩斯主义经济学的观点是，垄断者对定价是否正好“正确”不必太谨慎：如果他们定价有点儿高，他们将损失部分销售量，但每单位销售赚取的利润更多；如果他们定价太低，他们每单位销售赚取的利润会减少，但销售量会更多。因此，即使调整价格的小的成本也可能导致显著的价格黏性，使整个经济按照凯恩斯方式变化。

随着时间的推移，新凯恩斯主义思想结合实际经验降低了理性预期概念的实际影响。尽管如此，理性预期概念对于对经济管理能力过于乐观的宏观经济学家来说也是一个有益的警告。

□ 33.4.2 真实商业周期

在第24章我们介绍了全要素生产率的概念，也就是在一定的投入要素水平下所能得到的产出数量。全要素生产率会随着时间的推移而提高，但是并非平稳增长。在20世纪80年代，许多经济学家认为生产率增长非常缓慢（他们归因为技术进步的停滞）是经济衰退的主要原因。**真实商业周期理论**（real business cycle theory）认为全要素生产率的增长波动引发了商业周期。

> **真实商业周期理论**认为全要素生产率的增长波动引发了商业周期。

既然认为总供给曲线是垂直的，真实商业周期理论将商业周期的来源归因于总供给曲线的偏移：衰退的发生是因为生产率增长的放缓导致总供给曲线向左移动，而经济复苏则是由于生产率增长的加快推动总供给曲线向右移动。在真实商业周期理论的早期，理论支持者否认总需求的变化——以及积极的宏观经济政策——对总产出有任何影响。

该理论产生了很大的影响，这可以从如下事实得到证明：真实商业周期理论的两名提出者卡内基·梅隆大学的芬恩·基德兰德（Finn Kydland）与明尼阿波利斯联邦储备银行的爱德华·普雷斯科特（Edward Prescott）共同获得了2004年诺贝尔经济学奖。真实商业周期理论目前的状况与理性预期有些类似。大家普遍认为该理论对理解经济运行做出了有益的贡献，对于过分强调总需求提出了有益的警示。

但是，现在许多支持真实商业周期理论的学者认为他们的模型需要依赖总供给曲线向上倾斜才能得到数据支持，这就给总需求在决定总产出水平中可以发挥作用留下了潜在余地。正像我们已经看到的，政策制定者有较充分的理由认为在治理经济萧条时总需求政策会发挥重要作用。

▶ 追根究底

供给经济学

在20世纪70年代，有许多经济学家开始提出逐渐被称为供给经济学的经济政策观点。这种观点的核心是相信降低税率、提高人们工作和投资的积极性，对提升潜在产出增长率具有重要的积极意义。供给学派学者推动政府采取减税政策而不必采取相应的支出减少政策，他们认为经济增长将抵消财政赤字带来的副作用。

一些供给学派经济学家甚至认为，降低税率甚至会对经济增长产生一种神奇的效应，税收收入也就是纳税人支付给政府的总收入实际上会增加。也就是说，一些供给学派经济学家认为，美国是在拉弗曲线的错误一侧，该曲线是描述税率和总税收之间假设关系的曲线，在低税率下向上倾斜，但在税率非常高时却呈下降形态。

在20世纪70年代，供给学派经济学家得到《华尔街日报》编辑和其他媒体人士的热烈支持，所以为政治家们所熟悉。1980年罗纳德·里根就以供给学派经济学作为他总统竞选的基础。

因为供给经济学强调供给而不是需求，又因为供给自身受到了凯恩斯主义经济学的严厉批评，所以在我们的讨论中，供给方面的经济理论似乎属于新古典宏观经济学。但是，与理性预期和真实商业周期理论不同的是，供给经济学已经被经济学研究者从总体上抛弃了。

被抛弃的主要原因是该理论缺乏证据支持。几乎所有的经济学家都同意减税会对人们的工作和投资形成激励，但是试图估计这种激励在当今美国税率水平上产生的正向激励影响来支持供给学派的观点，还没有得到有力的证据。特别是，供给学派的学说暗含着大规模减税（如里根政府在20世纪80年代早期所做的那样）会大幅提高潜在产出水平的意思，根据国会预算办公室和其他研究所估计的潜在产出水平，没有证据表明里根政府减税后经济增长加速了。

▶ 真实世界中的经济学

对20世纪70年代的反转

当经济学家谈论自然率假说时，他们通常根据政府试图将失业率保持在低水平时会发生什么来研究。该假说认为，持续的低失业率将导致通货膨胀率不断上升。这就是为什么大多数经济学家在20世纪70年代以滞胀的经验作为支持自然率假说正确的强有力的证据。然而，同样的逻辑也可以这样说，持续的高失业率应导致通货膨胀率不断下降，最终加速通货紧缩。因此，大衰退及其失业率多年来保持非常高水平的结果的经验证据对这种预测进行了检验。

结果证明，预测不是很成功。自大衰退以来，美国的通货膨胀率一直比以前略低，但美国从未进入通货紧缩。到2014年，一些欧洲国家的价格下降，失业率非常高，但没有加速通货紧缩的迹象。

通货紧缩未真正出现并非完全意外，因为一些经济学家长期以来认为，自然率假说在低通货膨胀率情况下不成立。然而，这种观点在2008年之后比以前更加普遍，而且它有一个重要的暗示。如果高失业率不会导致通货膨胀率不断下降，即使在长期内，只要失业率目标不太低，政府减少失业率的政策也可能是有效的。也就是说，宏观经济政策的老式凯恩斯观点，即即使在长期这也会永久性地减少失业率可能是对的。

从这个意义上说，大衰退以来的时代是对20世纪70年代的反转，凯恩斯主义的观点根据过往经验重获力量。

及时复习

- 根据新古典宏观经济学，短期总供给曲线呈垂直状。它包含两个分支：理性预期模型和真实商业周期理论。
- 理性预期声称人们会考虑所有信息。经济的理性预期模型声称，只有意想不到的货币政策变化才影响总产出和就业；预期的变化只会改变价格水平。
- 新凯恩斯主义经济学认为，由于市场缺陷造成价格黏性，总供给曲线向上倾斜，因此总需求变化影响总产出和就业。
- 真实商业周期理论认为生产率的增长波动导致了商业周期。
- 新凯恩斯主义思想和现实事件削弱了对理性预期模型的接受程度，而真实商业周期理论由于在深度衰退期间暗含技术进步的观点也受到削弱。现在通常认为总供给曲线是向上倾斜的。

小测验 33－4

1. 2008年下半年，由于美国经济衰退，美联储将联邦基金利率降至接近零的目标，作为更激进的扩张性货币政策的一部分（是美联储称为量化宽松政策的一部分）。大多数观察者都认为，美联储积极的货币扩张有助于缩短大衰退的持续时间并降低其严重性。

a. 如何用理性预期理论评论这个结论？

b. 如何用真实商业周期理论评论这个结论？

33.5 现代宏观经济学的共识

20世纪70年代和80年代上半期是美国经济（以及其他主要经济体）的暴风雨期。1974—1975年出现了严重的经济衰退，然后在1979—1982年出现了两次连续的衰退，失业率几乎达到11%。与此同时，通货膨胀率飙升到两位数——然后暴跌。正如我们所看到的，这些事件对宏观经济思想留下了强烈的印记。

然而，在1985年前后，经济稳定下来。1990—1991年的衰退比1974—1975年的衰退或1979—1982年的双重衰退要温和得多，通货膨胀率一般保持在4%以下。1985—2007年经济相对平静的时期被称为**大缓和**（Great Moderation）时期。经济的平静在很大程度上以宏观经济政策讨论的类似平静为特征。事实上，似乎对几个关键的宏观经济问题形成了广泛的共识。

遗憾的是，大缓和之后继之以大衰退，即2008年金融危机之后形成严重的、持续的衰退。我们稍后将介绍大衰退期间引起的政策争论。首先，让我们来检视大缓和期间形成的明显的共识，我们称之为**大缓和共识**（Great Moderation consensus）。它综合展现了如下几个方面：认为货币政策是稳定的主要工具，对财政政策持怀疑态度，承认自然失业率和政治商业周期对施加政策的限制。

大缓和时期是指1985—2007年美国经济波动较小和通货膨胀率较低的时期。

大缓和共识将以下几个方面的意见进行了综合：认为货币政策是稳定的主要工具，对财政政策持怀疑态度，承认自然失业率和政治商业周期对施加政策的影响。

为了理解大缓和共识来自哪里及其存在的争议，我们可以观察宏观经济学家如何改变他们对宏观经济政策五个关键问题的回答。宏观经济学派几十年来对五个问题的各种答案见表33－1。（在表中，新古典宏观经济学被归入古典宏观经济学，新凯恩斯主义经济学被归入大缓和共识。）请注意，古典宏观经济学对每个问题都说不；从根本上说，古典宏观经济学家认为宏观经济政策无法完成。下面我们逐一解答这些问题。

表33－1　宏观经济政策的五个关键问题

	古典宏观经济学	凯恩斯主义经济学	货币主义	大缓和共识
1. 扩张性货币政策有助于治理经济衰退吗？	否	作用很小	是	是，特殊情形除外
2. 在治理经济衰退时，扩张性财政政策有效吗？	否	是	否	是
3. 在长期，货币政策或财政政策有助于降低失业率吗？	否	是	否	否
4. 财政政策应该相机抉择吗？	否	是	否	否，特殊情形除外
5. 货币政策应该相机抉择吗？	否	是	否	存在争论

问题1　扩张性货币政策有助于治理经济衰退吗？

我们已经知道，古典宏观经济学家一般认为扩张性货币政策对于治理经济衰退不仅毫无作用而且有害。在凯恩斯主义经济学发展的早期，宏观经济学家并不反对在经济萧条时采用扩张性货币政策，但是他们一般会怀疑它的有效性。米尔顿·弗里德曼及其追随者使经济学家们相信货币政策是完全有效的。

现在几乎所有的宏观经济学家都认为货币政策可以引起总需求曲线的移动，减少经济波动。古典学派关于货币供给的变化只影响总体价格水平不影响总产出水平的观点现在已经很少有人赞同了。一部分早期凯恩斯主义经济学家曾经认为的货币供给变化收效甚微的观点，现在的支持者也同样人数寥寥。一般当存在流动性陷阱时货币政策是无效的。

问题 2　在治理经济衰退时，扩张性财政政策有效吗?

相对于扩张性货币政策，古典宏观经济学家对扩张性财政政策的反对更为激烈。相反，凯恩斯主义经济学认为在治理经济萧条时财政政策处在核心地位。货币主义者认为，只要货币供给稳定增长，财政政策就是无效的。但是这样坚决的观点已经很少有人支持了。

许多宏观经济学家现在都同意，像货币政策一样，财政政策也会引起总需求曲线的移动。大多数宏观经济学家也同意，政府不应该无视经济状况而寻求预算平衡。他们都同意财政预算作为自动稳定器会发挥作用，有助于经济保持平稳状态。

问题 3　在长期，货币政策或财政政策有助于降低失业率吗?

面对失业，古典宏观经济学家不相信政府能有所作为。一些凯恩斯主义经济学家走向了另一个极端，他们认为扩张性政策可以永久保持低失业率，当然要付出一些高通货膨胀率的代价。货币主义者相信失业率不可能低于自然失业率水平。

几乎所有宏观经济学家现在都接受了自然率假说。该假说也使他们接受了货币政策和财政政策的作用有限的观点。大多数宏观经济学家相信有效的货币政策和财政政策可以减小实际失业率围绕自然失业率水平波动的幅度，但是不能使用它们来使失业率保持在低于自然失业率的水平。

问题 4　财政政策应该相机抉择吗?

我们已经学过，关于财政政策有效性的观点忽左忽右，从古典宏观经济学的完全抛弃，到凯恩斯主义经济学的大力推崇，而货币主义又提出批评。到今天，大部分宏观经济学家相信减税和增加开支在增加总需求上至少是可以部分发挥作用的。

许多（并非全部）经济学家认为相机抉择的财政政策通常是有害的，我们在第 28 章讨论过其中的原因：财政政策调整的滞后意味着最为经常出现的情况是出于治理经济衰退目的的政策最后成了在经济繁荣时的火上浇油。

总之，宏观经济学的共识使得货币政策在稳定经济中发挥着首要作用。部分但非全部经济学家认为，财政政策必须在特殊情况下重新融入，特别是当利率处于或接近零下限、经济处于流动性陷阱时。我们稍后将看到，财政政策的适当作用在 2008 年之后成为一个巨大的争论点。

问题 5　货币政策应该相机抉择吗?

古典宏观经济学家认为，货币政策不应该被用于治理经济衰退；凯恩斯主义经济学家并不反对相机抉择的货币政策，但是他们怀疑政策的效果。货币主义者认为相机抉择的货币政策弊多利少。到今天对此仍然争论多多。目前，在大缓和共识下，大部分宏观经济学家就如下观点达成了共识：

- 货币政策在稳定经济的政策中发挥着主要作用。
- 为了避免发生政治商业周期，中央银行应该是独立的，从而免受政治压力的干扰。
- 相机抉择的财政政策应该节制，因为既存在政策时滞，也存在发生政治商业周期的风险。

但是，大缓和被非常难解决的问题所颠覆，这些问题在本书出版时仍然在被讨论。我们现在将检视发生了什么，以及为什么辩论如此激烈。

□ 33.5.1　危机与后果

大衰退打破了宏观经济学家认为他们已经进入了对关键政策问题达成永久性共识的时代。然而，鉴于衰退的本质，这没有什么大惊小怪。为什么？因为衰退的严重性说明，在大缓和期间有效的政策看起来是不够的。

在大缓和共识下，人们普遍认为稳定经济的工作最好是通过美联储及其他国家的对应机构在经济形势允许的情况下提高或降低利率。但是，如果经济深度衰退，但美联储控制的利率已经接近零，并且不会再降低（也就是说，当经济处于流动性陷阱中），这时应该怎么办？一些经济学家呼吁积极使用相机抉择的财政政策或非常规的货币政策（尽管利率已经到达零下限）可能实现预想结果。其他人强烈反对这些措施，他们认为这将是无效的，或者它们会产生不期望看到的副作用。

关于财政政策的争论 2009年，包括美国在内的一些国家的政府采取了扩张性财政政策或“刺激措施”，通常采取临时性开支措施和暂时减税措施的组合形式。然而，从一开始这些努力就存在很大争议。

财政刺激的支持者提出了三个主要论据，打破了反对相机抉择的财政政策的通常假设：

1. 他们认为需要相机抉择的财政扩张政策，因为稳定经济的通常工具货币政策由于利率接近于零而现在不能再使用。

2. 他们认为对扩张性财政政策通常关注的是赤字支出将提高利率，挤出私人投资支出，在经济萧条的情况下这不太可能成为问题。而且，因为利率接近于零，只要经济衰退，利率会保持这一水平。

3. 最后，如果经济衰退的时间延长，他们认为关于相机抉择的财政政策的另一个问题——可能需要很长时间才能发挥作用——并不像通常那样让人担心。

这些论点在2009年年初普遍占了上风。然而，反对财政刺激者提出了两种主要的反对意见：

1. 他们认为家户和公司将把政府支出的任何增加看作在未来税收负担可能增加的信号，这会导致私人支出下降，抵消任何积极的政策影响。（这是我们在第28章学过的李嘉图等价理论。）

2. 他们还警告说，开支计划可能会动摇投资者对政府偿还债务能力的信心，尽管推行的是宽松的货币政策，但也导致了长期利率上升。

事实上，到2010年，一些经济学家认为，刺激经济的最佳方式实际上是削减政府支出，他们认为这将增加私人部门的信心，导致产出和就业增加。这个概念通常被称为扩张性紧缩，在欧洲特别受欢迎。它得到了欧洲中央银行官员的支持，并成为英国卡梅伦政府的官方政策，该政府于2010年春天就职。

正如经济学中的重大争议常常出现的情况一样，财政政策的争论已经持续了多年，一些批评财政政策的人仍然在这本书出版时保持自己的立场。然而，公平地说，在经济学家中，凯恩斯主义财政政策的观点的影响或多或少占据上风。国际货币基金组织和其他国家的详细的统计研究表明，从历史上看，紧缩政策之后伴随的是收缩而非扩张。最近的经验表明，像西班牙和希腊等被迫采取严重紧缩政策的国家也经历了严重的衰退，似乎证实了这种观察。

此外，很明显，预测美国利率由于预算赤字而急剧上升，进而导致常规挤出的现象并不正确：尽管有非常大的政府赤字，美国长期利率甚至在2009—2012年期间仍然接近创纪录的低点。

关于货币政策的争论 我们知道，一家想要提高总需求的中央银行通常会通过购买短期政府债务推动短期利率下降，导致支出上升。然而，到2008年秋季，这种常规的货币政策形式已经达到了极限，因为相关利率接近于零。因此，问题就变为美联储和其他国家中央银行是否还有其他政策可做。

在2008—2009年和2010年秋季，美联储采取了一种称为量化宽松的替代方法，其中包括购买短期政府债务以外的资产，特别是长期债务，其利率仍然远高于零。例如，2010年11月，美联储开始在通常被称为“QE2”（量化宽松2）的计划中购买价值6 000亿美元的美国长期债务。这样做的想法是降低长期利率，对私人支出这比短期利率更重要。2011年9月，美联储宣布了另一项计划，即出售利率已经接近零的短期资产并购买长期资产。

量化宽松的政策是有争议的，面临来自那些认为美联储做得太多的人和那些认为它做得太少的人的批评。那些认为美联储做得太多的人担心未来可能导致通货膨胀；他们认为，随着经济的复苏，美联储将发现其非常规措施难以扭转局面，最终结果将是一个过度扩张的货币政策。量化宽松的反对者并不回避表达他们的意见：2010年10月，保守经济学家和主要投资者发出了一封公开信，呼吁本·伯南克停止该项政策，他们警告说，该项政策可能导致美元“贬值”。

另一方面的批评者认为，美联储的行动可能是无效的：他们认为长期利率主要反映对未来短期利率的预期，即使是美联储大量购买长期债券，其影响也很有限。

许多人呼吁美联储采取更加积极的政策，主张美联储提高官方通货膨胀率目标。回想第23章和第25章，名义利率（通常引用的数字）与实际利率（名义利率减去预期通货膨胀率）之间的区别，这对投资决策有重要影响。提高通货膨胀率目标的倡导者认为，通过承诺提高价格水平，比如在未来10年的年平均上涨率为 3%或 4%，美联储可能推动实际利率下降，即使名义利率相对于零下限已经上升了。

然而，这种建议导致了激烈的争论。一些经济学家指出，美联储已经努力推动通货膨胀预期下降，并认为改变政策方向会削弱来之不易的信誉。其他人则认为，鉴于高失业率对经济体和个人造成的巨大伤害，现在是采取特别措施的时候了，不能再优先考虑治理通货膨胀了。在撰写本书时，这些争论仍很激烈，关于宏观经济政策的新的共识似乎在不久的将来会出现。

▶ 真实世界中的经济学

幸运的拉特

布鲁金斯学会设在华盛顿特区，是最有影响力的美国智库之一，尤其是针对经济问题。特别是，该学会一年两次的经济活动研讨会，其中顶尖学者会到会研讨当前关注的问题，可以说这是经济政策争论的最重要的论坛。通常讨论的问题是大的主题：通货膨胀，失业，金融稳定。然而，2013 年秋季，整届会议专门讨论拉脱维亚的经济，拉脱维亚是波罗的海东岸的一个小国。

甚至一些小组成员也很困惑，不理解为什么布鲁金斯学会把这么多时间投入到一个人口比布鲁克林还少，仅有 200 万人的国家。然而，在关于财政政策的争论中，拉脱维亚具有极大的意义，因为它被广泛地作为成功实施紧缩的一个例子。该国已成为一个试金石，国际货币基金组织的首席经济学家，世界上最具影响力的宏观经济学家之一奥利维尔·布兰查德（Olivier Blanchard）是拉脱维亚文件的主要起草者。

图 33-6 所示为拉脱维亚自 2005 年以来实际 GDP 的变化情况，该图有助于解释为什么该国被列为紧缩政策的成功案例，以及为什么该国成功的程度会成为争论的主题。在危机爆发之前的几年里，拉脱维亚经历了大量资本流入推动的经济快速增长。但当这些流入逐渐枯竭时，该国经历了严重的衰退——可与美国大萧条时期相媲美。许多人认为这可与 2001 年阿根廷的危机相提并论，并预期拉脱维亚遵循类似的路径，拉特（拉脱维亚的货币单位）贬值，并可能对债务违约。然而，相反，拉脱维亚政府保持拉特与欧元的固定兑换率，并在 2014 年采用欧元本身。同时，该国大幅削减开支，以提高信心。如图 33-6 所示，拉脱维亚的经济最终开始从衰退中恢复，支持紧缩政策的人声称这证明了这一政策的正确性。然而，批评者指出，直到 2014 年，该国产出仍低于危机前的水平。

那么拉脱维亚支持哪种政策呢？可能都不支持。正如本章的作者以及布兰查德所指出的，拉脱维亚是一个相对贫穷的国家——欧元区最贫穷的国家，随着技术上与欧洲其他国家的接触，它能够迅速增长。因此，它的经验可能不会告诉我们很多关于其他国家面临的选择。但是，一个非常小的、非典型的国家受到了极大的关注，这表明了宏观经济辩论的激烈程度。

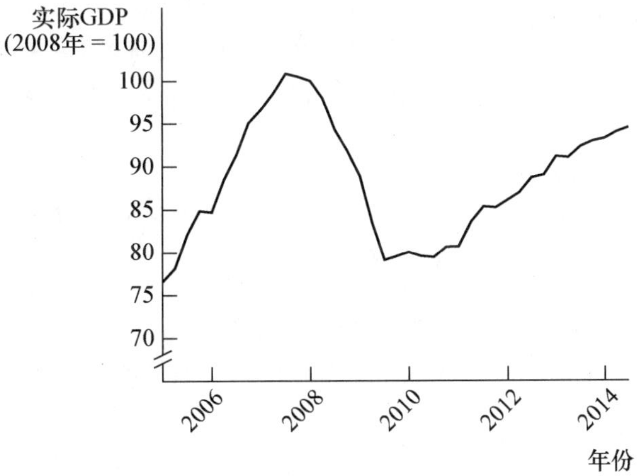

图 33-6　2005—2014 年拉脱维亚实际 GDP

资料来源：Central Statistical Bureau of Latvia.

第33章　宏观经济学：事件与思想

及时复习

● 大缓和时期是1985—2007年经济相对运行平静的时期，形成了大缓和共识。

● 根据大缓和共识：货币政策应是主要的稳定工具；为避免政治商业周期，中央银行应该独立，不应使用财政政策，除非在特殊情况下，例如流动性陷阱；而自然失业率限制了积极的宏观经济政策能够降低失业率的作用。

● 大缓和共识遭到了大衰退的严重挑战。鉴于货币政策在流动性陷阱中的无效性，积极的财政政策得以恢复。美国财政刺激措施未能使失业率大幅下降引起了激烈争论。批评者认为这是财政政策不奏效的证据，支持者反驳说，这是因为刺激的规模太小。然而，挤出没有像批评者所警告的那样出现。

● 货币政策在大衰退之后也引起了极大的争议，因为美联储采取了量化宽松政策和其他非常规政策。批评者声称美联储做得太多或太少，而一些人则主张采用更高的通货膨胀率目标来推动实际利率下降。

小测验 33-5

1. 为什么大缓和会导致对大缓和共识认同的减少？尽管如此，为什么预测新的共识还不会出现？

小结

1. 古典宏观经济学家宣称货币政策只影响总体价格水平而不影响总产出水平，所以短期并不重要。到了20世纪30年代，如何度量商业周期取得了很大的进步，但是仍然没有被广泛接受的解释商业周期的理论。

2. 凯恩斯主义经济学把商业周期的发生归因于总需求曲线的移动，经常被提及的理由是企业信心的变化。凯恩斯主义经济学为积极的宏观经济政策提供了证明。

3. 在凯恩斯著作出版几十年之后，经济学家们逐渐同意在一定条件下货币政策和财政政策有效的观点。货币主义被称为货币政策规则，以区别于相机抉择的货币政策，认为如果货币供给增长是稳定的，那么GDP的增长也将是稳定的，该学说的影响盛极一时，但最终被许多宏观经济学家放弃。

4. 自然率假说已经被广泛接受，自然失业率使宏观经济政策的作用只局限于稳定经济而不是试图保持长久的低失业率。由于担心政治商业周期，大家认同货币政策应该独立于政治的观点。

5. 理性预期理论认为个人和企业使用所有可用信息做出决定。根据经济理性预期模型，只有意想不到的货币政策变化才影响总产出和就业；预期的变化只会改变价格水平。真实商业周期理论认为，全要素生产率增长率的变化是商业周期形成的主要原因。新古典宏观经济学的上述两种理论引起了广泛的关注和追捧，但是政策制定者和许多经济学家并不同意货币政策和财政政策在影响总产出方面无所作为的结论。

6. 新凯恩斯主义经济学认为市场不完全竞争可导致价格黏性，因此总需求的变化影响总产出。

7. 1985—2007年的大缓和产生了大缓和共识：认为货币政策是实现稳定的主要工具；对使用财政政策持怀疑态度，除非在特殊情况下，例如流动性陷阱；承认自然失业率和政治商业周期施加的政策限制。但是，2008年后的危机事件对大缓和共识提出了挑战。因为货币政策在流动性陷阱中失去了有效性，因此许多人提倡使用财政政策来解决严重衰退问题。

8. 2009年，包括美国在内的一些国家政府在面临流动性陷阱的情况下，利用财政刺激措施支持深度衰退的经济体。财政政策的使用仍然存在激烈争论。在美国，它没有大幅度减少失业，批评家援引这一结果证明其总体上无效，而支持者认为刺激的规模太小。然而，它的批评者预测的挤出现象没有发生。

9. 随着美联储采取量化宽松政策和其他非常规货币政策来解决流动性陷阱，货币政策在大衰退之后也引起了热烈争论。批评者声称，美联储做得太多，牺牲了它对抗通货膨胀的信誉。其他批评者认为美联储做得太少，还有人声称美联储的行动没有什么影响。一些人建议美联储采取更高的通货膨胀率目标来推动实际利率下降。

关键词

凯恩斯主义经济学	积极的宏观经济政策	货币主义	相机抉择的货币政策
货币政策规则	货币流通速度	自然率假说	政治商业周期

新古典宏观经济学　　理性预期　　理性预期经济模型　　新凯恩斯主义经济学
真实商业周期理论　　大缓和　　大缓和共识

练习题

1. 在1989年股票市场崩溃后，日本经济增长出现停滞和某种程度的通货紧缩。下表是经济合作与发展组织发表的日本1991年（作为正常年份）和1995—2003年的一些重要宏观经济数据。

a. 从这些数据中，确定日本的政策制定者为了推动经济增长在这一时期采取的政策类型。

b. 我们可以考虑短期利率小于0.1%，接近于零的利率，这种情形被称为什么？这对货币政策的有效性意味着什么？对财政政策呢？

年份	实际GDP年增长率（%）	短期利率（%）	政府债务占GDP的比率（%）	政府预算赤字占GDP的比率（%）
1991	3.4	7.38	64.8	−1.81
1995	1.9	1.23	87.1	4.71
1996	3.4	0.59	93.9	5.07
1997	1.9	0.6	100.3	3.79
1998	−1.1	0.72	112.2	5.51
1999	0.1	0.25	125.7	7.23
2000	2.8	0.25	134.1	7.48
2001	0.4	0.12	142.3	6.13
2002	−0.3	0.06	149.3	7.88
2003	2.5	0.04	157.5	7.67

2. 国家经济研究局保存有以往美国商业周期的官方数据资料。请访问该机构的网址（http://www.nber.org/cycles/cyclesmain.html），回答下述问题：

a. 1945年第二次世界大战结束后，美国经历过多少次商业周期？

b. 从一个扩张期结束到下一个扩张期，商业周期平均持续的时间有多长？也就是说，1945—2001年，商业周期平均持续的时间有多长？

c. 国家经济研究局商业周期记录委员会最新的公告是什么？

3. 1989年苏联解体后，美国国防支出的大幅削减在一定程度上缓解了美国20世纪90年代后期经济强劲增长所面临的通货膨胀压力。下表来自《总统经济报告》，为图33-3中引用的1990—2000年的数据。给定美国在20世纪90年代后半期经济强劲增长，为什么凯恩斯主义者认为在该阶段削减国防开支是一件幸事？

年份	实际GDP年增长率（%）	短期利率（%）
1990	3.9	5.6
1991	4.5	6.8
1992	4.7	7.5
1993	3.9	6.9
1994	2.9	6.1
1995	2.2	5.6
1996	1.4	5.4
1997	0.3	4.9
1998	−0.8	4.5
1999	−1.4	4.2
2000	−2.4	4.0

4. 在现代国家中，中央银行可以自由决定增加或减少货币供给。然而，一些人念念不忘金本位时期的“昔日好时光”。在金本位条件下，只有当可获得的黄金数量增加时，货币供给才能增加。

a. 在金本位条件下，当经济扩张时，如果货币流通速度是稳定的，为了保持价格稳定，应该如何操作？

b 为什么现代宏观经济学家认为金本位是一种糟糕的想法？

5. 本章提到肯尼思·罗戈夫称尼克松为“政治商业周期划时代的英雄”。采用下面《总统经济报告》中的数据来解释为什么这一称号对尼克松名副其实。（注：尼克松在 1969 年 1 月继任总统，1972 年 11 月再度当选，1974 年 8 月辞职下台。）

年份	政府收入（10 亿美元）	政府支出（10 亿美元）	政府预算余额（10 亿美元）	M1 增长率（%）	M2 增长率（%）	3 个月期财政债券利率（%）
1969	186.9	183.6	3.2	3.3	3.7	6.68
1970	192.8	195.6	−2.8	5.1	6.6	6.46
1971	187.1	210.2	−23.0	6.5	13.4	4.35
1972	207.3	230.7	−23.4	9.2	13.0	4.07
1973	230.8	245.7	−14.9	5.5	6.6	7.04

6. 阿尔巴尼亚的经济存在衰退缺口，该国领导人把该国各学派——古典学派、凯恩斯主义、货币主义以及大缓和共识派——最好的经济学家召集在一起征求对宏观经济的看法。请解释各派经济学家将提出什么样的政策建议并解释为什么。

7. 指出如下各项建议分别适用于宏观经济学学派中的哪一派：古典学派、凯恩斯主义、货币主义和大缓和共识派。

a. 因为实际 GDP 的长期增长率为 2%，所以货币供给增长率也应该为 2%。

b. 为了减轻通货膨胀压力，政府必须削减开支。

c. 为了缩小紧缩缺口，应该增加货币供给。

d. 预算应该一直保持平衡。

e. 当存在衰退缺口时，应该降低预算赤字占 GDP 的比率。

8. 根据图 33－4 解释货币主义者为什么认为在货币供给不变的情况下，紧缩的财政政策不会导致实际 GDP 下降。请解释。

在线回答问题

9. 货币主义者认为，一个国家一段时间内的货币流通速度是稳定的。然而，由于金融创新，1980 年后，货币流通速度开始变得不稳定。正如预期的那样，不同国家的货币流通速度因各自金融系统的复杂程度而各不相同——在金融系统发达的国家，货币流通速度往往更高。下表列出了 2013 年 6 个国家的货币供给量和 GDP 的信息。

国家	货币名称	M1（10 亿本国货币）	名义 GDP（10 亿本国货币）
埃及	埃及镑	431	1 753
韩国	韩元	515 643	1 428 294
泰国	泰铢	1 608	11 898
美国	美元	2 832	16 800
肯尼亚	肯尼亚镑	967	3 797
印度	印度卢比	19 118	113 550

a. 计算每个国家的货币流通速度。下表所示为每个国家用 2013 年美元计算的人均国内生产总值。

国家	人均名义 GDP（美元）
埃及	3 225
韩国	24 328

续前表

国家	人均名义 GDP（美元）
泰国	5 674
美国	53 101
肯尼亚	1 016
印度	1 504

b. 按人均收入和货币流通速度递减的顺序排列各个国家。是富国还是穷国每年更愿意“转手”它们的货币？你认为富国有更复杂的金融系统吗？

第 34 章

开放经济宏观经济学

本章将学习

- 国际收支的含义。
- 国际资本流动的决定因素。
- 外汇市场及汇率的作用。
- 实际汇率的重要性及其对经常账户的影响。
- 导致一国选择不同汇率制度如固定汇率制还是浮动汇率制的因素。
- 在浮动汇率制下，为什么经济开放会影响一国的宏观经济政策。

开篇案例

瑞士不想要你的钱

假定瑞士银行提供低利率，在瑞士银行存钱无法获得丰厚的利润。最近，事实上，瑞士银行已经对存款支付了负利息，对客户提供存款服务收费。

但是，对几代人来说，瑞士银行账户被认为是一种致富的方式，一个存储人们财富的安全地方。在2008年金融危机之后的艰难岁月中，瑞士的安全声誉变得尤为重要。尤其是欧洲的许多投资者把钱投入瑞士。

瑞士人对此感到憎恶——外国资金流入的结果是瑞士法郎的价值激增，给瑞士出口造成严重伤害。2008年年初，1瑞士法郎可兑换约0.6欧元。到2011年年中，1瑞士法郎可兑换大约0.9欧元，升值了50%。这意味着瑞士的出口，在其他方面相同的情况下，相对于欧洲其他竞争对手，劳动力成本上升了50%。由于瑞士产品的质量声誉好，多年来瑞士在世界市场推销自己的产品一直非常成功，尽管其劳动力成本高。没有人会想到对瑞士手表或瑞士巧克力讨价还价。但瑞士法郎升值50%将瑞士出口推到了临界点。

那么该做什么呢？从2009年年初开始，瑞士国家银行（相当于瑞士的美联储）开始在外汇市场上卖出瑞士法郎，试图压低瑞士法郎的价值。该行卖出瑞士法郎后收到其他国家的货币，主要是美元和欧元，作为增加的外汇储备。我们说卖出很多瑞士法郎的意思是在两年半的时间里，该银行外汇储备增加了1 800亿美元，相当于瑞士国内生产总值的三分之一，相当于美国出售了5万亿美元。

然而，这还不足以阻止瑞士法郎的升值。2011年9月，由于瑞士法郎的价值等于1欧元甚至更高，瑞士国家银行宣布，它将不惜一切代价——卖出无限量的瑞士法郎，保持瑞士法郎低于最高每瑞士法郎0.833欧元的标准（即每欧元 1.2 瑞士法郎，这是声明的目标）。该公告似乎终于阻止了瑞士法郎价值的上升，至少在开始阶段是这样。

瑞士国家银行所做的特别努力是我们迄今为止尚未强调的宏观经济学维度的重要性——现代国家经济是开放经济，一国要与世界上其他国家交易产品、服务和资产。开放经济宏观经济学是处理国家经济之间关系的宏观经济学的一个分支。正如瑞士的故事所表现的，与世界其他国家的经济交往可对国内经济产生深远的影响。在本章，我们将了解开放经济宏观经济学中的一些重要问题：一国国际收支的决定因素，影响汇率的因素，各国采用的不同形式的汇率政策，以及各国汇率之间的关系和宏观经济政策。

34.1 资本流动和国际收支

2013 年，居住在美国的人们向其他国家的居住者出售了价值约为 4.2 万亿美元的产品，同时购入了价值约 4.2 万亿美元的产品。什么产品？产品包罗万象，美国居民（包括在美国经营的公司）向其他国家的居民出售飞机、债券、小麦以及其他产品；同时，美国居民从其他国家的居民那里购入了汽车、股票、石油及其他产品。

我们怎样来记录这些交易呢？在第 22 章中，我们了解到经济学家通过国民收入与产出账户来记录一国国内的经济。而对于国际交易，经济学家将采用一组不同的，但又有所联系的数据，即国际收支账户进行记录。

□ 34.1.1 国际收支账户

一个国家的**国际收支账户**（balance of payments account）是该国与其他国家之间交易的概要。

> 一个国家的**国际收支账户**是该国与其他国家之间交易的概要。

要了解国际收支账户的基本思想，让我们考虑一个小型例子：不是一个国家，而是一个家庭农场。比如说，以下信息是在加利福尼亚州拥有一个小的朝鲜蓟农场的科斯塔一家去年的财务数据：

- 他们销售朝鲜蓟获得 10 万美元收入。
- 他们经营农场花费 7 万美元，包括购买新的农业机械，另外 4 万美元用于购买食物、支付水电费、更换磨损的汽车配件等。
- 他们自己的银行账户获得 500 美元的利息，但他们为抵押贷款支付了 10 000 美元的利息。
- 他们获得一笔 25 000 美元的新贷款，将用于改善农场，但他们没有立即使用所有的钱。所以他们把剩余的钱存在银行。

我们如何总结该年科斯塔一家的交易？一种方法是使用表 34－1，其中给出了现金收入的来源和现金支出的使用。表 34－1 中除表头外第 1 行列出产品和服务的买卖：销售朝鲜蓟；购买杂货、热油、新车等。第 2 行列出利息支付：科斯塔一家从他们的银行账户收到的利息，以及他们支付的抵押贷款利息。第 3 行列出贷款和存款：来自贷款的现金和存放在银行的现金。

表 34－1　　科斯塔一家的财务报表

	现金收入的来源	现金支出的使用	净额
产品和服务的买卖	销售朝鲜蓟获得 100 000 美元	农场运营与生活费共 110 000 美元	－10 000 美元
利息支付	银行账户获得利息收入 500 美元	抵押贷款利息 10 000 美元	－9 500 美元
贷款和存款	获得新贷款 25 000 美元	在银行存款 5 500 美元	＋19 500 美元
总计	125 500 美元	125 500 美元	0 美元

在每一行中，我们列出了这种交易的净现金流入。所以第 1 行的净额是－10 000 美元，因为科斯塔一家的支出比收入多了 10 000 美元。第 2 行的净额是－9 500 美元，是科斯塔一家在他们的银行账户上收到的利

息与他们抵押贷款利息之间的差额。第 3 行的净额是 19 500 美元：科斯塔一家获得 25 000 美元的新贷款，但只把 5 500 美元存放在银行。

最后一行列出了所有现金收入总额和所有现金支出总额。根据定义，这些金额是相等的：每一美元都有来源，每一美元都有用途。(如果科斯塔的钱藏在床垫下是什么用途呢？这将被视为另一种现金"用途"。)

一个国家的国际收支账户也是一张表格，总结了该国与世界其他国家在一年中的交易情况。这种方式非常类似于我们总结科斯塔年度财务收支的方式。

表 34-2 显示了 2013 年美国国际收支账户的简化版本。如果科斯塔一家的账户列出的是现金收入和支出，国家的国际收支账户列出的则是外国人的付款——美国全部的现金收入，以及对外国人的支付——美国全部的现金支出。

表 34-2　　2013 年美国国际收支账户

		外国人的付款（10 亿美元）	对外国人的支付（10 亿美元）	净额（10 亿美元）
1	产品和服务的销售与购买	2 280	2 756	−476
2	要素收入	780	580	199
3	经常转移	118	242	−124
	经常账户（1+2+3）			−400
4	资产销售和购买（金融账户）	1 018	−645	373
	金融账户			373
	错误与遗漏	—	—	−27

资料来源：Bureau of Labor Statistics.

表 34-2 中的第 1 行列出了 2013 年美国对外国人的销售额和美国从外国人那里购买的产品和服务的付款额。例如，第 1 行第 2 列（22 800 亿美元）中的数字包括了美国出口小麦的价值以及外国人在 2013 年向美国咨询公司支付的费用。第 1 行第 3 列的数量为 27 560 亿美元，包括美国进口石油的价值和美国公司向印度呼叫中心——经常回答你所打的"1-800"电话的机构——支付的费用。

第 2 行列出了 2013 年美国的要素收入——外国人向美国居民支付的使用美国人拥有所有权的生产要素的收入，以及美国人向外国人支付的使用外国人拥有所有权的生产要素的收入。要素收入主要包括投资收入，例如美国人从对海外贷款获得的利息，以及美国公司在海外经营获得的利润等，例如由美国迪士尼公司拥有的巴黎迪士尼乐园所获得的利润包括在第 2 行第 2 列的 7 800 亿美元中。日本汽车公司在美国经营的营业利润包括在第 2 行第 3 列所示的 5 800 亿美元中。要素收入还包括一些劳动力收入。例如，在迪拜建筑工地临时工作的美国工程师的工资被计入第 2 列中的 7 800 亿美元。

第 3 行显示了美国在 2013 年的国际经常转移——美国居民向其他国家居民捐送的金钱或者相反。第 3 行第 2 列的 1 180 亿美元包括在国外工作的美国熟练工人领取的报酬。第 3 列列出了国际经常转移的主要部分。这里的 2 420 亿美元主要是汇款，居住在美国的移民，例如在美国被雇用的数百万墨西哥出生的工人，寄往其原籍国家的汇款。当然，在国外的美国技术工人也寄很多钱回家。

该表的第 4 行包含 2013 年美国居民和外国人之间的资产销售和购买所产生的支付。例如，2013 年，中国食品公司双汇公司以 47 亿美元收购了美国最大的猪肉包装商史密斯菲尔德食品公司。向史密斯菲尔德食品公司的美国所有者支付的 47 亿美元包括在第 4 行第 2 列的 10 180 亿美元中。此外，在 2013 年，一些华尔街大公司购买了欧洲公共和企业债券。美国居民购买外国资产向外国人的支付被包括在第 4 行第 3 列的 −6 450 亿美元中。

在给出的表 34-2 中，我们将第 1、2 和 3 行分为一组，以便将它们与第 4 行区分开。这反映了两组交易如何影响未来的根本区别。当美国居民向外国人出售诸如小麦之类的产品时，这就是交易的结束。但是金融资产，如债券，则有所不同。我们知道，债券是未来支付利息和本金的承诺。因此，当美国居民向外国人出售债券时，该销售造成了负债：美国居民将来必须支付利息并偿还本金。国际收支账户区分产生负债的交易和不产生负债的交易。

经常账户的国际收支通常简称为**经常账户**，是产品和服务的国际收支再加上国际经常转移和要素收入净额。

不产生负债的交易被视为**经常账户的国际收支**（balance of payments on current account），通常简称为**经常账户**（current account）：产品和服务的国际收支再加上国际经常转移和要素收入净额。这对应于表 34－2 中的第 1、2 和 3 行。

表 34－2 中的第 1 行净额在 2013 年为－4 760 亿美元，这是经常账户中最重要的部分：**产品和服务的国际收支**（balance of payments on goods and services），它是一定时期出口价值与进口价值之间的差额。

产品和服务的国际收支是一定时期出口价值与进口价值之间的差额。

如果你阅读经济新闻报道，你可能会看到另一种指标——**商品贸易差额**（merchandise trade balance），有时简称为**贸易差额**（trade balance）。它仅指一个国家产品（不包括服务）进口与出口之间的差异。经济学家有时只是关注商品贸易差额，其实这是一个不完全的指标，因为国际服务贸易数据不如商品贸易数据那样准确，而且统计得也稍慢一些。

商品贸易差额，有时简称为**贸易差额**，是指一个国家产品（不包括服务）进口与出口之间的差异。

涉及出售或购买资产，因此确实会产生未来负债的交易被视为特定时期的**金融账户的国际收支**（balance of payments on financial account），通常简称为**金融账户**（financial account）。这对应于表 34－2 中的第 4 行，2013 年为 3 730 亿美元。（直到几年前，经济学家经常将金融账户称为资本项目，我们将使用现代术语，但也可能遇到原有的术语。）

金融账户的国际收支，简称为**金融账户**，是一定时期一个国家卖出资产和从外国购买资产的差额。

那么，该账户如何加总呢？表 34－2 的阴影行显示了加总值：2013 年美国经常账户和金融账户的加总情况。我们可以看出，2013 年美国出现了经常账户赤字：美国向外国人支付产品和服务的金额、要素收入和经常转移超过其收到的相关金额。同时，美国金融账户是盈余的：它卖给外国人的资产的价值大于从外国人那里购买的资产的价值。在 2013 年的官方数据中，美国经常账户赤字和金融账户盈余没有完全抵消：2013 年的金融账户盈余比经常账户赤字小了 270 亿美元。但这只是一个统计错误，反映了官方数据的不完善。（差额可能反映了官方数据遗漏了美国资产的国外购买。）

事实上，国际收支账户的基本规则是经常账户和金融账户的总和必须为零：

$$\text{经常账户}(CA)+\text{金融账户}(FA)=0$$

或者

$$CA=-FA \qquad (34-1)$$

为什么式（34－1）一定成立呢？在表 34－1 中我们已经看到了基本解释，它显示了科斯塔一家的账户：总的来说，现金收入必须等于现金支出。这同样适用于国际收支账户。在讨论国内宏观经济问题的时候我们已使用过循环流向图，图 34－1 是该图的一种变化，它有助于对问题的理解。图 34－1 表示的不是一国内部的货币流动，而是国家经济体之间的货币流动。

当美国出口产品和服务，或美国拥有的生产要素获得了报酬，或发生了向美国的经常转移，则货币将从其他国家流入美国。这些货币流（由内层下方的箭头表示）在美国国际收支平衡表的经常账户中表示为正值。当国外购买了美国的资产（以外层下方的箭头表示）时，货币流也会从其他国家流入美国，在美国国际收支平衡表的金融账户中表示为正值。

与此同时，当美国进口产品和服务，使用了外国所拥有的生产要素而支付报酬，或发生了向外国的经常转移，则货币将从美国流出到其他国家。这些由内层上方的箭头表示的货币流，在美国国际收支平衡表的经常账户中表示为负值。当美国购买了国外的资产，以外层上方的箭头表示，货币同样从美国流出到其他国家，这在美国国际收支平衡表的金融账户中用负值表示。像所有循环流向图一样，进出的流量是相等的。这意味着，流入美国的外层下方的箭头和内层下方的箭头的流量总和与流出美国的外层上方的箭头和内层上方的箭头的流量总和是相等的。换言之：

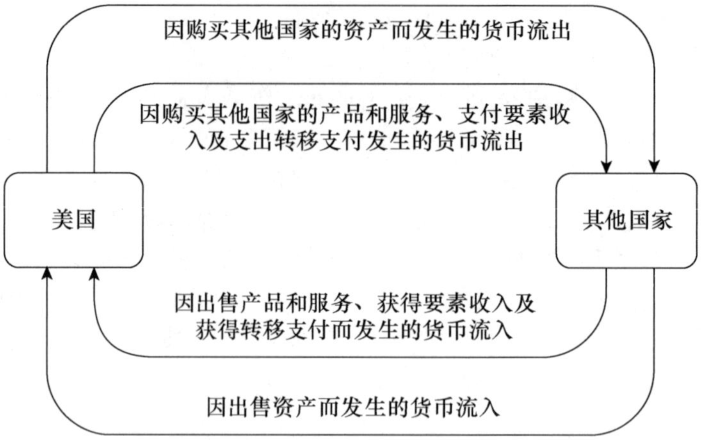

图 34-1　国际收支

内层箭头表示经常账户的支付，外层箭头表示金融账户的支付。因为流入美国的支付总额必须等于流出美国的支付总额，所以经常账户与金融账户的总和为零。

经常账户正的流量＋金融账户正的流量＝经常账户负的流量＋金融账户负的流量　　(34-2)

式（34-2）也可变形为下式：

经常账户正的流量－经常账户负的流量＋金融账户正的流量－金融账户负的流量＝0　　(34-3)

式（34-3）与式（34-1）相同：经常账户国际收支余额（正流量与负流量之差）与金融账户国际收支余额（也是正流量与负流量之差）的和等于零。

是什么决定了经常账户与金融账户的多少呢?

▶ **追根究底**

GDP、GNP与经常账户

在第 22 章中，我们讨论了国民收入核算，得到关于 GDP 与其构成部分的基本公式：

$$Y=C+I+G+X-IM$$

上式中，X 和 IM 分别表示产品和服务的出口和进口。然而，如前所述，产品和服务的收支余额仅仅是经常账户的一个组成部分。那么，为什么国民收入恒等式不包括完整的经常账户组成部分呢?

原因在于，衡量一国产品和服务总价值的国内生产总值（Y）并不包括经常账户的另外两个组成部分：国际要素收入和国际经常转移。也就是说，在英国的福特汽车公司的利润并不包含在美国的 GDP 之中，而拉美移民汇回故乡的资金也不会被排除在美国 GDP 的范围以外。

我们是否应该采用能包括以上收入来源的范围更广的指标来衡量总收入呢? 事实上，国民生产总值（GNP）就包括了国际要素收入。估计 GNP 的方法与估计 GDP 略有差异，因为估计 GNP 需要增加诸如美国在海外公司的利润这样的项目；排除诸如中国和日本居民持有美国债券所获得的利息这样的项目。但是目前还没有任何规范计算的指标可将经常转移包括在内。

为什么经济学家采用 GDP 而不是其他涵盖范围更广的指标来估计总收入呢? 原因有二：第一，国民收支账户产生最初的目的是用来反映生产的信息，而不是收入；第二，人们通常认为国际要素收入和经常转移的数据有些不可靠，估计的成分较多。因此，如果你试图反映经济发展的轨迹，集中于 GDP 是合理的，因为 GDP 不依赖于那些不可信的数据。

□ 34.1.2　金融账户的模型化

一个国家的金融账户记录该国向外国人销售资产的情况。然而，也可以采取另外的方法来看待金融账户：是度量资本流入的方法，可用于度量为国内投资融资的外国储蓄。

什么决定着资本流入？

部分解释还要稍后才能得出，因为有时政府和中央银行的行为与私人投资者存在很大的差别，所以有些由政府和中央银行主导的国际资本流动必须给予特别的考虑。现在将利用第 25 章建立的可贷资金模型对私人决策导致的资本流动的动因进行考察。在使用该模型时，我们做了两个重要的简化：

- 我们假设所有的资本流动都以贷款的形式存在，简化了国际资本流动的现实情况。在现实中，资本流动有多种形式，包括购买国外公司的股票和国外房地产，以及在国外建厂或获取生产性资产的对外直接投资。
- 我们还假设对于不同国家的货币的相对价值即“汇率”，不考虑其预期变化所产生的效应。本章将在后面分析汇率的决定。

图 34－2 回顾了封闭经济下的可贷资金模型。当可贷资金的供给曲线 S 与可贷资金的需求曲线 D 相交时，E 点即为均衡点，均衡利率为 4%。但是如果存在国际资本流动的可能，该图将发生变化，E 点也不再是均衡点。我们可通过图 34－3 来分析国际资本流动产生的原因和效应，该图分别显示了两个国家的可贷资金市场。

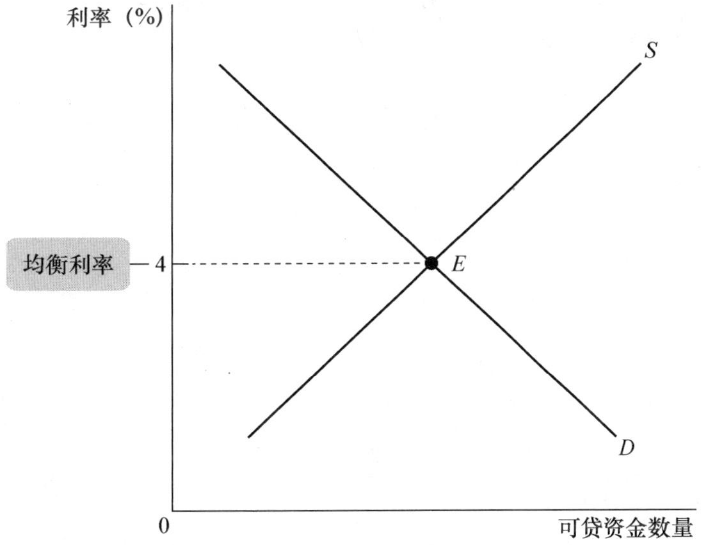

图 34－2　可贷资金模型回顾

根据利率的可贷资金模型，均衡利率由可贷资金的供给曲线 S 和需求曲线 D 的交点决定。在图 34－2 中为 E 点，均衡利率为 4%。

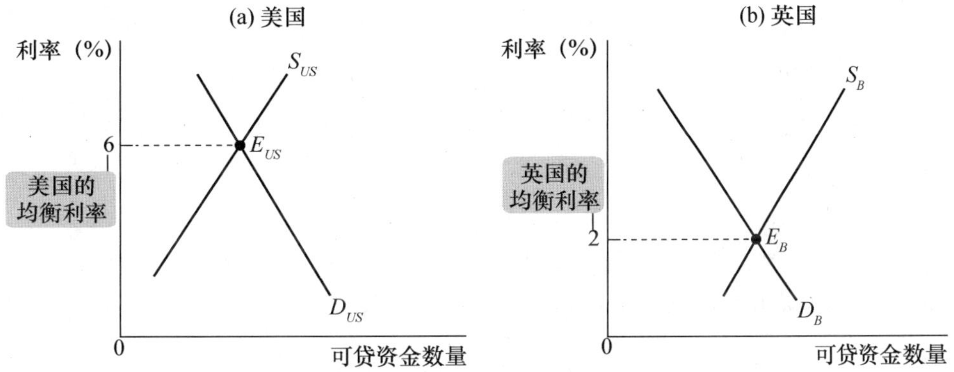

图 34－3　两个国家的可贷资金市场

图 34－3 表示的是美国和英国各自可贷资金市场均衡的情形。美国市场的均衡利率为 6%，而英国市场的均衡利率为 2%。这为资本从英国流向美国提供了动力。

在图 34-3 举例说明一个只包括两个国家即美国和英国的世界的模型。图 34-3（a）是美国的可贷资金市场，没有国际资本流动时的均衡点是 E_{US}，均衡利率为 6%。图 34-3（b）显示的是英国的可贷资金市场，没有国际资本流动时的均衡点是 E_B，均衡利率为 2%。

那么，美国和英国的真实利率会分别维持在 6%和 2%吗？若英国居民可以十分容易地贷款给美国，利率就不会维持在原来的均衡水平了。在这种情况下，受到美国高利率的吸引，英国的贷款者将其部分可贷资金提供给美国。而资金流入将增加美国借款者获得的可贷资金数量，推动美国的利率下降。同时，这使英国借款者获得的可贷资金数量减少，从而促使英国的利率上升。故而，国际资本流动将使英美两国的利率差距缩小。

让我们进一步假设，英国贷款者将把提供给美国人的贷款视同为向自己同胞贷款；而美国借款者也认为，向英国人举债并不比向美国人举债成本更高。在这种情况下，从英国向美国的资本流动将会源源不断，一直持续到两国之间的利率差消失为止。换言之，当两国居民认为国外资产与国内资产一样，国外债务与国内债务也一样时，国际资本流动将使两国的利率均等化。

图 34-4 表明，在美国和英国的均衡利率为 4%时，可贷资金市场实现国际均衡。在该利率水平上，美国借款者需要的可贷资金数量超过了美国贷款者提供的可贷资金数量。这一差额由资金的“进口”——从英国的资金流入来满足。同时，英国贷款者提供的可贷资金数量大于英国借款者需要的可贷资金数量。这一超额供给通过流出资本到美国而“出口”了。两国的资金市场在共同利率 4%上达到均衡，在该利率水平下，两个市场借款者的总需求等于两个市场贷款者的总供给。

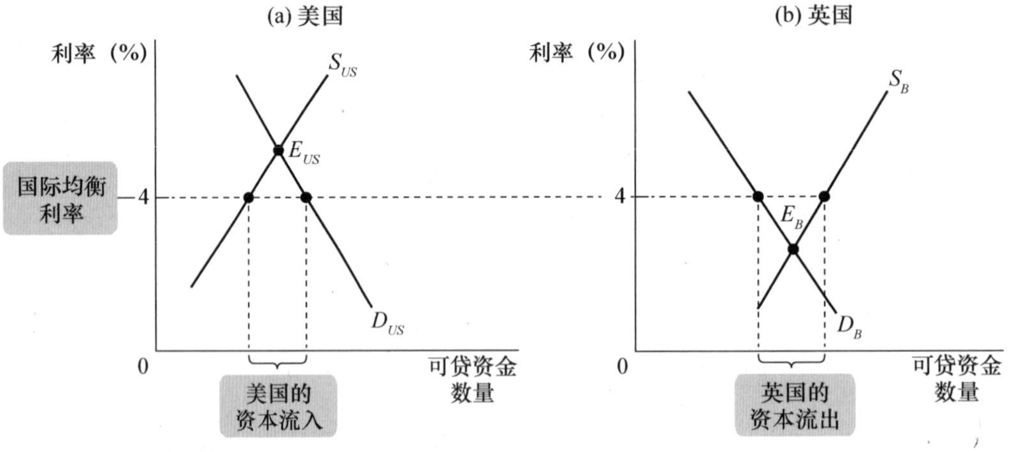

图 34-4　两国世界中的国际资本流动

英国贷款者向美国借款者提供资金，将促使两国的利率均等化，即都达到 4%。在该利率水平下，美国的借款超过贷款，该差额通过美国的资本流入来填补。同时，英国的贷款超过借款，该差额就是英国的对外资本流出。

简言之，资本的国际流动类似于产品和服务的国际流动。资本将从没有国际资本流动时价格较低的地方，流向没有国际资本流动时价格更高的地方。

▶ **国际比较**

巨额盈余

正如我们所知道的，美国通常在其经常账户中有巨额赤字。事实上，美国经常账户上的赤字是世界上最大的；其他国家赤字占 GDP 的比重更大，但是它们的经济规模更小，因此美国的赤字在绝对数量上要大得多。

然而，对整个世界而言，一些国家的赤字必须与其他国家的盈余相匹配。那么，抵消美国赤字的盈余国家有哪些？它们有什么共同点呢？

下页图为 2000—2013 年期间六个最大经常账户盈余的国家。中国位居榜首，这可能并不会令人惊讶。

日本和德国的经常账户盈余几乎出于同样的原因：两国都是富国，储蓄率高，有很多资金可进行投资。由于部分资金流出到国外，因此两国出现了金融账户赤字和经常账户盈余。

其他三个国家都是大型石油出口国。（你可能不会认为俄罗斯或挪威是“石油经济体”，但是俄罗斯的出口收入中石油出口占三分之二，挪威在北海拥有巨大的油田。）这些国家都在有意积累资产以帮助它们在石油用尽时维持支出。总而言之，盈余国家是一个多元化集团。如果你的世界地图中只有美国为赤字国，中国为盈余国，那你就错过了很多故事。

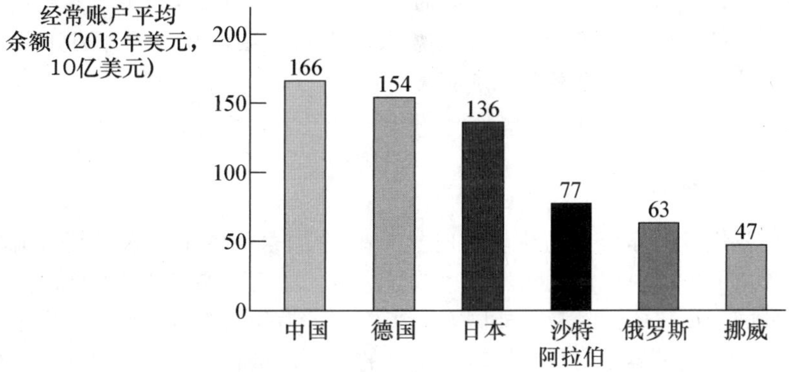

资料来源：IMF World Economic Outlook，2014.

□ 34.1.3 国际资本流动的基本决定因素

开放经济中的可贷资金模型可以帮助我们从资金的供需方面来理解国际资本流动。然而，各国资金供需差异的原因有什么不同吗？为什么当没有资本流动时，国际利率的差异会刺激国际资本流动？

各国对资金需求的差异反映了各国投资机会的差异。在其他条件相同的情况下，一个经济快速增长的国家往往比一个经济增长缓慢的国家能提供更多的投资机会。所以，相对于增长缓慢且没有资本流动的经济体，快速增长的经济体会给投资者带来更高的收益率，结果资金往往是从增长缓慢的经济体流向快速增长的经济体。

在“真实世界中的经济学”专栏中提到的经典例子充分显示出这一点，在1870—1914年，大量资金从英国流向美国等其他国家。随着人口的增长、西进运动以及工业化的发展，在那一阶段，美国经济飞速增长，对铁路及工厂等投资支出需求旺盛。与此同时，英国人口增长得没有像美国那么快，而且它已经实现了工业化，铁路系统也已经覆盖全国。因此，英国有大量储蓄剩余，其中的大部分被借给了美国和其他国家。

国家间资金供给的差异反映了各国储蓄的差异，而这也许是由于各国间差异很大的私人储蓄率造成的。比如，2014年，德国私人储蓄占GDP的比重为27%，但在美国这一数据只有17%。国家间资金供给的差异也可能反映各国政府储蓄不同。特别是政府预算赤字，它将会减少整个国家的储蓄，从而导致资本流入。

▶ 追根究底

全球储蓄过剩？

在21世纪的初期，美国经常账户出现巨额赤字，这意味着它成为世界其他地方（特别是中国，以及其他亚洲国家和中东国家）巨额资本流入的接受者。为什么会这样呢？

在2005年年初的一次有影响力的演讲中，本·伯南克——当时是美联储理事，不久后成为美联储主席——提出了一个假说：美国没有责任。他宣称：“美国经常账户逆差的主要原因在国境外。”具体来说，他认为一些特殊因素造成全球储蓄过剩，导致全球利率下降，从而导致美国投资支出超过储蓄。

是什么导致这种全球储蓄过剩呢？根据伯南克的说法，主要原因是1997年从泰国开始的一系列金融危机影响到亚洲的大部分地区，然后在1998年袭击俄罗斯，1999年袭击巴西，2002年袭击阿根廷。造成的担心和经济破坏导致一些相对贫穷国家的投资支出下降，储蓄增加。因此，许多曾经从像美国这样的发达国家流入资本的接受国，资本开始大量外流。在大多数情况下，资本流向美国，也许是因为"美国金融市场的深度和复杂性"使其成为一个有吸引力的目的地。

当伯南克发表演讲时，人们将其视为让人放心的观点：从基本面上看，他认为美国正在以明智的方式对世界金融市场上廉价货币的供给做出应对。然而，后来越来越明显，来自国外的便宜货币助长了房地产泡沫，这种泡沫在破灭时造成了严重的金融和经济损失。

□ 34.1.4 双向资本流动

可贷资金模型帮助我们了解净资本的流动方向——一个国家的资本流入量超过流出量，或者相反。当其他条件相同时，净流量的方向由国家之间的利率差异决定。然而，如表34-2所示，总流量在两个方向流动。例如，美国既向外国人出售资产，又向外国人购买资产。为什么资本在两个方向上流动？

该问题的答案是，在现实世界中，与我们刚刚学过的简单模型相反，除了寻求更高的利率外，国际资本流动还有其他动机。

个人投资者通常通过在一些国家购买股票来分散风险。当美国的股票表现不佳时，欧洲的股票正在上涨，反之亦然，因此欧洲的投资者试图通过购买一些美国股票来降低风险，而美国投资者试图通过购买一些欧洲股票来降低风险。结果是资本在两个方向上流动。

同时，企业经常参与国际投资作为其经营战略的一部分。例如，汽车公司发现，如果在当地组装一些汽车，它们可以在该国市场竞争中占有优势。这样的商业投资也可以导致双向资本流动，例如，欧洲汽车制造商在美国建立工厂，当然美国的计算机公司也在欧洲开办公司。

最后，包括美国在内的一些国家是国际银行业务的中心：来自世界各地的人们将资金存在美国金融机构，随后这些资金中有许多投向海外。

这些资本双向流动的结果是，现代经济体通常既是债务人（欠世界其他国家钱的国家）也是债权人（世界其他国家欠该国钱的国家）。由于双向资本流入和流出已有多年，截至2013年年底，美国累计持有的外国资产价值23.7万亿美元，外国人在美国累计持有的资产为29.1万亿美元。

▶ 真实世界中的经济学

资本流动的黄金年代

我们常说科技使世界变小了。飞机使世界上大多数城市间的行程缩短到几个小时，现代化的通信工具使信息可以迅速传达到全球任何地方。所以，你可能会认为现在的国际资本流动规模比以往更大了。

但是，如果以资本流动占世界储蓄和投资的比例来衡量其规模，上面的想法是错误的。资本流动的黄金年代其实是在第二次世界大战以前，也就是1870—1914年。

这些资本主要是从欧洲国家尤其是英国，流向被称为"新殖民区"的国家，这些国家吸引了大量的欧洲移民。其中，澳大利亚、阿根廷、加拿大和美国就是主要接受资本流入的国家。

大量的资本流动反映出投资机会的差异，英国作为一个成熟的工业化国家，其自然资源稀缺，且人口增长缓慢，相对来说，英国提供的新投资机会较少。但在那些新殖民区国家，人口增长很快，自然资源也十分丰富，能给投资者带来较高的收益率，资本也都流向那些国家。估计的数据显示，在那一时期，英国资本外流相当于其储蓄的40%，这些资本大多投资于铁路建造和其他大的项目上。当代还没有一个国家可以达到这一纪录。

我们为什么达不到前人所创下的纪录呢？虽然经济学家不能肯定，但他们还是提出了两个理由：移民限制和政治风险。

在资本流动的黄金年代，资本流动往往伴随着人口流动而发生：那些接受大量欧洲资本流入的地区，也是大量欧洲人迁移的目的地。在第一次世界大战前，大规模的人口流动是有可能的，因为那时还没有对移民的法律限制。然而今天却恰恰相反，移民受到了很大的法律上的限制，每一个想移民到美国和欧洲的人都可以告诉你这一点。

另一个变化了的因素就是政治风险。现代政府常常会限制外国投资，因为它们怕这会影响到民族自治。正是出于政治和安全的考虑，政府有时会控制外国人的财产，以阻止投资者将他们大部分的财产转移到国外。在19世纪，这一行为并不多见，部分原因在于一些主要的投资目的地是欧洲的殖民地；还有部分原因是在当时政府会动用军队和武力来维护其投资者的权益。

及时复习

- 国际收支账户记录了一国的国际交易，国际收支由经常账户的国际收支（经常账户）加上金融账户的国际收支（金融账户）组成。经常账户最重要的组成部分是产品和服务的国际收支，其本身包括商品贸易差额（贸易差额）。
- 由于收入的来源必须等于支出的使用，所以经常账户加上金融账户总和为零。
- 资本流动趋于平衡各国利率。各国可以经历双向资本流动，因为利率以外的因素也会影响投资者的决定。
- 资本流动反映了储蓄行为和投资机会方面的国际差异。

小测验 34-1

1. 以下事件会对国际收支账户产生怎样的影响？

a. 美国波音公司将一架新组装的飞机卖给中国。

b. 中国投资者从美国人那里购买了波音公司的股票。

c. 一家中国公司从美国航空公司购买了一架二手飞机并把它运回中国。

d. 一个在美国拥有财产的中国投资者与他人合伙购买一架飞机并把它留在美国，以便他可以环美旅游。

2. 你认为美国房地产泡沫崩溃和随后的衰退对国际资本流入美国有什么影响？

34.2 汇率的作用

我们已经知道储蓄的差异如何造成可贷资金供给的差异，投资支出差异如何造成可贷资金需求的差异，以及以上两种差异如何引起国际资本流动。同时我们也知道了一国经常账户国际收支余额与金融账户国际收支余额之和为零：一个国家有资本净流入，与之相匹配必然会出现经常账户赤字；一个国家有资本净流出，则肯定会出现经常账户盈余。

资本流入与流出这一金融账户的行为可以用国际可贷资金市场的均衡来描述；与此同时，作为经常账户主要组成部分的产品和服务的国际收支，是由国际市场上的产品和服务来决定的。所以，假设金融账户反映的是资本的移动，经常账户反映的是产品和服务的移动，那么是什么使得国际收支实现均衡的呢？换言之，是什么确保了两个项目的差额相互抵消？

毫不奇怪，价格使得两个账户均衡。具体来说，该价格是外汇市场中确定的汇率。

34.2.1 认识汇率

一般说来，一个国家的产品、服务以及资产应该用该国的货币支付。如美国生产的产品应该用美元支付，欧洲国家生产的产品应该用欧元支付，日本生产的产品应该用日元支付。偶尔，卖家也会接受外币付款，但它们会把获得的外汇兑换成本国货币。

于是，国际贸易要求有一个市场即**外汇市场**（foreign exchange market），使各国货币在其中可以相互兑换。这个市场决定了**汇率**（exchange rate），也就是货币之间交换的价格。（实际上，外汇市场并不是一个地理上的概念。确切一点说，外汇市场是一个全球性的电子市场，全世界的商人都通过它进行货币交易。）

各国货币在**外汇市场**上进行买卖。
货币之间交易的价格被称为**汇率**。

表34-3显示了美国东部时间2014年11月21日世界上最重要的三种货币之间的汇率。每个数字都表示纵向货币与横向货币的比价。例如，当欧元与美元的比价为0.807 2时，也就是0.807 2欧元能购买1美元。类似地，花1.238 8美元才能购买1欧元。这两个数字反映了欧元与美元之间的汇率：1/1.238 8＝0.807 2。

表34-3　　2014年11月21日汇率

	美元	日元	欧元
1美元兑换	1	117.76	0.807 2
1日元兑换	0.008 5	1	0.006 9
1欧元兑换	1.238 8	145.88	1

任何一种给定的汇率都有两种表示方法，例如1美元兑换0.807 2欧元，1欧元兑换1.238 8美元。这两种表示方法哪个是正确的呢？我们说并没有规定固定的表示方法。在大多数国家，人们习惯于用1美元等于多少本币的方法来表示汇率。然而，这个规则并不普遍，美元与欧元之间的汇率通常同时用这两种方法表示。重要的是，你要明确你采用的是哪种方式。参见“疑难解答”专栏。

在讨论汇率变化时，经济学家会用一些专门术语，以免造成混淆。经济学家称一种货币的价值相对于其他货币上升的现象为货币**升值**（appreciate），而一种货币的价值相对于其他货币下降的现象为货币**贬值**（depreciate）。举个例子，假设1欧元的价值从1美元上升到1.25美元，这也就意味着1美元的价值从1欧元跌落到0.8欧元（因为1/1.25＝0.8）。在这种情况下，我们说欧元升值，美元贬值。

一国货币相对于其他货币的价值上升称为货币**升值**。
一国货币相对于其他货币的价值下降称为货币**贬值**。

在其他条件不变的情况下，汇率走势将影响产品、服务及资本在他国的相对价格。举例来说，假设在美国一个旅馆房间价格为100美元，在法国一个旅馆房间价格为100欧元。如果它们之间的汇率是1欧元＝1美元，这些旅馆具有相同的价格；如果汇率为1.25欧元＝1美元，那么法国旅馆房间的价格比美国的价格便宜20%；但如果汇率是0.8欧元＝1美元，法国旅馆房间的价格就比美国的价格高出25%。

但汇率又是由什么决定的呢？它是由外汇市场的供给与需求决定的。

▶ **疑难解答**

到底哪种方式算上升？

如果有人说“美国的汇率上升了”，这个人说的是什么意思呢？

他并没有表达清楚。美元汇率有时候是用1美元等于多少单位外币来表示，有时候是用1单位外币等于多少美元来表示。所以上述说法既可以表示美元升值，也可以表示美元贬值。

当引用一些公布的统计数字时我们要特别小心。除美国之外，大多数国家的汇率采用的都是1美元等于多少本币的方法表示，例如墨西哥政府公布的汇率为10，是说1美元等于10比索。由于一些历史原因，英国经常用另一种方式表达自己的汇率。2014年11月21日，1美元等于0.636 2英镑，1英镑等于1.571 8美元。

美国一般追随其他国家的做法：我们通常说对墨西哥比索的汇率是1美元等于10比索，但对英国的汇率却是1英镑等于1.57美元。但这一规则并不可靠：对欧元的汇率经常用两种方法同时表示。所以在使用汇率时应事先检查一下是用哪种方式表示的，这很重要。

□ 34.2.2 均衡汇率

为了使问题简单化，我们设想世界上只有两种货币——美元及欧元。欧洲人欲购买美国产品、服务及在外汇市场上流通的美元，需要把欧元兑换成美元。也就是说，欧洲人需要从外汇市场上购买美元，并相应地提供欧元。美国人欲购买欧洲的产品、服务及资产，需要在外汇市场上把美元兑换成欧元。也就是说，美国人向外汇市场提供美元，并相应地从市场中购入欧元。（生产要素收支与国际转移也会对外汇市场造成影响，但为了使之简单，我们将忽略这些因素。）

图 34-5 说明了外汇市场是如何运行的。对应于任一欧元与美元的汇率水平，横轴表示美元的数量，纵轴表示欧元兑美元的汇率。这里汇率所起的作用与在普通产品或服务供给曲线和需求曲线中价格所起的作用是一样的。

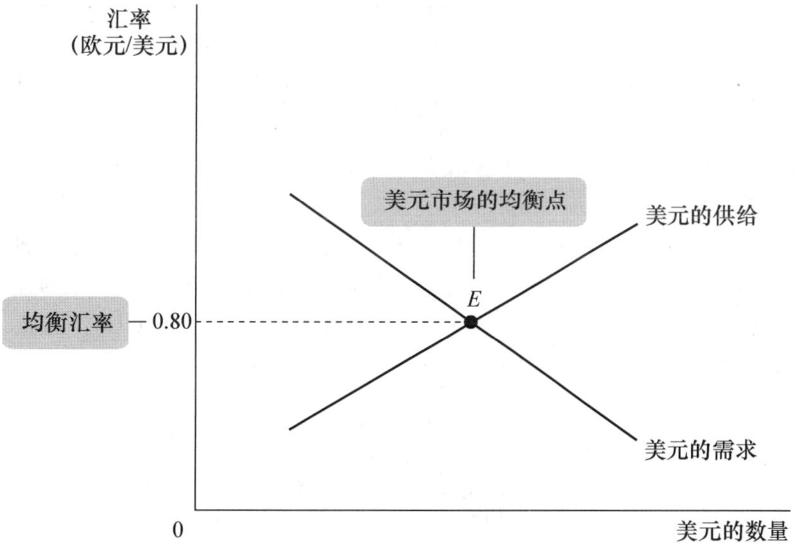

图 34-5 外汇市场

外国人想购买本国生产的产品、服务和资产而产生了对本国货币的需求，本国居民想购买外国生产的产品、服务和资产而产生了货币供给，外汇市场将这种需求和供给结合起来。图中显示，美元市场的均衡点在 E 点，相应的均衡汇率是 1 美元兑 0.80 欧元。

该图所示两条曲线分别是美元的需求曲线和供给曲线。理解这些曲线斜率的关键是汇率怎样影响进出口贸易。一国货币升值（价值上升）会导致出口减少，进口增加。一国货币贬值（价值下降）会导致出口增加，进口减少。

要理解对美元的需求曲线为什么向右下方倾斜，我们要知道，在其他条件不变的情况下，汇率决定着美国的产品、服务及资产相对于欧洲国家的产品、服务及资产的相对价格。

- 如果美元相对于欧元价值上升（升值），美国产品相较于欧洲产品就会变贵。因此，欧洲人就会减少对美国产品的购买，在外汇市场上对美元的需求也会降低。因为购买美国产品所需要的欧元增加了，所以对美元的需求就减少了。

- 如果美元相对于欧元价值下降（贬值），那么美国产品对欧洲人来说就变得便宜了，欧洲人就会购买更多的美国产品，在外汇市场上也会购买更多的美元：因为购买单位美元所需要的欧元数量减少了，于是对美元的需求会上升。

类似的一个论点解释了为什么图 34-5 中美元的供给曲线会向上倾斜：用于购买 1 美元所需要的欧元越多，美国人提供的美元数量就越多。原因还是汇率对相对价格的影响。如果美元相对于欧元价值上升，美国人就觉得欧洲产品比较便宜，于是就会需要更多的欧洲产品。这将促使美国人把更多的美元兑换成欧元。

> 外汇市场上一种货币的需求量等于供给量时的汇率为**均衡汇率**。

在外汇市场上美元需求量等于美元供给量时的汇率称为**均衡汇率**（equilibrium exchange rate）。在图 34-5 中，在 E 点达到均衡，均衡汇率是 0.80 欧元/美元。也就是说，当汇率达到 1 美元等于 0.80 欧元时，外汇市场上的美元供给量等于美元需求量。

用数字例子来表明在外汇市场上什么是均衡对于理解均衡汇率的重要性很有帮助，如表 34－4 所示。（这是一个假想表格，与真实数据并不相符。）第 1 行表示用欧元购买美元，不论是购买美国的产品和服务还是资产都可以。第 2 行表示美国人出售美元，用于购买欧洲的产品和服务或资产。在均衡汇率上，欧洲人想要购买的美元总量等于美国人想要出售的美元总量。

表 34－4　外汇市场的一个假想事例

欧洲人购买美元（万亿美元）	用于购买美国的产品和服务：1.0	用于购买美国资产：1.0	购买美元总量：2.0
美国人出售美元（万亿美元）	用于购买欧洲的产品和服务：1.5	用于购买欧洲资产：0.5	出售美元总量：2.0
	美国经常账户余额：－0.5	美国金融账户余额：0.5	

国际收支项目将国际交易分成两种类型：

（1）产品和服务的销售与购买记录在经常账户中。（这里我们还是不把经常转移和要素收入考虑在内，以使问题简单化。）

（2）资产的销售与购买记录在金融账户中。表 34－4 表示的是在均衡汇率上的情形：经常账户收支总额加上金融账户收支总额等于零。

现在我们简单地思考一下，美元需求的变化如何影响外汇市场均衡。假设出于某种原因，从欧洲流向美国的资本增加，比如说由于欧洲投资者的偏好变化，其影响如图 34－6 所示。欧洲的投资者将欧元兑换成美元去美国投资新项目，由此外汇市场的美元需求增加，需求曲线从 D_1 变到 D_2。因此，美元相对于欧元升值，在均衡时 1 美元兑换的欧元由 XR_1 上升到 XR_2。

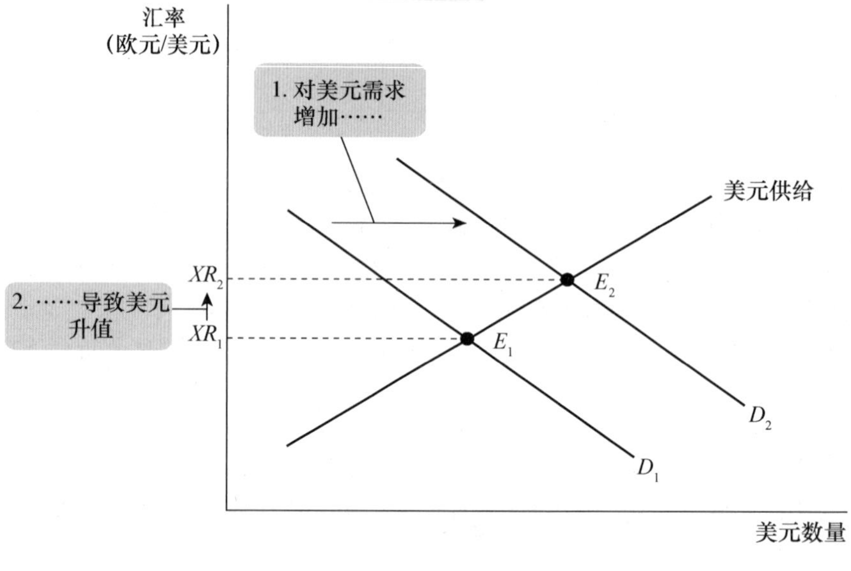

图 34－6　对美元的需求增加

对美元的需求增加可能是由于欧洲投资者偏好的变化。美元的需求曲线从 D_1 移动到 D_2，于是在均衡时单位美元可兑换欧元数量增加——美元升值了。其结果是，在金融账户国际收支余额增加的同时，经常账户国际收支余额减少。

这种资本流入的增长会对国际收支产生什么影响？外汇市场美元总供给仍然必须与美元总需求相等。因此，美国的资本流入增加——金融账户国际收支余额增加——一定要与经常账户国际收支余额减少相吻合。是什么使经常账户国际收支余额减少了？答案是美元的升值。1 美元兑换的欧元数额的增加导致美国人购买更多的欧洲产品和服务，并减少欧洲人对美国产品和服务的购买。

表 34－5 的假想事例说明了这一点如何实现。欧洲人购买了更多的美国资产，使金融账户国际收支余额从 0.5 上升到 1.0。对此形成抵消的是：欧洲人购买的美国产品和服务减少，美国人购买的欧洲产品和服务增加，两者作用的结果就是美元升值。所以，美国金融账户收支的变化会在经常账户上产生出数量相同但作

用方向相反的抵消力量。汇率的变动会确保金融账户和经常账户上的变化相互抵消。

表 34-5　资本流入增加产生影响的一个假想事例

欧洲人购买美元（万亿美元）	用于购买美国的产品和服务：0.75（减少 0.25）	用于购买美国资产：1.5（增加 0.5）	购买美元总量：2.25
美国人出售美元（万亿美元）	用于购买欧洲的产品和服务：1.75（增加 0.25）	用于购买欧洲资产：0.5（没有变化）	出售美元总量：2.25
	美国经常账户余额：－1.0（减少 0.5）	美国金融账户余额：1.0（增加 0.5）	

我们简单地做一个反向过程的分析。假设从欧洲流向美国的资本减少，可能是由于欧洲投资者偏好的变化，外汇市场上对美元的需求减少，美元贬值：在均衡水平上 1 美元兑换的欧元数量减少。这会导致美国人对欧洲产品的购买减少，而欧洲人购买的美国产品增加。结果是美国经常账户国际收支余额增加。所以，美国的资本流入减少会导致美元疲软，这反过来会促进美国的净出口增加。

□ 34.2.3　通货膨胀和实际汇率

1993 年 1 美元平均能兑换 3.1 比索。到了 2013 年比索兑美元的兑换水平比原先下降了 75%以上，1 美元平均能兑换 12.8 比索。那么，在 20 年中，相对于美国产品，墨西哥产品的价格是不是也便宜了许多呢？以美元计价的墨西哥产品的价格是不是也下跌了 75%呢？并非如此。因为在此期间墨西哥的通货膨胀率比美国高很多。实际上，在 1993—2013 年，尽管汇率变动很大，美国和墨西哥产品的相对价格变化甚微。

考虑到不同的通货膨胀率所带来的影响，经济学家计算了**实际汇率**（real exchange rate），也就是对国际总体价格水平差异调整后的汇率。假设我们使用的汇率是 1 美元可兑换的比索数量。我们分别用 P_{US} 和 P_{Mex} 来表示美国和墨西哥的总体价格水平。那么比索和美元的实际汇率为：

> **实际汇率**是根据国际总体价格水平差异调整后的汇率。

$$\text{实际汇率}=1\text{ 美元可兑换的比索数量}\times\frac{P_{US}}{P_{Mex}} \tag{34-4}$$

为了区别于实际汇率，没有根据国际总体价格水平差异调整的汇率被称为名义汇率。

为理解实际汇率和名义汇率之间的不同意义，我们来看以下例子。假设墨西哥比索对美元贬值了，汇率从 1 美元兑换 10 比索上升到 1 美元兑换 15 比索，变动了 50%。同时又假设墨西哥所有以比索计价的产品的价格也增长了 50%，使墨西哥总体价格水平从 100 上升到 150。同时假设美国的价格水平没有变化，美元总体价格水平保持在 100。那么初始的实际汇率为：

$$\text{贬值前 1 美元可兑换的比索数量}\times\frac{P_{US}}{P_{Mex}}=10\times\frac{100}{100}=10$$

在比索贬值，墨西哥的总体价格水平上升后，实际汇率为：

$$\text{贬值后 1 美元可兑换的比索数量}\times\frac{P_{US}}{P_{Mex}}=15\times\frac{100}{150}=10$$

在这一例子中，比索相对于美元大幅贬值，但比索和美元的实际汇率丝毫没有改变。由于比索兑美元的实际汇率没变，墨西哥向美国出口的产品和服务以及墨西哥从美国进口的产品和服务都没有受到任何影响。

想要知道其中原因，需要再思考一下旅馆房间的那个例子。假设起初一晚的房价为 1 000 比索，按 1 美元兑换 10 比索的汇率计即为 100 美元。当墨西哥物价和 1 美元兑换的比索数量都增加了 50%后，旅馆一晚的房价为 1 500 比索，但 1 500 比索根据 1 美元兑换 15 比索折合美元为 100 美元，所以墨西哥旅馆的价格还是 100 美元。因此，美国游客并不想改变赴墨西哥的计划。

对于所有进行贸易的产品和服务同样如此：经常账户只会随实际汇率而非名义汇率的变动而变动。只有当一国货币的实际价值出现贬值时，对于外国人来说该国的产品才变得便宜，同样只有当一国货币的实际价值出现升值时，对于外国人来说该国的产品才变贵了。所以，经济学家分析产品和服务出口、进口时看重的是实际汇率而非名义汇率。

图 34－7 表明了区别名义汇率和实际汇率的重要性。标有“名义汇率”的那条曲线表示 1993—2013 年购买 1 美元要花费的比索数额。如你所见，比索大幅贬值。但标有“实际汇率”的那条线表明的是实际汇率：用式（34－4）及墨西哥和美国的价格指数计算而得，假设 1993 年＝100。从真实价值来看，1994—1995 年比索出现贬值，但贬值幅度远没有名义汇率那么大。到期末，比索兑美元的实际汇率几乎回到了起初的水平。

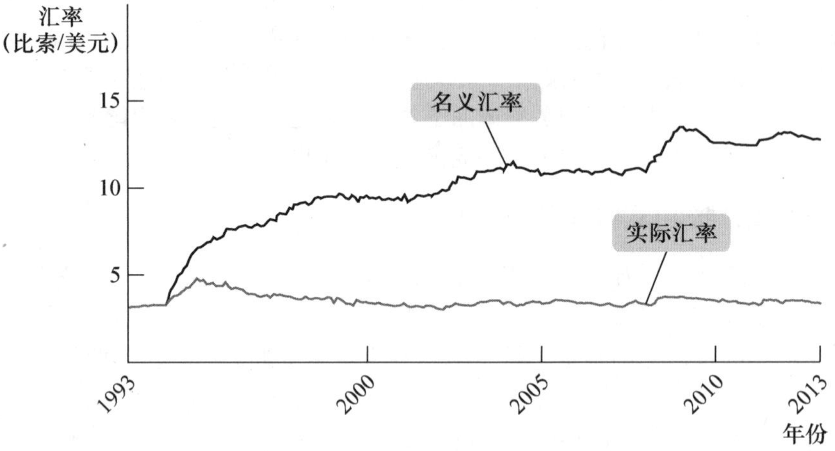

图 34－7　1993—2013 年实际汇率与名义汇率的比较

在 1993 年 11 月到 2013 年 12 月期间，以墨西哥比索表示的美元价格大幅上升。然而，因为墨西哥比美国的通货膨胀率更高，表示墨西哥产品和服务相对价格的实际汇率在期末的水平与期初大致保持一致。

资料来源：Federal Reserve Bank of St. Louis.

□ 34.2.4　购买力平价

> 两国货币的**购买力平价**是购买两个国家同样数量的由既定产品和服务组成的篮子所花费支出的名义汇率。

购买力平价（purchasing power parity）是分析汇率的一种有用工具，它与实际汇率的概念联系密切。两国间货币的购买力平价是购买两个国家同样数量的由既定产品和服务组成的篮子所花费支出的名义汇率。比如说，假设产品和服务篮子在美国要花费 100 美元，在墨西哥花费 1 000 比索。那么这里的购买力平价就是 1 美元兑 10 比索：在这样的汇率下，1 000 比索等于 100 美元，所以在两个国家该市场篮子花费的钱是一样的。

购买力平价的计算通常是通过估计各类市场篮子的价格来确定的，市场篮子包括许多产品和服务——从汽车、杂货到住房和电话。如“追根究底”专栏中所提到的，《经济学家》（*The Economist*）杂志每年都要刊登一张只是基于一种产品——一份麦当劳巨无霸汉堡包——的市场篮子购买价格的购买力平价表。

名义汇率几乎总是不同于购买力平价。有些差异是体制性的：总的来说，落后国家的价格水平要低于富裕国家，因为落后国家的服务价格相对便宜。但即使是在经济发展水平差不多的国家里，名义汇率也跟购买力平价相去甚远。图 34－8 显示了 1990—2013 年加拿大元和美元的名义汇率变化的情形，以 1 美元能兑换的加拿大元数额来计算，还给出了同期美国和加拿大货币购买力平价的估计值。

然而，从长期来看，购买力平价对于预测名义汇率的真实变化是相当不错的。特别是经济发展水平类似国家之间的名义汇率往往围绕会导致相同的市场篮子的成本的水平波动。事实上，2005 年 7 月，美国和加拿大之间的名义汇率是 1 美元兑 1.22 加拿大元——大约为购买力平价。到了 2013 年，加拿大的生活费再次高于美国。

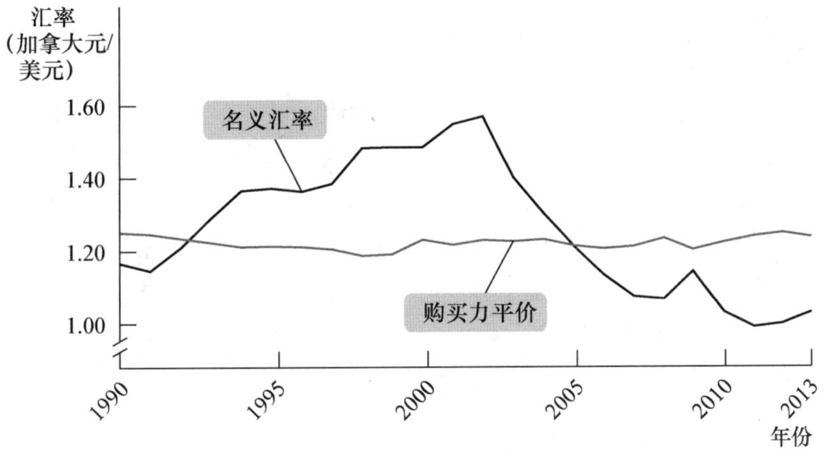

图 34-8　1990—2013 年购买力平价与名义汇率

美国与加拿大之间的购买力平价——购买同样数量的产品和服务的汇率——在整个时期变化很小，维持在 1 美元兑 1.2 加拿大元附近。但是名义汇率的波动幅度很大。

资料来源：OECD.

▶ 追根究底

汉堡包经济学

许多年来，英国《经济学家》杂志都将不同国家的某一特别消费项目的成本进行年度比较，这一项目全世界都能找到——一份麦当劳巨无霸汉堡包。该杂志先搜集巨无霸汉堡包的当地货币价格，然后计算出两个数字：一是按现行汇率计算出巨无霸汉堡包折算成美元的价格，二是使一份巨无霸汉堡包价格与美国价格相同时的汇率。

如果巨无霸汉堡包的购买力平价相同，那么每一个地方一份巨无霸汉堡包的美元价格都将会相同。如果从长期来看购买力平价是一个不错的理论，那么一个与美国价格相等的巨无霸汉堡包汇率将导引汇率水平最终回到那里。

表 34-6 所示为《经济学家》杂志估计的部分国家（地区）2014 年 6 月的结果，根据巨无霸汉堡包的美元价格进行升续排列。巨无霸汉堡包最便宜、货币低估最严重的国家是印度与中国，两国都是发展中国家。但不是所有的发展中国家的巨无霸汉堡包都是低价：巴西巨无霸汉堡包的价格转化为美元后远远高于美国。这反映了巴西货币雷亚尔近年来得到国际投资者青睐。

名单最下面的是瑞士，其价格比美国贵 75%。瑞士在 2011 年晚些时候采取了非常规的行动，努力使其货币贬值。

表 34-6　　购买力平价与巨无霸汉堡包价格

国家（地区）	巨无霸汉堡包价格		每一美元的当地货币价格	
	当地货币价格	美元价格	购买力平价	真实汇率
印度	105 卢比	1.75 美元	21.90 卢比	60.09 卢比
中国	16.9 元	2.73 美元	3.52 元	6.20 元
墨西哥	42 比索	3.25 美元	8.76 比索	12.93 比索
英国	2.89 英镑	4.93 美元	0.60 英镑	0.59 英镑
美国	4.80 美元	4.80 美元	1.00 美元	1.00 美元
日本	370 日元	3.64 美元	77.16 日元	101.53 日元
欧元区	3.68 欧元	4.95 美元	0.77 欧元	0.74 欧元
巴西	13 雷亚尔	5.86 美元	2.71 雷亚尔	2.22 雷亚尔
瑞士	6.16 瑞士法郎	6.83 美元	1.28 瑞士法郎	0.90 瑞士法郎

▶ **真实世界中的经济学**

低成本的美国

汇率是否对商业决策有影响？如何影响？考虑一下欧洲汽车制造商在2008年做了什么。艾奥瓦大学的一份报告总结的情形如下：

> 自20世纪90年代以来，豪车宝马和奔驰的德国汽车制造商一直在美国南部建厂。宝马公司在未来5年计划将在美国南卡罗来纳州的制造规模扩大50%。瑞典的沃尔沃正就在新墨西哥建厂进行谈判。意大利汽车制造商菲亚特公司的分析师确定该公司需要在北美建厂，以便从即将重新推出的阿尔法·罗密欧车型中获利。田纳西州最近与大众汽车公司达成协议，通过提供5.77亿美元的激励措施建立一家价值10亿美元的工厂。

为什么欧洲汽车制造商涌向美国？在一定程度上是因为它们获得了特殊激励，如田纳西州大众工厂的情形。但最重要的因素是汇率。在21世纪初，1欧元的价值平均不到1美元；到2008年夏天，汇率约为1欧元=1.50美元。这种汇率变化使得欧洲汽车制造商在美国生产的成本明显低于在本国，特别是如果汽车是为美国市场生产的情形。

汽车制造不是唯一受益于美元疲软的行业。2006年以后，美国出口大幅增长，而进口增长则出现下降。图34-9所示为美国贸易差额的情形，产品和服务的实际净出口指标，即出口减去进口，均以2009年美元计算。正如我们所见，经过长时间下滑后，这一余额在2006年后急剧上升。2009—2010年期间出现了温和的逆转，因为从2007—2009年衰退中逐渐复苏的经济拉动了更多进口。贸易差距仍在收窄之中。

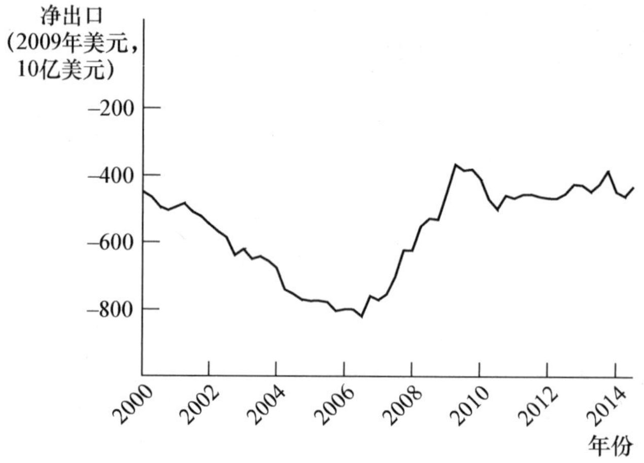

图34-9　2000—2014年美国的净出口

资料来源：Federal Reserve Bank of St. Louis.

及时复习

- 货币在外汇市场上交易，外汇市场决定汇率。
- 汇率有两种表示方法。为避免混淆，经济学家用货币升值或贬值表示变动。均衡汇率是外汇市场上的货币供给和需求正好相等时的汇率。
- 考虑到各国不同的价格水平，经济学家会计算实际汇率。经常账户只是对实际汇率而非名义汇率变化做出反应。
- 购买力平价是使两个国家市场篮子价格相等的汇率。名义汇率几乎总是不同于购买力平价，购买力平价是名义汇率真实变化最好的预测。

小测验34-2

1. 墨西哥发现了蕴藏丰富的石油储备，并开始向美国出口石油，说明这将如何影响以下各项：

a. 比索兑美元的名义汇率。

b. 墨西哥其他产品和服务的出口。

c. 墨西哥产品和服务的进口。

2. 某一产品和服务篮子在美国需花费 100 美元，在墨西哥要花费 800 比索，当前名义汇率为 1 美元兑 10 比索。在接下来的 5 年中，虽然名义汇率维持在 1 美元兑 10 比索，但该市场篮子所需花费在美国上涨到了 120 美元，在墨西哥上涨到了 1 200 比索。计算以下各项：

a. 若当前两国的价格指数均为 100，计算当前的名义汇率和 5 年后的名义汇率。

b. 计算当前的购买力平价和 5 年后的购买力平价。

34.3 汇率政策

像其他价格一样，名义汇率是由供给和需求决定的。但与小麦或石油的价格不同的是，汇率是一个国家的货币的价格（相对于另一个国家的货币）。货币并非由私人部门生产的产品或服务；它是一种资产，其数量是由政府政策决定的。因此，与普通产品的价格相比，政府对于名义汇率的影响力要大得多。

对许多国家来说，名义汇率是一种非常重要的价格：汇率决定着进口品的价格，也决定着出口品的价格；在出口和进口占国内生产总值比重较高的经济体中，汇率的变动对总产出和总体价格水平会产生很大的影响。那么政府怎样来影响这一重要的价格呢？

答案不是唯一的。在不同时期和不同地方，政府会采取不同的汇率制度。让我们来讨论一下这些制度，以及这些汇率制度如何被执行，政府如何选择其中的一种制度。（从现在开始当我们提及汇率时，指的都是名义汇率。）

34.3.1 汇率制度

汇率制度（exchange rate regime）是制定汇率政策的规则和依据。有两种主要的汇率制度。当政府把对其他货币的汇率维持在接近于某一目标水平时，该国采用的便是**固定汇率制**（fixed exchange rate）。相反，当政府允许汇率由市场决定时，则该国采取的是**浮动汇率制**（floating exchange rate）。英国、加拿大和美国就采用浮动汇率制。

固定汇率制和浮动汇率制并非仅有的制度。在不同时期，许多国家都采用了介于固定汇率制和浮动汇率制之间的政策，其中包括有些汇率在任一给定时间是固定的，但经常调整；有些汇率不固定，但政府却“管理”汇率，以避免其大幅波动；有些汇率在“目标区”浮动但从不超出区域范围。本书中我们还是集中介绍两种主要的汇率制度。

关于固定汇率制，需马上明确的问题是当汇率由供给和需求决定时，政府怎样来确定这种汇率？

> **汇率制度**是制定汇率政策的规则和依据。
> 当政府将与其他货币的汇率保持在或接近于某一目标水平时，该国采用的便是**固定汇率制**。
> 当政府允许汇率由市场主导时则该国采取的是**浮动汇率制**。

34.3.2 汇率怎样被固定

要理解一国怎样确定汇率，我们假设有一个叫做基诺维亚的国家，该国出于某种原因要固定其货币基诺的价位，确定为 1.5 美元。

一个明显的问题是 1.5 美元可能并非外汇市场的均衡汇率：均衡汇率也许会高于或低于目标汇率。图 34－10 所示为基诺的外汇市场，横轴表示基诺的供给和需求量，纵轴表示基诺的汇率，以每基诺兑换美元数量计算。图 34－10（a）中基诺的均衡汇率低于目标汇率，图 34－10（b）中基诺的均衡汇率高于目标汇率。

先看第一种情况，基诺的均衡汇率低于目标汇率。如图 34－10（a）所示，在目标汇率为 1 基诺兑 1.50 美元时，外汇市场上的基诺过剩，这通常将压低基诺的价位。基诺维亚政府应如何支持基诺的价值来维持其想要的汇率水平呢？有三种可能的答案，它们在某个时候都被政府使用过。

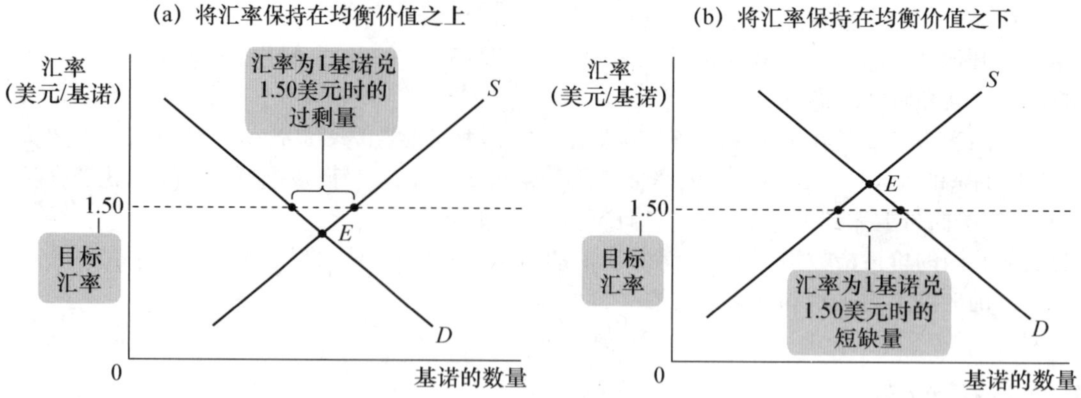

图 34-10　对外汇市场的干预

在两图中，假想国家基诺维亚努力将其货币基诺的汇率固定在 1 基诺兑 1.5 美元的水平上。在图 34-10（a）中，外汇市场上的基诺有剩余，为保证基诺不贬值，基诺维亚政府可以购入基诺而出售美元。在图 34-10（b）中，基诺短缺，为保证基诺不升值，基诺维亚政府可以出售基诺而购入美元。

> 政府在外汇市场上购买或出售货币称为**外汇市场干预**。

> **外汇储备**是政府储存的外币股票，用于在外汇市场购买本币。

基诺维亚政府保持基诺汇率的第一种方法是通过在外汇市场上购买本国货币来"吸收"剩余的基诺。政府在外汇市场上购买或出售货币称为**外汇市场干预**（foreign market intervention）。要在外汇市场上购买基诺，基诺维亚政府当然必须用美元来兑换基诺。实际上，多数国家都有**外汇储备**（foreign exchange reserves），也就是外币存货（通常是美元或欧元），可用来购买本国货币以保持其价位。

在本章前面我们提到，政府和中央银行购买和出售外国资产是国际资本流动的一个重要组成部分。现在我们知道了政府为什么要出售外国资产：它们通过外汇市场干预来支持本国货币。我们稍后会知道，如果政府想通过外汇市场干预保持本国货币的低币值，就必须购买外国资产。但是，我们首先还是来看政府固定汇率的其他方法。

基诺维亚政府支持基诺价值的第二种选择是尝试改变外汇市场上基诺的供给曲线和需求曲线。政府通常通过改变货币政策来达到目的。例如，为支持基诺，基诺维亚中央银行可以提高基诺维亚的利率。这会增加流入基诺维亚的资本，提高对基诺的需求，同时减少基诺维亚的资本外流，减少基诺的供给。所以，在其他条件不变的情况下，一国利率上升会提高该国货币的币值。

> **外汇管制**是一种限制个人购买外汇的许可制度。

第三种选择是基诺维亚政府可以通过减少外汇市场中基诺的供给来支持基诺币值。要达到此目的，政府可以规定要购买外汇的国内居民必须持有许可证，并把这类许可证颁发给那些从事已批准交易（如购买那些基诺维亚政府认为是必需品的进口品）的个人。限制个人购买外币的许可证制度被称为**外汇管制**（foreign exchange controls）。在其他条件不变的情况下，外汇管制可以使一国货币升值。

至此，我们已经讨论了政府试图阻止基诺贬值的一种情形。相反地，假设现在的情形如图 34-10（b）所示，基诺的均衡汇率高于目标汇率，造成基诺短缺。为了保持目标汇率，基诺维亚政府可以采取三种反向的基本措施：一是直接干预外汇市场，抛售基诺而购入美元，从而增加本国的外汇储备；二是降低利率，增加基诺供给，降低需求；三是加强外汇管制，限制外国购买基诺。在其他条件不变的情况下，这三种措施都能使基诺贬值。

我们说这三种措施都被用来维持固定的汇率水平。但我们并没有说汇率保持固定到底是好是坏。事实上，汇率制度的选择使决策者陷入了困境，因为无论是固定汇率制还是浮动汇率制都有各自的优缺点。

□ 34.3.3　汇率制度的选择困境

宏观经济学中很少能有问题的争论可以与一个国家到底是采用固定汇率制好还是浮动汇率制好这一问题的争论相媲美。原因在于，两边都有许多支持的观点。

要理解固定汇率制，我们首先来考虑在美国跨州进行商务活动的难易程度。为使美国州际商业贸易免受困扰，有很多事情要做，但其中一项是货币价值没有不确定性，即无论是在纽约还是在洛杉矶，1美元就是1美元。

相反，在美国和加拿大的贸易中，1美元就不再是1美元了。加拿大元与美元之间的汇率是波动的，有时候甚至波动很大。如果一家美国公司承诺在一年以后支付一家加拿大公司一定数量的美元，在加拿大货币流通中这种承诺的价值可以相差10%甚至更多。这种不确定因素会阻止两国的贸易。所以，固定汇率制的一个优点是能确定一种货币未来的价值。

在有些情况下，采用固定汇率制还有另一个优点：如果一个国家采用固定汇率制，那也就意味着它答应不采用通货膨胀措施。例如，阿根廷采用不负责任的政策已经有很长一段时间，并最终导致了严重的通货膨胀。但在1991年，为了保证以后不再采取通货膨胀措施，阿根廷宣布采用1美元兑1比索的固定汇率制。(阿根廷的固定汇率制于2001年末全面崩溃，但那又是另外一个故事。)

值得一提的是，采用稳定的固定汇率制还具有经济价值。的确，正如“追根究底”专栏所说明的，设想固定汇率制能带来的利益推动了第二次世界大战后国际固定汇率体系的形成，而且是欧元诞生的一个主要原因。

遗憾的是，采用固定汇率制也需要付出代价。假如通过国家干预来稳定汇率，一个国家必须持有足够的外汇，而这通常都是低收益率的投资。此外，当有大量资本流向国外时，即使有再充足的储备也有可能被耗尽。如果一个国家选择通过调整货币政策的手段而不是通过干预来达到稳定汇率的目的，那么它应该把货币政策从其他方面转向汇率，特别是从稳定产出和通货膨胀率这两个方面转移。最后，外汇管制如进口配额和关税一样，可能对进出口造成激励扭曲。固定汇率制也会因为官僚主义和贪污造成巨大的损失。

▶ 追根究底

从布雷顿森林体系到欧元

1944年，第二次世界大战仍在继续，同盟国代表齐聚在美国新罕布什尔州的布雷顿森林，商讨在战后主要货币之间怎样建立起固定汇率的国际货币体系。起初，这个体系相当成功，但在1971年走向崩溃。经过一段混乱时期，政策制定者并没有成功建立起一种新的固定汇率制，到1973年，大多数经济发达国家都采用了浮动汇率制。

然而，欧洲的许多决策者不看好浮动汇率制，他们认为浮动汇率制给经济带来了太多不确定因素。从20世纪70年代末期开始，他们多次试图在欧洲寻找一种新的制度，使之或多或少带有一点儿固定汇率制的味道，直至形成所谓的汇率机制（严格地说，汇率机制是一种“目标区”制度，也就是说汇率可以在一定范围内自由移动，但不能超出特定的范围）。1991年，他们最终达成一致意见，走向了固定汇率制，即采用统一的欧洲货币——欧元。令很多分析人士吃惊的是，他们成功了，今天大多数欧洲国家都放弃了本国原有的货币而采用了欧元。

图34-11显示了欧洲汇率安排的历史。该图说明了自1971年至它们被欧元取代法郎和马克之间的汇率变化，以每马克折合成法郎的方式计算。一开始，汇率波动很大。而从这些数据看来，汇率波动较小的相对稳定时期正是人们试图恢复固定汇率制的时期。在结束了几次失败的尝试之后，汇率机制于1987年开始发挥效应，法郎兑马克的汇率稳定下来，每3.4法郎可折合成1马克。(1992—1993年的汇率波动反映了两次货币危机——每次都是由于人们普遍相信贬值的临近而导致大量但短暂的资本流动。)

1999年，因为法国和德国准备将法郎和马克替换为欧元，汇率没有出现进一步的波动，汇率被“锁定”。2001年年末，法郎和马克不复存在。

向欧元的转化并非没有代价。采用欧元的国家牺牲了一些重要的政策工具：它们不能再针对其具体的经济环境制定货币政策，而且相对于其他欧洲国家来说，它们不能仅通过让货币贬值来降低成本。

在本书出版之际，欧元区面临沉重压力，人们普遍怀疑，包括希腊、西班牙和意大利三大经济体在内的几个国家，在不出现债务违约和放弃欧元的情况下是否有能力进行必要的经济调整。

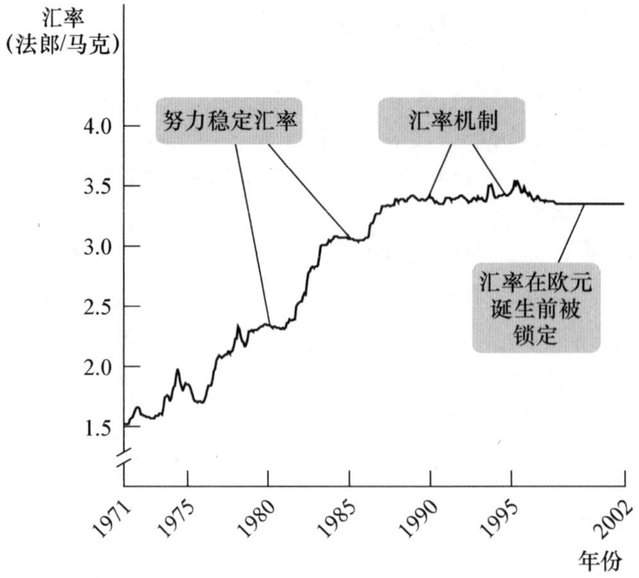

图 34－11　欧元之路

资料来源：Federal Reserve Bank of St. Louis.

进退两难！一个国家采取浮动汇率制，可使货币政策有利于宏观经济的稳定，但这会给企业带来不确定性，一个国家采用固定汇率制，从而消除不确定性，但要放弃货币政策，适应外汇管制。不同的国家在不同时期会有不同的选择。除英国之外，大多数欧洲国家长期以来相信在主要的欧洲国家之内，也就是那些主要的贸易国之间，应该采用固定汇率制。但加拿大似乎很满意其与美国之间的浮动汇率制，尽管美国是它最大的贸易伙伴。

幸运的是，我们不必解决这样的困境。在本章余下的内容中，我们将在汇率制度给定的情况下讨论它们对宏观经济政策的影响。

▶ **真实世界中的经济学**

中国钉住人民币汇率

在 21 世纪早期，中国为那些试图在一定时期内维持固定汇率制的国家树立了惊人的范例。情况是这样的：中国出口的巨大成功使经常账户顺差持续扩大。同时，境外私人投资者也越来越愿意把资本投入中国市场，意图分享中国国内经济不断增长的利益。这些资本流动或多或少受到外汇管制的限制，但无论如何仍然保持着进入中国的趋势。由于经常账户顺差以及私人资本流入，中国的处境正如图 34－10（b）所示：在目标汇率水平下，人民币需求量大于供给量。但是，中国政府还是决定将人民币汇率固定在均衡水平之下。

为保持汇率固定，中国必须进行大规模的外汇市场干预，出售人民币，从外汇市场买入他国货币（主要是美元），从而增加外汇储备。2010 年，中国增加了 4 500 亿美元外汇储备，到 2011 年夏天，其外汇储备上升到 3.2 万亿美元。

要想理解这些数值有多大，我们来看，2010 年，中国的 GDP 大约为 5.9 万亿美元。这意味着，中国在 2010 年买入的美元以及其他货币总额相当于国内生产总值的 7.5%，累计的外汇储备相当于 GDP 的一半以上。对美国来说，相当于在一年内购买了价值为 1.3 万亿美元的日元和欧元，而且尽管它已拥有 8 万亿美元的外汇储备。所以不奇怪中国的汇率政策会引起与贸易伙伴的贸易摩擦，这些国家认为这是中国出口补贴造成的影响。

然而，在接下来的几年中，中国的经常账户顺差减少。部分原因是中国工资上涨，使中国的竞争力下降，反映了越南等新竞争对手的兴起。在撰写本章时，中国汇率政策引起的摩擦大大减少了。

及时复习

● 各个国家会采用不同的汇率制度。两种主要的汇率制度是固定汇率制和浮动汇率制。

● 通过外汇市场干预及利用外汇储备，汇率可以稳定下来。各个国家还可以采用国内政策来协调外汇市场上的供求关系，也可以加强外汇管制。

● 选择一种汇率制度会引发困境。稳定的汇率制度有利于商业活动，但持有大量的外汇储备代价不菲，而采取国内政策来稳定汇率会增加追求其他目标的难度，外汇管制会导致激励扭曲。

小测验 34-3

1. 仿照图 34-10 画一张图，描绘中国保持固定汇率制面临的情形。（提示：将汇率表示为每元等于多少美元。）然后，在图中表示以下每项政策分别如何消除市场失衡。

a. 人民币升值。

b. 对计划向中国投资的外国企业施加限制。

c. 消除对出境投资中国企业的限制。

d. 对中国企业征收出口商品税，如服装出口，引起进口国政治上的反响。

34.4 汇率与宏观经济政策

当欧元在 1999 年创立之初，除了几个明显的例外，欧洲各国都有庆祝活动。我们知道，有些国家选择不采用新货币。其中最重要的是英国，以及几个其他欧洲国家，如瑞典，它们决定不使用欧元。

为什么英国说不？部分答案是民族自豪感：如果英国放弃了英镑，它也必须放弃印有女王肖像的货币。放弃英镑而使用欧元也有严重的经济上的担忧。赞成采纳欧元的英国经济学家认为，如果英国使用与其邻国相同的货币，该国的国际贸易规模将扩大，其经济生产率会更高。但其他经济学家指出，采用欧元将剥夺英国制定独立货币政策的能力，并可能导致宏观经济问题。

正如这一讨论所暗示的，现代经济对国际贸易和资本流动开放的现实，使我们对宏观经济政策分析的复杂程度也增加了。我们来看开放经济宏观经济学提出的三个政策问题。

□ 34.4.1 固定汇率制下的货币贬值和升值

从历史上来看，固定汇率制不可能长久持续。有时采用固定汇率制的国家会转而采用浮动汇率制。有时候有些国家会保持一个固定的汇率，但会改变目标汇率水平。这样的目标调整在前述“追根究底”专栏中所提及的布雷顿森林体系下很普遍。例如，1967 年英国调整了英镑兑美元汇率，从原来的每英镑 2.8 美元调整为 2.4 美元。另外一个现代的例子是阿根廷，1991—2001 年，该国保持了货币兑美元的固定汇率，但在 2001 年年底调整为浮动汇率。

在固定汇率制下，货币价值的下跌被称为**货币值下调**（devaluation）。我们已经学过，贬值是一种货币币值下跌的情况。而货币值下调是对固定汇率制下目标汇率重新调整而引起的贬值。而在固定汇率制下货币价值的上升被称为**货币值上调**（revaluation）。

货币值下调和其他所有贬值一样，会使本国产品在外汇市场上变得不值钱，从而增加出口量。与此同时，也使外国产品用本国货币表示变得更贵，从而减少进口量。这样的结果是经常账户余额增加。类似地，货币值上调使本国产品用外国货币表示变得更贵，从而引起出口量减少，同时也使外国产品用本国货币表示变得便宜，从而增加进口量。于是，货币值上涨的结果是经常账户余额减少。

> 一种采用固定汇率制的货币在汇价上的下跌被称为**货币值下调**。
>
> 一种采用固定汇率制的货币在汇价上的上升被称为**货币值上调**。

在固定汇率制下，货币值下调和上调可以达到两大目的：第一，它们可以消除外汇市场上的短缺和盈余。例如，在 2010 年早期，一些经济学家和政治家建议中国上调人民币价值，因为他们认为中国的汇率政策对中国出口有不公平的助推。

第二，货币值下调和上调可以用作宏观经济政策的工具。货币值下调，增加出口量，降低进口量，从而增加了总需求，于是货币值下调可以用来减少或消除经济衰退所造成的缺口。货币值上调有相反的效果，可以减少总需求。所以，货币值上调可以用来减少或消除通货膨胀所造成的缺口。

□ 34.4.2 浮动汇率制下的货币政策

在浮动汇率制下，一国的中央银行有行使独立货币政策的能力：它可以通过降低利率来增加总需求，也可以通过提高利率来减少总需求。但是汇率却给货币政策带来了另一方面的影响。要知道为什么，让我们回到假设的基诺维亚，来看看如果该国中央银行降低利率将会发生什么。

就像在一个封闭经济体中一样，降低利率将导致投资支出和消费支出增加。但利率降低又会影响外汇市场。外国人不愿意把资本投资到基诺维亚，因为他们从贷款中获得的收益减少。因此，他们把美元兑换成基诺的要求降低，于是对基诺的需求下降。与此同时，基诺维亚人想把更多的基诺投资到海外市场，因为国内的贷款利率下降了，到国外投资更有吸引力。于是，他们需要把更多的基诺兑换成美元，基诺供给增加。

图 34-12 所示为利率降低对外汇市场的影响。基诺的需求曲线向左移动，从 D_1 移到 D_2，而供给曲线向右移动，从 S_1 移到 S_2。汇率用 1 基诺等于多少美元标价，均衡汇率从 XR_1 下降到 XR_2。这就意味着基诺维亚利率下调将引起基诺贬值。

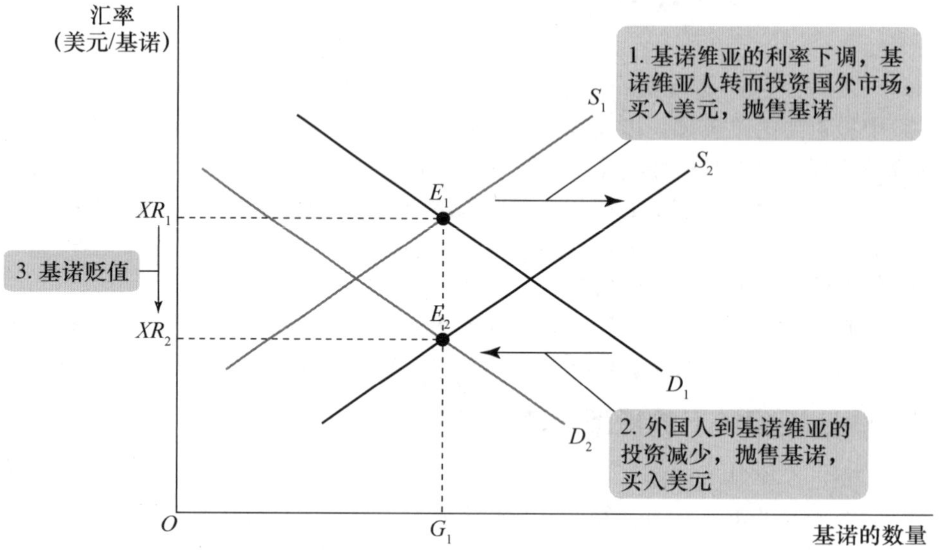

图 34-12 货币政策与汇率

该图所示为如果基诺维亚降低利率，外汇市场上将会发生什么。基诺维亚人不愿意将货币留在国内，所以他们增加了对外投资。其结果是，基诺的供给曲线从 S_1 向右移动到 S_2。同时，外国人也降低了到基诺维亚投资的兴趣，于是基诺的需求曲线从 D_1 向左移动到 D_2。基诺贬值，均衡汇率从 XR_1 下降到 XR_2。

反过来，基诺的贬值又会影响总需求。我们已经知道，货币值下调——由于改变固定汇率而引起的贬值——引起出口量增加、进口量减少，所以增加了总需求。由降低利率引起的贬值也会有同样的效果：它也能增加出口量，减少进口量，增加总需求。

换言之，浮动汇率制下货币政策的影响超出了我们在封闭经济体中所描绘的情形。在一个封闭经济体中，利率下调，总需求增加是由投资支出和消费需求增加所致。在一个实行浮动汇率制的开放经济体中，利率下调导致了投资支出和消费支出增加，但同时也通过其他途径导致了总需求增加：它导致货币贬值，从而增加出口量，减少进口量，增加总需求。

□ 34.4.3 国际商业周期

到目前为止，我们讨论的宏观经济学（包括在开放经济体制下）假设所有需求冲击都源于国内经济。然而事实上，有时经济必须面对来自国外的冲击。例如，从历史上看，美国的经济衰退会导致墨西哥经济衰退。

问题的关键是，总需求的改变不仅会影响对国内产品和服务的需求，也会影响对国外产品和服务的需求。在其他条件不变的情况下，经济衰退会导致进口量下降，而经济扩张会导致进口量增加。一个国家的出口就是另一个国家的进口。存在于不同国家总需求之间的这一联系也是不同国家经济之间有时——并非总是——呈现同步化现象的原因之一。最典型的一个事例就是影响全球经济的大萧条。

然而，这种相互联系的影响程度与汇率制度密切相关。现在分析一下原因，试想如果国外出现经济萧条现象，基诺维亚的出口需求减少，那么会出现怎样的情况呢？由于国外对基诺维亚生产的产品和服务的需求减少，在外汇市场上对基诺维亚货币的需求也会相应减少。这时，如果基诺维亚采用的是固定汇率制，针对这种需求下降，该国政府不得不进行干预。但如果基诺维亚采用的是浮动汇率制，那么基诺维亚货币就会真的发生贬值。当对出口品需求下降时，基诺维亚的产品和服务对外国人来说会变得相对便宜，但产品和服务的出口量不会像固定汇率制下那样减少那么多。同时，基诺贬值使进口品相对变贵，导致基诺维亚的进口量减少。与实行固定汇率制相比，两方面的影响缓解了基诺总需求下降的程度。

正如浮动汇率制提倡者所言，浮动汇率政策的优点之一就是可以使实行国免受外国经济萧条的影响。这一理论在 21 世纪初期看起来十分有效。英国由于实行浮动汇率制而免受欧洲其他国家所经历的因为经济萧条带来的影响。还有加拿大，由于也是实行浮动汇率制，与美国相比，经济萧条带来的不良影响也比美国小。

然而，2008 年，从美国开始的金融危机导致几乎每个国家都出现经济衰退。在这种情况下，似乎金融市场之间的国际联系比任何浮动汇率制提供的对海外干扰的隔离都要强大得多。

▶ **真实世界中的经济学**

小国货币的好处

2008 年，人口约 325 000 人的冰岛面临非常严重的经济问题。2003—2007 年，该国主要银行大规模扩张，主要是从其他国家的银行借款，银行业的繁荣导致本地经济蓬勃发展。但是随后繁荣走向衰落，银行也是如此，冰岛需要回到更平凡的维持生计的方式，如捕鱼业和旅游业。为此，该国需要降低成本，主要是削减工资。该国并非唯一面临这种处境的国家；其他借入大量外债的国家，如希腊，也需要进行大调整。

但冰岛和希腊有一个很大的区别（除了天气）：希腊不再有自己的货币，因为它采用了欧元，而冰岛，尽管小但仍然有自己的货币，即克朗——冰岛工资用克朗计价，而不是欧元或美元。

这意味着冰岛削减工资的过程与使用欧元的国家截然不同。在希腊，雇主实际上不得不告诉工人他们会减少支付——一些公司不愿意这样做，因为这样做最好的结果是产生不良的感觉，而最坏的情况会导致罢工。然而，冰岛可以在没有减薪的情况下获得竞争力，它只需让克朗贬值。

图 34－13 所示为不同选择的结果。一条线表示整个欧元区的平均工资水平变化，2007 年＝100，而另一条线表示同一时期希腊工资水平的变化。正如我们所看到的，希腊确实设法逐渐减少工资，而其他欧洲国家的工资在上涨，所以希腊经济逐渐变得更具竞争力。然而，这是一个缓慢而极其痛苦的过程。

其他两条线表示的是冰岛的故事。一条线表示用克朗也就是冰岛自己的货币计价的工资的变化。该线继续上升，没有名义上的减薪。另一条线表示用欧元表示的冰岛工资，由于克朗贬值，它大幅下跌。说这个过程无痛是错误的——冰岛工人看到了进口品的价格上升，他们的购买力降低了。但它不像希腊的调整那么痛苦。在希腊，失业率逐年上升，在 2013 年年底出现下降前曾经达到 28%。相比之下，在冰岛，就业危机只持续了大约两年，到 2014 年年底，失业率低于 5%。

总的来说，冰岛的经验是拥有自己货币所具有好处的一个例证，甚至在某些情况下，这些国家并不比一个中等大小的美国城市大多少。

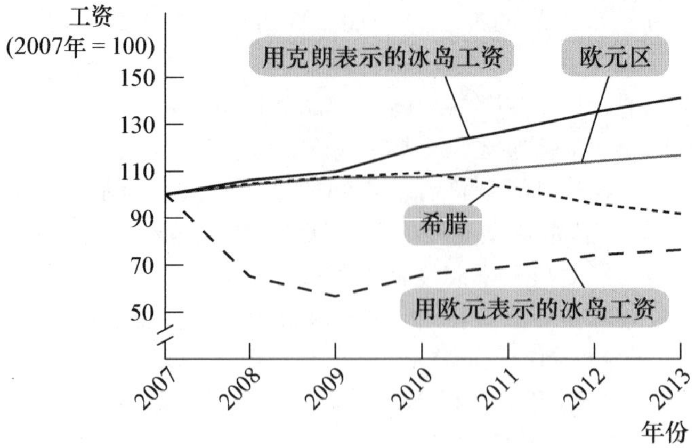

图 34-13　2007—2013 年冰岛和希腊削减工资

及时复习

● 国家可以改变固定汇率。货币值下调或上调可以调节外汇市场上货币的过剩或短缺，同时可以增加（或减少）总需求。

● 在实行浮动汇率制的开放经济条件下，利率也可以影响汇率，而且货币政策也可以通过汇率对进出口的影响来影响总需求。

● 因为一国的进口也就是另一国的出口，所以商业周期有时在国与国之间是同步的。但是浮动汇率制可以降低这一联系。

小测验 34-4

1. 请看图 34-11 的数据。从哪里可以看出法郎对马克货币值上调或下调了？

2. 20 世纪 80 年代后期，加拿大经济学家指出加拿大的高利率政策不仅引起了高失业率，同时使加拿大的制造业难以与美国的同类产业竞争。运用我们对浮动汇率制下货币政策如何起作用的分析来解释这一抱怨。

▶ **企业案例**

对日本汽车有利的日元

2012 年年底，一位资深的政治家安倍晋三（Shinzo Abe）成为日本首相。他对日本经济政策的彻底改变使大多数观察家感到惊讶。由于日本通货膨胀率为较小负值，他采取了大幅宽松的货币政策。日本中央银行大幅增加了基础货币供给，并向投资者保证，无论采取什么措施将推动通货膨胀率提高到 2%。两年后，这一政策的总体结果仍然不确定，但产生的一种影响是日元贬值。在 2012 年的大部分时间，日元兑美元汇率大约为 80 日元/美元，但到 2014 年年底，汇率变为 115 日元/美元，贬值 44%。

日元的疲软让日本的一些企业感到高兴，尤其是日本汽车公司，它们在海外市场销售了大量汽车。从《金融时报》（*Financial Times*）“弱势日元为日本公司加油”（基于对丰田的报道）或“日元疲软，出口飙升，斯巴鲁利润飙升”等许多标题可以看出，安倍经济学肯定有助于日本汽车行业。

然而，好处并没有平等分布：丰田表现得相当不错，斯巴鲁真的起飞了。为什么？多年来，丰田将其大部分生产流程转移出日本，在美国、墨西哥、加拿大和其他国家开办了众多工厂。斯巴鲁是一家规模较小、产品系列有限的小公司，仍主要在日本进行生产。

所以，人们认为对日本有利的一定有利于日本汽车公司或者认为安倍经济学真的能起作用，但对于一些日本汽车公司比其他公司更好。

思考题

1. 为什么安倍经济学会导致日元疲软？

2. 为什么日元走弱有利于日本汽车公司增加利润？为什么斯巴鲁获得的好处比丰田多？

小结

1. 一个国家的国际收支账户总结了一国与其他国家的交易。经常账户的国际收支包括产品和服务的收支，以及要素收入和经常转移的收支。商品贸易差额（贸易差额）通常由国际收支中的产品和服务项目组成。金融账户的国际收支度量了资本的流动。从定义可知，经常账户的收支余额与金融账户的收支余额之和等于零。

2. 国际资本流动是由各国利率和其他收益率的差异所导致。利用国际可贷资金模型对其进行分析较为有用，该模型显示了无资本流动时利率较低的国家如何将资金投向无资本流动时利率较高的国家。资本流动的基本决定因素是各国储蓄和投资机会的差异。

3. 货币在外汇市场进行交易；货币进行交易的价格就是汇率。一种货币相对于另一种货币价格上升就是升值；价格下降就是贬值。均衡汇率是使外汇市场中货币的供给量和需求量相等的汇率。

4. 为了纠正国际通货膨胀的差异，经济学家计算了实际汇率，它是两国货币的交换比率与两国物价水平之比的乘积。经常账户只对实际汇率而非名义汇率做出反应。购买力平价是使一个产品和服务篮子的购买成本在两个国家相同的汇率。虽然购买力平价和名义汇率几乎总是不同，但购买力平价可对名义汇率的实际变化做出良好预测。

5. 各国采用不同的汇率制度，即制定汇率政策的规则。汇率制度主要分为固定汇率制和浮动汇率制。在固定汇率制中，政府采取措施使汇率保持在一定的目标水平上；在浮动汇率制中，汇率可以自由波动。国家可以通过外汇市场干预来固定汇率，这需要它们有外汇储备去购买它们自己的剩余货币；或者它们还可以改变国内政策尤其是货币政策，来改变外汇市场上的需求和供给曲线；最后还可以通过外汇管制来固定汇率。

6. 不论选择何种汇率政策都面临两难的处境：稳定汇率带来了经济上的好处，但是实施固定汇率制要花费成本。外汇市场干预需要大量外汇储备，而进行外汇管制又会扭曲激励机制。如果货币政策被用于固定汇率，那么它将不能被用来实现国内市场均衡目标。

7. 固定汇率通常并不总是恒定不变的：一个实行固定汇率制的国家有时也进行货币值下调或货币值上调。货币值下调是降低货币的目标水平，货币值上调是提高货币的目标水平。货币值下调除了可以帮助消除外汇市场上本币过剩外，还可以增加总需求。类似地，货币值上调可以缓解国内货币的短缺并减少总需求。

8. 在浮动汇率制下，扩张性货币政策通过汇率调节部分起作用：降低利率导致货币贬值，由此增加出口，减少进口，最终增加总需求。紧缩性货币政策则起相反的作用。

9. 一国的进口也就是另一国的出口，这一事实形成了不同国家的商业周期。然而浮动汇率制弱化了这一联系。

关键词

国际收支账户	经常账户的国际收支（经常账户）		产品和服务的国际收支	
商品贸易差额（贸易差额）	金融账户的国际收支（金融账户）		外汇市场	汇率
升值	贬值	均衡汇率	实际汇率	购买力平价
汇率制度	固定汇率制	浮动汇率制	外汇市场干预	外汇储备
外汇管制	货币值上调	货币值下调		

练习题

1. 如何将下列交易在美国国际收支账户中进行归类？它们属于经常账户（对外支出还是收入）还是属于金融账户（对外销售资产还是购入资产）？国际收支账户的经常账户和金融账户会发生什么变化？

a. 一个法国进口商买了一箱加利福尼亚葡萄酒，花了 500 美元。

b. 一名在法国公司工作的美国人从巴黎银行取出他的工资，并存入美国旧金山银行。

c. 一名美国人购买了一家日本公司的债券，花了 10 000 美元。

d. 美国一个慈善机构向非洲捐款 100 000 美元，以帮助当地居民在收成不好时购买食物。

2. 下图所示为外国人持有的美国资产和美国人持有的国外资产，都以占外国 GDP 的比重表示。从图中可以看出，1980—2013 年它们都增加了约 4 倍。

a. 当美国人持有的国外资产占外国 GDP 的比重提高时，这是否意味着美国在这一时期经历着净资本流出？

b. 世界经济在 2013 年与 1980 年相比联系是否更紧密了？

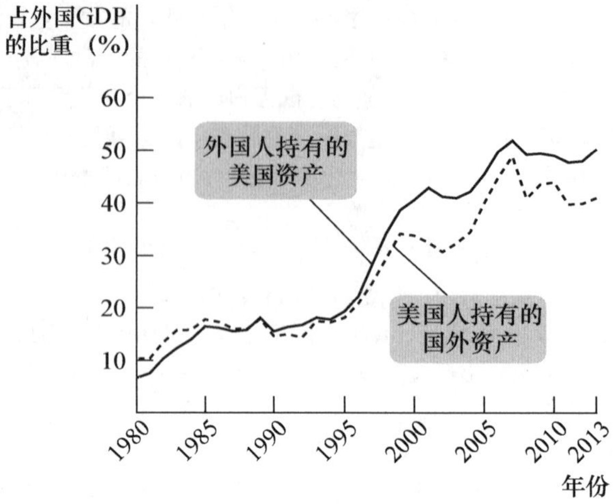

资料来源：IMF；Bureau of Economic Analysis.

3. 2014 年，斯科特皮亚出口的产品和服务的价值分别为 4 000 亿美元和 3 000 亿美元，而进口的产品和服务分别为 5 000 亿美元和 3 500 亿美元，同时还有其他国家购买了斯科特皮亚价值 2 500 亿美元的资产。斯科特皮亚的贸易余额是多少？经常账户的国际收支是多少？金融账户的国际收支又是多少？斯科特皮亚从国外购买了多少资产？

4. 在 2014 年，潘尼亚从其他国家购买了 4 000 亿美元的资产，其他国家从潘尼亚购买了 3 000 亿美元的资产。潘尼亚出口的产品和服务的价值为 3 500 亿美元。2014 年潘尼亚金融账户的国际收支为多少？经常账户的国际收支为多少？它进口的价值为多少？

5. 假设世界上只有南国和北国两个国家，每个国家经常账户的国际收支和金融账户的国际收支之和为零，同时其他国家的资产和自己国家的资产性质一样。运用下面的图解释在国际资本可以流动的情况下，各国可贷资金的供给与需求、利率以及经常账户的国际收支和金融账户的国际收支会如何变动？

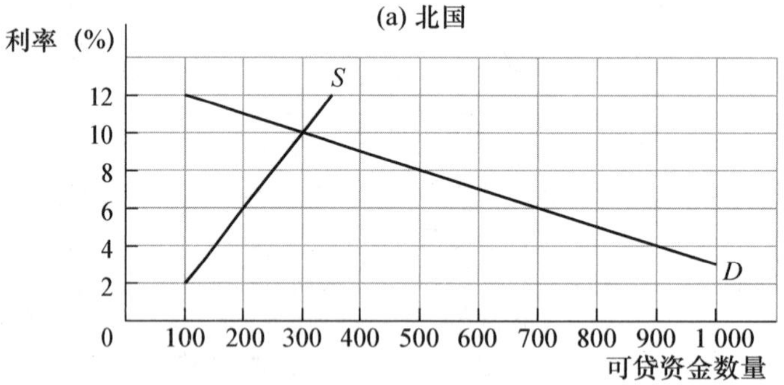

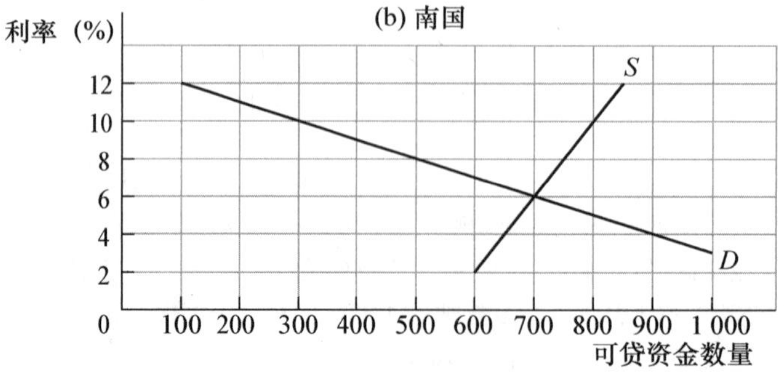

6. 基于下表所列出的 2013 年和 2014 年同一个交易日的汇率，2014 年美元是升值还是贬值？美元币值的变化使美国的产品和服务对外国人更具吸引力，还是更没有吸引力？

2013 年 10 月 1 日	2014 年 10 月 1 日
1.62 美元购买 1 英镑	1.62 美元购买 1 英镑
29.51 新台币购买 1 美元	30.43 新台币购买 1 美元
0.97 美元购买 1 加拿大元	0.89 美元购买 1 加拿大元
98.04 日元购买 1 美元	109.31 日元购买 1 美元
1.35 美元购买 1 欧元	1.26 美元购买 1 欧元
0.91 瑞士法郎购买 1 美元	0.96 瑞士法郎购买 1 美元

7. 访问 http://fx.sauder.ubc.ca。找到表“主要货币的最近交叉汇率”，确定英镑（GBP）、加拿大元（CAD）、日元（JPY）、欧元（EUR）和瑞士法郎（CHF）兑美元（USD）的汇率在 2014 年 10 月 1 日后是升值还是贬值。2014 年 10 月 1 日的汇率在问题 6 的表中列出。

8. 从 2001 年 1 月 1 日到 2003 年 6 月，美国联邦基金利率从 6.5%下降至 1%。在同一时期，欧洲中央银行的边际贷款便利利率从 5.75%下降到 3%。

a. 根据这一时期利率的变化和可贷资金模型，你认为在这段时间资本从美国流向欧洲还是从欧洲流向美国？

b. 下图所示为 2001 年 1 月 1 日至 2008 年 9 月欧元与美元之间的汇率。2001 年 1 月至 2003 年 6 月期间的汇率变动是否与问题 a 预期的资本流动相符合？

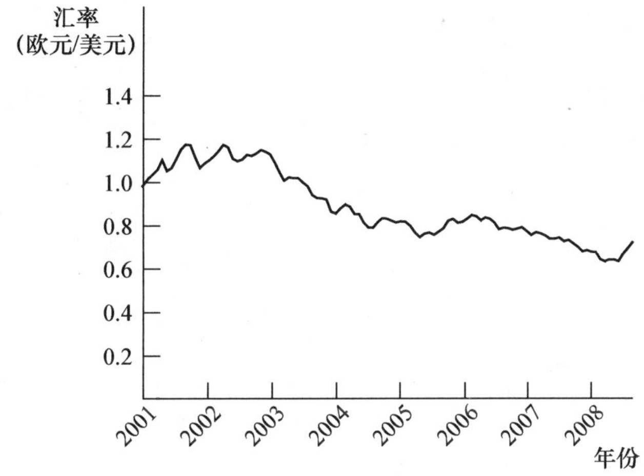

资料来源：Federal Reserve Bank of St. Louis.

9. 假设以下两个国家是世界上仅有的进行贸易的国家，在以下每一种情形下，在给定通货膨胀率和名义汇率变化的情况下，哪个国家的产品更有吸引力？

a. 通货膨胀率在美国是 10%，在日本是 5%，美元兑日元汇率保持不变。

b. 通货膨胀率在美国是 3%，在墨西哥是 8%，1 美元兑比索从 12.50 比索下跌至 10.25 比索。

c. 通货膨胀率在美国是 5%，在欧元区是 3%，1 欧元兑美元从 1.30 美元下跌至 1.20 美元。

d. 通货膨胀率在美国是 8%，在加拿大是 4%，1 加拿大元兑美元从 0.60 美元上升至 0.75 美元。

10. 在固定汇率制下，开始时外汇市场处在均衡状态。如果其他国家对本国的产品和服务的需求增加，本国政府为保持汇率处在固定水平该如何应对？

11. 假设阿尔巴尼亚中央银行把该国货币“本”（bern）兑美元的汇率固定在 1.5 美元兑 1 本，并承诺保持该汇率。最初，如下页图所示，本在外汇市场也保持均衡，但是后来阿尔巴尼亚人和美国人都相信持有阿尔巴尼亚资产风险很大，除非获得比美国财产更高的收益率，否则他们不愿意持有阿尔巴尼亚资产。这个事件对该图有什么影响？如果阿尔巴尼亚中央银行使用货币政策保持固定汇率，这将对阿尔巴尼亚的经济产生怎样的影响？

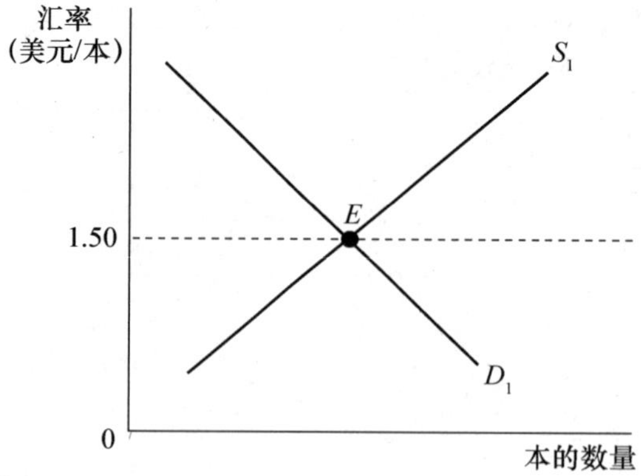

12. 你的同学问你："如果在汇率固定的情况下中央银行无法使用相机抉择的货币政策，为什么一个国家还会同意保持固定汇率制？"你该如何回答？

在线回答问题

13. 假设美国和日本是世界上仅有的两个贸易国。在其他因素相同的情况下，如果发生以下情况，美元币值如何变化？

a. 日本放宽进口限制。

b. 美国对从日本进口的货物增收进口税。

c. 美国国内的利率急剧上升。

d. 一项报告表明，和美国车相比，日本车预计更耐用。

译后记

克鲁格曼与奥伯斯法尔德合著的《国际经济学》(目前是第十版)是世界上多所大学“国际经济学”课程教材的首选。最近几年，克鲁格曼和韦尔斯合著的《微观经济学》与《宏观经济学》教材也逐渐成为目前国内外各大学教师选用较多的教材。克鲁格曼是2008年诺贝尔经济学奖获得者，作为经济学大师，他倾力写初级教材也是学习者的一种福分。书中的味道也许你会在阅读中慢慢体会出来。

我认为初学经济学的人最重要的是在学习分析问题的原理和方法后建立起自己的经济学思维模式。为此，要做到如下两点：第一，掌握原理，对经济学原理的理解要透彻到位；第二，要学会运用原理来剖析现实经济生活。本书在这两个方面做得都非常出色，我认为这是该书成为优秀教材的最主要的理由。

作为多年《纽约时报》专栏作家，克鲁格曼对如何将内容传达给读者有自己的独到笔法，读者在阅读本书时会发现，抽象的经济学原理经过作者解释后，理解起来并不难，它就发生在我们身边的生活现象中。有了这些原理做基础，你会发现经济世界并没有那么复杂，其实它是按照内在规律有序运行的。

人们常说，经济学是致用之学。将经济学原理与现实生活联系起来，不仅有助于学习者建立起经济学直觉，也是理解原理最方便高效的途径。而这也是本书作者编写本教材时的主要着力点。克鲁格曼指出，经济学教科书能够也应该围绕叙事性来构建，教科书永远不能罔顾经济学到头来是关于人们一系列行为集合的事实，只有让学生面对真实生活中的话题和问题，才是讲授经济学最好的方式。所以，应用最新的案例来建立经济学直觉、解释经济学问题就成为本书最大的特色之一。

本书的其他特色还有：(1) 通过适合教学规律的栏目设计来强化学习过程。作者精心设置了能对学生真正提供帮助的许多特色栏目，如“真实世界中的经济学”“及时复习”“小测验”“追根究底”“国际比较”“疑难解答”等。(2) 采用易读且吸引人的章节编排，使用流畅和友好的写作风格，使概念容易被接受。在尽可能的情况下，总是使用学生们熟悉的事例。(3) 为学生未来的课程学习打下了良好的基础。选择教科书经常面临两难选择：如果教科书难度较小，则对学生们进一步提高理解能力留下了一个较大的缺口；如果教科书难度较大，则可为学生未来的课程学习打下良好的基础，作者努力在两者之间进行最佳搭配。

我从本套书第一版在美国出版前即开始关注，并将第一版书即将出版的信息推荐给中国人民大学出版社马学亮先生。后来，我主持翻译了《宏观经济学(第一版)》。现在呈现给各位读者的是该书的第四版，我将全书重新进行了翻译。

感谢第一版、第二版的多位译者。由于水平所限，难免有漏译、错译之处，衷心欢迎批评指正。

赵英军
浙江工商大学

经济科学译丛						
序号	书名	作者	Author	单价	出版年份	ISBN
1	宏观经济学(第四版)	保罗·克鲁格曼等	Paul Krugman	68.00	2018	978-7-300-26068-6
2	计量经济学导论:现代观点(第六版)	杰弗里·M.伍德里奇	Jeffrey M. Wooldridge	109.00	2018	978-7-300-25914-7
3	经济思想史:伦敦经济学院讲演录	莱昂内尔·罗宾斯	Lionel Robbins	59.80	2018	978-7-300-25258-2
4	空间计量经济学入门——在R中的应用	朱塞佩·阿尔比亚	Giuseppe Arbia	45.00	2018	978-7-300-25458-6
5	克鲁格曼经济学原理(第四版)	保罗·克鲁格曼等	Paul Krugman	88.00	2018	978-7-300-25639-9
6	发展经济学(第七版)	德怀特·H.波金斯等	Dwight H. Perkins	98.00	2018	978-7-300-25506-4
7	线性与非线性规划(第四版)	戴维·G.卢恩伯格等	David G. Luenberger	79.80	2018	978-7-300-25391-6
8	产业组织理论	让·梯若尔	Jean Tirole	110.00	2018	978-7-300-25170-7
9	经济学精要(第六版)	巴德、帕金	Bade, Parkin	89.00	2018	978-7-300-24749-6
10	空间计量经济学——空间数据的分位数回归	丹尼尔·P.麦克米伦	Daniel P. McMillen	30.00	2018	978-7-300-23949-1
11	高级宏观经济学基础(第二版)	本·J.海德拉	Ben J. Heijdra	88.00	2018	978-7-300-25147-9
12	税收经济学(第二版)	伯纳德·萨拉尼耶	Bernard Salanié	42.00	2018	978-7-300-23866-1
13	国际宏观经济学(第三版)	罗伯特·C.芬斯特拉	Robert C. Feenstra	79.00	2017	978-7-300-25326-8
14	公司治理(第五版)	罗伯特·A.G.蒙克斯	Robert A. G. Monks	69.80	2017	978-7-300-24972-8
15	国际经济学(第15版)	罗伯特·J.凯伯	Robert J. Carbaugh	78.00	2017	978-7-300-24844-8
16	经济理论和方法史(第五版)	小罗伯特·B.埃克伦德等	Robert B. Ekelund. Jr.	88.00	2017	978-7-300-22497-8
17	经济地理学	威廉·P.安德森	William P. Anderson	59.80	2017	978-7-300-24544-7
18	博弈与信息:博弈论概论(第四版)	艾里克·拉斯穆森	Eric Rasmusen	79.80	2017	978-7-300-24546-1
19	MBA宏观经济学	莫里斯·A.戴维斯	Morris A. Davis	38.00	2017	978-7-300-24268-2
20	经济学基础(第十六版)	弗兰克·V.马斯切纳	Frank V. Mastrianna	42.00	2017	978-7-300-22607-1
21	高级微观经济学:选择与竞争性市场	戴维·M.克雷普斯	David M. Kreps	79.80	2017	978-7-300-23674-2
22	博弈论与机制设计	Y.内拉哈里	Y. Narahari	69.80	2017	978-7-300-24209-5
23	宏观经济学精要:理解新闻中的经济学(第三版)	彼得·肯尼迪	Peter Kennedy	45.00	2017	978-7-300-21617-1
24	宏观经济学(第十二版)	鲁迪格·多恩布什等	Rudiger Dornbusch	69.00	2017	978-7-300-23772-5
25	国际金融与开放宏观经济学:理论、历史与政策	亨德里克·范登伯格	Hendrik Van den Berg	68.00	2016	978-7-300-23380-2
26	经济学(微观部分)	达龙·阿西莫格鲁等	Daron Acemoglu	59.00	2016	978-7-300-21786-4
27	经济学(宏观部分)	达龙·阿西莫格鲁等	Daron Acemoglu	45.00	2016	978-7-300-21886-1
28	发展经济学	热若尔·罗兰	Gérard Roland	79.00	2016	978-7-300-23379-6
29	中级微观经济学——直觉思维与数理方法(上下册)	托马斯·J·内契巴	Thomas J. Nechyba	128.00	2016	978-7-300-22363-6
30	环境与自然资源经济学(第十版)	汤姆·蒂坦伯格等	Tom Tietenberg	72.00	2016	978-7-300-22900-3
31	劳动经济学基础(第二版)	托马斯·海克拉克等	Thomas Hyclak	65.00	2016	978-7-300-23146-4
32	货币金融学(第十一版)	弗雷德里克·S·米什金	Frederic S. Mishkin	85.00	2016	978-7-300-23001-6
33	动态优化——经济学和管理学中的变分法和最优控制(第二版)	莫顿·I·凯曼等	Morton I. Kamien	48.00	2016	978-7-300-23167-9
34	用Excel学习中级微观经济学	温贝托·巴雷托	Humberto Barreto	65.00	2016	978-7-300-21628-7
35	宏观经济学(第九版)	N·格里高利·曼昆	N. Gregory Mankiw	79.00	2016	978-7-300-23038-2
36	国际经济学:理论与政策(第十版)	保罗·R·克鲁格曼等	Paul R. Krugman	89.00	2016	978-7-300-22710-8
37	国际金融(第十版)	保罗·R·克鲁格曼等	Paul R. Krugman	55.00	2016	978-7-300-22089-5
38	国际贸易(第十版)	保罗·R·克鲁格曼等	Paul R. Krugman	42.00	2016	978-7-300-22088-8
39	经济学精要(第3版)	斯坦利·L·布鲁伊等	Stanley L. Brue	58.00	2016	978-7-300-22301-8
40	经济分析史(第七版)	英格里德·H·里马	Ingrid H. Rima	72.00	2016	978-7-300-22294-3
41	投资学精要(第九版)	兹维·博迪等	Zvi Bodie	108.00	2016	978-7-300-22236-3
42	环境经济学(第二版)	查尔斯·D·科尔斯塔德	Charles D. Kolstad	68.00	2016	978-7-300-22255-4
43	MWG《微观经济理论》习题解答	原千晶等	Chiaki Hara	75.00	2016	978-7-300-22306-3
44	现代战略分析(第七版)	罗伯特·M·格兰特	Robert M. Grant	68.00	2016	978-7-300-17123-4
45	横截面与面板数据的计量经济分析(第二版)	杰弗里·M·伍德里奇	Jeffrey M. Wooldridge	128.00	2016	978-7-300-21938-7
46	宏观经济学(第十二版)	罗伯特·J·戈登	Robert J. Gordon	75.00	2016	978-7-300-21978-3
47	动态最优化基础	蒋中一	Alpha C. Chiang	42.00	2015	978-7-300-22068-0
48	城市经济学	布伦丹·奥弗莱厄蒂	Brendan O'Flaherty	69.80	2015	978-7-300-22067-3
49	管理经济学:理论、应用与案例(第八版)	布鲁斯·艾伦等	Bruce Allen	79.80	2015	978-7-300-21991-2
50	经济政策:理论与实践	阿格尼丝·贝纳西-奎里等	Agnès Bénassy-Quéré	79.80	2015	978-7-300-21921-9
51	微观经济分析(第三版)	哈尔·R·范里安	Hal R. Varian	68.00	2015	978-7-300-21536-5
52	财政学(第十版)	哈维·S·罗森等	Harvey S. Rosen	68.00	2015	978-7-300-21754-3
53	经济数学(第三版)	迈克尔·霍伊等	Michael Hoy	88.00	2015	978-7-300-21674-4
54	发展经济学(第九版)	A.P.瑟尔沃	A. P. Thirlwall	69.80	2015	978-7-300-21193-0
55	宏观经济学(第五版)	斯蒂芬·D·威廉森	Stephen D. Williamson	69.00	2015	978-7-300-21169-5
56	资源经济学(第三版)	约翰·C·伯格斯特罗姆等	John C. Bergstrom	58.00	2015	978-7-300-20742-1
57	应用中级宏观经济学	凯文·D·胡佛	Kevin D. Hoover	78.00	2015	978-7-300-21000-1

经济科学译丛						
序号	书名	作者	Author	单价	出版年份	ISBN
58	计量经济学导论:现代观点(第五版)	杰弗里·M·伍德里奇	Jeffrey M. Wooldridge	99.00	2015	978-7-300-20815-2
59	现代时间序列分析导论(第二版)	约根·沃特斯等	Jürgen Wolters	39.80	2015	978-7-300-20625-7
60	空间计量经济学——从横截面数据到空间面板	J·保罗·埃尔霍斯特	J. Paul Elhorst	32.00	2015	978-7-300-21024-7
61	国际经济学原理	肯尼思·A·赖纳特	Kenneth A. Reinert	58.00	2015	978-7-300-20830-5
62	经济写作(第二版)	迪尔德丽·N·麦克洛斯基	Deirdre N. McCloskey	39.80	2015	978-7-300-20914-2
63	计量经济学方法与应用(第五版)	巴蒂·H·巴尔塔基	Badi H. Baltagi	58.00	2015	978-7-300-20584-7
64	战略经济学(第五版)	戴维·贝赞可等	David Besanko	78.00	2015	978-7-300-20679-0
65	博弈论导论	史蒂文·泰迪里斯	Steven Tadelis	58.00	2015	978-7-300-19993-1
66	社会问题经济学(第二十版)	安塞尔·M·夏普等	Ansel M. Sharp	49.00	2015	978-7-300-20279-2
67	博弈论:矛盾冲突分析	罗杰·B·迈尔森	Roger B. Myerson	58.00	2015	978-7-300-20212-9
68	时间序列分析	詹姆斯·D·汉密尔顿	James D. Hamilton	118.00	2015	978-7-300-20213-6
69	经济问题与政策(第五版)	杰奎琳·默里·布鲁克斯	Jacqueline Murray Brux	58.00	2014	978-7-300-17799-1
70	微观经济理论	安德鲁·马斯-克莱尔等	Andreu Mas-Collel	148.00	2014	978-7-300-19986-3
71	产业组织:理论与实践(第四版)	唐·E·瓦尔德曼等	Don E. Waldman	75.00	2014	978-7-300-19722-7
72	公司金融理论	让·梯若尔	Jean Tirole	128.00	2014	978-7-300-20178-8
73	经济学精要(第三版)	R·格伦·哈伯德等	R. Glenn Hubbard	85.00	2014	978-7-300-19362-5
74	公共部门经济学	理查德·W·特里西	Richard W. Tresch	49.00	2014	978-7-300-18442-5
75	计量经济学原理(第六版)	彼得·肯尼迪	Peter Kennedy	69.80	2014	978-7-300-19342-7
76	统计学:在经济中的应用	玛格丽特·刘易斯	Margaret Lewis	45.00	2014	978-7-300-19082-2
77	产业组织:现代理论与实践(第四版)	林恩·佩波尔等	Lynne Pepall	88.00	2014	978-7-300-19166-9
78	计量经济学导论(第三版)	詹姆斯·H·斯托克等	James H. Stock	69.00	2014	978-7-300-18467-8
79	发展经济学导论(第四版)	秋山裕	秋山裕	39.80	2014	978-7-300-19127-0
80	中级微观经济学(第六版)	杰弗里·M·佩罗夫	Jeffrey M. Perloff	89.00	2014	978-7-300-18441-8
81	平狄克《微观经济学》(第八版)学习指导	乔纳森·汉密尔顿等	Jonathan Hamilton	32.00	2014	978-7-300-18970-3
82	微观经济学(第八版)	罗伯特·S·平狄克等	Robert S. Pindyck	79.00	2013	978-7-300-17133-3
83	微观银行经济学(第二版)	哈维尔·弗雷克斯等	Xavier Freixas	48.00	2014	978-7-300-18940-6
84	施米托夫论出口贸易——国际贸易法律与实务(第11版)	克利夫·M·施米托夫等	Clive M. Schmitthoff	168.00	2014	978-7-300-18425-8
85	微观经济学思维	玛莎·L·奥尔尼	Martha L. Olney	29.80	2013	978-7-300-17280-4
86	宏观经济学思维	玛莎·L·奥尔尼	Martha L. Olney	39.80	2013	978-7-300-17279-8
87	计量经济学原理与实践	达摩达尔·N·古扎拉蒂	Damodar N. Gujarati	49.80	2013	978-7-300-18169-1
88	现代战略分析案例集	罗伯特·M·格兰特	Robert M. Grant	48.00	2013	978-7-300-16038-2
89	高级国际贸易:理论与实证	罗伯特·C·芬斯特拉	Robert C. Feenstra	59.00	2013	978-7-300-17157-9
90	经济学简史——处理沉闷科学的巧妙方法(第二版)	E·雷·坎特伯里	E. Ray Canterbery	58.00	2013	978-7-300-17571-3
91	管理经济学(第四版)	方博亮等	Ivan Png	80.00	2013	978-7-300-17000-8
92	微观经济学原理(第五版)	巴德、帕金	Bade, Parkin	65.00	2013	978-7-300-16930-9
93	宏观经济学原理(第五版)	巴德、帕金	Bade, Parkin	63.00	2013	978-7-300-16929-3
94	环境经济学	彼得·伯克等	Peter Berck	55.00	2013	978-7-300-16538-7
95	高级微观经济理论	杰弗里·杰里	Geoffrey A. Jehle	69.00	2012	978-7-300-16613-1
96	高级宏观经济学导论:增长与经济周期(第二版)	彼得·伯奇·索伦森等	Peter Birch Sørensen	95.00	2012	978-7-300-15871-6
97	宏观经济学:政策与实践	弗雷德里克·S·米什金	Frederic S. Mishkin	69.00	2012	978-7-300-16443-4
98	宏观经济学(第二版)	保罗·克鲁格曼	Paul Krugman	45.00	2012	978-7-300-15029-1
99	微观经济学(第二版)	保罗·克鲁格曼	Paul Krugman	69.80	2012	978-7-300-14835-9
100	克鲁格曼《微观经济学(第二版)》学习手册	伊丽莎白·索耶·凯利	Elizabeth Sawyer Kelly	58.00	2013	978-7-300-17002-2
101	克鲁格曼《宏观经济学(第二版)》学习手册	伊丽莎白·索耶·凯利	Elizabeth Sawyer Kelly	36.00	2013	978-7-300-17024-4
102	微观经济学(第十一版)	埃德温·曼斯费尔德	Edwin Mansfield	88.00	2012	978-7-300-15050-5
103	卫生经济学(第六版)	舍曼·富兰德等	Sherman Folland	79.00	2011	978-7-300-14645-4
104	宏观经济学(第七版)	安德鲁·B·亚伯等	Andrew B. Abel	78.00	2011	978-7-300-14223-4
105	现代劳动经济学:理论与公共政策(第十版)	罗纳德·G·伊兰伯格等	Ronald G. Ehrenberg	69.00	2011	978-7-300-14482-5
106	宏观经济学:理论与政策(第九版)	理查德·T·弗罗恩	Richard T. Froyen	55.00	2011	978-7-300-14108-4
107	经济学原理(第四版)	威廉·博伊斯等	William Boyes	59.00	2011	978-7-300-13518-2

经济科学译丛

序号	书名	作者	Author	单价	出版年份	ISBN
108	计量经济学基础(第五版)(上下册)	达摩达尔·N·古扎拉蒂	Damodar N. Gujarati	99.00	2011	978-7-300-13693-6
109	《计量经济学基础》(第五版)学生习题解答手册	达摩达尔·N·古扎拉蒂等	Damodar N. Gujarati	23.00	2012	978-7-300-15080-8
110	计量经济分析(第六版)(上下册)	威廉·H·格林	William H. Greene	128.00	2011	978-7-300-12779-8
111	国际贸易	罗伯特·C·芬斯特拉等	Robert C. Feenstra	49.00	2011	978-7-300-13704-9
112	经济增长(第二版)	戴维·N·韦尔	David N. Weil	63.00	2011	978-7-300-12778-1
113	投资科学	戴维·G·卢恩伯格	David G. Luenberger	58.00	2011	978-7-300-14747-5
114	金融学(第二版)	兹维·博迪等	Zvi Bodie	59.00	2010	978-7-300-11134-6
115	博弈论	朱·弗登博格等	Drew Fudenberg	68.00	2010	978-7-300-11785-0

金融学译丛

序号	书名	作者	Author	单价	出版年份	ISBN
1	金融学原理(第八版)	阿瑟·J. 基翁等	Arthur J. Keown	79.00	2018	978-7-300-25638-2
2	财务管理基础(第七版)	劳伦斯·J. 吉特曼等	Lawrence J. Gitman	89.00	2018	978-7-300-25339-8
3	利率互换及其他衍生品	霍华德·科伯	Howard Corb	69.00	2018	978-7-300-25294-0
4	固定收益证券手册(第八版)	弗兰克·J. 法博齐	Frank J. Fabozzi	228.00	2017	978-7-300-24227-9
5	金融市场与金融机构(第8版)	弗雷德里克·S. 米什金等	Frederic S. Mishkin	86.00	2017	978-7-300-24731-1
6	兼并、收购和公司重组(第六版)	帕特里克·A. 高根	Patrick A. Gaughan	89.00	2017	978-7-300-24231-6
7	债券市场:分析与策略(第九版)	弗兰克·J·法博齐	Frank J. Fabozzi	98.00	2016	978-7-300-23495-3
8	财务报表分析(第四版)	马丁·弗里德森	Martin Fridson	46.00	2016	978-7-300-23037-5
9	国际金融学	约瑟夫·P·丹尼尔斯等	Joseph P. Daniels	65.00	2016	978-7-300-23037-1
10	国际金融	阿德里安·巴克利	Adrian Buckley	88.00	2016	978-7-300-22668-2
11	个人理财(第六版)	阿瑟·J·基翁	Arthur J. Keown	85.00	2016	978-7-300-22711-5
12	投资学基础(第三版)	戈登·J·亚历山大等	Gordon J. Alexander	79.00	2015	978-7-300-20274-7
13	金融风险管理(第二版)	彼德·F·克里斯托弗森	Peter F. Christoffersen	46.00	2015	978-7-300-21210-4
14	风险管理与保险管理(第十二版)	乔治·E·瑞达等	George E. Rejda	95.00	2015	978-7-300-21486-3
15	个人理财(第五版)	杰夫·马杜拉	Jeff Madura	69.00	2015	978-7-300-20583-0
16	企业价值评估	罗伯特·A·G·蒙克斯等	Robert A. G. Monks	58.00	2015	978-7-300-20582-3
17	基于 Excel 的金融学原理(第二版)	西蒙·本尼卡	Simon Benninga	79.00	2014	978-7-300-18899-7
18	金融工程学原理(第二版)	萨利赫·N·内夫特奇	Salih N. Neftci	88.00	2014	978-7-300-19348-9
19	投资学导论(第十版)	赫伯特·B·梅奥	Herbert B. Mayo	69.00	2014	978-7-300-18971-0
20	国际金融市场导论(第六版)	斯蒂芬·瓦尔德斯等	Stephen Valdez	59.80	2014	978-7-300-18896-6
21	金融数学:金融工程引论(第二版)	马雷克·凯宾斯基等	Marek Capinski	42.00	2014	978-7-300-17650-5
22	财务管理(第二版)	雷蒙德·布鲁克斯	Raymond Brooks	69.00	2014	978-7-300-19085-3
23	期货与期权市场导论(第七版)	约翰·C·赫尔	John C. Hull	69.00	2014	978-7-300-18994-2
24	国际金融:理论与实务	皮特·塞尔居	Piet Sercu	88.00	2014	978-7-300-18413-5
25	货币、银行和金融体系	R·格伦·哈伯德等	R. Glenn Hubbard	75.00	2013	978-7-300-17856-1
26	并购创造价值(第二版)	萨德·苏达斯纳	Sudi Sudarsanam	89.00	2013	978-7-300-17473-0
27	个人理财——理财技能培养方法(第三版)	杰克·R·卡普尔等	Jack R. Kapoor	66.00	2013	978-7-300-16687-2
28	国际财务管理	吉尔特·贝克特	Geert Bekaert	95.00	2012	978-7-300-16031-3
29	应用公司财务(第三版)	阿斯沃思·达摩达兰	Aswath Damodaran	88.00	2012	978-7-300-16034-4
30	资本市场:机构与工具(第四版)	弗兰克·J·法博齐	Frank J. Fabozzi	85.00	2011	978-7-300-13828-2
31	衍生品市场(第二版)	罗伯特·L·麦克唐纳	Robert L. McDonald	98.00	2011	978-7-300-13130-6
32	跨国金融原理(第三版)	迈克尔·H·莫菲特等	Michael H. Moffett	78.00	2011	978-7-300-12781-1
33	统计与金融	戴维·鲁珀特	David Ruppert	48.00	2010	978-7-300-11547-4
34	国际投资(第六版)	布鲁诺·索尔尼克等	Bruno Solnik	62.00	2010	978-7-300-11289-3

图书在版编目（CIP）数据

宏观经济学：第四版/(美）保罗·克鲁格曼，（美）罗宾·韦尔斯著；赵英军译. —北京：中国人民大学出版社，2018.10
（经济科学译丛）
ISBN 978-7-300-26068-6

Ⅰ.①宏… Ⅱ.①保… ②罗… ③赵… Ⅲ.①宏观经济学-教材 Ⅳ.①F015

中国版本图书馆 CIP 数据核字（2018）第 186256 号

“十三五”国家重点出版物出版规划项目
经济科学译丛
宏观经济学（第四版）
保罗·克鲁格曼
罗宾·韦尔斯 著
赵英军 译
Hongguan Jingjixue

出版发行	中国人民大学出版社		
社　　址	北京中关村大街 31 号	**邮政编码**	100080
电　　话	010－62511242（总编室）		010－62511770（质管部）
	010－82501766（邮购部）		010－62514148（门市部）
	010－62515195（发行公司）		010－62515275（盗版举报）
网　　址	http://www.crup.com.cn		
	http://www.ttrnet.com（人大教研网）		
经　　销	新华书店		
印　　刷	涿州市星河印刷有限公司		
规　　格	215mm×275mm 16 开本	**版　　次**	2018 年 10 月第 1 版
印　　张	23.5 插页 2	**印　　次**	2018 年 10 月第 1 次印刷
字　　数	788 000	**定　　价**	68.00 元